Bernd Biermann, Johanna Schüler, Gaby Schütte

Herausgeber: Bernd Biermann

Gesundheit und Gesundheitswissenschaften

für die berufliche Oberstufe

1. Auflage

Bestellnummer 50575

■ Haben Sie Anregungen oder Kritikpunkte zu diesem Produkt?
Dann senden Sie eine E-Mail an 50575_001@bv-1.de
Autoren und Verlag freuen sich auf Ihre Rückmeldung.

www.bildungsverlag1.de

Bildungsverlag EINS GmbH
Hansestraße 115, 51149 Köln

ISBN 978-3-427-**50575**-4

© Copyright 2012: Bildungsverlag EINS GmbH, Köln
Das Werk und seine Teile sind urheberrechtlich geschützt. Jede Nutzung in anderen als den gesetzlich zugelassenen Fällen bedarf der vorherigen schriftlichen Einwilligung des Verlages. Hinweis zu § 52 a UrhG: Weder das Werk noch seine Teile dürfen ohne eine solche Einwilligung eingescannt und in ein Netzwerk eingestellt werden. Dies gilt auch für Intranets von Schulen und sonstigen Bildungseinrichtungen.

Inhaltsverzeichnis

Vorwort

Strukturen und Institutionen des Gesundheitswesens

1	**Das Gesundheitssystem in Deutschland**	13
1.1	Die fünf Säulen des Sozialversicherungssystems	14
1.1.1	Krankenversicherung	14
1.1.2	Unfallversicherung	16
1.1.3	Rentenversicherung	16
1.1.4	Arbeitslosenversicherung	17
1.1.5	Pflegeversicherung	17
1.2	Staatliche Einrichtungen des Gesundheitssystems	18
1.2.1	Gesetzgebung im Gesundheitswesen	18
1.2.2	Bundesministerien und -behörden des Gesundheitswesens	19
1.2.3	Landesministerien und -behörden des Gesundheitswesens	21
1.3	Bereiche und Akteure der Kranken- und Gesundheitsversorgung	22
1.3.1	Bereiche der Kranken- und Gesundheitsversorgung	22
1.3.2	Patientenorientierung im Gesundheitswesen	24
1.3.3	Ambulanter Bereich	25
1.3.4	Stationärer Bereich	27
1.3.5	Rehabilitation	30
1.3.6	Pflege	31
1.3.7	Träger von Einrichtungen	34
2	**Berufe im Gesundheitswesen**	37
2.1	Pflegeberufe	38
2.1.1	Gesundheits- und Krankenpfleger – Gesundheits- und Kinderkrankenpfleger	38
2.1.2	Altenpfleger	39
2.1.3	Hebamme/Entbindungspfleger	40
2.2	Heilberufe	42
2.2.1	Arzt	42
2.2.2	Medizinische Assistenzberufe	43
2.2.3	Apotheker	44
2.2.4	Pharmazeutische Assistenzberufe	44
2.3	Therapeutische Berufe	45
2.3.1	Physiotherapeut	46
2.3.2	Ergotherapeut	46
2.3.3	Logopäde	47
2.4	Heilpädagogik	47
2.5	Soziale Arbeit	49
2.6	Weitere Berufe im Gesundheitswesen	50

3	**Gesundheitssysteme im internationalen Vergleich**	51
3.1	Wie unterscheiden sich Gesundheitssysteme?	52
3.1.1	Finanzierung	52
3.1.2	Ausgaben im Gesundheitswesen	53
3.1.3	Gesundheitliche Versorgung der Bevölkerung	55
3.2	Gesundheitsziele	55
3.2.1	Internationale Ebene	55
3.2.2	Europäische Ebene	56
3.2.3	Nationale Ebene	57

Konzepte und Modelle der Gesundheit

4	**Gesundheitswissenschaften**	59
4.1	Was sind die Gesundheitswissenschaften?	59
4.2	Konzepte und Modelle der Gesundheitswissenschaften	60
4.2.1	Das biomedizinische Konzept	60
4.2.2	Das salutogenetische Konzept	62
4.2.3	Das sozialisationstheoretische Konzept	64
4.2.4	Das Konzept der Lebensweisen (Lebensstile)	65
4.2.5	Das sozialepidemiologische Konzept	66
5	**Messung von Gesundheit und Krankheit**	69
5.1	Epidemiologie	69
5.2	Kernindikatoren der Europäischen Gesundheitsberichterstattung	70
5.3	Lebensqualität	71
6	**Qualitätsmanagement im Gesundheitswesen**	74
6.1	Rechtliche Verpflichtung zum Qualitätsmanagement	75
6.1.1	Gesundheitswesen	75
6.1.2	Pflegeeinrichtungen	75
6.2	Was bedeutet Qualitätsmanagement?	76
6.2.1	Qualitätsbegriffe	76
6.2.2	Besonderheiten bei Dienstleistungen	78
6.3	Qualitätsmanagementsysteme	78
6.3.1	DIN EN ISO 9000er Familie	78
6.3.2	Das EFQM-Modell	80
6.3.3	Was bedeutet KTQ?	81
6.3.4	Was bedeutet QEP?	81
6.4	Einführung eines QM-Systems und Zertifizierung	82
6.4.1	Einführungsphasen	82
6.4.2	Auditierung	82
6.4.3	Kontinuierliche Verbesserungsprozesse	83
6.5	Qualitätsindikatoren im Gesundheitswesen	84

Anatomische und physiologische Grundlagen der Gesundheit

7	**Organisation des menschlichen Körpers**	86
7.1	Der Aufbau des menschlichen Körpers	86
7.1.1	Organsysteme des menschlichen Körpers	86
7.1.2	Die Zelle – kleinste Einheit des Lebens	90
7.1.3	Die Gewebe des menschlichen Körpers	92
7.1.4	Mitose – ohne Zellteilung kein Wachstum	95
7.2	Grundlagen der Humangenetik	96
7.2.1	Die Chromosomen des Menschen	96
7.2.2	Vererbung beim Menschen	97
7.2.3	Numerische und strukturelle Veränderungen der Chromosomen	99
7.2.4	Die DNA als Erbsubstanz	100
7.2.5	Gentechnik: Chancen und Risiken	103
8	**Herz-Kreislauf-System**	107
8.1	Das Herz – Basiswissen	107
8.1.1	Das Herz – eine Saug-Druck-Pumpe	107
8.1.2	Erregungsbildung und Regulation der Herztätigkeit	108
8.2	Kreislauf- und Gefäßsystem – Basiswissen	108
8.2.1	Körper- und Lungenkreislauf	108
8.2.2	Arterien	109
8.2.3	Blutdruckmessung	110
8.2.4	Venen	110
8.3	Krankheiten des Herz-Kreislauf-Systems	111
8.3.1	Hypertonie (Bluthochdruckkrankheit)	111
8.3.2	Koronare Herzkrankheit (KHK)	112
8.3.3	Weitere Herz-Kreislauf-Erkrankungen	113
8.3.4	Risikofaktoren für Herz-Kreislauf-Erkrankungen	114
9	**Blut – ein fließendes Organ**	116
9.1	Zusammensetzung und Aufgaben des Blutes	116
9.1.1	Blutzellen	117
9.1.2	Blutplasma	119
9.2	Blutgruppen	119
9.2.1	AB0-System	119
9.2.2	Rhesusfaktor	120
9.3	Blutuntersuchungen	120
9.4	Blutkrankheiten	120
9.4.1	Leukämie	120
9.4.2	Anämie	121
10	**Ernährung, Verdauungssystem, Stoffwechsel**	124
10.1	Die Nährstoffe	124
10.1.1	Kohlenhydrate	124
10.1.2	Fette	125
10.1.3	Eiweiße (Proteine)	126
10.2	Vitamine, Mineralstoffe, Spurenelemente	128
10.2.1	Vitamine	128
10.2.2	Mineralstoffe	128

10.2.3	Wasser	131
10.3	Verdauungssystem und Stoffwechsel	131
10.3.1	Der Weg der Nahrung durch den Körper	132
10.3.2	Enzyme bewirken die Verdauung	133
10.3.3	Grund- und Leistungsumsatz	135
10.4	Ernährung	136
10.4.1	Regeln gesunder Ernährung	136
10.4.2	Sonderformen der Ernährung	138
10.4.3	Essstörungen	139
10.5	Ernährungs- und verdauungsbedingte Erkrankungen	140
10.5.1	Übergewicht	141
10.5.2	Diabetes mellitus	141
11	**Nervensystem und Hormonsystem**	**145**
11.1	Zentrales und peripheres Nervensystem	145
11.1.1	Gehirn	145
11.1.2	Rückenmark	146
11.2	Vegetatives Nervensystem	147
11.3	Nervengewebe	148
11.3.1	Nerven	148
11.3.2	Synapsen	150
11.4	Hormonsystem	151
11.5	Krankheiten des Nerven- und Hormonsystems	152
11.5.1	Krankheiten des Nervensystems	152
11.5.2	Krankheiten des Hormonsystems	154
12	**Atmungssystem**	**155**
12.1	Atemwege	155
12.2	Gasaustausch im Körper	157
12.2.1	Äußere und innere Atmung	157
12.2.2	Lungen- und Atemvolumina	158
12.3	Atemwegserkrankungen	159
12.3.1	Erkrankungen der oberen Atemwege	159
12.3.2	Erkrankungen der Lunge	159
13	**Ausscheidungssystem**	**163**
13.1	Die Nieren – Filteranlagen des Körpers	163
13.2	Die Haut als Ausscheidungsorgan	165
13.3	Erkrankungen der Ausscheidungsorgane	166
13.3.1	Häufige Erkrankungen der Ausscheidungsorgane	166
13.3.2	Dialyse	167
13.3.3	Transplantation	168

Einflussfaktoren auf die Gesundheit

14	**Gesundheit – Krankheit**	**170**
14.1	Was beeinflusst die Gesundheit?	170
14.2	Allgemeine Krankheitslehre	171
14.2.1	Klassifikation von Krankheiten	171

14.2.2	Innere und äußere Ursachen von Krankheiten	173
14.2.3	Ärztliche Behandlung von Krankheiten	174
14.2.4	Typische Schädigungen von Zellen und Geweben	175
14.2.5	Entzündungen	176
14.2.6	Degenerative Erkrankungen	178
14.3	Schmerz	179
15	**Hygiene und Gesundheit**	**181**
15.1	Infektionskrankheiten – Todesursache Nummer eins	181
15.1.1	Ursachen für die Ausbreitung von Infektionskrankheiten	181
15.1.2	Übertragungswege	182
15.2	Bakterien als Krankheitserreger	183
15.2.1	Bau der Bakterienzelle	183
15.2.2	Vermehrung und Stoffwechsel von Bakterien	184
15.2.3	Ablauf einer bakteriellen Infektionskrankheit: Salmonellose	186
15.2.4	Bakterielle Infektionskrankheiten (Beispiele)	188
15.2.5	Steckbriefe	189
15.3	Antibakterielle Chemotherapie	190
15.3.1	Wirkungsweise	190
15.3.2	Nebenwirkungen	190
15.3.3	Resistenz	190
15.4	Viren als Krankheitserreger	191
15.4.1	Bau und Vermehrung von Viren	191
15.4.2	Influenzaviren – Grippealarm im Winter	193
15.4.3	Aids – eine neue Virusinfektion	194
15.4.4	Viren im Überblick	196
15.4.6	Steckbrief	197
15.5	Pilze – nützlich oder schädlich?	198
15.6	Protozoen – tierische Erreger	200
15.7	Immunsystem	202
15.7.1	Organe des Immunsystems	202
15.7.2	Äußere Schutzbarrieren	202
15.7.3	Unspezifische Abwehr	203
15.7.4	Spezifische Abwehr	205
15.8	Entgleisungen des Immunsystems	206
15.8.1	Allergien	206
15.8.2	Autoimmunerkrankungen	207
15.9	Transplantationen	207
16	**Umwelteinflüsse**	**211**
16.1	Globale Umweltprobleme	211
16.2	Wasser – das wichtigste Lebensmittel	212
16.2.1	Trinkwasser – Trinkwassergewinnung	212
16.2.2	Abwasser – Abwasserreinigung	213
16.2.3	Zugang zu sauberem Trinkwasser und hygienischer Abwasserentsorgung	214
16.3	Gefahrstoffe in der Luft	215
16.3.1	Ursachen und Folgen der Luftverschmutzung	215
16.3.2	Maßnahmen zur Verbesserung der Luftqualität	216
16.3.3	Strahlenbelastung	218
16.4	Schadstoffbelastung des Menschen	219

16.4.1	Anreicherung über die Nahrungskette	219
16.4.2	Warum ist Dioxin so gefährlich?	220
16.4.3	Biolebensmittel und gentechnisch veränderte Lebensmittel	221
16.5	Lärm	222
16.6	Unfälle	223

17	**Bewegung und Gesundheit**	**225**
17.1	Anatomische Grundlagen der Bewegung – Basiswissen	225
17.1.1	Skelett	226
17.1.2	Der Knochen lebt	227
17.1.3	Gelenke und Muskeln machen das Skelett beweglich	228
17.2	Verletzungen des Bewegungsapparates	230
17.2.1	Kosten für Muskel-Skelett-Erkrankungen	230
17.2.2	Knochenbrüche	230
17.2.3	Gelenkverletzungen	231
17.2.4	Rücken- und Haltungsschäden	232
17.3	Sport und Gesundheit	233
17.3.1	Verletzungsgefahren	233
17.3.2	Typische Sportverletzungen	234
17.3.3	Doping – unerlaubt und ungesund	235
17.3.4	Sportverletzungen vermeiden	235
17.3.5	Sofortmaßnahmen bei Sportverletzungen	236

18	**Das Alter**	**238**
18.1	Alterungsprozess	239
18.1.1	Altersbegriff	239
18.1.2	Körperliche Veränderungen im Alter	240
18.1.3	Erkrankungen im Alter	241
18.2	Altersforschung	242
18.2.1	Gerontologie	242
18.2.2	Geriatrie	243
18.3	Lebensgestaltung im Alter	244
18.3.1	Lebensorganisation	244
18.3.2	Pflegebedürftigkeit	245
18.3.3	Wohnformen im Alter	246
18.4	Pflegeprozess	250
18.5	Pflegestandards	251
18.5.1	Gesetzliche Grundlagen	251
18.5.2	Dekubitusprophylaxe	253
18.5.3	Sturzprophylaxe	254
18.6	Rechtliche Grundlagen für Vorsorge und Betreuung	255
18.6.1	Betreuung	255
18.6.2	Vorsorgevollmacht	256
18.6.3	Patientenverfügung	256
18.7	Altern, Sterben und Tod	257
18.7.1	Sterben und Tod in der Gesellschaft	257
18.7.2	Religiöse Vorstellungen vom Tod	258
18.7.3	Sterbebegleitung	258
18.7.4	Trauerphasen und öffentliche Rituale der Trauer	260

19	Beruf und Gesundheit	263
19.2	Arbeitsschutz	265
19.3	Arbeitsunfälle	268
19.4	Berufskrankheiten	269
20	Soziale Lage und Gesundheit	271
20.1	Soziale Einflussfaktoren auf die Gesundheit	271
20.1.1	Armut und soziale Ungleichheit	271
20.1.2	Arbeitslosigkeit	272
20.1.3	Alleinerziehende Mütter und Väter	272
20.1.4	Kinder und Jugendliche	275
20.2	Erklärungsmodelle für Gesundheitsverhalten	276

Krankheitsprävention und Gesundheitsvorsorge

21	Prävention und Gesundheitsförderung	280
21.1	Was bedeuten Prävention und Gesundheitsförderung?	280
21.2	Interventions- und Wirkungsebenen	282
21.3	Prävention und Gesundheitsförderung in Kindertagesstätten, Schulen und Familien	283
21.4	Prävention und Gesundheitsförderung am Arbeitsplatz	285
21.5	Prävention und Gesundheitsförderung in Städten und Gemeinden	287
22	Förderung und Vorsorge für Eltern und Kinder	289
22.1	Liebe, Partnerschaft und Sexualität	289
22.1.1	Bau und Funktion der Geschlechtsorgane	290
22.1.2	Veränderungen in der Pubertät	292
22.1.3	Regelblutung – immer regelmäßig?	293
22.2	Befruchtung, Keimesentwicklung und Geburt	295
22.2.1	Geschlechtszellen – wie werden sie gebildet?	295
22.2.2	Von der befruchteten Eizelle zum Fetus	297
22.2.3	Geburt	300
22.3	Vorsorge für Mutter und Kind	301
22.3.1	Der Säugling braucht viel Pflege	301
22.3.2	Mutterschutzgesetz	303
22.3.3	Vorsorgeuntersuchung für werdende Mütter	303
22.3.4	Vorsorgeuntersuchungen für Kinder und Jugendliche	305
22.4	Verhütungsmethoden helfen bei der Familienplanung	308
22.5	Sexuell übertragbare Krankheiten	310
23	Krebs – fehlgesteuertes Zellwachstum	312
23.1	Was ist Krebs?	312
23.1.1	Krebsgene	312
23.1.2	Risikofaktoren	313
23.2	Krebsdiagnose	316
23.2.1	Diagnosemethoden	316
23.2.2	Vorsorgeuntersuchung zur Früherkennung	316
23.3	Krebstherapie	317

24	**Psychische Störungen und Suchtprävention**	319
24.1	Psychische Störungen	319
24.1.1	Begriffsabgrenzung	319
24.1.2	Ursachen und Therapie psychischer Störungen	320
24.1.3	Stationäre, ambulante und rehabilitative Versorgung	322
24.1.4	Formen psychischer Störungen nach ICD-10	324
24.2	Suchterkrankungen und Suchtprävention	328
24.2.1	Alkoholkonsum	329
24.2.2	Tabakkonsum	331
24.2.3	Konsum illegaler Drogen	332
24.2.4	Medikamentenmissbrauch und -sucht	334
24.2.5	Wege aus der Sucht	334
24.2.6	Suchtprävention	336
25	**Prävention von Infektionskrankheiten**	340
25.1	Infektionsschutz	340
25.2	Impfungen	342
25.2.1	Aktive und passive Immunisierung	342
25.2.2	Impfempfehlungen	342
25.2.3	Herstellung von Impfstoffen	343
25.2.4	Impfmüdigkeit	344
25.3	Hygiene	344
25.3.1	Hygienepläne	344
25.3.2	Infektionshygienische Überwachung	347
25.3.3	Nosokomiale Infektionen	347
26	**Zivilisationskrankheiten und ihre Vorsorge**	350
26.1	Was sind Zivilisationskrankheiten?	350
26.2	Prävention von Zivilisationskrankheiten	352
26.2.1	Änderung des Lebensstils	352
26.2.2	Disease-Management-Programme (DMP)	353
27	**Arzneimittel und alternative Heilverfahren**	356
27.1	Arzneimittel und ihre Wirkungen	356
27.1.1	Was sind Arzneimittel?	356
27.1.2	Darreichungsformen	358
27.1.3	Wirkungen von Arzneimitteln	359
27.1.4	Lagerung von Arzneimitteln	359
27.2	Medikamentengruppen	360
27.2.1	Schmerzmittel	361
27.2.2	Antibiotika	362
27.2.3	Blutdrucksenkende Medikamente	363
27.2.4	Psychopharmaka	364
27.2.5	Gerinnungshemmende Medikamente	365
27.3	Alternative Heilverfahren	366

Literaturverzeichnis ... 370

Bildquellenverzeichnis ... 373

Sachwortverzeichnis ... 374

Vorwort

Das neue Unterrichtswerk „Gesundheit und Gesundheitswissenschaften" wurde in erster Linie für die **Fachoberschule** Fachrichtung Gesundheit und Soziales konzipiert. Es basiert auf Kenntnissen und Fähigkeiten, die in der Sekundarstufe I erworben wurden, frischt diese auf und soll die Lernenden auf die **Fachhochschulreife** bzw. die **fachgebundene allgemeine Hochschulreife** vorbereiten, also inhaltlich und methodisch für ein **wissenschaftsorientiertes Studium qualifizieren**.

Das Gesundheitswesen gehört zu den größten Wirtschaftszweigen unserer Volkswirtschaft mit rund 13 % der Erwerbstätigen und einem Anteil am Bruttoinlandsprodukt von mehr als 10 %; und der Gesundheitssektor wächst weiter aufgrund des demografischen Wandels, des medizinischen Fortschritts und eines veränderten gesellschaftlichen Gesundheitsverständnisses. Insofern haben **Gesundheitsberufe** Zukunft, sie sind jedoch auch mit besonderen **Arbeitsbelastungen** verbunden, wie Schichtarbeit, Infektionsgefahren, Kontakt mit chemischen Gefahrstoffen, harter Strahlung sowie psychischen Belastungen. Gesundheitsberufe erfordern darüber hinaus besondere Ausprägungen der **Handlungskompetenzen** (Fach-, Methoden-, Sozial-, Selbstkompetenz). Indem das Unterrichtswerk diese Aspekte aufgreift, leistet es einen Betrag zur **Berufsorientierung der Lernenden**.

Der „moderne" Begriff **Gesundheitswissenschaften** (Public Health) steht für einen **interdisziplinären Ansatz**, in dem die unterschiedlichen medizinischen Fachgebiete mit anderen Disziplinen wie Psychologie, Soziologie, Gesundheitsökonomie, Gesundheitsrecht, Umweltmedizin, Gesundheitserziehung, Statistik und vielen weiteren zusammenwirken. In Anlehnung an die Gesundheitsdefinition der Weltgesundheitsorganisation WHO beschäftigen sich die Gesundheitswissenschaften mit den geistigen, körperlichen, psychischen und sozialen Bedingungen von Gesundheit und Krankheit.

Die **Konzeption des Buches** greift die oben genannten Rahmenbedingungen auf. Es gliedert sich in fünf Hauptkapitel: (1) Strukturen und Institutionen des Gesundheitswesens, (2) Konzepte und Modelle der Gesundheit, (3) Anatomische und physiologische Grundlagen der Gesundheit, (4) Einflussfaktoren auf die Gesundheit, (5) Krankheitsprävention und Gesundheitsvorsorge.

Jedes der insgesmat 27 Kapitel des Buches beginnt mit einem **gesundheitswissenschaftlich relevanten Einstieg**, der ein Unterrichtsgespräch anregen und den Lernenden die Bedeutung des jeweiligen Themas verdeutlichen soll. **Unterüberschriften** strukturieren den Lehrtext, die im **ausführlichen Inhaltsverzeichnis** wiederzufinden sind. Zahlreiche Querverweise sowie ein **ausführliches Register** erleichtern die Orientierung im Buch und führen den Lernenden propädeutisch an den Umgang mit wissenschaftlicher Literatur heran. Am Ende jedes Kapitels befinden sich **Aufgaben**. Sie dienen in erster Linie der Wiederholung, Festigung und Vertiefung des Stoffes; viele der Aufgaben lassen sich mithilfe des Lehrbuchs unmittelbar beantworten. Lösungshinweise befinden sich im zugehörigen Lehrerhandbuch (Bestellnr. 50576), das auch weiterführende Aufgaben enthält, z. B. für Klassenarbeiten, Tests und Referate.

Der leichteren Lesbarkeit wegen beschränken wir uns im Text auf die männliche Form. Selbstverständlich sind mit dieser einfacheren sprachlichen Form alle Lernenden, also immer Männer und Frauen, Schülerinnen und Schüler angesprochen. Wir gehen davon aus, dass Sie die Verwendung nur einer Geschlechtsform nicht als Benachteiligung empfinden, sondern dass auch Sie zugunsten einer besseren Lesbarkeit diese Formulierungsweise akzeptieren.

Wir wünschen allen Lernenden und Lehrenden viel Erfolg mit dem Buch!

Januar 2012

Bernd Biermann, Johanna Schüler, Gaby Schütte

Strukturen und Institutionen des Gesundheitswesens

1 Das Gesundheitssystem in Deutschland

■ Die **Lebenserwartung** wird als grundlegendes Maß für die gesundheitliche Lage der Bevölkerung betrachtet. Die **durchschnittliche oder mittlere Lebenserwartung** ist die Zahl der Jahre, die ein neugeborenes Kind unter Annahme der gegenwärtigen Sterblichkeitsverhältnisse im Schnitt leben würde. Die Lebenserwartung ist ein statistischer Wert und stellt keine exakte Vorhersage der tatsächlichen Lebensdauer eines einzelnen Menschen dar. Diese hängt von genetischen und Umweltfaktoren ebenso ab wie von den Lebensbedingungen und der medizinischen Versorgung des Einzelnen. Die **fernere Lebenserwartung** ist die durchschnittliche Zahl der in einem bestimmten Alter noch zu erwartenden Lebensjahre. Für internationale Vergleiche wird oft die fernere Lebenserwartung angegeben, z. B. für die 65-Jährigen.

Entwicklung der Lebenserwartung in Deutschland (Bundesministerium für Arbeit und Soziales, Infografik, Quelle: Rentenversicherungsbericht 2010)

Deutsche Frauen und Männer leben immer länger. Für sie beträgt die durchschnittliche Lebenserwartung derzeit 77,8 Jahre (Männer) und 82,8 Jahre (Frauen). Damit liegt Deutschland im europäischen Vergleich im oberen Bereich.

Der Zugewinn an Lebensjahren geht in den entwickelten Ländern in erster Linie auf eine verringerte Alters- sowie auf eine deutlich gesunkene Säuglingssterblichkeit zurück. Als aktuell größte Herausforderung für das bundesdeutsche Gesundheitswesen wird die **Alterung der Gesellschaft** gesehen: Krebserkrankungen, Diabetes, Osteoporose, Schlaganfall und Demenz nehmen mit steigendem Lebensalter zu. Durch den demografischen Wandel relativieren sich die insgesamt positiven Gesundheitstrends der letzten Jahre. So können die Deutschen zwar mit einem langen – und über lange Zeit in Gesundheit verbrachten – Leben rechnen. Gleichzeitig werden aber zukünftig immer mehr ältere Menschen mit chronischen Erkrankungen eine gute Behandlung und Pflege benötigen. ■

1.1 Die fünf Säulen des Sozialversicherungssystems

Bereits seit 1885 gibt es in Deutschland eine gesetzliche Unfallversicherung zur Absicherung der Arbeitnehmer bei betrieblichen Unfällen. Heute besteht das deutsche Sozialversicherungssystem aus fünf Säulen. Die Sozialversicherungen sollen Hilfe leisten bei Tod des Ernährers oder bei unplanmäßigen Ausgaben im Falle von Krankheit, Mutterschaft oder Tod. Alle Sozialversicherungen sind **Pflichtversicherungen für Arbeitnehmer.** Für einzelne Personengruppen gelten Sonderregelungen, z. B. für Beamte und Selbstständige.

1.1.1 Krankenversicherung

Die gesetzliche Krankenversicherung ist eine Versicherung zum Schutz des Arbeitnehmers und seiner Familie in Krankheitsfällen. Sie tritt in erster Linie dann ein, wenn es gilt, die Gesundheit zu erhalten oder wiederherzustellen.

Die fünf Säulen der Sozialversicherungen in Deutschland

Versicherungsträger sind die Allgemeinen Ortskrankenkassen, Ersatzkassen, Innungskrankenkassen, Betriebskrankenkassen, landwirtschaftlichen Krankenkassen, die Bundesknappschaft und die Seekrankenkasse. **Leistungen** aller gesetzlichen Krankenkassen sind:

- Maßnahmen zur Früherkennung von Krankheiten (Vorsorgeuntersuchungen) ab bestimmten Altersgrenzen,
- Krankenhilfe in Form von
  - Krankenpflege, die ärztliche und zahnärztliche Behandlung, Arzneimittel, Verbandsmittel usw. beinhaltet,
  - Krankenhauspflege, die jeder erhält, der in ein Krankenhaus aufgenommen werden muss,
  - Krankengeld in Höhe von 70 % des Bruttoverdienstes, jedoch nicht mehr als 90 % des letzten Nettoverdienstes; von dem ermittelten Krankengeld sind im Normalfall Beiträge zur Renten-, Pflege- und Arbeitslosenversicherung zu entrichten. Während der ersten sechs Krankheitswochen müssen die Arbeitgeber den vollen Arbeitslohn weiterzahlen (Entgeltfortzahlung).
- Mutterschaftshilfe bei Schwangerschaft und Entbindung; ärztliche Behandlung, Hebammenhilfe, Arzneien, Heilmittel, stationäre Pflege und Mutterschaftsgeld (sechs Wochen vor und acht Wochen nach der Geburt),
- Familienhilfe für Ehepartner und Kinder, sofern sie nicht selbst versichert sind.

Im Rahmen der gesetzlichen Krankenkasse besteht **freie Arztwahl.** Die von den Kassen angebotenen Hausarztprogramme sind freiwillig. Sie haben das Ziel, die direkte und teurere Facharztkonsultation zu steuern.

Die **Beiträge** für die Krankenversicherung übernehmen Arbeitgeber und Arbeitnehmer anteilig. Bei Auszubildenden mit geringem Einkommen zahlt allein der Arbeitgeber die Beiträge. Bei allen gesetzlichen Krankenkassen beträgt seit 1.1.2011 der Beitragssatz 15,5 % vom Bruttoverdienst. Arbeitnehmer zahlen davon 8,2 %, der Arbeitgeberanteil beträgt 7,3 % und wird auf diesem Niveau eingefroren. Damit sollen die Lohnnebenkosten stabil gehalten werden. Man spricht vom **Solidarprinzip**, da sich die Beiträge der gesetzlichen Krankenversicherung allein an der finanziellen Belastbarkeit des Versicherten orientieren. Jedes Mitglied zahlt unabhängig von Alter, Geschlecht oder Gesundheitszustand einen prozentual gleichen Beitrag von seinem Bruttoeinkommen.
Bei den privaten Krankenkassen gilt hingegen das **Äquivalenzprinzip**. Die Versicherungsbeiträge werden anhand spezieller und individueller Faktoren berechnet, z. B. anhand der Vorerkrankungen und des Alters des Versicherten.

In den zum 1.1.2009 eingeführten Gesundheitsfonds fließen alle Beiträge der Arbeitgeber und Arbeitnehmer sowie zusätzliche Steuermittel. Weil die gesetzlichen Krankenkassen (abhängig von ihrer wirtschaftlichen Leistungsfähigkeit) Zu- und Abschläge zum Beitragssatz erheben können, sind die zu zahlenden Monatsbeiträge der Krankenkassen teilweise jedoch weiterhin unterschiedlich.

EXKURS: Verpflichtung zur Krankenversicherung

*Krankenversicherungspflichtig sind alle Einwohner Deutschlands. Allerdings sind Arbeitnehmer nur dann bei einer gesetzlichen Krankenkasse pflichtversichert, wenn ihr Einkommen eine bestimmte Grenze, die **Versicherungspflichtgrenze** (Jahresgehalt 2011: 49.500 Euro), nicht übersteigt. Liegt ihr Einkommen drei Jahre hintereinander über dieser Versicherungspflichtgrenze, können sie in eine private Krankenversicherung wechseln. Selbstständige, Freiberufler (z. B. Ärzte, Rechtsanwälte) und Beamte sind nicht in der gesetzlichen Versicherung pflichtversichert. Sie können sich freiwillig gesetzlich versichern oder aber eine private Krankenversicherung abschließen.*

Knapp 90 % der deutschen Bevölkerung sind bei einer gesetzlichen Krankenkasse versichert. Die genaue Anzahl der Menschen, die keine Krankenversicherung haben, ist unbekannt. Das Statistische Bundesamt schätzte ihre Zahl im Jahr 2003 auf 188.000.

*Menschen ohne Krankenversicherungsschutz, die nicht in der gesetzlichen Krankenversicherung versicherungspflichtig geworden sind, müssen sich seit dem 1.1.2009 privat krankenversichern. Dazu wurde – gesetzlich vorgeschrieben – ein **Basistarif** eingeführt, der alle Leistungen der gesetzlichen Versicherung umfasst und auch nicht teurer sein darf als ein gesetzlicher Tarif.*

EXKURS: GKV-Spitzenverband

Der GKV-Spitzenverband ist der Spitzenverband der Krankenkassen. Ihm gehören gemäß § 217 a SGB V alle gesetzlichen Krankenkassen an. Er vertritt die Belange der gesetzlichen Krankenversicherung (GKV) auf Bundesebene. Die vom GKV-Spitzenverband abgeschlossenen Verträge und seine sonstigen Entscheidungen gelten für alle Krankenkassen, deren Landesverbände und damit praktisch für alle 70 Mio. gesetzlich Versicherten. Beispiele für Aufgaben:

- *Rahmenverträge und Vergütungsvereinbarungen für die stationäre, ambulante und zahnärztliche Versorgung*

- *Unterstützung der Krankenkassen und ihrer Landesverbände bei der Erfüllung ihrer Aufgaben*
- *Vertretung der GKV-Interessen in der gemeinsamen Selbstverwaltung mit den Leistungserbringern auf Bundesebene (z. B. Gemeinsamer Bundesausschuss) und gegenüber dem Bundesgesundheitsministerium*
- *Entscheidung über grundsätzliche Fach- und Rechtsfragen zum Beitrags- und Meldeverfahren in der Sozialversicherung, Festsetzung von Festbeträgen für Arznei- und Hilfsmittel sowie der Höchstbeträge für Arzneimittel*
- *Vorgaben für Vergütungsverhandlungen und Arzneimittelvereinbarungen auf Landesebene*
- *Ausgestaltung der Telematik im Gesundheitswesen*
- *Definition von Grundsätzen zur Prävention, Selbsthilfe und Rehabilitation*

1.1.2 Unfallversicherung

Träger der gesetzlichen Unfallversicherung sind die nach Branchen gegliederten Berufsgenossenschaften. Sie haben den gesetzlichen Auftrag, Arbeits- und Schulunfälle sowie Berufskrankheiten und arbeitsbedingte Gesundheitsgefahren zu verhüten und nach Eintritt eines Versicherungsfalles den Verletzten, seine Angehörigen oder Hinterbliebenen zu entschädigen.

Der gesetzliche Unfallschutz erfasst alle abhängig Beschäftigten, Kinder, Schüler und Studierende sowie ehrenamtlich Tätige. Auch Personen, die einem Minijob nachgehen, und gemeldete Arbeitslose sind gesetzlich unfallversichert. Berufsgenossenschaften finanzieren sich ausschließlich aus Beiträgen der ihnen durch Pflichtmitgliedschaft zugeordneten Unternehmen. Die oben genannten Versicherten zahlen keine Beiträge.

Leistungen der Berufsgenossenschaften sind:

- Überwachung der über die Berufsgenossenschaften erlassenen Unfallverhütungsvorschriften
- Bezahlung von ärztlicher Heilbehandlung, Krankenhausaufenthalten, Arzneimitteln
- Bezahlung des Verletztengelds bei Verdienstausfall und Arbeitsunfähigkeit sowie die Berechnung des Krankengelds bei der Krankenversicherung
- Gewährung der Verletztenrente (abhängig vom Grad der Erwerbsminderung), wenn die Erwerbsfähigkeit nicht wieder hergestellt werden kann
- Auszahlung der Hinterbliebenenrente (in Form der Witwen-, Witwer-, Waisenrente)
- Auszahlung des Sterbegelds als Zuschuss zu den Bestattungskosten

1.1.3 Rentenversicherung

Die gesetzliche Rentenversicherung schützt die Versicherten und ihre Familien, indem sie bei Erwerbsunfähigkeit, Alter und Tod Renten zahlt. Versicherungsträger ist die Deutsche Rentenversicherung (DRV). Rentenleistungen werden erbracht in Form einer

- Erwerbsminderungsrente, die bei teilweiser oder voller Erwerbsminderung gezahlt wird,
- Altersrente, die der Versicherte erhält, wenn er ein bestimmtes Lebensalter oder bestimmte Arbeitsjahre erreicht hat,
- Witwen- oder Witwerrente, die Ehepartner nach dem Tod des Versicherten erhalten,
- Waisenrente, die Kinder von Verstorbenen bis zum Ende der ersten Berufsausbildung erhalten.

1.1.4 Arbeitslosenversicherung

Die Arbeitslosenversicherung dient der finanziellen Absicherung bei Arbeitslosigkeit und der Sicherung von Arbeitsplätzen. Die Beiträge übernehmen Arbeitgeber und Arbeitnehmer je zur Hälfte. Versicherungsträger sind die Bundesagentur für Arbeit und elf Regionaldirektionen sowie die Agenturen vor Ort. Leistungen sind:

- Arbeitsförderung mit Maßnahmen, die die Bundesagentur für Arbeit ergreift, um Beschäftigung zu sichern
- Kurzarbeiter- und Saison-Kurzarbeitergeld, damit z. B. Arbeitnehmer im Baugewerbe ganzjährig beschäftigt werden können
- Maßnahmen zur Arbeitsbeschaffung für schwer zu vermittelnde Arbeitslose
- Personal-Service-Agenturen zur Vermittlung von Stellen
- Arbeitslosengeld I und II, die nach dem Tag der Arbeitslosmeldung gezahlt werden

1.1.5 Pflegeversicherung

1995 wurde mit der Pflegeversicherung neben Kranken-, Arbeitslosen-, Unfall- und Rentenversicherung die fünfte Säule des Sozialversicherungssystems errichtet. Die gesetzliche Pflegeversicherung dient der finanziellen Absicherung bei Pflegebedürftigkeit. Beiträge leisten Arbeitgeber und Arbeitnehmer jeweils zur Hälfte. Leistungen richten sich nach der Pflegedürftigkeit, die in drei Pflegestufen eingeteilt ist (s. S. 32).

Die Träger der Pflegeversicherung sind die Pflegekassen, die bei den gesetzlichen Krankenkassen errichtet wurden. Alle in der gesetzlichen Krankenversicherung Versicherten sind in die „soziale Pflegeversicherung" einbezogen. Alle privat Krankenversicherten müssen eine private Pflicht-Pflegeversicherung abschließen. Derzeit liegt der Beitrag zur Pflegeversicherung bei 1,95 % des Bruttoeinkommens, Kinderlose zahlen 2,2 %.

Im Jahr 2010 wurden über 3 Mio. Menschen mithilfe der Pflegeversicherung versorgt. Die Pflegekassen haben einen festen Satz pro Pflegestufe. Damit kann nicht der komplette Heimplatz bezahlt werden; den Rest müssen die Bewohner selbst aufbringen. Weil etwa jede dritte Bewohnerin nicht über genügend Mittel verfügt, um den Heimplatz selbst zu finanzieren, springt in diesen Fällen die Sozialhilfe ein. Träger der Sozialhilfeleistungen sind die kreisfreien Städte und Landkreise. In bestimmten Fällen sind es überörtliche Träger, wie z. B. die Landschaftsverbände in Nordrhein-Westfalen oder bundesweit auch die kommunalen Jobcenter. Anträge auf Sozialhilfe sind bei der Gemeinde zu stellen, in welcher der Bedürftige seinen tatsächlichen Aufenthalt hat.

1.2 Staatliche Einrichtungen des Gesundheitssystems

Das Gesundheitssystem, auch Gesundheitswesen genannt, umfasst in der Bundesrepublik Deutschland sämtliche Einrichtungen und Personen, die zur Gesundheit der Bevölkerung beitragen, sie fördern und wiederherstellen. Eine Vielzahl staatlicher und nichtstaatlicher Institutionen ist für die gesundheitliche Versorgung tätig.

1.2.1 Gesetzgebung im Gesundheitswesen

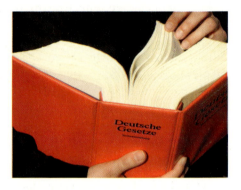

Die Kompetenz zur Gesetzgebung im Gesundheitswesen in der Bundesrepublik Deutschland ist zwischen Bund und Ländern aufgeteilt. In Artikel 74 des Grundgesetzes finden sich die wichtigsten Zuständigkeiten für das Gesundheitswesen. Den Ländern steht für bestimmte Bereiche Gesetzgebungsbefugnis zu, solange und soweit der Bund auf diesen Gebieten von seinem Gesetzgebungsrecht keinen Gebrauch macht.

Um Einheitlichkeit im gesamten Bundesgebiet sicherzustellen, hat der Bund für viele Gebiete des Gesundheitswesens Bundesgesetze erlassen. Dazu zählen z. B.:

- Bundesärzteordnung, Zahnheilkundegesetz, Ausbildungsordnungen für Ärzte, Zahnärzte, Tierärzte, Apotheker sowie für nicht ärztliche Heilberufe
- Arzneimittelgesetz, Betäubungsmittelgesetz
- Medizinproduktegesetz
- Krankenhausfinanzierungsgesetz
- Infektionsschutzgesetz

Das **Sozialgesetzbuch** (SGB) ist ein umfassendes Gesetzeswerk, das in zwölf Teilen das gesamte Sozialrecht vereint. Das SGB enthält sowohl Regelungen über die verschiedenen Zweige der oben dargestellten fünf Säulen der Sozialversicherung als auch Regelungen für weitere Leistungen staatlicher Fürsorge, die aus Steuermitteln finanziert werden.

SGB I	Allgemeiner Teil
SGB II	Grundsicherung für Arbeitssuchende
SGB III	Arbeitsförderung (früher: AFG)
SGB IV	Gemeinsame Vorschriften für die Sozialversicherung
SGB V	Gesetzliche Krankenversicherung
SGB VI	Gesetzliche Rentenversicherung
SGB VII	Gesetzliche Unfallversicherung
SGB VIII	Kinder- und Jugendhilfe (KJHG)
SGB IX	Rehabilitation und Teilhabe behinderter Menschen (früher: SchwBehG)
SGB X	Verwaltungsverfahren und Sozialdatenschutz
SGB XI	Soziale Pflegeversicherung
SGB XII	Sozialhilfe (früher: BSHG)

1.2.2 Bundesministerien und -behörden des Gesundheitswesens

Die Aufgaben des Gesundheitswesens nehmen auf Bundes- und Landesebene unterschiedliche Ministerien und Behörden wahr, denn Gesundheitsthemen werden in der Politik zunehmend als Querschnittsaufgaben verstanden. Auf Bundesebene beschäftigen sich vor allem folgende fünf Ministerien mit Themen und Fragestellungen des Gesundheitswesens:

- **Bundesministerium für Gesundheit (BMG):** Es ist vor allem zuständig für Leistungen und Finanzierung des Gesundheitswesens, Gesundheitsversorgung, Krankenversicherung, Ausbildung in den Gesundheitsberufen, Bekämpfung chronischer Krankheiten. Neben der nationalen Gesundheitspolitik gehört auch die europäische und internationale Gesundheitspolitik zu den Aufgaben des BMG.

- **Bundesministerium für Arbeit und Soziales (BMAS):** In seine Zuständigkeit fallen mit Ausnahme der gesetzlichen Krankenversicherung alle gesetzlichen Sozialversicherungen: die Renten-, Arbeitslosen-, Unfall- und Pflegeversicherung. Darüber hinaus ist das BMAS zuständig für die Arbeits-, Sozial- und Versorgungsmedizin sowie die Rehabilitation und den Arbeitsschutz.

- **Bundesministerium für Ernährung, Landwirtschaft und Verbraucherschutz (BMELV):** Es ist u.a. zuständig für Lebensmittelsicherheit, Gewässer- und Bodenschutz, und mit der Bereitstellung von Informationen für Verbraucher beauftragt.

- **Bundesministerium für Umwelt, Naturschutz und Reaktorsicherheit (BMU):** Es ist zuständig für Fragen des Gesundheitsschutzes, die im Zusammenhang mit Belastungen der Umwelt stehen, und befasst sich mit entsprechenden Problemen in den Sektoren Luftreinhaltung, Gewässer- und Bodenschutz, Lärm- und Strahlenschutz. Das „Umweltbundesamt", das „Bundesamt für Strahlenschutz" und das „Bundesamt für Naturschutz" unterstützen das BMU in Fragen des gesundheitsbezogenen Umweltschutzes und erarbeiten wissenschaftliche und technische Grundlagen für die Entscheidungsfindung der Bundesregierung.

- **Bundesministerium für Bildung und Forschung (BMBF):** Es fördert u.a. ressortübergreifend in verschiedenen Programmen Themen mit Bezug zur Gesundheitsforschung. Gefördert werden über Ausschreibungen Forschungsprojekte zu Themen wie Krankheitsbekämpfung, Gesundheitsversorgung oder auch Forschung zu Medizinprodukten und medizinisch-technologischen Entwicklungen.

Zur wissenschaftlichen Beratung und zur Erledigung bestimmter Verwaltungsaufgaben auf dem Gesundheitssektor wird das **Bundesministerium für Gesundheit (BMG)** von folgenden nachgeordneten Behörden unterstützt:

- **Bundeszentrale für gesundheitliche Aufklärung (BZgA):** Als Fachoberbehörde für Gesundheitsförderung entwickelt sie gemeinsam mit Kooperationspartnern Strategien zur gesundheitlichen Aufklärung und Prävention und setzt sie in Kampagnen und Projekten um, wie z. B. die Organspende- oder Blut- und Plasmaspende-Kampagne.

- **Deutsches Institut für medizinische Dokumentation (DIMDI):** Es entwickelt und betreibt datenbankgestützte Informationssysteme für Arzneimittel- und Medizinprodukte und verantwortet ein Programm zur Bewertung medizinischer Verfahren und Technologien. Das DIMDI ist Herausgeber amtlicher medizinischer Klassifikationen wie ICD-10-GM oder OPS (s. S. 171 f.).

- **Paul-Ehrlich-Institut (PEI):** Zu den Aufgaben des PEI gehören u. a. die Zulassung und staatliche Chargenfreigabe von biomedizinischen Arzneimitteln sowie die Genehmigung klinischer Prüfungen in diesem Bereich. Das betrifft z. B. Impfstoffe und Sera für Mensch und Tier.

- **Robert Koch-Institut (RKI):** Es bewertet, analysiert und erforscht Krankheiten von hoher Gefährlichkeit, weitem Verbreitungsgrad oder großer öffentlicher oder gesundheitspolitischer Bedeutung, wie z. B. HIV/Aids, Krebs, Allergien und Infektionskrankheiten. Beim RKI ist auch die „Ständige Impfkommission" (STIKO) angesiedelt, die Impfempfehlungen erarbeitet. Außerdem ist es verantwortlich für die inhaltliche Bearbeitung und Koordinierung der Gesundheitsberichterstattung des Bundes. Vom RKI werden auch gesetzliche und wissenschaftliche Aufgaben auf den Gebieten Gentechnik und biologische Sicherheit wahrgenommen.

- **Bundesinstitut für Arzneimittel und Medizinprodukte (BfArM):** Zu den Aufgaben gehören die Zulassung von Arzneimitteln, die Registrierung homöopathischer Arzneimittel, die Risikobewertung von Arzneimitteln und Medizinprodukten (etwa Herzschrittmacher, Computertomografen, Implantate) sowie die Überwachung des legalen Verkehrs mit Betäubungsmitteln und Grundstoffen.

EXKURS: Die Weltgesundheitsorganisation (WHO)

Die **Weltgesundheitsorganisation** (World Health Organization, WHO) ist eine Sonderorganisation der Vereinten Nationen mit Sitz in Genf (Schweiz). Sie wurde am 7. April 1948 gegründet und zählt 193 Mitgliedstaaten. Sie ist die Koordinationsbehörde der Vereinten Nationen für das internationale öffentliche Gesundheitswesen und sieht ihre Aufgabe darin, allen Völkern zur Erreichung des bestmöglichen Gesundheitszustandes zu verhelfen. Alle Menschen auf der Welt sollen einen Grad an Gesundheit erreichen, mit dem es möglich ist, ein sozial und wirtschaftlich produktives Leben zu führen.

„Die Gesundheit ist ein Zustand des vollständigen körperlichen, geistigen und sozialen Wohlergehens und nicht nur das Fehlen von Krankheit oder Gebrechen." (Weltgesundheitsorganisation WHO, 1946)

In der **Ottawa-Charta** von 1986 wird die Definition durch das Konzept der **Gesundheitsförderung** weiterentwickelt. Zur Erreichung dieses Zustandes sollen Einzelne und Gruppen ihre Bedürfnisse befriedigen, ihre Wünsche und Hoffnungen wahrnehmen und verwirklichen sowie ihre Umwelt aktiv gestalten und verändern können. Gesundheit in diesem erweiterten Sinn wird nicht nur als Lebensziel, sondern als wesentlicher Bestandteil des alltäglichen Lebens verstanden.

Die WHO koordiniert weltweit nationale und internationale Aktivitäten und Impfprogramme, um übertragbare Krankheiten wie Aids, Malaria, Grippe u. a. zu bekämpfen. Sie erhebt regelmäßig

Gesundheits- und Krankheitsdaten und veröffentlicht die Ergebnisse in nationalen und internationalen Berichten und Studien. Darüber hinaus unterstützt sie beim Aufbau von möglichst wirksamen und kostengünstigen Gesundheitssystemen in Entwicklungsländern oder erstellt auch eine internationale Liste von unentbehrlichen Arzneimitteln, die in jedem Land allen Menschen zur Verfügung gestellt werden sollen.

1.2.3 Landesministerien und -behörden des Gesundheitswesens

- **Gesundheitsminister in den Ländern:** Die für Gesundheitsfragen zuständigen Landesminister oder -senatoren sorgen für die Durchführung der vom Bund erlassenen Gesetze und bereiten eigene Gesetze vor. Zu ihren zahlreichen Verwaltungszuständigkeiten gehören die Aufsicht über nachgeordnete Behörden oder Kammern der Heilberufe sowie die Planung und Investitionsförderung im Krankenhausbereich.

- **Gesundheitsministerkonferenz:** Die Länder koordinieren ihre Arbeit im Gesundheitswesen durch die Gesundheitsministerkonferenz (GMK) und die Arbeits- und Sozialministerkonferenz (ASMK). In diesen Konferenzen werden alle Fragen von gesundheitspolitischer Bedeutung erörtert, die Bund und Länder betreffen. Bindende Beschlüsse können die Konferenzen nicht fassen, jedoch gehen von ihnen regelmäßig Empfehlungen aus.

- **Gemeinschaftseinrichtungen der Länder:** Dazu gehören die Akademien für öffentliches Gesundheitswesen in Düsseldorf und München. Für die Vorbereitung und Auswertung von schriftlichen Prüfungen im Rahmen der Ärzte- und Apothekerausbildung tragen die Länder gemeinsam das Institut für medizinische und pharmazeutische Prüfungsfragen (IMPP) in Mainz. Zur Akkreditierung von Zertifizierungsstellen nach dem europäischen Medizinprodukterecht haben die Länder die Zentralstelle der Länder für Sicherheitstechnik (ZLS) in München und die Zentralstelle der Länder für Gesundheitsschutz bei Medizinprodukten (ZLG) in Bonn eingesetzt.

- **Landesgesundheitsräte:** In Bayern, Niedersachsen, Rheinland-Pfalz, Saarland und Schleswig-Holstein bestehen zur wissenschaftlichen Beratung der Gesundheitsminister Landesgesundheitsräte.

- **Öffentlicher Gesundheitsdienst:** Wichtige staatliche Aufgaben im Gesundheitswesen werden durch den öffentlichen Gesundheitsdienst erfüllt. Der öffentliche Gesundheitsdienst arbeitet in den Ländern auf verschiedenen Ebenen.
  Die praktische Arbeit vor Ort wird im gesamten Bundesgebiet von über 400 **Gesundheitsämtern** geleistet. Leiter eines Gesundheitsamtes ist der Amtsarzt mit einer besonderen Qualifikation. Daneben sind, je nach Größe des Gesundheitsamtes, haupt- und nebenamtliche Ärzte und Zahnärzte, Sozialarbeiter und Psychologen, Gesundheitsingenieure, Radiologie- und Laborassistenten, sozialmedizinische Assistenten, Desinfektoren und Gesundheitsaufseher beschäftigt.

  Folgende Aufgaben werden vornehmlich vom öffentlichen Gesundheitsdienst wahrgenommen:
  - Verhütung und Bekämpfung übertragbarer Krankheiten
  - Überwachung von Wasser, Boden und Luft, allgemein als Hygiene bezeichnet

- Aufsicht über Einrichtungen des Gesundheitswesens: Krankenhäuser, Praxen von Ärzten, Zahnärzten oder Heilpraktikern, Apotheken, Einrichtungen des Blutspendewesens, Dialysestationen, Einrichtungen des Rettungs- und Krankentransportwesens
- Überwachung von Gemeinschaftseinrichtungen: Freizeit- und Erholungsstätten, Badewesen, Sportstätten, Kinderspielplätze, Camping- und Zeltlagerplätze, Flugplätze, Häfen, Bahnhöfe
- Überwachung des Verkehrs mit Lebensmitteln, Arzneien und Giften
- Überwachung der Mitarbeiter aller Berufe im Gesundheitswesen
- gesundheitliche Aufklärung und Gesundheitserziehung
- Schulgesundheitspflege
- Mutter-und-Kind-Beratung
- vorbeugende Gesundheitshilfe sowie gesundheitliche Beratung und Betreuung von Patienten mit Tuberkulose, Geschlechtskrankheiten sowie von Menschen mit Behinderung, Pflegebedürftigen und Süchtigen
- amtliche Bescheinigungen, Zeugnisse und Gutachten
- Sammlung und Auswertung von Daten, die für die Gesundheit der Bevölkerung bedeutsam sind

Lebensmittelkontrolleure testen Fruchtsaft

Zahnarztuntersuchung im Kindergarten

1.3 Bereiche und Akteure der Kranken- und Gesundheitsversorgung

1.3.1 Bereiche der Kranken- und Gesundheitsversorgung

Die medizinische Versorgung der Bevölkerung kann grundsätzlich in drei Bereiche eingeteilt werden:

1. **Primärversorgung** durch Ärzte sowie die **Akutversorgung**, die ebenfalls als Primärversorgung durch ambulante oder stationäre Aufenthalte im Krankenhaus erfolgen kann

2. **Sekundärversorgung oder Rehabilitation**, die in Fachkliniken und -einrichtungen wie Rehabilitationszentren ambulant, teil- oder vollstationär nach dem Abschluss oder zur weiteren Verbesserung einer Erstbehandlung erfolgt
3. **Tertiärversorgung oder Pflege**, die ambulant oder stationär erbracht werden kann

Das deutsche Sozialversicherungsrecht unterscheidet Vorsorge, Behandlung (Kuration), Rehabilitation und Pflege.

Sektor	Leistungen (Beispiele)
Vorsorge	**Gesundheitsförderung** • gesundheitliche Aufklärung • individuelle Gesundheitsförderung und Gesundheitsförderung in Kindertageseinrichtungen, schulische, betriebliche und kommunale Gesundheitsförderung • medizinische Vorsorge
	Prävention • Impfungen gegen Infektionskrankheiten • Karies-Gruppen- und Karies-Individualprophylaxe • Unfallverhütung im Betrieb und Arbeitsschutzmaßnahmen • Beratung und Leistungen zur Empfängnisverhütung
	Früherkennung • Früherkennung von Krankheiten, z. B. Krebserkrankungen • Kinderuntersuchungen (U1–U9) • Schuleingangsuntersuchung und Kinder- und Jugendzahngesundheit • Schwangerschaftsvorsorgeuntersuchungen
Primärversorgung durch Ärzte oder **Akutversorgung** durch Kliniken	**Diagnostik/Therapie** • niedergelassene Ärzte und Fachärzte, Klinikärzte • niedergelassene Zahnärzte, kieferorthopädische Behandlung, Zahnersatz • voll- und teilstationäre Krankenhausbehandlung, Universitätspolikliniken • prä- und poststationäre Behandlung • Rettungsdienst, ambulante Notfallversorgung • Heil- und Hilfsmittel sowie Arznei-/Verbandsmittel • sozialpädiatrische Zentren • psychiatrische Institutsambulanzen, Soziotherapie, sozialpsychiatrischer Dienst
Rehabilitation	**Selbsthilfe/Patientengruppen** • Förderung der Selbsthilfe • Patienteninformation und Patientenberatung
	Rehabilitation • medizinische Rehabilitation, einschließlich Anschlussheilbehandlung • Teilhabe am Arbeitsleben und am Leben in der Gemeinschaft • medizinische Rehabilitation für Mütter • niederschwellige Angebote für psychisch kranke Menschen
Pflege	**Pflege** • häusliche (Kranken-)Pflege • teilstationäre und stationäre Pflege/Heimpflege • stationäre Hospize

1.3.2 Patientenorientierung im Gesundheitswesen

Seit den 1990er-Jahren werden Patienten oder Versicherte zunehmend als Kunden des Gesundheitswesens bezeichnet. Dahinter steht der Anspruch, dass die Gestaltung des Gesundheitswesens sich stärker an den Nutzern orientieren soll.

Damit verbunden ist auch die Erwartung, dass Patienten nicht länger passiv Leidende sind, welche die Fürsorge und Hilfe der ärztlichen und pflegerischen Professionen unhinterfragt in Anspruch nehmen, sondern zu aktiven Partnern werden. Versicherte sollen und wollen, so die Erwartung, Einfluss auf das Spektrum der finanzierten Leistungen in der gesetzlichen Krankenversicherung (GKV) nehmen.

Das Bundesministerium für Gesundheit (BMG) hat in den vergangenen Jahren mit Unterstützung der Selbstverwaltungsorgane (Krankenkassen, (Zahn-)Ärztekammern, kassen(zahn)ärztliche Vereinigungen, Krankenhausgesellschaften) politisch-rechtliche Rahmenbedingungen für mehr Bürger- und Patientenorientierung im Gesundheitswesen geschaffen. Dazu zählen u. a.:
- Verankerung einer Beratungsbeteiligung von **Patientenvertretern** in Entscheidungsgremien des Gesundheitswesens
- Etablierung eines Patientenbeauftragten
- Stärkung der Patientenrechte und Förderung unabhängiger Einrichtungen der Verbraucher- und Patientenberatung

Mit einer Stärkung und Unterstützung von Patienten soll auch deren Beziehung zu Kostenträgern und Leistungsanbietern gestärkt werden. Krankenkassen stehen aufgrund des einheitlichen Beitragssatzes vermehrt im Wettbewerb und suchen Patienten als neue Kunden. Um wählen zu können, müssen Kunden gut informiert sein. Leistungsanbieter wie Krankenhäuser, Arztpraxen, Apotheken, Physiotherapiepraxen, Logo- und Ergotherapeuten u. a. erkennen Patienten insbesondere dann als Kunden an, wenn es um die Bezahlung zusätzlicher Leistungen geht, die nicht von den Kostenträgern erstattet werden.

EXKURS: Gemeinsamer Bundesausschuss (G-BA)

Ein Beispiel für die Beteiligung von Patientenvertretern in Entscheidungsgremien des Gesundheitswesens ist der Gemeinsame Bundesausschuss (G-BA). Er wurde am 1. Januar 2004 durch das Gesetz zur Modernisierung der gesetzlichen Krankenversicherung (GMG) gegründet. Er ist das oberste Beschlussgremium der Selbstverwaltung im Gesundheitswesen in Deutschland und hat die Kompetenz, bindende Richtlinien zu erlassen. Er legt z. B. den Leistungskatalog der gesetzlichen Krankenversicherung (GKV) für mehr als 70 Mio. Versicherte fest und bestimmt damit, welche Leistungen der medizinischen Versorgung von der GKV erstattet werden. Darüber hinaus beschließt der G-BA Maßnahmen der Qualitätssicherung für den ambulanten und stationären Bereich des Gesundheitswesens.

Gemeinsamer Bundesausschuss nach § 91 SGB V

13 stimmberechtigte Mitglieder

Vorsitzender
2 unparteiische Mitglieder

5 Vertreter der GKV:
GKV-Spitzenverband

5 Vertreter der Leistungserbringer:
DKG, KBV, KZBV

max. 5 Patientenvertreter

Alle Entscheidungen werden in einem sektorenübergreifend besetzten Beschlussgremium getroffen, in dem auch fünf Patientenvertreter sitzen.

1.3.3 Ambulanter Bereich

Bedarf und Bedarfsplanung

Seit Mitte 2000 wird in den Medien darüber berichtet, dass insbesondere in den ländlichen Gebieten die Versorgung durch Ärzte, speziell Hausärzte, gefährdet ist. So wird in der Gesundheitsberichterstattung des Bundes festgehalten, dass 2015 etwa ein Drittel aller Hausärzte aus dem Berufsleben ausscheiden wird. Man erwartet, dass der damit verbundene Hausärztemangel und die Überalterung der Ärzte zu einer Unterversorgung insbesondere in ländlichen Gebieten führen werden. Mit 390 berufstätigen Ärzten auf 100.000 Einwohner nimmt Deutschland jedoch international einen Spitzenplatz ein. Seit Anfang der 1970er-Jahre hat sich die Arztdichte mehr als verdoppelt.

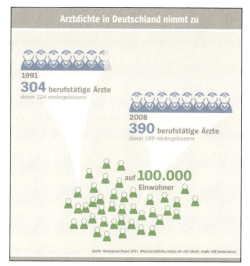 

Ärztliche Versorgung in Deutschland (2008) und internationaler Vergleich (2000)

Eine **Bedarfsplanung** regelt, wie viele Ärzte und Psychotherapeuten es in einer Region geben muss, um eine ausreichende ambulante Versorgung zu gewährleisten. Die Bedarfsplanung wurde 1993 eingeführt, um in überversorgten Regionen weitere Niederlassungen von Ärzten und Psychotherapeuten zu verhindern. Seitdem gilt: Ärzte und Psychotherapeuten können sich nur neu niederlassen oder anstellen lassen, wenn es einen freien Arztsitz gibt. Die Berufsausübung als Vertragsarzt oder -psychotherapeut ist nur noch in den Fachgebieten möglich, die nicht wegen Überversorgung gesperrt sind. Ob ein Bereich für eine Niederlassung oder Anstellung „offen" oder „gesperrt" ist, legt der Landesausschuss der Ärzte und Krankenkassen regelmäßig fest.

Nach dem Maßstab der Bedarfsplanung von 2009 für ambulant tätige Ärzte herrscht insgesamt kein Mangel. Über alle Altersgruppen hinweg wird das Plansoll bundesweit um 26% übertroffen, selbst bei den Hausärzten noch um 8%. Auf Landesebene gibt es nur in Sachsen-Anhalt eine Unterdeckung (94,4%), bundesweit sind 47% aller Planungskreise mit Hausärzten überversorgt.

Eine Untersuchung (www.wido.de) kommt zu dem Ergebnis, dass es insgesamt mehr Hausärzte gibt als im Rahmen der Bedarfsplanung nötig wären. Bei Fachärzten ergibt sich im Rahmen dieser Studie ein noch ausgeprägteres Bild: Mit Internisten sind alle Planungskreise überversorgt, bei den Hautärzte wird eine Versorgungsquote von 92 % und bei den Augenärzten von 84 % erreicht.

Jedoch weist die Studie auch enorme regionale Unterschiede auf. Lokaler Unterversorgung in einigen Landstrichen steht eine massive Überversorgung in vielen Ballungsgebieten gegenüber. In der vertragsärztlichen Bedarfsplanung gilt ein Planungsbereich (häufig identisch mit Landkreisen/Großstädten) als unterversorgt, wenn mehr als 25 % (Hausärzte) bzw. mehr als 50 % (Fachärzte) der laut Plan vorgesehenen Vertragssitze nicht besetzt sind. Als überversorgt gilt ein Bereich, wenn das Plansoll um mehr als 10 % überschritten ist.

Zurzeit befindet sich ein neues „Gesetz zur Verbesserung der Versorgungsstrukturen in der Gesetzlichen Krankenversicherung" in Vorbereitung. Es soll u. a. die wohnortnahe, flächendeckende medizinische Versorgung sicherstellen. Dazu sind u. a. folgende Maßnahmen geplant:

- erweiterte Einwirkungsmöglichkeiten der Länder auf die Bedarfsplanung
- Anreize im Vergütungssystem für Ärzte zur Förderung der ländlichen Versorgung

Arztpraxen

In der ambulanten Gesundheitsversorgung übernehmen Arztpraxen eine führende Rolle, da in ihnen ein Großteil aller Leistungen im Gesundheitssystem erbracht oder veranlasst wird (durch Verschreibung und Überweisung).

Die meisten niedergelassenen Mediziner nehmen als Vertragsärzte an der Versorgung der gesetzlich Versicherten teil. Die **Sicherstellung der Versorgung** sowie das Zusammenwirken von Ärzten, Krankenkassen, kassenärztlichen Vereinigungen und kassenärztlicher Bundesvereinigung sind im Fünften Sozialgesetzbuch geregelt (§§ 70–75 SGB V). Mit dem Begriff der Sicherstellung wird „die Sicherung des Zugangs der Bevölkerung zu allen erforderlichen Versorgungsleistungen innerhalb eines zumutbaren räumlichen und zeitlichen Rahmens bezeichnet". Dieser Anspruch der Bevölkerung ist Teil der allgemeinen Daseinsvorsorge des Staates. Für den vertragsärztlichen Bereich liegt der Sicherstellungsauftrag bei den kassenärztlichen Vereinigungen und der kassenärztlichen Bundesvereinigung.

EXKURS: Kassenärztliche Vereinigung

Den **kassenärztlichen Vereinigungen** (KV) gehören in Deutschland alle Ärzte und Psychotherapeuten an, die zur ambulanten Behandlung von Versicherten der gesetzlichen Krankenversicherungen zugelassen oder ermächtigt sind (Vertragsärzte). Zahnärzte gehören entsprechend den kassenzahnärztlichen Vereinigungen (KZVs) an. Regional sind die Vereinigungen in den Bundesländern entsprechend gegliedert, mit Ausnahme von Nordrhein-Westfalen, das in die KV Nordrhein und die KV Westfalen-Lippe unterteilt ist; Gleiches gilt für die KZV.

Auf Bundesebene gibt es die **kassenärztliche Bundesvereinigung** und die kassenzahnärztliche Bundesvereinigung als Beratungsgremien ohne Weisungsbefugnis. Die KV sind Körperschaften des öffentlichen Rechts. Die Dachorganisationen unterstehen der Aufsicht des Bundesgesundheitsministeriums, die Landesorganisationen der Aufsicht des für ihren räumlichen Bereich zuständigen Landesgesundheitsministeriums.

Ärzte können in Einzelpraxen, Praxisgemeinschaften, Gemeinschaftspraxen oder auch in einem Medizinischen Versorgungszentrum (MVZ) arbeiten.

- Im Rahmen einer **Praxisgemeinschaft** organisieren Ärzte gleicher oder verschiedener Fachrichtungen zusammen ihren Praxisalltag, indem sie die gleichen Räume nutzen und gemeinsam Mitarbeiter beschäftigen. Sie bleiben jedoch innerhalb der Praxisgemeinschaft selbstständig und rechnen ihre Leistungen mit den Krankenkassen und Versorgungsträgern einzeln ab.

- Die **Gemeinschaftspraxis** funktioniert nach dem gleichen Prinzip, jedoch mit dem Unterschied, dass auch die Leistungsabrechnung gemeinsam erfolgt.

- Ein **Medizinisches Versorgungszentrum** ist im Vergleich dazu ein Zusammenschluss von verschiedenen Berufsgruppen, dem neben Ärzten auch Apotheker, Physiotherapeuten und andere Leistungserbringer als gleichberechtigte Partner (Gesellschafter) angehören können. Auch Krankenhäuser können Gesellschafter in einem MVZ sein. Der Geschäftsführung der Trägergesellschaften eines MVZ muss mindestens ein Arzt angehören.

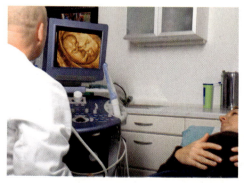

Nicht nur bei der Anschaffung teurer medizinischer Untersuchungsgeräte zeigen sich die Vorteile von Praxisgemeinschaften bzw. Gemeinschaftspraxen.

Gesundheitszentrum: medizinische Versorgung unter einem Dach

1.3.4 Stationärer Bereich

Entwicklung

Für die stationäre Versorgung liegt der Sicherstellungsauftrag bei den Ländern, d.h., die Länder sind für die **Bedarfsplanung** der stationären Versorgung durch Krankenhäuser zuständig. Wegen des hohen Kosten- und Wettbewerbsdrucks ist es zu Schließungen von unrentablen und eher kleineren Krankenhäusern gekommen. Seit 1991 hat sich die Anzahl der Krankenhäuser von 2.411 um 13,4 % auf 2.087 (im Jahr 2007) reduziert. Gleichzeitig hat sich auch die **Verweildauer der Patienten** in den Allgemeinkrankenhäusern von 14,0 auf 8,3 Tage verringert. Im Rahmen eines kontinuierlichen Kapazitätsabbaus wurden darüber hinaus die Betten, ausgehend von 665.565 in 1991, um ca. 24 % reduziert. Dabei werden rund 20 von 100 Einwohnern pro Jahr in einem deutschen Krankenhaus behandelt.

Strukturen und Institutionen des Gesundheitswesens

Jahr	Krankenhäuser		Patientenbewegung		
	insgesamt	aufgestellte Betten insgesamt	Fallzahl	durchschnittliche	
				Verweildauer	Bettenauslastung
	Anzahl		Anzahl	in Tagen	in %
1991	2.411	665.565	14.576.613	14,0	84,1
1992	2.381	646.995	14.974.845	13,2	83,9
1993	2.354	628.658	15.191.174	12,5	83,1
1994	2.337	618.176	15.497.702	11,9	82,5
1995	2.325	609.123	15.931.168	11,4	82,1
1996	2.269	593.743	16.165.019	10,8	80,6
1997	2.258	580.425	16.429.031	10,4	81,1
1998	2.263	571.629	16.847.477	10,1	82,3
1999	2.252	565.268	17.092.707	9,9	82,2
2000	2.242	559.651	17.262.929	9,7	81,9
2001	2.240	552.680	17.325.083	9,4	81,1
2002	2.221	547.284	17.432.272	9,2	80,1
2003	2.197	541.901	17.295.910	8,9	77,6
2004	2.166	531.333	16.801.649	8,7	75,5
2005	2.139	523.824	16.539.398	8,7	74,9
2006	2.104	510.767	16.832.883	8,5	76,3
2007	2.087	506.954	17.178.573	8,3	77,2

Entwicklung der Krankenhauszahlen 1991–2007 (vgl. Statistisches Bundesamt, 2008, S. 7)

Krankenhäuser

Neben der Pflege müssen Krankenhäuser eine 24-stündige medizinische Versorgung unterhalten, die viele Häuser im Rahmen einer medizinischen **Notfallversorgung** anbieten, meistens über eine Rettungsstelle, eine zentrale Notaufnahme oder Ambulanz. Die Ausstattung und personelle Kapazität für diese Art der Notfallversorgung sind sehr unterschiedlich. So bieten spezialisierte Traumazentren bedingt durch Ausstattung und Übung eine bessere Versorgung an. Neben der Notfallbehandlung umfasst die Krankenhausbehandlung die
- voll- und teilstationäre Behandlung,
- vor- und nachstationäre Behandlung,
- ambulante Behandlung.

Versorgungsstufen

Im Rahmen der Bedarfsplanung wurden insbesondere für die flächendeckende Versorgung auch in ländlichen Regionen verschiedene Stufen eingeführt:
- Versorgungsstufe I: Grundversorgung
- Versorgungsstufe II: Regelversorgung (Zentralversorgung)
- Versorgungsstufe III: Schwerpunktversorgung
- Versorgungsstufe IV: Maximalversorgung

Krankenhäuser der **Grundversorgung** verfügen entweder über eine Abteilung der Fachrichtung Innere Medizin oder der Chirurgie.

Krankenhäuser der **Regelversorgung** bieten beide Fachrichtungen an – Innere Medizin und Chirurgie. Diese Krankenhäuser verfügen meistens auch über die Fachrichtungen Gynäkologie/Geburtshilfe, Hals-Nasen-Ohren- (HNO) und Augenheilkunde sowie in Einzelfällen auch Orthopädie und Urologie.

In Krankenhäusern dieser beiden Stufen sind häufig **Belegärzte** tätig: Fachärzte, die nicht in Krankenhäusern angestellt sind, nutzen bzw. mieten Betten, um ihre Patienten im Krankenhaus zu behandeln. Belegarzt-Abteilungen sind häufig im Bereich der HNO- und der Augenheilkunde zu finden.

Krankenhäuser der **Schwerpunktversorgung** erfüllen in Diagnose und Therapie auch überörtliche Aufgaben. Sie haben mindestens eine Abteilung für Innere Medizin, getrennte Abteilungen für Unfallchirurgie und allgemeine Chirurgie sowie Radiologie und Anästhesie. Gegebenenfalls können sie auch Kinderheilkunde, Neurologie und andere Disziplinen vorhalten.

Krankenhäuser der **Maximalversorgung** haben noch mehr Angebote als die der Versorgungsstufe III. Sie verfügen über weitere medizinische Behandlungsangebote, z. B. auf einzelne Teilgebiete spezialisierte Abteilungen. Darüber hinaus halten sie moderne medizinische Großgeräte zur Diagnostik und Therapie vor, wie z. B. Computer- und Kernspintomografen. Vor allem **Universitätskliniken**, die Zentren für Lehre und Forschung sind, gehören dieser Versorgungsstufe an.

In zunehmendem Maße stehen einzelne Leistungsangebote von Krankenhäusern auch **ambulanten Patienten** zur Verfügung, d. h., Patienten halten sich nur für die Dauer des diagnostischen oder therapeutischen Eingriffs in der Klinik auf. Diese Entwicklung hängt mit technischen Fortschritten und mit einem veränderten Abrechnungssystem (DRG, s. S. 173) zusammen. Während früher viele Eingriffe nur während eines stationären Aufenthalts durchgeführt werden konnten, sind heute viele Maßnahmen für den Patienten schonender und schneller möglich. Der Umstieg von Liegezeiten auf Fallpauschalen (DRG, s. S. 173) hat neue Anreize gesetzt, die Patientenverweildauer in den Krankenhäusern zu verkürzen.

Eine weitere Variante bildet die **teilstationäre Aufnahme**, z. B. nach kleineren Operationen. Die Voruntersuchungen werden ambulant durchgeführt, am Operationstag wird der Patient teilstationär aufgenommen und nach der Operation überwacht. Bei einem komplikationslosen Verlauf verlässt der Patient abends die Klinik und stellt sich zur Nachsorge ambulant vor.

Die Zunahme ambulanter und teilstationärer Patientenaufenthalte wirkt sich auch auf die Krankenhauslandschaft in Deutschland aus. Trotz steigender Patientenzahlen, den sogenannten Fallzahlen, sinkt wegen der verringerten Verweildauer die Zahl der Krankenhausbetten.

1.3.5 Rehabilitation

Nach SGB V soll Rehabilitation im Rahmen der Vorsorge

- eine Schwächung der Gesundheit beseitigen, die in absehbarer Zeit voraussichtlich zu einer Krankheit führen würde, oder
- einer Gefährdung der gesundheitlichen Entwicklung eines Kindes entgegenwirken.

Im Rahmen der Rehabilitation dient die Behandlung dazu,

- eine Krankheit zu heilen,
- ihre Verschlimmerung zu verhüten,
- Krankheitsbeschwerden zu lindern,
- im Anschluss an Krankenhausbehandlung den dabei erzielten Behandlungserfolg zu sichern oder zu festigen,
- einer drohenden Behinderung oder Pflegebedürftigkeit vorzubeugen, sie nach Eintritt zu beseitigen, zu bessern oder eine Verschlimmerung zu verhüten.

Für die Rehabilitation ist in erster Linie die Deutsche Rentenversicherung (DRV) zuständig. 1975 erhielt auch die gesetzliche Krankenversicherung (GKV) einen eigenen gesetzlichen Auftrag zur Rehabilitation. Neben DRV und GKV erbringen auch die gesetzliche Unfallversicherung (GUV), die Kriegsopferversorgung und die Sozialhilfe Leistungen zur medizinischen Rehabilitation. Ihr Anteil am Leistungsgeschehen ist aber insgesamt eher gering.

In den Bereichen Vorsorge und medizinische Rehabilitation gilt es grundsätzlich zu unterscheiden zwischen medizinischen Vorsorgeleistungen, medizinischen Rehaleistungen, Anschlussheilbehandlungen und Frührehabilitation.

- **Medizinische Vorsorgeleistungen** werden vor allem von der GKV finanziert. Sie dienen dem Zweck, Gefährdungen oder Schwächungen der Gesundheit entgegenzuwirken und Pflegebedürftigkeit zu vermeiden. Zu ihnen zählen die klassischen Bäderkuren, bei denen die Behandlungs- und Unterbringungskosten ganz oder teilweise übernommen werden.
- **Medizinische Rehaleistungen** können ambulant oder stationär durchgeführt werden. Die gesetzliche Krankenversicherung ist laut SGB V für Maßnahmen zuständig, die einer drohenden Behinderung oder Pflegebedürftigkeit vorbeugen oder eine bereits eingetretene Behinderung oder Pflegebedürftigkeit beseitigen, bessern oder sie daran hindern, sich zu verschlimmern.
Von der Deutschen Rentenversicherung getragene medizinische Rehabilitation erfolgt vornehmlich stationär und dient dazu, eine Beeinträchtigung der Erwerbstätigkeit der Versicherten zu vermeiden. Darüber hinaus hat die DRV einen Versorgungsauftrag für präventive und berufsfördernde Leistungen.
Die gesetzliche Unfallversicherung ist zuständig, wenn gesundheitliche und funktionelle Einschränkungen infolge eines Arbeits- oder Wegeunfalls auftreten. Dies gilt nicht nur für die medizinische Rehabilitation, sondern auch für Maßnahmen der beruflichen und sozialen Rehabilitation.
- **Anschlussheilbehandlungen (AHB)** schließen sich unmittelbar an eine Akutbehandlung an und schlagen damit eine Brücke zwischen Kuration und Rehabilitation. Sie werden vorwiegend in Rehakliniken mit entsprechender fachlicher Spezialisierung

durchgeführt. Es hat sich gezeigt, dass frühzeitig einsetzende rehabilitative Maßnahmen den Rehaerfolg deutlich erhöhen; dies ist insbesondere bei speziellen Indikationsbereichen der Fall, wie z. B. nach einem Herzinfarkt oder Schlaganfall.

- **Frührehabilitation** wird von Akutkrankenhäusern angeboten.

Nach dem SGB V sind Vorsorge- oder Rehabilitationseinrichtungen Institutionen, die der stationären Behandlung der Patienten dienen, in denen besonders geschultes Personal unter ständiger ärztlicher Verantwortung eingesetzt wird und in denen die Patienten untergebracht und verpflegt werden können. Die stationäre Behandlung muss einem ärztlichen Behandlungsplan folgen.

Vorsorge- und Rehaleistungen werden noch immer überwiegend stationär erbracht; dies ist historisch bedingt und teilweise sozialrechtlich verankert. Es gibt jedoch einen Zuwachs ambulanter Rehazentren sowie eine Zunahme von teilstationären oder ambulanten Rehabilitationsmöglichkeiten in Rehakliniken.

Patient und Therapeut in einer Rehaeinrichtung

Infolge der steigenden Lebenserwartung und der demografischen Entwicklung wird der Stellenwert der Rehabilitation insbesondere im Bereich der Geriatrie weiter zunehmen. Während es 1993 bundesweit 84 stationäre geriatrische Rehaeinrichtungen gab, stieg die Zahl in 2007 bereits auf 377. Auch die geriatrischen Fachabteilungen in allgemeinen Rehaeinrichtungen nahmen zu: von 73 in 2002 auf 133 in 2007.

Selbsthilfe

Seit 2000 ist die Förderung der Selbsthilfe gesetzlich festgeschrieben (SGB V) und wurde für die gesetzlichen Krankenkassen von der Kann- zur Pflichtleistung heraufgestuft. In Selbsthilfegruppen finden sich Menschen zusammen, die selbst von einer Krankheit betroffen oder Angehörige von Betroffenen sind. In Deutschland sind rund 3,5 Mio. Menschen in Selbsthilfegruppen organisiert. Ziel der Arbeit in der Gruppe ist die gegenseitige Hilfe. Über die Verbände von Selbsthilfegruppen werden ihre Anliegen in der Öffentlichkeit vertreten. Sie setzen sich mit Fachleuten auseinander und vertreten die Interessen der Betroffenen gegenüber Politik und Gesellschaft. Eine flächendeckende Übersicht über Selbsthilfegruppen ist unter **www.nakos.de** zu finden.

1.3.6 Pflege

Pflegebedürftigkeit

Im Zuge der demografischen Entwicklung werden immer mehr Menschen immer älter. Die Versorgung der älter werdenden Bevölkerung ist parteiübergreifend eine zentrale sozial- und gesundheitspolitische Herausforderung. Bis 2003 waren die Länder für die Vorhaltung einer leistungsfähigen, zahlenmäßig ausreichenden und wirtschaftlichen pflegerischen Versorgungsstruktur zuständig. Seit 2003 ist die Bedarfsplanung für Pflegeheime abgeschafft worden und ein Investor, der ein Pflegeheim bauen möchte, kann dies ohne Rücksicht auf den tatsächlichen Bedarf tun. Um eine möglichst hohe Auslastung mit Bewohnern zu erzielen, stehen die Pflegeheime untereinander im Wettbewerb.

	2003	2005	2007	2009
Pflegeheime	9.743	10.424	11.029	11.634
ambulante Pflegedienste	10.619	10.977	11.529	12.026

(vgl. Gesundheitsberichterstattung des Bundes, www.gbe-bund.de)

Für die Gewährung von Leistungen unterscheidet das Gesetz zwischen drei **Pflegestufen**. Dazu müssen sich Pflegebedürftige einem Einstufungstest des Medizinischen Dienstes der Krankenversicherungen (MDK) unterwerfen:

- **Pflegestufe I (erhebliche Pflegebedürftigkeit):** Personen, die bei der Körperpflege, der Ernährung oder Mobilität für wenigstens **zwei** Verrichtungen mindestens **einmal** täglich einer Hilfe bedürfen **und zusätzlich** – mehrfach in der Woche – Hilfen bei der hauswirtschaftlichen Versorgung benötigen. Pflegezeit mindestens **90 Minuten** täglich, wobei auf die Grundpflege mindestens **46 Minuten** entfallen müssen.

- **Pflegestufe II (Schwerpflegebedürftigkeit):** Personen, die bei der Körperpflege, der Ernährung oder Mobilität mindestens **dreimal** täglich zu verschiedenen Tageszeiten der Hilfe bedürfen **und zusätzlich** – mehrfach in der Woche – Hilfen bei der hauswirtschaftlichen Versorgung benötigen. Pflegezeit mindestens **drei Stunden** täglich, wobei auf die Grundpflege mindestens **zwei Stunden** entfallen müssen.

- **Pflegestufe III (Schwerstpflegebedürftigkeit):** Personen, die bei der Körperpflege, der Ernährung oder Mobilität täglich „rund um die Uhr", auch nachts, der Hilfe bedürfen **und zusätzlich** – mehrfach in der Woche – Hilfen bei der hauswirtschaftlichen Versorgung benötigen. Pflegezeit mindestens **fünf Stunden** täglich, wobei auf die Grundpflege mindestens **vier Stunden** entfallen müssen.

EXKURS: Medizinischer Dienst der Krankenversicherung (MDK) – Aufgaben

Der Medizinische Dienst der Krankenversicherung (MDK) berät die gesetzlichen Kranken- und Pflegekassen bei der Wahrnehmung ihrer Arbeit. Im Einzelnen sind die Aufgaben des MDK in § 275 SGB V beschrieben. Hierzu gehören:

- *Stellungnahmen für die Krankenkassen: z. B. zu Arbeitsunfähigkeit, Notwendigkeit, Art, Umfang und Dauer von Rehabilitationsleistungen bzw. -maßnahmen, Verordnung von Arznei-, Verband-, Heil- und Hilfsmitteln*

- *Beratung in medizinischen Versorgungsfragen: z. B. Qualitätssicherung in der ambulanten und der stationären Versorgung, Krankenhausplanung*

- *Begutachtungen für die Pflegeversicherung: z. B. Überprüfung der Voraussetzungen für Pflegebedürftigkeit, Pflegestufenfeststellung*

- *Qualitätsprüfungen*

Häusliche Pflege

Nach den gesetzlichen Bestimmungen hat häusliche Pflege stets Vorrang vor stationärer Pflege. Die häusliche Pflege ermöglicht es, die Pflegebedürftigen in ihrem vertrauten Umfeld zu versorgen. Die häusliche oder ambulante Pflege kann Grundpflege und/oder

Krankenpflege, auch Behandlungspflege genannt, umfassen. Während die Grundpflege von der Pflegeversicherung finanziert wird, bedürfen Leistungen der häuslichen Krankenpflege (Behandlungspflege) einer ärztlichen Verordnung und werden von der Krankenkasse finanziert.

Grundpflege

Die gesetzliche Pflegeversicherung (SGB XI) trat erstmalig im Januar 1995 in Kraft und stellt für pflegebedürftige Personen die pflegerische Grundversorgung, d. h. die Grundpflege, sicher. Pflegebedürftig sind Personen, „die wegen einer körperlichen, geistigen oder seelischen Krankheit oder Behinderung für die gewöhnlichen und regelmäßig wiederkehrenden Verrichtungen im Ablauf des täglichen Lebens auf Dauer, voraussichtlich für mindestens sechs Monate, in erheblichem oder höherem Maße der Hilfe bedürfen". Die Hilfe besteht in der Unterstützung, in der teilweisen oder vollständigen Übernahme der Verrichtungen im Ablauf des täglichen Lebens oder in Beaufsichtigung oder Anleitung mit dem Ziel der eigenständigen Übernahme dieser Verrichtungen. Dazu gehören die Verrichtungen folgender vier Bereiche:

1. **Körperpflege:** Waschen, Duschen, Baden, Zahnpflege, Kämmen, Rasieren, Darm- und Blasenentleerung
2. **Ernährung:** mundgerechtes Zubereiten oder Aufnahme der Nahrung
3. **Mobilität:** selbstständiges Aufstehen und Zu-Bett-Gehen, An- und Auskleiden, Gehen, Stehen, Treppensteigen oder Verlassen und Wiederaufsuchen der Wohnung
4. **hauswirtschaftliche Versorgung:** Einkaufen, Kochen, Reinigen der Wohnung, Spülen, Wechseln und Waschen der Wäsche und Kleidung oder Beheizen der Wohnung

Behandlungspflege

Bei der häuslichen Krankenpflege unterscheidet man zwischen Krankenhausvermeidungspflege (§ 37 Abs. 1 SGB V) und Sicherungspflege (§ 37 Abs. 2 SGB V).

- **Krankenhausvermeidungspflege** wird von den Kassen bewilligt, wenn eine Krankenhausbehandlung geboten wäre, aber nicht durchführbar ist, oder wenn durch die häusliche Pflege ein Krankenhausaufenthalt vermieden oder verkürzt werden kann. Gründe für eine nicht durchführbare Krankenhausbehandlung können beispielsweise sein: die fehlende Transportfähigkeit des Versicherten, die fehlende Bereitschaft, sich einer Krankenhausbehandlung zu unterziehen, oder in seltenen Fällen auch das Fehlen einer geeigneten Einrichtung.

- **Sicherungspflege** kann dagegen verordnet werden, wenn sich eine ambulante ärztliche Behandlung nur mit Unterstützung der häuslichen Krankenpflege durchführen und in ihrem Erfolg sichern lässt. Meist handelt es sich bei der Sicherungspflege um sogenannte Behandlungspflege, die im Gegensatz zur Grundpflege direkter Teil der Therapie ist (z. B. Verbandswechsel).

Stationäre und teilstationäre Pflege

Stationäre Pflegeeinrichtungen sind Pflegeeinrichtungen, in denen Pflegebedürftige unter ständiger Verantwortung einer ausgebildeten Pflegefachkraft gepflegt werden und ganztägig (vollstationär) untergebracht und verpflegt werden können, z. B. Altenpflegeheime. **Teilstationäre Pflegeeinrichtungen** unterscheiden sich von den stationären dadurch, dass die Pflegebedürftigen zeitlich befristete Pflege und Betreuung erhalten. Zu den Einrichtungen der teilstationären Pflege zählen Tages-, Nacht- und Kurzzeitpflege.

Grundsätzlich dürfen Pflegebedürftige frei entscheiden, ob sie zu Hause oder in einer stationären Pflegeeinrichtung gepflegt werden möchten. Entscheiden sie sich für eine stationäre Pflege, obwohl dies nicht erforderlich ist, können sie nur die Leistungen der Pflegeversicherung in Anspruch nehmen, die ihnen auch bei häuslicher Pflege zustehen würden.

Die Spitzenverbände der Pflegekassen haben in den Pflegebedürftigkeits-Richtlinien folgende Kriterien für die Erforderlichkeit der stationären Pflege festgelegt:
- Fehlen einer Pflegeperson
- fehlende Pflegebereitschaft möglicher Pflegepersonen
- drohende oder bereits eingetretene Überforderung der Pflegepersonen
- drohende oder bereits eingetretene Verwahrlosung des Pflegebedürftigen
- Eigen- oder Fremdgefährdungstendenzen des Pflegebedürftigen
- räumliche Gegebenheiten im häuslichen Bereich, die keine häusliche Pflege ermöglichen und durch Maßnahmen zur Verbesserung des individuellen Wohnumfeldes nicht verbessert werden können

Pflegebedürftige, die in einem Heim leben, unterliegen der Pflicht, sich von Gutachtern des **Medizinischen Dienstes der Krankenversicherungen (MDK)** in eine der drei Pflegestufen einordnen zu lassen. Sie erhalten entsprechend dieser Einstufung Leistungen aus der Pflegeversicherung (s. Kapitel 1.1.5). Dabei handelt es sich um Pauschalbeträge für die Kosten der stationären Grundpflege, der sozialen Betreuung und der medizinischen Behandlungspflege.

Zusätzlich zur stationären Pflege anfallende Kosten für Unterkunft und Verpflegung im Heim, sogenannte **Hotelkosten**, müssen von den Pflegebedürftigen oder ihren Angehörigen grundsätzlich selbst getragen werden. Soweit die **Investitionskosten** der Einrichtung nicht durch öffentliche Fördermittel in vollem Umfang gedeckt sind, kann die Pflegeeinrichtung den nicht gedeckten Teil den Pflegebedürftigen gesondert in Rechnung stellen.

Hospize und palliative Versorgung

Hospize sind in den letzen Jahren zunehmend in den Fokus gerückt, wenn es um die Begleitung und Versorgung sterbenskranker Menschen geht. Träger von Hospizen haben sich zum Ziel gesetzt, ganzheitliche Sterbe- und Trauerbegleitung für den Sterbenden und seine Angehörigen anzubieten. Die palliative Versorgung, d. h. die Sorge für Schmerzfreiheit und Lebensqualität, steht dabei im Vordergrund. Nach Definition der WHO ist die **Palliativmedizin** die Behandlung von unheilbar Erkrankten mit einer begrenzten Lebenserwartung, bei denen die Schmerzlinderung im Vordergrund steht.

1.3.7 Träger von Einrichtungen

Unter den Trägern bzw. Betreibern von Einrichtungen des Gesundheitswesens lassen sich grundsätzlich folgende Gruppen unterscheiden:
- **öffentliche Träger**, z. B. Kommunen, Sozialversicherungsträger
- **freigemeinnützige Träger**, also kirchliche Träger und Träger der freien Wohlfahrtspflege (AWO, Paritätischer Dienst, DRK), Stiftungen oder Vereine

- **private Träger**, die als gewerbliche Unternehmen eine Konzession nach der Gewerbeordnung benötigen

Seit den 1990er-Jahren gibt es in der Politik einen starken Trend zur Deregulierung des Gesundheitswesens. Vom wirtschaftlichen Wettbewerb unter Leistungserbringern und -trägern verspricht man sich eine bessere Orientierung am Bedarf, geringere Kosten, mehr Effizienz und weniger Bürokratie. Der Konkurrenzkampf um Marktanteile, so meint man, veranlasse die Anbieter auf den Gesundheitsmärkten zu verstärkten Bemühungen um bessere Qualität und geringere Kosten bzw. Preise.

Tatsächlich haben sich auf fast allen Märkten des Gesundheitswesens die Marktanteile verschoben. Vor allem die öffentlichen Träger haben stark an Marktanteilen verloren, während private Investoren vermehrt in den Markt für Altenpflege und Krankenhäuser vordringen.

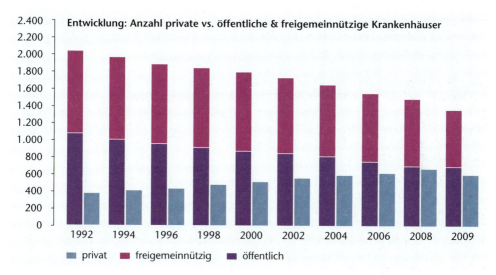

Marktanteile Krankenhäuser (vgl. Gesundheitsberichterstattung des Bundes, www.gbe-bund.de)

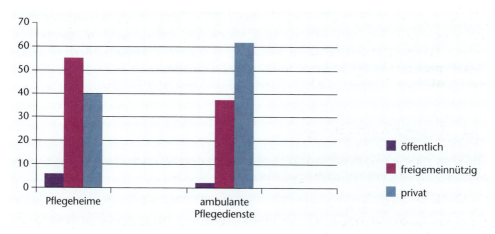

Marktanteile Pflegeeinrichtungen 2009 (vgl. Statistisches Bundesamt, 2011, S. 11/18)

AUFGABEN

1. Erklären Sie den Begriff „Lebenserwartung". Erläutern Sie die Entwicklung der Lebenserwartung in Deutschland und die Herausforderungen für das Gesundheitssystem.
2. Stellen Sie die fünf Säulen des deutschen Sozialversicherungssystem in einer Tabelle dar mit den Spalten: Träger, Leistungen, Beiträge.
3. Erklären Sie die Begriffe „Solidaritätsprinzip" und „Äquivalenzprinzip" im Hinblick auf die Krankenversicherungen.
4. Stellen Sie in Form eines Referates eine der folgenden Behörden des Bundesministeriums für Gesundheit (BMG) vor:
   a Bundeszentrale für gesundheitliche Aufklärung (BZgA)
   b Deutsches Institut für medizinische Dokumentation (DIMDI)
   c Paul-Ehrlich-Institut (PEI)
   d Robert Koch-Institut (RKI)
   e Bundesinstitut für Arzneimittel und Medizinprodukte (BfArM)
5. Nennen Sie die Aufgaben des öffentlichen Gesundheitsdienstes.
6. Erklären Sie die Begriffe „Primärversorgung", „Sekundärversorgung" und „Tertiärversorgung".
7. Was bedeutet der Begriff „Patientenorientierung"? Inwieweit ist der Patient Kunde? Nennen Sie Pro- und Kontra-Argumente.
8. Recherchieren Sie im Internet nach Konzepten der Parteien und Verbände zur Steuerung der Niederlassung von Ärzten und der Versorgungssicherung in ländlichen Gegenden.
9. Erklären Sie die Unterschiede zwischen Einzelpraxis, Gemeinschaftspraxis, Praxisgemeinschaft und Medizinischem Versorgungszentrum.
10. Erklären Sie die Versorgungsstufen der Krankenhäuser.
11. Erläutern Sie die Begriffe „medizinische Vorsorgeleistungen", „medizinische Rehaleistungen", „Anschlussheilbehandlung", „Frührehabilitation".
12. Worin liegen die Unterschiede zwischen häuslicher, teilstationärer und vollstationärer Pflege?
13. Welche Gruppen von Einrichtungsträgern kann man unterscheiden?

2 Berufe im Gesundheitswesen

■ Das Gesundheitswesen gehört zu den größten Wirtschaftszweigen unserer Volkswirtschaft. Etwa 13 % der Erwerbstätigen sind in der Gesundheitswirtschaft beschäftigt, die Ausgaben für Gesundheit, medizinische Vorsorge und Heilung haben einen Anteil von über 10 % am Bruttoinlandsprodukt. Man erwartet, dass sich die Nachfrage im Gesundheitssektor aufgrund des demografischen Wandels, des medizinischen Fortschritts und eines veränderten gesellschaftlichen Gesundheitsverständnisses dynamisch weiterentwickeln wird. **Arbeitgeber im Gesundheitswesen** sind die Krankenhäuser, Einrichtungen für Vorsorge und Rehabilitation, Arztpraxen, Apotheken, Pflegeeinrichtungen und Pflegedienste ebenso wie die Medizintechnik und die Pharmaindustrie, aber auch Rettungsdienste, Gesundheitsschutz und Krankenkassen.

Bei den **Gesundheitsberufen** kann man Heilberufe, Pflegeberufe und andere nicht ärztliche Gesundheitsberufe unterscheiden. Zu den **Heilberufen** mit akademischer Ausbildung gehören Ärzte, Zahnärzte, Tierärzte, Psychotherapeuten und Apotheker sowie zusätzlich die Heilpraktiker. Zu den **Pflegeberufen** zählen die Kranken- und Kinderkrankenpflege und die Altenpflege. In **therapeutischen Tätigkeitsfeldern** arbeiten Physiotherapeuten, Ergotherapeuten und Logopäden. In **medizinischen Assistenzberufen** sind medizinische Fachangestellte und medizinisch-technische Assistenten, im Gesundheitshandwerk sind z. B. Augenoptiker und Zahntechniker tätig.

Gesundheitsförderung und Prävention stehen zunehmend im Vordergrund der gesundheitlichen Versorgung. Die Neubewertung der gesellschaftlichen Funktion des deutschen Gesundheitswesens beeinflusst auch das Selbstverständnis in den Gesundheitsberufen; deutlich wird dies z. B. in einer 2004 neu geregelten Berufsbezeichnung: Aus der „Krankenschwester" wurde damals die „Gesundheits- und Krankenpflegerin".

Menschen, die im Gesundheitswesen arbeiten, haben in allen Berufsfeldern die Aufgabe, Leiden zu lindern, Komplikationen zu vermeiden und die Lebensqualität der Klienten so weit wie möglich zu erhalten oder zu verbessern. Wer diese Arbeit am Menschen und mit Menschen zum Beruf wählt, muss in vielen Bereichen mit hohen physischen und psychischen Anforderungen rechnen. Im Rahmen der Ausübung ihres Berufes werden die Beschäftigten auch mit anspruchsvollen ethischen, kulturellen, psychologischen, religiösen und philosophischen Lebensfragen konfrontiert und müssen auf diese eigene Antworten finden. ■

2.1 Pflegeberufe

Die Pflegefachberufe stellen schon jetzt die größte Berufsgruppe im Gesundheitswesen dar. Und der Bedarf an professionellen Pflegekräften im Bereich der personalintensiven Kranken- und Altenpflege steigt weiter; nach Modellrechnungen werden im Jahr 2025 rund 152.000 Beschäftigte in Pflegeberufen fehlen. Insofern bietet die Pflege eine relativ sichere Berufsperspektive. Noch immer sind die Pflegeberufe gekennzeichnet durch einen überproportionalen Anteil an Frauen mit über 80 %, eine hohe Teilzeitquote und eine unterdurchschnittliche Bezahlung. Um einer zukünftigen Mangelsituation an Pflegekräften zu begegnen, gibt es Forderungen, den Pflegeberuf durch geeignete Maßnahmen attraktiver zu machen: durch eine Verbesserung der Ausbildung, der Vergütung, der Arbeitsbedingungen und der gesellschaftlichen Anerkennung.

2.1.1 Gesundheits- und Krankenpfleger – Gesundheits- und Kinderkrankenpfleger

Gesundheits- und Krankenpfleger arbeiten überwiegend in Krankenhäusern, ambulanten Pflegediensten oder Gesundheitszentren.

- **Eigenverantwortlich** betreuen und versorgen sie dort kranke und pflegebedürftige Menschen; sie beraten, unterstützen und leiten Patienten an bei individuellen Problemen zur Gesundheit und Krankheit, sie dokumentieren, evaluieren und betreiben Qualitätssicherung in der Pflege.
- **Mitwirkend** übernehmen sie Maßnahmen der medizinischen Diagnostik, Therapie oder Rehabilitation, erledigen diese nach Anordnung selbstständig oder führen sie assistierend durch.
- **Interdisziplinär** arbeiten sie mit anderen Berufsgruppen zusammen und entwickeln multidisziplinäre Lösungen für Gesundheitsprobleme.

Die **Ausbildung** dauert drei Jahre und schließt mit einer staatlichen Prüfung ab. Die theoretische Ausbildung erfolgt an Berufsfachschulen für Krankenpflege, die praktische Ausbildung in Krankenhäusern sowie in ambulanten Einrichtungen. Eine Differenzierung der Ausbildung zwischen Krankenpflege und Kinderkrankenpflege geschieht im dritten Ausbildungsjahr.

Gesundheits- und Kinderkrankenpfleger arbeiten in Krankenhäusern auf Kinder- und Säuglingsstationen, in Kinderkliniken, in Einrichtungen für Kinder und Jugendliche mit Behinderungen, in Kinderheimen oder in Facharztpraxen und Gesundheitszentren.

Nach der Ausbildung besteht die Möglichkeit einer **Fachweiterbildung** mit dem Ziel einer Zusatzqualifizierung, z. B. für Anästhesie und Intensivpflege, für onkologische Pflege oder zur Hygienefachkraft. Diese Fortbildungen werden berufsbegleitend absolviert und dauern in der Regel weitere zwei Jahre.

Über die traditionellen Einsatzgebiete hinaus bieten sich für ausgebildete Gesundheits- und Krankenpfleger überall dort berufliche Arbeitsfelder, wo die Themen Gesundheit und Krankheit relevant sind, z. B. bei Institutionen der Kommunen, des Landes und des Bundes, in Verbänden, bei Versicherungen, in der Wissenschaft und Forschung sowie der Industrie.

Krankenpflegehelfer unterstützen examinierte Pflegefachkräfte bei der Versorgung und Pflege von Patienten. Zu ihren Aufgaben zählen u. a. die Hilfe bei der Nahrungsaufnahme, das Umbetten, die Körperpflege, das Richten der Betten und die Kontrolle von Blutdruck, Puls und Temperatur. Die **Ausbildung** dauert in der Regel ein Jahr; bei einer zweijährigen Ausbildung erwerben die Pflegehelfer mit dem beruflichen Abschluss den Sekundarabschluss I – Realschulabschluss.

2.1.2 Altenpfleger

Altenpfleger sind hauptsächlich in stationären Pflegeeinrichtungen der Altenhilfe, bei ambulanten Pflegediensten, in geriatrischen Bereichen von Kliniken, in der Gerontopsychiatrie oder im Hospizbereich tätig. Sie betreuen und pflegen hilfsbedürftige ältere Menschen und führen behandlungspflegerische, also vom Arzt verordnete Maßnahmen durch. Dabei kooperieren sie mit anderen Berufsgruppen wie Ärzten, Krankengymnasten, Ergotherapeuten oder Logopäden. Zur Dokumentation des Pflegeprozesses führen sie Nachweise über erbrachte Leistungen und beschreiben den Pflegeverlauf, sie ermitteln gesundheitliche Risiken und erstellen eine Pflegeplanung. Darüber hinaus unterstützen sie die Pflegebedürftigen bei der Erhaltung einer selbstständigen Lebensführung, der Gestaltung eines strukturierten Tagesablaufs und der Aufrechterhaltung von sozialen Kontakten. Außerdem beraten sie die Pflegebedürftigen und deren Angehörige über die Zusammenarbeit mit Krankenkassen, den fachgerechten Einsatz von Hilfsmitteln und leiten Angehörige im Bereich der häuslichen Pflege an.

Die **Ausbildung** zum Altenpfleger dauert drei Jahre: Die theoretische Ausbildung erfolgt an einer staatlich anerkannten Altenpflege-Fachschule, die praktische Ausbildung in Einrichtungen der Altenpflege oder in geeigneten Bereichen von Krankenhäusern.

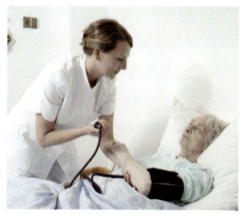 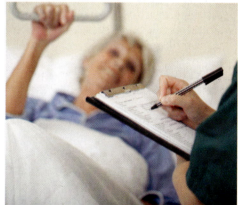

Pflege und Dokumentation gehören zum Alltag eines Altenpflegers

Auch Altenpfleger können sich beruflich weiterqualifizieren: Es werden **Fortbildungen** angeboten, z. B. im Bereich Wundmanagement oder Hospizpflege. Berufsbegleitende **Weiterbildungen** mit staatlicher Prüfung und neuer Berufsbezeichnung sind z. B. der Fachaltenpfleger für gerontopsychiatrische Pflege, der Fachaltenpfleger für Palliativ- und

Hospizpflege oder die Hygienefachkraft. Die geprüfte Fachkraft zur Leitung einer Pflege- und Funktionseinheit (mittlere Ebenen des betrieblichen Pflegemanagements) wurde früher als Stations- (SL) oder Wohnbereichsleitung (WBL) bezeichnet. Für eine Pflegefachkraft im Gesundheitswesen ist es nach zweijähriger hauptberuflicher Tätigkeit möglich, die Ausbildung zum Heimleiter zu absolvieren.

Wenn sie die Zugangsvoraussetzungen erfüllen, können Gesundheits- und Krankenpfleger und Altenpfleger auch Studiengänge an Fachhochschulen und Universitäten absolvieren: Pflegemanagement, Pflegepädagogik oder Pflegewissenschaft, Fachwirt im Sozial- und Gesundheitswesen oder Fachwirt in der Alten- und Krankenpflege.

Altenpflegehelfer unterstützen Altenpfleger im ambulanten und stationären Bereich bei der Betreuung und Pflege älterer Menschen. Ihre Hauptaufgabe ist es, die sogenannte **Grundpflege** selbstständig durchzuführen: die Körperpflege, das An- und Auskleiden, die Zubereitung von Mahlzeiten und die Hilfe bei der Nahrungsaufnahme. Im ambulanten Dienst übernehmen sie auch hauswirtschaftliche Tätigkeiten. In Pflegeheimen bereiten sie die Zimmer für Neuaufnahmen vor, kümmern sich um den Vorrat an Stationswäsche und halten Nachtwachen.

Die **körperlichen und psychischen Belastungen** der Beschäftigten im Gesundheitswesen und deren Auswirkungen auf die Gesundheit zeigen sich im hohen **Krankenstand** des Pflegepersonals und auch in der Menge der Rentenzugänge wegen verminderter Erwerbsfähigkeit. In der Berufsgruppe der Gesundheits- und Krankenpfleger und Hebammen/Entbindungspfleger ist dies mit einem Anteil von 36,2% mehr als jeder Dritte.

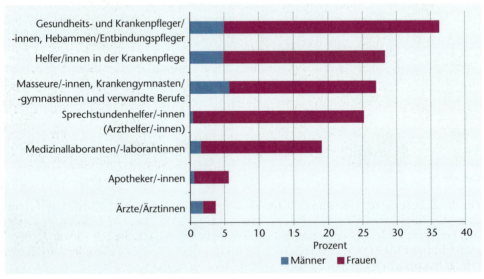

Anteil der Rentenzugänge wegen verminderter Erwerbsfähigkeit an den gesamten Rentenzugängen der jeweiligen Berufsgruppe in Deutschland 2006 nach Geschlecht (Senatsverwaltung für Gesundheit, Umwelt und Verbraucherschutz, 2009, S. 486)

2.1.3 Hebamme/Entbindungspfleger

Die Berufsbezeichnung „Hebamme" gehört zu den wenigen, für die es keine entsprechende maskuline Form gibt. Männer, die diesen Beruf in Deutschland erst seit 1985 ausüben dürfen, heißen „Entbindungspfleger". Im Jahr 2009 gab es hierzulande nur drei praktizierende „männliche Hebammen". Nach dem **Hebammengesetz** besteht bei einer Geburt die Hinzuziehungspflicht einer Hebamme, d.h., auch eine Ärztin darf nur im Notfall eine Geburt ohne Hebamme durchführen.

Angestellte Hebammen und Entbindungspfleger arbeiten im Kreißsaal und auf einer Wochenbettstation von Kliniken oder Kinderkliniken. Frei praktizierende Hebammen betreuen und überwachen selbstständig komplikationslose Schwangerschaften, Hausgeburten, Wochenbettverläufe und die Stillzeit. Sie können als Beleghebammen, ähnlich wie Belegärzte, mit einer Klinik zusammenarbeiten, mit Frauenärzten in einer Praxisgemeinschaft kooperieren oder Geburtshäuser (außerklinische, von Hebammen betreute Einrichtungen) betreiben. Die Vergütung für die Hebammentätigkeit übernehmen die Krankenkassen.

Die Aufgaben der Hebamme beginnen bereits vor der Geburt mit der **Schwangerschaftsvorsorge**: Dazu gehören z.B. die Feststellung der Schwangerschaft, das Ausstellen des Mutterpasses, eine Ernährungsberatung, die regelmäßige Kontrolle des Gesundheitszustands von Mutter und Kind sowie das Angebot von Geburtsvorbereitungskursen. Hebammen leisten **Geburtshilfe** und übernehmen unmittelbar nach der Geburt die Pflege und alle erforderlichen Untersuchungen von Mutter und Neugeborenem einschließlich der Kindervorsorgeuntersuchung U1. Zum **Nachsorgeprogramm** der Hebammen gehören die Wochenbettbetreuung, Rückbildungsgymnastik, Hilfe bei Stillschwierigkeiten und Beratung zur Säuglingsernährung und Babypflege.

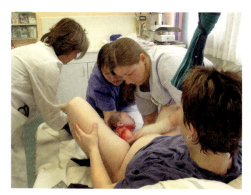

Geburtshilfe

Betreuung und Beratung nach der Geburt

Für die Zulassung zur **Hebammenausbildung** ist ein mittlerer Schulabschluss erforderlich; allerdings haben fast 70% der Auszubildenden das Abitur. Die Ausbildung dauert drei Jahre und endet mit einer staatlichen Prüfung. Der theoretische Teil wird an Hebammenschulen, die Kliniken angeschlossen sind, gelehrt, der praktische Teil der Ausbildung erfolgt hauptsächlich in den entsprechenden Abteilungen von Kliniken.

Hebammen können als Lehrerinnen für Hebammenwesen an Hebammenschulen tätig sein. **Familienhebammen** werden in Fortbildungslehrgängen auf zusätzliche Aufgaben vorbereitet: Sie kümmern sich längerfristig um Familien mit besonderen Risikofaktoren, z.B. um minderjährige Mütter oder Familien mit Gewalt- oder Suchtproblematik. Es gibt Bestrebungen, die Ausbildung der Hebammen auf Hochschulniveau anzuheben; erste Fachhochschulen haben bereits einen Studiengang „Hebammenkunde" eingerichtet.

2.2 Heilberufe

Als Heilberufe im engeren Sinne werden die akademischen Berufe Ärztin, Zahnärztin, Psychotherapeutin, Tierärztin und Apothekerin bezeichnet. Die Angehörigen dieser Berufsgruppen haben nach erfolgreich bestandener staatlicher Prüfung die Zulassung zur Ausübung eines Heilberufes erhalten, die **Approbation**, und sind in Berufskammern organisiert.

2.2.1 Arzt

Ärzte im Gesundheitswesen befassen sich mit der Vorbeugung, Erkennung und Behandlung von Krankheiten. Dafür untersuchen sie ihre Patienten, erheben Befunde, stellen Diagnosen und führen geeignete Therapien durch. Sie arbeiten überwiegend in Krankenhäusern, Arztpraxen, bei Rettungsdiensten oder sind in Gesundheitsämtern tätig. Alternative Beschäftigungsmöglichkeiten für Mediziner bieten sich u. a. in der medizinischen Forschung, in der Pharmaindustrie oder in der medizinischen Fachpresse.

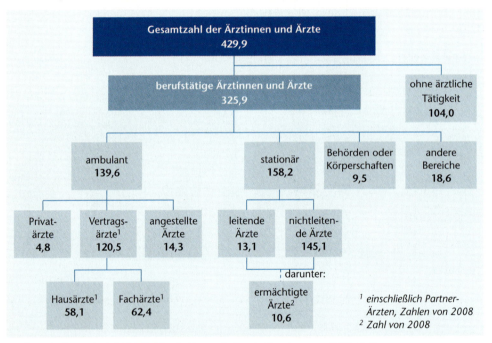

Struktur der Ärzteschaft 2009 (Zahlen in Tausend) (Bundesärztekammer, 2011, S. 1)

Für die ärztliche Approbation wird ein sechsjähriges abgeschlossenes **Medizinstudium** vorausgesetzt, aufgeteilt in fünf Jahre überwiegend theoretisches Studium und ein anschließendes sogenanntes „praktisches Jahr" auf verschiedenen Stationen einer Klinik. Anschließend beginnt die mehrjährige Ausbildung zum **Facharzt**.

In Deutschland darf sich als Arzt nur niederlassen, wer eine Facharztausbildung erfolgreich abgeschlossen hat. Dies betrifft auch die niedergelassenen freiberuflichen oder angestellten **Hausärzte**: Als „Fachärzte für Innere und Allgemeinmedizin" oder „Fachärzte für Allgemeinmedizin" sind sie in der allgemeinen Patientenversorgung meist die erste Anlaufstelle für Menschen mit medizinischen Problemen.

Zahnärzte diagnostizieren und behandeln Zahn-, Mund- und Kieferkrankheiten und beraten Patienten in der Prävention. Sie arbeiten als niedergelassene Zahnmediziner in Zahnarztpraxen, in Zahnkliniken und Gesundheitsämtern. Das Studium der Zahnmedizin dauert durchschnittlich zwölf Semester; ihm folgt eine anschließende zweijährige Tätigkeit als Assistenzarzt. Verwandte Berufe sind Kieferorthopäde, Oralchirurg sowie Mund- und Kieferchirurg. **Gesichtschirurgen** haben ein Doppelstudium der Zahnmedizin und der Humanmedizin abgeschlossen.

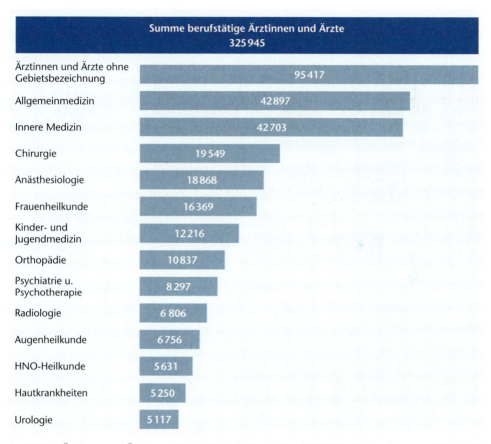

Berufstätige Ärztinnen und Ärzte nach Fachgebieten in Deutschland 2009 (Bundesärztekammer, 2011, S. 3)

2.2.2 Medizinische Assistenzberufe

Medizinische Fachangestellte (MFA) arbeiten in Arztpraxen. Sie organisieren den Praxisablauf, vergeben Termine, empfangen die Patienten, dokumentieren Behandlungsabläufe und sorgen für die Leistungsabrechnung. Sie assistieren dem Arzt bei Behandlungen und Untersuchungen, pflegen und warten medizinische Instrumente und führen Laborarbeiten durch.

Der **medizinisch-technische Assistent (MTA)** bezeichnet drei Berufsbilder in der Humanmedizin. Für ihn gibt es eine bundeseinheitlich geregelte dreijährige Ausbildung an Berufsfachschulen.

- **Medizinisch-technische Assistenten für Funktionsdiagnostik** arbeiten in Facharztpraxen, Krankenhäusern, medizinischen Laboratorien und Diagnosezentren. Hier untersuchen sie Patienten mithilfe medizinischer Geräte und messen z. B. die Lungenfunktion, Herz- und Hirnströme, die Hörfähigkeit oder den Gleichgewichtssinn.

- **Medizinisch-technische Laboratoriumsassistenten** arbeiten in Krankenhäusern, Arztpraxen, medizinischen Laboratorien und beim Blutspendedienst. Sie führen Laboruntersuchungen von Körpergewebe und Körperflüssigkeiten durch, deren Erkenntnisse zur Krankheitsvorsorge, -erkennung und -behandlung dienen.

- **Medizinisch-technische Radiologieassistenten** arbeiten in Facharztpraxen für Radiologie und in Krankenhäusern. Auf ärztliche Anweisung fertigen sie Röntgenaufnahmen an, um krankhafte Veränderungen im Körper sichtbar zu machen, oder sie führen Strahlentherapien durch, um Krankheiten zu behandeln.

Medizinische Fachangestellte (MFA) im Labor

MTA führt eine MRT-Untersuchung durch

2.2.3 Apotheker

Der Apotheker ist verantwortlich für die Beschaffung und Bereithaltung von Arzneimitteln zur bedarfsgerechten Versorgung der Bevölkerung. Er stellt Rezepturen her, wie Kapseln und Salben, berät über die Zusammensetzung, Wirkungsweise und Risiken von Medikamenten und übernimmt die fachliche Kontrolle bei der Übergabe von Arzneimitteln oder Medizinprodukten an den Kunden. Als Leiter einer Apotheke trägt er die Verantwortung für das Apothekenmanagement. Neben der Tätigkeit als selbstständiger oder angestellter Apotheker bietet sich die Möglichkeit, in der pharmazeutischen Industrie zu arbeiten. Die Approbation zum Apotheker erfolgt nach einem vierjährigen erfolgreichen Studium und einer anschließenden zwölfmonatigen praktischen Ausbildung in einer Apotheke.

2.2.4 Pharmazeutische Assistenzberufe

Pharmazeutisch-kaufmännische Angestellte (PKA) kümmern sich um die organisatorischen und kaufmännischen Abläufe im Apothekerbetrieb. Ihr Aufgabengebiet kann allgemeine kaufmännische Arbeiten, das Warenwirtschaftsmanagement, die Datenverarbeitung, Vertretergespräche, die Schaufenstergestaltung und Auslieferungsfahrten umfassen. Die Ausbildung erfolgt dual mit fachbezogenem Unterricht in der Berufsschule, verbunden mit der praktischen Anwendung in der Apotheke.

Pharmazeutisch-technische Assistenten (PTA) unterstützen den Apotheker bei allen pharmazeutischen Tätigkeiten. Dies beinhaltet die Beratung von Kunden, Laboruntersuchungen, Pflege des Apothekensortiments, die Herstellung, Prüfung und die Abgabe von Arzneimitteln. Die Ausbildung umfasst eine zweijährige schulische Ausbildung an einer PTA-Lehranstalt und ein halbjähriges Praktikum in einer Apotheke.

> **EXKURS: Heilpraktiker**
>
> *Eine Besonderheit unter den Heilberufen stellt der Beruf des Heilpraktikers dar. Heilpraktiker dürfen körperliche und seelische Leiden feststellen und Behandlungen durchführen, obwohl sie im Allgemeinen nicht über eine akademische Ausbildung und keine ärztliche Approbation verfügen.*
>
> *Wer Heilpraktiker werden will, muss mindestens 25 Jahre alt sein und einen Hauptschulabschluss haben; außerdem sind ein polizeiliches Führungszeugnis, ein ärztliches Attest und eine Genehmigung vom Gesundheitsamt notwendig. Die Vollzulassung zum Heilpraktiker wird nach einer bestandenen amtsärztlichen Überprüfung erteilt: In einem schriftlichen und mündlichen Teil werden die medizinischen Kenntnisse überprüft. Die meisten angehenden Heilpraktiker lassen sich in einer zweijährigen Ausbildung an einer Privatschule systematisch auf diese Prüfung vorbereiten.*
>
> *Für Diagnose und Therapie wenden Heilpraktiker häufig Methoden der Naturheilkunde und Alternativmedizin an (s. Kapitel 27.3). In Fällen, in denen sie mit ihren Mitteln nicht heilen können oder dürfen, wird von ihnen eine verantwortungsbewusste Überweisungspraxis an niedergelassene Ärzte und Kliniken gefordert. Verschreibungspflichtige Medikamente und Betäubungsmittel dürfen sie nicht verordnen. Auch bei meldepflichtigen Krankheiten, sexuell übertragbaren Geschlechtskrankheiten, der Geburtshilfe, der Leichenschau, der Strahlentherapie und der Zahnmedizin dürfen sie nicht tätig werden.*
>
> *Heilpraktiker behandeln üblicherweise in einer eigenen Praxis; die Behandlungskosten muss der Patient privat tragen.*

2.3 Therapeutische Berufe

Physiotherapeuten, Ergotherapeuten und Logopäden arbeiten eng mit Ärzten zusammen und werden meist aufgrund ärztlicher Verordnungen tätig. Im **Case Management (CM)** arbeiten unterschiedliche Akteure (z. B. Pfleger, Therapeuten, Ärzte) in einem interdisziplinären Prozess zusammen, um gemeinsam Ziele festzulegen und die Koordination der notwendigen Unterstützung, Behandlung, Förderung und Versorgung eines Patienten sicherzustellen; durch die Optimierung der Einzelfallhilfe können z. B. Doppeluntersuchungen und Widersprüche bei der Behandlung vermieden werden.

Die Ausbildung in diesen therapeutischen Berufen ist bundesweit einheitlich geregelt, dauert drei Jahre und erfordert den Besuch einer entsprechenden Berufsfachschule, mit einer fachpraktischen Ausbildung in Fachkliniken, Praxen oder Rehabilitationseinrichtungen. Für die fertig ausgebildeten zugelassenen Leistungserbringer sind gemäß Rahmenempfehlungen **regelmäßige fachspezifische Weiterbildungen** vorgeschrieben, um die Qualität der Heilmittelerbringung sicherzustellen. Zusätzlich gibt es zahlreiche spezifische Qualifizierungslehrgänge und Weiterbildungsmöglichkeiten. Auch aufbauende Fachhochschulstudiengänge oder Hochschulstudien sind möglich.

2.3.1 Physiotherapeut

Physiotherapeuten behandeln Patienten, deren Beweglichkeit alters-, krankheits- oder unfallbedingt eingeschränkt ist. Nach ärztlicher Verordnung planen sie individuelle Therapieabläufe und Übungsprogramme mit dem Ziel der Rehabilitation. Dies können gezielte Bewegungs- und Atemübungen sein, klassische Massage und Bindegewebsmassage oder Maßnahmen der Wärme-, Kälte-, Licht-, Hydro- oder Elektrotherapie. Sie motivieren ihre Patienten zur selbstständigen Durchführung von krankengymnastischen Übungen und leiten sie an.

Darüber hinaus bieten sie Einzel- oder Gruppenstunden für gesunde Menschen an, die Belastungsschäden vorbeugen wollen, z. B. Osteoporosetraining, Rückenschule, Wassergymnastik und Schwangerschaftsgymnastik. Mit Sportlern führen sie sportphysiotherapeutische Maßnahmen zum Zweck der Leistungssteigerung durch.

Physiotherapeut und Patientin beim Rückentraining

Physiotherapeuten arbeiten selbstständig oder angestellt in Praxen für Physiotherapie, in Krankenhäusern und Facharztpraxen und sind in Altenpflegeeinrichtungen oder Einrichtungen für Menschen mit Behinderungen tätig. Auch in Sportvereinen oder Wellnesshotels bieten sich Beschäftigungsmöglichkeiten.

2.3.2 Ergotherapeut

Ergotherapeuten beraten, behandeln und fördern Patienten jeden Alters, die durch eine körperliche oder psychische Erkrankung, durch eine Behinderung oder eine Entwicklungsverzögerung in ihrer Selbstständigkeit und Handlungsfähigkeit beeinträchtigt sind. Für diese Personen erarbeiten sie individuelle Behandlungspläne und führen Therapien sowie Präventionsmaßnahmen durch.

In der Rehabilitation von Menschen mit Schädigungen des Nervensystems, z. B. nach einem Schlaganfall, fördern sie zusammen mit anderen Fachkräften die grob- und feinmotorische Beweglichkeit, studieren Bewegungsabläufe neu ein und trainieren spezielle Alltagskompetenzen. Bei psychischen Erkrankungen, z. B. einer Suchtstörung, helfen sie, zu einem strukturierten Tagesablauf zurückzufinden und unterstützen bei der Wiedereingliederung in die Gesellschaft. In Altenpflegeeinrichtungen regen sie die Bewohner zu Bewegung und zu Gedächtnistraining an und fördern die Teilnahme an sozialen Aktivi-

Ergotherapeutin bei beruflicher Wiedereingliederungsmaßnahme

täten. In der Pädiatrie kümmern sie sich um Kinder mit körperlichen, geistigen und seelischen Entwicklungsrückständen. In Betrieben zeigen sie Verbesserungsmöglichkeiten auf hinsichtlich der Ergonomie am Arbeitsplatz und helfen Personen bei der Wiedereingliederung, die aufgrund einer körperlichen, geistigen oder psychischen Erkrankung arbeitsunfähig waren.

Ergotherapeuten arbeiten selbstständig oder angestellt in Praxen für Ergotherapie, in Rehabilitationskliniken, Krankenhäusern, psychiatrischen Einrichtungen, Altenpflegeeinrichtungen, in Wohnheimen für Menschen mit Behinderungen und in pädagogischen Einrichtungen, z. B. Sonderschulen.

2.3.3 Logopäde

Logopäden beraten, untersuchen und behandeln Patienten aller Altersgruppen, die an Sprach-, Sprech- oder Schluckstörungen leiden. Zu den behandelbaren Störungsbildern gehören Störungen des Redeflusses (z. B. Stottern), Verzögerungen der Sprachentwicklung bei Kindern, Stimmstörungen (z. B. nach Kehlkopfoperationen) oder Sprachstörungen (z. B. nach Schlaganfällen) und außerdem Störungen beim Essen, Trinken, Schlucken und Atmen aufgrund von neurologischen Erkrankungen. Vor der Behandlung wird eine Anamnese erhoben, es werden spezielle Untersuchungen durchgeführt und schließlich wird ein logopädischer Befund erstellt. Der Therapieplan enthält geeignete sprach- und stimmtherapeutische Verfahren, die anschließend zu Behandlungsmaßnahmen führen: Atem- und Entspannungsübungen, Training zur Fähigkeit der Laut- und Buchstabenunterscheidung, Vermittlung von Techniken zur Verflüssigung des gestörten Sprechablaufs, Unterstützung von Sprachgedächtnis und Wiederaufbau eines angemessenen Wortschatzes. Im Bereich der Prävention beraten Logopäden Eltern und Erzieher bei Maßnahmen zur Förderung des Spracherwerbs. Außerdem unterweisen sie Menschen in Sprechberufen, wie Politiker oder Lehrer, im schonenden Einsatz der Stimme.

Logopäden arbeiten selbstständig oder angestellt in Logopädiepraxen, Krankenhäusern oder Kliniken und werden in Kindertagesstätten, Grundschulen, Kinderheimen und Wohnheimen für Menschen mit Behinderungen eingesetzt.

2.4 Heilpädagogik

Mit dem Begriff „Heilpädagogik" ist nicht ein heilender Vorgang, wie im medizinischen Bereich, verbunden; er leitet sich vielmehr vom griechischen Wort „holos" = „ganz" ab und meint die ganzheitliche, ressourcenorientierte Unterstützung von beeinträchtigten Menschen oder Menschen mit Behinderungen im alltäglichen Leben. Dazu dient der Heilpädagogik ein System differenzierter Angebote zur Vermeidung oder Überwindung isolierender und ausgrenzender Bedingungen. Leitideen der heilpädagogischen Bemühungen sind: Normalisierung, Integration, Empowerment (Förderung selbstbestimmten Handelns) und Inklusion (Teilhabe aller Menschen an den gesellschaftlichen Aufgaben und Abläufen). Für ähnliche Ausbildungsfelder mit starken Überschneidungen zur Heilpädagogik stehen die Bezeichnungen „Sonderpädagogik", „Behindertenpädagogik", „Förderpädagogik", „Rehabilitationspädagogik" und „Integrationspädagogik".

Heilpädagoge

Heilpädagogen erziehen, fördern und unterstützen Menschen jeden Alters mit geistigen Behinderungen, Körperbehinderungen, Sinnes- und Mehrfachbehinderungen oder chronischen Erkrankungen. Außerdem kümmern sie sich um Kinder und Jugendliche mit emotionalen Entwicklungs- und Verhaltensstörungen. Mithilfe von Beobachtungen, diagnostischer Verfahren und teilweise standardisierter Tests analysieren sie die Probleme ihrer Klienten, deren Fähigkeiten und Entwicklungsmöglichkeiten. Aufgrund der ermittelten Daten werden individuelle Behandlungspläne erstellt und umgesetzt. Die heilpädagogische Arbeit wird dokumentiert und evaluiert.

Eine entsprechende therapeutische Erziehung und Bildung und eine längerfristige Betreuung und Förderung soll den Betroffenen zu mehr Eigenständigkeit, Gemeinschaftsfähigkeit und der Entwicklung von Alltagskompetenzen verhelfen und so die soziale Integration verbessern. So lernen z. B. Kinder mit Beeinträchtigungen im täglichen Leben, Probleme zu überwinden und sprachliche, motorische und soziale Kompetenzen zu entwickeln. Für Jugendliche und Erwachsene mit Defiziten gilt es, die lebenspraktische Entwicklung zu fördern, für eine heilpädagogische Alltagsgestaltung zu sorgen und für die Eingliederung ins Arbeitsleben auch die Arbeitsabläufe an die Beeinträchtigung des jeweiligen Menschen anzupassen. Die Pflege chronisch kranker Menschen und von Menschen mit Behinderungen kann ebenfalls zum Aufgabenbereich der Heilpädagogik gehören. Begleitend werden die Betroffenen, deren Angehörige und weitere Bezugspersonen der Klienten durch Anleitung, Beratung und Hilfe bei Konflikten heilpädagogisch unterstützt. Heilpädagogische Arbeit erfolgt häufig im Team zusammen mit Lehrern, Therapeuten, Sozialarbeitern, Pflegenden und Ärzten.

Für den Beruf „Heilpädagoge" gibt es verschiedene Zugangsmöglichkeiten.

- Voraussetzung für eine **Weiterbildung** an Fachschulen und Fachakademien für Heilpädagogik ist eine einschlägige berufliche Qualifikation, z. B. als Erzieher, Sozialpädagoge, Heilerziehungspfleger oder Altenpfleger. Außerdem muss eine hauptberufliche mindestens zweijährige praktische Tätigkeit in einer heil- oder sozialpädagogischen Einrichtung nachgewiesen werden; dies ist aber auch während der schulischen Ausbildung möglich.
- Zugangsvoraussetzung für das **Studium** der Heilpädagogik an Fachhochschulen ist die Fachhochschulreife. Bei den Bachelorstudiengängen ist eine Regelstudienzeit von sechs bis acht Semestern vorgegeben. Auch ein anschließendes Masterstudium von ein bis zwei Jahren Dauer ist möglich.

Heilpädagogen arbeiten in Wohnheimen, Pflegeheimen und Tagesstätten für Menschen mit Behinderungen. Sie werden beschäftigt in integrativen Kindertagesstätten, in Sonderschulen für Menschen mit geistiger Behinderung, in berufsbildenden Einrichtungen und Werkstätten, in Heil- und sonderpädagogischen Tagesstätten, in Beratungsstellen zur Früherkennung und Frühförderung und in der Jugendpsychiatrie. Für die Leitung von Einrichtungen ist in der Regel ein Hochschulabschluss erforderlich, ebenso für eine Tätigkeit in Wissenschaft und Forschung.

Heilpädagogen kümmern sich um Menschen mit Behinderungen

2.5 Soziale Arbeit

„Soziale Arbeit als Beruf fördert den sozialen Wandel und die Lösung von Problemen in zwischenmenschlichen Beziehungen, und sie befähigt die Menschen, in freier Entscheidung ihr Leben besser zu gestalten. Gestützt auf wissenschaftliche Erkenntnisse über menschliches Verhalten und soziale Systeme greift soziale Arbeit dort ein, wo Menschen mit ihrer Umwelt in Interaktion treten. Grundlagen der sozialen Arbeit sind die Prinzipien der Menschenrechte und der sozialen Gerechtigkeit." (International Federation of Social Workers IFSW, 2005)

Sozialarbeiter – Sozialpädagoge

Sozialarbeit und Sozialpädagogik sind so eng miteinander verbunden, dass von einem gemeinsamen Beruf ausgegangen werden kann. Zu den Aufgaben von Sozialarbeitern und Sozialpädagogen gehört die Prävention, Bewältigung und die Lösung sozialer Probleme. Ihre Einsatzgebiete sind die Kinder-, Jugend- und Familienhilfe, die Eingliederungshilfe, z. B. für Flüchtlinge und Migranten, die offene Sozialarbeit (Streetworker), die Jugendgerichtshilfe oder die Betreuung von Strafgefangenen im Vollzug. Menschen in schwierigen Lebensverhältnissen wird dort Beratung und Unterstützung angeboten, wo z. B. durch Arbeitslosigkeit, Scheidung, Wohnungsverlust oder Drogenkonsum Probleme entstanden sind. Darüber hinaus umfasst die soziale Arbeit Früh- und Elementarpädagogik, Förderung von Kindern mit Behinderung oder sozialer Benachteiligung, Erwachsenenbildung oder soziale Bildungs-, Kultur- und Freizeitarbeit.

Streetworker bei der Arbeit

Die große Bandbreite an Aufgaben erfordert es, dass sich Sozialarbeiter bzw. Sozialpädagogen auf bestimmte Zielgruppen spezialisieren: Sie arbeiten als Jugendpfleger, Erziehungsberater, Familientherapeut, Schwangerschaftskonfliktberater, Streetworker, Sucht-/Drogenberater, Bewährungshelfer, Sozialarbeiter im Strafvollzug, Spieltherapeut, Verhaltenstrainer, in der Leitung von Jugend- und Erwachsenenheimen, Kindertagesstätten und Werkstätten für Menschen mit Behinderungen, als Dozent in der Erwachsenenbildung, an Akademien und Hochschulen. Ihre Arbeitgeber sind Behörden wie die Sozial-, Gesundheits- und Jugendämter, Justizvollzugsanstalten, pädagogische Einrichtungen, Selbsthilfegruppen, öffentliche und kirchliche soziale Einrichtungen.

Soziale Arbeit/Sozialpädagogik kann an Fachhochschulen und Universitäten studiert werden. Das Studium mit Bachelorabschluss dauert drei bis vier Jahre, ein anschließendes Masterstudium ein bis zwei Jahre. Sozialpädagogik kann man auch im Rahmen eines Lehramtsstudiums studieren.

2.6 Weitere Berufe im Gesundheitswesen

Weitere Ausbildungsberufe im Bereich des Gesundheitswesens sind z. B.: Rettungsassistent, Diätassistent, Heilerziehungspfleger, medizinischer Dokumentar, Kaufmann im Gesundheitswesen, Augenoptiker, Hörgeräteakustiker, Orthopädiemechaniker, Zahntechniker. Weitere Studiengänge mit gesundheitlicher Ausrichtung sind z. B.: Gesundheitsmanagement, Pflegemanagement, Medizintechnik und Medizininformatik.

Sehr ausführliche Informationen über Berufe im Gesundheitswesen bietet die **Bundesagentur für Arbeit** unter www.berufenet.arbeitsagentur.de.

AUFGABEN

1. Um dem zunehmenden Personalmangel in der Fachpflege zu begegnen, werden an manchen Orten Pflegespezialisten in vier Jahren ausgebildet. Informieren Sie sich über diese Ausbildungsmöglichkeit.

2. Auf welche Fachgebiete haben sich folgende Ärztie spezialisiert: Internist, Kardiologe, Gynäkologe, Dermatologe, Neurologe, Urologe, Nephrologe, Onkologe, Pathologe?

3. Wie unterscheidet sich die Arbeit des Physiotherapeuten von der des Ergotherapeuten?

4. Was versteht man in der Heilpädagogik unter „Empowerment" und „Inklusion"?

5. Suchen Sie einen der genannten Berufe/Studiengänge aus, informieren Sie sich und stellen Sie den Beruf/den Studiengang vor.

3 Gesundheitssysteme im internationalen Vergleich

■ *Fragen zum deutschen Gesundheitswesen beantworten die Bürger im Rahmen von Umfragen mittlerweile eher kritisch.*

„Wie zufrieden sind Sie insgesamt mit dem Gesundheitssystem in Deutschland?"	
sehr zufrieden	4,9
zufrieden	24,4
teils, teils	39,5
unzufrieden	19,4
sehr unzufrieden	10,4
weiß nicht/ keine Angabe	1,3

„Hat sich Ihrer Ansicht nach Ihr persönlicher Krankenversicherungsschutz in den letzten Jahren …"	
verbessert	7,4
verschlechtert	31,9
nicht verändert	56,1
weiß nicht/ keine Angabe	4,6

„Glauben Sie, dass das allgemeine Leistungsspektrum Ihrer Krankenversicherung künftig …"	
wächst,	7,6
abnimmt	59,3
oder gleich bleibt?	29,9
weiß nicht/ keine Angabe	3,2

Zufriedenheit mit dem deutschen Gesundheitssystem (Zok, 2010, S. 2)

Lediglich ein knappes Drittel (29,3 %) der Befragten antwortet auf die Frage nach der Zufriedenheit mit dem deutschen Gesundheitssystem explizit mit „sehr zufrieden" bzw. „zufrieden". Etwa die gleiche Anzahl der Befragten ist „unzufrieden" bzw. „sehr unzufrieden" (29,8 %) und 39,5 % antworten abwägend mit „teils, teils". Jeder Zweite befürchtet für die Zukunft weitere Einschnitte beim Leistungsspektrum.

Angaben in Prozent, n = 3.007 (2.595 GKV- und 412 PKV-Versicherte)
Zufriedenheit mit der Versorgung im deutschen Gesundheitssystem (Zok, 2010, S. 3)

Bezogen auf die Versorgung im Gesundheitssystem, attestiert die Mehrheit der befragten Bürger eine hochwertige medizinische Versorgung. Die Zufriedenheit mit dem hohen Versorgungsniveau im deutschen Gesundheitssystem gilt jedoch nicht für alle gleichermaßen. Es zeigen sich deutliche Unterschiede in der Einschätzung durch Patienten der gesetzlichen Krankenversicherungen (GKV) und der privaten Krankenversicherungen (PKV). ■

3.1 Wie unterscheiden sich Gesundheitssysteme?

Die Gesundheitssystemforschung setzt sich zum Ziel, anhand von Unterscheidungsmerkmalen die vielfältig existierenden und länderspezifischen Gesundheitssysteme zu vergleichen. Dazu gehören u.a. die Organisation und Finanzierung des Gesundheitswesens, die Ausgaben für Gesundheit, der Gesundheitszustand der Bevölkerung sowie die Versorgung der Bevölkerung mit Gesundheitseinrichtungen wie Ärzten und Krankenhäusern usw.

3.1.1 Finanzierung

Im Hinblick auf die Finanzierung des Gesundheitssystems lassen sich drei Grundtypen unterscheiden:

- In **staatlich finanzierten Gesundheitssystemen** werden die Mittel vor allem über allgemeine Steuern aufgebracht. Beispiele für das auch „Beveridge-System" genannte Modell sind die Gesundheitssysteme in Großbritannien, Schweden, Dänemark, Irland und seit den 1980er-Jahren auch in Griechenland, Spanien und Italien.

- In **Sozialversicherungssystemen** werden die Gesundheitsleistungen vorwiegend durch Versicherungsbeiträge der Bürger und staatlich regulierte und beaufsichtigte Versicherungssysteme finanziert. Wegen ihres historischen Ursprungs werden sie international als „Bismarck-System" bezeichnet. Beispiele für Länder mit einem solchen System sind neben Deutschland auch Frankreich, Österreich, die Niederlande, Belgien, Luxemburg, Japan und seit den 1990er-Jahren auch fast alle osteuropäischen Länder.

- In **marktwirtschaftlich orientierten Systemen** erfolgt die finanzielle Absicherung des Krankheitsrisikos mit einem relativ hohen Anteil über privatwirtschaftliche Versicherungsunternehmen. Für diesen Typ von Gesundheitssystem stehen die USA.

Das englische Gesundheitssystem

Kern des englischen Gesundheitssystems ist ein steuerfinanzierter staatlicher **nationaler Gesundheitsdienst** (National Health Service, NHS). Jeder Wohnbürger hat kostenlosen Zugang zu den Leistungserbringern des NHS. Gesteuert wird der NHS zentral durch das Gesundheitsministerium, das den gesetzlichen Rahmen für die Gesundheitsversorgung festlegt. Das Budget des NHS wird im Voraus durch das Parlament bewilligt (Budgetprinzip) und dann als lokale Budgets an die regionalen Gesundheitsbehörden, die Primary Care Trusts (PCTs), verteilt. Diese leisten hauptsächlich die Primärversorgung, d.h. die hausärztliche Versorgung. Für die fachärztliche Versorgung schließen die regionalen Gesundheitsbehörden Verträge mit den regionalen Krankenhäusern ab. Jeder PCT teilt eigenverantwortlich sein Budget für die Versorgung seiner Patienten und Investitionen auf. Die Kontrolle über die Behörden der Leistungserbringung haben die dem Gesundheitsministerium unterstehenden Strategic Health Authorities.

Das schwedische Gesundheitssystem

Das schwedische Gesundheitssystem beruht ebenfalls auf einem steuerfinanzierten nationalen Gesundheitsdienst. Die Einwohner haben kostenlosen Zugang zum System, müssen jedoch Zuzahlungen leisten. Die unmittelbare Organisation des Gesundheitssystems obliegt den Provinziallandtagen (Landsting) und den Kommunen, wobei die Provinzen für die ambulante und stationäre Versorgung zuständig sind. Die Anbieter von Gesundheitsleistungen sind überwiegend bei den Provinzialregierungen angestellt. Hinsichtlich der Ausgestaltung des Systems gibt der Staat durch das Gesundheits- und Krankenversorgungsgesetz (Hälso och sjukvårdslag, HSL) Rahmenbedingungen vor.

Das amerikanische Gesundheitssystem

Das amerikanische Gesundheitssystem ist ein gemischtes System aus privater und öffentlicher Gesundheitsversorgung. Im öffentlichen Gesundheitsbereich wurden 1965 zwei soziale Programme eingeführt: „Medicare" für über 65-Jährige und Menschen mit Behinderung und „Medicaid" für bestimmte Gruppen aus Familien mit niedrigem Einkommen. Das „State Children's Health Insurance Program" (SCHIP) deckt die Versorgung von Familien mit niedrigen Einkommen ab, die nicht durch das Medicaid-Programm versorgt werden. Darüber hinaus gibt es spezielle Programme für Kriegsveteranen vom Verteidigungsministerium und auch für die staatlich anerkannten Indianerstämme.

Alle nicht in diesen Sonderprogrammen versicherten Amerikaner haben zwei Möglichkeiten sich zu versichern: über die Krankenversicherung durch den Arbeitsplatz oder über die private Krankenversicherung. Bei Verlust des Arbeitsplatzes geht auch die Krankenversicherung verloren, die oft auch die Familie des Arbeitnehmers mit abdeckt. Die Qualität dieser Versicherung ist davon abhängig, wie viel der Arbeitgeber bereit ist, in die Krankenversicherung zu investieren. Sollte die private Versicherung speziell benötigte Behandlungen nicht bezahlen, muss jeder Bürger selbst die Kosten übernehmen. Ferner sind amerikanische Versicherungen berechtigt, Personen wegen bestimmter bestehender Erkrankungen oder der Familienkrankengeschichte abzulehnen. Etwa zwei Mio. Amerikaner verlieren monatlich ihren Krankenversicherungsschutz durch Verlust des stammversicherten Ehepartners durch Tod oder Scheidung oder durch den Verlust des Arbeitsplatzes.

Präsident Barack Obama hat nach langen Diskussionen eine Reform des amerikanischen Gesundheitssystems durchgesetzt. Der entsprechende Erlass wurde am 23. März 2010 von ihm unterzeichnet. Nun werden u. a. rund 30 Mio. Menschen ohne Krankenversicherung die Möglichkeit haben, sich zu versichern.

3.1.2 Ausgaben im Gesundheitswesen

Die Ausgaben im Gesundheitswesen lassen sich international schwer vergleichen, weil unterschiedlich abgegrenzt wird, was dem Gesundheitssystem und was dem Sozialsystem zugerechnet wird. Im Rahmen des Europäischen Gesundheitsberichts werden u. a. folgende Indikatoren erfasst:

- **Gesamtausgaben für Gesundheit** (in % des BIP): Die Summe aller öffentlichen und privaten Ausgaben für Gesundheit wird in Prozent der Wirtschaftsleistung des Landes (Bruttoinlandsprodukt, BIP) berechnet. Das Bruttoinlandsprodukt gibt den Gesamtwert aller Güter (Waren und Dienstleistungen) an, die innerhalb eines Jahres innerhalb der Landesgrenzen einer Volkswirtschaft hergestellt wurden und dem Endverbrauch dienen.

- **Pro-Kopf-Gesamtausgaben für Gesundheit** (in Euro): Die Summe aller öffentlichen und privaten Ausgaben für Gesundheit wird zur Vergleichbarkeit kleiner und großer Länder durch die Zahl der Bewohner geteilt und pro Kopf angegeben.

- **Anteil der staatlichen Gesundheitsausgaben an den Gesamtausgaben für Gesundheit** (in %): Die staatlichen Ausgaben für Gesundheit sind die Summe der Aufwendungen für die Erhaltung und Wiederherstellung bzw. Verbesserung von Gesundheit (Steuern und Sozialversicherungsbeiträge). Die Differenz zu 100 % ist dann der private Anteil an den Gesundheitsausgaben.

- **Anteil der staatlichen Gesundheitsausgaben an den staatlichen Gesamtausgaben** (in %): Die allgemeinen Staatsausgaben umfassen die Aufwendungen aller staatlichen Ebenen sowie Kommunalverwaltungen und der Träger der sozialen Sicherheit.

Im europäischen Vergleich liegen Deutschland und Frankreich bei den Gesamtausgaben für Gesundheit gemessen in Prozent des BIP und pro Kopf an der Spitze und die südeuropäischen Länder im Mittelfeld. Die osteuropäischen Länder haben noch Nachholbedarf.

Der prozentuale Anteil der Gesundheitsausgaben an der Wirtschaftsleistung eines Staates (am BIP) ist seit den 1960er-Jahren in allen EU-Ländern stetig gestiegen, in Deutschland von ca. 4 % (1960) auf etwa 10,7 % (2011) des BIP. Ursachen dafür sind vor allem der steigende Altersdurchschnitt der Bevölkerung und der medizinische Fortschritt mit immer teureren Geräten und Behandlungen.

Land	Gesamtausgaben für Gesundheit		allgemeine staatliche Gesundheitsausgaben	
	Anteil am BIP (%)	pro Kopf (Euro)	Anteil an Gesamtausgaben für Gesundheit (%)	Anteil an staatlichen Gesamtausgaben (%)
Deutschland	10,7	2.373	76,9	17,5
Frankreich	11,2	2.486	79,9	16,6
Großbritannien	8,2	1.897	87,1	16,0
Italien	8,9	1.821	76,6	14,1
Lettland	6,4	628	60,5	10,8
Polen	6,2	616	69,3	9,9
Spanien	8,2	1.637	71,4	15,3

Ausgaben für das Gesundheitssystem für ausgewählte Länder, Datenbasis 2005 (vgl. WHO, 2009)

Insofern gibt es seit den 1990er-Jahren in Deutschland und international Diskussionen um Rationierung und Priorisierung im Gesundheitswesen.

Rationierung liegt vor, „wenn aus medizinischer Sicht notwendige oder zweckmäßige medizinische Maßnahmen aus finanziellen Gründen offen oder verborgen vorenthalten werden". Priorisierung in der medizinischen Versorgung ist dagegen „die ausdrückliche Feststellung einer Vorrangigkeit bestimmter Indikationen, Patientengruppen oder Verfahren vor anderen". (Zentrale Ethikkommission, 2000, S. A-1017)

Experten und Vertreter aus Wissenschaft und Praxis im Gesundheitswesen sind sich inzwischen einig: Das Finanzierungsproblem der Solidargemeinschaft „gesetzliche Krankenversicherung" wird sich zunehmend verschärfen, sodass sich nicht mehr die Frage stellt „ob" rationiert werden soll, sondern nur noch „wie".

3.1.3 Gesundheitliche Versorgung der Bevölkerung

Im Rahmen des Europäischen Gesundheitsberichts werden u. a. folgende Indikatoren zur Erfassung der Versorgung mit Gesundheitseinrichtungen erfasst:
- Ärzte je 100.000 Einwohner
- Pflegekräfte je 100.000 Einwohner
- Zahnärzte je 100.000 Einwohner
- Apotheker je 100.000 Einwohner
- Krankenhäuser je 100.000 Einwohner
- Krankenhausbetten je 100.000 Einwohner
- Betten in Pflege- und Altenheimen je 100.000 Einwohner

Land	Anzahl pro 100.000 Einwohner						
	Ärzte	Pflege-kräfte	Zahn-ärzte	Apothe-ker	Kranken-häuser	Kranken-haus-betten	Betten in Alten- und Pflege-heimen
Deutschland	348,4	781,2	76,3	59,9	4,1	829,1	917,8
Frankreich	341,6	793,2	68,0	115,7	4,7	716,8	110,7
Großbritannien	212,6	498,6	43,9	58,6	2,7	389,7	429,3
Italien	365,4	700,7	62,8	74,7	2,2	393,9	332,8
Lettland	304,9	548,0	68,2	–	4,1	757,1	–
Polen	203,2	468,8	32,0	58,9	2,1	516,2	–
Spanien	375,7	743,7	56,2	92,0	1,7	337,0	32,7

Versorgung der Bevölkerung mit Gesundheitseinrichtungen, Datenbasis 2005 (vgl. WHO, 2009)

Seit dem Jahr 2000 hat die Zahl der Ärzte pro Kopf der Bevölkerung in allen europäischen Ländern zugenommen. In Deutschland ist die Zahl der Ärzte von 330 pro 100.000 Einwohner (2000) auf 356 (2008) gestiegen.

Auch die Zahl der Pflegekräfte ist von 2000 bis 2008 in den EU-Ländern gestiegen. Allerdings gibt es hier noch große Unterschiede.

3.2 Gesundheitsziele

3.2.1 Internationale Ebene

Im Jahre 2001 formulierte im Auftrag der UN eine Arbeitsgruppe aus Vertretern von UNO, Weltbank, OECD und mehreren Nichtregierungsorganisationen (NGOs) eine Liste von Zielen zur Bekämpfung von Armut und Unterentwicklung auf der Welt. Diese acht Ziele wurden als Millenniums-Entwicklungsziele (Millennium Development Goals, MDG) bekannt. Die Ziele 4, 5 und 6 beziehen sich ausdrücklich auf Gesundheitsfragen.

1. Beseitigung der extremen Armut und des Hungers
2. Verwirklichung der allgemeinen Grundschulbildung

3. Förderung der Gleichstellung der Geschlechter und Ermächtigung der Frauen
4. Senkung der Kindersterblichkeit
5. Verbesserung der Gesundheit von Müttern
6. Bekämpfung von HIV/Aids, Malaria und anderen Krankheiten
7. Sicherung der ökologischen Nachhaltigkeit
8. Aufbau einer weltweiten Entwicklungspartnerschaft

Um die Erreichung dieser Ziele messbar zu machen, legte die Arbeitsgruppe auch konkrete Unterpunkte (insgesamt 18) und Indikatoren (insgesamt 48) fest. So ist es möglich, die Erreichung der Ziele zu beobachten und einzufordern. Die Unterpunkte für die Gesundheitsziele 4, 5 und 6 sind:

- 4.A: zwischen 1990 und 2015 die Sterblichkeitsrate von Kindern unter fünf Jahren um zwei Drittel senken

- 5.A: zwischen 1990 und 2015 die Müttersterblichkeitsrate um drei Viertel senken

- 5.B: bis 2015 den allgemeinen Zugang zu Leistungen der Reproduktionsmedizin verwirklichen

- 6.A: bis 2015 die Ausbreitung von HIV/Aids zum Stillstand bringen und allmählich umkehren

- 6.B: bis 2010 allgemeinen Zugang zu HIV/Aids-Behandlungen für alle Behandlungsbedürftigen sicherstellen

- 6.C: bis 2015 die Ausbreitung von Malaria und anderen schweren Krankheiten zum Stillstand bringen und allmählich umkehren

Auf internationaler Ebene stellen **Infektionskrankheiten** immer noch ein großes Problem dar. Sie stehen weltweit an der Spitze der Todesursachen, während sie in Europa und Deutschland kaum noch eine Rolle spielen.

Deshalb wurde 2001 von der UN-Sonderversammlung ein Programm zur Bekämpfung von Aids, Tuberkulose und Malaria aufgelegt. Der **Global Fund to Fight Aids, Tuberculosis and Malaria (GFATM)** ist die finanzstärkste Organisation im internationalen Kampf gegen diese vor allem in Entwicklungsländern verbreiteten Infektionskrankheiten.

Der Haushalt des globalen Fonds setzt sich aus freiwilligen Beiträgen der Geberländer und des privaten Sektors zusammen. Für den Zeitraum von 2008 bis 2010 wurden von den Geberländern insgesamt Zusagen in Höhe von 9,7 Mrd. US-Dollar gemacht. In 2008 und 2009 wurden von Deutschland jährlich 200 Mio. Euro gezahlt.

3.2.2 Europäische Ebene

In allen Ländern der EU stehen die Gesundheitssysteme vor ähnlichen Herausforderungen:

- Wie kann die Versorgung einer immer älter werdenden Bevölkerung sichergestellt werden?

- Wie können die ausufernden Kosten begrenzt und die Wirtschaftlichkeit der Versorgung gewährleistet werden, ohne Abstriche bei der Qualität der medizinischen Versorgung zu machen?

Anfang der 1980er-Jahre beschlossen die Länder der Europäischen Union ein Rahmenprogramm, das Strategien und Ziele der gesundheitlichen Entwicklung in Europa definierte. Auf Basis dieses Grundsatzprogramms entstand 1998 schließlich das Programm „Gesundheit21" („Gesundheit für alle"), das 21 Ziele für das 21. Jahrhundert vorgibt:

1. Solidarität für die Gesundheit in der Europäischen Region
2. Gesundheitliche Chancengleichheit
3. Ein gesunder Lebensanfang
4. Gesundheit junger Menschen
5. Altern in Gesundheit
6. Verbesserung der psychischen Gesundheit
7. Verringerung übertragbarer Krankheiten
8. Verringerung nicht übertragbarer Krankheiten
9. Verringerung von auf Gewalteinwirkung und Unfälle zurückzuführenden Verletzungen
10. Eine gesunde und sichere natürliche Umwelt
11. Gesünder leben
12. Verringerung der durch Alkohol, Drogen und Tabak verursachten Schäden
13. Settings zur Förderung der Gesundheit
14. Multisektorale Verantwortung für die Gesundheit
15. Ein integrierter Gesundheitssektor
16. Qualitätsbewusstes Management der Versorgung
17. Finanzierung des Gesundheitswesens und Ressourcenzuweisung
18. Qualifizierung von Fachkräften für gesundheitliche Aufgaben
19. Forschung und Wissen zur Förderung der Gesundheit
20. Mobilisierung von Partnern für gesundheitliche Belange
21. Konzepte und Strategien zur „Gesundheit für alle"

3.2.3 Nationale Ebene

Mit der Initiative „Gesundheitsziele.de" wurde auf Betreiben der Bundesregierung und der Länder im Jahre 2000 in Deutschland der nationale Prozess für Gesundheitsziele begonnen. Gesundheitsziele.de will gesundheitspolitische Akteure zusammenbringen und konkrete, exemplarische Gesundheitsziele als Empfehlung an die Politik und andere Akteure entwickeln. Beteiligt sind Verantwortliche aus Politik in Bund, Ländern und Kommunen, Selbstverwaltungsorganisationen, Fachverbände, Patienten- und Selbsthilfeorganisationen und Wissenschaft. Insgesamt engagieren sich mehr als 70 Organisationen des Gesundheitswesens bei Gesundheitsziele.de. Der Kooperationsverbund Gesundheitsziele.de hat seit dem Jahr 2000 die folgenden sechs nationalen Gesundheitsziele entwickelt, teilweise bereits aktualisiert und publiziert.

1. Brustkrebs: Mortalität vermindern, Lebensqualität erhöhen (2003)
2. Diabetes mellitus Typ 2: Erkrankungsrisiko senken, Erkrankte früh erkennen und behandeln (2003)
3. Gesund aufwachsen: Lebenskompetenz, Bewegung, Ernährung (2003; Aktualisierung 2010)
4. Tabakkonsum reduzieren (2003)
5. Gesundheitliche Kompetenz erhöhen, Patientensouveränität stärken (2003)
6. Depressive Erkrankungen: verhindern, früh erkennen, nachhaltig behandeln (2006)

In der inhaltlichen Entwicklung befindet sich als siebtes nationales Gesundheitsziel „Gesund älter werden". Die bereits existierenden Gesundheitsziele werden evaluiert, d. h., es wird überprüft, welche Ziele erreicht wurden und welche Veränderungen sich nachvollziehen und messen lassen. Der Evaluationsbericht dient dazu, neue Ziele zu formulieren und neue Akzente für die Umsetzung und Maßnahmen zu setzen und festzulegen.

Neben den nationalen Gesundheitszielen haben auch die Bundesländer Zielprogramme oder Handlungsfelder entwickelt, mit denen sie Gesundheitsziele verbinden.

AUFGABEN

1. Erstellen Sie einen Fragebogen und machen Sie selbst eine Umfrage unter Ihren Mitschülern im Hinblick auf die Zufriedenheit mit dem Gesundheitssystem.
2. Stellen Sie tabellarisch die Vor- und Nachteile unterschiedlicher Finanzierungssysteme des Gesundheitssystems dar.
3. Informieren Sie sich im Internet über ein nationales Gesundheitssystem Ihrer Wahl und halten Sie ein Referat darüber.
4. Informieren Sie sich über Kostendämpfungsprogramme im Gesundheitswesen in Deutschland. Berichten Sie darüber.
5. Stellen Sie die Ausgaben der Gesundheitssysteme verschiedener Länder der Versorgungssituation der Bevölkerung gegenüber. Erklären Sie die Zusammenhänge.
6. Wie unterscheiden sich Gesundheitsziele auf internationaler, europäischer und nationaler Ebene? Nennen Sie Gründe dafür.
7. Informieren Sie sich im Internet über den Stand der Zielerreichung bei den Millenniums-Entwicklungszielen.
8. Erklären Sie das erste der 21 Gesundheitsziele der EU „Solidarität für die Gesundheit in der Europäischen Region".
9. Informieren Sie sich über die Ziele von „Gesundheit21". Berichten Sie über statistische Hintergründe und geplante Maßnahmen.
10. Informieren Sie sich über Gesundheitsziele.de. Berichten Sie über Ziele, Umsetzungsmaßnahmen und deren Evaluation.
11. Informieren Sie sich über die Gesundheitsziele Ihres Bundeslandes. Berichten Sie.

Konzepte und Modelle der Gesundheit

4 Gesundheitswissenschaften

■ *Im Jahre 1673 wurde das Theaterstück „Der eingebildete Kranke" des französischen Schriftstellers Molière in Paris uraufgeführt. Noch heute steht es oft auf dem Spielplan der Theater. In der Komödie geht es um einen Mann namens Argan, der sich nur einbildet, schwer krank zu sein. Die zahlreichen Ärzte, die er zu Rate zieht, erkennen sehr wohl, dass es sich um einen* **Hypochonder** *handelt und nutzen die Chance: Sie verschreiben ihm überflüssige Behandlungen gegen überteuerte Rechnungen. Das Publikum lacht herzlich über Argan, denn es durchschaut ihn.*
Übrigens spielte Molière 1673 die Rolle des Titelhelden selbst. Tragischerweise brach er während einer Vorstellung zusammen und starb wenig später in seinem Haus noch in seinem Kostüm als „eingebildeter Kranker".

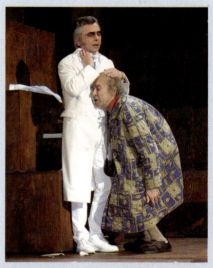

„Der eingebildete Kranke" im Thalia-Theater Hamburg

Auf den ersten Blick scheinen die Begriffe Gesundheit und Krankheit eindeutig und klar zu sein. Gesundheit lässt sich mit Wohlbefinden und Abwesenheit von Beschwerden und Symptomen beschreiben. Mit Krankheit dagegen verbindet man Leiden, Schmerzen und Einschränkungen. Das Theaterstück von Molière führt uns jedoch vor Augen, dass Menschen sehr unterschiedlich auf gesundheitliche Beeinträchtigungen reagieren. Einige leiden schon unter kleinen Beschwerden, andere ignorieren Unpässlichkeiten und Krankheitssymptome einfach und lassen sich davon in ihrem gewohnten Tagesablauf nicht stören. ■

4.1 Was sind die Gesundheitswissenschaften?

Mit der Gründung der „John Hopkins School of Hygiene and Public Health" in den USA im Jahre 1917 beschritt man neue Wege in der medizinischen Forschung und Praxis. **Public Health** umfasst mehr als die klassische kurativ-medizinische Versorgung. Im Mittelpunkt von Public Health stehen die Förderung, Erhaltung und Wiederherstellung einer physischen, psychischen und sozial verstandenen Gesundheit. Diesen sehr weit gefassten Begriff von Gesundheit hat später auch die Weltgesundheitsorganisation (WHO) übernommen.

Die WHO definiert Gesundheit „als einen Zustand des vollkommenen körperlichen, seelischen und gesellschaftlichen Wohlbefindens".

Da die wörtliche Übersetzung von Public Health als „öffentliche Gesundheit" sprachlich unbefriedigend war und auch „Bevölkerungsmedizin" oder „öffentliches Gesundheitswesen" falsche Akzente gesetzt hätten, hat sich im deutschsprachigen Raum der Begriff **„Gesundheitswissenschaften"** durchgesetzt. Mit dem Plural heben die Forscher hervor, dass es sich um einen interdisziplinären Ansatz handelt, in den verschiedene Fachrichtungen integriert werden. Damit haben die unterschiedlichen medizinischen Fachgebiete, wie Medizinal- und Biostatistik, Gesundheitserziehung, Verhaltensmedizin und Medizinpsychologie, Sozial- und Präventivmedizin, Medizinsoziologie, Gesundheitsökonomie und Gesundheitsrecht, Umweltmedizin und Gesundheitssystemforschung neue Bezugspunkte und Zusammenhänge erhalten.

In Anlehnung an die Gesundheitsdefinition der Weltgesundheitsorganisation beschäftigen sich die Gesundheitswissenschaften mit den geistigen, körperlichen, psychischen und sozialen Bedingungen von Gesundheit und Krankheit und ihrer systemischen Verknüpfung.

Die Gesundheitswissenschaften setzen auf der **Mikroebene** Gesundheit mit Personen, auf der **Mesoebene** mit Personengruppen und auf der **Makroebene** mit Bevölkerungsgruppen in Beziehung. Die forschungs- und handlungsleitenden Fragen in den Gesundheitswissenschaften sind die nach der Entstehung von Gesundheit, dem Erhalt von Gesundheit durch Verhalten und Verhältnisse sowie nach der Bedeutung und den Konsequenzen von Einflussfaktoren auf die Gesundheit. Aspekt, wie das subjektive Empfinden der Menschen, die sich krank oder gesund fühlen, oder auch ihre Lebensqualität, werden dabei ebenso berücksichtigt wie individuelle oder durch Umgebungen ausgelöste Belastungen.

4.2 Konzepte und Modelle der Gesundheitswissenschaften

4.2.1 Das biomedizinische Konzept

Parallel zur Entwicklung der modernen Medizin ist seit den 1860er-Jahren die Biochemie als Wissenschaft entstanden. Krankheiten werden als Entgleisungen des Stoffwechsels einzelner Zellen betrachtet, deren Reparatur oder Austausch grundsätzlich chirurgisch oder biochemisch möglich ist. Das Modell stellt die Frage ins Zentrum, was einen Menschen krank werden lässt. Die Ursachen von Krankheit und Gesundheit werden im genetischen, biophysikalischen und biochemischen Bereich gesehen. Der Arzt als Experte sucht nach den spezifischen Ursachen einer Krankheit und leitet die entsprechende Behandlung ein.

Bei einer durch bakterielle Infektion ausgelösten Mandelentzündung würde ein Arzt folgendermaßen vorgehen:

- Zunächst fragt der Arzt nach der Vorgeschichte der Krankheit, der **Anamnese**, und nach den akuten **Symptomen** – das sind die von dem Patienten empfundenen charakteristischen Schmerzen und Beschwerden einer Erkrankung. Wer schon einmal an einer Mandelentzündung erkrankt ist, weiß, dass sie sich mit Halsschmerzen und Schluckbeschwerden ankündigt.

- Mithilfe weiterer ärztlicher Untersuchungen, z. B. durch Abhorchen mit dem Stethoskop, durch Anfertigen einer Röntgenaufnahme oder durch chemische Laboruntersuchungen, kann sich der Arzt ein genaues Bild von einer Erkrankung machen. Die **Diagnose** dient dazu, die Krankheit exakt zu bestimmen.
- Erst wenn der Arzt weiß, um welche Krankheit es sich handelt, leitet er die notwendigen Heilmaßnahmen ein. Für jede Krankheit gibt es eigene **Therapien.** Bei einer Mandelentzündung müssen oft Antibiotika verordnet werden, weil die Krankheitserreger sich sonst ausbreiten und auch andere Organe befallen können, z. B. Niere und Herz.

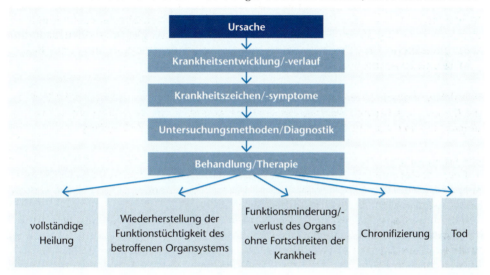

Krankheitsverlauf und Vorgehen im biomedizinischen Konzept

EXKURS: Evidenzbasierte Medizin (EbM)

*Evidenzbasierte Medizin (engl.: evidence-based medicine) stellt eine Forderung dar, nach der medizinische Behandlungen nur auf der Grundlage von empirisch nachgewiesener Wirksamkeit getroffen werden dürfen. Dies geschieht in **klinischen Studien**: Dabei wird ein Teil der Patienten mit einem Placebo, einem Scheinmedikament ohne den zu testenden Wirkstoff, behandelt. Selbst die Ärzte dürfen nicht wissen, welche der Patienten ein Placebo erhalten haben.*

*Empfehlungen für Therapien werden heute in Form von **Leitlinien** veröffentlicht. Medizinische Leitlinien sind Therapiestandards, die von den medizinischen Fachgesellschaften herausgegeben werden und dem jeweils aktuellen Stand der evidenzbasierten Medizin entsprechen. Sie stellen wichtige Entscheidungshilfen für Arzt und Patient dar.*

Kritiker wenden ein, dass die meisten klinischen Studien von Pharmafirmen im Rahmen der Zulassung neuer Medikamente finanziert werden. Außerdem stellt sich die Wirksamkeit eines Arzneimittels oft erst auf lange Sicht beim Einsatz eines Wirkstoffes in der jahrelangen Praxis heraus.

Die naturwissenschaftlich orientierten Mediziner zogen von Anfang an auch starke sozialhygienische, ethische und auch politische Aspekte in Betracht: Dazu gehörte die Forderung nach einer umfassenden Hygiene des Volkes bis hin zu einer „medizinischen Polizei", die für die Gesundheit der Bevölkerung sorgen sollte. Ein wichtiger Vertreter dieses biomedizinischen Konzepts ist Virchow.

EXKURS: Rudolf Ludwig Karl Virchow

Rudolf Ludwig Karl Virchow (1821–1902) war ein deutscher Arzt an der Berliner Charité, einem berühmten und traditionsreichen Berliner Krankenhaus, das heute zu einer der größten Universitätskliniken Europas zählt. Virchow gilt als Gründer der **Pathologie**, der „Lehre von den abnormen und krankhaften Vorgängen und Zuständen im Körper („pathologische Anatomie") und deren Ursachen".

Virchow war Vertreter einer streng naturwissenschaftlich orientierten Medizin. In seiner Funktion als Arzt in der Pathologie der Charité wies er das Krankheitsbild der Thrombose nach, einer bis dahin wenig erforschten Krankheit. 1845 beschrieb Virchow als erster die Leukämie.

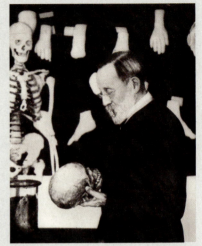

Rudolf Virchow mit Schädel von Hans Schadow (1896)

Als Politiker setzte er sich auch für eine medizinische Grundversorgung der Bevölkerung ein. Seiner Auffassung nach war die Medizin eine soziale Wissenschaft und die Politik nichts weiter als Medizin im Großen. Auf Virchow geht die Entstehung erster kommunaler Krankenhäuser in verschiedenen Stadtteilen Berlins zurück. Auch Parks und Kinderspielplätze sollten die Lage des städtischen Proletariats verbessern. Er plädierte für eine liberale Gesellschaft und eine soziale Medizin, die auf dem Boden naturwissenschaftlicher Aufklärung stehen sollte. Er setzte sich politisch für den Bau von Markthallen und des ersten hygienischen Zentralvieh- und Schlachthofs in Berlin ein. Auch plante er für die Stadt um 1870 den Bau einer modernen Kanalisation und zentralen Trinkwasserversorgung.

Virchow arbeitete auch als praktischer Hygieniker. Hygiene umfasst nicht nur Sauberkeit, sondern im engeren Sinne auch die Maßnahmen zur Vorbeugung von Infektionskrankheiten, insbesondere die Reinigung, Desinfektion und Sterilisation. In dieser Funktion beriet er deutsche und ausländische Regierungen in Seuchenfragen.

4.2.2 Das salutogenetische Konzept

Das salutogenetische Konzept geht auf den Soziologen **Aaron Antonovsky** (1923–1994) zurück. Es versucht die grundlegende Frage zu beantworten, warum Menschen trotz vielfältiger Gefährdungen und Risiken gesund bleiben und nicht krank werden.

Im Gegensatz zum biomedizinischen Modell der Krankheitsentstehung, der **Pathogenese**, geht Antonovsky in seinem Konzept der **Salutogenese** davon aus, dass alle Menschen mehr oder weniger gesund und gleichzeitig mehr oder weniger krank sind. Gesundheit ist danach kein normaler, passiver Gleichgewichtszustand eines Menschen, sondern ein labiles, aktives und sich dynamisch regulierendes Geschehen. Gesundheit und Krankheit werden als Pole auf einer Zeitachse gesehen. Beide Pole, völlige Gesundheit und völlige Krankheit, sind für Menschen nicht zu erreichen. Jeder Mensch, auch wenn er sich überwiegend als gesund erlebt, hat auch kranke Anteile. Die Frage ist deshalb nicht mehr, ob jemand gesund oder krank ist, sondern wie weit entfernt bzw. nahe er den Polen Gesundheit und Krankheit jeweils ist.

Das Kontinuum der relativen Gesundheit wird auch als **HEDE-Kontinuum** bezeichnet. Den Namen entwickelte Antonovsky aus einem Wortspiel: HE steht für „Health-Ease" als Bezeichnung für den gesunden, DE für „Dis-Ease" für den kranken Pol des Kontinuums. Da sich die Begriffe nur schwer ins Deutsche übersetzen lassen, hat sich in den Gesundheitswissenschaften der Begriff HEDE-Kontinuum durchgesetzt.

absolut gesund	sehr gesund	gesund	mäßig gesund	mäßig krank	krank	sehr krank	absolut krank

Spektrum des HEDE-Kontinuums

Mit einem Bild vergleicht Antonovsky die pathogenetische Sicht mit der salutogenetischen Perspektive:

Die pathogenetische Herangehensweise möchte Menschen mit hohem Aufwand aus einem reißenden Fluss retten, ohne sich darüber Gedanken zu machen, wie sie da hineingeraten sind und warum sie nicht besser schwimmen können. In seiner salutogentischen Sicht beschreibt Antonovsky, dass der Fluss der Strom des Lebens ist, an dessen Ufern niemand sicher entlang gehen kann. Der Fluss ist verschmutzt, hat Gabelungen, ist unterschiedlich schnell, hat leichte Strömungen, Stromschnellen oder auch Strudel. Die überlebensrelevante Frage ist für ihn in diesem Bild: „Wie wird man, wo immer man sich in dem Fluss befindet, dessen Natur von historischen, soziokulturellen und physikalischen Umweltbedingungen bestimmt wird, ein guter Schwimmer?" (Antonovsky, 1997, S. 92)

Die Entstehung von Gesundheit und Krankheit erklärt Antonovsky als dynamisches Geschehen. Besonders bedeutend ist nach ihm dabei das **Kohärenzgefühl (sense of coherence)** eines Menschen. Kohärenz bedeutet Zusammenhang, Stimmigkeit. Die Grundlagen für ein Kohärenzgefühl werden in der Jugend gelegt und hängen auch von gesellschaftlichen Gegebenheiten ab. Je ausgeprägter das Kohärenzgefühl einer Person ist, desto gesünder

Ein reißender Fluss als Bild vom Leben

sollte sie sein bzw. desto schneller sollte sie gesund werden und bleiben. So führt ein stark ausgeprägtes Kohärenzgefühl dazu, dass ein Mensch flexibel auf Anforderungen reagieren kann.

Die **Grundhaltung**, die Welt als zusammenhängend und sinnvoll zu erleben und damit ein hohes Kohärenzgefühl zu besitzen, setzt sich nach den Überlegungen Antonovskys aus drei Komponenten zusammen:

1. **Gefühl von Verstehbarkeit** (sense of comprehensibility): Diese Komponente beschreibt die Erwartung bzw. Fähigkeit von Menschen, Reize aus der Umgebung als geordnete, strukturierte Informationen verarbeiten zu können.

2. **Gefühl von Handhabbarkeit bzw. Bewältigbarkeit** (sense of manageability): Diese Komponente beschreibt die Überzeugung eines Menschen, dass Schwierigkeiten lösbar sind. Zur Lösung von Problemen werden die eigenen Ressourcen eingesetzt, aber auch der Glaube daran, dass andere Menschen unterstützen können.

3. **Gefühl von Sinnhaftigkeit und Bedeutsamkeit** (sense of meaningfulness): Dieses Gefühl beschreibt Antonovsky als das wichtigste für die Motivation. Ohne die Erfahrung von Sinnhaftigkeit und ohne positive Erwartungen an das Leben ergibt sich trotz hoher Ausprägung der beiden anderen Komponenten kein hoher Wert des Kohärenzgefühls. Ein Mensch ohne Erleben von Sinnhaftigkeit wird das Leben in allen Bereichen nur als Last empfinden und jede Aufgabe als Qual.

Eine breite empirische Untermauerung des salutogenetischen Ansatzes ist in den Weiterentwicklungen nicht gelungen. Dies wird als Kritik formuliert, obwohl der Ansatz für die Gesundheitswissenschaften insgesamt von zentraler Bedeutung ist. Auch wird von Kritikern hervorgehoben, dass die Beziehungen von seelischen und körperlichen Erkrankungen nicht ausreichend erklärt werden.

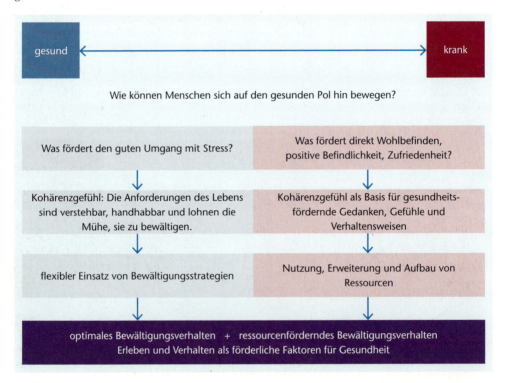

Antonovskys Konzept der Salutogenese

4.2.3 Das sozialisationstheoretische Konzept

Der Sozial- und Gesundheitswissenschaftler **Klaus Hurrelmann** beschäftigt sich seit den 1980er-Jahren mit dem Aspekt der Sozialisation zur Erklärung von Gesundheit und Krankheit. Unter **Sozialisation** versteht er den Prozess der Persönlichkeitsentwicklung eines Menschen. Dieser vollzieht sich in produktiver Auseinandersetzung mit den natürlichen Anlagen, insbesondere den körperlichen und psychischen Grundmerkmalen (innere Realität) und mit der sozialen und physikalischen Umwelt (äußere Realität).

- **innere Realität:** genetische Veranlagung, körperliche Konstitution, Immunsystem, Nervensystem, Hormonsystem, Persönlichkeitsstruktur, Temperament, Belastbarkeit
- **äußere Realität:** sozioökonomische Lage, ökologisches Umfeld, Wohnbedingungen, hygienische Verhältnisse, Bildungsangebote, Arbeitsbedingungen, private Lebensform, soziale Einbindung

Krankheit entsteht nach Hurrelmann, wenn Menschen der Ausgleich zwischen der inneren und äußeren Realität nicht gelingt. Umgekehrt ist in diesem Modell Gesundheit ein Stadium des Wohlbefindens und der Lebensfreude. Erreicht wird dieses Stadium, wenn sich ein Mensch in den physischen, psychischen und sozialen Bereichen seiner Entwicklung im Einklang mit den eigenen Möglichkeiten und Zielvorstellungen und den spezifischen Lebensbedingungen befindet. Gesundheit ist demnach ein Resultat der individuellen Lebensgeschichte (Ontogenese) eines Menschen. Die körperliche, seelische und geistige Entwicklung findet statt als Auseinandersetzung mit belastenden (hemmenden, risikoreichen) und schützenden Faktoren, deren Einfluss und gegenseitige Beeinflussung entweder ein Mehr oder ein Weniger an individueller Gesundheit bedeuten.

Zusammenfassend beinhaltet das sozialisationstheoretische Konzept folgende Aspekte:

- Gesundheit und Krankheit ergeben sich aus einem Wechselspiel sozialer und personaler Bedingungen. Diese Bedingungen prägen das Gesundheitsverhalten.
- Die sozialen Bedingungen beeinflussen die Entfaltung der individuellen Möglichkeiten im Hinblick auf Gesundheit und Krankheit.
- Gesundheit ist das Stadium des Gleichgewichts, Krankheit das Stadium des Ungleichgewichts von Risiko- und Schutzfaktoren.
- Gesundheit und Krankheit sind jeweils Endpunkte von Gleichgewichts- und Ungleichgewichtsstadien und haben eine körperliche, psychische und soziale Dimension.
- Gesundheit ist das Ergebnis einer gelungenen Bewältigung bzw. Balance von inneren und äußeren Faktoren, Krankheit bedeutet ein Misslingen.
- Persönliche Voraussetzung für Gesundheit ist eine körperbewusste, psychisch sensible und umweltorientierte Lebensführung.
- Die jeweiligen Stadien und Ausprägungen von Gesundheit und Krankheit werden von Menschen subjektiv bewertet.
- Selbst- und Fremdeinschätzung von Gesundheits- und Krankheitsstadien können sich unterscheiden.

4.2.4 Das Konzept der Lebensweisen (Lebensstile)

Das Konzept der Lebensweisen (Lebensstile) wurde in den 1980er-Jahren von der Weltgesundheitsorganisation (WHO) eingeführt. Es beruht auf der Erkenntnis, dass gesundheitsförderliches und gesundheitsschädigendes Verhalten von Menschen eingebettet werden sollte in historisch gewachsene und von gesellschaftlichen Bedingungen abhängige **Lebensweisen.** Zur Lebensweise gehören alltägliche Aufgaben und Routinen wie Haushaltsführung, Konsumgewohnheiten, Gestaltung sozialer Kontakte, Freizeitverhalten, Erziehungspraktiken, Familienorganisation, Ernährung, Gesundheits- und Altersvorsorge usw. Gesundheits- oder Krankheitsverhalten ist damit auch als erlerntes soziales Verhalten zu verstehen.

Mit diesem Konzept wurde erstmalig auch die Verantwortung der Politik für die Gesundheit Einzelner herausgestellt. Das Lebensweisenkonzept wird häufig auch als sozial-ökologisches Konzept beschrieben und findet z. B. Verbreitung in Projekten wie „Gesunde Städte" (s. Kapitel 21.5).

Hurrelmann geht es um die objektiven d. h. tatsächlichen Lebensbedingungen in Kombination mit individuellen Gesundheitsorientierungen. Diese beeinflussen direkt oder indirekt die Gesundheit und werden zur Ausrichtung des persönlichen Verhaltens herangezogen. Mit dem folgenden Schaubild werden verschiedene Ebenen von Verhaltensauffälligkeiten und Krankheiten dargestellt, die Hinweise und Ansatzpunkte für Maßnahmen und Programme sowie individuelle Empfehlungen geben können.

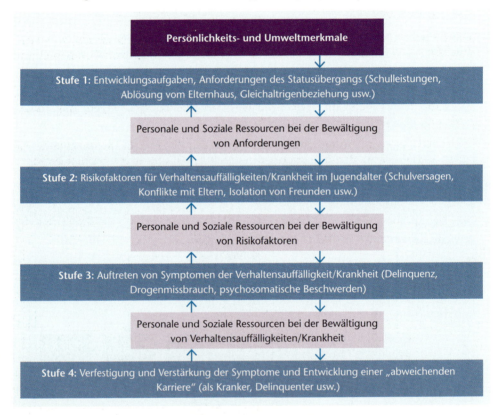

Entstehung und Ablauf von Verhaltensauffälligkeit und Krankheit (Hurrelmann, 1994, S. 154)

4.2.5 Das sozialepidemiologische Konzept

In den **sozialepidemiologischen Modellen** wird der Einfluss von ökonomischen, ökologischen, sozialen und kulturellen Faktoren auf die Gesundheit berücksichtigt. Rein statistisch gesehen werden die Menschen weniger krank und leben länger, die über ein gutes Bildungsniveau verfügen, selbstbewusst sind, einen vertrauten Partner haben, viele

Freunde, einen Arbeitsplatz, mit dem sie zufrieden sind und ein ausreichendes Einkommen. Hinzu kommt eine gut ausgebildete Fähigkeit, sich aktiv mit Schwierigkeiten auseinanderzusetzen, die im Verlauf des Lebens auftreten, sie als Herausforderung zu begreifen und darüber hinaus notfalls in der Lage zu sein, die Ressourcen des sozialen Netzes entsprechend zu nutzen.

Andererseits gilt Überforderung durch Stress in Verbindung mit mangelnden Bewältigungsfähigkeiten als Risikofaktor für die Entstehung chronischer Krankheiten.

Beispiele für Stressoren:

- **Alltagsbelastungen und physikalisch-sensorische Stressoren:** Hetze, zeitlicher Druck, Lärm
- **Leistungs- und soziale Stressoren:** Über- und Unterforderung, Konkurrenz, Isolation, zwischenmenschliche Konflikte
- **körperliche Stressoren:** Verletzung, Schmerz, Hunger, Behinderung
- **belastende und kritische Lebensereignisse:** Verlust von Bezugspersonen, von wichtigen Rollen und dem Arbeitsplatz, plötzliche Einschränkungen von Gesundheit und Leistungsfähigkeit
- **chronische Spannungen und Belastungen:** dauerhafte „kleine" Alltagsprobleme, Rollenkonflikte in Beruf und Familie, dauerhafte Arbeitsüberlastungen, lang andauernde Krankheiten
- **kritische Übergänge im Lebenslauf:** Adoleszenz und junges Erwachsenenalter, Pubertät, Klimakterium, Berufseinstiege oder -ausstiege, Übergang ins Rentnerdasein

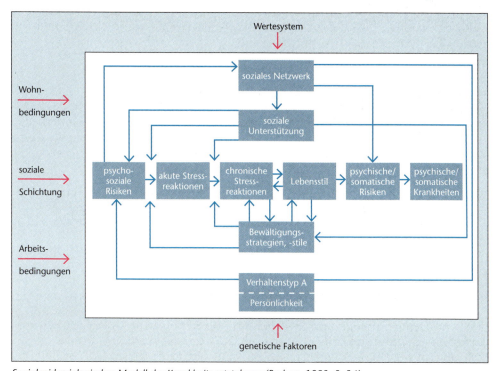

Sozialepidemiologisches Modell der Krankheitsentstehung (Badura, 1983, S. 34)

AUFGABEN

1. Bearbeiten Sie die folgenden Teilaufgaben.
   a Nennen Sie Vorteile und Gefahren unterschiedlicher Reaktionen von Menschen auf Krankheiten.
   b Erklären Sie in diesem Zusammenhang auch den Begriff „Hypochonder".

2. Erläutern Sie, was unter dem Begriff „Gesundheitswissenschaften" zu verstehen ist.

3. Welche Schrittfolge entspricht der Vorgehensweise eines Arztes bei der Behandlung einer Krankheit?

4. Bearbeiten Sie die folgenden Teilaufgaben.
   a Erklären Sie den Begriff „evidenzbasierte Medizin" und die Bedeutung von Behandlungsleitlinien.
   b Was sind in diesem Zusammenhang die Aufgaben und Ziele der „Arbeitsgemeinschaft der Wissenschaftlichen Medizinischen Fachgesellschaften (AWMF)" (s. www.awmf.org)?

5. Erläutern Sie das Modell der Salutogenese.

6. Wie lautet das sozialisationstheoretische Konzept von Hurrelmann?

7. Erklären Sie das Konzept der Lebensweisen/Lebensstile.

8. Erläutern Sie das sozialepidemiologische Konzept der Krankheitsentstehung.

5 Messung von Gesundheit und Krankheit

■ Die **Europäische Union (EU)** veröffentlicht regelmäßig einen **Gesundheitsbericht**. Anhand von Zahlen, Daten und Fakten (Indikatoren) werden darin die öffentliche Gesundheit und die Leistungen der Gesundheitssysteme der Mitgliedsländer dargestellt und bewertet. Damit sollen die Voraussetzungen geschaffen werden, um in den Mitgliedsländern gezielt

- „schlechten Gesundheitsbedingungen entgegenzuwirken,
- gesunde Lebensgewohnheiten zu fördern und
- Ungleichheiten im Gesundheitsbereich abzubauen".

(Weltgesundheitsorganisation WHO, 2009, S. 2)

In Deutschland gibt es seit 1998 die **Gesundheitsberichterstattung des Bundes.** Die Datenaufbereitung, Zusammenstellung und Bewertung erfolgt gemeinsam durch das **Robert Koch-Institut** und das **Statistische Bundesamt.** Im Vorwort der neuesten Ausgabe heißt es: „Der jetzt vorgelegte Bericht ‚Gesundheit in Deutschland' gibt, ähnlich wie sein Vorgänger, nur eben acht Jahre später, einen umfassenden Überblick über den Gesundheitszustand der deutschen Bevölkerung und das Gesundheitswesen in Deutschland."
(Robert Koch-Institut, 2006, S. 5)

Daran anknüpfend stellt sich die Frage: Wie gehen die genannten Institute vor, um Gesundheit und Krankheit zu messen? ■

5.1 Epidemiologie

Zur Beurteilung des **individuellen Gesundheitszustandes** eines einzelnen Patienten führt der Arzt unterschiedliche Untersuchungen durch, z. B. Messung des Blutdrucks, Anfertigung einer Röntgenaufnahme oder Bestimmung von Blutwerten im Labor.

In der **Epidemiologie** werden Fragen aus den Gesundheitswissenschaften mit den Methoden der empirischen Sozialforschung und der **Statistik** bearbeitet. Beispiele sind Statistiken zur Verteilung von Herz-Kreislauf-Risikofaktoren in der Bevölkerung oder Statistiken über den Verlauf von Krankheiten und Todesfällen.

Wichtige epidemiologische Kennzahlen:

- Mit **Mortalität** wird die Sterblichkeit, also die Häufigkeit von Sterbefällen bezeichnet. Eine besondere Mortalitätsziffer ist die Säuglingssterblichkeit. Sie wird nicht, wie bei Mortalität üblich, auf die Bevölkerung, sondern auf die Zahl der Lebendgeborenen im Bezugsjahr bezogen.
- **Letalität** bedeutet ebenfalls Sterblichkeit, jedoch nicht bezogen auf die Bevölkerung, sondern auf die Erkrankten. Ebola hat z. B. eine sehr hohe Letalität, die meisten der Erkrankten sterben; aber die bevölkerungsbezogene Mortalität ist bei Ebola gering, da sich insgesamt nicht sehr viele Menschen mit Ebola infizieren und daran erkranken. Umgekehrt ist es bei vielen Zivilisationserkrankungen, wie z. B. Diabetes: Die Letalität der Erkrankten ist hier vergleichsweise gering, die bevölkerungsbezogene Mortalität dagegen wegen der vielen Erkrankten trotzdem hoch.

- Unter **Morbidität** versteht man in der Epidemiologie die Krankheitshäufigkeit in der Bevölkerung. Sie wird bestimmt durch die **Prävalenz** (Rate der bereits Erkrankten) und die **Inzidenz** (Rate der Neuerkrankungen) innerhalb einer vorgegebenen Zeitperiode. Aus der Morbiditätsrate kann die Erkrankungswahrscheinlichkeit lediglich abgeschätzt werden. Zur Morbidität gibt es Prävalenz- und Inzidenzzahlen.
    - Die **Prävalenz** gibt die Wahrscheinlichkeit an, dass eine zufällig ausgewählte Person an einem gewissen Stichtag innerhalb einer Bevölkerungsgruppe erkrankt ist. Die Prävalenz ist immer eine Prozentzahl und ist als Anteil Erkrankter einer Gruppe an der Gesamtbevölkerung interpretierbar. Die Prävalenzquote gilt als Zustandsbeschreibung einer Krankheit und ist als Maß besonders im Zusammenhang mit präventiven Maßnahmen wichtig, da an ihr der aktuelle Krankenstand abgelesen werden kann. Beispiel: Die Wahrscheinlichkeit (Prävalenz), an Bluthochdruck (Hypertonie) zu erkranken, liegt in Deutschland je nach Alter zwischen 10 und 50%.
    - Die **Inzidenz** gibt die Wahrscheinlichkeit an, dass eine zufällig ausgewählte Person aus einer Gruppe, Population, innerhalb einer zeitlich begrenzten Periode, z. B. einem Jahr, an einer Krankheit neu erkrankt.

5.2 Kernindikatoren der Europäischen Gesundheitsberichterstattung

Im vorliegenden Europäischen Gesundheitsbericht 2009 werden folgende Kernindikatoren zur Beurteilung der öffentlichen Gesundheit herangezogen:

- **Lebenserwartung bei Geburt** (Jahre): Das ist die mittlere Anzahl der Jahre, die ein Neugeborenes voraussichtlich leben wird.
  Die Lebenserwartung dient der groben, jedoch umfassenden Messung des Gesundheitszustands der Bevölkerung, differenziert nach Bevölkerungsgruppen sowie Alter und Geschlecht. Sie gilt als ein zuverlässiges Maß für das gesundheitliche Abschneiden einer Gesellschaft zu einem bestimmten Zeitpunkt. Die Lebenserwartung ist in den EU-Staaten kontinuierlich und erheblich gestiegen.
- **gesunde Lebenserwartung bei Geburt** (Jahre): Das ist die Anzahl der Jahre, die ein Neugeborenes voraussichtlich bei voller Gesundheit leben wird.
  Eine Erhöhung der Lebenserwartung alleine sagt noch nichts über die Lebensqualität dieser gewonnen Jahre aus, denn sie könnten mit einer verlängerten Krankheitsphase und mit Siechtum vor dem Tod einhergehen. Ein Vergleich unter den EU-Staaten zeigt, dass die beschwerdefreie Lebenserwartung in Deutschland relativ hoch ist.
- **Sterbewahrscheinlichkeit vor Vollendung des 5. Lebensjahrs:** Das ist die Zahl der Todesfälle pro 1.000 Lebendgeburten bis zur Vollendung des 5. Lebensjahrs.
  Diese Mortalität ist ein Indikator für die Lebensumstände und den Zugang zur Gesundheitsversorgung in einem Land. Seit 1990 ist z. B. die Säuglingsmortalität (Tod im ersten Jahr nach der Geburt) in der europäischen Region um über 50% gesunken. 2007 lag die Durchschnittsrate aller EU-Länder bei 7,3 Todesfällen pro 1.000 Lebendgeburten.
- **Müttersterblichkeitsrate** (pro 100.000 Lebendgeburten): Müttersterbefälle betreffen den Tod einer Frau während der Schwangerschaft oder innerhalb von 42 Tagen nach Beendigung dieser Schwangerschaft.

Land	Lebenserwartung bei der Geburt (Jahre)		gesunde Lebenserwartung bei der Geburt (Jahre)		Sterbewahrscheinlichkeit unter 5 Jahre (pro 1.000 Lebendgeburten)	Müttersterblichkeitsrate (pro 100.000 Lebendgeburten)	perinatale Sterbefälle (pro 1.000 Geburten)
	Männer	Frauen	Männer	Frauen			
Deutschland	77,2	82,4	71	75	4,6	6,1	5,6
Finnland	76,1	83,2	70	75	3,5	1,7	3,3
Frankreich	77,5	84,6	71	76	4,4	7,1	6,9
Griechenland	77,2	82,0	71	74	4,3	1,8	5,3
Lettland	65,8	76,5	59	68	10,3	25,8	6,5
Polen	71,0	79,8	64	70	7,1	2,9	5,0
Spanien	77,1	83,8	71	76	4,7	3,9	4,7

Gesundheitsindikatoren für ausgewählte Länder, Daten aus 2007 (vgl. WHO, 2009)

Die Mortalität von Müttern ist ein Indikator für den Zugang zur Gesundheitsversorgung und für deren Qualität in einem Land. Sie ist in der europäischen Region auf durchschnittlich 12,9 Todesfälle pro 100.000 Lebendgeburten im Jahr 2007 gesunken; dies entspricht knapp der Hälfte der Mortalitätsrate von 1990.

- **perinatale Sterbefälle** (pro 1.000 Geburten): Das ist die Zahl der gewichtsspezifischen Fälle von Fruchttod und der frühen nach der Geburt aufgetretenen Sterbefälle pro 1.000 Geburten. Erfasst werden Lebendgeburten und Totgeburten mit einem Gewicht bis 1.000 Gramm.
Auch diese Mortalität ist ein Indikator für die Lebensumstände und den Zugang zur Gesundheitsversorgung eines Landes. Die Datenbasis zur Ermittlung dieses Gesundheitsindikators ist allerdings noch nicht in allen Ländern verfügbar.

5.3 Lebensqualität

Im allgemeinen Sprachgebrauch versteht man unter **Lebensqualität** den Grad des Wohlbefindens eines einzelnen Menschen oder einer Gruppe von Menschen. Auch die Weltgesundheitsorganisation (WHO) gibt eine auf der persönlichen Einschätzung des Einzelnen beruhende Definition:

Lebensqualität ist die subjektive Wahrnehmung einer Person über ihre Stellung im Leben in Relation zur Kultur und den Wertsystemen, in denen sie lebt und in Bezug auf ihre Ziele, Erwartungen, Standards und Anliegen.

In Deutschland wird die **subjektive Zufriedenheit** mit der Gesundheit bei Bevölkerungsstudien vor allem mit zwei Methoden gemessen:

1. Die Befragten werden um eine Selbsteinschätzung ihrer Gesundheit gebeten: „Wie würden Sie Ihren gegenwärtigen Gesundheitszustand beschreiben?" Für ihre Antwort haben sie die Wahl zwischen fünf vorgegebenen Antworten: „sehr schlecht", „schlecht", „mittelmäßig", „gut" und „sehr gut".
   Drei Viertel aller Befragten beurteilen ihren Gesundheitszustand mit „gut" oder „sehr gut". Weniger als 10 % der Frauen und Männer kommen zu einer schlechten oder sehr schlechten Bewertung.

	Männer					Frauen				
Alter	18 bis 29	30 bis 44	45 bis 64	65 und älter	GES.	18 bis 29	30 bis 44	45 bis 64	65 und älter	GES.
Sehr gut	33,6	28,0	15,7	9,3	21,8	33,6	27,2	17,3	7,6	20,4
Gut	56,5	58,9	53,0	44,8	54,1	53,1	55,7	50,3	36,4	49,0
Mittelmäßig	9,0	10,3	22,4	34,3	18,2	11,4	13,6	25,7	42,1	23,8
Schlecht	0,7	2,3	7,4	9,6	4,9	1,6	2,7	5,5	10,8	5,3
Sehr schlecht	0,1	0,5	1,5	2,1	1,0	0,3	0,8	1,3	3,1	1,4

Selbsteinschätzung der Gesundheit, Datenquelle: Telefonischer Gesundheitssurvey 2003 (Robert Koch-Institut, 2006, S. 18)

2. Die Befragten werden aufgefordert, die Zufriedenheit mit ihrer Gesundheit auf einer Skala von 0 bis 10 zu beurteilen. Dabei bedeutet 0 „sehr unzufrieden" und 10 „sehr zufrieden". Der daraus resultierende subjektive Wert spiegelt eigene Beschwerden, aber auch Einstellungen und Wertvorstellungen zur Gesundheit wider.
   Die meisten Deutschen sind mit ihrer Gesundheit recht zufrieden, denn der ermittelte Durchschnittswert liegt über Jahre stabil bei 6,5. Dabei erweisen sich Männer als etwas zufriedener als Frauen.

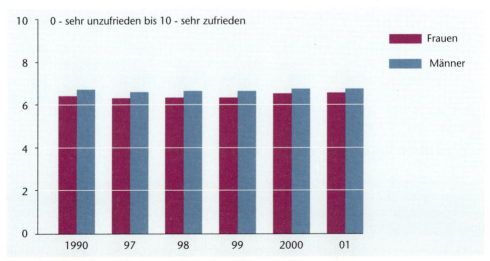

Zufriedenheit der Bevölkerung mit der eigenen Gesundheit, Mittelwerte (vgl. Gesundheitsberichterstattung des Bundes, www.gbe-bund.de, Datenquelle: SOEP, Deutsches Institut für Wirtschaftsforschung)

AUFGABEN

1. Beschaffen Sie sich im Internet den aktuellen Europäischen Gesundheitsbericht. Berichten Sie über Aufbau und Struktur.

2. Beschaffen Sie sich im Internet den aktuellen Bericht „Gesundheit in Deutschland". Berichten Sie über Aufbau und Struktur.

3. Was bedeuten die Begriffe „Mortalität", „Letalität", „Morbidität", „Prävalenz" und „Inzidenz"? Suchen Sie dazu im Internet nach Statistiken (z. B. unter www.ec.europa.eu/health).

4. Erklären Sie die folgenden Begriffe:
Lebenserwartung bei Geburt, gesunde Lebenserwartung bei der Geburt, Sterbewahrscheinlichkeit vor Vollendung des 5. Lebensjahrs, Müttersterblichkeitsrate und perinatale Sterbefälle.
Erläutern Sie die Entwicklung dieser Indikatoren im europäischen Vergleich.

5. Erklären Sie den Begriff „Lebensqualität" und dessen Messung im Rahmen der Gesundheitswissenschaften.

6. Recherchieren Sie im Internet unter www.oecdbetterlifeindex.org:
   a Welche 11 Lebensbereiche werden zum Thema „Lebensqualität" von der OECD betrachtet?
   b Wie schneidet Deutschland im internationalen Vergleich ab?

6 Qualitätsmanagement im Gesundheitswesen

■ Die Nutzer von Einrichtungen des Gesundheitswesens, z. B. die Patienten eines Krankenhauses oder die Bewohner eines Altenpflegeheims, erwarten qualitativ hochwertige Angebote sowie kundenorientierte Dienstleistungen. Gute und verständliche Informationen, die sie aus unterschiedlichen Quellen erhalten, sind ihnen dabei wichtig. Vermehrt wird heutzutage dafür u. a. das Internet herangezogen. Unter www.pflegenoten.de kann man die Bewertungen aller ambulanten und stationären Pflegeeinrichtungen durch den Medizinischen Dienst der Krankenversicherungen (MDK) einsehen. Die Krankenhäuser sind gesetzlich verpflichtet, Qualitätsberichte auf ihrer Homepage zu veröffentlichen.

Schließlich gibt es mittlerweile auch in weiten Teilen des Gesundheitswesens einen verstärkten Wettbewerb. So hat Deutschland in den Ballungsgebieten eine der höchsten Arztdichten der Welt sowie ein Überangebot ambulanter und stationärer Pflegeplätze zu verzeichnen. Kunden können aus einer Vielzahl von Angeboten und Anbietern auswählen. Auch im Gesundheitswesen gilt deshalb zunehmend: Der Kunde ist König. ■

Darstellung der Ergebnisse einer Qualitätsprüfung für eine stationäre Altenpflegeeinrichtung

6.1 Rechtliche Verpflichtung zum Qualitätsmanagement

6.1.1 Gesundheitswesen

> **§ 135a Verpflichtung zur Qualitätssicherung**
>
> (2) Vertragsärzte, medizinische Versorgungszentren, zugelassene Krankenhäuser, Erbringer von Vorsorgeleistungen oder Rehabilitationsmaßnahmen und Einrichtungen, mit denen ein Versorgungsvertrag nach § 111a besteht, sind nach Maßgabe der §§ 137 und 137d verpflichtet,
>
> 1. sich an einrichtungsübergreifenden Maßnahmen der Qualitätssicherung zu beteiligen, die insbesondere zum Ziel haben, die Ergebnisqualität zu verbessern und
>
> 2. einrichtungsintern ein Qualitätsmanagement einzuführen und weiterzuentwickeln.

Einrichtungsübergreifende Maßnahmen der Qualitätssicherung: Um die Versorgungsqualität im Gesundheitswesen einrichtungsübergreifend ermitteln und darstellen zu können, erfasst ein unabhängiges Institut regelmäßig Daten und erstellt daraus Qualitätsindikatoren. Der Begriff „Indikator" leitet sich vom lateinischen Wort „indicare" = „anzeigen" ab; Qualitätsindikatoren sind also Messgrößen, die anzeigen, wie es um die Qualität im Gesundheitswesen bestellt ist. Medizinische Einrichtungen sind gesetzlich verpflichtet, entsprechende Daten zu erheben und zu übermitteln. Zurzeit werden in Deutschland für 26 medizinische Leistungsbereiche 206 Qualitätsindikatoren veröffentlicht (s. Kapitel 6.5).

Einrichtungsinternes Qualitätsmanagement: Für die verschiedenen Leistungserbringer im Gesundheitswesen (Arztpraxen, Zahnarztpraxen, Krankenhäuser) hat der Gemeinsame Bundesausschuss (G-BA) konkrete Qualitätsrichtlinien herausgegeben. Der Gemeinsame Bundesausschuss ist ein Gremium der Selbstverwaltung von Ärzten, Krankenhäusern und Krankenkassen. Er hat u. a. die Aufgabe, für die alltagspraktische Umsetzung der gesetzlichen Vorgaben zu sorgen. Die vom G-BA beschlossenen Richtlinien sind demnach verbindlich. Sie stellen sozusagen die „Mindestanforderungen" an ein QM-System für den jeweiligen Leistungserbringer im Gesundheitswesen dar. So werden z. B. für Arztpraxen in der entsprechenden G-BA-Richtlinie u. a. folgende Grundelemente eines einrichtungsinternen Qualitätsmanagements gefordert:

- **Patientenversorgung:** Ausrichtung der Versorgung an fachlichen Standards und Leitlinien, Patientenorientierung, Patientensicherheit, Patienteninformation und Beratung, Strukturierung von Behandlungsabläufen usw.
- **Praxisführung:** Regelung von Verantwortlichkeiten, Arbeitsschutz, Fort- und Weiterbildung, Terminplanung, Datenschutz, Hygiene usw.

6.1.2 Pflegeeinrichtungen

Schon seit Mitte der 1990er-Jahre verpflichtet der Gesetzgeber ambulante Pflegedienste und stationäre Pflegeheime zum Qualitätsmanagement. Und der Medizinische Dienst der Krankenversicherungen (MDK) führt seit dieser Zeit unangemeldete **Qualitätsprü-**

fungen in Pflegeeinrichtungen durch. Seit dem 1. Januar 2009 gelten erweiterte gesetzliche Regelungen. Wie bisher müssen zugelassene Pflegeeinrichtungen ein Qualitätsmanagement einführen und Maßnahmen der Qualitätssicherung betreiben (§ 112 Abs. 2 SGB XI). Darüber hinaus wurden sogenannte **Transparenzkriterien** eingeführt. Damit sollen die von Pflegeeinrichtungen erbrachten Leistungen und deren Qualität für Pflegebedürftige und ihre Angehörige verständlich, übersichtlich und vergleichbar im Internet und in anderer geeigneter Form kostenfrei veröffentlicht werden (s. Abbildung S. 74).

Für stationäre Pflegeeinrichtungen gelten insgesamt 82 Transparenzkriterien, die sich auf vier Qualitätsbereiche sowie eine Bewohnerbefragung aufteilen. Für ambulante Pflegedienste sind es 49 Kriterien in drei Qualitätsbereichen sowie eine Patientenbefragung.

stationäre Pflegeeinrichtungen		ambulante Pflegedienste	
Qualitätsbereiche	Kriterien	Qualitätsbereiche	Kriterien
Pflege und medizinische Versorgung	35	pflegerische Leistungen	17
Umgang mit demenzkranken Bewohnern	10	ärztlich verordnete pflegerische Leistungen	10
soziale Betreuung und Alltagsgestaltung	10	Dienstleistung und Organisation	10
Wohnen, Verpflegung, Hauswirtschaft und Hygiene	9	Befragung der Kunden	12
Befragung der Bewohner	18	**insgesamt**	**49**
insgesamt	**82**		

Transparenzkriterien für Pflegeeinrichtungen

6.2 Was bedeutet Qualitätsmanagement?

6.2.1 Qualitätsbegriffe

Der Begriff „Qualität" leitet sich vom lateinischen Wort „qualitas" ab, was so viel bedeutet wie Beschaffenheit, Merkmal, Eigenschaft, Zustand. In der Fachliteratur findet man sehr unterschiedliche Definitionen für Qualität. David A. Garvin unterscheidet fünf verschiedene Sichtweisen des Qualitätsbegriffs:

1. **transzendenter Qualitätsbegriff:** Qualität ist eine subjektive Erfahrung bzw. Einschätzung, die weder gemessen noch konkretisiert werden kann. Beispiele: Kunstwerke (Bilder, Musikstücke, Romane).
2. **produktbezogener Qualitätsbegriff:** Die Qualität eines Produktes ergibt aus der Erfüllung festgelegter und messbarer Anforderungen. Beispiele: Drucker (Seiten pro Minute, Farbe, Auflösung usw.).
3. **fertigungs- bzw. prozessbezogener Qualitätsbegriff:** Die Qualität ergibt sich aus der Erfüllung von Spezifikationen, Standards, Normen usw. Beispiel: Ausführung von Bauvorschriften.

4. **kundenbezogener Qualitätsbegriff:** Qualität ist die vollständige Erfüllung von Kundenanforderungen an ein Produkt/eine Dienstleistung. Beispiel: Eine Kundin, die einen Computer kauft, ohne sich damit technisch auszukennen, formuliert ihre Anforderungen (z. B. Text- und/oder Bildbearbeitung).

5. **wertorientierter Qualitätsbegriff:** Diese Sichtweise orientiert sich am Preis-Leistungs-Verhältnis. Kunden kaufen nicht nur nach Qualitätsgesichtspunkten, sondern berücksichtigen auch den Kaufpreis.

(vgl. Garvin, 1984, S. 25–45)

Im Gesundheitswesen hat es sich bewährt, den zunächst abstrakt erscheinenden Qualitätsbegriff in Anlehnung an A. Donabedian in folgende drei Dimensionen aufzugliedern:

- **Strukturqualität:** Damit sind die materiellen und personellen Rahmenbedingungen einer Einrichtung gemeint, z. B. die Räume und deren Ausstattung, Anzahl und Qualifikation der Mitarbeiter.
- **Prozessqualität:** Darunter versteht man die Beherrschung aller wichtigen Arbeitsabläufe durch die Mitarbeiter sowie deren Koordination an den Schnittstellen und die Dokumentation.
- **Ergebnisqualität:** Damit ist das messbare Ergebnis bei einem Produkt bzw. einer Dienstleistung gemeint, z. B. die Zufriedenheit der Kunden, der Erfolg einer Behandlung usw.

(vgl. Donabedian, 1980)

Qualitätsmanagement

Wörtlich übersetzt bedeutet Management Führung, Leitung oder Lenkung. Wenn man von Qualitätsmanagement spricht, stellt man also den Menschen in den Vordergrund. Qualität entsteht nicht zufällig oder automatisch, sondern durch das aktive Handeln aller Menschen, insbesondere der Führungskräfte, die in einer Organisation tätig sind. In Anlehnung an die Qualitätsnorm DIN EN ISO 9000 versteht man unter Qualitätsmanagement aufeinander abgestimmte Tätigkeiten zum Leiten und Lenken einer Organisation, die darauf abzielen, die Qualität der Produkte oder der angebotenen Dienstleistungen sicherzustellen bzw. zu verbessern.

Qualitätsmanagementsystem

Von einem Qualitätsmanagementsystem spricht man, wenn alle qualitätssichernden Einzelmaßnahmen zu einem Ganzen, also zu einem System zusammengefasst werden. Mittlerweile gibt es eine Vielzahl von Qualitätsmanagementsystemen, auch spezielle für das Gesundheitswesen, z. B. KTQ für Krankenhäuser, QEP für Arztpraxen. Eines der bekanntesten QM-Systeme basiert auf der international weit verbreiteten Qualitätsnorm DIN EN ISO 9001 (s. Kapitel 6.3.1).

6.2.2 Besonderheiten bei Dienstleistungen

Dienstleistungen stellen besondere Anforderungen an das Qualitätsmanagement, denn sie weisen spezifische Wesensmerkmale auf, die bei Produkten nicht zu finden sind:

- **Immaterialität:** Dienstleistungen selbst sind immateriell, d. h., man kann sie nicht „anfassen". Beispiel: Ein Arzt untersucht einen Patienten. Diese Dienstleistung kann man anschließend nur noch in der Patientendokumentation auf dem Papier nachvollziehen. Die Leistung selbst ist immateriell.
- **Gleichzeitigkeit von Produktion und Konsum:** Dienstleistungen sind nicht wie Produkte lagerfähig und bei Bedarf abrufbar. Eine Dienstleistung erfolgt in dem Moment, in dem der Kunden sie benötigt.
- **Integration des Kunden:** Der Kunde muss anwesend sein und in die Dienstleistung einbezogen werden. Er ist sozusagen „Koproduzent" der Dienstleistung. Beispiel: Nur wenn der Patient die verordneten Medikamente regelmäßig und richtig dosiert einnimmt, kann der gewünschte Heilerfolg eintreten.

6.3 Qualitätsmanagementsysteme

6.3.1 DIN EN ISO 9000er Familie

Die Internationale Standardorganisation (ISO) hat erstmals in den 1980er-Jahren eine Normenreihe für Qualitätsmanagementsysteme herausgegeben, die DIN EN ISO 9000er Reihe. Ursprünglich für produktionsorientierte Industrieunternehmen konzipiert, wurde sie mehrfach überarbeitet und hat mittlerweile auch Eingang in Dienstleistungsunternehmen sowie ins Gesundheitswesen gefunden. Dabei bedeuten die Abkürzungen: DIN = Deutsches Institut für Normung e. V., EN = Europäisches Institut für Normung, ISO = Internationale Standardorganisation. Die Nummern stehen für einzelne Normen der Reihe. Hinter dem Doppelpunkt wird dabei die Jahreszahl der jeweils aktuell gültigen Fassung angegeben.
- DIN EN ISO 9000:2005 vermittelt Grundlagen und Begriffe.
- DIN EN ISO 9001:2008 beinhaltet Anforderungen an ein QM-System.
- DIN EN ISO 9004:2009 ist ein Leitfaden für Leistungsverbesserungen.

DIN EN ISO 9001 enthält die Anforderungen an ein Qualitätsmanagementsystem. Sie ist demnach Basis für eine Zertifizierung. DIN EN ISO 9000 vermittelt Grundlagen und Grundbegriffe des Qualitätsmanagements. Und DIN EN ISO 9004 beschreibt Möglichkeiten für die Verbesserung eines QM-Systems. Die beiden letztgenannten Normen dienen lediglich dem besseren Verständnis der zentralen Norm DIN EN ISO 9001. Die ursprünglich veröffentlichten Normen mit den Nummern 9002 und 9003 sind im Jahre 2000 gestrichen worden. Die Inhalte wurden in die 9001 integriert.

Der Qualitätsnorm DIN EN ISO 9001 liegt ein prozessorientiertes QM-Modell zugrunde (s. folgende Abbildung). Prozessorientierung bedeutet: Die Anforderungen der Kunden lassen sich am besten durch gut strukturierte und aufeinander abgestimmte Prozesse/Arbeitsabläufe umsetzen.

Die DIN EN ISO 9001 ist eine international anerkannte und weit verbreitete branchenunabhängige Norm zur Einführung eines Qualitätsmanagementsystems. Branchenunab-

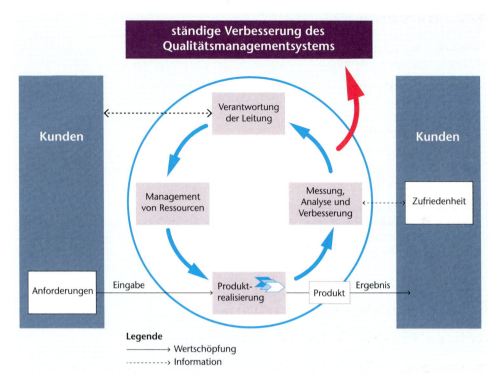

Prozessorientiertes QM-Modell der DIN EN ISO 9001:2008

hängig bedeutet, dass die Norm in produktionsorientierten Industrieunternehmen, im Handwerk, im Handel, in Dienstleistungsunternehmen und auch im Gesundheitswesen eingesetzt werden kann. Dazu müssen allerdings die allgemein formulierten Anforderungen an die spezifischen Gegebenheiten der jeweiligen Branche bzw. Organisation angepasst werden. In der Norm entsprechen die einzelnen Elemente des QM-Modells den folgenden inhaltlichen Kapiteln:

- **Qualitätsmanagementsystem:** Von zentraler Bedeutung ist das Qualitätsmanagementhandbuch, in dem das QM-System schriftlich dokumentiert wird. Es ist für alle Mitarbeiter verbindliche Richtschnur ihres Handelns und muss jeweils an aktuelle Gegebenheiten angepasst werden.
- **Verantwortung der Leitung:** Die Führungskräfte legen die Qualitätsziele des Unternehmens im Sinne der Kundenorientierung fest und schaffen ein Umfeld, in dem sich die Mitarbeiter für die Umsetzung der Qualitätsziele tatkräftig einsetzen. Dazu müssen u. a. die Aufgaben und Verantwortlichkeiten der Mitarbeiter geregelt und klare Kommunikationsstrukturen und Informationswege geschaffen werden.
- **Management der Ressourcen:** Der spezifische Bedarf und die Bereitstellung folgender Ressourcen müssen geregelt werden:
  - Mitarbeiter (z. B. Anzahl, Qualifikation, Fort- und Weiterbildung)
  - Infrastruktur (z. B. Investitionen, Wartung, Instandhaltung von Gebäuden/Ausstattungen)
  - Arbeitsumgebung (z. B. Arbeitssicherheit, Gesundheits- und Umweltschutz)

- **Produktrealisierung:** Hierunter versteht die Norm auch Dienstleistungsrealisierung. Alle wesentlichen Arbeitsabläufe, die nötig sind, um die Kundenanforderungen zu erfüllen, müssen ermittelt und beschrieben werden. Dabei sind – soweit notwendig – Lieferanten einzubeziehen.

- **Messung, Analyse und Verbesserung:** Die Wirksamkeit des QM-Systems muss von der Organisation regelmäßig überprüft werden, u. a. durch Messung der Kundenzufriedenheit und Erfassung von Fehlern und Beschwerden. Ziel ist dabei die kontinuierliche Verbesserung des QM-Systems.

6.3.2 Das EFQM-Modell

Im Jahre 1998 gründeten 14 führende europäische Unternehmen eine gemeinnützige Organisation, die **European Foundation for Quality Management (EFQM).** Ihr Ziel war es, die Qualität der europäischen Produkte und Dienstleistungen zu fördern und deren Stellung auf den Weltmärkten zu stärken. In vielen Unternehmen der Wirtschaft und auch im Gesundheitswesen wird heute Qualität in den Mittelpunkt des Handelns gestellt. Qualitätsorientierung bezieht sich dann nicht mehr nur auf die Produkte oder Dienstleistungen selbst, sondern es zieht sich als zentrales Führungsinstrument durch alle Bereiche. Man spricht von umfassendem Qualitätsmanagement (UQM) oder von **Total Quality Management** oder kurz **TQM.**

Auf der Basis des TQM-Gedankens schuf die EFQM ein anerkanntes Qualitätsmanagementmodell, das EFQM-Modell für Excellence. Das englische Wort **Excellence** bedeutet überragende Qualität/Leistung. Das EFQM-Modell besteht aus neun Kriterien (s. folgende Abbildung). Fünf werden als **Befähiger-Kriterien** bezeichnet und vier als **Ergebnis-Kriterien.** Anhand der Ergebnis-Kriterien kann eine Organisation darlegen, **was** sie erreicht hat, mit den Befähiger-Kriterien, **wie** sie dabei vorgegangen ist. Die einzelnen Kriterien sind gewichtet, wobei die Befähiger und Ergebnisse je einen Anteil von 50% haben. Jedes der neun Kriterien wird durch eine Definition charakterisiert und ist in mehrere Teilkriterien untergliedert.

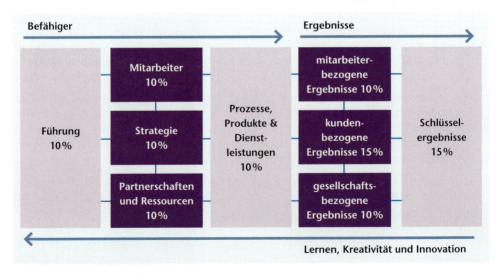

EFQM-Modell für Excellence 2010

Ein zentrales Element des EFQM-Modells für Excellence ist die **Selbstbewertung**. Darunter versteht man eine umfassende, systematische und regelmäßige Überprüfung der Tätigkeiten und Ergebnisse der Organisation anhand der EFQM-Kriterien und Teilkriterien. Eine Selbstbewertung basiert auf konkreten Nachweisen bzw. messbaren Ergebnissen. Liegen keine Ergebnisse bzw. Nachweise vor oder werden dazu nur „anekdotische" Angaben gemacht, erfolgt eine Bewertung mit 0%. Gibt es umfassende Nachweise bzw. liegen deutlich positive Trends bei den Ergebnissen über mindestens drei Jahre vor, werden 100% vergeben.

6.3.3 Was bedeutet KTQ?

KTQ bedeutet „Kooperation für Transparenz im Gesundheitswesen". Die KTQ wird getragen von den Spitzenverbänden der gesetzlichen Krankenkassen (GKV), der Bundesärztekammer (BÄK), der Deutschen Krankenhausgesellschaft (DKG), dem Deutschen Pflegerat (DPR) und dem Hartmannbund (HB). Sie hat u. a. ein spezifisches QM-System für Krankenhäuser entwickelt, welches folgende Elemente enthält:
- Patientenorientierung
- Mitarbeiterorientierung
- Sicherheit im Krankenhaus
- Informationswesen
- Krankenhausführung
- Qualitätsmanagement

Anhand ausführlicher Kriterienkataloge zu diesen Elementen können sich Krankenhäuser selbst bewerten und ihr QM-System aufbauen bzw. verbessern. Insofern orientiert sich die KTQ am EFQM-Modell. Eine externe Zertifizierung ist möglich. Sie wird von Auditoren, hier Visitoren genannt, durchgeführt. Nach der Zertifizierung wird ein Qualitätsbericht im Internet veröffentlicht.

6.3.4 Was bedeutet QEP?

QEP bedeutet „Qualität und Entwicklung in Praxen". Es ist ein Qualitätsmanagementsystem, welches die kassenärztlichen Vereinigungen (KV) zusammen mit der kassenärztlichen Bundesvereinigung (KBV) speziell für vertragsärztliche und psychotherapeutische Praxen entwickelt hat. Das Musterhandbuch enthält zahlreiche Dokumente und Checklisten zu folgenden Themenbereichen:
- Patientenversorgung
- Patientenrechte und Patientensicherheit
- Mitarbeiter und Fortbildung
- Praxisführung und -organisation
- Qualitätsentwicklung

Eine externe Zertifizierung ist möglich. Sie wird von Auditoren, hier ebenfalls Visitoren genannt, durchgeführt. Das Zertifikat hat eine Gültigkeit von drei Jahren.

6.4 Einführung eines QM-Systems und Zertifizierung

6.4.1 Einführungsphasen

Der Aufbau eines QM-Systems bis zur Zertifizierung ist ein komplexes Projekt. Daran sind viele Mitarbeiter beteiligt und die Einführung dauert in der Regel zwischen ein und zwei Jahre. Man kann das Projekt in Phasen einteilen, um eine bessere Übersicht zu gewinnen.

Einführungsphasen eines QM-Systems

1. Das Zertifizierungsprojekt muss gut vorbereitet werden, um es in der vorgesehenen Zeit erfolgreich abschließen zu können. Dazu dient ein Projektplan, der folgende Teilaspekte enthält: Zeitplanung, Kostenplanung, Planung der Personalressourcen.
2. Der nächste Schritt zur Zertifizierung ist die Entwicklung eines QM-Handbuchs. In dieser Phase trifft sich ein Team von Mitarbeitern regelmäßig und erstellt auf der Basis eines Inhaltsverzeichnisses die einzelnen Dokumente des QM-Handbuchs, z. B. Verfahrens- und Arbeitsanweisungen, Formulare usw.
3. Anschließend wird das QM-Handbuch in Kraft gesetzt, d. h. es ist von nun an verbindliche Richtschnur für die Arbeit in der Einrichtung. Dazu müssen die Mitarbeiter informiert und geschult werden, damit sie den Umgang mit dem QM-Handbuch sicher beherrschen.
4. Etwa drei bis sechs Monate nach der Inkraftsetzung des QM-Handbuchs erfolgt die Generalprobe in Form eines internen Audits, um festzustellen, inwieweit das QM-System in der Einrichtung schon umgesetzt wird. Dabei erkannte Verbesserungspotenziale müssen bis zum Zertifizierungsaudit umgesetzt werden. Dieses führt anschließend eine Zertifizierungsgesellschaft durch.
5. Das QM-Handbuch stellt den jeweiligen Istzustand der Organisation/Einrichtungen dar. Es ist damit eine gute Voraussetzung für kontinuierliche Verbesserungen. Das bedeutet: Das Handbuch schreibt nicht ein für alle mal Regelungen fest, sondern es können jederzeit Verbesserungen vorgenommen werden.

6.4.2 Auditierung

Viele QM-Systeme können mit einer Zertifizierung abgeschlossen werden. Dazu muss die entsprechende Organisation/Einrichtung in einem Audit nachweisen, dass das eingeführte QM-System in der Praxis fehlerfrei umgesetzt wird. Der Begriff „Audit" stammt aus dem Lateinischen und bedeutet wörtlich übersetzt „Anhörung". Die folgende Definition in Anlehnung an die DIN EN ISO 9000 erklärt genauer, was darunter zu verstehen ist:

Ein Audit ist ein systematischer, unabhängiger und dokumentierter Prozess, um zu ermitteln, inwieweit die Vorgaben des QM-Handbuchs in der Praxis umgesetzt werden.

Auditoren führen ihre Prüfungen systematisch anhand von Checklisten durch und dokumentieren ihre Feststellungen sorgfältig und sachlich. Sie müssen unparteiisch und objektiv sein. Die Qualifikationsanforderungen umfassen u. a. eine Berufsausbildung in der zu zertifizierenden Branche, eine Auditorenschulung sowie regelmäßige Fortbildungen.

Was geschieht, wenn in einem Audit **Fehler** festgestellt werden? Das hängt davon ab, wie schwerwiegend im Einzelfall ein Fehler, d. h. die Nichterfüllung der Anforderung ist. Bei kritischen Fehlern wird das Zertifikat nicht erteilt, bevor diese nicht nachweislich behoben sind. Dazu muss ggf. ein Nachaudit zur Kontrolle vor Ort durchgeführt werden. Nebenfehler werden im Auditbericht aufgelistet und sollten für interne Verbesserungsprozesse genutzt werden.

6.4.3 Kontinuierliche Verbesserungsprozesse

Der japanische Begriff **Kaizen** bedeutet „ständiges Streben nach Verbesserungen". In Deutschland wird Kaizen übersetzt mit „kontinuierlicher Verbesserungsprozess", kurz **KVP**. Nach W. E. Deming verbessert man die Qualität seiner Produkte oder Dienstleistungen, indem man immer wieder folgende vier Phasen durchläuft:

- **Plan:** Planung konkreter Ziele und Maßnahmen zur Qualitätsverbesserung
- **Do:** Umsetzung der geplanten Maßnahmen in der Praxis
- **Check:** regelmäßige Überprüfung, inwieweit durch die Maßnahmen die gewünschten Ziele erreicht werden
- **Act:** bei Abweichungen umgehend nach Problemlösungen suchen und handeln, d. h. anpassen

Anschließend beginnt der Zyklus von vorne. Der Deming-Kreis wird nach den vier Phasen auch als PDCA-Zyklus bezeichnet.

Deming-Kreis (PDCA-Zyklus)

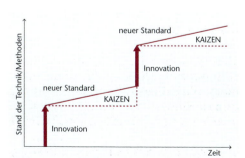

Ablauf von Innovationsprojekten plus KVP (Kaizen)

Im Unterschied zum betrieblichen Vorschlagswesen, bei dem man passiv darauf wartet, dass Anregungen hereinkommen, steht Kaizen für einen aktiven Ansatz. Sowohl die Führungskräfte als auch die Mitarbeiter auf allen Ebenen widmen dem kontinuierlichen Verbesserungsprozess regelmäßig und systematisch Aufmerksamkeit und Zeit.

Während sich bei der Einführung innovativer Techniken und Methoden jeweils eine sprunghafte Weiterentwicklung ergibt, steht KVP für kontinuierliche Entwicklung in kleinen Schritten. Beide Methoden ergänzen sich, wie man den vorangegangenen Abbildungen entnehmen kann.

Qualitätszirkel sind auf Dauer angelegte Arbeitsgruppen, die regelmäßig zusammentreffen, um unter Anleitung eines Moderators systematisch mit speziellen Arbeitstechniken Probleme und Schwachstellen zu analysieren, Problemlösungen und Verbesserungsvorschläge zu erarbeiten, zu erproben und umzusetzen. Qualitätszirkel bestehen aus fünf bis zehn Mitarbeiter eines Bereichs oder einer Einrichtung. Sie treffen sich regelmäßig etwa alle vier bis sechs Wochen für ca. ein bis zwei Stunden. Die Qualitätszirkel werden von einem Moderator geleitet. Themen für den Qualitätszirkel werden laufend gesammelt:

- von Mitarbeitern oder Leitungskräften erkannte Fehler, Beinahefehler und Probleme
- von Kunden vorgetragene Anregungen, Kritik oder Beschwerden
- notwendige Erarbeitung oder Überarbeitung von Konzepten, neuen Angeboten usw.

6.5 Qualitätsindikatoren im Gesundheitswesen

Da die Qualität medizinischer Leistungen sehr komplex ist, versucht man, sie anhand verschiedener Hilfsgrößen, Indikatoren, zu beurteilen (indicare lat.: anzeigen, verraten, melden). **Qualitätsindikatoren** sind Kennzahlen, anhand derer man objektiv die Qualität der medizinischen Versorgung im Hinblick auf Strukturen, Prozesse und Ergebnisse bewerten kann. Experten definieren Grenzwerte, innerhalb derer die Ausprägung eines Qualitätsindikators noch als „gut" oder „unauffällig" angesehen werden kann (**Referenzbereiche bzw. Referenzwerte**).

Ein unabhängiges Institut, das Aqua-Institut in Göttingen, unterstützt den Gemeinsamen Bundesausschuss (G-BA) bei folgenden gesetzlichen Aufgaben:

- Entwicklung von Indikatoren für die Messung und Darstellung der medizinischen Leistungsqualität
- Veröffentlichung der Ergebnisse der Qualitätssicherungsmaßnahmen in einer für die Allgemeinheit verständlichen Form

Für die jährlich erscheinenden Qualitätsberichte, die unter der Internetadresse www.sqg.de. zu finden sind, werden zurzeit annähernd 400 Qualitätsindikatoren in 30 medizinischen Leistungsbereichen berechnet. Dem liegen Daten von etwa 1.800 Krankenhäusern zugrunde.

Am Beispiel von Gallensteinleiden und entsprechender Eingriffe soll die Anwendung von Qualitätsindikatoren erläutert werden: Bei Gallenoperationen können teilweise schwerwiegende Komplikationen wie zum Beispiel Verletzungen der Gallenwege oder der Blutgefäße auftreten. Diese lassen sich auch unter Berücksichtigung aller Sicherheitsmaßnahmen nicht immer vermeiden. Die Häufigkeit dieser Ereignisse wird u. a. anhand folgender Indikatoren analysiert:

- Eingriffsspezifische Komplikationen
- Allgemeine postoperative Komplikationen
- Letalität (Todesfälle infolge des Eingriffs)

Liegt ein gemessener Qualitätsindikator außerhalb des Referenzbereiches, erfolgt im sogenannten **Strukturierten Dialog** zunächst die Klärung, ob Auffälligkeiten eines Krankenhauses tatsächlich auf Qualitätsprobleme zurückzuführen sind. Ist dies der Fall, wird das Krankenhaus durch die Analyse und Beratung von Fachexperten und durch eine gemeinsame Festlegung von Zielvereinbarungen bei der internen Qualitätsverbesserung unterstützt.

Bezüglich des Qualitätsindikators „**Eingriffsspezifische Komplikationen**" bei **Gallenoparationen** lagen 2010 insgesamt 194 Krankenhäuser im auffälligen Bereich, 47 davon waren wiederholt auffällig. Die entsprechende Bundesfachgruppe ist daraufhin tätig geworden.

AUFGABEN

1. Verschaffen Sie sich einen Überblick über die MDK-Prüfergebnisse der Pflegeeinrichtungen Ihrer Region (www.pflegenoten.de). Stellen Sie die Ergebnisse tabellarisch zusammen.
2. Erläutern Sie die unterschiedlichen Qualitätsbegriffe nach A. Garvin an Beispielen aus dem Gesundheitswesen.
3. Erläutern Sie die drei Dimensionen des Qualitätsbegriffs nach A. Donabedian an Beispielen aus dem Gesundheitswesen.
4. Was bedeuten die Begriffe „Qualitätsmanagement" und „Qualitätsmanagementsystem"?
5. Was sind die Wesensmerkmale von Dienstleistungen?
6. Erläutern Sie anhand der Abbildung auf S. 79 das prozessorientierte QM-Modell der DIN EN ISO 9001.
7. Erläutern Sie anhand der Abbildung auf S. 82 die Einführungsphasen eines QM-Systems.
8. Was versteht man unter einem Audit?
9. Erläutern Sie den PDCA-Zyklus an einem Beispiel aus dem Gesundheitswesen.

Anatomische und physiologische Grundlagen der Gesundheit

7 Organisation des menschlichen Körpers

■ *Aus der Vereinigung einer weiblichen Eizelle mit einer männlichen Spermazelle entsteht die Zygote, der Ursprung für ein neues Lebewesen. Die befruchtete Zelle beginnt sich zu teilen. Nach den ersten Zellteilungen setzt eine Differenzierung in unterschiedliche Zelltypen ein. Am Ende dieser komplexen Entwicklungsprozesse entsteht ein neues Lebewesen, der Mensch.* ■

7.1 Der Aufbau des menschlichen Körpers

7.1.1 Organsysteme des menschlichen Körpers

Zellen sind die kleinsten selbstständig lebensfähigen Einheiten des Körpers. Erst seit der Erfindung des Lichtmikroskops Mitte des 17. Jahrhunderts konnte man erste Zellen sichtbar machen. Es dauerte weitere hundert Jahre, bis sich 1839 die von **Schleiden** und **Schann** formulierte Erkenntnis durchsetzte, dass alle Lebewesen – Menschen, Tiere und Pflanzen – aus Zellen aufgebaut sind. **Virchow** formulierte aufgrund seiner Beobachtungen von Zellteilungen schließlich 1855: „Omnis cellula e cellula!" Zellen entstehen immer nur aus Zellen. Alle Zellen zeigen den gleichen Grundaufbau aus **Zellmembran**, **Zellplasma** und **Zellkern** (s. Kapitel 7.1.2).

Durch **Differenzierung** entstehen während der Embryonalentwicklung unterschiedliche Zelltypen mit unterschiedlichen Aufgaben, z. B. Hautzellen, Leberzellen, Nervenzellen. Zellen mit gleicher Funktion bilden ein **Gewebe**. Man unterscheidet vier Hauptgewebearten im menschlichen Körper: Epithelgewebe, Binde- und Stützgewebe, Muskelgewebe und Nervengewebe (s. Kapitel 7.1.3).

Zur Bildung von **Organen** schließen sich verschiedene Gewebearten in einer abgeschlossenen Form zusammen. Solche Organe sind z. B. das Herz, die Niere, das Gehirn, die Haut. Die inneren Organe liegen geschützt in Körperhöhlen: Schädelhöhle mit Gehirn, Brusthöhle mit Lunge und Herz, Bauchhöhle mit Leber, Magen und Darm, Beckenhöhle mit den Harn- und Geschlechtsorganen.

Wenn sich mehrere Organe zu einer gemeinsamen Tätigkeit vereinen, bilden sie ein **Organsystem.** Das Organsystem des Verdauungstraktes z. B. besteht aus Mundhöhle, Speiseröhre, Magen, Darm und Verdauungsdrüsen. Gehirn, Rückenmark und Nerven formen das Nervensystem, Blutgefäße und Herz bilden das Herz-Kreislauf-System. Die Tabelle auf S. 87–89 gibt einen Überblick über die Organsysteme und Organe des Menschen.

Alle Organsysteme mit ihren Zellen, Geweben und Organen bilden zusammen den **Organismus**. Im Gegensatz zur unbelebten Natur weisen **Lebewesen** besondere Kennzeichen auf: Stoffwechsel, dazu gehört die Fähigkeit, körpereigene Substanzen aufzubauen; Erregbarkeit, also z. B. die Reaktion auf äußere Reize; Vermehrungsfähigkeit; Wachstum durch Zellteilung und Zellvermehrung; Differenzierung, d. h. die Ausbildung unterschiedlicher, spezialisierter Zelltypen und Gewebe; Kontraktilität, z. B. Formveränderung, Bewegung.

Um die Lage der Organe und Körperstrukturen zu beschreiben, nutzt man die drei aufeinander senkrecht stehenden Raumachsen:
- Längsachse oder Longitudinalachse
- Querachse oder Horizontalachse
- Sagittalachse

Daraus ergeben sich folgende Schnittflächen:
- Sagittalebene: Sie wird durch die Longitudinal- und Sagittalachse gebildet.
- Frontalebene: Sie wird durch die Horizontal- und Longitudinalachse gebildet.
- Transversalebene: Sie wird durch die Sagittal- und Horizontalachse gebildet.

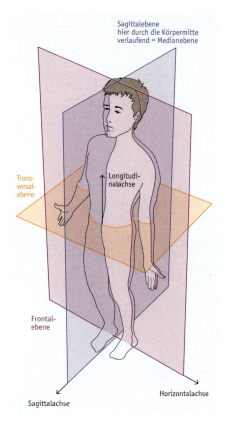

Hauptachsen und -ebenen des menschlichen Körpers

Organsystem	Bestandteile	wichtige Aufgaben
Haut	• Haut • Hautanhangsgebilde (z. B. Haare, Nägel, Schweiß- und Talgdrüsen)	• Schutz des Körpers vor Außeneinflüssen • Regulation der Körpertemperatur • Ausscheidung von Abfallstoffen (Schweiß) • Sinneswahrnehmung: Temperatur, Druck, Schmerz • Synthese des Vitamin-D-Hormons
Bewegungs- und Stützsystem	• Knochen (Skelett) • Bänder und Sehnen • Muskeln	• Stütz- und Haltefunktion • Beweglichkeit • Wärmeproduktion • Mineralstoffspeicher • Blutzellenbildung

Organsystem	Bestandteile	wichtige Aufgaben
Herz-Kreislauf-System	• Herz • Blutgefäße • Blut	• Transport (Sauerstoff, Kohlendioxid, Nährstoffe, Abfallstoffe) • Wärmetransport und -regulation • Blutgerinnung
Nervensystem und Sinnesorgane	• Gehirn und Rückenmark • Nerven • Sinnesorgane (z. B. Auge, Nase, Ohr)	• Aufnahme und Verarbeitung von Umweltreizen • Steuerung von Körperaktivitäten durch Nervenimpulse • Sitz komplexer Leistungen: Denken, Fühlen usw.
Abwehrsystem	• Knochenmark • Lymphgefäßsystem • weiße Blutkörperchen	• Erkennen und Abwehr von Fremdstoffen • Immungedächtnis • Entzündungs- und Heilungsprozesse
Atemsystem	• Atemwege (Nase, Rachen, Luftröhre, Bronchien) • Lunge	• Transport von Sauerstoff zur Lunge • Abtransport von Kohlendioxid

Organsystem	Bestandteile	wichtige Aufgaben
Verdauungssystem	• Mundhöhle • Speiseröhre • Magen • Darm • Leber, Galle, Bauchspeicheldrüse	• Aufnahme von Nahrung und Flüssigkeit • Verdauung der Nährstoffe und Resorption • Ausscheidung • Entgiftung (Leber)
Harnsystem	• Nieren • Harnleiter • Harnblase • Harnröhre	• Sammlung und Ausscheidung des Harns • Regulation des Flüssigkeits- und Elektrolythaushalts • Mitwirkung bei der Blutdruckregulation • Regulation des Säure-Basen-Gleichgewichts
Genitalsystem	**Mann:** • Hoden, Nebenhoden, Samenleiter, Prostata, Bläschendrüse, Penis **Frau:** • Eierstock, Eileiter, Gebärmutter, Scheide	• Bildung von Keimzellen und Geschlechtshormonen • Besamung, Befruchtung, Entwicklung des Embryos • Fortpflanzung • Arterhaltung
Hormonsystem	• alle Drüsen und Organe, die Hormone produzieren (s. S. 151)	• Regulation von Stoffwechsel- und Körperfunktionen (z. B. Blutzuckerregulation, Keimzellenbildung)

Organsysteme des menschlichen Körpers im Überblick (vgl. Bierbach, 2009, S. 288)

7.1.2 Die Zelle – kleinste Einheit des Lebens

Erst mit der Entwicklung des **Elektronenmikroskops** in den 1930er-Jahren wurde es möglich, mehr über die Feinstruktur und die Funktion von Zellen zu erfahren. Im Elektronenmikroskop durchdringen nicht Lichtstrahlen, sondern Elektronenstrahlen das Objekt. Sie erhöhen das Auflösungsvermögen. Moderne Elektronenmikroskope lassen eine bis zu 200.000-fache Vergrößerung zu. Die Lehre vom Bau und von den Funktionen der Zelle heißt **Zytologie**.

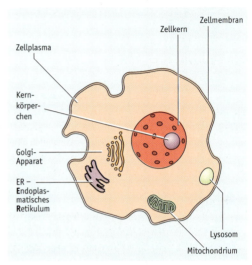

Zelle und ihre Strukturen (Schema)

Das Innere der Zelle füllt eine zähe Flüssigkeit aus, das **Zellplasma**. Es besteht in erster Linie aus Wasser. In ihm sind alle für die Zelle wichtigen Stoffe gelöst, die dem Zellstoffwechsel beim Aufbau von Substanzen, der Zellteilung und dem Zellwachstum dienen.

Während im Lichtmikroskop das Zellplasma einheitlich erscheint, kann man durch das Elektronenmikroskop erkennen, dass die Zelle von unzähligen Membranen durchzogen ist. Diese Membranen unterteilen die Zelle in zahlreiche Räume und grenzen sie gegeneinander ab. So können in der Zelle gleichzeitig nebeneinander unterschiedliche Stoffwechselreaktionen ungestört ablaufen. So wie der Körper aus verschiedenen Organen mit unterschiedlichen Aufgaben besteht, so haben auch die Bestandteile der Zelle ihre besonderen Funktionen. Es sind sozusagen die „Organe der Zelle", die man deshalb **Organellen** nennt.

Zellmembran
Alle Zellen sind von einer feinen Haut, der Zellmembran, umgeben und so voneinander abgegrenzt. Diese Membran erfüllt eine wichtige Aufgabe: Durch sie wird reguliert, welche Stoffe in die Zelle eindringen und welche sie verlassen können. Für manche Stoffe ist die Zellmembran durchlässig, für andere jedoch nicht (selektive Permeabilität). Die Zellmembran besteht aus einer **Lipid-Doppelschicht**, in die Proteine eingelagert sind. Diese schwimmen sozusagen auf dem Lipidfilm und durchdringen ihn zum Teil.

Beim Durchtreten von Stoffen durch die Zellmembran unterscheidet man zwischen **aktivem und passivem Transport**: Für viele Gase, z. B. Sauerstoff und Kohlendioxid, sowie für kleinere lipophile Moleküle ist die Zellmembran durchlässig. Sie können sich ungehindert durch **Diffusion** entlang eines Konzentrationsgefälles von innen nach außen oder von außen nach innen bewegen. Auch geladene Teilchen, z. B. Na^+-Ionen oder Cl^--Ionen, und hydrophile Moleküle können durch die Membran diffundieren. Dazu gibt es einerseits Membrankanäle, die geregelt durch Hormone geöffnet bzw. geschlossen werden können. Anderseits gibt es in der Membran Proteine, die den Transport bestimmter Moleküle, z. B. Glukose, übernehmen. Man nennt sie Carrier (Träger). Manche Carrier können Moleküle, z. B. Ionen, auch gegen ein Konzentrationsgefälle aktiv transportieren. Sie pumpen sozusagen die Moleküle „bergauf". Dazu verbrauchen sie Energie in Form von ATP(siehe folgende Abbildungen).

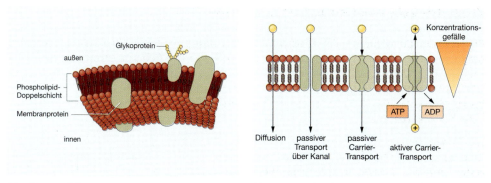

Membranmodell *Transportmechanismen*

Besondere Formen des aktiven Transports sind die Endozytose und die Exozytose. Bei der **Endozytose** werden große Moleküle durch Einstülpung der Zellmembran in die Zelle aufgenommen. Die **Exozytose** verläuft umgekehrt. Werden Flüssigkeiten aufgenommen, spricht man von **Pinozytose**; die Aufnahme fester Teilchen, z. B. Bakterien durch weiße Blutzellen, nennt man **Phagozytose**.

Zellkern
Deutlich kann man auch den Zellkern und das Kernkörperchen erkennen. Der Zellkern steuert alle Stoffwechselvorgänge in der Zelle und enthält mit den Chromosomen die Träger der genetischen Information. Bei der Zellteilung werden diese Erbanlagen von Zelle zu Zelle weitergegeben (s. Kapitel 7.1.4 und 7.2.4).

Endoplasmatisches Retikulum (ER)
Es ist ein röhren- und bläschenförmiges Membransystem, wörtlich übersetzt bedeutet es „innerplasmatisches Netzwerk". Es durchzieht das Zellplasma wie ein Kanalsystem und ermöglicht den Transport von Substanzen des Zellstoffwechsels. Das ER tritt in zwei Formen auf: Das glatte ER trägt keine Ribosomen auf der Oberfläche, während das raue ER von Ribosomen besetzt ist.

Ribosomen
Bei Ribosomen handelt es sich um kleine kugelige Gebilde, die auf dem rauen ER liegen. Sie dienen der Eiweißsynthese in der Zelle (s. Kapitel 7.2.4).

Lysosomen
Lysosomen sind kleine Bläschen, die sich vom ER abschnüren. Hier werden Enzyme gespeichert, die dem zelleigenen Abbau von Proteinen, Lipiden und von Glykogen dienen.

Mitochondrium
Die Mitochondrien sind längliche Organellen, die aus zwei Membranen aufgebaut sind. Die innere Membran bildet Einstülpungen und Falten. Man bezeichnet die Mitochondrien auch als Kraftwerke der Zelle, weil in ihnen Energie in Form von ATP (Adenosintriphosphat) produziert wird. Je mehr Energie eine Zelle verbraucht, umso mehr Mitochondrien hat sie.

Energie wird im Körper in Form chemischer Bindungen gespeichert und transportiert. Dazu dient **Adenosintriphosphat (ATP)**. An der inneren Membran der Mitochondrien befinden sich die Enzyme der **Atmungskette**. Diese Enzyme katalysieren eine kontrollierte Knallgasreaktion. Dabei wird der aus dem Abbau von Nährstoffen gewonnene Wasserstoff mit Sauerstoff, welcher aus der Atmung stammt, zu Wasser oxidiert. Die dabei entstehende Energie wird in Form von ATP gespeichert. ATP hat zwei ernergiereiche Phosphatbindungen. Bei der Spaltung dieser Bindungen wird die Energie wieder freigesetzt:

ATP => ADP + P + Energie (ADP = Adenosindiphosphat)

ADP => AMP + P + Energie (AMP = Adenosinmonophosphat)

Man schätzt, dass im menschlichen Körper täglich bis zu 70 Kilogramm ATP gebildet und wieder verbraucht werden, z. B. für die Muskelarbeit.

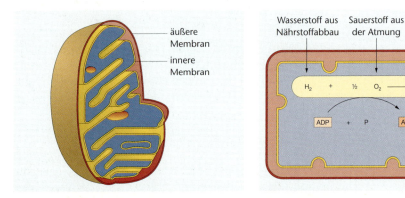

Mitochondrium   Atmungskette

Golgi-Apparat
Der Golgi-Apparat ist nach dem italienischen Arzt Camillo Golgi (1843–1926) benannt und besteht aus Stapeln von Hohlräumen, Zisternen genannt, sowie aus abgeschnürten Bläschen, den Vesikeln. Seine wesentlichen Aufgaben sind: Aufnahme, Lagerung, Transport und Abgabe von Substanzen des Zellstoffwechsels.

7.1.3 Die Gewebe des menschlichen Körpers

Die Untersuchung von Geweben wird in der Medizin häufig angewendet. Dazu müssen im Rahmen einer **Biopsie** Gewebeproben, etwa mit einer Nadel oder einem Skalpell, entnommen werden. So gewinnt man z. B. Gewebeproben der Leber, der Prostata, der Gebärmutter, der Brust oder der Haut, um sie anschließend genauer im Labor untersuchen zu können. Gewebeuntersuchungen können Aufschluss darüber geben, ob eine gutartige oder bösartige Veränderung vorliegt. Sie tragen so zur Diagnose und Therapie von Krankheiten bei. Vor Transplantationen wird mithilfe von Gewebeproben untersucht, ob zwischen Spender und Empfänger eine weitgehende Gewebeverträglichkeit besteht.

Die Lehre von den Geweben des Körpers wird als **Histologie** bezeichnet. Der Körper des Menschen besteht aus verschiedenen Gewebearten mit unterschiedlichen Aufgaben. Jedes Gewebe ist aus einer Vielzahl gleichartiger, spezialisierter Zellen aufgebaut. Man unterscheidet **vier Hauptgewebearten**.

7 Organisation des menschlichen Körpers

Gewebe	Beispiele		
Epithelgewebe: • Deckepithel • Drüsenepithel • Sinnesepithel • Flimmerepithel	Deckepithel der Nasenschleimhaut mit Flimmerhärchen	Drüsenepithel	Netzhaut mit Stäbchen und Zapfen
Binde- und Stützgewebe: • Bindegewebe • Knorpelgewebe • Knochengewebe	lockeres Bindegewebe	Knorpelgewebe	Knochengewebe
Muskelgewebe: • glatte Muskulatur • quergestreifte Muskulatur • Herzmuskulatur	glatte Muskulatur	quergestreifte Muskulatur	Herzmuskulatur
Nervengewebe: • Nervenzellen • Gliazellen	Nervengewebe		Nervenzelle

Übersicht Gewebearten

Epithelgewebe

Epithelgewebe bedecken die äußeren und inneren Oberflächen des Körpers, z. B. der Haut, des Magen-Darmtrakts, der Luft- und der Harnwege. Das **Deckepithel** kann ein- oder mehrschichtig sein und übt einerseits eine Schutz- und Abschlussfunktion aus. Andererseits dient es auch der Stoffaufnahme, z. B. bei der Resorption von Nährstoffen im Darm. Drüsen bestehen aus spezialisierten Epithelzellen. **Drüsenepithelien** sondern Sekrete ab. Exokrine Drüsen, z. B. Schweißdrüsen, geben ihre Sekrete an die Oberfläche ab. Endokrine Drüsen schütten Hormone in die Blutbahn aus. **Sinnesepithelzellen** dienen der Reizaufnahme, z. B. die Stäbchen und Zapfen der Netzhaut des Auges. **Flimmerepithelien** kommen u. a. in den Atemwegen vor. Die Flimmerhaare können durch aktive Bewegung Fremdkörper aus den Atemwegen herausbefördern.

Binde- und Stützgewebe

Für das Binde- und Stützgewebe ist kennzeichnend, dass sich zwischen den einzelnen Zellen viel Interzellularsubstanz befindet, die Zellen also weit voneinander entfernt liegen. Dieses Gewebe dient der Formgebung und Formerhaltung des Körpers. Man unterscheidet Binde-, Knorpel- und Knochengewebe.

Bindegewebe liegt einerseits als faserige Füllsubstanz zwischen den Organen. Andererseits findet man es vor allem in Sehnen, Bändern und Muskelscheiden. Eine Sonderform des Bindegewebes ist das **Fettgewebe**, in dem Fetttröpfchen eingelagert sind. Es fungiert einerseits als Energiespeicher (Speicherfett), andererseits als druckelastisches Polster beanspruchter Körperteile wie Gesäß und Fußsohlen (Baufett). **Retikuläres Bindegewebe** findet man in Milz, Lymphknoten und Knochenmark. Es dient der körpereigenen Abwehr und Blutbildung. Einzelne Zellen, die Monozyten, können sich frei in der Blut- und Lymphflüssigkeit bewegen.

Knorpelgewebe ist druck- und biegeelastisch. Es besteht aus Knorpelzellen, die von Kollagenfasern umlagert sind. Je nach Anteil der Kollagenfasern unterscheidet man drei verschiedene Knorpelarten: **Hyaliner Knorpel** hat wenig Faseranteil. Er ist sowohl druck- als auch biegeelastisch und ermöglicht u.a. das reibungslose Gleiten der Knochen in Gelenken und die Atembewegungen der Rippen. **Elastischer Knorpel** ist aufgrund seines höheren Faseranteils besonders biegsam; man findet ihn in der Ohrmuschel und im Kehldeckel. **Faserknorpel** hat einen sehr hohen Faseranteil und wenig Knorpelzellen. Er ist besonders druckbeständig; man findet ihn u.a. in den Zwischenwirbelscheiben.

Knochengewebe ist neben Zahnstein und Zahnschmelz die härteste Körpersubstanz. Es erlangt seine Festigkeit dadurch, dass zwischen kollagenem Bindegewebe reichlich anorganische Bestandteile (Calcium, Phosphat) eingelagert sind.

Muskelgewebe

Das Muskelgewebe besteht aus Muskelzellen. Sie enthalten Fasern, die sich zusammenziehen können. Dadurch werden Bewegungen möglich. Die **glatte Muskulatur** findet man u.a. im Verdauungstrakt, in den Harnwegen und in den Blutgefäßen. Sie besteht aus länglichen Zellen. Die Kontraktion unterliegt nicht dem Willen und verläuft langsam. Die **quergestreifte Muskulatur** wird auch als Skelettmuskulatur bezeichnet. Ihre Kontraktionen werden willentlich durch das Nervensystem ausgelöst. Ihre Muskelfasern sind parallel angeordnet, wodurch im Mikroskop eine Querstreifung sichtbar wird. Die **Herzmuskulatur** nimmt eine Sonderstellung ein: Sie ist zwar quergestreift, unterliegt aber nicht dem Willen.

Nervengewebe

Nervengewebe dient der Nachrichtenübermittlung im Körper. Es besteht aus **Nervenzellen** sowie aus Stütz- und Hüllzellen, den **Gliazellen.** Der Zellkörper mit dem Zellkern hat viele kurze bäumchenartige Verästelungen, die **Dendriten**. Sie dienen der Informationsaufnahme von anderen Nervenzellen. Auffällig ist ein langer Fortsatz, das Axon. Über das Axon werden Impulse an andere Nervenzellen oder an Muskeln weitergeleitet.

7.1.4 Mitose – ohne Zellteilung kein Wachstum

Wenn ein Kind jedes Jahr einige Zentimeter wächst, eine Wunde heilt oder man durch Training Muskulatur aufbaut, geschieht dies durch Bildung neuer Körperzellen. Ständig müssen im Körper Zellen neu gebildet werden, um Wachstumsvorgänge zu ermöglichen und zugrunde gegangene Zellen im Organismus zu ersetzen.

Zellen vermehren sich durch **Zellteilung**. Dabei entstehen aus einer Mutterzelle zwei Tochterzellen. Zellteilungen sind ein Grundvorgang des Lebens. Man bezeichnet diesen Vorgang als **Mitose** und unterscheidet die folgenden Phasen:

- **Prophase:** Der Zellkern ist zu Beginn der Prophase als größtes Zellorganell im Lichtmikroskop deutlich erkennbar. Er enthält die Erbinformation in Form von Desoxyribonukleinsäure, kurz DNS bzw. (engl.) DNA genannt. Die DNS ist entspiralisiert und liegt als Knäuel dünner Fäden im Zellkern. Erst durch Verkürzung und Verdichtung entstehen daraus die im Lichtmikroskop gut erkennbaren **Chromosomen**. Jede menschliche Zelle hat 46 Chromosomen. Sie sind längs in zwei **Chromatiden** geteilt, die an einer Stelle zusammenhängen. Am Ende der Prophase löst sich die Kernhülle auf.

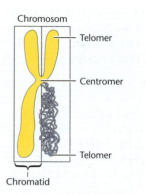

Aufbau eines Chromosoms

- **Metaphase:** Nun rücken die deutlich sichtbaren Chromosomen in die Zellmitte und ordnen sich dort in einer Ebene, der Äquatorialebene, an. **Spindelfasern**, die von den Zellpolen ausgehen, heften sich an die Chromatiden.

- **Anaphase:** Die Spindelfasern verkürzen sich. Dadurch werden die Chromatiden jedes Chromosoms getrennt und zu entgegengesetzten Zellpolen gezogen.

- **Telophase:** Die Chromatiden entspiralisieren sich wieder zum fädigen Knäuel. Es entstehen zwei neue Kernmembranen und eine neue Zellmembran teilt die beiden entstandenen Tochterzellen. Damit ist die Mitose abgeschlossen.

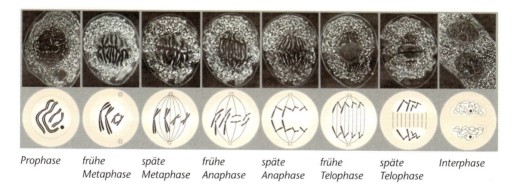

Prophase — frühe Metaphase — späte Metaphase — frühe Anaphase — späte Anaphase — frühe Telophase — späte Telophase — Interphase

Die Zeit zwischen zwei Mitosen nennt man **Interphase**. Sie dauert wesentlich länger als alle Mitosephasen zusammen, denn sie stellt die eigentliche Arbeitszeit des Zellkerns dar, in der er seine Steuerungsfunktionen des Zellstoffwechsels wahrnimmt. Man kann die Interphase in Stadien unterteilen, in denen unterschiedliche Vorgänge ablaufen:

- **G_1-Stadium** (G von engl. „gap" = Lücke): Die Tochterzellen wachsen zur Größe der Mutterzelle heran.

- **S-Stadium** (S für Synthese): Die Erbsubstanz wird wieder verdoppelt, d. h., die zweiten Chromatiden werden ergänzt.

- **G_2-Stadium:** Die Erbsubstanz wird auf Fehler überprüft und ggf. repariert. Die Zelle ist für die nächste Mitose vorbereitet.

- **G_0-Stadium:** Zellen, die ihre Teilungsaktivitäten eingestellt haben, z. B. ausdifferenzierte Nervenzellen, bleiben ohne sich auf die nächste Mitose vorzubereiten ständig bis zum Zelltod in dieser Arbeitsphase.

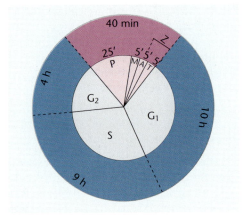

Zellzyklus: P (Prophase), M (Metaphase), A (Anaphase), T (Telophase), Z (Zellteilung), G_1-, G_2-Stadium (gap-Stadien), S (Synthesestadium)

7.2 Grundlagen der Humangenetik

7.2.1 Die Chromosomen des Menschen

Betrachtet man eine Zelle unter dem Mikroskop, so kann man vor allem während der Zellteilung die **Chromosomen** erkennen. Auf ihnen liegen die Erbanlagen, die **Gene**. Alle Chromosomen einer Zelle zusammen bezeichnet man als **Chromosomensatz**. Beim Menschen umfasst er 46 Chromosomen. Jeweils zwei Chromosomen sind gleich gebaut. Man nennt sie **homologe Chromosomen.** Der menschliche Chromosomensatz besteht also aus 23 Chromosomenpaaren. Man kann sie nach Größe und Gestalt sortieren und nummerieren und erhält dann ein **Karyogramm** (s. folgende Abbildung).

Betrachtet man die Chromosomensätze von Mann und Frau, so erkennt man einen kleinen, aber wichtigen Unterschied. Die Frau hat 23 Chromosomenpaare, die vollständig gleich gestaltet sind. Beim Mann gibt es nur 22 gleich aussehende Paare. Das 23. Chromosomenpaar besteht aus einem großen **X-Chromosom** und einem kleinen **Y-Chromosom** (s. Abbildung S. 97 links). Bei der Frau bilden zwei gleich aussehende X-Chromosomen das Chromosomenpaar Nummer 23. X- und Y-Chromosomen werden auch als **Geschlechtschromosomen** oder **Gonosomen** bezeichnet, denn sie sind für die Bestimmung des Geschlechts verantwortlich. Alle anderen Chromosomen nennt man zusammenfassend **Autosomen.**

Wie läuft die Geschlechtsbestimmung ab? Bei der Bildung der Keimzellen (Meiose, s. Kapitel 22.2.1), Eizelle und Spermazelle, werden Zelle und Zellkern geteilt. Jede Keimzelle erhält dabei 23 Chromosomen. Verschmelzen Ei- und Spermazelle miteinander, entsteht eine Zygote, die wieder 46 Chromosomen hat, 23 von der Mutter und 23 vom Vater. Bei der Bildung der Keimzellen werden die Chromosomenpaare also getrennt. Während alle Eizellen der Frau ein X-Chromosom enthalten, gibt es beim Mann Spermazellen mit einem X-Chromosom und solche, die ein Y-Chromosom haben. Nun kommt es darauf an, welche Spermazelle als erste die Eizelle erreicht und diese befruchtet. Enthält sie ein X-Chromosom, entsteht ein Mädchen, trägt sie ein Y-Chromosom, entwickelt sich ein Junge (s. Abbildung S. 97 rechts).

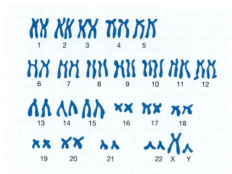

Karyogramm eines Mannes

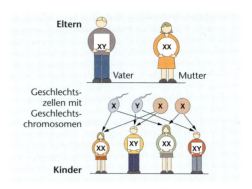

Geschlechtsbestimmung

Das Geschlecht eines Kindes wird also schon bei der Verschmelzung von Ei- und Spermazelle, bei der Befruchtung, festgelegt. Maßgebend für die Bestimmung des Geschlechts sind dabei die Keimzellen des Mannes. Das Zahlenverhältnis von Jungen- und Mädchengeburten sollte theoretisch 1 : 1 betragen, denn 50 % der Spermien enthalten ein X-Chromosom, die anderen 50 % haben ein Y-Chromosom. Tatsächlich beträgt es im langjährigen Durchschnitt aber 107 : 100. Offensichtlich sind die leichteren Y-Spermien etwas schneller als die X-Spermien und gewinnen so häufiger das „Wettrennen" zur Eizelle.

EXKURS: Mitochondriengene

Der größte Teil der genetischen Information eines Menschen ist auf den Chromosomen des Zellkerns gespeichert. Allerdings enthalten auch Mitochondrien Chromosomen. Sie sind wie bei Bakterien ringförmig und enthalten ca. 1 % der genetischen Information auf 37 Genen, die vor allem die Enzyme der Atmungskette codieren. Im Zellplasma einer Eizelle befinden sich etwa 200.000 bis 300.000 Mitochondrien, während eine Spermazelle nur 50 bis 100 Mitochondrien im Mittel- und Schwanzteil enthält. Da diese Teile nach der Befruchtung bis zum Erreichen des 4-Zellstadiums abgebaut werden, wird die genetische Information der Mitochondrien ausschließlich über die weibliche Linie vererbt. Forschungsprojekte nutzen dies, um Abstammungslinien zu verfolgen (Eva-Gen, Genographic Project). Auch wird erforscht, inwieweit Mutationen der mtDNA zu Krankheiten führen.

7.2.2 Vererbung beim Menschen

Vererbung der Blutgruppe

Die Blutgruppe wird von den Eltern auf die Kinder vererbt. Bei Blutübertragungen spielen sie eine wichtige Rolle. Die Eltern können eine der vier Blutgruppen A, B, AB oder 0 haben. Auf dem Chromosomenpaar Nr. 9 ihrer Körperzellen können sich dann folgende Erbanlagen befinden:
- Blutgruppe A: A/A oder A/0
- Blutgruppe AB: A/B
- Blutgruppe B: B/B oder B/0
- Blutgruppe 0: 0/0

Wenn nun die Keimzellen gebildet werden, trennen sich die Chromosomen. Jede Keimzelle trägt nur ein Blutgruppengen A, B oder 0. Daraus ergeben sich – wenn man die Doppelungen abzieht – sechs Kombinationsmöglichkeiten (s. Abbildung auf S. 98 oben).

Die Blutgruppenerbanlagen A und B setzen sich gegenüber 0 durch. Man sagt, sie sind **dominant**. Kommen z. B. eine Eizelle mit dem Blutgruppengen A und eine Spermazelle mit dem Gen 0 zusammen, so hat das Kind die Gene A/0 und die Blutgruppe A.

Autosomale Vererbung von Krankheiten

Marfan-Syndrom: Diese Krankheit wird **dominant** durch ein Gen des Chromosoms Nr. 15 vererbt. Da aufgrund des Gendefekts Fibrillin, ein Bestandteil des Bindegewebes, nicht gebildet werden kann, treten unterschiedliche Schäden an verschiedenen Organen auf: Überlänge der Gliedmaßen, Trichterbrust, Deformation der Linse und des Augapfels sowie Herzklappenfehler.

Kombinationsmöglichkeiten

♀ \ ♂	A	B	0
A	AA	AB	A0
B	AB	BB	B0
0	A0	B0	00

Vererbung der Blutgruppe

Weitere dominante Erbkrankheiten sind Brachydaktylie, Neurofibromatose, Chorea Huntington und Myotone Dystrophie.

Phenylketonurie (PKU): Alle Neugeborenen werden heute sechs Tage nach ihrer Geburt mit einem speziellen Verfahren untersucht, um festzustellen, ob sie unter Phenylketonurie (PKU) leiden. PKU ist eine erbliche Stoffwechselkrankheit. Die Betroffenen können die Aminosäure Phenylalanin nicht abbauen, reichern sie im Blut an und scheiden sie zum Teil mit dem Urin aus. Unbehandelt führt die Krankheit zu schweren geistigen Schäden. Durch eine phenylalaninarme Diät kann die Krankheit verhindert werden. Da das Gen **rezessiv** ist, tritt die Krankheit nur auf, wenn beide Gene auf den homologen Chromosomen defekt sind.

Weitere rezessive Erbkrankheiten sind Mukoviszidose, Mukopolysaccharidose, Albinismus, Taubstummheit, Sichelzellenanämie.

Oft liegt ein Merkmal des Kindes genau zwischen dem der beiden Eltern. Man spricht dann von *intermediärer Vererbung.* Dies ist z. B. bei der Hautfarbe der Fall.

X-Chromosom-gebundene Vererbung

Etwa 8% aller Männer, aber nur 0,5% der Frauen sind rot-grün-blind. Die Betroffenen können die Farben Rot und Grün nicht eindeutig voneinander unterscheiden. Wie ist dieser Geschlechterunterschied zu erklären?

Das Gen für die **Rot-Grün-Blindheit** liegt auf dem X-Chromosom. Dabei ist das intakte Gen dominant, setzt sich also durch, während das defekte

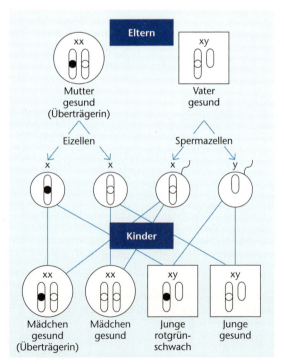

Vererbung der Rot-Grün-Blindheit

Gen rezessiv ist. Ein Mann, der auf seinem X-Chromosom das defekte Gen trägt, ist rot-grün-blind. Eine Frau, die auf einem ihrer beiden X-Chromosome ein defektes Gen hat, erkrankt nicht, denn das intakte Gen auf dem anderen X-Chromosom wirkt ausgleichend. Frauen werden erst rot-grün-blind, wenn beide X-Chromosomen die defekte Anlage besitzen.

Auch die **Bluterkrankheit,** bei der den Betroffenen ein Gerinnungsfaktor im Blut fehlt, wird X-chromosomal vererbt.

7.2.3 Numerische und strukturelle Veränderungen der Chromosomen

Bei der Bildung der Keimzellen werden die Chromosomenpaare normalerweise gleichmäßig getrennt, sodass jede Keimzelle 23 Chromosomen erhält. Tritt bei diesem Prozess ein Fehler auf, sodass eine Keimzelle 22 und die andere 24 Chromosomen erhält, kann die Zygote nach der Befruchtung ein Chromosom zu viel bzw. zu wenig haben. Man spricht von **numerischen Chromosomenaberrationen** (s. nebenstehende Abbildung). Bei der Keimzellenbildung kann es auch zur Abtrennung und zum Verlust von Chromosomenabschnitten kommen. Da sich dabei die Struktur der Chromosomen verändert, spricht man von **strukturellen Chromosomenaberrationen.** Die meisten dieser Chromosomenveränderungen führen schon früh in der Schwangerschaft zu Fehlgeburten.

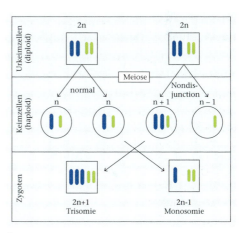

Änderung der Chromosomenzahl bei gestörter Meiose

Trisomie 21

Kinder mit Trisomie 21 haben ein überzähliges, also dreimal vorhandenes Chromosom Nummer 21 (s. Abbildung). Sie leiden unter verzögerter körperlicher und geistiger Entwicklung und geringer Lebenserwartung und brauchen besondere Förderung. Man nennt das Krankheitsbild auch **Down-Syndrom**. Die Wahrscheinlichkeit für eine solche Fehlverteilung der Chromosomen nimmt mit dem Alter der Eltern stark zu. Im Durchschnitt tritt ein Fall bei etwa 700 Geburten auf.

Es sind weitere Trisomien bekannt, z. B. Trisomie 18 (Edwards-Syndrom) oder Trisomie 13 (Pätau-Syndrom).

Chromosomensatz bei Trisomie 21 (Down-Syndrom)

Fehlverteilungen von Geschlechtschromosomen

Auch bei den Geschlechtschromosomen kann es zu Fehlverteilungen kommen. Menschen mit **Turner-Syndrom** haben nur ein X-Chromosom. Sie sind vom Aussehen her weiblich, entwickeln aber keine funktionsfähigen Eierstöcke. Das **Klinefelter-Syndrom** zeichnet sich durch zwei X- und ein Y-Chromosom aus. Es sind große, kräftig gebaute Männer, die aber keine Spermien bilden können.

Genetische Beratung

Paare mit Kinderwunsch, die ein Risiko tragen, können in Deutschland genetische Beratungsstellen aufsuchen. So steigt z. B. das Risiko, ein Kind mit Trisomie 21 zu bekommen, bei Müttern über 35 Jahre stark an (s. auch Abbildung auf S. 307). Zu den Methoden der pränatalen Diagnostik (vorgeburtliche Diagnostik) gehört die Fruchtwasseruntersuchung.

Die moderne pränatale Diagnostik macht immer mehr Fortschritte bei der Früherkennung von Behinderungen des Ungeborenen. Die Entscheidung über weitere Maßnahmen, wenn denn eine Schädigung des Fetus festgestellt wurde, liegt aber allein bei den Eltern. Besonders umstritten ist die Präimplantationsdiagnostik (PID). Dabei werden Embryonen, die im Rahmen künstlicher Befruchtung (s. Kapitel 22.2) entstanden sind, vor der Übertragung in die Gebärmutter im Hinblick auf Gendefekte untersucht.

7.2.4 Die DNA als Erbsubstanz

Im Jahre 1953 erschien in der wissenschaftlichen Fachzeitschrift „Nature" ein viel beachteter Aufsatz der jungen Biochemiker J. D. Watson und F. H. C. Crick. Sie hatten die Struktur der Erbsubstanz, der Desoxyribonukleinsäure (DNS engl. DNA), aufgeklärt und setzten damit eine stürmische Entwicklung der Molekulargenetik in Gang, die bis heute andauert.

Aufbau der DNA

Die Erbsubstanz, die Desoxyribonukleinsäure (DNS, bzw. DNA), die vor allem in den Chromosomen, aber auch im Zellplasma und in den Mitochondrien zu finden ist, ist verblüffend einfach gebaut. Zwei lange Zucker-Phosphat-Moleküle sind spiralig umeinander gewunden (Doppelhelix). Sie werden durch vier verschiedene stickstoffhaltige Basen miteinander verbunden: Adenin (A), Guanin (G), Cytosin (C) und Thymin (T). Diese ragen von den beiden Zucker-Phosphat-Bändern nach innen, wobei es feste **Basenpaarungen** gibt: Adenin-Thymin und Guanin-Cytosin. Befindet sich auf dem einen Strang die Base Adenin, steht ihr auf dem anderen Strang die Base Thymin gegenüber. Auf diese Weise bestimmt die Basenabfolge des einen Stranges die Reihenfolge auf dem anderen.

Identische Verdopplung

Mit dieser Erkenntnis von Watson und Crick werden die Abläufe bei der Zellteilung besser verständlich. Im Mikroskop kann man erkennen, dass bei der Interphase zunächst die Chromosomen verdoppelt und in der Mitose dann gleichmäßig auf beide Tochterzellen verteilt werden. Was passiert dabei mit der DNS? Der DNS-Doppelstrang reißt abschnittsweise wie ein Reißverschluss auf. Dabei lösen sich die Verbindungen zwischen den Basenpaaren. An den so entstandenen DNS-Einzelsträngen werden mithilfe von Enzymen die jeweils passenden Basen angelagert. So entstehen zwei völlig gleiche DNS-Doppelstränge. Man spricht von identischer Verdopplung.

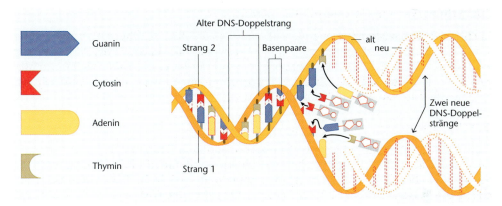

Basenpaarung und identische Verdopplung der DNS

Transkription

Eine weitere Frage hat die Forscher lange beschäftigt: „Wie ist die Erbinformation in der DNS verschlüsselt?" Bei der Aufklärung der **Eiweißsynthese** in der Zelle konnte diese Frage beantwortet werden. Da die Eiweißsynthese an den Ribosomen im Zellplasma erfolgt, die DNS den Zellkern aber nicht verlässt, muss zunächst eine Kopie der Erbinformation im Zellkern erstellt werden. Man nennt diesen Vorgang Transkription. Dazu öffnet sich die DNS wieder reißverschlussartig. An einem der beiden Einzelstränge wird nach dem Prinzip der Basenpaarung eine Kopie des DNS-Abschnitts erzeugt. Allerdings weist diese Kopie einige Besonderheiten auf: Sie ist einstrangig und besteht aus **Ribonukleinsäure (RNS bzw. RNA)**, weil im Zucker-Phosphat-Band der Zucker Ribose statt Desoxyribose vorkommt. Und sie enthält statt der Base Thymin (T) die Base Uracil (U), die sich mit Adenin (A) paart.

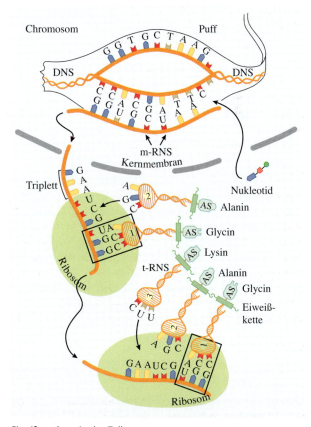

Eiweißsynthese in der Zelle

Translation

Diese Boten-RNS, auch messenger-RNS oder **m-RNS** genannt, passiert die Kernporen und wandert zu einem Ribosom im Zellplasma, wo sie sich anlagert. Aus dem Zellplasma tritt eine weitere Ribonukleinsäure hinzu. Es ist die transfer-RNS oder **t-RNS**. Sie bringt Aminosäuren, die Bausteine der Eiweiße, zu den Ribosomen. Das Ribosom rückt auf der m-RNS Stück für Stück voran und fügt dabei – wie eine Nähmaschine – eine Aminosäure an die nächste. So entsteht ein Eiweiß.

Der genetische Code

Für jede der etwa 20 in der Natur vorkommenden Aminosäuren gibt es mindestens eine spezifische t-RNS. An einem Ende hat die t-RNS eine Sequenz von drei Basen. Durch dieses **Basentriplett** wird jede Aminosäure eindeutig bestimmt. So determiniert z. B. das Triplett U-G-C die Aminosäure Cystein. Durch die Basensequenz der DNS wird die Aminosäuresequenz der Proteine festgelegt. Diese Verschlüsselung bezeichnet man als **genetischen Code**. Mit vier Basen sind bei einem Dreiercode $4^3 = 64$ Verschlüsselungen möglich. Das sind viel mehr, als man für die 20 in der Natur vorkommenden Aminosäuren braucht. Tatsächlich sind viele Aminosäuren durch mehrere Tripletts codiert. Man hat festgestellt, dass der genetische Code universell ist, d. h. für alle Lebewesen gilt.

Genregulation

Betrachtet man die Vielzahl der differenzierten Zellen und Gewebe mit ihren unterschiedlichen Funktionen im Organismus, z. B. Speicheldrüsenzellen, Leberzellen, Nervenzellen, so wird klar, dass sie nicht alle und immer die gleiche Eiweiß- und Enzymausstattung haben. Da aber in allen Zellkernen die gesamte genetische Information des Organismus enthalten ist, müssen die Zellen in der Lage sein, je nach Spezialisierung und Bedarf unterschiedliche Gene zu aktivieren bzw. zu blockieren. Man spricht von **differenzieller Genaktivität**. Wie ist das möglich?

Beginn und Ende eines Genabschnitts sind mit einem **Startcodon** (AUG) bzw. mit einem **Stoppcodon** (UAA, UAG oder UGA) gekennzeichnet. Unmittelbar vor dem Start befindet sich die sogenannte **Promotorregion**. Hier können regulative Moleküle, z. B. Hormone, andocken und den nachfolgenden Genabschnitt an- oder abschalten; d. h., die Transkription wird ermöglicht oder blockiert. Vom Transkriptionsstart oft entfernt können weitere Basensequenzen vorliegen, die an der Regulation der Genaktivität beteiligt sind. Durch solche **Enhancer** (Verstärker) bzw. **Silencer** (Abschwächer) kann die Ablesung der entsprechenden Genabschnitte herauf- oder heruntergeregelt werden.

Es gibt im Zellkern auch unregulierte Gene; diese sogenannten **Housekeeping-Gene** sind ständig eingeschaltet. Sie kodieren Enzyme, die zur Aufrechterhaltung der Grundfunktionen des Zellstoffwechsels dienen.

EXKURS: Mutationen

Mutationen sind spontan auftretende ungerichtete Veränderungen des Erbgutes. Sie können einzelne Gene betreffen (Genmutationen) oder die Struktur oder Anzahl von Chromosomen (Chromosomenmutationen). Die Mutationsrate ist normalerweise sehr niedrig, kann aber durch Einwirkung von Röntgen- oder radioaktiver Strahlung sowie durch Chemikalien stark erhöht werden. Die meisten Mutationen sind schädlich für den betroffenen Organismus. Nützliche Mutationen werden z. B. in der Tier- und Pflanzenzucht genutzt.

7.2.5 Gentechnik: Chancen und Risiken

Im Juni 2000 konnten die Wissenschaftler, die jahrelang im Rahmen des internationalen Humangenomprojektes geforscht hatten, einen sensationellen Erfolg melden: Sie hatten das Erbgut des Menschen komplett entschlüsselt, d. h. die Abfolge aller Basenpaare der menschlichen DNS erfasst. Mit dieser Erkenntnis, so hoffte man, könnte man die Diagnose und Therapie aller Krankheiten des Menschen revolutionieren.

Wenn auch diese große Hoffnung bisher noch nicht in Erfüllung gegangen ist, so hat doch die Gentechnik der Medizin in den letzten Jahrzehnten große Fortschritte gebracht. Allerdings spaltet die Gentechnik wie kaum ein anderes Thema die Menschen in Gegner und Befürworter. Dabei gibt es wissenschaftliche sowie ethische Pro- und Kontra-Argumente. Die Gegner führen vor allem an, dass es noch zu wenige Erkenntnisse über Langzeit- und Spätfolgen der Genmanipulation gibt. Der Mensch greife leichtfertig in die Natur und Evolution ein, er spiele sich gleichsam zum „Schöpfer" auf. Im Jahre 2007 wurde deshalb ein unabhängiger nationaler Ethikrat (www.nationalerethikrat.de) berufen, der gemäß Ethikratgesetz (EthRG) folgende Aufgaben hat:

> **§ 2 Aufgaben**
>
> (1) Der Deutsche Ethikrat verfolgt die ethischen, gesellschaftlichen, naturwissenschaftlichen, medizinischen und rechtlichen Fragen sowie die voraussichtlichen Folgen für Individuum und Gesellschaft, die sich im Zusammenhang mit der Forschung und den Entwicklungen insbesondere auf dem Gebiet der Lebenswissenschaften und ihrer Anwendung auf den Menschen ergeben. Zu seinen Aufgaben gehören insbesondere:
>
> 1. Information der Öffentlichkeit und Förderung der Diskussion in der Gesellschaft unter Einbeziehung der verschiedenen gesellschaftlichen Gruppen;
>
> 2. Erarbeitung von Stellungnahmen sowie von Empfehlungen für politisches und gesetzgeberisches Handeln;
>
> 3. Zusammenarbeit mit nationalen Ethikräten und vergleichbaren Einrichtungen anderer Staaten und internationaler Organisationen.

Mögliche Anwendungsfelder der Gentechnik in der Medizin werden vor allem auf folgenden Gebieten gesehen:
- Herstellung von Arzneimitteln, z. B. durch gentechnisch veränderte Mikroorganismen
- medizinische Diagnostik zum Nachweis von Erbkrankheiten oder erblichen Dispositionen
- Gentherapie, z. B. durch Ersatz genetisch defekter Zellen/Gewebe
- Regenerationsmedizin, z. B. durch Züchtung von körpereigenem Gewebe zur Transplantation

Herstellung von Arzneimitteln

In Deutschland leben etwa sechstausend Menschen, die an der Erbkrankheit „Hämophilie" leiden. Diesen „Blutern" fehlt ein Gerinnungsfaktor im Plasma. Deshalb kommt es schon bei geringfügigen Verletzungen zu unstillbaren Blutungen, an denen die Betroffenen sterben können. Seit Mitte der 1960-Jahre gibt es Medikamente für Blutkranke. Sie wurden damals aus dem Plasma von menschlichem Spenderblut gewonnen. Viele Bluter wurden in den 1970er- und 1980er-Jahren mit Hepatitis und/oder HIV infiziert, weil die Medikamente aus dem Spenderblut damit verseucht waren. Inzwischen stehen reine, gentechnisch gewonnene Faktor-XIII-Präparate zur Verfügung. Sie gelten als besonders sicher, weil damit nicht versehentlich Krankheiten übertragen werden können.

Wie werden solche Medikamente gentechnisch hergestellt? Aus einer gesunden menschlichen Zelle wird zunächst DNS entnommen (s. folgende Abbildung). Daraus kann man mit einem Enzym einen Abschnitt, der das gewünschte menschliche Gen enthält, z. B. für die Faktor-XIII-Produktion, herausschneiden. Mit einem anderen Enzym wird dieser Abschnitt dann in den DNS-Ring einer Bakterienzelle eingebaut. Bringt man den so veränderten DNS-Ring zurück in die Bakterienzelle, haben alle Nachkommen dieser Bakterienzelle das eingebaute menschliche Gen. Sie produzieren den entsprechenden Stoff (z. B. Faktor XIII), welchen man zur Gewinnung von Medikamenten nutzen kann.

Als Produzenten für gentechnische Wirkstoffe dienen z. B. Coli-Bakterien, Bäckerhefe, Säugetier- und Insektenzellen. Wichtige gentechnisch gewonnene Medikamente sind neben Faktor XIII auch Insulin, Wachstumshormone, das Blutbildungshormon Erythropoetin (EPO), Interferone, die gegen Hepatitis A und B eingesetzt werden, sowie Wachstumshemmer und Antikörper zur Krebstherapie.

a Aus der DNS einer menschlichen Zelle wird mit Enzymen ein Gen herausgeschnitten.

b Das menschliche Gen wird in den aufgeschnittenen DNS-Ring eines Coli-Bakteriums eingefügt (Enzyme = Ligasen).

c Der veränderte DNS-Ring wird zurück in das Bakterium gebracht. Alle seine Nachkommen tragen das eingebaute menschliche Gen und produzieren den gewünschten Wirkstoff.

Gentechnische Herstellung von Medikamenten

Klonen

Im Jahre 1997 erregte ein Schaf namens Dolly die Aufmerksamkeit der Weltöffentlichkeit. Einem Forscherteam aus Schottland war erstmals das Klonen eines Säugetiers gelungen. Was bedeutet Klonen?

Man kann mit einer sehr feinen Kanüle aus einer Körperzelle den Zellkern isolieren und diesen dann in eine Eizelle einfügen, die man vorher mit der gleichen Methode entkernt hat. Daraus entwickelt sich unter günstigen Bedingungen in einer „Leihmutter" ein vollständiges Lebewesen, welches im Hinblick auf seine Erbanlagen identisch ist mit dem Zellkernspender. Diese Methode, bei der durch ungeschlechtliche Vermehrung erbgleiche Lebewesen (Klone) entwickelt werden, nennt man Klonen. Dolly wurde aus dem Zellkern einer Euterzelle herangezogen.

Seit der Geburt des Klonschafes Dolly 1997 sind auch andere Säugetiere wie Kühe und Mäuse geklont worden. Dieses **reproduktive Klonen**, also das Klonen zu Fortpflanzungszwecken, ist in Deutschland am Menschen nach dem **Embryonen-Schutzgesetz** verboten.

Heute wird in der Wissenschaft auch das **therapeutische Klonen** diskutiert. Dabei will man nach dem Einbringen des Zellkerns in eine entkernte Eizelle die Entwicklung der Blastozyste so beeinflussen, dass sich daraus bestimmte Zelltypen, Gewebe und Organe bilden. Diese können dann zur Transplantation bereitgestellt werden, ohne Abstoßungsreaktionen zu verursachen, denn der Spender des Zellkerns ist erbgleich mit dem geklonten Organ.

Im Hinblick auf das therapeutische Klonen ist der nationale Ethikrat gespalten: Eine Gruppe lehnt auch diese Form des Klonens grundsätzlich ab und begründet seine Position vor allem damit, dass schon die befruchtete Einzelle von Anfang an Würde und den vollen Lebensschutz genießt. Eine zweite Gruppe hält therapeutisches Klonen für prinzipiell vertretbar, während eine dritte Gruppe es „derzeit für ethisch nicht vertretbar" einstuft, da die Methoden nicht ausgereift und konkrete Heilungsoptionen noch nicht gegeben seien.

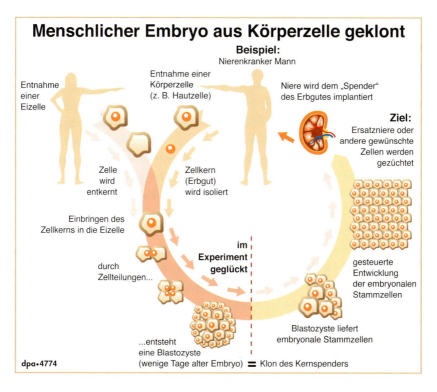

AUFGABEN

1. Stellen Sie den Aufbau des Organismus Mensch aus Zellen, Geweben, Organen usw. in Form eines Organigramms dar.
2. Stellen Sie in einer Tabelle die Zellbestandteile und ihre Funktionen gegenüber.
3. Nennen Sie die vier Hauptgewebearten des menschlichen Körpers sowie deren Funktionen.
4. Erklären Sie die Geschlechtsbestimmung beim Menschen.
5. Skizzieren Sie die Vererbung der Blutgruppen und erklären Sie diese.
6. Skizzieren Sie die Vererbung der Rot-Grün-Blindheit und erklären Sie diese.
7. Worin liegt der Unterschied zwischen numerischen und strukturellen Chromosomenveränderungen?
8. Erklären Sie anhand einer Skizze, wie es zu Trisomie 21 kommen kann.
9. Erläutern Sie die Methode der Fruchtwasseruntersuchung und ihre Bedeutung in der genetischen Beratung.
10. Wie ist die Erbsubstanz DNS aufgebaut und was ist der genetische Code?
11. Wie läuft der Vorgang der identischen Verdopplung der DNS ab?
12. Erklären Sie den Vorgang der Eiweißsynthese in der Zelle.
13. Erklären Sie den Begriff Mutation.
14. Stellen Sie Pro- und Kontra-Argumente im Hinblick auf die Anwendung der Gentechnik zusammen.
15. Was versteht man unter „Klonen"?
16. Erläutern Sie die Rechtslage bezüglich des Klonens (Embryonenschutzgesetz) und die Haltung des nationalen Ethikrates dazu (www.nationalerethikrat.de).

8 Herz-Kreislauf-System

■ Herz-Kreislauf-Erkrankungen sind nach Angaben des Statistischen Bundesamtes mit Abstand die häufigste Todesursache in Deutschland. Nahezu jeder zweite Verstorbene (rund 44 %) erliegt einem Herz-Kreislauf-Versagen. Hieran sterben vor allem ältere Menschen; über 91 % der an Herz-Kreislauf-Erkrankungen Verstorbenen waren mehr als 65 Jahre alt.

Herz-Kreislauf-Erkrankungen haben – wie man heute weiß – vielfältige Ursachen. Dabei kann man zwei Arten von **Risikofaktoren** unterscheiden:

1. Faktoren, die der Einzelne nicht beeinflussen kann, z. B. Alter, Geschlecht
2. Faktoren, die durch die eigene Lebensführung beeinflussbar sind, z. B. mangelnde Bewegung, falsche Ernährung usw.

Der demografische Wandel in einer immer älter werdenden Gesellschaft lässt einerseits erwarten, dass Herz-Kreislauf-Erkrankungen tendenziell zunehmen werden. Andererseits kann man das Erkrankungsrisiko durch gesunde Lebensführung mindern. Hier setzen **Krankheitspräventions- und Gesundheitsvorsorgemaßnahmen** an (s. Kapitel 21). ■

8.1 Das Herz – Basiswissen

Zusammen mit dem Herzen bilden die Blutgefäße das Herz-Kreislauf-System. Das Herz treibt den Blutstrom an, der den Körper durchfließt. Mit jedem Herzschlag pumpt es etwa 80 Milliliter Blut in den Kreislauf. Multipliziert man dieses **Schlagvolumen** mit 70 Herzschlägen pro Minute, so ergibt sich ein **Herzminutenvolumen** von 5,6 Liter Blut bei körperlicher Ruhe. Die Blutgefäße dienen hauptsächlich als Transportsystem. Mit dem Blut werden u. a. die Atemgase Sauerstoff und Kohlendioxid sowie Nährstoffe, Abfallstoffe und Wärme durch den Körper befördert.

8.1.1 Das Herz – eine Saug-Druck-Pumpe

Äußerlich betrachtet ist das Herz ein ovaler, kräftiger Hohlmuskel, etwa 300 Gramm schwer und so groß wie eine Faust. An Bindegeweben befestigt, hängt es zwischen den beiden Lungenflügeln. Große Blutgefäße münden in das Herz: die **Arterien**, die das Blut vom Herzen wegführen, und die **Venen**, die das Blut zum Herzen hin transportieren. Das Herz ist von **Herzkranzgefäßen** überzogen, die den Herzmuskel selbst mit Blut versorgen. Im Innern ist das Herz durch die Herzscheidewand in zwei Hälften geteilt. In jeder Hälfte befinden sich zwei Hohlräume: die linke **Herzkammer** und der linke **Vorhof** sowie die rechte Herzkammer und der rechte Vorhof.

Wie arbeitet der Herzmuskel? Bei erschlaffter Vorhofmuskulatur strömt das Blut vom Körper in den rechten und von den Lungen in den linken Vorhof. Die Muskeln der Herzkammern sind dagegen in dieser Phase zusammengezogen, sie sind dick und die Herzkammern klein. Jetzt beginnen sich die Vorhofmuskeln zusammenzuziehen. **Taschenklappen** in den zuführenden Adern verhindern, dass das Blut in die Blutgefäße zurückfließt. Es wird durch die geöffneten **Segelklappen**, die sich jeweils zwischen Vorhof und Herzkammer befinden und an Segel erinnern, in die Herzkammern gedrückt.

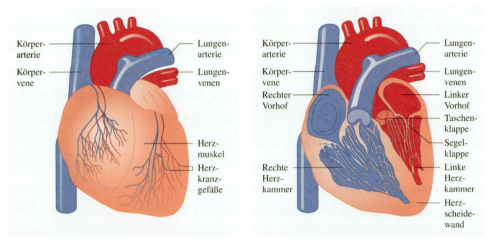

Herz von vorn gesehen   *Längsschnitt durch das Herz von vorn gesehen*

Dabei entspannt sich die Herzkammermuskulatur. Die Herzkammern füllen sich und werden groß. Diese Füllphase der Herzkammern nennt man **Diastole**. Das Blut befindet sich nun in den Herzkammern, deren Muskulatur sich zusammenzieht. Die Segelklappen mit ihrer Ventilfunktion verhindern ein Zurückströmen des Blutes in die Vorhöfe. Es wird durch die großen **Arterien** in den Körper- und den Lungenkreislauf gepresst. Diese Austreibungsphase durch Zusammenziehen der Herzkammern nennt man **Systole**. Dadurch entsteht in den Arterien eine Druckwelle, die man als Puls tasten kann.

8.1.2 Erregungsbildung und Regulation der Herztätigkeit

Das Herz arbeitet rhythmisch im ständigen Wechsel von Systole und Diastole und ist im Prinzip unabhängig (autonom) vom Nervensystem. Dazu verfügt es über eigene Nervenknoten und Nervenfasern. Der **Sinusknoten** liegt im rechten Vorhof an der Eintrittsstelle der oberen Hohlvene. Der Atrioventrikular- oder kurz **AV-Knoten** befindet sich am Boden des rechten Vorhofs. Von beiden Knoten gehen Nervenbahnen aus, die sich über das Herz ausdehnen. Der Sinusknoten regt als Schrittmacher mit einer Frequenz von 70 Impulsen pro Minute den Herzmuskel zu Kontrakturen an. Die dabei entstehenden elektrischen Spannungen können an der Körperoberfläche in Form des **Elektrokardiogramms (EKG)** gemessen werden. Dazu werden Elektroden an den Hand- und Fußgelenken sowie auf der Brust befestigt.

Allerdings beeinflussen das vegetative Nervensystem sowie das Hormonsystem die Leistung des Herzens: Adrenalin, das Hormon der Nebennierenrinde, sowie der Sympathikus erhöhen die Herzfrequenz, während der Parasympathikus den Herzschlag verlangsamt.

8.2 Kreislauf- und Gefäßsystem – Basiswissen

8.2.1 Körper- und Lungenkreislauf

Der Blutkreislauf besteht aus zwei hintereinandergeschalteten Teilkreisläufen, dem Körperkreislauf (großer Kreislauf) und dem Lungenkreislauf (kleiner Kreislauf).

Im **Körperkreislauf** wird sauerstoffreiches Blut zunächst von der linken Herzkammer über die Hauptschlagader, die **Aorta**, zu den großen **Arterien**, kleinen **Arteriolen** und schließlich zu winzigen Verästlungen in den Organen, den **Kapillaren**, geleitet. So kann das Blut alle Organe mit Sauerstoff und Nährstoffen versorgen. Das sauerstoff- und nährstoffarme Blut sammelt sich in kleinen **Venolen** und größeren **Venen**, und fließt über die obere und untere **Hohlvene** zur rechten Vorkammer des Herzens zurück. Das Blut, das durch die Kapillaren des Darms strömt, nimmt die kleinsten Bausteine der verdauten Nahrung auf. Durch die Pfortader (Vena portae) werden sie sofort in die Leber transportiert. Hier werden u. a. Giftstoffe ausgesondert.

Der **Lungenkreislauf** führt von der rechten Herzkammer über die Lungenarterien sauerstoffarmes Blut in die Lunge und über die Lungenvenen sauerstoffreiches Blut in den linken Vorhof. Sowohl Sauerstoff als auch Kohlendioxid können vom Blut leicht aufgenommen und wieder abgegeben werden. Die eingeatmete Luft enthält 21 % Sauerstoff und 0,03 % Kohlendioxid, die ausgeatmete Luft dagegen nur noch 17 % Sauerstoff, aber rund 3,5 % Kohlendioxid.

Die Organsysteme sind im Blutkreislaufsystem parallel geschaltet und erhalten jeweils nur einen Teil des Blutes: Gehirn 15 %, Nieren 20 %, Leber und Magen-Darm-Trakt 25 %, Skelettmuskulatur 20 %, Haut 10 %, Herzarterien 4 %. Bei einem Kreislaufschock, z. B. infolge eines größeren Blutverlusts, werden Gehirn und Herz bevorzugt mit Blut versorgt. Dadurch kann es zu Minderversorgung und Schädigung anderer Organe kommen (z. B. Nierenversagen).

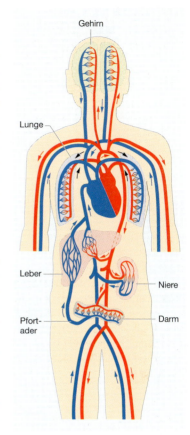

Der Blutkreislauf des Menschen

Als Arterien bezeichnet man alle Gefäße, die Blut vom Herzen wegführen. Venen sind Gefäße, die Blut zum Herzen hinführen. Für beide Definitionen ist ausschließlich die Strömungsrichtung von Bedeutung, unabhängig davon, ob die Gefäße sauerstoffreiches oder sauerstoffarmes Blut transportieren.

8.2.2 Arterien

Während der Systole wird das Blut mit hohem Druck in die Aorta gepresst. Dadurch dehnen sich die elastischen Arterien aus. Während der Diastole, wenn sich die Taschenklappen schließen und der Druck aus dem Herzen abbricht, ziehen sich die Wände der Arterien aufgrund ihrer Eigenelastizität wieder zusammen. So wird

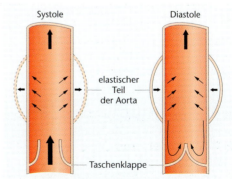

Windkesselfunktion der Arterien

der stoßweise Blutauswurf des Herzens in eine kontinuierliche Blutströmung in den Arterien umgewandelt. Dabei schwankt der arterielle Blutdruck im Normalfall zwischen 120 und 80 mm Hg. Man spricht von einer **Windkesselfunktion** der Arterien.

8.2.3 Blutdruckmessung

Wenn der Arzt einen Patienten untersucht, misst er häufig den Blutdruck nach der Methode **Riva-Rocci** (italienischer Arzt, 1863–1937), kurz **RR** genannt. Dabei legt er dem Patienten eine aufpumpbare Manschette um den Oberarm. Mithilfe der Manschette wird die im Innern des Arms liegende Hauptschlagader völlig abgedrosselt, bis kein Puls mehr zu fühlen ist. Nun setzt der Arzt das Stethoskop auf eine Arterie in der Armbeuge und lässt die Luft über ein Ventil langsam aus der Manschette hinaus. In dem Moment, in dem sich das Blut zum ersten Mal wieder seinen Weg in die etwas geöffnete Schlagader bahnen kann, ist im Stethoskop ein zischendes Geräusch zu hören. In diesem Augenblick misst der Arzt den Druck in mm Hg, der durch die Systole in der Armarterie erzeugt wird, den **systolischen Blutdruck.** Nun wird der Druck in der Manschette weiter vermindert. Mit jedem Pulsschlag ist nun das zischende Geräusch zu hören. Erst wenn das Blut wieder ungehindert fließen kann, verschwindet das Geräusch. Nun wird der **diastolische Blutdruck** gemessen.

Der Blutdruck wird also immer mit zwei Werten angegeben, dem höheren systolischen und dem niedrigeren diastolischen Wert. Als Normalwerte in Ruhe gelten 120/80 mm Hg (sprich: 120 zu 80).

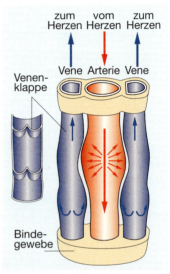

Bluttransport durch den Pulsschlag benachbarter Arterien

8.2.4 Venen

Der Druck in den Venen ist mit 15 mm Hg sehr niedrig. Er reicht nicht aus, um das Blut zum Herzen zurückzutransportieren. Daher unterstützen verschiedene Mechanismen den venösen Blutstrom. Im Abstand von einigen Zentimetern befinden sich in den Venen Venenklappen. Sie wirken wie „Rückschlagventile" und verhindern zwischen den Pulsschlägen, dass das Blut zurückfließt. Der Pulsschlag benachbarter Arterien unterstützt diesen Effekt. Muskeln, die in unmittelbarer Nähe zu Venen liegen, pressen diese bei ihrer Bewegung zusammen. Dadurch wird der Blutstrom zum Herzen hin unterstützt.

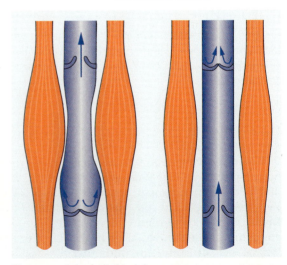

Bluttransport durch die Muskelpumpe

8.3 Krankheiten des Herz-Kreislauf-Systems

Herz-Kreislauf-Erkrankungen sind nicht nur Todesursache Nummer eins in Deutschland, sondern sie verursachen auch die höchsten Krankheitskosten.

8.3.1 Hypertonie (Bluthochdruckkrankheit)

Unter den Herz-Kreislauf-Erkrankungen steht der arterielle Bluthochdruck, die **Hypertonie**, an erster Stelle: Etwa 20 % der Bevölkerung bis zum 50. Lebensjahr und ca. 30–40 % der Menschen über dem 50. Lebensjahr sind betroffen. Für die Einschätzung eines chronisch erhöhten Blutdrucks dienen folgende Richtwerte:

	systolischer Blutdruck (mm Hg)	diastolischer Blutdruck (mm Hg)
optimal	< 120	< 80
normal	120–129	80–84
normal hoch	130–139	85–89
leichte Hypertonie	140–159	90–99
mittelschwere Hypertonie	160–179	100–109
schwere Hypertonie	> 180	> 110

Ursachen/Symptome

Bei über 90 % der Fälle gibt es keine erkennbaren Ursachen. In diesen Fällen spricht man von **essenzieller** oder **primärer Hypertonie**. Allerdings erhöhen Faktoren wie Übergewicht, Rauchen, Stress oder Diabetes mellitus das Risiko, an Hypertonie zu erkranken. Bei etwa 10 % der Hypertoniker liegen organische Erkrankungen der Nieren, der Nebennieren und der Schilddrüse vor. Man spricht in diesen Fällen von **sekundärem Bluthochdruck**.

Da Bluthochdruck meist keine Schmerzen oder Beschwerden verursacht, bleibt er häufig lange Jahre unerkannt und unbehandelt und kann so zu dauerhaften Gefäßschädigungen führen. Bluthochdruck ist zudem ein Risikofaktor für weitere Herzerkrankungen, wie Arteriosklerose, koronare Herzkrankheit (KHK) und chronische Herzinsuffizienz (s. folgende Kapitel).

Diagnose

Die wichtigste Diagnosemethode ist die **Blutdruckmessung** nach der Methode Riva-Rocci (RR). Mit einer 24-Stunden-Blutdruckmessung kann man den Verlauf erkennen und ausschließen, dass es sich nur um vereinzelt erhöhte Werte handelt. Durch eine **Spiegelung des Augenhintergrundes** wird untersucht, ob es aufgrund des erhöhten Blutdrucks zu Schädigungen an den kleinen Gefäßen des Auges gekommen ist. Mit dem **Elektrokardiogramm** (EKG) und einer **Ultraschalluntersuchung des Herzens** (Echokardiografie) wird geprüft, ob infolge schon länger andauernden Hochdrucks eine Vergrößerung der linken Herzhälfte vorliegt. Schließlich prüft der Arzt durch Blut- und Urintest sowie durch **Ultraschalluntersuchung des Bauchraums** (Sonografie), ob Erkrankungen der Nieren vorliegen.

Therapie

Die Therapie des Bluthochdrucks setzt einerseits auf eine **Änderung der Lebensführung** und damit auf den Abbau der Risikofaktoren (soweit bei dem Patienten vorhanden). Dies umfasst: Rauchen aufgeben, Alkoholkonsum einschränken, Körpergewicht normalisieren, Kochsalzkonsum einschränken, Ausdauersportarten betreiben, Stress abbauen. Zur **medikamentösen Therapie** werden folgende Wirkstoffe einzeln oder in Kombination eingesetzt: **Diuretika** regen die Wasserausscheidung der Nieren an und führen so zu einer verringerten Flüssigkeitsmenge und einem niedrigeren Blutdruck in den Gefäßen. **Betablocker** senken die Herzfrequenz durch Blockierung der β-Rezeptoren für Adrenalin und Noradrenalin. **Kalziumantagonisten** führen zur Weitstellung der Blutgefäße. **ACE-Hemmer** (Angiotensin Converting Enzyme) und **AT1-Blocker** (Angiotensin-II-Antagonisten) oder **Sartane** verhindern eine Gefäßverengung.

8.3.2 Koronare Herzkrankheit (KHK)

Ursachen/Symptome

Durch Ablagerung von Fett (vor allem Cholesterin) und Kalzium in den Wänden der Herzkranzgefäße kann es zu deren Verengung und sogar zum totalen Verschluss kommen. Man spricht von Verkalkung oder **Arteriosklerose**. Hinter der Engstelle wird der Herzmuskel nicht mehr ausreichend mit Blut versorgt, d. h. mit Sauerstoff und Nährstoffen, und nimmt dadurch Schaden. Das Krankheitsbild heißt **koronare Herzkrankheit (KHK)**.

Die Betroffenen verspüren bei körperlicher oder seelischer Belastung oft mehr oder weniger starke Schmerzen in der Brust mit Ausstrahlung in Arm und Schulter, die man als **Angina pectoris** (Herzenge, Brustenge) bezeichnet. Verbunden sind die Schmerzen häufig mit Atemnot, Schweißausbrüchen und Angstgefühlen. Der völlige Verschluss von Herzkranzgefäßen führt zum Herzinfarkt (s. Kapitel 8.3.3).

Diagnose

Mit dem Belastungs- und dem Langzeit-EKG kann der Arzt charakteristische Veränderungen des Herzens erkennen. Verschiedene Untersuchungstechniken erlauben es zudem, die Verengungen der Herzkranzgefäße sichtbar zu machen. Dazu gehören die **Angiografie**, bei der ein Katheter in die Herzkranzgefäße vorgeschoben wird, um dort ein Röntgenkontrastmittel einzuspritzen. Das Röntgenbild zeigt dann die Engstelle. Bei der **Echokardiografie** nutzt man Ultraschall zur Sichtbarmachung der Verengung. Mit der **Tomografie** kann man sehr scharfe Bilder der Arteriosklerose erzeugen, z. B. Magnetresonanztomografie (MRT), Elektronenstrahl-Computertomografie (EBCT).

Therapie

Durch **Veränderung der Lebensführung** sollten, soweit vorhanden, die Risikofaktoren für eine Arteriosklerose ausgeschaltet werden: Verzicht auf Nikotin, Behandlung des Bluthochdrucks, Senkung des Cholesterinspiegels, Behandlung von Diabetes mellitus, Gewichtsabnahme, körperliche Bewegung (Ausdauertraining).

Die **medikamentöse Therapie** basiert u. a. darauf, dass die Gefahr einer Blutgerinnung an der Engstelle verhindert wird, z. B. mit Acetylsalicylsäure. Nitrate werden vor allem bei akuten Anfällen von Angina pectoris verschrieben. Sie erweitern die Blutgefäße.

Mit **operativen Methoden** können Einengungen der Herzkranzgefäße direkt beseitigt werden. Bei der Ballondilatation führt der Arzt einen Katheter über die Leisten- oder Armschlagader bis in die Herzkranzgefäße vor. Mit dem aufblasbaren Ballon wird die Engstelle geweitet und anschließend oft ein **Stent** (ein röhrenförmiges Metallgitter) in das Gefäß eingesetzt, um es zu stützen. Anstelle des Ballons kann der Katheter auch mit einem Mikromesser oder mit einem Ultraschall versehen werden, um die Verengung zu beseitigen. Wenn die Kathetermethode nicht möglich ist, werden die verengten Gefäße mit einem **Bypass** (engl.: Umleitung) umgangen. Beim Venenbypass setzt man eine aus dem Bein entnommene Vene ein; beim Arterienbypass ein Stück Brustarterie.

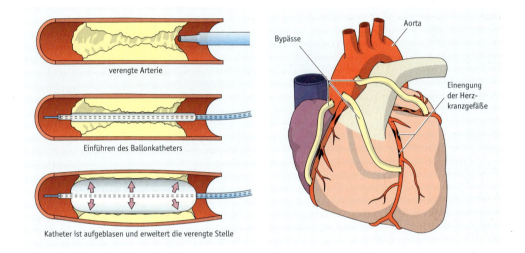

Ballondilatation   *Bypass*

8.3.3 Weitere Herz-Kreislauf-Erkrankungen

Herzinfarkt

Bei Verschluss einer oder mehrerer Herzkranzgefäße wird das Herz nicht mehr ausreichend mit Sauerstoff versorgt, wodurch der Herzmuskel schwer geschädigt werden kann. Ganze Herzmuskelgebiete können absterben. Beim Herzinfarkt (Myokardinfarkt) ist deshalb schnelles Handeln notwendig. Entscheidend ist, dass innerhalb der ersten Stunde ärztliche Hilfe geleistet wird. Man spricht von der „goldenen ersten Stunde". Durch blutverdünnende Substanzen kann das Blutgerinnsel aufgelöst werden. Die operativen Methoden sind vergleichbar mit denen bei der koronaren Herzkrankheit (s. Kapitel 8.3.2).

Herzinsuffizienz

Dieses Krankheitsbild liegt vor, wenn das Herz die notwendige Pumpleistung zur Versorgung des Körpers nicht mehr erbringen kann. Die Herzleistungsschwäche ist oft die Folge einer koronaren Herzkrankheit (KHK). Die körperliche Leistungsfähigkeit der Patienten ist zunächst bei Belastung, später auch bei Ruhe herabgesetzt. Weitere Symptome sind Atemnot und Wasseransammlungen im Körper.

Herzrhythmusstörungen

Wenn die Taktgeber des Herzens, der Sinus- oder der AV-Knoten, unregelmäßig arbeiten oder ganz ausfallen, schlägt das Herz zu langsam, zu schnell (Kammerflimmern) oder unregelmäßig. In schweren Fällen wird ein **Herzschrittmacher** eingesetzt. Das ist ein elektronisches Gerät, welches unter die Haut des Brustkorbes eingepflanzt wird. Kabel führen durch ein Blutgefäß zum Herzen, sodass die elektrischen Impulse des Gerätes den Herzschlag regulieren können.

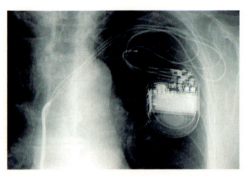

Herzschrittmacher (Röntgenaufnahme)

Herzklappenfehler

Ist die Herzklappe im geöffneten Zustand zu eng, behindert sie den Blutfluss, schließt sie nicht dicht, kann Blut zurückfließen. Herzklappen können heute durch Transplantation ersetzt werden.

Periphere arterielle Verschlusskrankheit (PAVK)

Arteriosklerose (Gefäßverkalkung) kann nicht nur in den Herzkranzgefäßen auftreten und zu Krankheiten führen, sondern auch in den peripheren Gefäßen. Wenn es zu Verengungen oder Verschlüssen von Arterien kommt, kann die Blutversorgung der Arme oder der Beine gestört sein. Je nach Schweregrad können Schmerzen beim Gehen, Ruheschmerzen, offene, schlecht heilende Beine oder sogar Amputationen die Folge sein. Weil die Betroffenen beim Gehen häufig aufgrund der Schmerzen stehenbleiben müssen und sich an Hauswände zum Ausruhen anlehnen, bezeichnet man die Krankheit auch als **Schaufensterkrankheit**.

Thrombose und Embolie

Wenn sich innerhalb einer Vene ein Blutgerinnsel bildet, spricht man von Venenthrombose. Ursachen können Schäden der Gefäßwand, Gerinnungsstörungen oder verlangsamter Blutfluss sein. Reißt sich das Blutgerinnsel los, wird es mit dem Blutstrom ins Herz und in die Lunge befördert. Dort kann es die Verstopfung einer feinen Lungenarterie auslösen. Man spricht von Lungenembolie.

Krampfadern

Wenn sich Venenklappen nicht mehr vollständig schließen, kann Blut zurückfließen. Der Blutstau wird als Krampfader sichtbar.

8.3.4 Risikofaktoren für Herz-Kreislauf-Erkrankungen

Die Wahrscheinlichkeit, eine Herz-Kreislauf-Erkrankung zu erleiden, wächst, wenn folgende Risikofaktoren vorliegen: Stress, Rauchen, Alkoholkonsum, Übergewicht und ungesunde Ernährung. **Stress**, vor allem Dauerstress, kann neben anderen Symptomen die Herzfrequenz erhöhen und den Blutdruck steigern. Die gleiche Wirkung hat regelmäßiger **Alkoholkonsum**. Beim **Rauchen** verringert sich die Durchblutung durch Verengung der Gefäße. Raucher haben ein doppelt so hohes Risiko wie Nichtraucher, eine Herz-Kreislauf-Erkrankung zu erleiden. Eine ausgewogene **Ernährung** ist abwechslungsreich und enthält viel frische Kost, Ballaststoffe und wenig Zucker und Fett. **Bewegungsmangel** prägt den Lebensstil in der modernen Gesellschaft. Durch sportliche Aktivitäten kann man Blutdruck, Gewicht und den Cholesterinspiegel senken.

Das **metabolische Syndrom** bezeichnet das gleichzeitige Auftreten verschiedener Risikofaktoren für Gefäßerkrankungen, nämlich: Übergewicht, hohe Blutfettwerte, Bluthochdruck und erhöhte Blutzuckerwerte. Man spricht auch vom „tödlichen Quartett" oder vom „Wohlstandssyndrom". Jeder der vier Einzelfaktoren stellt für sich schon ein Risiko für Herz-Kreislauf-Erkrankungen dar. Je mehr dieser Risikofaktoren zusammenkommen, umso höher ist die Gefahr einer Herz- oder Gefäßkrankheit.

Jeder Einzelne kann durch eine gesunde Lebensführung dazu beitragen, das Risiko einer Herz-Kreislauf-Erkrankung zu verringern.

AUFGABEN

1. Erklären Sie die Arbeitsweise des Herzens anhand der Begriffe Systole und Diastole.
2. Erklären Sie Lage, Bau und Funktion der Taschen- und Segelklappen.
3. Erklären Sie die Begriffe Venen und Arterien.
4. Worin besteht der Unterschied zwischen Körper- und Lungenkreislauf?
5. Welche Funktion und Bedeutung haben die Herzkranzgefäße?
6. Erklären Sie, wie ein Elektrokardiogramm (EKG) zustande kommt.
7. Erklären Sie Lage, Bau und Funktion der Venenklappen.
8. Erklären Sie Ursachen, Gefahren und Behandlung eines Kreislaufschocks.
9. Herzminutenvolumen und sportliches Training: Durch Ausdauertraining kommt es zu einer Vergrößerung des Herzens und zu einer Kräftigung der Herzmuskulatur.
   a Erklären Sie die Begriffe Schlagvolumen und Herzminutenvolumen.
   b Berechnen Sie die fehlenden Angaben in der Tabelle.
   c Erklären Sie anhand der Tabelle, wie die höhere Leistungsfähigkeit von trainierten Sportlern zustande kommt.

	Herzgröße		Schlagvolumen		Herzfrequenz		Herzminutenvolumen	
	Gewicht	Volumen	Ruhe	Belastung	Ruhe	Belastung	Ruhe	Belastung
	g	ml	ml		Schläge/min		Liter	
untrainiert	200–300	600–800	60–90	75–105	60–80	bis 200		
trainiert	350–500	900–1300	95–115	170–200	40–60	bis 200		

9 Blut – ein fließendes Organ

■ *Blut ist ein kostbarer Saft. Zurzeit werden in Deutschland pro Jahr etwa 4,5 Mio. Blutkonserven verbraucht. Dabei steigt der Bedarf an Transfusionsblut aufgrund der Fortschritte in der modernen Medizin ständig. Vor allem für die Behandlung von bösartigen Tumoren, für Transplantationen und für die Notfallmedizin wird heute viel Blut benötigt. Gemäß Angaben des Deutschen Roten Kreuzes gehen über 60 % der Bluttransfusionen auf nur vier Verwendungen zurück: Krebserkrankungen: 19 %, Herzerkrankungen: 16 %, Magen- und Darm-Erkrankungen: 16 %, und Unfallverletzungen: 12 %.*

Die Eigenblutspende spielt mit ca. hunderttausend Einheiten pro Jahr nur eine untergeordnete Rolle. Sie kann nur bei geplanten Operationen eingesetzt werden. Dazu gibt der Patient zwei bis vier Wochen vor einem OP-Termin bis zu vier Mal eigenes Blut ab. ■

9.1 Zusammensetzung und Aufgaben des Blutes

Bei einer Bluttransfusion erhält heute der Empfänger meist nur Blutbestandteile, seltener Vollblut. Nachdem das gespendete Blut auf Krankheitserreger wie HIV, Hepatitis B und C sowie Syphilis untersucht worden ist, wird es durch Zentrifugation in seine Bestanteile zerlegt. Am Boden des Zentrifugenröhrchens setzen sich die **Blutzellen** ab: rote Blutkörperchen (Erythrozyten), weiße Blutkörperchen (Leukozyten) und Blutplättchen (Thrombozyten). Sie machen zusammen etwa 40–45 % des Blutvolumens aus. Darüber befindet sich mit 55–60 % die Blutflüssigkeit, das **Blutplasma.** Trennt man vom Plasma die Gerinnungsfaktoren ab, so bleibt das **Blutserum** übrig. Der Volumenanteil der Blutzellen am Gesamtblutvolumen heißt **Hämatokritwert**.

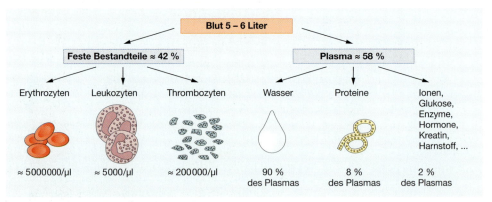

Die Bestandteile des Blutes (Übersicht)

Ein Erwachsener hat etwa 5–6 Liter Blut in seinem Körper. Es erreicht, angetrieben vom Herzen, über das verzweigte Blutgefäßsystem nahezu alle Organe, Gewebe und Zellen.

Dabei erfüllt es vor allem folgende Funktionen:

- **Transport:** Mit dem Plasma werden Nährstoffe und Stoffwechselabfallprodukte befördert. Außerdem führt das Blut Hormone zu ihren Zielorten. Für den Transport von Sauerstoff und Kohlendioxid sind die roten Blutkörperchen zuständig, die Erythrozyten.

- **Wärmeregulation:** Wie bei einer Heizung sorgt die ständige Blutzirkulation für eine gleichbleibende Körpertemperatur von etwa 36,5 °C.
- **Gerinnung:** Bei Verletzungen setzen die Thrombozyten einen Gerinnungsvorgang in Gang, der schließlich zum Wundverschluss führt.
- **Abwehr:** Die weißen Blutkörperchen, die Leukozyten, sowie im Plasma gelöste Substanzen bewirken die Abwehr von Fremdstoffen.

9.1.1 Blutzellen

Im roten Knochenmark befinden sich undifferenzierte Stammzellen, aus denen alle Blutzellen hervorgehen. Man spricht von Blutbildung oder **Hämatopoese**. Aus den Stammzellen differenzieren sich fünf Zelllinien mit unterschiedlichen Aufgaben: Es sind die Erythrozyten, die Thrombozyten sowie die Granulozyten, Monozyten und Lymphozyten. Die letzten drei werden zusammenfassend als Leukozyten bezeichnet.

Rote Blutkörperchen, Erythrozyten

Die roten Blutkörperchen machen etwa 99 % aller Blutzellen aus und sind für den **Transport der Atemgase** Sauerstoff und Kohlendioxid zuständig. In einem Mikroliter Blut befinden sich etwa 5 Mio. Erythrozyten. Es sind beidseitig eingedellte Scheiben mit einem Durchmesser von 7,5 Mikrometer. Sie besitzen keinen Zellkern und haben eine Lebensdauer von 120 Tagen. Erythrozyten enthalten den roten Farbstoff **Häm**, der an Proteine gebunden das **Hämoglobin** bildet. In den Lungen nimmt das Hämoglobin Sauerstoff (O_2) auf und gibt Kohlendioxid (CO_2) ab, welches ausgeatmet wird. In den Blutkapillaren der Gewebe läuft der umgekehrte Vorgang ab: Sauerstoff wird von den Erythrozyten abgegeben und Kohlendioxid aufgenommen.

Weiße Blutkörperchen, Leukozyten

Leukozyten sind mit einem Durchmesser von 8–20 Mikrometer größer als Erythrozyten und enthalten anders als diese einen Zellkern. Sie können aufgrund ihrer Eigenbeweglichkeit die Blutbahn verlassen und ins angrenzende Gewebe eindringen. Ihre Aufgabe ist die

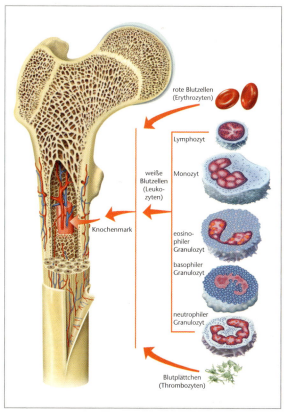

Im Knochenmark werden aus den Stammzellen Erythrozyten, Leukozyten und Thrombozyten gebildet.

Abwehr von Fremdstoffen und Krankheitserregern. In einem Mikroliter Blut befinden sich etwa 4.000–9.000 Leukozyten. Sie werden in drei Hauptgruppen unterteilt:
- Granulozyten
- Monozyten
- Lymphozyten

Die Hauptaufgabe der **Granulozyten** ist die unspezifische Abwehr. Dazu umfließen sie Fremdstoffe und Krankheiterreger, z. B. Bakterien, und verdauen diese. Man spricht von **Phagozytose**. Außerdem können sie Enzyme in die Umgebung absondern, die Bakterien abtöten (**Bakterizide**). Abgestorbene Granulozyten bilden zusammen mit Zelltrümmern und -flüssigkeit den **Eiter**, ein Zeichen für den Heilungsprozess. Granulozyten spielen auch bei allergischen Reaktionen (s. Kapitel 15.8.1) eine Rolle, indem sie den Wirkstoff **Histamin** freisetzen.

Mit bis zu 20 Mikrometer Durchmesser sind **Monozyten** die größten Leukozyten. Als Teil des unspezifischen Abwehrsystems können sie die Blutgefäße verlassen und in die angrenzenden Gewebe vordringen, wo sie durch Phagozytose Krankheitserreger und Fremdstoffe vernichten. Man nennt sie deshalb auch Fresszellen oder Makrophagen.

Bei den **Lymphozyten** unterscheidet man drei Arten:
- B-Lymphozyten (15 %)
- T-Lymphozyten (75 %)
- natürliche Killerzellen (10 %)

Natürliche Killerzellen gehören ebenso wie die Granulozyten und die Monozyten zur unspezifischen Abwehr. Sie greifen u. a. virusinfizierte Zellen und Tumorzellen an. **B-** und **T-Lymphozyten** sind spezialisierte Abwehrzellen. Sie erkennen bestimmte Fremdkörper (Antigene) und können spezifische Antikörper bilden, die in einer **Antigen-Antikörper-Reaktion** gezielt vernichtet werden.

Blutplättchen, Thrombozyten

Thrombozyten sind sehr kleine, nach außen gewölbte Scheiben mit einem Durchmesser von etwa 2,5 Mikrometer. Sie haben keinen Zellkern und enthalten Faktoren, die an der Blutstillung und Blutgerinnung bei Verletzungen beteiligt sind.

Blutstillung und Blutgerinnung: Kommt es zur Verletzung eines Blutgefäßes oder eines Gewebes, so sorgen die Thrombozyten für einen schnellen Verschluss der Wunde, indem sie sich an die verletzte Stelle heften und einen Pfropf bilden. Gleichzeitig aktivieren Sie das Gerinnungssystem des Blutes. Es besteht aus insgesamt 13 Faktoren (Faktoren I–XIII), die in einer Kaskade von Reaktionen ineinander greifen. Der letzte Schritt in dieser Kaskade ist

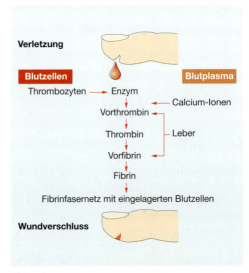

Blutgerinnung

die Bildung von Fibrin aus der Vorstufe Fibrinogen. Fibrin bildet klebrige Fäden, die sich vernetzen und zusammen mit den Thrombozyten die Wunde fest verschließen.

Bei der seltenen erblichen **Bluterkrankheit (Hämophilie)** ist die Gerinnung gestört, weil einzelne Gerinnungsfaktoren im Blut der Betroffenen fehlen. Verletzungen führen bei solchen Patienten zu schwer stillbaren Blutungen und können unbehandelt den Tod bedeuten. Bei der Hämophilie A fehlt der Faktor VIII, bei Hämophilie B der Faktor IX. Heute erfolgt die Behandlung von Bluterkranken durch Verabreichung des fehlenden Faktors, welcher aus dem Blut Gesunder gewonnen wird.

Obwohl die Blutgerinnung nur durch eine komplexe Folge von Reaktionen in Gang kommt, kann es zu Gerinnseln (Thrombosen) im Blut kommen, z. B. bei Gefäßverengungen durch Arteriosklerose. Bei entsprechend gefährdeten Personen setzt man zur **Thromboseprophylaxe** verschiedene Medikamente ein. Da die meisten Gerinnungsfaktoren in der Leber unter Beteiligung von Vitamin K gebildet werden, dienen z. B. Vitamin-K-Antagonisten (wie Marcumar®) zur Thromboseprophylaxe.

9.1.2 Blutplasma

Das Blutplasma ist eine gelbliche Flüssigkeit. Ein Liter Blutflüssigkeit enthält etwa 9 Gramm Elektrolyte, wovon Natriumchlorid (Kochsalz) den größten Anteil ausmacht. Für Infusionen benutzt man deshalb isotone Lösungen mit 0,9 % Kochsalzanteil. Damit wird bei der Infusion der osmotische Druck des Blutes aufrechterhalten, sodass die Blutzellen keinen Schaden nehmen.

Das Plasma transportiert Nährstoffe, Stoffwechselprodukte, Hormone und Enzyme durch den ganzen Körper. Unter den Proteinen des Blutes spielen die Gammaglobuline zusammen mit den Lymphozyten eine besondere Rolle bei der spezifischen Abwehr von Fremdstoffen (s. Kapitel 15.7.4).

9.2 Blutgruppen

9.2.1 AB0-System

Auf der Oberfläche der Erythrozyten kommen zwei **Antigen-Strukturen** vor, die man als A und B bezeichnet. Daraus ergeben sich vier Blutgruppen: Blutgruppe A besitzt auf der Oberfläche der roten Blutkörperchen das Antigen A, die Blutgruppe B das Antigen B, die Blutgruppe AB beide Antigene und die Blutgruppe 0 besitzt keine Antigene.

Jeder Mensch hat von Geburt an in seinem Blut **Antikörper** gegen diejenigen Antigene, die in seinem Körper nicht vorkommen. Blut mit der Blutgruppe A enthält Antikörper gegen Blutgruppe B, bei Blutgruppe B ist es umgekehrt; Blutgruppe AB enthält keine Antikörper; Blutgruppe 0 dagegen enthält beide Antikörper. Treffen bei einer Transfusion Antigene auf ihre spezifischen Antikörper, z. B. Antigen A mit Antikörper A, kommt es zum Verklumpen des Blutes. Verklumpte rote Blutkörperchen transportieren nicht genug Sauerstoff und verstopfen die kleinen Blutgefäße (Kapillaren). Deshalb gilt: Das Empfängerblut darf keine Antikörper gegen das Spenderblut enthalten. Ob sich Spender- und Empfängerblut vertragen, lässt sich nur durch eine **Blutgruppenbestimmung** feststellen. Am sichersten ist die Übertragung innerhalb derselben Blutgruppe. In Notfällen kann das Blut mit der Blutgruppe 0 als „Universalspender" und Blut mit der Gruppe AB als „Universalempfänger" gelten.

9.2.2 Rhesusfaktor

Außer den beiden Blutgruppen-Antigenen A und B hat man noch ein weiteres Antigen auf den Erythrozyten festgestellt. Es ist der Rhesusfaktor. In Mitteleuropa ist er bei 85 % der Menschen vorhanden. Sie werden **Rh-positiv** genannt. Etwa 15 % der Menschen haben diesen Faktor nicht: Sie sind **Rh-negativ**. Überträgt man einem Rh-negativen Empfänger das Blut eines Rh-positiven Spenders, so können sich im Blut des Empfängers Antikörper gegen das Blut des Spenders bilden. Bei einer später stattfindenden erneuten Blutübertragung mit Rh-positivem Blut würde es zur Auflösung der roten Blutkörperchen kommen. Eine solche **Rhesusunverträglichkeit** ist auch dann von Bedeutung, wenn eine Rh-negative Frau ein Rh-positives Kind bekommt. Gelangt kindliches Blut durch eine geringfügige Verletzung des Mutterkuchens während der Schwangerschaft oder der Geburt in den Kreislauf der Mutter, so kommt es zu Antikörperbildungen gegen das Blut des Kindes. Bei einer erneuten Schwangerschaft mit einem Rh-positiven Kind würden Antikörper in das Blut des Fetus gelangen und dessen rote Blutkörperchen zerstören. Der Fetus kann absterben.

9.3 Blutuntersuchungen

Blutkörperchensenkungsgeschwindigkeit (BSG): Bei einer Blutsenkung lässt man ungerinnbar gemachtes Blut in einem Röhrchen mit Millimeter-Einteilung stehen und liest nach einer Stunde ab, wie weit sich die Blutzellen vom Plasma getrennt haben. Normalwerte sind 8 mm für Männer und 11 mm für Frauen. Ein erhöhter Wert weist auf Entzündungsherde im Körper hin.

Blutbild: Um ein Blutbild zu erstellen, werden u. a. folgende Werte ermittelt: Hämatokritwert, Zahl der einzelnen Blutkörperchen, Konzentration von Serum-Proteinen (Albumine, Gammaglobuline), Blutzucker und Blutfette. Ein Blutbild lässt Rückschlüsse auf verschiedene Krankheiten zu.

9.4 Blutkrankheiten

9.4.1 Leukämie

Bei dieser auch als Blutkrebs bezeichneten Krankheit vermehren sich die Leukozyten im Knochenmark unkontrolliert und überschwemmen das Blut, das Lymphsystem und andere Gewebe. Die kranken Leukozyten sind funktionsunfähig und verdrängen im Knochenmark die Stammzellen, sodass auch die Bildung der Erythrozyten und Thrombozyten gestört ist. Häufige **Symptome** sind Müdigkeit, Abgeschlagenheit, Leistungsschwäche, Fieber, Infektionsanfälligkeit und Gewichtsverlust. Die Ursachen der Krankheit sind noch weitgehend unbekannt. Als **Risikofaktoren** gelten Röntgenstrahlung, radioaktive Strahlung, bestimmte Chemikalien (z. B. Benzol), Medikamente (Zytostatika) und Defekte des Immunsystems.

Im Blutbild erkennt der Arzt eine erhöhte Anzahl an Leukozyten. Eine weitere **Diagnosemethode** ist die Knochenmarksbiopsie. Dabei wird Knochenmark aus der Hüfte oder dem Brustbein entnommen und auf unreife Blutzellen untersucht.

Die häufigste **Therapie** ist die Behandlung mit Zytostatika. Mit dieser Chemotherapie sollen die Krebszellen zerstört werden. Weitere Behandlungsmöglichkeiten sind die Strahlentherapie und die Knochenmarkstransplantation.

9.4.2 Anämie

Diese Krankheit wird auch als Blutarmut bezeichnet. Sie zeichnet sich durch einen Mangel an Erythrozyten aus. Häufigster Grund dafür ist ein akuter Eisenmangel. Dieser kann unterschiedliche **Ursachen** haben. Zum einen kommt ein chronischer Blutverlust in Betracht. Insofern sind z. B. Frauen während der Menstruation häufig betroffen. Andererseits kann auch eine gestörte Eisenaufnahme oder -verwertung im Magen-Darm-Trakt vorliegen. Auch der Verzehr eisenarmer Kost (z. B. vegetarische Ernährung) oder ein erhöhter Bedarf an Eisen, z. B. bei Kindern im Wachstum oder bei Schwangeren und Stillenden, können Ursachen für Eisenmangel sein.

Da bei Anämie die Organe schlecht mit Sauerstoff versorgt werden, findet man häufig folgende **Symptome**: Blässe, Müdigkeit, Schwindel, Atemnot, Herzrasen, brüchige Haare und Nägel. Die wichtigsten **Diagnosedaten** liefert das Blutbild: Es liegt ein verringerter Anteil von Erythrozyten und Hämoglobin vor. Mit Eisentabletten, die über einen Zeitraum von drei Monaten einzunehmen sind, kann ein akuter Eisenmangel therapiert werden. Eine ausgewogene Ernährung kann Eisenmangel vorbeugen.

EXKURS: Blutspende – Blutprodukte

Im Jahre 2010 standen in Deutschland den rund 5 Mio. Vollblutspenden etwa 2,5 Mio. Apheresespenden gegenüber. Bei einer **Vollblutspende** entnimmt man 500 ml Blut, welches anschließend durch Filtration und Zentrifugation in seine Bestandteile zerlegt wird. Die **Apheresespende** dient dazu, dem Spender nur Plasma oder nur Blutzellen zu entnehmen. Dazu wird das Blut unmittelbar nach der Entnahme aufgetrennt, und die nicht benötigten Bestandteile werden sofort wieder in den Kreislauf des Spenders zurückgeführt.

Blutprodukte sind Arzneimittel, die aus menschlichem Blut für die Transfusion an einen Empfänger gewonnen werden. Sie unterliegen strengen Sicherheits- und Hygieneanforderungen, die im Arzneimittelgesetz und im Transfusionsgesetz festgeschrieben sind. Die am meisten verwendeten Blutprodukte sind: Erythrozytenkonzentrat, welches umgangssprachlich als Blutkonserve bezeichnet wird, gefrorenes Frischplasma und Thrombozytenkonzentrat. Weitere Blutprodukte sind Granulozytenkonzentrat, Stammzellenpräparate, Gerinnungsfaktoren (z. B. XIII, IX) und Immunglobuline.

AUFGABEN

1. Stellen Sie in einer Tabelle die Bestandteile des Blutes ihren Funktionen gegenüber.

2. Bearbeiten Sie die folgenden Teilaufgaben.
   a Erklären Sie anhand des folgenden Schemas die Blutgruppenbestimmung.

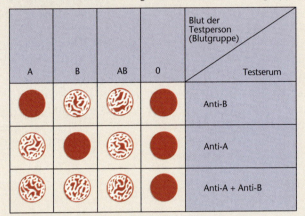

   b Erklären sie anhand der Abbildung, was man unter „Universalspender" und „Universalempfänger" versteht.

3. Erklären sie anhand der folgenden Abbildungen, wie es zur Rhesusunverträglichkeit bei Schwangerschaften kommen kann.

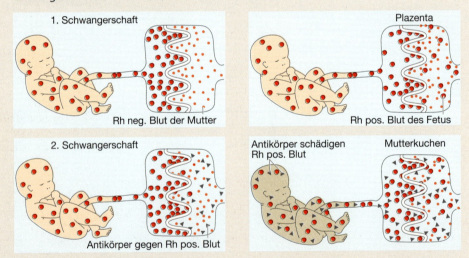

Rhesusfaktor und seine Auswirkungen

4. Informieren Sie sich über die Anti-D-Prophylaxe bei entsprechenden Risikoschwangerschaften. Berichten Sie in Form eines Referates.

5. Erklären Sie den Ablauf der Blutgerinnung/Blutstillung.

6. Erklären Sie anhand des folgenden Erbschemas, wie es dazu kommen kann, dass eine Rh-negative Mutter ein Rh-positives Kind bekommen kann.

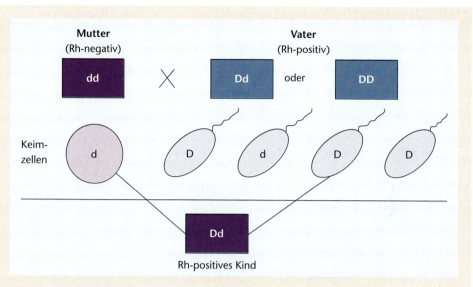

Vererbung des Rhesusfaktors

7. Erklären Sie anhand des folgenden Erbschemas die Vererbung der Bluterkrankheit. Warum sind vor allem Jungen davon betroffen?

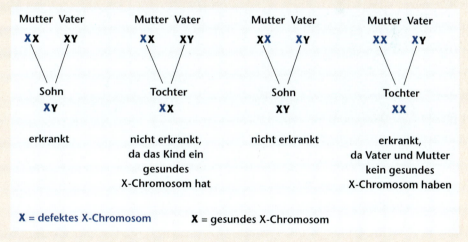

8. Erklären Sie, was man unter einer isotonen Lösung versteht. Wie wird sie genutzt?
9. Erklären Sie die Methode der Blutsenkung und deren diagnostische Nutzung.
10. Beschreiben Sie folgende Blutkrankheiten hinsichtlich Ursachen, Symptomen, Diagnose, Therapie:
    a Leukämie   b Anämie
11. Informieren Sie sich über Blutspenden. Berichten Sie in Form eines Referates über
    a den Ablauf einer Blutspende,
    b Arten von Blutspenden,
    c Blutprodukte und ihre Verwendung.

10 Ernährung, Verdauungssystem, Stoffwechsel

■ Die Gesundheit, Leistungsfähigkeit und Lebenserwartung eines Menschen werden entscheidend durch seine Ernährung beeinflusst. Mit der Nahrung nimmt man lebensnotwendige Inhaltsstoffe auf: die **Nährstoffe** Kohlenhydrate (Zucker), Eiweiße (Proteine) und Fette, als **Wirkstoffe** Vitamine, Mineralstoffe und Spurenelemente, außerdem **Wasser** und verdauungsfördernde **Ballaststoffe**. Der Organismus benötigt diese Inhaltsstoffe als Energielieferanten (Energiestoffwechsel), als Baustoffe und zur Aufrechterhaltung von Körperfunktionen (Baustoffwechsel). Natürlich werden diese Stoffe nicht einzeln aufgenommen, sondern sind in chemischer Form und in unterschiedlicher Menge und Zusammensetzung in Nahrungsmitteln gespeichert. ■

Nahrungs-mittel (jeweils 100g)	Nährstoffgehalt (in %)	Energiegehalt in Kilojoule
Rindfleisch	22 / 4 / 74	512
Rotbarsch	18 / 4 / 78	441
Eier (roh)	18 / 12 / 1 / 74	664
Vollmilch	3 / 3,5 / 4,5 / 89	269
Butter	1 / 83 / 1 / 15	3167
Käse	26 / 30 / 1 / 43	1613
Vollkornbrot	7 / 2 / 42 / 49	904
Kartoffeln	2 / 18 / 80	301
Spinat	3 / 4 / 93	113
Äpfel	14 / 86	251
Pommes frites	4 / 8 / 34 / 54	924
Pizza	9 / 9 / 25 / 57	905
Bratwurst	13 / 33 / 54	1436

Nährstoffe: Eiweiße, Fette, Kohlenhydrate, Wasser

Nährstoffgehalt und Energiegehalt verschiedener Nahrungsmittel

10.1 Die Nährstoffe

Die Deutsche Gesellschaft für Ernährung (DGE) empfiehlt für Erwachsene folgende Nährstoffverteilung:
- 55 % Kohlenhydrate
- 30 % Fett
- 15 % Eiweiße

10.1.1 Kohlenhydrate

Kohlenhydrate dienen als schnelle Energieversorger im menschlichen Organismus, z. B. für die roten Blutkörperchen, die Nerven- und Gehirnzellen. Als Baustoffe findet man sie in Knochen und Knorpelgewebe. Kohlenhydrate werden von Pflanzen bei der **Fotosynthese** gebildet und bestehen aus Kohlenstoff (C), Wasserstoff (H) und Sauerstoff (O). Die chemisch am einfachsten aufgebauten Kohlenhydrate sind die Monosaccharide (einfache Zucker), wobei das Monosaccharid Glukose ($C_6H_{12}O_6$) von allen Organen verwertet werden kann. Glukose ist ein Grundbaustein anderer Kohlenhydrate, die sich zu komplizierten Molekülen aufbauen können.

Im Verdauungsprozess werden die aufgenommenen Kohlenhydrate zu Einfachzuckern abgebaut und dem Stoffwechsel zugeführt; ein Teil davon wird als lebensnotwendiger Energieträger **Glykogen** in der Leber und in Muskeln gespeichert. Diese Energiereserve ist aber begrenzt und reicht nur für einen Tag. Überschüssige, nicht verbrauchte Glukoseanteile werden in Fett umgewandelt.

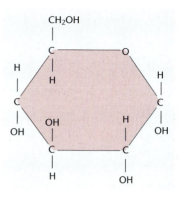

Glukose ($C_6H_{12}OH$)

Monosaccharide (Einfachzucker)	• Glukose (Traubenzucker): Obst, Honig • Fructose (Fruchtzucker): Obst, Honig • Galaktose (Bestandteil des Milchzuckers)
Disaccharide (Zweifachzucker)	• Saccharose (Haushaltszucker): Zuckerrübe, Zuckerrohr • Maltose (Malzzucker): keimende Getreide, z. B. Gerste • Laktose (Milchzucker): Milch, Milchprodukte
Polysaccharide (Mehrfachzucker)	• Stärke: Kartoffeln, Getreide, Hülsenfrüchte • Glykogen (Energiereserve): gespeichert in Leber und Muskeln • Zellulose (Ballaststoff): unverdauliche, nicht abbaubare Anteile der pflanzlichen Nahrung • Pektin (Ballaststoff): Früchte

Ballaststoffe können chemisch den Kohlenhydraten zugeordnet werden. Sie befinden sich als Stütz- und Strukturelemente in den Zellwänden von Pflanzen (Zellulose) und im Zellinnern. Obwohl sie von Verdauungsenzymen nicht gespalten werden können, übernehmen sie wichtige Aufgaben im menschlichen Körper: Sie fördern die Sekretion von Verdauungsenzymen, bewirken ein Sättigungsgefühl im Magen und verstärken die Darmperistaltik. Durch ihr hohes Quellvermögen lagern sie Wasser an, machen den Stuhl weich und binden Schadstoffe. Die Verweildauer der Nahrung im Darm wird verkürzt und eine Verstopfung verhindert.

10.1.2 Fette

Sie sind die energiereichsten Nährstoffe der Nahrung und kommen sowohl in pflanzlichen als auch in tierischen Nahrungsprodukten vor. Feste Fette werden als Fett, flüssige als Öl bezeichnet. Bei Nahrungsfetten handelt es sich ihrem chemischen Aufbau entsprechend vor allem um Triglyzeride, also Verbindungen aus Glyzerin und verschiedenen Fettsäuren (Neutralfette). Fettsäuren, die in der Kohlenstoffkette eine Einfachbindung enthalten, sind **gesättigte Fettsäuren**. Fettsäuren, die Doppelbindungen aufweisen, bezeichnet man als **ungesättigte Fettsäuren**. Dabei unterscheidet man je nach Anzahl der Doppelbindungen „einfach ungesättigte" (eine Doppelbindung) und „mehrfach ungesättigte" (zwei und mehr Doppelbindungen) Fettsäuren.

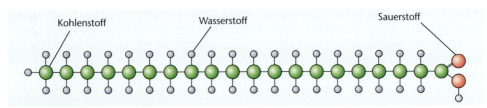
Gesättigte Fettsäure (hier Arachinsäure)

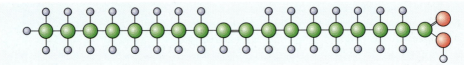
Einfach ungesättigte Fettsäure (hier Ölsäure)

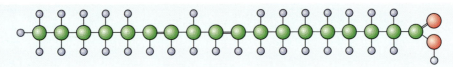
Mehrfach ungesättigte Fettsäure (hier Linolsäure)

Der Körper kann aus gesättigten Fettsäuren einfach ungesättigte Fettsäuren produzieren. Weil er aber nicht in der Lage ist, die lebensnotwendigen **mehrfach ungesättigten Fettsäuren** selbst herzustellen, müssen sie mit der Nahrung zugeführt werden. Diese **essenziellen Fettsäuren**, die vor allem in pflanzlichen Fetten und Fischöl vorkommen, sind notwendig beim Aufbau der Zellwände und der Mitochondrien und als Grundbaustein für die Bildung von Gewebshormonen. Die fettlöslichen Vitamine A, D, E und K können nur bei gleichzeitiger Anwesenheit von Fetten im Darm aufgenommen werden.

Cholesterin, das sich im chemischen Aufbau von den Neutralfetten unterscheidet, kommt nur in tierischen Nahrungsprodukten vor und wird nach Bedarf im Körper in ausreichenden Mengen selbst gebildet. Es ist beteiligt am Aufbau der Zellwände, bei der Bildung von Sexual- und Nebennierenhormonen und der Produktion von Vitamin D. Eine erhöhte Cholesterinaufnahme kann die Entstehung einer Arteriosklerose begünstigen.

Fett schützt als Organfett empfindliche Organe wie Niere oder Augapfel vor Druck und Stoß. Als nahezu unbegrenzter Energiespeicher sammelt das Unterhautfettgewebe überschüssiges Fett an. Dieses **Depotfett** führt in größeren Mengen zu Übergewicht und belastet Herz und Kreislauf.

Als essenziell werden in der Ernährungslehre lebensnotwendige Stoffe bezeichnet, die dem Körper zugeführt werden müssen, weil er sie selbst nicht synthetisieren kann.

10.1.3 Eiweiße (Proteine)

Sie dienen im menschlichen Organismus hauptsächlich als Baustoffe für Blut und Zellen. Grundbausteine der Eiweiße sind die **Aminosäuren**. Aminosäuren weisen einen einheitlichen Bauplan auf: eine Aminogruppe (-NH$_2$), eine Carboxylgruppe (-COOH), ein Wasserstoffatom (-H) und ein organischer Rest (-R). Die einzelnen Aminosäuren unterscheiden sich im Aufbau dieses Restes. In den Eiweißstoffen sind verschiedene Aminosäuremoleküle durch Peptidbindungen miteinander verknüpft. Je nach Anzahl unterscheidet man **Peptide** (bis zu hundert Aminosäuren), **Proteine** (mehr als hundert bis zu tausend Aminosäuren) und **Proteide** (Aminosäuren, die weitere Komponenten wie Phosphorsäure, Farbstoffe oder eine Fettkomponente enthalten).

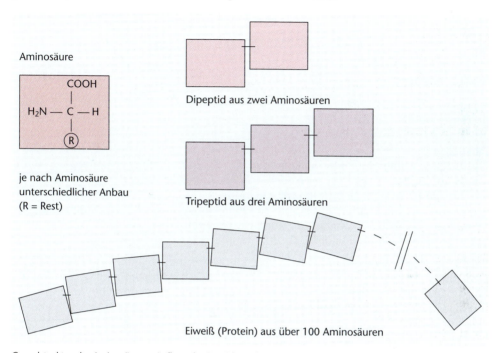

Grundstruktur der Aminosäuren, Aufbau der Peptide und Eiweiße

In jeder Zelle befindet sich eine Vielzahl von Proteinen, z. B. als Bestandteil der Chromosomen/Erbsubstanz oder als Enzyme, die biochemische Vorgänge regulieren. Besondere Aufgaben übernehmen Proteine in der Muskulatur (Kontraktion), als roter Blutfarbstoff Hämoglobin (Sauerstofftransport) und bei der Infektabwehr (weiße Blutkörperchen). Sie sind Bausteine für Haut und Haare, Knochen und Sehnen.

Im Gegensatz zu Fetten und Kohlenhydraten können Eiweißstoffe im Körper nicht langfristig gespeichert werden. Ein ständiger Nachschub an Eiweiß ist daher lebenswichtig. Der Eiweißbedarf eines Erwachsenen beträgt etwa 0,8 bis 1 g pro kg Körpergewicht pro Tag. Tierische und pflanzliche Nahrungsmittel liefern die 20 verschiedenen Aminosäuren, davon zwölf für die Synthese körpereigener Eiweiße und acht **essenzielle Aminosäuren**, die nicht vom Körper gebildet werden können. Tierische Eiweißquellen sind Fleisch, Fisch, Milch und Milchprodukte sowie Eier; pflanzliche Eiweiße stammen aus Sojabohnen, Kartoffeln, Hülsenfrüchten oder Weizenmehl.

Je mehr das Aminosäuremuster eines Proteins dem menschlichen entspricht, als desto vollwertiger gilt das Eiweiß. Tierische Eiweiße sind für die Ernährung deshalb biologisch hochwertiger als pflanzliche, denen oft essenzielle Aminosäuren fehlen. Die **biologische Wertigkeit** von Eiweiß gibt an, wie viele der einzelnen Aminosäuren der Organismus aus einem Protein nutzen kann. Als Referenznahrungsmittel besitzt Volleiweiß die Wertigkeit 100. Milcheiweiß z. B. hat eine biologische Wertigkeit von 86 %: Aus 100 g

Milcheiweiß kann 86 g körpereigenes Eiweiß gebildet werden. Bei Kartoffeln dagegen beträgt die biologische Wertigkeit 67. Als ernährungsphysiologisch besonders günstig gelten Gemische aus tierischen und pflanzlichen Nahrungsmitteln, die zusammen aufgenommen werden: z. B. Kartoffeln und Ei oder Vollkornnudeln und Fleisch. Durch die Kombination der enthaltenen Aminosäuren kann sich ein **Ergänzungswert** von über 100 ergeben.

10.2 Vitamine, Mineralstoffe, Spurenelemente

10.2.1 Vitamine

Vitamine sind lebensnotwendige organische Substanzen, die mit der Nahrung aufgenommen werden müssen. Sie dienen nicht als Energieträger oder Baustoffe, sondern unterstützen häufig als unentbehrliche Koenzyme (Kofaktoren) den Ablauf enzymatischer Stoffwechselvorgänge im Körper. Dabei wirken sie schon in sehr kleinen Mengen von wenigen Milligramm oder Mikrogramm. Einige Vitamine, die **Provitamine**, nimmt man über die Nahrung nur in Vorstufen auf. Als Folge von zu geringer oder fehlender Vitaminzufuhr kommt es zu Mangelerscheinungen, welche von Befindlichkeitsstörungen über schwere Erkrankungen bis hin zu tödlichem Verlauf reichen können. Beispiele hierfür sind Leistungsschwäche (Vitamin C), Nachtblindheit (Vitamin A), Blutarmut (B12), Rachitis (Vitamin D) oder Skorbut (Vitamin C).

Es gibt 13 verschiedene Vitamine, nach ihrer Löslichkeit aufgeteilt in **wasserlösliche** und **fettlösliche Vitamine**. Die fettlöslichen Vitamine kann der Körper speichern; sie können im Übermaß auch Erkrankungen auslösen. Überschüssige wasserlösliche Vitamine sind im Allgemeinen unschädlich, weil sie über die Nieren ausgeschieden werden (siehe Tabelle auf S. 129).

Vitamine müssen bei der Nahrungszubereitung schonend behandelt werden. Bei wasserlöslichen besteht die Gefahr des Auswaschens oder der Zerstörung durch Hitze beim Garen; fettlösliche Vitamine werden eher durch Licht- und Sauerstoffeinfluss zerstört, sind aber hitzebeständiger. Vitamin C ist gegenüber all diesen Einflüssen empfindlich. Lebensmittel, die fettlösliche Vitamine enthalten, sollten immer zusammen mit Fett aufgenommen werden. Nur so kann der Körper die Vitamine resorbieren.

10.2.2 Mineralstoffe

Sie sind die anorganischen Bestandteile pflanzlicher und tierischer Gewebe. In wässriger Lösung bilden sie Ionen beziehungsweise Salze, sie sind also **Elektrolyte**. Nur in dieser Form kann der Körper der Nahrung Mineralstoffe entziehen. Sie werden mit den Körperflüssigkeiten an den Ort ihrer Funktion transportiert. Nach dem Anteil der Mineralstoffe an der Körpersubstanz unterscheidet man

- **Mengenelemente**, die in vergleichsweise hoher Menge im Körper vorhanden sind,
- **Spurenelemente**, die nur in sehr geringen Mengen im Körper vorkommen.

Vom Mengenelement Kalzium z. B. speichert der Körper bis zu 1 kg. Die meisten Mengen- und Spurenelemente gelten als essenziell, da bei ihrem Fehlen Mangelerscheinungen auftreten. So ist z. B. der Kropf, eine krankhafte Vergrößerung der Schilddrüse, auf den Mangel am Spurenelement Jod zurückzuführen; ein Mangel am Spurenelement Fluor begünstigt die Entwicklung von Karies; Eisenmangel führt zu Anämie (Blutarmut).

Name	Vorkommen	Bedeutung
fettlösliche Vitamine		
Vitamin A (Retinol) Provitamin A (ß-Carotin)	Leber, Milch, Eigelb; grünes, gelbes, rotes Gemüse	Wachstum von Knochen, Zähnen, Nägeln; Funktion von Haut und Augen
Vitamin D (Calciferol)	Leber, Lebertran, Hering, Eier, Butter, Milch (und aus Cholesterin durch Sonnenbestrahlung in der Haut umgewandelt)	Knochenaufbau, Immunregulation
Vitamin E (Tocopherol)	Pflanzenöle, Getreidekeime, Nüsse	Schutz des Fettsäurestoffwechsels als Antioxidans; Vorbeugung von Arteriosklerose, Entzündungen, Alterungsprozessen
Vitamin K (Phyllochinon)	Sauerkraut, grünes Blattgemüse, mageres Fleisch (ein Teil des Bedarfs wird im Darm produziert)	Kofaktor bei der Blutgerinnung; Wundheilung
wasserlösliche Vitamine		
Vitamin B1 (Thiamin)	Hefe, Weizenkeime, Naturreis, Schweinefleisch, Hülsenfrüchte	Kohlenhydratstoffwechsel, Nerventätigkeit
Vitamin B2 (Riboflavin)	Hefe, Leber, Milch, Eier, Getreide, Gemüse	Zwischenstoffwechsel der Nährstoffe, Bildung des roten Blutfarbstoffs
Vitamin B6 (Pyridoxin)	Lachs, Fleisch, Getreide, Eier, Nüsse	Eiweißstoffwechsel, Antioxidationsmittel
Vitamin B12 (Cobalamin)	Leber, Nieren, Eier, Milch (nur in tierischen Nahrungsmitteln)	Wachstum und Teilung der Zellen, insbesondere der Erythrozyten, Nukleinsäuresynthese
Folsäure	Weizenkeime, Leber, grünes Gemüse	Wachstum und Teilung der Erythrozyten, Nukleinsäuresynthese (wichtig in der Schwangerschaft)
Niacin (Nicotinsäureamid)	Weizenkleie, Leber, Fleisch, Hering (kann aus Tryptophan im Körper gebildet werden)	zentrale Substanz im Energiestoffwechsel (Herztätigkeit, Muskeln, Hirnstoffwechsel)
Pantothensäure	in allen Nahrungsmitteln, insbes. Innereien, Hefe, Eigelb	zentrale Substanz im Stoffwechsel (Fettsäure- und Essigsäurestoffwechsel)
Biotin (Vitamin H)	Leber, Sojabohnen, Eier (wird auch im Darm produziert)	Fettstoff-, Kohlenhydrat- und Aminosäurestoffwechsel
Vitamin C (Ascorbinsäure)	Zitrusfrüchte, Paprikaschoten, Hagebutten, Sanddorn, schwarze Johannisbeeren, Kartoffeln	Entwicklung des Bindegewebes, Zellatmung, Resorption von Eisen, Antioxidationsmittel

Übersicht Vitamine

Auch bei Mineralstoffen besteht die Gefahr des Auswaschens bei der Zubereitung, weil sie sehr gut wasserlöslich sind.

Name	Vorkommen (Beispiele)	Bedeutung
Natrium (Na)	Kochsalz, gesalzene Lebensmittel wie Wurst und Käse	Aufrechterhaltung des osmotischen Drucks im Körper, Erregbarkeit von Muskeln und Nerven, Regulierung des Wasserhaushalts
Kalium (K)	pflanzliche Nahrungsmittel, Kartoffeln, Reis, Bananen, Nüsse, Fleisch, Milch	Aufrechterhaltung des osmotischen Drucks, Erregbarkeit von Nerven- und Muskelzellen
Chlorid (Cl)	im Kochsalz als Partner des Natriums (NaCl), gesalzene Lebensmittel	Aufrechterhaltung des osmotischen Drucks, Nierenfunktion, Bestandteil der Magensäure
Kalzium (Ca)	Milch, Milchprodukte, Nüsse, Hülsenfrüchte, Spinat	Bildung und Stabilität von Knochen und Zahnsubstanz, Erregbarkeit von Nerven und Muskeln, Blutgerinnung
Magnesium (Mg)	Nüsse, Hülsenfrüchte, Vollkorngetreide, grünes Gemüse, Milch	Knochenaufbau, Erregbarkeit von Nerven und Muskeln, Enzymaktivator
Phosphor (P)	Eigelb, Mandeln, Milch und Milchprodukte, Fisch, in Lebensmitteln wie Brühwurst, Schmelzkäse, Cola-Getränken	Baustein von Knochen, Zähnen und Zellen, Energiebereitstellung (Zuviel Phosphor kann den Calcium-Stoffwechsel ungünstig beeinflussen.)

Mengenelemente

Name	Vorkommen (Beispiele)	Bedeutung
Eisen (Fe)	Leber, Fleisch, Vollkorngetreide, Schnittlauch, Brokkoli	Bestandteil des Blutfarbstoffs (Hämoglobin), Sauerstofftransport, Blutbildung
Jod (J)	Algen, Seefisch, Leber, Milch, jodiertes Speisesalz	Bestandteil der Schilddrüsenhormone, körperliche und geistige Entwicklung
Fluor (F)	Meeresfisch, schwarzer Tee	Zahnmineralisierung, Knochenstabilität
Zink (Zn)	Fleisch, Muscheln, Fisch, Milch	Wachstum, Enzymaktivator, Bildung von Insulin, Eiweißaufbau
Selen	Leber, Muskelfleisch, Hering, Getreide, Hülsenfrüchte (in Eiweiß gebunden)	Antioxidationsmittel (Schutzwirkung gegen Krebs), Muskelfunktion
Mangan	pflanzliche Nahrungsmittel, Tee, Vollkorngetreide, Walnüsse	Enzymaktivator, Knochen- und Knorpelbildung
Kupfer	Leber, Nüsse, Kakao	Beteiligung am Eisenstoffwechsel, Pigmentierung von Haut und Haaren

Spurenelemente

Es finden sich noch weitere Spurenelemente in der Nahrung: Einige davon wie Aluminium, Barium oder Bor haben sich als entbehrlich erwiesen; andere wirken schon in kleinsten Mengen giftig, z. B. Arsen, Blei, Cadmium oder Quecksilber.

10.2.3 Wasser

Der Körper eines erwachsenen Menschen besteht zu 50–60 % aus **Wasser**. Im Organismus erfüllt es wichtige Funktionen:

- **Wasser ist Baustoff** als Bestandteil aller Körperzellen und Körperflüssigkeiten. Zusammen mit den Mineralstoffen sichert es den osmotischen Druck der Zellen.
- **Wasser ist Lösungsmittel** in den Verdauungssäften des Darms für die Nähr- und Wirkstoffe aus der Nahrung.
- **Wasser ist Transportmittel** im Blut und in der Lymphe für die gelösten Nähr- und Wirkstoffe zu den Zellen und der Abfallprodukte des Stoffwechsels zu den Ausscheidungsorganen.
- **Wasser ist Wärmeregulator**, indem es im Schweiß an der Körperoberfläche verdunstet und dem Körper dadurch Wärme entzieht.

Mit Schweiß, Atemluft, Urin und Stuhl verliert der Körper ständig Wasser, das ihm auf direktem Weg über Getränke und indirekt über wasserhaltige feste Nahrung wieder zugeführt werden muss. Hinzu kommt noch **Oxidationswasser**, das bei jeder Nahrungsverstoffwechselung von Fett, Kohlenhydraten und Eiweiß frei wird.

Ein gesunder, nicht körperlich arbeitender Mensch nimmt täglich etwa 2500 ml Flüssigkeit auf und scheidet ebensoviel wieder aus.

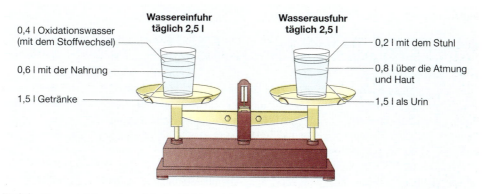

Tägliche Wassereinfuhr und -ausfuhr im Gleichgewicht

10.3 Verdauungssystem und Stoffwechsel

Der Organismus ist auf die ständige Zufuhr von Energie durch Nahrungsmittel angewiesen. Um die Nahrung zu verwerten, muss sie mechanisch zerkleinert und unter Einwirkung von Verdauungsenzymen chemisch zerlegt werden. Wenn der Verdauungsvorgang abgeschlossen ist, können die aufgeschlossenen Nährstoffmoleküle die Schleimhautwand des Verdauungstrakts passieren und in den Blutkreislauf gelangen. Dieser Vorgang wird als **Resorption** bezeichnet.

10.3.1 Der Weg der Nahrung durch den Körper

A) Mundhöhle
Mit den Schneidezähnen beißt man mundgerechte Bissen ab, die mithilfe der Backenzähne zerkleinert werden. Drei Speicheldrüsenpaare sondern in die Mundhöhle Speichel ab. Dadurch wird der Speisebrei gleitfähig. Das Enzym **Amylase** spaltet Stärke in Malzzucker.

B) Speiseröhre
Nach dem Kauen wird die Nahrung verschluckt und gelangt in die Speiseröhre. Deren muskulöse Wände ziehen sich hinter jedem Nahrungsbissen zusammen und befördern so die Speisen aktiv durch eine Kontraktionswelle in den Magen.

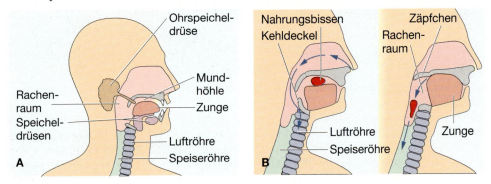

C) Magen
Im Magen wird die Nahrung gesammelt und ständig durchgeknetet. Gleichzeitig wird der Speisebrei mit Magensaft durchmischt, der aus Drüsen in der Magenschleimhaut abgesondert wird. Der Magensaft enthält verdünnte Salzsäure und das Enzym **Pepsin**, welches Eiweißmoleküle spaltet. Am Magenausgang befindet sich ein Schließmuskel, der **Pförtner**.

D) Zwölffingerdarm
Durch den Pförtner wird der Speisebrei portionsweise in den Zwölffingerdarm, den ersten Abschnitt des Dünndarms, befördert. Hier geben Leber und Bauchspeicheldrüse ihre Verdauungssäfte zum Abbau von Fetten, Eiweißen und Kohlenhydraten ab. Je nach Bedarf gelangt die in der Gallenblase gespeicherte Galle in den Darm. Sie bewirkt, dass Fett in winzige Tröpfchen zerteilt wird.

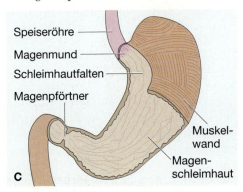
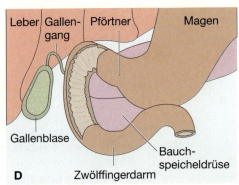

E und F) Dünndarm

Der sich anschließende Teil des Dünndarms liegt gewunden in der Mitte der Bauchhöhle. Seine Wand hat innen Millionen winziger Ausstülpungen, die **Darmzotten**; sie vergrößern die Oberfläche des Dünndarms. Über ihre Blutgefäße erfolgt die **Resorption** der mit der Nahrung aufgenommenen Nährstoffe, Vitamine und Salze sowie von Wasser ins Blut.

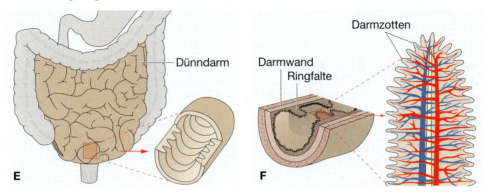

G) Dickdarm

Der Dünndarm mündet etwas seitlich in den Dickdarm ein, sodass ein sackartiger Teil übrig bleibt, der **Blinddarm** mit dem Wurmfortsatz. In den Dickdarm gelangen nur noch die unverdaulichen Nahrungsreste, die **Ballaststoffe**. Der Dickdarm entzieht ihnen vorwiegend Wasser und Salze und gibt dem Körper einen Großteil der Flüssigkeit aus den Verdauungssäften wieder zurück. Die im Dickdarm lebenden Darmbakterien spalten die letzten Nahrungsreste auf. Der eingedickte Darminhalt wird bis zur Entleerung zwischengelagert.

H) Mastdarm

Hier sammeln sich alle unverdaulichen Nahrungsbestandteile als Kot. Ein Ringmuskel sorgt dafür, dass die Austrittsöffnung geschlossen bleibt. Nur von Zeit zu Zeit erfolgt eine Entleerung über den After. Die Nahrung benötigt auf ihrem Weg durch den Verdauungskanal von der Aufnahme bis zur Ausscheidung etwa 24 Stunden.

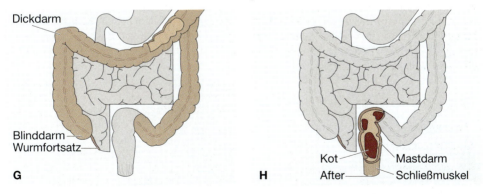

10.3.2 Enzyme bewirken die Verdauung

Enzyme sind von Körperzellen gebildete Eiweißverbindungen; sie ermöglichen die chemischen Umsetzungsvorgänge im Körper. Innerhalb der Zellen werden die jeweiligen

Enzyme erst wirksam, wenn sie zum Abbau von Nährstoffen oder zum Aufbau von Körpersubstanz gebraucht werden. Auch Verdauungsenzyme bilden sich erst dann, wenn Nahrung aufgenommen wird. Mit ihnen werden die in der Nahrung enthaltenen Nährstoffe in kleine lösliche Bausteine zerlegt.

Verdauungsorgan	Stoffwechselvorgänge im Körper	
Mund	Drüsen:	Speicheldrüsen
	Verdauungssekret:	Speichel
	Kohlenhydrate:	Das Enzym Amylase spaltet die langkettigen Stärkemoleküle in den Zweifachzucker Maltose.
Magen	Drüsen:	Magenschleimhaut
	Verdauungssekret:	Magensaft
	Eiweiße:	Das Enzym Pepsin spaltet die langkettigen Eiweißmoleküle in kürzere Aminosäureketten (Polypeptide).
Zwölffingerdarm und Dünndarm	Drüsen:	Bauchspeicheldrüse, Dünndarmschleimhaut, Leber
	Verdauungssekret:	Bauchspeichel, Dünndarmsaft, Gallensaft
	Kohlenhydrate:	Das Enzym Amylase spaltet noch vorhandene Stärke in Maltose. Dieses wird anschließend durch Maltase in Glukose zerlegt. Laktase spaltet Milchzucker in Glukose und Galaktose.
	Eiweiße:	Die Enzyme Trypsin und Erepsin bauen die Polypeptide zu Aminosäuren ab.
	Fette:	Der Gallensaft bewirkt eine Emulsion der Fette. Das Enzym Lipase spaltet die Fettmoleküle in die Bestandteile Glyzerin und Fettsäuren.
Dünndarm	Resorption der Endprodukte der Verdauung	
Dickdarm	Resorption von Wasser und Salzen	
Mastdarm	Ausscheidung unverdaulicher Nahrungsreste	

EXKURS: Die Leber – das zentrale Labor des Körpers

Fast alle Stoffwechselvorgänge hängen mit der Funktion der Leber zusammen. Als größtes inneres Organ wiegt sie etwa 1,5 kg.

- Durch die Erzeugung des Gallensaftes ist die Leber an der Fettverdauung beteiligt.
- Über die Pfortader gelangen die aus dem Dünndarm resorbierten Stoffe in die Leber und werden dort zu körpereigenen Stoffen umgewandelt.

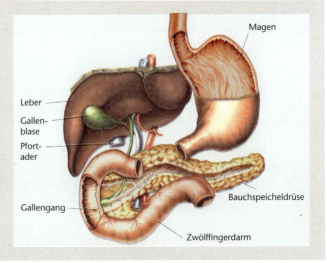

- Aus einem Teil der aufgenommenen Glukose wird Glykogen gebildet und in der Leber als Energiereserve gespeichert; auch aus Fetten und Eiweißen können hier Kohlenhydrate gebildet werden.
- Aus Aminosäuren baut das Organ Bluteiweiße und den Blutgerinnungsstoff Fibrinogen auf.
- Die Umwandlung und Aktivierung vieler Vitamine zu Koenzymen findet in der Leber statt.
- Aber auch der Abbau von Aminosäuren, Alkohol und Inhaltsstoffen von Medikamenten erfolgt in der Leber.
- Schädliches Ammoniak, ein Produkt des Eiweißstoffwechsels, wandelt die Leber in Harnstoff um, der über die Nieren ausgeschieden wird.
- Darüber hinaus erfüllt die Leber ihre Funktion als Speicherorgan für viele Stoffe des Körpers (z. B. Fettsäuren, Vitamine, Wasser, Eisen, Blut).

10.3.3 Grund- und Leistungsumsatz

Ohne Nahrung ist auf die Dauer keine Leistung möglich. Die dafür erforderliche Energie gewinnt der Körper aus den Grundnährstoffen, also aus Kohlenhydraten, Fetten und Eiweißen. Beim Abbau dieser Verbindungen in den Köperzellen wird die chemisch gebundene Energie freigesetzt. Der **Brennwert** eines Nährstoffes gibt an, welche Energiemenge der Körper bei der Verarbeitung eines Nährstoffes in den Zellen freisetzen kann: Er beträgt für Kohlenhydrate und Eiweiße jeweils ca. 17 kJ/g und für Fette 39 kJ/g. Häufig unterschätzt wird Alkohol mit einem Energiegehalt von 30 kJ/g.

*Den Energiegehalt (Brennwert) von Nahrungsmitteln misst man in **Joule (J)** oder in **Kalorien (cal)**.*

- *1 Joule ist die Energie, die benötigt wird, um einen Körper mit der Masse von 102 g um einen Meter zu heben. 1000 Joule sind 1 **Kilojoule (kJ)**. 1 kJ entspricht 0,24 kcal.*
- *1 Kilokalorie (kcal) entspricht der Energie, die nötig ist, um 1 l Wasser von 14,5 °C auf 15,5 °C zu erwärmen. 1000 Kalorien sind 1 **Kilokalorie (kcal)**. 1 kcal entspricht 4,2 kJ.*

*Der tägliche Energieumsatz entspricht dem täglichen Energiebedarf, der heute überwiegend in der Einheit **kJ** angegeben wird.*

Sogar bei völliger Ruhe verbraucht der Organismus Energie, damit auch im Schlaf die notwendigen Körperfunktionen aufrechterhalten werden können. Dazu gehören Atmung, Herztätigkeit, Blutkreislauf, Gehirntätigkeit und die Erhaltung einer gleichmäßigen Körpertemperatur. Dieser Energieverbrauch bei Ruhe wird **Grundumsatz** genannt.

Der Grundumsatz ist definiert als die Energiemenge, die ein Mensch bei völliger Ruhe im Liegen morgens zwölf Stunden nach der letzten Nahrungsaufnahme und einer Raumtemperatur von 20 °C durchschnittlich benötigt. Werte zum Grundumsatz beziehen sich auf einen Zeitraum von 24 Stunden.

Die Höhe des Grundumsatzes ist abhängig von Alter und Geschlecht eines Menschen, seinem Körperbau und seinem gesundheitlichen Zustand. Er kann nach folgender Formel berechnet werden: Kilogramm Körpergewicht · 4,2 kJ (oder 1 kcal) · 24 Stunden.

Eine 70 kg schwere Frau hat also einen Grundumsatz von 7056 kJ (1680 kcal).

Die Energiemenge, die ein Mensch für weitere körperliche Leistungen über den Grundumsatz hinaus benötigt, wird als **Leistungsumsatz** bezeichnet. Auch die Höhe des Leistungsumsatzes wird durch viele Faktoren beeinflusst: die Muskeltätigkeit, die Wärmeregulation bei unterschiedlichen Umgebungstemperaturen, die Verdauungstätigkeit, die geistige Tätigkeit oder den Energiebedarf für das Wachstum bei Kindern und Jugendlichen.

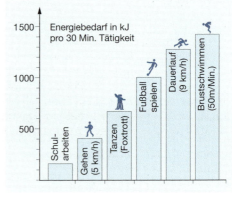

Engergiebedarf

Die wesentliche Steigerung des Energieumsatzes erfolgt über die Muskeltätigkeit. Dabei addiert man zum Grundumsatz
- 10–20 % für mäßige körperliche Bewegung,
- 30 % für leichte körperliche Tätigkeit,
- 50 % für mittelschwere körperliche Tätigkeit,
- 70–100 % für schwere körperliche Tätigkeit.

Die Energiezufuhr sollte dem Energiebedarf entsprechen. Das Verhältnis von Zufuhr und Verbrauch bezeichnet man als **Energiebilanz**. Liegt sie über dem Bedarf, nimmt der Körper an Gewicht zu. Liegt sie unter dem Bedarf, erfolgt eine Gewichtsabnahme; in diesem Fall nimmt der Körper die Energie aus der Verbrennung seiner Fettreserven. Will man die tägliche Energiezufuhr kontrollieren, kann man die in den Lebensmitteln enthaltenen Energiemengen mithilfe von **Nährwerttabellen** errechnen.

10.4 Ernährung

10.4.1 Regeln gesunder Ernährung

Empfehlungen zum Ernährungsverhalten gibt es schon seit gut 150 Jahren; ursprünglich wurden sie einmal formuliert, um Hunger- und Mangelerkrankungen vorzubeugen. Doch trotz der heute veränderten Situation mit einem Überangebot an Nahrungsmitteln besteht weiterhin die Gefahr einer Fehlernährung. Denn in Bezug auf seine Ernährung ist der Mensch instinktarm. Viele Menschen folgen bei ihrer Nahrungsauswahl besonderen Vorlieben und Abneigungen, die durch Erziehung, Vorbilder und Erfahrungen geprägt wurden und von Faktoren wie Zeit und Geld beeinflusst werden. Von einigen Nährstoffen (z. B. Fett oder Zucker) wird regelmäßig zu viel und von anderen (z. B. Vitaminen oder Ballaststoffen) wird zu wenig aufgenommen. Als langfristige Folge falscher Ernährungsgewohnheiten stellen sich schließlich gesundheitliche Probleme oder sogar schwere ernährungsbedingte Erkrankungen ein.

Um die Verbraucher aufzuklären und dadurch solchen Erkrankungen vorzubeugen, gibt es wissenschaftlich fundierte Ernährungsgrundsätze, die an die Vernunft des Einzelnen appellieren, die leicht zu begreifen sind und die sich im Alltag unproblematisch umsetzen lassen. Gezielte und unabhängige Informationen zu Ernährungsfragen verbreiten u. a. die Deutsche Gesellschaft für Ernährung, DGE (www.dge.de), der aid-infodienst (www.aid.de) und das Bundesministerium für Ernährung, Landwirtschaft und Verbraucherschutz (www.bmelv.de).

Ernährungskreis

Die Lebensmittelzusammenstellung muss den Organismus mit Energie versorgen und gleichzeitig die notwendigen Baustoffe, Vitamine, Mineralstoffe und Spurenelemente enthalten. Erhält der Körper diese Stoffe in ausreichender Menge, spricht man von einer **ausgewogenen (vollwertigen) Ernährung**. Wie soll eine ausgewogene Ernährung zusammengestellt sein? Es gibt unterschiedliche Formen visualisierter Ernährungsempfehlungen: den bereits vor 50 Jahren vorgestellten und immer weiterentwickelten **Ernährungskreis**, die dreieckige **Ernährungspyramide** und – auf der Basis des Ernährungskreises – die differenziertere Dreidimensionale Lebensmittelpyramide der DGE.

Als Beispiel einer Grundorientierung für eine vollwertige Lebensmittelauswahl wird der **Ernährungskreis** vorgestellt:

Dargestellt sind sieben Lebensmittelgruppen in unterschiedlich großen Segmenten, die das empfohlene Mengenverhältnis der einzelnen Lebensmittelgruppen zueinander verdeutlichen. Die Angaben beziehen sich jeweils auf einen Tag; eine Ausnahme ist die Gruppe 5 mit der Gesamtmenge für eine Woche.

DGE-Ernährungskreis (Copyright: Deutsche Gesellschaft für Ernährung e. V.)

1. **Getreide, Getreideerzeugnisse, Kartoffeln**: 300 g Brot/Getreideflocken; 200–250 g Kartoffeln oder Teigwaren (gegart) oder 150–180 g Reis (gegart); Vollkornprodukte bevorzugen

2. **Gemüse, Salat**: insgesamt 400 g und mehr; z. B. 300 g Gemüse gegart + 100 g Rohkost/Salat oder 200 g Gemüse gegart + 200 g Rohkost/Salat

3. **Obst**: 2–3 Portionen und mehr, 250 g

4. **Milch, Milchprodukte**: 200–250 g Milch/Joghurt; 50–60 g Käse; fettarme Produkte bevorzugen

5. **Fleisch, Wurst, Fisch, Ei** (pro Woche): 300–600 g Fleisch und Wurst, möglichst fettarm; 80–150 g Seefisch fettarm und 70 g Seefisch fettreich; bis zu drei Eier (inkl. verarbeitetes Ei)

6. **Fette, Öle**: 15–30 g Butter/Margarine; 10–15 g Öl (z. B. Raps-, Oliven-, Walnussöl)

7. **Getränke**: insgesamt mindestens 1,5 l Flüssigkeit; kalorienfreie oder kalorienarme Getränke bevorzugen

> **EXKURS: Chemie im Essen**
>
> Essen frisch zuzubereiten, ist aufwendig und kostet Zeit. Mit dem Griff zu sogenannten Convenience-Produkten (engl. convenience = Bequemlichkeit) wie Fertigpizza oder Dosensuppe kann eine leckere Mahlzeit in kürzester Zeit auf dem Tisch stehen. Aber gerade in Fertigprodukten sind viele Chemikalien enthalten, die sich im Gewebe anreichern oder Allergien auslösen können, die als krebserregend gelten und über deren Langzeitwirkung wenig bekannt ist. Nach dem Lebensmittel- und Futtermittelgesetz (LMFG) und der Zusatzstoff-Zulassungsverordnung ist es erlaubt, Lebensmittel mit Zusatzstoffen zu versetzen, die sie in ihrer Beschaffenheit beeinflussen oder besondere Eigenschaften in ihnen hervorrufen.
>
> Innerhalb Europas werden Zusatzstoffe in Lebensmitteln mit einheitlichen dreistelligen E-Nummern (E = Europa oder essbar/edible) gekennzeichnet. Dies sind:
> - Farbstoffe ab E 100
> - Konservierungsstoffe ab E 200
> - Antioxidantien ab E 300
> - Gelier-/Dickungsmittel ab E 400
> - Emulgatoren ab E 450
> - anorganische Verbindungen ab E 500
>
> Nach der Nummer E 570 gibt es keine durchgängige Systematik mehr.
>
> Zusatzstoffe (www.zusatzstoffe-online.de) werden von der EU-Behörde für Lebensmittelsicherheit (EFSA) geprüft.

10.4.2 Sonderformen der Ernährung

Aus verschiedenen religiösen und weltanschaulichen Gründen haben sich Ernährungsformen entwickelt, bei denen bestimmte Nahrungsmittel bevorzugt, andere aber gemieden werden, so essen z. B. Moslems kein Schweinefleisch. **Vegetarier** lehnen den Verzehr von Lebensmitteln tierischen Ursprungs aus ethischen Gründen ganz oder teilweise ab (s. Vegetarierbund Deutschland, www.vebu.de). Vom Vegetarismus gibt es drei Grundformen:

1. **Veganer:** ausschließlich pflanzliche Nahrung; kein Fleisch und kein Fisch, keine Milch und Milchprodukte, kein Honig, kein Gebrauch von Leder, Seide und Wolle
2. **Lacto-Vegetarier:** pflanzliche Lebensmittel, Milch und Milchprodukte
3. **Ovo-Lacto-Vegetarier:** pflanzliche Lebensmittel, Milch und Milchprodukte, Eier

Da sich die meisten Vegetarier überdurchschnittlich bewusst ernähren und gesund leben, treten ernährungsbedingte Erkrankungen bei ihnen seltener auf. Auch ihre Lebenserwartung liegt höher als die der Normalbevölkerung. Die strenge vegane Kostform birgt allerdings die Gefahr einer Unterversorgung mit Vitamin B 12, Eisen, Calcium, Jod und essenziellen Aminosäuren.

Weitere Sonderformen der Ernährung sollen zu einer Gewichtsabnahme führen: die **Reduktionsdiäten**. Um die zahlreichen Vorschläge zu bewerten und mögliche gesundheitliche Risiken zu vermeiden, muss eine solche Diät

- durch Vielseitigkeit die ausreichende Zufuhr aller essenziellen Nährstoffkomponenten garantieren,

- einen Beitrag zur Veränderung von falschen Ernährungsgewohnheiten leisten,
- in Kombination mit der Ernährungsumstellung die körperliche Aktivität fördern.

Eine dauerhafte Gewichtsabnahme kann gelingen, wenn man bevorzugt ballaststoffreiche Lebensmittel wie Vollkornprodukte, Obst und Gemüse verzehrt, den Genuss von fettreichen Nahrungsmitteln und Süßigkeiten einschränkt und auf alkoholische Getränke verzichtet. Möglich ist dies bereits bei einer Gesamtenergiemenge von 6300 kJ/Tag. Zusätzliche Bewegung im Alltag (z. B. Treppe statt Fahrstuhl, Fahrrad statt Auto) unterstützt den Effekt. Wer sein Wunschgewicht mit Hilfe einer Blitzdiät erreichen will, muss damit rechen, dass die Fettreserven nach dem Ende der Diät schnell wieder aufgefüllt sind; es entsteht der sogenannte **Jo-Jo-Effekt**.

10.4.3 Essstörungen

Die Ursachen für ein krankhaft gestörtes Essverhalten liegen oft im psychischen Bereich. Zur Überwindung der Essstörungen können Psychotherapeuten, psychologisch geschulte Ärzte und auch Selbsthilfegruppen beitragen.

Fettleibigkeit (Adipositas)

Eine besonders schwere Form von Übergewicht ist die krankhafte **Fettleibigkeit (Adipositas).** Die Fettsüchtigen verzehren unter einem zwanghaften seelisch-körperlichen Verlangen ständig große Mengen Nahrung, ohne ein Hungergefühl zu spüren. Nach der WHO-Definition beginnt eine Adipositas ab einem Body-Mass-Index (BMI) von 30 kg/m² (s. Deutsche Adipositas Gesellschaft unter www.adipositas-gesellschaft.de, Arbeitsgemeinschaft Adipositas im Kindes- und Jugendalter (AGA) unter www.a-g-a.de).

Adipositas

EXKURS: Body-Mass-Index (BMI)

Übergewicht wird nach dem sogenannten Body-Mass-Index bestimmt. Er wird errechnet, indem man das Körpergewicht in Kilogramm durch das Quadrat der Körpergröße in Metern teilt.

BMI = Gewicht in Kilogramm : (Größe in m)²

Kategorie (nach WHO)	BMI (kg/m²)
Untergewicht	< 18,5
Normalgewicht	18,5–24,9
Übergewicht	25–29,9
Adipositas	≥ 30

Der BMI berücksichtigt lediglich Körpergröße und Gewicht, ignoriert aber wichtige Faktoren wie Körperbau, Geschlecht und Alter. Muskeln beispielsweise wiegen mehr als Fettgewebe; sehr athletische trainierte Männer müssten ihrem BMI zufolge als „fettleibig" eingestuft werden.

Magersucht (Anorexia nervosa)

Im Gegensatz zur Fettleibigkeit wird bei der pubertären **Magersucht** (**Anorexia nervosa**) die Nahrungsaufnahme weitgehend abgelehnt. Es sind deutlich mehr Mädchen und junge Frauen als Jungen betroffen. Das zwanghafte Hungern ist geprägt vom Wunsch nach einem geringen Körpergewicht, dem Streben, noch dünner zu werden, und der Angst vor einer Gewichtszunahme. Als Ursachen werden das Verlangen nach einer untergewichtigen Figur, nach dem Schönheitsideal aus der Film- und Modewelt oder Schwierigkeiten mit dem Erwachsenwerden angenommen. Herzkrankheiten, Knochenentkalkung, Ausbleiben der Regelblutung und Unfruchtbarkeit können die Folge einer jahrelangen Magersucht sein. In 10% aller Fälle führt die Krankheit zum Tode. Eine Selbsthilfegruppe bei Essstörungen ist zu finden unter www.magersucht.de.

Das französische Model Isabelle Caro starb im November 2010 an den Folgen der Magersucht.

Ess-Brech-Sucht (Bulimie)

Die **Ess-Brech-Sucht** (Bulimie) ist gekennzeichnet durch anfallartigen Heißhunger, die Aufnahme enormer Nahrungsmengen in kurzer Zeit mit anschließendem selbst herbeigeführtem Erbrechen. Es entsteht ein Teufelskreis aus Essattacken, Schuldgefühlen, Selbstvorwürfen und der Angst vor einer Gewichtszunahme, dem willkürlichen Übergeben und dem Missbrauch von Abführmitteln.

10.5 Ernährungs- und verdauungsbedingte Erkrankungen

Eine Krankheit gilt als ernährungsbedingt, wenn sie durch falsche Ernährungsgewohnheiten mit verursacht wurde, durch eine ausgewogene Ernährung hätte vermieden werden können oder durch bestimmte Ernährungsmaßnahmen behandelbar ist. Oft ist die Ernährung nur eine von vielen Einflussfaktoren für die Entstehung einer Krankheit: eine genetische Disposition, Stress, Umwelteinflüsse, Bewegungsmangel oder Rauchen kommen hinzu. Typische Beispiele für Krankheiten, die durch die Ernährung beeinflusst werden, sind:
- Herz-Kreislauf-Erkrankungen (z. B. Arteriosklerose, Bluthochdruck)
- Darmerkrankungen (Darmkrebs, Obstipation)
- Diabetes mellitus Typ 2
- Fettstoffwechselstörungen (HLP/Cholesterin)
- Gallensteinleiden
- Gicht/Hyperurikämie
- Nahrungsmittelallergien und -unverträglichkeiten
- Osteoporose
- Karies

Die Folgekosten ernährungsabhängiger Krankheiten stellen mit hochgerechnet 70 Mrd. Euro (2004) einen erheblichen volkswirtschaftlichen Faktor dar. Die sogenannte **Krankheitskostenrechnung** des Statistischen Bundesamtes enthält für 2004 folgende Ausgaben für Erkrankungen durch Fehlernährung:
- 35,3 Mrd. Euro für Krankheiten des Herz-Kreislauf-Systems
- 24,5 Mrd. Euro für Krankheiten des Muskel- und Skelettsystems
- 5,1 Mrd. Euro für Diabetes mellitus
- 717 Mio. Euro für Adipositas (ohne Übergewicht)

10.5.1 Übergewicht

Wie das Statistische Bundesamt (Destatis) mitteilt, waren in Deutschland im Jahr 2009 mehr als 51% der erwachsenen Bevölkerung übergewichtig: 60% der Männer und 43% der Frauen. Wie kommt diese hohe Rate zustande? Einerseits gibt es in hochzivilisierten Ländern heute ein verführerisch großes Lebensmittelangebot, das zum Konsum verleitet. Andererseits sind die physischen Anforderungen an den Einzelnen oft gering: wenig körperliche Arbeit, viel sitzende Tätigkeiten, die Motorisierung und ein Freizeitverhalten mit Computer und Fernsehen führen zu **Bewegungsmangel**. Der Grund für die übermäßige Fettansammlung im Körper ist in den meisten Fällen also eine gestörte Bilanz zwischen Energiezufuhr und -verbrauch, bedingt durch körperliche Minderbeanspruchung bei Überernährung.

Übergewicht beginnt bei einem Body-Mass-Index von 25 (s. S. 139) und stellt ein besonderes gesundheitliches Risikomerkmal dar. Zu den möglichen Folgen gehören u. a. Diabetes mellitus Typ 2, Bluthochdruck, koronare Herzerkrankungen, Gallensteine und orthopädische Probleme durch eine übermäßige Belastung von Knochen und Gelenken.

Besorgniserregend ist das **Übergewicht bei Kindern:** Jedes sechste Kind in Deutschland ist zu dick. Weil sich Geschmacksprägung und Ernährungsgewohnheiten bereits in der Kindheit manifestieren, sollte früh mit der Prävention begonnen werden. Ebenso wie die Eltern können Kindertagesstätten, Schulen und Sozialeinrichtungen dazu beitragen, Kinder früh an eine vielseitige gesundheitsförderliche Ernährung zu gewöhnen und für ausreichende Bewegungsmöglichkeiten zu sorgen. Informationen gibt die Bundeszentrale für gesundheitliche Aufklärung heraus: www.bzga-kinderuebergewicht.de.

10.5.2 Diabetes mellitus

Etwa 6% der Bevölkerung in Deutschland leiden an der **Zuckerkrankheit** (Diabetes mellitus), mit steigender Tendenz. Während früher nur ältere Menschen unter der sogenannten „**Altersdiabetes**" litten, kommt dieser Typ 2 der Diabetes nun auch schon bei Kindern vor: in beiden Fällen als Folge von Fehlernährung, Bewegungsmangel und Übergewicht. Diabetes mellitus ist immer eine chronische Krankheit, die ein Leben lang bestehen bleibt.

Bei Menschen mit Diabetes steigt der Blutzuckerspiegel nach dem Verzehr zucker- und stärkehaltiger Nahrungsmittel höher an als bei Menschen mit einem gesunden Zuckerstoffwechsel. Zu hohe Blutzuckerwerte führen bei ihnen zu einer Zuckerausscheidung mit dem Urin. Typische Symptome sind häufiges Wasserlassen (Polyurie), übermäßiger Durst (Polydipsie) und Müdigkeit und Abgeschlagenheit. Je nach Typ und Schweregrad der Diabetes gibt es drei Ansätze für die Therapie:

- Therapie ohne Medikamente: Sie beruht auf einer Umstellung des Lebensstils.
- Therapie mit Tabletten (Antidiabetika)
- Therapie mit Insulin durch Spritzen

Wie wird der **Blutzuckerspiegel** reguliert? Das Blut eines gesunden Menschen enthält im nüchternen Zustand etwa 60–100 mg Traubenzucker (Glukose) pro 100 ml. Dieser „normale Blutzuckerspiegel" sinkt kurzfristig ab bei körperlicher Anstrengung oder bei Hunger. Nach dem Essen steigt er üblicherweise bis auf etwa 140 mg an, pendelt sich dann aber schnell wieder auf den Normalwert ein. Denn sobald sich der Blutzuckerspiegel erhöht, schütten die B-Zellen der **Bauchspeicheldrüse** (Pankreas) das Hormon **Insulin** aus. Nur unter dem Einfluss des Insulins kann der Traubenzucker aus dem Blut in die Körperzellen eindringen, um dort zur Energiegewinnung, als Depot- oder Baustoff verbraucht zu werden. In der Leber fördert das Hormon den Umwandlungsprozess von Traubenzucker in den Speicherstoff Glykogen. Insulin sorgt also dafür, dass der Blutzuckerspiegel sinkt.

Sinkt der Blutzuckerspiegel allerdings stark ab, schütten die A-Zellen der Bauchspeicheldrüse das Hormon **Glukagon** aus. Unter dem Einfluss dieses Hormons wird das gespeicherte Glykogen in der Leber wieder abgebaut und als Traubenzucker im Blut freigesetzt. Der Blutglukosespiegel steigt wieder und pendelt sich auf den Normalwert ein. Die Regulation des Blutzuckerspiegels erfolgt also durch das Zusammenspiel der Bauchspeicheldrüsenhormone Insulin und Glukagon.

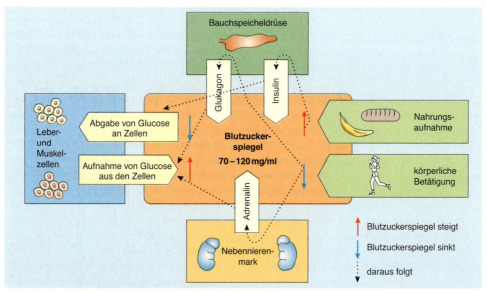

Regulation des Blutzuckerspiegels

Bei Diabetes mellitus ist diese Regulation gestört. Es lassen sich zwei unterschiedliche Arten von Diabetes unterscheiden. Beim **Typ 1** bilden die B-Zellen der Bauchspeicheldrüse nur wenig oder gar kein Insulin (**absoluter Insulinmangel**). Der Entstehung liegt eine erbliche Veranlagung mit einer Erkrankung zugrunde, die zur B-Zellen-Schädigung führt. Die Krankheit beginnt oft schon im Jugendalter. Weil der Körper das Hormon nicht mehr selbst produzieren kann, muss es ein Leben lang gespritzt werden.

Beim **Typ 2** entsteht die Erkrankung durch Überernährung und Bewegungsmangel: Ein ständig hoher Blutzuckerspiegel erfordert einen hohen Insulinspiegel durch eine ständig gesteigerte Absonderung des Hormons aus der Bauchspeicheldrüse. Als Folge der überschießenden Insulinproduktion verringert sich die Zahl der empfindlichen Insulinrezeptoren an den Oberflächen der Zellen; die Zellen können die Glukose nur noch mangelhaft aufnehmen (**Insulinresistenz**); dadurch erhöhen sich die Blutzuckerwerte weiter. Nun wird noch mehr Insulin benötigt, um den Blutzuckerspiegel zu senken (**relativer Insulinmangel**). Schließlich sind die B-Zellen der Bauchspeicheldrüse endgültig überfordert und produzieren zu wenig oder gar kein Insulin mehr. Die Zuckerkrankheit hat sich manifestiert; auch in diesem Fall muss nun ständig Insulin gespritzt werden.

Die Entwicklung der Erkrankung verläuft schleichend über Jahre und bleibt oft lange Zeit unentdeckt. Weil im Normalfall ältere Personen ab dem 40. Lebensjahr betroffen sind, wird der Typ 2 von Diabetes mellitus „Altersdiabetes" genannt. Die Veranlagung zur Insulinresistenz der Zellen ist genetisch bedingt; dies muss bei den Betroffenen aber nicht zwangsläufig zu Diabetes führen. Im Vorstadium von Diabetes mellitus Typ 2 lässt sich dem Fortschreiten der Krankheit entgegenwirken: durch eine Änderung der Ernährungs- und Bewegungsgewohnheiten, begleitet von einer medikamentösen Therapie.

Wird die Zuckerkrankheit nicht behandelt, kommt es zu schweren gesundheitlichen Folgeschäden: Herz- und Gefäßerkrankungen, Schädigung der Netzhaut des Auges, Nierenschädigung und Nervenschäden.

Informationen sind zu finden unter: www.diabetes-deutschland.de; Deutsche Diabetes-Stiftung (DDS), www.diabetesstiftung.de; Deutsche Diabetes-Gesellschaft (DDG) – Organisation der deutschen Wissenschaftler und Ärzte, www.deutsche-diabetes-gesellschaft.de; Deutscher Diabetiker-Bund (DDB) – Vertretung betroffener Diabetiker, www.diabetiker-bund.de.

EXKURS: Die Bauchspeicheldrüse (Pankreas)

*Die 15–20 cm lange hakenförmige Bauchspeicheldrüse liegt eingebettet hinter dem Magen quer vor der Wirbelsäule. Sie reicht vom Zwölffingerdarm, der den Pankreaskopf einschließt, über den Pankreaskörper bis zum Pankreasschwanz, der an der Milz endet. Als Drüse mit äußerer Sekretion (**exokrine Drüse**) sondert sie täglich mindestens 1 l Verdauungsenzyme in ihren Ausführungsgang ab. Dieser alkalische Pankreassaft wird gemeinsam mit dem Gallensaft aus der Leber im Zwölffingerdarm dem Speisebrei beigemischt; er enthält Enzyme, die zur Verdauung von Kohlenhydraten, Fett und Eiweiß notwendig sind.*

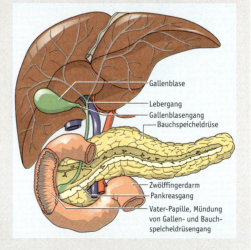

*Als Drüse mit innerer Sekretion (**endokrine Drüse**) liegen im exokrinen Pankreasgewebe verstreut winzige Zellgruppen, ca. eine Mio. sogenannte* **Langerhans-Inseln**. *Jede dieser Inseln besteht aus hormonproduzierenden Zellen:*

- *60–80 % B-Zellen: Sie produzieren das Hormon Insulin, das den Blutzuckerspiegel senkt.*
- *15–20 % A-Zellen: Sie produzieren das Hormon Glukagon, den Gegenspieler des Insulins.*

- 5–15 % D-Zellen: Sie produzieren das Hormon Somatostatin, das die überschießende Produktion von Insulin und Glukagon hemmt.
- 2 % PP-Zellen: Sie produzieren das Hormon pankreatisches Polypeptid, das die Produktion von exokrinem Bauchspeichel hemmt.

Störungen der äußeren Sekretion der Bauchspeicheldrüse beeinträchtigen die Verdauung von Kohlenhydraten, Fett und Eiweiß. Solche Erkrankungen können akute und chronische Bauchspeicheldrüsenentzündung oder Pankreastumore sein. Ist die innere Sekretion der Bauchspeicheldrüse gestört, z. B. die Produktion des Hormons Insulin aus den B-Zellen, entwickelt sich ein Diabetes mellitus.

AUFGABEN

1. Welche Bedeutung haben Fette für den Organismus?
2. Grundbausteine des Eiweißes sind die Aminosäuren. Beschreiben Sie ihren einheitlichen Bauplan.
3. Wie unterscheiden sich Peptide, Proteine und Proteide?
4. Erläutern Sie die biologische Wertigkeit von Eiweiß.
5. Nach welchen Kriterien werden die Vitamine eingeteilt? Nennen Sie Beispiele.
6. Nach welchen Gesichtspunkten wird die Gruppe der Mineralstoffe eingeteilt?
7. Welche Funktionen erfüllt Wasser im Körper?
8. Wasser ist nicht gleich Wasser. Recherchieren Sie: natürliches Heilwasser – natürliches Mineralwasser – Quellwasser – Tafelwasser – Leitungswasser.
9. Benennen Sie die Aufgaben der Verdauungsorgane: Mund, Zähne und Zunge – Speicheldrüsen – Speiseröhre – Magen – Zwölffingerdarm – Leber und Gallenblase – Bauchspeicheldrüse – Dünndarm – Dickdarm – Blinddarm – Mastdarm/After.
10. Erklären Sie den Unterschied zwischen Grundumsatz und Leistungsumsatz.
11. Recherchieren Sie folgende Reduktionsdiäten: Haysche Trennkost – Atkins-Diät – Glyx-Diät – Brigitte Diät – Weight Watchers – Crash-Diäten.
12. Errechnen Sie Ihren persönlichen Body-Mass-Index und ordnen Sie sich als untergewichtig, normalgewichtig, übergewichtig oder adipös ein.
13. Wie wird der Blutzuckerspiegel reguliert?
14. Der erste Lebensmittelskandal führte 1919 zum „Hamburger Sülzeaufstand". Informieren Sie sich darüber. Recherchieren und berichten Sie über weitere Lebensmittelskandale, z. B. „Gammelfleisch" im Döner, Antibiotika im Shrimps, BSE-Rindfleisch, Glykol-Wein-Skandal.
15. Lebensmittel können Verbraucher durch Aufmachung oder Kennzeichnung täuschen. Informieren Sie sich über die Funktion der Internetseite www.lebensmittelklarheit.de.
16. Nach Schätzungen der Welternährungsorganisation FAO wird in den „Wohlstandsgesellschaften" die Hälfte der produzierten Lebensmittel wieder vernichtet. Informieren Sie sich über die Gründe und berichten Sie. Diese Problematik behandelt auch der deutsche Film „Taste the Waste" (2011) von Valentin Thurn.

11 Nervensystem und Hormonsystem

■ *Erkrankungen des Nervensystems oder des Hormonsystems haben meist schwerwiegende Folgen: So treten z. B. bei einem Schlaganfall (Apoplex) oft Lähmungen und Sprachausfälle auf; die Demenz, die meist schleichend beginnt, geht mit zunehmenden Gedächtnis-, Orientierungs- und Sprachstörungen einher; kann die Bauchspeicheldrüse das Hormon Insulin nicht bilden, entsteht die schwere Stoffwechselstörung Diabetes I.* ■

11.1 Zentrales und peripheres Nervensystem

Das **Zentralnervensystem (ZNS)** besteht aus Gehirn und Rückenmark. Die von den Sinnesorganen kommenden Informationen werden hier aufgenommen, verarbeitet und beantwortet. Alle zum ZNS hinführenden und von ihm wegführenden Nervenbahnen bilden das weit verzweigte Netz des **peripheren Nervensystems (PNS)**. Es hat eine Gesamtlänge von ca. 75 km. Zusammen mit dem Hormonsystem steuert das Nervensystem den gesamten Organismus.

11.1.1 Gehirn

Großhirn
Das Gehirn liegt gut geschützt in der Schädelhöhle. Mit 4/5 des gesamten Hirnvolumens überlagert das Großhirn alle anderen Hirnabschnitte. Eine tiefe Längsspalte teilt es in zwei Hälften (Hemisphären), die durch den **Balken** miteinander verbunden sind.

Das Großhirn enthält Zentren für Sinneswahrnehmungen, z. B. das Seh- und das Hörzentrum. Man nennt sie **sensorische Felder**. In den **motorischen Feldern** werden Befehle für willkürliche Bewegungen gesteuert. Dabei ist die linke Gehirnhälfte für die rechte

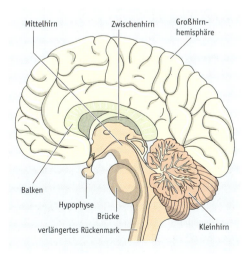

Gehirn

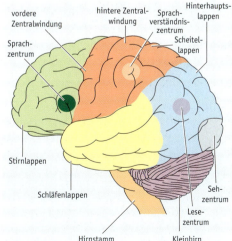

Rindenfelder des Großhirns

Körperseite und die rechte Gehirnhälfte für die linke Körperseite zuständig. Im Großhirn werden auch die komplexen Funktionen wie logisches Denken und Kreativität erbracht. Bei den meisten Menschen ist die linke Hirnhälfte für abstrakte Leistungen wie Sprache und Rechnen zuständig, die rechte Hälfte für künstlerische Begabungen, Kreativität usw.

Kleinhirn
Im Kleinhirn sind für alle Bewegungen, die der Körper beherrscht, Programme gespeichert, durch die der Bewegungsablauf und die Abstimmung der beteiligten Muskeln gesteuert werden. Wenn man einen Bewegungsablauf neu lernt, z. B. das Kuppeln und Schalten beim Autofahren, dann muss man sich zuerst sehr konzentrieren, denn die Koordination erfolgt zunächst durch das Großhirn. Ist der Bewegungsablauf nach vielen Übungen im Kleinhirn gespeichert, läuft er automatisch ab, und man kann sich sogar mit dem Beifahrer unterhalten.

Zwischenhirn
Im Zwischenhirn entstehen Gefühle wie Hunger, Durst, Angst, Wut oder Freude. Entsprechende Nachrichten von den Sinnesrezeptoren (z. B. „Wassermangel im Gewebe") werden hier aufgenommen, zum Gefühl (z. B. „Durst") verarbeitet und an das Großhirn gemeldet. Im Zwischenhirn befindet sich auch die Hirnanhangsdrüse (Hypophyse). Sie ist die Steuerungszentrale für das Hormonsystem.

Verlängertes Mark
Es stellt die Verbindung von Rückenmark und Gehirn dar. Hier befindet sich u. a. das Atemzentrum, welches die Atembewegungen steuert.

Die Hohlräume des Gehirns sind mit einer klaren Flüssigkeit, dem **Liquor cerebrospinalis** gefüllt. Einerseits schützt der Liquor das Gehirn wie ein Wasserkissen vor Stößen und Erschütterungen. Andererseits vermittelt er den Stoffaustausch zwischen dem Blut und dem Nervengewebe. Die Kopf- und die Wirbelschlagader versorgen das Gehirn mit Sauerstoff und Nährstoffen. Schädliche Substanzen wie z. B. Giftstoffe und Krankheitserreger können nicht aus dem Blut in das Gehirn eindringen, denn sie werden beim Übergang in den Liquor ausgefiltert. Man spricht von der **Blut-Hirn-Schranke** bzw. von der Blut-Liquor-Schranke. Nur wenige Medikamente können diese Schranke passieren und ihre Wirksamkeit im Gehirn entfalten. Allerdings passieren z. B. Alkohol, Nikotin und bestimmte Rauschdrogen die Blut-Hirn-Schranke und können so zu Hirnschäden führen.

11.1.2 Rückenmark

Das Rückenmark steht über das verlängerte Mark in Verbindung mit dem Gehirn. Es liegt gut geschützt im Wirbelkanal und ist von einem festen Bindegewebe umgeben. Durch seitliche Öffnungen zwischen den Wirbelbögen treten dicke Nervenstränge heraus. Das Rückenmark ist die Datenautobahn des Körpers. Aufsteigende **sensorische Nervenbahnen** leiten Informationen von den Sinnesrezeptoren des Körpers zum Gehirn. Auf absteigenden **motorischen Nervenbahnen** gelangen Befehle des Ge-

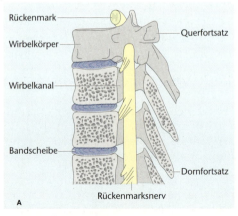

Rückenmark Längsschnitt

hirns zu den Organen des Körpers. In jedem Segment der Wirbelsäule münden Nerven zur Steuerung bestimmter Körperregionen:
- Halswirbelsäule: Atemmuskulatur und obere Gliedmaßen
- Brustwirbelsäule: Rumpfwand
- Lendenwirbelsäule und Kreuzbein: untere Gliedmaßen, Geschlechtsorgane und After

Je nachdem, an welcher Stelle bei einer **Querschnittslähmung** die Wirbelsäule durchtrennt wurde, treten deshalb unterschiedliche Ausfälle ein.

Reflexe

Das Rückenmark ist auch Schaltzentrale für Reflexe. Schlägt der Arzt bei locker herabhängendem Bein unterhalb der Kniescheibe mit dem Hammer leicht auf die Kniesehne, so löst er den **Kniesehnenreflex** aus. Der Unterschenkel klappt blitzschnell hoch, ohne dass man es verhindern kann. Wie funktioniert dieser Reflex?

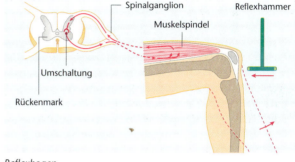

Reflexbogen

Rezeptoren im Muskel registrieren den Schlag auf das Knie und melden ihn über sensorische Nerven an das Rückenmark. Hier wird die Meldung sofort auf einen motorischen Nerv umgeschaltet, der die Kontraktion des Muskels auslöst; das Bein schnellt hoch. Erst jetzt bekommt das Gehirn die Meldung über den Vorfall. Reflexhandlungen, wie der Kniesehnenreflex, werden durch **Reflexbögen** ausgelöst. Sie bestehen aus fünf Elementen: Rezeptor, sensorische Nervenbahn, Schaltneuron im Rückenmark, motorische Nervenbahn und ausführendes Organ.

Reflexe sind schnelle, vom Willen unabhängige Reaktionen auf Reize. Sie dienen dem Schutz des Körpers, z. B. Nies-, Schluck-, Husten-, Stolperreflex. Bei **Eigenreflexen** erfolgt die Reizaufnahme und -beantwortung durch das gleiche Organ. Dies ist z. B. beim beschriebenen Kniesehnenreflex der Fall: Der Schlag auf die Kniesehne löst eine Dehnung des Muskels aus, der durch den Reflex kontraktiert. Bei **Fremdreflexen** finden Reizaufnahme und Beantwortung an verschiedenen Organen statt: So erfolgt beim Hustenreflex die Reizaufnahme in der Bronchialschleimhaut, die Antwort durch die Atemmuskulatur.

11.2 Vegetatives Nervensystem

Die meisten Vorgänge im Körper laufen in unterschiedlichen Belastungssituationen zuverlässig ab, ohne dass sie willentlich beeinflussbar sind. Dazu gehören z. B. die Vorgänge der Verdauung, die Regelung von Blutdruck, Herzfrequenz und Körpertemperatur. Wie funktioniert diese Regelung?

Für die Steuerung dieser Körperfunktionen ist das **vegetative Nervensystem** zuständig. Es besteht aus zwei Teilsystemen. Der **Sympathikus** verläuft in zwei Nervensträngen neben der Wirbelsäule. Von den perlschnurartig angeordneten Nervenknoten des Sympathikus zweigen Verästelungen zu den Organen der Brust- und Bauchhöhle ab. Außerdem führen Nervenbahnen zum Rückenmark und zum Gehirn. Die Nervenstränge des **Parasympathikus** gehen direkt vom Gehirn und vom unteren Rückenmark aus und führen ebenfalls zu den Organen des Körpers.

Die beiden Systeme arbeiten bei der Steuerung der Organe gegenläufig. Man nennt sie deshalb **Antagonisten**. So regt z. B. der Sympathikus die Herztätigkeit an, während der Parasympathikus sie verlangsamt. Grundsätzlich funktioniert die Arbeitsteilung so: Der Sympathikus fördert alle Organtätigkeiten, die der Körper bei hoher Leistungsabforderung benötigt. Gleichzeitig hemmt er alle Organe, deren Tätigkeit eine Höchstleitung behindern könnte. Braucht ein Sportler viel Blut für die Muskulatur, wäre es unzweckmäßig, wenn gleichzeitig Blut in die Verdauungsorgane fließen würde. Umgekehrt fördert der Parasympathikus alle körperlichen Funktionen, die der Entspannung und Regeneration dienen und hemmt energieverbrauchende Systeme. Beispiele für die Wirkungen von Sympathikus und Parasympathikus sind in der Tabelle dargestellt.

Organ	Sympathikus bewirkt ...	Parasymphatikus bewirkt ...
Herz	Zunahme der Pulsfrequenz und der Kontraktionskraft	Abnahme von Pulsfrequenz und Kontraktionskraft
Bronchien	Erweiterung	Verengung
Speicheldrüse	Verminderung der Sekretion	Steigerung der Sekretion
Verdauungsdrüsen	Verminderung der Sekretion	Steigerung der Sekretion
Sexualorgane (Mann)	Auslösung der Ejakulation	Auslösung der Erektion

Nur durch das Zusammenspiel von Sympathikus und Parasympathikus bleibt das innere Gleichgewicht des Organismus erhalten. Energieverbrauchende und energieliefernde Prozesse, Leistung und Regeneration müssen sich die Waage halten. Das vegetative Nervensystem wird vom Zwischenhirn gesteuert. Von dort erhalten die Teilsysteme Sympathikus und Parasympathikus Informationen über den Bedarf der Organe.

11.3 Nervengewebe

11.3.1 Nerven

Nerven sind kabelartig gebaute Stränge, die den ganzen Körper durchziehen. Sie können so dick sein wie der kleine Finger und eine Länge von etwa einem Meter erreichen. Nerven leiten Informationen von Organ zu Organ. Betrachtet man den Bau eines Nervs, stellt man fest, dass die Nervenfaserbündel von einer isolierenden Bindegewebshülle umgeben sind, ähnlich, wie in einem Elektrokabel. Jedes Bündel setzt sich aus mehreren Nervenfasen zusammen. Jede Nervenfaser ist Teil einer Nervenzelle.

Nervenzelle

Unter dem Mikroskop erkennt man den Feinbau einer **Nervenzelle**. Der Zellkörper mit dem Zellkern hat viele

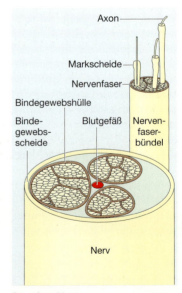

Bau eines Nervs

kurze bäumchenartige Verästelungen, die **Dendriten**. Sie dienen der Informationsaufnahme von anderen Nervenzellen. Auffällig ist ein langer Fortsatz, das **Axon**. Er wird von einer isolierenden **Markscheide** umgeben, welche etwa im Millimeterabstand unterbrochen ist. Diese **Schnürringe** spielen bei der Erregungsleitung eine wichtige Rolle (s. folgender Abschnitt). Über das Axon werden Impulse an andere Nervenzellen oder Muskeln weitergeleitet. Während die Fortsätze den ganzen Körper durchziehen, findet man die Zellkörper der Nervenzellen hauptsächlich im Gehirn, im Rückenmark und in den Sinnesorganen. Neben den Nervenzellen enthält das Nervengewebe noch **Gliazellen**. Diese sind nicht zur Erregungsleitung befähigt, sondern haben Stütz-, Schutz- und Ernährungsfunktionen.

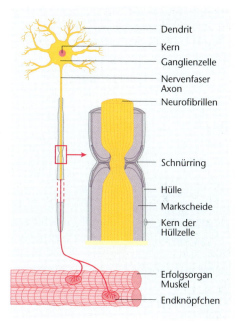

Nervenzelle

Erregungsleitung durch Nervenzellen

Wird eine Sinneszelle von einem Reiz erregt, z. B. ein Stäbchen im Auge durch einen Lichtstrahl getroffen, transformiert sie ihn als elektrischen Impuls durch die Nervenzellen. Vor der Reizaufnahme befindet sich die Nervenzelle im Ruhezustand. Man kann jetzt eine Spannungsdifferenz zwischen innen und außen von –70 mV (Millivolt) messen. Man nennt dies **Ruhepotenzial**. Es kommt durch unterschiedlich hohe Konzentrationen geladener Teilchen zustande: innen negativ, außen positiv. Der Reiz löst eine kurze, nur eine Millisekunde andauernde Spannungsumpolung an der Nervenzelle aus. Sie kommt dadurch zustande, dass sich Poren in der Membran der Nervenzelle öffnen und vor allem Natriumionen in die Zelle einströmen. Es entsteht ein **Aktionspotenzial** von +30 mV, welches sich mit 120 Meter pro Sekunde über das Axon ausbreitet. Unmittelbar nach Auslösung des Aktionspotenzials ist die Nervenzelle nicht wieder erregbar. In dieser **Refraktärphase** muss erst das alte Ruhepotenzial wieder hergestellt werden. Dies geschieht durch „Herauspumpen" der Ionen.

Das Aktionspotenzial entsteht nur an den Schnürringen, weil nur hier ein Kontakt zwischen der Membran der Nervenzelle und der umgebenden Gewebsflüssigkeit besteht. Das Aktionspotenzial „springt" dann von Schnürring zu Schnürring. Durch diese **saltatorische Erregungsleitung** (von lat. saltare = springen) wird Energie eingespart und die Leitungsgeschwindigkeit erhöht.

Die Nervenzellen des Gehirns senden ständig elektrische Impulse aus. Mit einem **Elektroenzephalogramm (EEG)** kann man diese Hirnströme messen. Sie sind unterschiedlich, je nachdem, ob z. B. die Augen offen oder geschlossen sind oder man eine konzentrierte Aufgabe löst. Anhand des EEGs kann der Arzt Rückschlüsse auf Schädigungen des Gehirns ziehen.

11.3.2 Synapsen

Die Informationsübertragung von einer Nervenzelle auf eine andere oder von einer Nervenzelle auf eine Muskelfaser erfolgt über **Synapsen**. Das Axon der Nervenzelle erweitert sich hier zu einem kugelförmigen Gebilde, dem Endknöpfchen, und legt sich dicht an die Membran der Empfängerzelle. Dazwischen bleibt ein schmaler Spalt von etwa 20 nm Breite. Kommt ein elektrischer Impuls an, gibt das Endknöpfchen chemische Botenstoffe ab, die **Neurotransmitter**, die den synaptischen Spalt durchdringen.

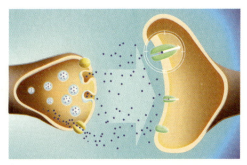

Synapse

Bei **erregenden Synapsen** erzeugen sie in der Empfängerzelle ein Aktionspotenzial, bei **hemmenden Synapsen** hingegen ein Ruhepotenzial. Wichtige Neurotransmitter sind Acetylcholin, Dopamin und Endorphine wie Serotonin. Eine Störung im Neurotransmitterhaushalt kann schwerwiegende Störungen auslösen, z. B. die Parkinson-Erkrankung, Depressionen und Schizophrenie. Die Synapsenverbindungen sind nicht fest, sondern können gelöst und neu geknüpft werden.

Reizaufnahme und Verarbeitung

Ständig wirkt die Umwelt mit vielfältigen **Reizen** auf den Körper ein, z. B. durch Licht, Schall, Temperatur, Druck sowie chemische Geschmacks- und Geruchsstoffe. Die Reizaufnahme geschieht durch das entsprechende **Sinnesorgan**; so reagiert das Auge auf Lichtreize (elektromagnetische Schwingungen bestimmter Frequenzen), die Nase auf gasförmige Geruchsstoffe, die Zunge auf gelöste Geschmacksstoffe, das Ohr auf Schall (elastische Schwingungen der Luft oder anderer Medien) und auf die Lage und Bewegung des Körpers im Raum, die Haut auf mechanische Reize wie Druck, Temperatur und Schmerz. Für manche Umweltreize, z. B. Magnetfelder oder gesundheitsschädliche radioaktive Strahlen, hat der menschliche Körper keine Sinnesorgane. Deshalb müssen Personen, die beruflich solchen Strahlen ausgesetzt sind, zur Kontrolle ein Messinstrument tragen.

Über Nervenbahnen werden die Sinnesreize in Form von elektrischen Impulsen (Aktionspotenziale) zum Zentralnervensystem weitergeleitet. Woran erkennt das ZNS einerseits den Inhalt der Information bzw. des Reizes, anderseits seine Stärke oder Intensität? Jedes Sinnesorgan meldet seine Information über eigene Nerven dem Zentralnervensystem und jeder Muskel wird durch eigene Nervenbahnen gesteuert. Der Inhalt der Information, z. B. Licht, Schall oder Temperatur, ergibt sich also aus dem Informationskanal; man spricht daher von **Kanalspezifität**. Die Reizstärke ergibt sich aus der Frequenz der Aktionspotenziale. Je stärker der Reiz, desto schneller folgen die Aktionspotenziale aufeinander; man spricht von **Frequenzmodulation.**

Im Zentralnervensystem rufen die Reize bestimmte Eindrücke, Empfindungen und Reaktionen hervor. Bei der **unwillkürlichen Reizbeantwortung** ist der Wille nicht beteiligt. So zieht man z. B. „automatisch" blitzschnell die Hand zurück, wenn man einen heißen Gegenstand berührt (Reflex). Die **willkürliche Reizbeantwortung** erfolgt bewusst, z. B. wenn man einem Bekannten freudig die Hand schüttelt.

Erst durch das Zusammenwirken aller fünf Sinne – Sehen, Hören, Fühlen, Schmecken und Riechen – kann der Mensch sich in der Umwelt optimal orientieren. Menschen mit

Behinderung müssen den Ausfall eines oder mehrerer Sinnesorgane ausgleichen. So entwickeln viele Blinde ein feineres Gehör und einen sensibleren Geruchssinn. Die Beherrschung der Blindenschrift ermöglicht es ihnen, mithilfe des besonders geschulten Tastsinns Bücher und Zeitschriften zu lesen.

Man fühlt sich wohl, wenn die Sinne in angenehmer Atmosphäre gleichmäßig angeregt werden. **Reizüberflutung**, z. B. in Form von Lärm oder einer schnellen Abfolge von Bildern, kann hingegen zu Kopfschmerzen und Schwindel führen.

11.4 Hormonsystem

Hormone sind chemische Stoffe, die von **Hormondrüsen** produziert werden und in kleinsten Mengen als **Botenstoffe** wirken. Auch Gewebe können Hormone bilden. Man spricht dann von Gewebshormonen. So wird z. B. das Hormon Histamin von verschiedenen Geweben bei allergischen Reaktionen ausgeschüttet.

Drüsen:	Hormone:	Wirkungen:
Hypophyse	Wachstumshormon	fördert Längenwachstum
	Gonadotropine	steuern Keimdrüsentätigkeit
Schilddrüse	Thyroxin	steigern Stoffwechseltätigkeit
Thymusdrüse	Thymosin	fördert Abwehr gegen Infektion
Bauchspeicheldrüse	Insulin	fördert Aufnahme von Zucker in die Muskelzellen, steigert Glykogenaufbau in der Leber
Nebennierenrinde	Androgene	bewirken Vermännlichung, die bei Mädchen durch Östrogene verdeckt wird
Nebennierenmark	Adrenalin, Noradrenalin	erhöht Herzschlag, verengt Blutgefäße, aktiviert Glykogenabbau
Eierstock	Östrogene Gestagene	bewirken Verweiblichung steuern zusammen mit Östrogenen die Vorgänge des weiblichen Zyklus
Hoden	Androgene	bewirken die Vermännlichung

Hormondrüsen und Wirkungen der Hormone

Obwohl Hormone mit dem Blut überall hingelangen, werden sie nur von bestimmten Organen aufgenommen. Damit eine Zielzelle das Hormon erkennen kann, muss es einen entsprechenden Rezeptor besitzen. Dieser reagiert mit dem Hormon und löst spezifische Stoffwechselreaktionen aus, wobei verschiedene Organe unterschiedliche Reaktionen zeigen können. Im Falle einer **Stressreaktion** laufen diese Mechanismen folgendermaßen ab:

- Das Hormonsystem ist hierarchisch angeordnet und wird durch Regelkreise gesteuert. Als oberster Regler fungiert der **Hypothalamus**, eine Region im Zwischenhirn, wo Informationen von den Sinnesorganen zusammenlaufen und eine Verknüpfung mit dem vegetativen Nervensystem stattfindet. Melden die Sinnesorgane ein stressauslösendes Ereignis, z. B. eine Gefahrensituation im Straßenverkehr, schüttet der Hypothalamus das Hormon **CRH** (Corticotropin-releasing Hormon) aus. Das CRH bewirkt in der **Hypophyse**, die ebenfalls im Zwischenhirn liegt, die Produktion des Hormons **ACTH** (Adrenocorticotropes Hormon).

- ACTH gelangt über das Blut in die **Nebenniere**. Hier löst es in der Nebennierenrinde die Ausschüttung von **Glukokortikoiden** aus und im Nebennierenmark die Freisetzung der Hormone **Adrenalin** und **Noradrenalin**. Letztere führen zu folgenden Reaktionen: Erhöhung der Herzschlagfrequenz und der Kontraktionskraft des Herzens, erhöhte Durchblutung von Herz, Skelettmuskulatur und Bronchien, verminderte Durchblutung von Haut und inneren Organen. Der Körper befindet sich jetzt in Alarmbereitschaft, um die Gefahrensituation zu meistern.

- Die hohe Konzentration an Adrenalin und Noradrenalin im Blut führt zu einer negativen Rückkopplung zur Hypophyse und zum Hypothalamus. Das heißt, die Ausschüttung der Hormone CRH und ACTH wird gehemmt und die Stressreaktion baut sich allmählich wieder ab.

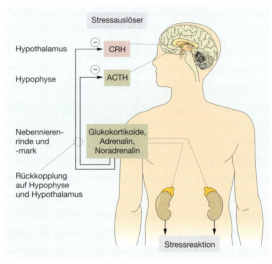

Stressreaktion

Kurzfristig bewirkt die hormongesteuerte Stressreaktion, dass der Körper in Alarmbereitschaft versetzt wird und so einer Gefahr besser begegnen kann. Insofern stellt sie eine Schutzreaktion dar. Dauerstress wirkt sich allerdings negativ auf den Körper aus. Es können Schlafstörungen, Infektionsanfälligkeit sowie Lern- und Konzentrationsstörungen und Kopfschmerzen auftreten.

11.5 Krankheiten des Nerven- und Hormonsystems

Erkrankungen des Nerven- und Hormonsystems sind ernst zu nehmen. Wenn diese zentralen Steuerungssysteme des Körpers geschädigt werden oder ausfallen, hat das schwerwiegende Folgen für das Leben.

11.5.1 Krankheiten des Nervensystems

- Unfälle, bei denen der Schädel harte Stöße erhält, kommen häufig vor: Verkehrsunfälle, Arbeits- und Sportunfälle, Stürze. Eine **Gehirnerschütterung** kann die Folge sein. Sie kann mit einer mehr oder weniger langen Bewusstlosigkeit von einer halben Stunde bis zu mehreren Tagen verbunden sein. Der Betroffene kann sich an die Zeit der Bewusstlosigkeit und oft auch an die Zeit unmittelbar vor dem Unfall nicht mehr erinnern. Weitere Symptome sind Kopfschmerzen, Gleichgewichtsstörungen und Erbrechen. Die wichtigste Heilungsmaßnahme ist strenge Bettruhe.

- Die **Hirnhautentzündung** kann durch Bakterien oder Viren ausgelöst werden. Die bakterielle Hirnhautentzündung entsteht häufig durch Einwanderung von Erregern über die Nase oder das Ohr. Meningokokken-Infektionen können sich epidemisch verbreiten. Die Behandlung muss so schnell wie möglich einsetzen, um Spätfolgen zu vermeiden. Bei bakteriellen Infektionen helfen Antibiotika.

- Durch eine Gehirnblutung kann ein **Schlaganfall** entstehen. Gefährdet sind vor allem Personen mit zu hohem oder zu niedrigem Blutdruck. Das ausgetretene Blut drückt

auf das Gehirn und führt zu Lähmungen und Sprachstörungen. Von den Lähmungen ist meist nur eine Körperseite betroffen, je nachdem, in welcher Seite des Gehirns der Schlaganfall erfolgt ist. Durch Rehabilitationsmaßnahmen und Mobilisierung kann der Betroffene oft wieder gehen und sprechen lernen.
Die Rehabilitation sollte beginnen, sobald es der körperliche Zustand des Patienten zulässt. Es gibt verschiedene Therapiemöglichkeiten: Im Vordergrund stehen das Training der Skelettmuskeln, damit der Patient später wieder mit Gehhilfen laufen kann, sowie Sprechübungen mithilfe von Logopäden. Die Therapie wird im Krankenhaus begonnen und muss oftmals zu Hause weitergeführt werden. Es ist möglich, mit jungen, geistig flexiblen Menschen außerordentliche Therapieerfolge zu erzielen; bei älteren Patienten können manche Fähigkeiten nicht vollständig wiederhergestellt werden (s. auch www.schlaganfall-hilfe.de und www.kompetenznetz-schlaganfall.de).

- **Epilepsie** ist eine Krankheit, bei der es zu plötzlich auftretenden, wiederkehrenden Krampfanfällen kommt. Es handelt sich um eine Störung des Gehirns mit unkontrollierter elektrischer Entladung von Millionen Nervenzellen. Die Behandlung erfolgt mit Medikamenten (Antiepileptika).

- Beim **Bandscheibenvorfall** quillt eine Bandscheibe zwischen den Wirbeln hervor und drückt gegen die Nerven des Rückenmarks. Starke Schmerzen, Bewegungsstörungen und sogar Lähmungen können die Folge sein.

- Eine **Querschnittslähmung** entsteht durch Unterbrechung des Rückenmarks, z. B. infolge eines Verkehrsunfalls. In Deutschland leben ca. 60.000 Querschnittsgelähmte. Die Lähmungen betreffen alle Organe, die unterhalb der Durchtrennung des Rückenmarks liegen. Betroffene haben kein Gefühl in den entsprechenden Körperteilen und können diese nicht bewegen. Außerdem fallen Körperfunktionen aus, die vom vegetativen Nervensystem gesteuert werden, z. B. Blasen-, Darm- und Sexualfunktionen. Durch entsprechende Rehabilitations- und Pflegemaßnahmen gelingt es den Betroffenen, weiterhin am Gemeinschafsleben teilzunehmen. Einerseits können Querschnittsgelähmte zum Teil erstaunliche sportliche Leistungen erbringen (s. z. B. Paralympics) und aktiv am öffentlichen Leben teilnehmen (wie der Politiker Wolfgang Schäuble). Andererseits benötigen sie Hilfestellungen im Alltag, etwa beim Toilettengang, beim Waschen, Anziehen usw.

- Unter **Demenz** versteht man einen sich über Monate oder Jahre entwickelnden, allmählich zunehmenden chronischen Verwirrtheitszustand mit dem Verlust von früher erworbenen, geistigen Fähigkeiten. Ursache für die Entstehung sind degenerative Veränderungen des Gehirns. Etwa die Hälfte aller Fälle beruht auf einer **Alzheimer-Erkrankung**, charakterisiert durch den Zerfall von Nervenzellen und eine dadurch bedingte Schrumpfung des Gehirns. Etwa 20% der Demenzen werden durch krankhafte Veränderungen der Hirngefäße verursacht, die mit zahlreichen kleineren Hirninfarkten verbunden sind. Beim Rest liegt eine Mischform beider Krankheitsbilder oder eine andere hirnorganische Erkrankung vor. Die Krankheit beginnt häufig mit leichten Gedächtnisstörungen, es folgen Orientierungsstörungen und Persönlichkeitsveränderungen. Patienten im Endstadium verstehen weder die Sprache ihrer Umgebung noch erkennen sie ihre nächsten Angehörigen.

- Bei der **Multiplen Sklerose** ist die Informationsübertragung von den Nervenzellen zum Gehirn gestört. Die Reaktionen sind erheblich verlangsamt oder funktionieren nicht mehr.

11.5.2 Krankheiten des Hormonsystems

Da Hormone in kleinsten Mengen wirksam sind, hat eine Störung des Hormonsystems schwerwiegende Folgen. Beispiele dafür sind:

- Die Schilddrüse produziert z. B. das Hormon **Thyroxin**, welches an der Regulation verschiedener Stoffwechselprozesse beteiligt ist. Durch Jodmangel kann es zu einer Vergrößerung der Schilddrüse, einem **Kropf**, kommen. Bei einer **Schilddrüsenüberfunktion** wird zuviel Hormon ausgeschüttet. Die betroffenen Menschen leiden u.a. unter erhöhtem Grundumsatz, körperlicher Unruhe, Nervosität, hohem Blutdruck. **Schilddrüsenunterfunktion** führt zu erniedrigtem Grundumsatz, Müdigkeit, Trägheit, niedrigem Blutdruck, Gewichtszunahme.

- Etwa um das 50. Lebensjahr der Frau nimmt die Produktion des Hormons Östrogen ab, die Monatsblutungen werden zunehmend seltener, bis es zur letzten Regelblutung, der Menopause kommt. Man spricht von **Wechseljahren**. Der **Östrogenmangel** löst bei manchen Frauen Beschwerden aus, wie beispielsweise Hitzewallungen, Schweißausbrüche und Schwindel. Je nachdem, wie stark diese Beschwerden sind, kann eine Behandlung (Hormontherapie) in den Wechseljahren erfolgen.

- Bei **Diabetes mellitus Typ 1** werden bestimmte Zellen in der Bauchspeicheldrüse zerstört, die das Hormon **Insulin** bilden. Die Folge ist ein lebensbedrohlicher Anstieg des Blutzuckerspiegels (s. Kapitel 10.5.2).

AUFGABEN

1. Stellen Sie tabellarisch die Hauptbestandteile des Zentralnervensystems und ihre Funktionen dar.
2. Was ist die Blut-Hirn-Schranke und wie wirkt sie?
3. Erklären Sie die Elemente eines Reflexbogens an einem Beispiel.
4. Stellen Sie tabellarisch Reflexe und ihre Schutzfunktionen dar.
5. Erläutern Sie die Wirkung von Sympathikus und Parasympathikus an einem Beispiel.
6. Erklären Sie die Erregungsleitung einer Nervenzelle.
7. Wie funktioniert die Reizübertragung an einer Synapse?
8. Was bedeuten die Begriffe „Kanalspezifität" und „Frequenzmodulation"?
9. Erklären Sie die Hierarchie und Regelung des Hormonsystems am Beispiel der Stressreaktion.
10. Erläutern Sie die Schutzfunktion der Stressreaktion sowie die Gefahren von Dauerstress.

12 Atmungssystem

■ In der Liste der kostenträchtigsten Krankheiten liegen die Erkrankungen des Atmungssystems insgesamt an siebter Stelle. Sie verursachen rund 5 % der gesamten Krankheitskosten in Deutschland. Männer sind häufiger betroffen als Frauen.

Viele Menschen leiden z. B. unter **Heuschnupfen**: Der Blütenstaub bestimmter Bäume (z. B. Birke, Hasel, Erle), Gräser, Getreide und Kräuter kann die allergischen Symptome auslösen. Über die Luft gelangen die mikroskopisch kleinen und sehr leichten Blütenpollen in die Augen, die Nase und in den Mund. Typische Heuschnupfensymptome sind: häufiges Niesen und starker Juckreiz in der Nase, gerötete Augen und Augenbrennen sowie allgemeine Abgeschlagenheit. Wer die Heuschnupfensymptome ignoriert und weder die Allergene meidet noch eine sinnvolle Therapie einleitet, riskiert schwerwiegende Folgeerkrankungen. Neben Infektionen der Nasennebenhöhlen und des Mittelohrs kommt es nach jahrelangem Heuschnupfen bei etwa 30 % der Patienten zu einem Übergreifen der Allergie auf die unteren Atemwege: Ein allergisches **Asthma** entsteht. ■

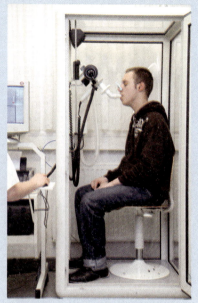

Patient bei der Lungenfunktionsprüfung (Spirometrie)

12.1 Atemwege

Atemluft wird durch die **Nase** oder über den **Mund** eingeatmet. Winzige Härchen kleiden die Wände der **Nasenhöhle** aus, die wie mit einem Rechen die durchströmende Luft vorreinigen. Die feuchtwarme **Nasenschleimhaut** feuchtet die Luft beim Vorbeiströmen an und erwärmt sie. Die Nasenhöhle geht in den **Rachenraum** über. Hier kreuzen sich Luft- und Nahrungswege. Der Kehldeckel verhindert, dass beim Schlucken Speiseteile in die Atemwege gelangen. Darunter liegt der aus Knorpelgewebe bestehende **Kehlkopf**. Die **Rachenmandeln** als Teil des Immunsystems kontrollieren die Atemluft auf Krankheitserreger.

An den Kehlkopf schließt sich die 10–15 cm lange **Luftröhre** an. Sie wird durch elastische, ringförmige Knorpelspangen gebildet. Ähnlich wie die Metallringe im Schlauch eines Staubsaugers verhindern die Knorpelspangen, dass die Luftröhre beim Einatmen zusammengedrückt wird. An ihrem unteren Ende verzweigt sich die Luftröhre nach rechts und links in zwei Äste, die Stammbronchien. Die Schleimhäute von Luftröhre und **Bronchien** sind mit **Flimmerhärchen** ausgekleidet. Durch ständige Bewegung sorgen sie dafür, dass eingeatmete Staubteilchen wieder nach außen transportiert werden. Gelangen größere Fremdkörper in die Luftröhre und Bronchien, wird ein Hustenreflex ausgelöst.

Am Ende der feinsten Verästelungen sitzen winzige **Lungenbläschen.** Etwa 300 Mio. von ihnen bilden das schwammartige Lungengewebe, das von vielen Blutkapillaren durchzogen ist. Bis hierher muss die eingeatmete Luft gelangen, damit der Gasaustausch stattfinden kann.

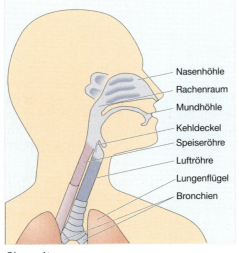
Oberen Atemwege

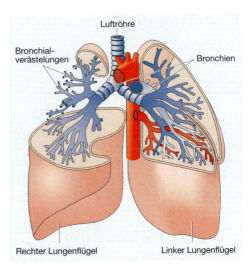
Bau der Lunge

Die Lunge besteht aus zwei voneinander getrennten Hälften, dem rechten und dem linken **Lungenflügel.** Da die Lunge selbst keine Muskeln besitzt, kann sie selbst keine Atembewegungen ausführen. Wie erfolgt aber das Atmen?

Wie bei einem Blasebalg vergrößert sich beim Einatmen der Brustraum, während er sich beim Ausatmen verkleinert. Die Lunge, die den Brustraum ausfüllt, macht jede Vergrößerung und Verkleinerung mit. Bei der Vergrößerung wird Atemluft durch den entstehenden Unterdruck eingesogen, bei der Verkleinerung wird sie durch den entstehenden Überdruck ausgepresst. Der Brustkorb kann sich auf zweierlei Weise vergrößern:

- **Bauchatmung:** Beim Einatmen zieht sich das nach oben gewölbte Zwerchfell zusammen und flacht dabei ab. Dadurch wird der Innenraum des Brustkorbs erweitert. Das Zwerchfell, das Brust- und Bauchraum trennt, drückt dabei auf die Eingeweide. Die Bauchwand tritt dann etwas hervor. Beim Ausatmen ziehen sich die Bauchmuskeln zusammen und drücken das Zwerchfell wieder nach oben. Bei der Bauchatmung füllt sich die Lunge aber nur mäßig. Man atmet ziemlich flach ein. Diese Atemweise reicht aus, wenn man keine anstrengenden Tätigkeiten ausführt.

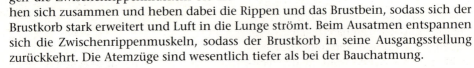
Atembewegungen

- **Brustatmung:** Zwischen den Rippen liegen die Zwischenrippenmuskeln Sie ziehen sich zusammen und heben dabei die Rippen und das Brustbein, sodass sich der Brustkorb stark erweitert und Luft in die Lunge strömt. Beim Ausatmen entspannen sich die Zwischenrippenmuskeln, sodass der Brustkorb in seine Ausgangsstellung zurückkehrt. Die Atemzüge sind wesentlich tiefer als bei der Bauchatmung.

Bei größerem Sauerstoffbedarf, z. B. beim Laufen, atmet man mit Bauch- und Brustatmung gleichzeitig.

12.2 Gasaustausch im Körper

12.2.1 Äußere und innere Atmung

Die Vorgänge, die notwendig sind, um die Außenluft in die Lungenbläschen und die Luft von dort wieder nach außen zu bringen, nennt man **äußere Atmung**. Gesteuert wird die Atmung durch ein besonderes **Atemzentrum** im Zentralnervensystem. Es reguliert die Atmung unbewusst und hält sie in Gang. **Atemstillstand** wird als **klinischer Tod** bezeichnet. Oft ist eine **Wiederbelebung** durch Atemspende und Herzmassage möglich. Allerdings führen ein Atem- und Kreislaufstillstand von vier bis acht Minuten zu irreversiblen Schäden des Gehirns.

Die Zahl der Atemzüge ist beim Kind größer als beim Erwachsenen. Sie beträgt beim Neugeborenen 40–50, beim Kleinkind etwa 25 und beim Erwachsenen nur 14–16 pro Minute in Ruhelage. Im Liegen ist die Anzahl der Atemzüge am niedrigsten, im Stehen höher. Sie steigt mit zunehmender Arbeitsleistung oder bei Fieber; so macht der erschöpfte Läufer etwa 60 Atemzüge pro Minute. Die Atmung passt sich so einem erhöhten **Sauerstoffbedarf** des Körpers an. Dabei nehmen sowohl das **Atemzugvolumen** als auch die **Atemfrequenz** zu. Die Atmung wird auch durch verschiedene seelische Eindrücke wie Freude, Angst oder Schockzustände beeinflusst.

Die eingeatmete Luft setzt sich normalerweise aus 21 % Sauerstoff, 0,03 % Kohlendioxid und etwa 78 % Stickstoff zusammen. Dagegen enthält die ausgeatmete Luft nur noch 17 % Sauerstoff, aber rund 3,5 % Kohlendioxid. Der Stickstoffanteil bleibt weitgehend unverändert. Die Unterschiede in der **Zusammensetzung der eingeatmeten und der ausgeatmeten Luft** zeigen, dass offenbar ein Gasaustausch im Körper stattgefunden hat. Wie kommt dieser zustande?

Der Gasaustausch erfolgt im Lungengewebe. Es besteht aus 300–450 Mio. winzigen Lungenbläschen von etwa 0,25 mm Durchmesser. Sie bilden zusammen eine stark vergrößerte innere Oberfläche. Würde man alle Lungenbläschen eines Erwachsenen nebeneinander legen, ergäbe sich eine Oberfläche von etwa 100 m². Die dünnen Wände der Lungenbläschen, die nur aus einer einzigen Zellschicht bestehen, sind netzartig von kleinsten Blutkapillaren mit ebenfalls sehr dünnen Wänden umsponnen.

Die Blutkapillaren führen kohlendioxidreiches und sauerstoffarmes Blut aus dem Körper zur Lunge. In den Lungenbläschen ist die Konzentration von Sauerstoff höher und die Konzentration von Kohlendioxid geringer als im Blut. Es besteht ein **Konzentrationsgefälle** zwischen Blut und Atemluft. Zum Konzentrationsausgleich bewegen sich Gase stets von der höheren zur niedrigeren Konzentration. Daher erfolgt eine **Diffusion** des Sauerstoffs aus den Lungenbläschen in das venöse Blut der Kapillaren, und in der anderen Richtung diffundiert Kohlendioxid aus dem venösen Blut in den Luftraum der Lungenbläschen. Im Blut wird der Sauerstoff vom **Hämoglobin** der

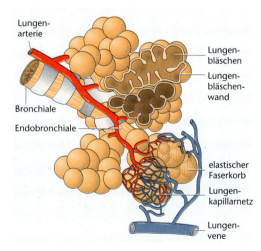

Bronchienende mit Lungenbläschen

roten Blutkörperchen gebunden. Auf seinem Weg über die Lungenbläschen reichert sich das Blut nach und nach mit Sauerstoff an, während es andererseits immer mehr Kohlendioxid abgibt. Weil die Diffusionsgeschwindigkeit gering ist, ist für den Gasaustausch eine sehr große Oberfläche notwendig.

Das mit Sauerstoff angereicherte Blut gelangt von der Lunge zum Herzen. Von dort wird es durch den Blutkreislauf zu den Körpergeweben transportiert. Die Gewebe sind von kleinsten Kapillaren durchzogen. Ist der Sauerstoffgehalt in den Zellen geringer als im Blut, diffundiert Sauerstoff in die Zellen. Er wird bei der Energiegewinnung in der Zelle benötigt. Man spricht von **innerer Atmung.** Das dabei entstehende Kohlendioxid diffundiert ins Blut. Das nun wieder sauerstoffarme und kohlendioxidreiche Blut strömt durch die Venen zum Herzen und von dort zur Lunge. Der Vorgang der Sauerstoffaufnahme und Kohlendioxidabgabe beginnt von vorn. Auf diese Weise atmet ein Erwachsener täglich bis zu 750 Liter Sauerstoff ein und 600 Liter Kohlendioxid aus.

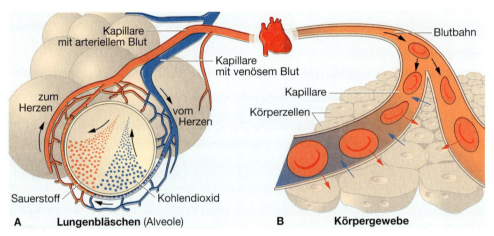

Gasaustausch A) in der Lunge, B) im Körpergewebe

12.2.2 Lungen- und Atemvolumina

Mithilfe eines **Spirometers** kann die Lungenfunktion des Patienten überprüft werden (s. S. 155). Der Patient bläst über einen Schlauch in das Instrument. Die aufgezeichneten Atemvolumina geben Auskunft über den Gesundheitszustand:

Bei normaler Atmung werden pro Atemzug etwa 0,5 Liter Luft ein- und wieder ausgeatmet. Holt man besonders tief Luft, so kann man über dieses **Atemzugvolumen** hinaus weitere zwei bis drei Liter Luft einatmen. Man nennt dieses Volumen **inspiratorisches Reservevolumen.** Andererseits kann man nach normaler Ausatmung eine weitere Luftmenge von etwa einem Liter ausatmen. Es ist das **exspiratorische Reservevolumen.**

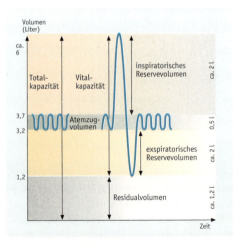

Lungen- und Atemvolumina

Addiert man das Atemzugvolumen, das inspiratorische und das exspiratorische Reservevolumen, so erhält man die **Vitalkapazität** der Lunge; es ist das maximal ein- und ausatembare Luftvolumen von etwa 3,5–4,5 Liter. Dieses Volumen steht z. B. bei sportlicher Leistung zur Verfügung.

Auch bei maximaler Ausatmung bleibt noch ein Rest von etwa 1,1 Liter Luft in der Lunge zurück. Man nennt es Restluft oder **Residualvolumen**. Zählt man diesen Wert zur Vitalkapazität hinzu, so erhält man die **Totalkapazität** der Lunge.

12.3 Atemwegserkrankungen

Staub, Abgase, Bakterien und Viren können mit der Atemluft in die Atmungsorgane eindringen und dort Erkrankungen hervorrufen. Solche feinen **Verunreinigungen der Atemluft** werden normalerweise im Schleim gebunden und durch die Flimmerhärchen, die die Bronchien auskleiden, aus den Atemwegen entfernt. Durch starke Luftverschmutzung werden diese Flimmerhärchen geschädigt und können ihre Aufgaben nicht mehr erfüllen.

12.3.1 Erkrankungen der oberen Atemwege

Zu den häufigsten Erkrankungen der oberen Atmungswege gehört der **Schnupfen** (Rhinitis). Es handelt sich um eine Entzündung der Nasenschleimhaut, hervorgerufen durch Viren. Die Nasenschleimhaut schwillt an und produziert vermehrt Schleim. Die Nasenatmung wird dadurch behindert. Als Folge kann auch eine **Entzündung der Nasennebenhöhlen** (Sinusitis) entstehen.

Eine durch Viren oder Allergene verursachte Entzündung der Bronchien wird als **Bronchitis** bezeichnet. Mindestens 10 % der deutschen Bevölkerung leiden an einer **chronischen Bronchitis** mit ständigem Hustenreiz und Atemnot.

12.3.2 Erkrankungen der Lunge

Lungenentzündung

Tritt bei einer Erkrankung der Atmungsorgane Fieber auf, ist dies ernst zu nehmen. Ein Arzt sollte die Atemwege abhorchen. So kann er an den Atemgeräuschen feststellen, ob eine **Lungenentzündung** vorliegt. Bei dieser entzünden sich Bereiche des Lungengewebes, hervorgerufen durch Bakterien oder Viren. Hohes Fieber, Kopfschmerzen und starker Husten sind oft die ersten Anzeichen. Mit wirksamen Medikamenten kann die Lungenentzündung geheilt werden.

Lungentuberkulose (TBC)

Die schwerste Infektionskrankheit der Lunge, die **Lungentuberkulose (TBC)**, kostete früher Millionen von Menschen das Leben. Heute ist sie in Mitteleuropa verhältnismäßig selten geworden, nimmt aber von Osteuropa kommend wieder zu. Verursacht wird diese Erkrankung durch Ansteckung mit Tuberkelbakterien (s. Kapitel 15.2) aus der Atemluft, meist bei engem persönlichen Kontakt mit Ausscheidern. Heute helfen Vorsorgeuntersuchungen besonders gefährdeter Personenkreise, diese Krankheit frühzeitig zu erkennen und dadurch Ansteckung und Verbreitung vorzubeugen. Bei Verdacht auf eine TBC-Erkrankung muss der Arzt die Gesundheitsbehörden verständigen. Durch wirksame Medikamente kann die Krankheit erfolgreich behandelt werden.

Lungenödem

Bei einem **Lungenödem** kommt es zu einer Ansammlung von Körperflüssigkeiten im Lungengewebe und in der Lunge. Sie tritt meist als Folge anderer Organerkrankungen auf, z. B. Herzschwäche (Herzinsuffizienz) oder Nierenerkrankungen mit eingeschränkter Nierenfunktion. Durch die Flüssigkeitsansammlung in der Lunge ist der Gasaustausch erheblich gestört. Es kommt zu „brodelnden" Atemgeräuschen, Husten, Atemnot und Unruhe.

Chronisch obstruktive Lungenerkrankung, COPD

Etwa 15 % der Deutschen über 40 Jahre und sogar 30 % der über 70-Jährigen leiden an einer Lungenkrankheit, die man als **COPD** bezeichnet (engl.: chronic obstructive pulmonary disease = chronisch obstruktive Lungenerkrankung). „Obstruktiv" bedeutet „verengt"; die Bronchien der Betroffenen sind dauerhaft verengt. Dadurch können sie nicht mehr vollständig ausatmen. Es bleibt zu viel Luft in der Lunge zurück. Dieser Luftstau bedingt, dass COPD-Patienten weniger frische Luft einatmen können; sie verspüren Atemnot.

Als **Hauptursache** für die Entstehung einer COPD gilt das **Zigarettenrauchen.** Neun von zehn COPD-Patienten rauchen oder haben früher geraucht. Aber auch andere, länger andauernde Reizungen der Lunge mit Schadstoffen am Arbeitsplatz oder in der Umwelt (Staub, Gase) können die Krankheit begünstigen. Die Anfälligkeit für COPD beruht auch auf erblich bedingten Einflüssen.

Bei einer COPD kann es zu Krankheitsschüben, den **Exazerbationen** kommen. Sie treten vorwiegend auf bei Infektionen der Atemwege (z. B. Erkältungen), bei extremer Hitze oder Kälte und bei erhöhter Schadstoffbelastung (Rauchen, Staub).

Das wichtigste medizinische **Diagnoseverfahren** zur Feststellung einer COPD ist die **Lungenfunktionsprüfung** mithilfe des Spirometers (s. S. 158). Dabei werden vor allem folgende Werte gemessen:

- **Vitalkapazität** (VC): Luftmenge, die maximal ausgeatmet werden kann, nachdem man vorher so tief wie möglich eingeatmet hat
- **Einsekundenkapazität** (FEV_1): Luftmenge, die man nach tiefster Einatmung innerhalb von einer Sekunde wieder ausatmen kann

Man unterscheidet folgende Schweregrade der COPD:

Schweregrad I, leicht	Einsekundenkapazität über 80 % des Normalwerts, Atemnot bei starker körperlicher Belastung, in den meisten Fällen Husten und/oder Auswurf
Schweregrad II, mittel	Einsekundenkapazität zwischen 50 % und 80 % des Normalwerts, Atemnot bei körperlicher Belastung, in den meisten Fällen Husten und/oder Auswurf
Schweregrad III, schwer	Einsekundenkapazität zwischen 30 % und 50 % des Normalwerts, Atemnot bereits bei leichter Belastung, Husten und Auswurf
Schweregrad IV, sehr schwer	Einsekundenkapazität unter 30 % des Normalwerts, Atemnot bei leichter Belastung oder bereits in Ruhe, Husten und Auswurf

Ohne eine konsequente Behandlung können im weiteren Verlauf der Erkrankung auch die Lungenbläschen in Mitleidenschaft gezogen und schließlich zerstört werden. Man nennt diesen irreversiblen Zustand **Lungenemphysem**.

Seit 2005 gibt es für COPD ein Disease-Management-Programme DMP (s. Kapitel 26.2.2), denn ohne abgestimmte Therapie verläuft diese chronische Krankheit in einem Teufelskreis, an dessen Ende der Tod steht.

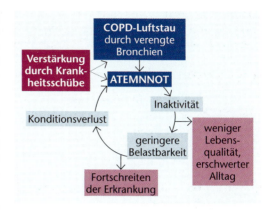

Alle Disease-Management-Programme werden regelmäßig durch unabhängige Sachverständige evaluiert. Das bedeutet, es wird anhand von Daten überprüft, inwieweit die mit der Einführung der DMP verfolgten Ziele tatsächlich erreicht wurden. Im Rahmen der Evaluation des DMP COPD werden u.a. folgende Daten statistisch erfasst:

- Raucherstatus: Wie viele COPD-Patient en sind Raucher?
- Entwicklung der Lungenfunktionswerte (FEV_1)
- Anzahl der Exazerbationen, d.h. der Krankheitsschübe
- Anzahl der ambulanten und stationären Notfallbehandlungen
- Teilnahme an Schulungen, z.B. Raucherentwöhnungskurse, Schulung zur Inhalationstechnik

Mukoviszidose

Mukoviszidose ist die häufigste erbliche Stoffwechselerkrankung (s. Kapitel 7.2.2, S. 98) Etwa 4 Mio. Bundesbürger können die Krankheit weitervererben. Die Symptome werden oft mit Keuchhusten, Asthma oder Bronchitis verwechselt. Die Ursache ist noch nicht heilbar, aber die Symptome können gelindert werden.

Asthma bronchiale

Asthma bronchiale ist eine in Schüben auftretende Erkrankung der Atemwege, bei der sich die Bronchien krampfartig verengen und Schleim bilden. Auslöser sind häufig Allergien, Infektionen oder Überempfindlichkeiten. Es kommt zu Atemnot, Husten und Auswurf (AHA). Diese klassischen Symptome treten auch bei einer chronisch obstruktiven Lungenerkrankung (COPD) auf. Da beide Lungenerkrankungen unterschiedlich behandelt werden, ist eine eindeutige Diagnose sehr wichtig. Dazu dienen u.a. folgende Unterscheidungskriterien:

Unterscheidungskriterium	Asthma	COPD
Alter bei Krankheitsbeginn	Kinder, Jugendliche und Erwachsene	Erwachsene über 50
Krankheitsverlauf	anfallartiges plötzliches Auftreten oftmals nach Infekt oder bei Heuschnupfen, Wechsel zwischen gesunden und kranken Phasen	langsamer, schleichender Beginn, später ständig hoher Leidensdruck

Unterscheidungskriterium	Asthma	COPD
Atemnot	nur im Anfall	bei Belastung (z. B. Treppensteigen)
Husten/Auswurf	Reizhusten ohne bzw. wenig Auswurf	frühmorgens mit viel Auswurf
Auslöser	Allergien, Infektionen, Überanstrengung, psychische Belastungen, Kälte, verunreinigte Luft	Rauchen
Spirometerbefund	im anfallfreien Zeitraum oft unauffällig	Atemvolumen (Vitalkapazität) verringert
Kortisonwirkung	sehr ausgeprägt	gering

AUFGABEN

1. Informieren Sie sich über Heuschnupfen: Ursachen, Symptome, Diagnose und Therapien (z. B. unter www.heuschnupfen.de). Berichten Sie.

2. Stellen Sie in einer Tabelle den Weg der Atemluft in die Lungen dar: Teil der Atemwege – Funktion.

3. Erklären Sie den Unterschied zwischen Brust- und Bauchatmung.

4. Erklären Sie den Gasaustausch in Lunge und Körpergewebe sowie die Begriffe „äußere Atmung" und „innere Atmung".

5. Was bedeuten die folgenden Begriffe: Atemzugvolumen, inspiratorisches und exspiratorisches Reservevolumen, Vitalkapazität, Residualvolumen und Totalkapazität?

6. Bearbeiten Sie die folgenden Teilaufgaben.
   a Was versteht man unter der chronisch obstruktiven Lungenerkrankung COPD (Ursache, Symptome, Diagnose, Therapie)?
   b Suchen Sie im Internet nach Evaluationskriterien und -ergebnissen des entsprechenden Disease-Management-Programms (DMP COPD). Berichten Sie.

7. Bearbeiten Sie die folgenden Teilaufgaben.
   a Worin liegen die Unterschiede zwischen der chronisch obstruktiven Lungenerkrankung COPD und Asthma bronchiale?
   b Suchen Sie im Internet nach Evaluationskriterien und -ergebnissen des entsprechenden Disease-Management-Programms (DMP Asthma bronchiale). Berichten Sie.

8. Informieren Sie sich im Internet über Mukoviszidose (z. B. unter www.mukoviszidose.de). Berichten Sie.

13 Ausscheidungssystem

■ Der Politiker Frank-Walter Steinmeier ist nicht nur als ehemaliger deutscher Außenminister und Fraktionschef der SPD in der Öffentlichkeit bekannt geworden, sondern auch, weil er seiner Frau eine Niere gespendet hat. Am 2. September 2010 meldete die Presse:

Steinmeier verlässt Krankenhaus

(hen/Reuters/dpa) Neun Tage nach der Nierenspende an seine Frau darf Frank-Walter Steinmeier an diesem Donnerstag das Krankenhaus verlassen. Der SPD-Fraktionschef werde bis zum Beginn der Rehabilitationsmaßnahmen ambulant behandelt, sagte ein Fraktionssprecher.

Elke Büdenbender und ihr Mann Frank-Walter Steinmeier: Nierenspende für die Ehefrau

13.1 Die Nieren – Filteranlagen des Körpers

Jeder Mensch besitzt normalerweise zwei Nieren. Sie sind etwa 10–12 cm lang, 5–6 cm breit, ca. 3 cm dick und wiegen etwa 120–200 g. Nieren reinigen das Blut, indem sie schädliche und überflüssige Stoffe, die **harnpflichtigen Substanzen**, daraus entfernen. Wie läuft dieser Reinigungsvorgang ab?

Große Arterien führen das Blut in die Nieren. Es dauert nur wenige Minuten, bis die gesamte Blutmenge des Körpers einmal durch die Nieren geflossen ist. Dabei entziehen die Nieren dem Blut Wasser und darin gelöste Stoffe. Dies geschieht in der **Nierenrinde**. Hier

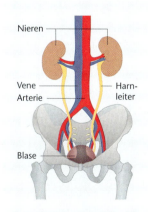

Lage von Nieren und Blase

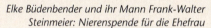

Bau der Niere

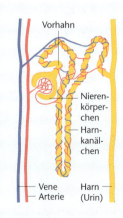

Feinbau der Niere

sitzen Millionen von **Nierenkörperchen**, kleine Bindegewebskapseln, gefüllt mit Knäueln kleinster Blutkapillaren. Die Wände dieser Blutkapillare wirken wie Filter: Größere Teilchen wie Blutzellen und Eiweiße können nicht hindurchtreten und bleiben im Blut zurück. Kleine Teilchen jedoch wandern mit dem Wasser in die Nierenkörperchen. Auf diese Weise füllen sie sich mit dem **Vorharn**. Der Vorharn enthält alle im Blut gelösten Stoffe. Dies sind sowohl überflüssige oder schädliche Abfallstoffe als auch für den Organismus notwendige Substanzen.

Diese notwendigen Substanzen müssen dem Körper wieder zugeführt werden. Wie geht das vor sich? In den Nierenkörperchen beginnen dünne Schläuche, die **Nierenkanälchen**, die sich in vielen Bögen bis ins **Nierenmark** winden. Durch sie fließt der Vorharn. Auf seinem Weg durch die Nierenkanälchen werden dem Vorharn alle Stoffe entzogen und ins Blut zurückgeführt, die der Körper noch verwenden kann. Dazu gehören bis auf wenige Liter fast das gesamte Wasser, aber auch Traubenzucker und Salze. Man nennt diesen Vorgang **Rückresorption**.

Am Ende des Weges durch die Kanälchen bleiben dann nur noch die im Restwasser gelösten Stoffe übrig, die den Körper verlassen sollen; der **Endharn** ist entstanden. Er enthält zu einem großen Teil **Harnstoff**, ein stickstoffhaltiges Endprodukt des Eiweißstoffwechsels. Über **Harnleiter** und **Blase** wird der im Nierenbecken gesammelte Endharn abgeleitet und durch die **Harnröhre** ausgeschieden.

Die gewaltige Leistung der Nieren verdeutlichen folgende Zahlen: Etwa 1500 Liter Blut fließen täglich hindurch. Daraus werden innerhalb von 24 Stunden ca. 150 Liter Vorharn gebildet, aber schließlich nur ca. 1,5 Liter Endharn abgeleitet.

Mit ihrer Arbeit erfüllen die Nieren mehrere **Regulationsaufgaben** im Körper:
- Ausscheidung von Stoffwechselendprodukten
- Ausscheidung von Fremdsubstanzen wie Medikamente und Umweltgifte
- Regulation des Wasserhaushalts
- Regulation der Salzkonzentration im Körper

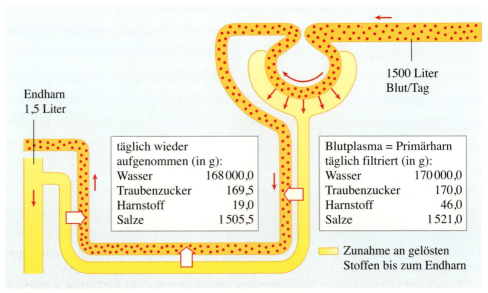

Funktionsweise der Niere

13.2 Die Haut als Ausscheidungsorgan

Der Körper scheidet nicht die gesamte überschüssige Flüssigkeit mit dem Harn aus; ein Teil wird mit dem feuchten Atem abgegeben und ein nicht geringer Teil wird als **Schweiß** über die Haut ausgeschieden. Dies spürt man vor allem bei körperlichen Anstrengungen oder bei großer Hitze, wenn der Schweiß fließt. Dann können zeitweise bis zu zwei Liter Flüssigkeit in einer Stunde ausgeschwitzt werden. Aber auch bei völliger Ruhe arbeiten die Schweißdrüsen der Haut und verdunsten etwa einen halben Liter Flüssigkeit pro Tag, ohne dass es einem bewusst wird. Besonders viele Schweißdrüsen befinden sich in den Handflächen, Fußsohlen, Achselhöhlen und in der Leistengegend.

Schweißbildung unterstützt die **Temperaturregelung des Körpers**, denn die Schweißflüssigkeit auf der Körperoberfläche wirkt durch die Verdunstungskälte kühlend. Deshalb sind fiebrige Erkrankungen oft mit starkem Schwitzen verbunden. Auch bei psychischer Erregung kann man „ins Schwitzen" kommen.

Die Wasserausscheidung über die Haut entlastet die Nieren spürbar. Im Schweiß sind u. a. außer Wasser auch Salze, Harnstoff, Aminosäuren und Fettsäuren enthalten. Dies merkt man daran, dass Schweiß salzig schmeckt. Normalerweise ist Schweiß geruchlos. Befindet er sich aber einige Zeit an der Luft, werden die in ihm enthaltenen Fettsäuren von Bakterien zersetzt. So kommt der unangenehme Geruch durchgeschwitzter Kleidung zustande.

EXKURS: Die Haut – das größte Organ

Die Haut ist das größte und schwerste Organ des menschlichen Körpers. Sie ist etwa zwei Quadratmeter groß und wiegt ungefähr zwei Kilogramm. Die Haut stellt einerseits die Abgrenzung des Körpers nach außen dar, andererseits vermittelt sie den Kontakt mit der Umwelt. Wie ist dieses Organ aufgebaut?

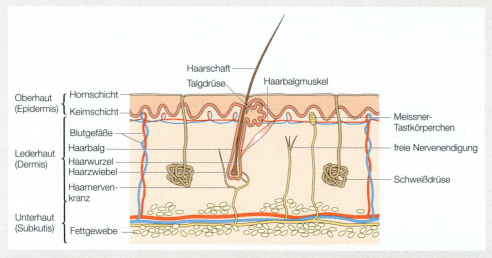

Aufbau der Haut

- **Oberhaut**: Die Oberhaut schützt den Organismus vor Verletzungen, Austrocknung und Krankheitserregern. Von der ganz außen liegenden **Hornschicht** werden abgestorbene Zellen als Hautschuppen abgestoßen. In der darunterliegenden **Keimschicht** entstehen laufend neue Zellen. Sie rücken allmählich nach außen und ersetzen innerhalb von vier Wochen die abgestorbenen Hautteile. In der Keimschicht wird bei starker Sonneneinstrahlung vermehrt das Pigment Melanin gebildet. Es bräunt die Oberhaut und schützt tiefer liegende Schichten vor Sonnenbrand.

- **Lederhaut:** Mit zahlreichen Ausbuchtungen, den Papillen, ragt die Lederhaut in die Keimschicht hinein. Ihr dichtes Netzwerk elastischer Kollagenfasern verleiht der Haut ihre feste, lederartige Beschaffenheit. Im Alter nimmt die Elastizität ab und die Haut bekommt Falten. In der Lederhaut befinden sich viele Arterien, Venen, Kapillarschlingen und Lymphgefäße. Von den tiefer liegenden Schweißdrüsen führen korkenzieherartige Gänge an die Oberfläche. Diese Drüsen sondern durch feine Hautporen Schweiß ab. Er enthält gelöste Abfallstoffe des Stoffwechsels und Salze. Wenn der Schweiß verdunstet, kühlt die Haut ab. So trägt die Schweißbildung zur Regulierung der Körpertemperatur bei.

- **Unterhaut:** Die lockere Unterhaut ist gegenüber der darunter liegenden Muskulatur verschiebbar, wodurch ein Einreißen bei Bewegungen vermieden wird. Das eingelagerte Fettgewebe wirkt wie ein Stoßdämpfer. Außerdem isoliert es den Körper gegen Temperaturschwankungen.

Für die Erkundung der Umwelt sind Tastrezeptoren in der Haut besonders wichtig. **Tastkörperchen** liegen in den Papillen der Lederhaut. Besonders zahlreich findet man sie an den Hand- und Fußsohlen, Fingerspitzen, Lippen, Augenlidern und äußeren Geschlechtsorganen. **Lamellenkörperchen** kommen in der Unterhaut und in inneren Organen, Muskeln und Gelenken vor. **Freie Nervenendigungen** dringen bis in die Keimschicht vor. Diese drei Rezeptoren reagieren auf unterschiedliche Berührungsreize und leiten diese an das Gehirn weiter.

In der Haut und im Inneren des Körpers befinden sich **Kälte- und Wärmekörperchen**. Sie reagieren auf unterschiedliche Temperaturbereiche von 10 °C bis 45 °C und melden die Messwerte laufend an das Gehirn, welches die Temperaturregulation veranlasst.

Schmerzrezeptoren kommen in der Haut und im Körperinneren vor. Es sind freie Nervenendigungen, die auf unterschiedliche Reize ansprechen, z. B. hohe und niedrige Temperaturen, starker Druck und chemische Stoffe. Die Rezeptoren reagieren auch auf Juck- und Kitzelreize. Schmerzrezeptoren sind wichtige Alarmsysteme, die den Körper vor schädigenden Einflüssen warnen.

13.3 Erkrankungen der Ausscheidungsorgane

13.3.1 Häufige Erkrankungen der Ausscheidungsorgane

Bei ärztlichen Untersuchungen wird häufig der Urin untersucht, denn Bestandteile des Harns können auf eine eventuelle Erkrankung hinweisen.

- Normalerweise ist Harn eine klare Flüssigkeit. Er kann aber durch Bakterien getrübt sein. Dann liegt eine **Harnwegsinfektion** vor, die häufigste Erkrankung der Harnblase. Typische Anzeichen einer solchen Erkrankung sind Brennen beim Wasserlassen und häufiges schmerzhaftes und zwanghaftes Wasserlassen. Wärme, viel Trinken und eventuell eine Behandlung mit Antibiotika begünstigen die Heilung.

- Manchmal liegt die Ursache für eine Harnblasenentzündung auch in einem Abflusshindernis. Der Harnleiter oder die Blase können durch **Nieren-** oder **Blasensteine** verstopft sein. Sie müssen entfernt werden. Entweder zieht man sie mithilfe einer Schlinge heraus oder zertrümmert sie durch Ultraschallwellen.

- Wird eine Blasenentzündung nicht ursächlich behandelt, können Bakterien in die Niere aufsteigen und dort zu einer **Nierenbeckenentzündung** führen. Fieber, Schüttelfrost, Müdigkeit und Schmerzen beim Beklopfen der Nierengegend sind Anzeichen für eine Erkrankung. Auch hier helfen Bettruhe, vermehrtes Trinken und die Einnahme von Antibiotika.

- Wenn die Niere nicht ausreichend durchblutet wird und ihre Filterfunktion gestört ist, liegt eine **Niereninsuffizienz** vor, eine unzureichende Leistung der Nieren. Der Salzhaushalt ist gestört, Wasser wird nicht mehr kontrolliert ausgeschieden und es bilden sich Ödeme. Im Blut reichern sich Harnstoff und andere Stoffe an, die eigentlich mit dem Harn ausgeschieden werden müssten. Diese Krankheit entwickelt sich oft chronisch. Ursachen liegen in Fehlbildungen, chronischen nicht behandelten Entzündungen, Diabetes, Bluthochdruck und Arzneimittelmissbrauch.

Bei einem Nierenversagen benötigen die betroffenen Menschen dauerhafte Hilfe, entweder durch die Dialyse oder eine Nierentransplantation.

13.3.2 Dialyse

Insgesamt benötigen in Deutschland rund 67.000 Menschen eine Dialyse. Dabei wird die Filterfunktion der Niere durch eine „Maschine" ersetzt. Man unterscheidet zwei Verfahren, die Hämodialyse und die Peritonealdialyse.

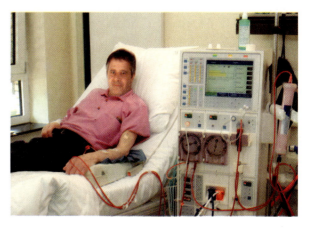

Hämodialyse: Das Blut wird aus einer Arterie durch eine Nadel entnommen und mit einer Pumpe über einen Schlauch zum **Dialysator** geführt. In dieser „künstlichen Niere" erfolgt die Auswaschung der Stoffwechselabbauprodukte über Kunststoffmembranen. Danach gelangt das gereinigte Blut über ein Schlauchsystem und eine Nadel in eine Körpervene zurück. Ein Luftfänger ist dazwischen geschaltet, um eventuell entstehende kleine Luftbläschen zurückzuhalten, denn sie könnten eine Embolie verursachen. Dem Blut muss Heparin zugesetzt werden, damit es im Schlauchsystem nicht zur Blutgerinnung kommt (siehe hierzu auch Grafik auf der nächsten Seite).

Peritonealdialyse: Bei dieser Methode nutzt man statt einer Kunststoffmembran das Bauchfell (Peritoneum) des Dialysepatienten als natürliche Dialysemembran. Dazu werden über einen Katheter etwa 2–3,5 Liter einer sterilen Dialysierlösung in den Bauchraum des Patienten eingebracht. Die harnpflichtigen Substanzen treten aus der Blutbahn über das Bauchfell in die Dialysierflüssigkeit über. Nach einer gewissen Verweildauer wird die mit Schlackenstoffen angereicherte Dialysierflüssigkeit wieder aus dem Bauchraum ausgeleitet. Der gesamte Vorgang wird mehrfach wiederholt.

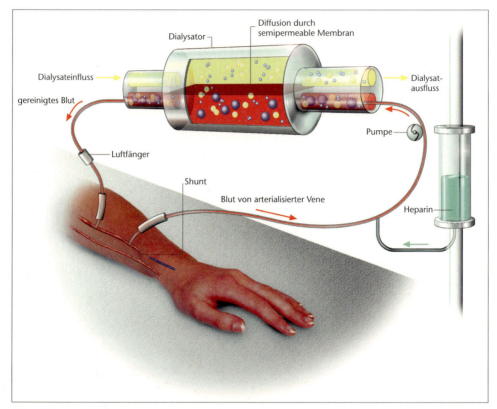

Hämodialyse

13.3.3 Transplantation

In Deutschland werden pro Jahr kapp 5.000 Organtransplantationen durchgeführt, vor allem folgender Organe: Niere, Leber, Herz, Lunge, Bauchspeicheldrüse (Pankreas) und Dünndarm. Andererseits warten in Deutschland pro Jahr etwa 12.000 Menschen auf ein Spenderorgan, die meisten davon jahrelang. Viele sterben, bevor ein rettendes Spenderorgan zur Verfügung steht.

Nur wenn es genügend Menschen gibt, die zu einer Organspende bereit sind, kann den Schwerkranken geholfen werden. Auf einem **Organspendeausweis** kann jeder seine Erklärung zur Organspende für den Todesfall schriftlich dokumentieren. Dies ist auch auf den neuen Versichertenkarten der Krankenkasse möglich.

Man unterscheidet zwischen Lebendspende und postmortaler Spende. **Lebendspenden** sind vor allem bei paarigen Organen möglich. So fällt bei Nierentransplantationen mit rund 22 % der Anteil der Lebendspenden besonders hoch aus (s. Kapitel 15.9).

13 Ausscheidungssystem

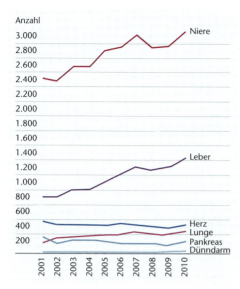

Organtransplantationen in Deutschland, 2000 bis 2009 (DSO, 2011, S. 26)

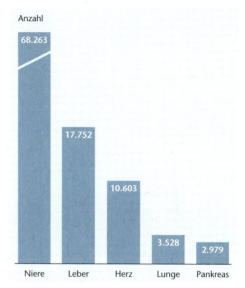

Organtransplantationen (einschließlich Lebendspende-Transplantationen) in Deutschland seit 1963 (DSO, 2011, S. 27)

AUFGABEN

1. Stellen Sie tabellarisch die Stationen des Filtervorgangs in den Ausscheidungsorganen zusammen.
2. Welche Regulationsaufgaben übernimmt die Niere für den Körper?
3. Erklären Sie die Bedeutung der Haut als Ausscheidungs- und Regulationsorgan.
4. Entwickeln Sie Regeln zum vernünftigen Verhalten zum Schutz der Haut vor Sonnenlicht.
5. Informieren Sie sich über Hautkrankheiten. Berichten Sie.
6. Erklären Sie die Vorgehensweise bei der Hämodialyse und der Peritonealdialyse.
7. Erklären Sie den Unterschied zwischen Lebendspende und postmortaler Organspende. Erläutern Sie den Ablauf unter Hinzuziehung von Kapitel 15.9.
8. Informieren Sie sich über den Organspendeausweis. Berichten Sie.

Einflussfaktoren auf die Gesundheit

14 Gesundheit – Krankheit

■ Manche Menschen bleiben bis ins hohe Alter gesund und führen ein aktives Leben, andere dagegen leiden schon früh an schwerwiegenden Erkrankungen und damit verbundenen Einschränkungen. Wie kommt es zu solchen Unterschieden?

Jeder Einzelne ist ständig sehr heterogenen krankheitsfördernden Faktoren ausgesetzt, die sich kaum umgehen lassen und die kurz- oder längerfristig das Wohlergehen und die Lebenserwartung beeinflussen werden. Individuelle Faktoren, wie eine **genetische Veranlagung,** können sich auf die Entstehung von Krankheiten auswirken. Andere Belastungen wären durch einen vernünftigen **Lebensstil** vermeidbar. Etwa 60 % der Erkrankungen in Europa sind durch Lebensweise und Verhalten bedingt, hauptsächlich verursacht durch die sieben Risikofaktoren Bluthochdruck, Tabakkonsum, schädlicher Alkoholkonsum, hoher Serumcholesterinspiegel, Übergewicht, ungesunde Ernährung und Bewegungsmangel. ■

14.1 Was beeinflusst die Gesundheit?

Im Gesundheitskonzept der WHO werden folgende Einflussfaktoren auf die Gesundheit von Personen und Bevölkerungsgruppen genannt in Abhängigkeit von Variablen wie Alter, Geschlecht und Erbfaktoren:
- sozioökonomische, kulturelle und Umweltbedingungen
- Lebens- und Arbeitsbedingungen
- Einflüsse von Gesellschaft und Gemeinwesen
- individuelle Lebensführung

Hauptdeterminanten für die Gesundheit nach WHO

Von **Arbeitslosigkeit, Armut und sozialer Ausgrenzung** betroffene Menschen sind auch gesundheitlich benachteiligt. Sie leiden oft unter schlechten Wohnsituationen, Mangelernährung und haben keine Teilhabe an gesundheitsfördernden Aktivitäten wie Sport oder Urlaub. Zu dieser Gruppe gehören ebenfalls eine große Zahl von alleinerziehenden Eltern und Rentenempfängern.

Bildung und soziale Herkunft beeinflussen das Gesundheitsverhalten. Für verschiedene Risikofaktoren lässt sich ein ausgeprägtes Schichtgefälle feststellen: Männer aus der unteren Sozialschicht rauchen deutlich häufiger als Männer aus der Oberschicht, während bei Frauen desselben Status vermehrt starkes Übergewicht, verbunden mit Bewegungsmangel, beobachtet wird.

Einflüsse aus der **Umwelt** wie die Luft- und Wasserqualität und die Lärmbelastung wirken sich auf den Gesundheitszustand aus. Auch unterschiedliche Arbeitsbedingungen (schwere oder leichte körperliche Arbeit, überwiegend sitzende Tätigkeit, Stress) machen sich gesundheitlich bemerkbar.

Das medizinisches Versorgungssystem ist zwar weitgehend einkommensunabhängig zugänglich; es werden aber durchaus Unterschiede in der Behandlung von gesetzlich und privat Krankenversicherten gemacht. **Zuzahlungen**, wie z. B. für umfangreichere Zahnbehandlungen, sind nicht für jedermann erschwinglich.
IGeL steht für „individuelle Gesundheitsleistungen". Darunter versteht man Leistungen der Vorsorge- und Servicemedizin, die von der gesetzlichen Krankenversicherung (GKV) nicht bezahlt werden.

14.2 Allgemeine Krankheitslehre

Die WHO-Definition von Gesundheit als „Zustand völligen körperlichen, seelischen und sozialen Wohlbefindens" stellt keinen praktikablen Maßstab dar; nicht jeder, der von dieser Norm abweicht, würde man als „krank" bezeichnen. Die meisten Menschen sind aus zahnmedizinischer Sicht behandlungsbedürftig; sie haben Narben, Wunden oder kleine angeborene Mängel; die Hälfte aller Menschen in Deutschland trägt aufgrund von Fehlsichtigkeit eine Brille und fast alle Menschen leiden gelegentlich unter irgendwelchen Schmerzen. Solche Gesundheitsstörungen liegen nach dem allgemeinen Gesundheitsverständnis innerhalb der Norm.

Krankheiten können als Störungen im Ablauf normaler Lebensvorgänge in Organen oder Organsystemen durch einen krankheitserzeugenden Reiz entstehen. Die Reaktionen des Körpers auf diesen Reiz äußern sich in verminderter Leistungsfähigkeit und sind meist mit feststellbaren körperlichen und auch seelischen Veränderungen verbunden.

14.2.1 Klassifikation von Krankheiten

Die **Krankheitslehre** (lat.: Nosologie) beschäftigt sich damit, Krankheiten systematisch zu klassifizieren: nach Ursache (Ätiologie), Symptom (Symptomatologie), Entstehung (Pathogenese) oder betroffenem Organ. Am verbreitetsten ist das Klassifikationssystem der Weltgesundheitsorganisation, die **ICD**.

ICD steht für „International Statistical Classification of Diseases and Related Health Problems", auf Deutsch „Internationale statistische Klassifikation der Krankheiten und verwandter Gesundheitsprobleme". Sie wird von der Weltgesundheitsorganisation WHO herausgegeben. Die aktuelle, international gültige Ausgabe ist die ICD-10. Die in Deutschland gültige Ausgabe heißt entsprechend ICD-10-GM. Sie wird seit dem 01.01.2000 zur Verschlüsselung von Diagnosen in der ambulanten und stationären Versorgung eingesetzt.

Die ICD-10-GM-2011-Systematik

Kapitel I	A00–B99	bestimmte infektiöse und parasitäre Krankheiten
Kapitel II	C00–D48	Neubildungen, z. B. bösartige Neubildungen wie Krebs
Kapitel III	D50–D90	Krankheiten des Blutes und der blutbildenden Organe sowie bestimmte Störungen mit Beteiligung des Immunsystems
Kapitel IV	E00–E90	Endokrine, Ernährungs- und Stoffwechselkrankheiten
Kapitel V	F00–F99	psychische und Verhaltensstörungen
Kapitel VI	G00–G99	Krankheiten des Nervensystems
Kapitel VII	H00–H59	Krankheiten des Auges und der Augenanhangsgebilde
Kapitel VIII	H60–H95	Krankheiten des Ohres und des Warzenfortsatzes
Kapitel IX	I00–I99	Krankheiten des Kreislaufsystems
Kapitel X	J00–J99	Krankheiten des Atmungssystems
Kapitel XI	K00–K93	Krankheiten des Verdauungssystems
Kapitel XII	L00–L99	Krankheiten der Haut und der Unterhaut
Kapitel XIII	M00–M99	Krankheiten des Muskel-Skelett-Systems und des Bindegewebes
Kapitel XIV	N00–N99	Krankheiten des Urogenitalsystems
Kapitel XV	O00–O99	Schwangerschaft, Geburt und Wochenbett
Kapitel XVI	P00–P96	bestimmte Zustände, die ihren Ursprung in der Perinatalperiode haben, z. B. Störungen im Zusammenhang mit der Schwangerschaftsdauer und dem fetalen Wachstum
Kapitel XVII	Q00–Q99	angeborene Fehlbildungen, Deformitäten und Chromosomenanomalien
Kapitel XVIII	R00–R99	Symptome und abnorme klinische und Laborbefunde, die anderenorts nicht klassifiziert sind, z. B. abnorme Blutuntersuchungsbefunde ohne Vorliegen einer Diagnose
Kapitel XIX	S00–T98	Verletzungen, Vergiftungen und bestimmte andere Folgen äußerer Ursachen
Kapitel XX	V01–Y84	äußere Ursachen von Morbidität und Mortalität (z. B. Unfälle, Kriegsfolgen, Selbsttötungen)
Kapitel XXI	Z00–Z99	Faktoren, die den Gesundheitszustand beeinflussen und zur Inanspruchnahme des Gesundheitswesens führen
Kapitel XXII	U00–U99	Schlüsselnummern für besondere Zwecke, z. B. vorläufige Zuordnung für Krankheiten mit unklarer Ätiologie (Ursache)

> **EXKURS: Was bedeuten OPS und DRG?**
>
> - Der **Operationen- und Prozedurenschlüssel OPS** ist die deutsche Version der internationalen Klassifikation der Prozeduren in der Medizin. Nur wenn Diagnosen in der ambulanten und stationären Versorgung nach OPS verschlüsselt sind, können die damit verbundenen Leistungen auch abgerechnet werden. (Eine verständliche Übersetzung der ICD und OPS findet man unter http://www.weisse-liste.de/index.169.de.html).
> - **DRG** steht für **Diagnosis Related Groups**, auf Deutsch „Diagnosebezogene Fallgruppen". Jedes Krankenhaus in Deutschland erhält für eine bestimmte Diagnose einen identischen Vergütungssatz, unabhängig von den tatsächlich anfallenden Behandlungskosten, von der Liege- und Verweildauer der Patienten. Mit Einführung der **Fallpauschalen** sollten die stetig steigenden Beitragssätze der Krankenversicherung begrenzt werden. Die Krankenhauskosten betragen jährlich rund 43,5 Mrd. Euro und stellen die größte Einzelposition auf der Ausgabenseite des Gesundheitswesens dar. Tatsächlich sind seit der Einführung der DRG die Liegezeiten in den Krankenhäusern deutlich zurückgegangen.

14.2.2 Innere und äußere Ursachen von Krankheiten

Die Krankheitslehre unterscheidet bei der Krankheitsentstehung zwei Ursachenkomplexe: auf der einen Seite die durch die Umwelt wirkenden **äußeren (exogenen) Ursachen**, auf der anderen Seite die im Menschen selbst liegenden **inneren (endogenen) Ursachen**. In vielen Fällen sind äußere und innere Krankheitsursachen miteinander verknüpft (multifaktorielle Krankheitsentstehung).

äußere Ursachen	innere Ursachen
äußere mechanische, thermische oder chemische Einwirkungen: z. B. Brüche durch Schlag oder Stoß, Gewebszerstörungen durch Explosion, Verbrennung durch hohe Hitzegrade, Verätzungen durch Säuren oder Laugen	genetisch bedingte Ursachen: z. B. Erbkrankheiten (Mukoviszidose, Bluterkrankheit) oder Fehlverteilung von Chromosomen bei der Meiose (Trisomie 21), auch Konstitution und Disposition
chemische Einwirkungen: z. B. durch Gifte, die durch den Mund eingenommen werden und zu akuten oder schleichenden Vergiftungserscheinungen führen, Nebenwirkungen von Medikamenten	Konstitution: alle ererbten und erworbenen physischen und psychischen Eigenschaften, die für die Empfindlichkeit, Anpassungsfähigkeit und Widerstandskraft des Organismus gegenüber äußeren Einflüssen verantwortlich sind
physikalische Einwirkungen: z. B. Kälte (Erfrierungen) oder Hitze (Sonnenstich), UV-Strahlen, (Sonnenbrand), radioaktive Strahlung (Zerstörung von Zellstrukturen)	Disposition: anlagebedingte oder erworbene Empfänglichkeit für bestimmte Erkrankungen, z. B. durch ungenügende Widerstandskraft bestimmter Organsysteme (Atemwege) oder erhöhte Reaktionsbereitschaft des Immunsystems (Allergien)
Fehlernährung: z. B. Vitamin- oder Mineralstoffmangel, Überernährung (Skorbut, Diabetes Typ 2, Adipositas)	Lebensalter: z. B. Kinderkrankheiten, Krankheiten durch Altersveränderungen des Organismus

äußere Ursachen	innere Ursachen
mikrobiologische Einwirkungen: z. B. durch Bakterien, Viren, Protozoen, Pilze oder Parasiten (Würmer, Läuse)	Immunität: Abwehrfähigkeit, die nach einer Infektion mit Krankheitserregern erworben wurde und vor erneuten Erkrankungen derselben Art schützt
soziale Einwirkungen: z. B. Armut, Katastrophen, Kriege (Hunger, mangelnde Hygiene)	
psychische Einwirkungen: z. B. seelischer Schmerz, dauernde Sorgen, Schreckerlebnisse	
Umwelteinflüsse: z. B. schadstoffbelastete Luft und Nahrung, Lärm	

14.2.3 Ärztliche Behandlung von Krankheiten

Um eine Krankheit behandeln zu können, wird vom Arzt zunächst eine **Anamnese** erhoben: Dazu gehören frühere Krankheiten sowie Erkrankungen, die gehäuft in der Familie auftreten; außerdem die Entstehungsgeschichte der Krankheit aus der Sicht des Patienten und alle von ihm als Krankheitszeichen bemerkten **subjektiven Symptome** (z. B. Schmerzen, Müdigkeit, Schwindelgefühl).

Um sich ein objektives Bild zu machen, ermittelt der Arzt **Befunde**: die **objektiven Symptome** werden durch Beobachtungen (Hautverfärbungen, Schwellungen), Messungen (Fieber, Blutdruck), Untersuchung von Körperflüssigkeiten (Blut, Urin), inneren Untersuchungen (Röntgen, Ultraschall) usw. erhoben und bewertet. Alle Daten dienen zur Feststellung der Krankheit, der **Diagnose**. Nur eine exakte Diagnose ermöglicht eine wirksame Behandlung (**Therapie**) und eine relativ sichere Voraussage des Krankheitsausgangs, der **Prognose** (z. B. auf Heilung).

Unter **Therapie** versteht man alle Maßnahmen, die zur Linderung der Beschwerden, Wiederherstellung der Gesundheit und zur Vorbeugung von Rückfällen dienen.

Von **Komplikationen** einer Krankheit spricht man, wenn es in Zusammenhang mit der Ersterkrankung zur weiteren Erkrankungen kommt (z. B. Thrombosen). Es wird versucht, solche Komplikationen durch vorbeugende Maßnahmen, **Prophylaxen** (z. B. Stützstrümpfe), zu vermeiden.

Krankheitsverläufe

Hinsichtlich der Krankheitsentwicklung bzw. des Ausgangs einer Erkrankung werden folgende Krankheitsverläufe unterschieden:

Heilung	Der vorherige unversehrte Zustand konnte wiederhergestellt werden. So ist z. B. eine bakterielle Infektion überwunden oder eine Wunde durch neues Hautgewebe vollständig verschlossen und belastbar.
Defektheilung	Nach größeren Verletzungen oder Erkrankungen bleiben körperliche Beeinträchtigungen zurück, z. B. nach Amputationen oder nach Herzinfarkt mit anschließender Herzinsuffizienz.

Krankheitsrezidiv	Nach krankheitsfreien Intervallen tritt eine Krankheit wieder auf.
Chronifizierung	Eine Krankheitsursache kann nicht beseitigt werden, die Krankheit verläuft dauerhaft schleichend weiter: • chronisch-kontinuierlich: Die Erkrankung verharrt auf einen gewissen Niveau. • chronisch-rezidivierend: Krankheitssymptome treten nicht permanent auf, sondern wiederholen sich in gewissen Abständen, z. B. Asthmaschübe. • Kompensation: Chronische Defekte können körperlich ausgeglichen werden. • Dekompensation: Chronische Defekte führen zu mangelhafter körperlicher Leistungsfähigkeit. • Progredienz: Die chronische Erkrankung entwickelt sich weiter und wird zunehmend schlimmer, z. B. Rheuma.
Tod	klinischer Tod: Erlöschen der Herz-Kreislauf-Funktion/durch Reanimationsmaßnahmen umkehrbar Hirntod: unumkehrbarer Ausfall der Gehirnfunktionen (Lebensende) biologischer Tod: Erlöschen aller Organfunktionen (Totenstarre, Totenflecken, Fäulnis- und Auflösungsprozesse)

14.2.4 Typische Schädigungen von Zellen und Geweben

Schädliche Einflüsse (Noxen) können Zellen und Gewebe verändern. Solche Veränderungen verursachen typische gleichartige Schädigungsmuster an verschiedenen Organen.

Nekrose (Zelltod)

Nekrosen sind Gewebeschäden, die durch das Absterben von Zellen entstehen. Der Gewebstod eines Körperbezirks kann durch mangelnde Sauerstoffversorgung infolge einer Durchblutungsstörung, durch Verbrennungen, Erfrierungen, Quetschungen oder Giftstoffe verursacht sein. Als Organe können z. B. Herz, Niere, Milz, Leber, der Magen-Darm-Trakt oder das Gehirn betroffen sein. Als **Gangrän** (Brand) werden Nekrosen bezeichnet, bei denen die Haut und später auch tiefere Gewebsschichten absterben, trocken und hart werden, schrumpfen und schließlich schwarz aussehen, z. B. Gliedmaßen beim diabetischen Fuß (trockenes Gangrän). Wenn Bakterien in die Nekrose gelangen, entsteht ein feuchtes Gangrän, das matschig wirkt und sehr übel riecht, z. B. beim Dekubitus.

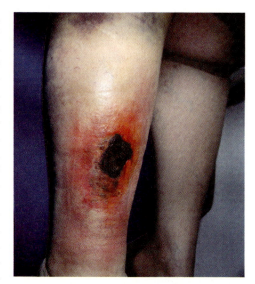

Nekrose am Unterschenkel

Ödem

Ödeme sind krankhafte Ansammlungen von aus dem Blut stammender wässriger Flüssigkeit in den Gewebsspalten oder Leibeshöhlen des Körpers. Die **Wasseransammlungen** können überall im Körper vorkommen. Eine bekannte Art von Ödem sind geschwollene

Beine am Abend und Fußknöchelödeme. Wasseransammlungen im Gewebe können auch durch schwere Erkrankungen entstehen: Infolge von Herzinsuffizienz kann es zu Wasseransammlung in Füßen, Knöcheln und Schenkeln, in der Bauch- oder Brusthöhle kommen. Lebensbedrohlich ist die Flüssigkeitsansammlung im Lungengewebe, das Lungenödem. Entzündliche Nierenerkrankungen können aufgrund mangelhafter Wasserausscheidung zu Ödemen führen. Eine vermehrte Gefäßdurchlässigkeit verursacht allergische Ödeme, z. B. nach Insektenstichen.

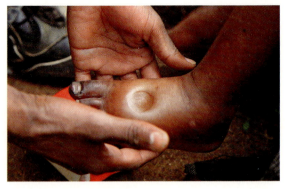

Ein sogenanntes „Hungerödem"

Fibrose (Sklerose)

Eine Fibrose ist durch die Vermehrung von Bindegewebe gekennzeichnet, in dessen Folge sich das betroffene Gewebe oder ein ganzes Organ verhärtet (Sklerose). Die Begriffe Fibrose und Sklerose werden oft gleichbedeutend gebraucht. Ursache für eine Fibrose ist die gesteigerte Bildung von Kollagen, einem Hauptbestandteil des Binde- und Stützgewebes, beeinflusst durch chronische Entzündungen, Durchblutungsstörungen, oder Alterungs- und Verschleißprozesse. Die von einer Fibrose betroffenen Gewebe und Organe werden durch den hohen Bindegewebsanteil hart, derb und wenig elastisch, und können durch die Veränderung ihre eigentliche Funktion erschwert wahrnehmen.

Sklerodermie

Ein Beispiel für eine Fibrose/Sklerose ist die Sklerodermie mit verdickter, schrumpfender Haut und Bewegungseinschränkungen an den Extremitäten; im weiteren Verlauf können auch die Speiseröhre, die Lunge oder die Nieren betroffen sein. Die Leberzirrhose ist eine Sklerose der Leber, die sich aus einer chronischen Leberentzündung (Hepatitis) oder aus einer Alkoholkrankheit entwickeln kann. Mit einer Therapie kann das Fortschreiten einer Fibrose gehemmt werden; allerdings sind die bereits entstandenen Schäden an Organen und Gewebe nicht mehr rückgängig zu machen.

14.2.5 Entzündungen

Eine Entzündung ist die Reaktion des Organismus auf einen schädigenden Reiz. Sie hat die Funktion, die in den Körper eingedrungenen Krankheitserreger zu beseitigen oder bereits geschädigtes Gewebe zu reparieren. Entzündungen können akut, chronisch oder rezidivierend verlaufen.

Als Auslöser für Entzündungen kommen folgende Ursachen infrage:

- **Krankheitserreger**: z. B. Bakterien, Viren, Pilze oder Parasiten. **Infektionen** sind Entzündungen, die durch Mikroorganismen verursacht werden.
- **physikalische Reize**: z. B. Verbrennungen, Erfrierungen, Fremdkörper, Strahlung
- **chemische Reize**: Säuren, Basen, Toxine
- **körpereigene Reize**: allergische Reaktionen, entgleiste Enzyme, krankhafte Stoffwechselprodukte (z. B. Gallensteine) oder Krebszellen

Es gibt örtlich begrenzte, lokale Entzündungsreaktionen und allgemeine Entzündungsreaktionen, die den gesamten Organismus betreffen. Die häufigsten Ursachen für Entzündungsreaktionen sind Blutergüsse und Prellungen, Verstauchungen und Zerrungen, Schnitt- und Schürfwunden, Hexenschuss, Erkältungen, Grippe oder Rheuma. Die jeweiligen entzündlichen Erkrankungen werden bis auf eine Ausnahme (Pneumonie = Lungenentzündung) mit der griechischen Silbe „-itis" versehen, z. B. Bronchitis (Entzündung der Bronchien), Appendizitis (Entzündung des Blinddarms), Arthritis (Entzündung von Gelenken), Gastritis (Entzündung der Magenschleimhaut), Meningitis (Entzündung der Hirnhaut).

Entzündungszeichen und Ablauf von Entzündungsreaktionen

Bei einer lokalen Entzündungsreaktion sind im allgemeinen Zellen oder Gewebe geschädigt. Die fünf Kardinalsymptome einer lokalen Entzündung sind:

- **Rötung** (Rubor, Gefäßerweiterung)
- **Überwärmung** des Gewebes (Calor, durch örtliche Stoffwechselsteigerung)
- **Schwellung** (Tumor, Austritt eiweißreicher Flüssigkeit und weißer Blutkörperchen aus den Gefäßen)
- **Schmerz** (Dolor, durch schmerzauslösende Entzündungsprodukte)
- **Funktionsstörungen** (Functio laesa)

Eine lokale Entzündungsreaktion läuft immer nach dem gleichen Schema ab: Nach einer kurzzeitigen **Minderdurchblutung** durch die Adrenalinausschüttung kommt es an der betroffenen Stelle zu einer vermehrten Durchblutung. **Abwehrzellen** (weiße Blutkörperchen) werden angelockt. Sie sind in der Lage, durch Phagozyten die Fremdstoffe unschädlich zu machen.

Ab einer bestimmten Schwere der Entzündung treten über die lokalen Reaktionen hinaus auch allgemeine unspezifische Entzündungszeichen auf:

- Es kann zu Fieber und zu einem beschleunigten Stoffwechsel kommen.
- Es entsteht ein allgemeines Krankheitsgefühl und Abgeschlagenheit.
- Im Rahmen einer Blutuntersuchung ist ein Anstieg oder Absinken von Leukozyten (weiße Blutkörperchen) nachzuweisen.
- Die Blutsenkungsgeschwindigkeit nimmt zu.
- Eine Immunreaktion wird ausgelöst.

Heilungsprozess

Nach einer Gewebsverletzung verschließen sich durch Blutgerinnung die kleinsten Blutgefäße (Kapillaren). Schon nach zwölf Stunden zeigen sich die ersten Zeichen der **reparativen Regeneration**: Es kommt zu zahlreichen Zellteilungen der Bindegewebsgrundzellen (Fibroblasten), aus denen sich **Granulationsgewebe** mit neuen Blutgefäßen entwickelt. Es ersetzt das abgestorbene Gewebe und wandelt sich bei der Wundheilung schließlich in das eigentliche Funktionsgewebe um. Bei größeren Verletzungen bleibt eine **Narbe** zurück, die durch faserreiches, zell- und gefäßarmes Bindegewebe gekennzeichnet ist.

14.2.6 Degenerative Erkrankungen

Unter „Degeneration" versteht man in der Medizin die Rückbildung und den Verfall ganzer Gewebe oder Organe. Die Ursachen für einen solchen Abbau oder Funktionsverlust können
- anlagebedingt sein,
- auf chronische Schädigungsfaktoren zurückzuführen sein,
- auf unzureichenden Gebrauch zurückzuführen sein,
- natürlicher Gewebeschwund durch Alterung sein.

Die degenerative Rückbildung eines Organs oder Gewebes entsteht durch **Atrophie** und beruht auf einer Verkleinerung der Zellen und/oder auf einer Abnahme der Zellenzahl.

Ein Beispiel für einen reversiblen Gewebsschwund ist die **Muskelatrophie**, die sich bei mangelnder Nutzung der Muskeln durch Immobilität (z. B. längere Bettlägerigkeit) entwickelt. Wirbelsäulenerkrankungen sind oft durch fortschreitendes Alter bedingte Abnutzungserscheinungen. **Multiple Sklerose** (MS) entsteht durch die degenerative Zerstörung der Myelinscheiden der Axone des Nervensystems; **Morbus Alzheimer** ist eine degenerative Demenzerkrankung mit einer diffusen Atrophie der Hirnrinde. Die **Arteriosklerose** (s. S. 112) beruht auf einer chronischen Schädigung der Arterienwände: Durch Anlagerung von Bindegewebe, Thromben, Fett und Kalk verdicken sich die Innenwände und es kommt zu schweren Durchblutungsstörungen. Bei **Arthrose** wird der Gelenkknorpel zerstört.

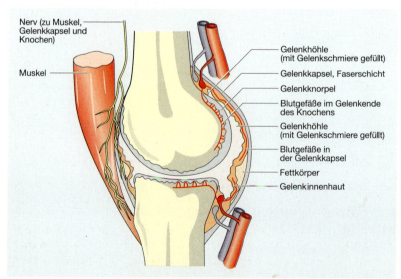

Aufbau des Kniegelenks. Bei Arthrose wird der Gelenkknorpel ausgedünnt. Die Knorpelschädigung führt im weiteren Verlauf zu Veränderungen am Gelenkknochen.

Arthrose

Die Arthrose ist eine degenerative Gelenkerkrankung mit Knorpelzerstörung, die mit zunehmendem Alter stark belastete Gelenke wie Knie oder Hüfte befällt. Ursachen können Beanspruchungen durch schwere körperliche Arbeit, Sport oder hohes Körpergewicht sein, aber auch Alterung, Stoffwechselstörungen oder die Folge einer entzündlichen Gelenkerkrankung, der **Arthritis**. Eine Arthrose beginnt mit Steifigkeit in den Gelenken, dann treten bei Belastungen Schmerzen auf und schließlich kommt es zum Dauerschmerz. Die Schmerzen entstehen durch den langsamen Abbau des schützenden (polsternden) Gelenkknorpels und einer damit verbundenen Entzündung der Gelenkinnenhaut.

14.3 Schmerz

Schmerzen haben als lebenswichtiges Symptom eine Warn- und Schutzfunktion. **Akuter Schmerz** signalisiert eine Verletzung oder eine Krankheit; man reagiert darauf mit Verhütungs- oder Abwehrmaßnahmen. So zieht man z. B. die Hand zurück, wenn man eine heiße Herdplatte berührt. Wird die Ursache akuter Schmerzen behandelt, lassen sie meist nach und verschwinden nach einer gewissen Zeit ganz. Ziehen sich die Schmerzen aber über mehrere Monate hin, sind sie durch Medikamente oder chirurgische Eingriffe nicht zu heilen und haben sie keine physiologische Funktion, spricht man von **chronischen Schmerzen**. Sie werden als eigenständige **Schmerzkrankheit** betrachtet und behandelt.

Jede Einwirkung, die das Körpergewebe schädigt, kann Schmerzen auslösen. Bevor man den Schmerz spürt, müssen zunächst sogenannte **Schmerzrezeptoren** (Nozizeptoren) im betroffenen Organ, z. B. der Haut, der Muskulatur oder in den Eingeweiden, durch mechanische, thermische oder chemische Reize aktiviert werden. **Nervenfasern** leiten das Signal weiter zum **Rückenmark**. Über diesen Weg gelangt das Schmerzsignal in die **Großhirnrinde** des Gehirns. Erst wenn der Schmerzreiz in der Großhirnrinde angekommen ist, wird er vom Menschen wahrgenommen.

Um Schmerzen zu stillen oder zu lindern, gibt es zunächst verschiedene medikamentöse Möglichkeiten. Dazu werden Mittel verabreicht, die die Schmerzleitungsbahnen oder ihre Zentren beeinflussen. Sogenannte **Nichtopiod-Analgetika** wirken schmerzdämpfend, entzündungshemmend und fiebersenkend. Beispiele für diese Substanzklasse sind die bekannte Acetylsalicylsäure (Aspirin), außerdem Ibuprofen, Diclofenac, Naproxen und Paracetamol. Bei längerem Gebrauch kommt es oft zu **Nebenwirkungen**.

Zur Behandlung schwerer und schwerster Schmerzen werden **Opioide** verordnet, wie z. B. das starke schmerzstillende Morphin aus dem Schlafmohn oder andere, synthetische Opioide. Weil es nach längerer Einnahmezeit von Opioiden zur Gewöhnung und Sucht kommt, ist die ärztliche Verordnung nach dem **Betäubungsmittelgesetz** nur dann gerechtfertigt, wenn der therapeutische Effekt durch andere Mittel nicht zu erzielen ist.

Eine Alternative zur medikamentösen Behandlung oder eine Ergänzung dazu kann die **nicht medikamentöse Schmerztherapie** sein. Mithilfe physiotherapeutischer, psychotherapeutischer und physikalischer Maßnahmen wird die Durchblutung gefördert oder vermindert, die Muskulatur entspannt, die Entzündung gehemmt, das Fieber gesenkt oder die seelische Anspannung verringert. Die positive Wirkung von Massagen, von Wärme- oder Kälteanwendungen, Akupunktur und autogenem Training ist ebenfalls bekannt (s. Kapitel 27.3).

Beobachtungskriterien	Beschreibung
Schmerzintensität	Schmerzen können subjektiv unterschiedlich stark wahrgenommen werden. Bei der Schmerzintensität unterscheidet man verschiedene Faktoren, von leicht bis unerträglich.
Schmerzqualität	Schmerzen äußern sich je nach Ursache und der individuellen Wahrnehmung, z. B. ziehend, stechend, klopfend.
Schmerzverlauf	Ermittelt wird die Dauer und Häufigkeit von Schmerzen, z. B. kurz, tagelang.
Schmerzlokalisation	Je nach Sitz und Art der Störung wird ein Schmerz wahrgenommen, z. B. Brust, Bauch, Gelenke.
schmerzauslösende Faktoren	Wann und bei welchen Gelegenheiten tritt der Schmerz auf?
schmerzlindernde Faktoren	Wann und bei welchen Gelegenheiten wird eine Schmerzlinderung erfahren?
Schmerzerfahrung	Gibt es Erfahrungen mit ähnlichen Schmerzen aus der Vergangenheit?

AUFGABEN

1. Erklären Sie die Einflussfaktoren auf die Gesundheit nach WHO.
2. Nach welchen Kriterien lassen sich Krankheiten systematisch klassifizieren?
3. Erklären Sie die Abkürzungen ICD, OPS und DRG und erläutern Sie die Hintergründe.
4. Nennen Sie endogene und exogene Ursachen für die Entstehung von Krankheiten.
5. Was versteht man unter a) Heilung, b) Defektheilung, c) Rezidiv und d) Chronifizierung?
6. Unterscheiden Sie Nekrose, Ödem und Fibrose.
7. Nennen Sie die fünf Kardinalsymptome für eine Entzündung.
8. Beschreiben Sie eine der genannten degenerativen Erkrankungen ausführlich. Berichten Sie.
9. Gibt es in Ihrer Hausapotheke schmerzlindernde Mittel (z. B. Tabletten, Salben, Zäpfchen, Tees, Kühl- oder Wärmekissen)? Welche konkreten Schmerzen können damit gelindert werden? Berichten Sie.
10. Erklären Sie die Bedeutung des Begriffs „Phantomschmerz".

15 Hygiene und Gesundheit

■ Immer wieder haben Infektionskrankheiten im Laufe der Geschichte verheerend gewütet, zum Teil ganze Landstriche entvölkert. Die Pest, ausgelöst durch das Bakterium Yersinia pestis, raffte im Mittelalter in mehreren großen Pandemieschüben bis zu einem Drittel der europäischen Bevölkerung hin. Der Spanischen Grippe, verursacht durch ein Influenzavirus, fielen zwischen 1918 und 1920 weltweit etwa 50 Mio. Menschen zum Opfer.

Durch Impfkampagnen und den Einsatz von Antibiotika glaubte man seit Mitte des letzten Jahrhunderts, die Infektionskrankheiten in absehbarer Zeit vollständig besiegen zu können. So verkündete 1980 die Weltgesundheitsorganisation WHO voller Stolz, dass die Pocken als erste Infektionskrankheit weltweit ausgerottet seien. Leider erwiesen sich diese verheißungsvollen Vorhersagen als Irrtum. ■

15.1 Infektionskrankheiten – Todesursache Nummer eins

15.1.1 Ursachen für die Ausbreitung von Infektionskrankheiten

Auch heute noch sind Infektionskrankheiten weltweit die Todesursache Nummer eins. Etwa ein Drittel aller Todesfälle sind auf Infektionen zurückzuführen. Allerdings ist das Risiko ungleich verteilt. Während die hoch entwickelten Industrienationen vom medizinischen Fortschritt auf diesem Gebiet profitieren konnten, sind die hygienischen und medizinischen Verhältnisse in den unterentwickelten Ländern immer noch rückständig. Allein das HI-Virus hat seit seinem Auftauchen in den 1980er-Jahren etwa 25 Mio. Todesopfer gefordert, vor allem in Entwicklungsländern.

Warum konnten die Infektionskrankheiten trotz großer wissenschaftlicher Fortschritte nicht wie erhofft besiegt werden? Dafür gibt eine Reihe von Gründen:

- Es treten immer wieder neue, bisher nicht bekannte Erreger auf, z. B. der Aidserreger HIV. Ökologische Veränderungen und die immer höhere Siedlungsdichte auf der Erde tragen zur Ausbreitung bisher isolierter Krankheitserreger bei.

- Durch übermäßigen und zum Teil unsachgemäßen Gebrauch von Antibiotika bilden sich immer mehr hochresistente Bakterienstämme, die auf die gebräuchlichen Chemotherapeutika nicht mehr ansprechen.

- Die sozialen Bedingungen haben sich in vielen Gebieten der Erde noch nicht nachhaltig verbessert. In vielen armen unterentwickelten Regionen haben die Menschen keinen Zugang zu sauberem Wasser, zu Medizin, ja noch nicht einmal zu einfachen Schutzvorrichtungen wie Moskitonetzen. Mit den sogenannten Millenniums-Entwicklungszielen der UN aus dem Jahre 2001 (s. Kapitel 3.2.1) will man diese Verhältnisse beenden (s. dazu z. B. www.bmz.de).

- Durch den globalen Massentourismus können Erreger sehr schnell über große Strecken verbreitet werden.

Nicht alle Infektionen führen zum Tode. Allerdings verursachen sie großen wirtschaftlichen Schaden, auch und gerade in den hoch entwickelten Ländern, z. B. durch ausgefallene Arbeitsstunden und durch die Kosten für die Behandlung. Nach Angaben des Robert

Koch-Instituts (RKI) mussten in der Grippesaison 2006/2007 etwa 2,7 Mio. Menschen in Deutschland einen Arzt aufsuchen. Davon wurden 960.000 vorübergehend arbeitsunfähig geschrieben und 14.000 sogar ins Krankenhaus eingewiesen.

15.1.2 Übertragungswege

Als Verursacher von Infektionskrankheiten kommen vor allem **Bakterien**, **Viren** und **Pilze** in Betracht. Aber auch einzellige Tiere, **Protozoen**, wie etwa der Malaria-Erreger Plasmodium, oder mehrzellige Lebewesen, wie **Bandwürmer**, befallen den Menschen und können Krankheiten auslösen. Das Wort „Infektion" kommt aus dem Lateinischen von „inficere" und bedeutet „hineintun, anstecken". Man spricht daher auch von Ansteckung bzw. von ansteckenden Krankheiten. Sie sind charakterisiert durch Ansiedlung, Wachstum und Vermehrung eines Erregers im Organismus mit nachfolgender Abwehrreaktion sowie Gewebeschädigungen.

Die Erreger können direkt oder indirekt übertragen werden. Bei der **Tröpfcheninfektion** gelangen die Erreger durch Husten, Niesen und Sprechen des Überträgers über feinste Sekrettröpfchen in die Luft. Die Aufnahme der Krankheitserreger erfolgt über die Atemwege. Ansteckungsgefahr durch Tröpfcheninfektion besteht z. B. für Grippe oder Lungenentzündung.

Bei der **Schmierinfektion** gelangen die Erreger über den Mund in den Körper. Dies geschieht z. B. durch verunreinigte Lebensmittel (z. B. Salmonellen) oder verschmutztes Trinkwasser. Aber auch durch kontaminierte Hände können in den Mund gelangen, beispielsweise durch das Berühren von Türklinken und anschließendes Berühren der Lippen.

Von **Nosokomialinfektionen** spricht man, wenn die Ansteckung infolge ärztlicher Eingriffe mit unzureichender Hygiene entsteht, beispielsweise über Spritzen, Kanülen, Endoskope oder Skalpelle. Besonders gefürchtet sind dabei Infektionen mit schwer zu behandelnden hochresistenten Keimen (s. S. 347).

Bei der **Infektion über die Haut oder Schleimhaut** gelangen die Erreger über Wunden, Hautrisse oder Schleimhäute (Mund, Nase, Augen) in den Körper. Besonders gefährlich für Ärzte und Pflegepersonal sind Infektionen mit Hepatitisviren oder mit dem Aidserreger HIV. Deshalb gelten beim Umgang mit Blut und Blutprodukten besondere Schutzvorkehrungen.

Erreger können auch von **Tieren** übertragen werden, z. B. durch Bisse oder Stiche. In einigen Fällen fungieren die Tiere für den Erreger als Zwischenwirt.

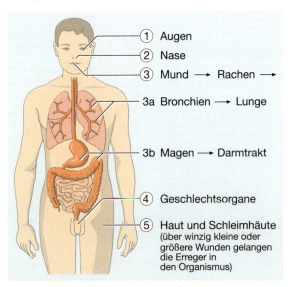

Übertragungswege von Infektionskrankheiten

> **EXKURS: Wichtige Begriffe – Lexikon**
>
> **Endemie:** *gehäuftes, räumlich begrenztes, aber zeitlich unbegrenztes Auftreten einer Infektionskrankheit in einer Region*
>
> **Epidemie:** *gehäuftes, aber zeitlich und räumlich begrenztes Auftreten einer Infektionskrankheit in einer Bevölkerungsgruppe oder in einer Gemeinschaftseinrichtung (z. B. Krankenhaus, Altenheim, Kindertagesstätte)*
>
> **Infektion:** *Ansiedlung, Wachstum und Vermehrung eines Mikroorganismus in einem Makroorganismus mit Schädigung und Abwehrreaktion desselben*
>
> **Letalität:** *Zahl der Sterbefälle an einer bestimmten Krankheit bezogen auf die Zahl der an dieser Krankheit Erkrankten*
>
> **Lokalinfektion:** *Verbleib der Erreger an der Eintrittsstelle und Hervorrufen von Krankheitserscheinungen, die auf diese beschränkt bleiben*
>
> **Mortalität:** *Zahl der Sterbefälle an einer bestimmten Krankheit bezogen auf die Gesamtbevölkerung oder auf Teile davon (z. B. Säuglingssterblichkeit)*
>
> **Pandemie:** *Epidemie, die sich über Länder und Kontinente ausbreitet*
>
> **Sepsis (Blutvergiftung):** *Streuung von Erregern oder deren Toxine ausgehend von einem Krankheitsherd in den Blutkreislauf und Hervorrufen von Krankheitserscheinungen im ganzen Körper*
>
> **Superinfektion:** *Auf dem Boden einer bestehenden Infektion bildet sich aufgrund der Schwächung des Körpers eine zweite, z. B. eine bakterielle Infektion auf dem Boden einer viralen.*

15.2 Bakterien als Krankheitserreger

15.2.1 Bau der Bakterienzelle

Bakterien sind einzellige Mikroorganismen mit einer Größe von 0,03–5 μm. Die Zelle ist von einer dreischichtigen Hülle umgeben. Zwischen einer äußeren und einer inneren **Zellmembran** befindet sich eine feste formgebende **Zellwand**. Sie besteht aus einem einzigen riesigen, netzförmigen Makromolekül, dem **Murein**. Bakterien treten in drei Grundformen auf: als Kugeln – Kokken genannt –, Stäbchen und Schrauben. Die innere Zellmembran entfaltet sich an bestimmten Stellen zu Membranstapeln, die als **Mesosomen** bezeichnet werden. Sie enthalten Enzyme für die Zellteilung.

Im **Zellplasma** eines Bakteriums findet man keinen Zellkern. Die Erbinformation befindet sich auf einem ringförmigen Chromosom, welches meist an einer Stelle an der inneren Zellmembran anheftet. Das Bakterienchromosom dient als **Kernäquivalent**. Weil Bakterien keinen echten Zellkern haben, bezeichnet man sie als **Prokaryoten**, höhere Lebewesen mit echtem Zellkern als **Eukaryoten**. Im Zytoplasma von Bakterien findet man oft noch weitere kleine DNA-Ringe, die **Plasmide**. Sie codieren Enzyme, die manchen Bakterienzellen Resistenz gegenüber Antibiotika, Giftstoffen usw. verleihen.

Die **Ribosomen** der Bakterienzelle sind kleiner als die der Eukaryoten. Auch sie dienen der Eiweißsynthese. Weitere Zellorganellen, wie man sie bei Eukaryoten findet, gibt es in der Bakterienzelle nicht. Allerdings enthält die Bakterienzelle membranlose Einschlüsse für Speicher- und Reservestoffe.

Manche Bakterienarten haben eine oder mehrere **Geißeln.** Sie können Rotationsbewegungen durchführen und dienen der aktiven Fortbewegung der Bakterienzelle.

Pili sind im Vergleich zu Geißeln dünnere, kürzere und starre Gebilde, die an der inneren Zellmembran ansetzen und durch die Zellhülle nach außen ragen. Sie haben zwei Funktionen:

- Bei bestimmten Bakterienarten dienen die Pili zur Anheftung an Wirtszellen (s. S. 186).
- Über spezielle Pili, die Sex-Pili, können Bakterienzellen mit anderen in Verbindung treten und DNA austauschen (s. S. 191).

Einige Bakterienarten umgeben sich mit einer mehr oder weniger viskosen **Kapsel**, die zu etwa 90 % aus Wasser und zu 10 % aus Polysacchariden besteht. Es handelt sich um eine Art Schleimhülle, die man mit Tusche unter dem Mikroskop sichtbar machen kann.

Einige Bakteriengattungen können **Sporen** bilden. Das sind Dauer- und Überlebensformen, mit denen sie widrige Umweltbedingungen wie große Hitze, jahrzehntelange Trockenheit oder Einwirkung aggressiver Chemikalien überstehen können. So sterben z. B. Bakterienzellen bei der Pasteurisierung ab, d. h. bei einer Erhitzung auf 80 °C für 10 Minuten, während Sporen diese Prozedur überleben und anschließend auskeimen können.

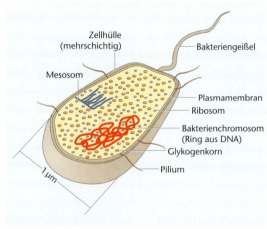

Bau einer Bakterienzelle

15.2.2 Vermehrung und Stoffwechsel von Bakterien

Bakterien vermehren sich ungeschlechtlich durch Zweiteilung. Dabei entstehen aus einer Mutterzelle zwei genetisch identische Tochterzellen, die auch mit der Mutterzelle erbgleich sind. Durch **ungeschlechtliche Vermehrung** entstandene erbgleiche Lebewesen nennt man Klone. Die meisten Bakterienarten kann man in Nährlösungen anzüchten. Wenn man die Wachstumsbedingungen optimal einstellt, lassen sich die typischen Wachstumsphasen beobachten (s. folgende Abbildung auf S. 185). Dazu bestimmt man in regelmäßigen Zeitabständen die Trockenmasse der Kultur.

- **Latenzphase:** In dieser Anlaufphase ist kein Wachstum zu beobachten. Die Bakterien müssen zunächst die Enzyme synthetisieren, die notwendig sind, um die im Substrat enthaltenen Nährstoffe verwerten zu können.
- **Exponentielle Phase:** Nun können die Bakterien das angebotene „Futter" verwerten und vermehren sich rasant. Unter optimalen Wachstumsbedingungen teilen sich die Bakterien mit konstanter Rate. Dieses exponenzielle Wachstum folgt der geometrischen Reihe $2^1, 2^2, 2^3 \ldots 2^n$. Die Verdopplungsrate ist von Bakterienart zu Bakterienart sehr unterschiedlich. Bei Colibakterien beträgt sie 15 Minuten, bei Tuberkuloseerregern dagegen 20 Stunden.

- **Stationäre Phase:** Das Wachstum stagniert in dieser Phase. Dafür gibt es zwei Ursachen: Erstens gehen die Nährstoffe zur Neige und zweitens reichern sich in der Kultur schädliche Stoffwechselendprodukte an, die das Wachstum hemmen.
- **Absterbephase:** Nun verringert sich die Zahl der Zellen sogar, weil unter den zunehmend ungünstigen Bedingungen mehr Zellen absterben als neu gebildet werden.

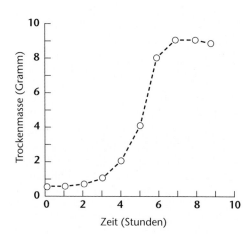
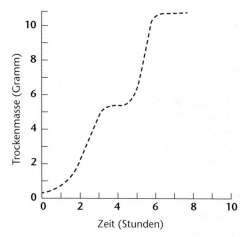

Wachstumsphasen einer Bakterienkultur   *Zweiphasiges Wachstum*

Bietet man einer Bakterienkultur in der Nährlösung gleichzeitig zwei verschiedene Substrate an, z. B. die Zucker Glukose und Sorbit, so kann man ein **zweiphasiges Wachstum** feststellen. Zunächst wird die Glukose verbraucht. Man erkennt in der vorangegangenen Abbildung die erste Latenz- und die erste Exponentialphase. Danach treten die Zellen wieder in eine Latenzphase ein, in der zunächst die Enzyme für den Sorbitabbau synthetisiert werden. Erst jetzt kann die zweite Exponenzialphase einsetzen.

Folgende **Wachstumsbedingungen** sind für Bakterien von Bedeutung:

- **Temperatur:** Für die meisten medizinisch relevanten Bakterien liegt das Temperaturoptimum zwischen 36 °C und 40 °C. Sie sind diesbezüglich an ihren Wirtsorganismus angepasst. Bei höheren Temperaturen (z. B. Fieber) oder bei niedrigeren Temperaturen wachsen sie nicht. Es gibt aber in der Natur auch thermophile (wärmeliebende) Mikroorganismen, die bei höheren Temperaturen gedeihen, z. B. in heißen Quellen. Ebenso findet man psychrophile (kälteliebende) Mikroorganismen, z. B. im Gletschereis.
- **pH-Wert:** Die meisten Bakterienarten wachsen optimal bei einem pH-Wert um 7. Auch hier gibt es Ausnahmen, die eine saure (pH < 7) oder eine basische (pH > 7) Umgebung bevorzugen.
- **Wasser- und Nährstoffangebot:** Wasser muss bei allen Bakterien im Substrat vorhanden sein. Die meisten medizinisch relevanten Bakterien benötigen darüber hinaus organische Nährstoffe wie Kohlenhydrate, Eiweiße oder Fette. Es gibt aber auch anspruchslose Bakterien, die auf anorganischen Verbindungen wachsen.
- **Sauerstoff:** Die meisten medizinisch bedeutsamen Bakterien benötigen Sauerstoff zum Leben. Man nennt sie **aerobe Bakterien** oder Aerobier. Sie gewinnen ihre Energie durch **Atmung**, indem sie den aus dem Nährstoffabbau stammenden Wasserstoff mit Sauerstoff zu Wasser verbrennen. Die dabei anfallende Energie wird in Form von ATP

gespeichert und transportiert. Für andere Bakterien ist Sauerstoff Gift. Es sind **obligat anaerobe Bakterien** oder obligate Anaerobier. Sie gewinnen ihre Energie durch **Gärung**, wobei Endprodukte wie Alkohol oder Milchsäure ausgeschieden werden. Ein für den Menschen gefährliches anaerobes Bakterium ist der Erreger des Wundstarrkrampfes Clostridium tetani. Einige Bakterien können aerob und anaerob leben, dies sind fakultative Anaerobier.

15.2.3 Ablauf einer bakteriellen Infektionskrankheit: Salmonellose

Bei einer Infektion lassen sich vier Phasen unterscheiden:

- **Adhäsion:** Zunächst heftet sich der Erreger mithilfe seiner Pili an einer Haut- oder einer Schleimhautzelle fest. Jeder Erreger ist auf bestimmte Zellen des Wirtes spezialisiert, denn diese weisen spezifische Rezeptoren auf, die zu den Pili des Erregers passen.
- **Invasion:** Die Erreger dringen in die Wirtszelle ein, indem sie durch Phagozytose in diese aufgenommen werden.
- **Etablierung:** Um sich in der Wirtszelle ansiedeln und vermehren zu können, muss der Erreger die Abwehr des Wirtes ausschalten. Dazu dienen u. a. Kapseln.
- **Schädigung:** Einerseits kann es durch massenhafte Vermehrung des Erregers zur Zerstörung der Wirtszellen kommen. Andererseits scheiden viele Erreger gewebeschädigende **Toxine** aus. Außerdem lösen die Erreger meist eine heftige **Entzündungsreaktion** aus, die dem Wirt schadet.

Eine bakterielle Infektionskrankheit wie z. B. eine Durchfallerkrankung kann durch das stäbchenförmige begeißelte Bakterium **Salmonella enteriditis** mit verunreinigten Nahrungsmitteln übertragen werden. Salmonellen isst bzw. trinkt man. Bei abwehrgeschwächten Menschen kommt auch eine Schmierinfektion mit kleinen Keimmengen über kontaminierte Hände in Betracht. Besonders Fleisch, Geflügel, Frischeiprodukte und Softeis können bei mangelnder Lebensmittelhygiene die Erreger enthalten.

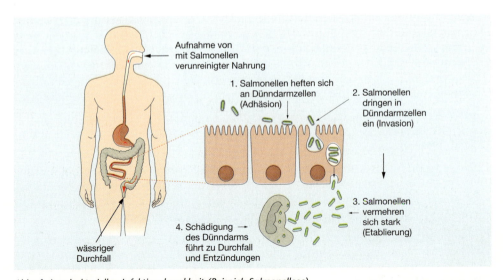

Ablauf einer bakteriellen Infektionskrankheit (Beispiel: Salmonellose)

Nach einer **Inkubationszeit** von 12–36 Stunden nach Aufnahme des Erregers beginnt die Erkrankung mit wässrigem Durchfall, Brechreiz, Erbrechen und mäßigem Fieber von 38 °C bis 39 °C. Die eingedrungenen Bakterien heften sich mit ihren Pili an bestimmte Dünndarmzellen und werden von diesen aufgenommen. Dort vermehren sie sich stark, lösen heftige Entzündungsreaktionen aus und schädigen den Dünndarm. Es kommt infolgedessen zu Störungen der Flüssigkeits- und Elektrolytregulation, die mit Durchfall einhergehen.

In der **Therapie** ist es vordringlich, den starken Flüssigkeits- und Salzverlust infolge des Durchfalls durch Elektrolytlösungen auszugleichen. Nur bei abwehrgeschwächten Patienten werden Antibiotika verabreicht. Die Krankheit dauert vier bis zehn Tage. Bei geschwächten Patienten kann die Infektion zum Tode führen. Nach überstandener Krankheit wird nur eine begrenzte **Immunität** erworben. Man kann also wieder an Salmonellose erkranken.

Die Krankheit ist gemäß Infektionsschutzgesetz meldepflichtig. Im Jahre 2009 wurden in Deutschland rund 50.000 Fälle gemeldet. Man schätzt die Dunkelziffer nicht gemeldeter Salmonelleninfektionen auf das 10-fache, also auf 500.000 Erkrankungen pro Jahr.

Wichtige Maßnahmen der **Prävention** beziehen sich auf die **Lebensmittelhygiene.** Vor allem rohe Eier, Geflügel und Fleisch stellen Gefahren dar. Küchenhygiene erstreckt sich auf die Lebensmittel selbst (Lagerung, Verarbeitung usw.), die Räume und Geräte sowie auf das Küchenpersonal. Durch Einhalten bestimmter Hygienemaßnahmen lässt sich eine Salmonelleninfektionen vermeiden (s. Tabelle). Großküchen müssen sogenannte Rückstellproben von allen selbst erstellten Speisen ziehen und für Hygienekontrollen mindestens sieben Tage tiefgekühlt aufbewahren.

Geflügel	
Beim Umgang mit frischem oder aufgetautem Geflügel in der Küche besteht die Gefahr der Verunreinigung mit Salmonellen.	
Gefahrenpunkt	**Maßnahme**
Anlieferung	• Anlieferungstemperatur von Frischgeflügel max. +4 °C • Geflügel sofort in Kühlraum bringen!
Lagerung	• frisches Geflügel bei max. +4 °C lagern • gegartes Geflügel in sauberen Gefäßen mit Abdeckung (Folie) lagern • Geflügel vom übrigen Fleisch getrennt lagern
Auftauen	• gefrorenes Geflügel bei max. +7 °C im Kühlraum auftauen • kein Kontakt des Abtauwassers mit anderen Lebensmitteln
Umgang mit Geflügel	• alle Arbeiten mit unverpacktem Geflügel zeitlich von Arbeiten an anderen Speisen trennen • separate Arbeitsgeräte für Geflügel benutzen • nach dem Arbeiten mit frischem oder aufgetautem Geflügel Hände desinfizieren und reinigen
Reinigung der Arbeitsgeräte	• alle Arbeitsgeräte (Schneidbretter, Messer usw.) sofort nach Benutzung mit heißem Wasser und Reinigungsmittel säubern
Erhitzen von Geflügel	• Kerntemperatur mind. 70 °C für 10 Minuten oder 80 °C für 3 Minuten einhalten und messen

Hygieneregeln einer Großküche

15.2.4 Bakterielle Infektionskrankheiten (Beispiele)

Krankheit	Bakterium	Übertragung	Besonderheiten
Wundinfektionen, Blutvergiftung (Sepsis)	Staphylococcus aureus (kugelförmig), gehört zur Normalflora der Haut	Schmierinfektion, oft bei ärztlichen Eingriffen in offene Wunden	besonders gefürchtet sind multiresistente Keime wie MRSA; keine Impfung möglich
Scharlach	Streptococcus pyogenes (kugelförmig)	Tröpfcheninfektion	keine Impfung möglich, Isolierung der Erkrankten ist notwendig
Lungenentzündung	Streptococcus pneumoniae (kugelförmig)	Tröpfcheninfektion	keine Impfung möglich
Harnweginfektion	Escherichia coli, gehört zur Normalflora im Darm des Menschen	Schmierinfektion	keine Impfung möglich
Durchfallerkrankungen	Escherichia coli (begeißelte Stäbchen) oder Salmonella enteritidis (begeißelte Stäbchen + Kapsel)	Schmierinfektion, verunreinigte Nahrungsmittel	keine Impfung möglich, besonders gefürchtet: Stamm EHEC (Enterohämorrhagische E. coli)
Tripper	Neisseria gonorrhoeae (zwei zusammenhängende Kokken)	Schleimhautkontakt, Geschlechtsverkehr	keine Impfung möglich
Typhus	Salmonella typhi (begeißelte Stäbchen mit Kapsel)	Schmierinfektion durch verunreinigtes Wasser, Nahrungsmittel	Schutzimpfung möglich, Verbreitung in Entwicklungsländern, tritt häufig infolge von Katastrophen auf (Überschwemmungen)
Ruhr	Shigella (unbegeißeltes Stäbchen)	Schmierinfektion, durch fäkal verunreinigte Lebensmittel, Trinkwasser	keine Impfung möglich
Cholera	Vibrio cholerae (gekrümmtes einseitig begeißeltes Stäbchen)	fäkal verunreinigtes Wasser/Lebensmittel, z. B. nach Katastrophen	Impfung möglich
Keuchhusten	Bordetella pertussis (begeißeltes Stäbchen)	Tröpfcheninfektion	Impfung ab 3. Lebensmonat

Krankheit	Bakterium	Übertragung	Besonderheiten
Legionärskrankheit	Legionella pneumophila (ellipsenförmig ohne Geißel)	Wassertröpfchen (Dusche, Klimaanlage)	keine Impfung möglich
Diphtherie	Corynebacterium diphtheria (gekrümmtes Stäbchen ohne Geißel)	Tröpfcheninfektion	Impfung ab 3. Lebensmonat
Tetanus (Wundstarrkrampf)	Chlostridium tetani (tennisschlägerförmiges unbegeißeltes Stäbchen mit Spore)	über offene Wunden	Impfung ab 3. Lebensmonat
Tuberkulose	Mycobacterium tuberculosis (unbegeißeltes Stäbchen)	Tröpfcheninfektion (Mensch zu Mensch)	Impfung möglich, aber nicht empfohlen
Syphilis	Treponema pallidum (schraubenförmig, unbegeißelt)	Schleimhautkontakt, Geschlechtsverkehr	keine Impfung möglich

15.2.5 Steckbriefe

Man kann die verschiedenen Bakterieninfektionen übersichtlich in Form von Steckbriefen zusammenfassen. Dies soll hier am Beispiel von Wundstarrkrampf/Tetanus vorgestellt werden.

Steckbrief Tetanus/Wundstarrkrampf	
Erreger	Clostridium tetani, kommaförmiges Bakterium mit einer Geißel
Übertragungswege	Bei Verletzungen durch offene Wunden (z. B. Nägel, Dornen, Holzsplitter); dabei Aufnahme von Bakteriensporen aus der Umgebung (Erde, Schmutz, Kot), diese keimen in anaeroben Wundtaschen zu Bakterienzellen heran.
Inkubationszeit	drei Tage bis drei Wochen
Krankheitsverlauf	Durch ein starkes Nervengift des Erregers (Exotoxin) kommt es zu Muskelkrämpfen erst der Skelettmuskulatur, dann der Kiefer- und Rachenmuskulatur, zuletzt Krämpfe in der Zwerchfell- und Atemmuskulatur. Diese führen zum Tod durch Ersticken. Todesrate (Letalität) unbehandelt: 90 %; selbst bei intensivmedizinischer Behandlung 20 %.
Ansteckung	Keine Ansteckung von Mensch zu Mensch möglich.
Immunität	Es wird durch die Krankheit keine dauerhafte Immunität erworben.
Impfung (gemäß STIKO-Empfehlung)	Drei Impfungen ab einem Alter von drei Monaten meist in Kombination mit Diphtherie, davon zwei Impfungen im Abstand von einem Monat, die dritte sechs bis zwölf Monate nach der ersten; Auffrischung alle zehn Jahre notwendig.

15.3 Antibakterielle Chemotherapie

15.3.1 Wirkungsweise

„Antibiotika" (Einzahl: Antibiotikum) ist eine Sammelbezeichnung für Medikamente, die bei schweren bakteriellen Infektionskrankheiten eingesetzt werden. Gegen Viren wirken sie nicht. Heute steht eine Vielzahl von Antibiotika zur Verfügung, die entweder von Mikroorganismen gebildet oder durch chemische Synthese gewonnen werden. Eine Reihe von Antibiotika stört die Synthese der Zellwand oder der Zellmembran, sodass sich die Bakterien auflösen. Andere greifen in den Stoffwechsel der Bakterienzellen ein (Störung der Eiweiß- oder Nukleinsäuresynthese), sodass diese nicht mehr wachsen und sich nicht teilen können.

Antibiotika wirken also entweder **bakterizid**, d.h. keimtötend, oder **bakteriostatisch**, d.h. wachstumshemmend. In beiden Fällen ist die Mithilfe des Immunsystems nötig, um die Erreger komplett zu vernichten und die Krankheit zu besiegen.

15.3.2 Nebenwirkungen

Antibiotika sind verschreibungspflichtig und dürfen nur von einem Ärzt verordnet werden. Einerseits geht es darum, ein wirksames Antibiotikum gegen den entsprechenden Erreger einzusetzen und das Medikament richtig zu dosieren; andererseits müssen mögliche Nebenwirkungen beachtet werden. Viele Menschen reagieren auf einzelne Antibiotika mit **allergischen Reaktionen**. Sie dürfen die entsprechenden Medikamente nicht einnehmen, um schwere gesundheitliche Gefahren zu vermeiden.

Darüber hinaus kann es zu **biologischen Nebenwirkungen** kommen. Da die normale Bakterienflora des Körpers durch die Antibiotikabehandlung geschädigt wird, kann es infolge einer solchen Behandlung zu einem Pilzbefall oder zu einer Infektion mit einem resistenten Keim kommen.

15.3.3 Resistenz

Staphylococcus aureus ist ein Bakterium, welches als natürlicher Bestandteil der Hautflora vorkommt sowie den Nasen- und Rachenraum besiedelt. Für einen gesunden Menschen geht davon keine Gefahr aus. Bei Menschen mit geschwächtem Immunsystem können die Bakterien gefährliche Wundinfektionen und Blutvergiftungen hervorrufen. Wie ist das möglich?

MRSA (Methicillin-resistenter Staphylococcus aureus) ist ein Bakterienstamm, der gegenüber vielen bekannten Antibiotika resistent ist (Penicilline, Cephalosporine, Carbapeneme). Dadurch wird die Behandlung erschwert. Infektionen entstehen vor allem im Krankenhaus und in Pflegeeinrichtungen, z.B. durch Katheter oder auf Wunden. Dann sind strenge Hygienemaßnahmen notwendig, um eine Ausbreitung der Infektion auf andere Patienten und das Pflegepersonal zu verhindern, u.a. Unterbringung im Einzelzimmer (Isolation) und Tragen von Schutzkleidung (Handschuhe, Kittel, Mundschutz). Erst wenn durch Abstriche der Therapieerfolg festgestellt worden ist, können die Hygienemaßnahmen gelockert werden.

Wie kann bei Bakterien eine Resistenz gegen ein Antibiotikum entstehen? Hierfür sind vier Mechanismen bekannt:

- **Mutation:** Es genügt, wenn unter vielen Millionen Bakterien eines durch Mutation gegen ein eingesetztes Antibiotikum überlebt. Dieses überlebende Bakterium vermehrt sich durch Zellteilung und gibt die Eigenschaft der Resistenz an die Tochterzellen weiter.

- **Transformation:** Sterben resistente Bakterien ab, wird deren DNA frei, z. B. in Form von Plasmiden. Sie kann von anderen Bakterien, die noch nicht resistent sind, durch die Membran aufgenommen werden. Dadurch erwerben diese selbst die Resistenz gegenüber dem Antibiotikum.

- **Konjugation:** Außerdem können sich Bakterien paarweise aneinander lagern und über Pili eine Zellverbindung aufbauen. Dieser bakterielle „Sex" ermöglicht den Austausch kurzer DNA-Stücke. Darauf befinden sich häufig die Gene, die die Antibiotikumresistenz tragen.

- **Transduktion:** Bakteriophagen sind Viren, die Bakterien befallen. Dabei können Sie auch Teilstücke des Bakterienchromosoms übernehmen und beim Befall eines anderen Bakteriums weitergeben. Bei dieser als Transduktion bezeichneten Genübertragung werden auch Resistenzgene für Antibiotika weitergegeben.

15.4 Viren als Krankheitserreger

15.4.1 Bau und Vermehrung von Viren

Viren sind viel kleiner als Bakterien und sehr einfach gebaut. Man kann nur drei Bauelemente unterscheiden (s. folgende Abbildung):

1. **Nukleinsäure:** Viren enthalten ihre genetische Information in Form von RNA oder DNA. Insofern unterscheidet man DNA-Viren und RNA-Viren. Letztere werden auch als Retroviren bezeichnet. Während die DNA meist doppelsträngig als Ring oder linear vorliegt, ist die RNA meist einsträngig und linear.

2. **Kapsid:** Ein Schutzmantel umgibt bei allen Viren die Nukleinsäure. Er ist aus Proteinen aufgebaut und wird Kapsid genannt.

3. **Hülle:** Bei einigen Viren kommt ein zweiter Schutzmantel, die Hülle, vor. Sie besteht aus Lipiden, Proteinen und Glykoproteinen. Letztere ragen wie Spikes aus der Hülle heraus.

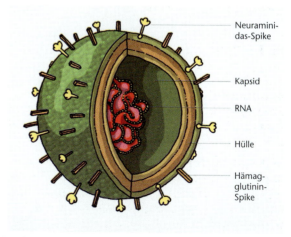

Aufbau eines Virus (Influenzavirus)

Viren können sich nicht selbst vermehren. Sie sind dazu auf eine Wirtszelle angewiesen. Insofern kann man Viren als **obligate Zellparasiten** bezeichnen. Bei der Virusvermehrung kann man fünf Phasen unterscheiden (s. folgende Abbildung), die z. B. bei einem DNA-Virus folgendermaßen ablaufen:

1. **Adsorption:** Viren können genauso wie Bakterien über verschiedene Wege in den Körper eindringen. Sie heften sich dann mit ihren Oberflächenstrukturen, die entweder auf dem Kapsid oder der Hülle liegen, an Rezeptoren ihrer Wirtszellen.
2. **Penetration:** Nun muss das Virus in die Wirtszelle aufgenommen werden. Dies geschieht meistens durch Endozytose, d. h. Einstülpung der Zellmembran.
3. **Eklipse:** Um die Virusnukleinsäure freizusetzen, muss zunächst die Ummantelung, das Kapsid, aufgelöst werden („uncoating"). Die freigesetzte DNA wandert in den Zellkern und blockiert den Stoffwechsel der Wirtszelle. Die Wirtszelle stellt nun die Virusbestandteile her: die Virusnukleinsäure sowie die Kapsid- und Hüllproteine.
4. **Montage:** Der Zusammenbau der Virusbauteile erfolgt entweder im Kern, im Zytoplasma oder an der Zellmembran der Wirtszelle. Die Anzahl der in einer Wirtszelle synthetisierten neuen Viren variiert beträchtlich. Bei Herpes-simplex-Viren sind es 50 bis 100, bei Polioviren bis zu 1.000.
5. **Ausschleusung (Freisetzung):** Die Freisetzung der Viren erfolgt entweder durch Auflösung der Zellmembran der Wirtszelle oder indem die Viren durch Exozytose ausgeschleust werden. Im ersten Fall sterben die Wirtszellen, im zweiten Fall können sie den Virusbefall überleben.

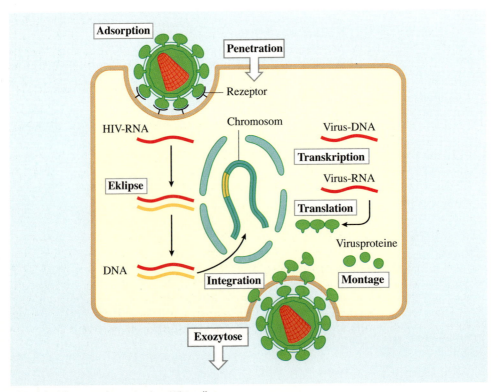

Ablauf der Virusvermehrung in einer Wirtszelle

15.4.2 Influenzaviren – Grippealarm im Winter

Die echte Grippe, hervorgerufen durch das Influenzavirus, fordert pro Jahr weltweit etwa 500.000 bis 1 Mio. Opfer, in Deutschland zwischen 8.000 und 10.000. Gefürchtet wird eine Pandemie wie die Spanische Grippe von 1918 mit 50 Mio. Todesopfern weltweit. Was macht das Influenzavirus so gefährlich?

Das Virus wird durch Tröpfcheninfektion übertragen und dringt in die Epithelzellen der Bronchien ein. Nach einer Inkubationszeit von ein bis drei Tagen treten die typischen „Grippesymptome" auf: hohes Fieber, Kopfschmerzen, Schüttelfrost, Muskel- und Gliederschmerzen sowie allgemeine Abgeschlagenheit. Durch die Schädigung des Bronchialepithels können sich dort sekundär Bakterien (Staphylococcus, Streptococcus, Haemophylus) ansiedeln, die eine Lungenentzündung hervorrufen. Dies ist die häufigste Todesursache infolge einer Influenza, besonders bei älteren Menschen.

Das Influenzavirus enthält RNA in acht Segmenten, umgeben von einem Kapsid und einer Hülle. Auf der Hülle befinden sich zwei verschiedene Arten von Spikes, die man mit H (Hämagglutinin) und N (Neuraminidase) bezeichnet (s. S. Abbildung auf S. 191). Insgesamt kennt man 16 verschiedene H- und neun verschiedene N-Varianten, woraus sich eine Vielzahl von Virus-Subtypen ergeben, z. B. H1N1 oder H3N2.

Um eine Ausbreitung des Influenzavirus zu verhindern, werden jährlich **Grippeschutzimpfungen** angeboten. Die ständige Impfkommission am Robert Koch-Institut (STIKO) empfiehlt für folgende Personengruppen eine Impfung:

- alle Personen über 60 Jahre

- Kinder, Jugendliche und Erwachsene mit erhöhter gesundheitlicher Gefährdung infolge eines Grundleidens, wie z. B. chronische Krankheiten der Atmungsorgane, chronische Herz-Kreislauf-, Leber- und Nierenkrankheiten, Diabetes und andere Stoffwechselkrankheiten, Personen mit angeborenen oder erworbenen Immundefekten

- alle Personen mit erhöhter Gefährdung, z. B. medizinisches Personal, Personen in Einrichtungen mit umfangreichem Publikumsverkehr

- Personen mit erhöhter Gefährdung durch direkten Kontakt zu Geflügel und Wildvögeln
  Eine Impfung mit dem aktuellen saisonalen humanen Influenzaimpfstoff bietet keinen direkten Schutz vor Infektionen durch den Erreger der Geflügelinfluenza, sie kann jedoch Doppelinfektionen mit den aktuell zirkulierenden Influenzaviren verhindern.

- Reisende, die zu den oben genannten Personengruppen zählen

Da die Influenzaviren ständig neue Subtypen bilden, muss der Impfstoff, der nicht unbegrenzt lagerfähig ist, jährlich neu entwickelt werden. Dazu hat die Weltgesundheitsorganisation (WHO) ein weltumspannendes Frühwarnsystem eingerichtet: Im April 2009 warnte die WHO vor dem neuartigen Grippevirustyp H1N1, auch Schweinegrippe genannt, und dem Beginn einer Pandemie mit Millionen von Toten. Es wurden weltweit große Mengen Impfstoff produziert und eine gigantische Impfkampagne rollte an. Doch die Seuche verlief glimpflich und der übrig gebliebene Impfstoff musste vernichtet werden.

EXKURS: Vogelgrippevirus

Im Winter 2005/2006 grassierte weltweit das Vogelgrippevirus H5N1. Zunächst starben daran nur Wildvögel. Sie steckten sich gegenseitig an und Zugvögel verbreiteten das Virus in kurzer Zeit über große Strecken. Dann infizierten sich die ersten Nutzvögel (Hühner, Enten). Um eine Ausbreitung des Erregers zu verhindern, wurde in Deutschland zeitweise die Stallpflicht erlassen.

Normalerweise zirkulieren Grippeviren getrennt in Vögeln, Pferden, Schweinen und Menschen. Allerdings können in seltenen Fällen Geflügelviren auch den Menschen infizieren. Schweine spielen jedoch als „Mischgefäße" (Inkubatoren) eine wichtige Rolle bei der Entstehung von Influenzasubtypen: Werden sie doppelt infiziert – vom Vogel und vom Menschen – können sich in ihnen neue eventuell gefährliche Virussubtypen bilden (s. Abbildung).

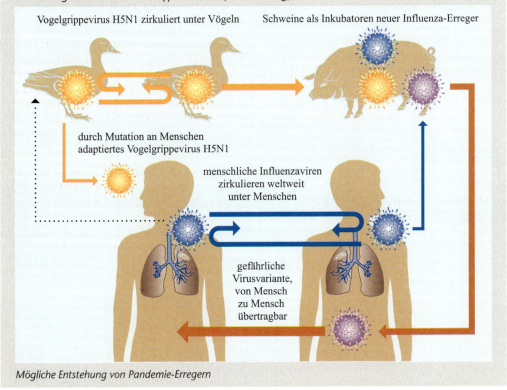

Mögliche Entstehung von Pandemie-Erregern

15.4.3 Aids – eine neue Virusinfektion

Am ersten Dezember jedes Jahres werden anlässlich des Welt-Aids-Tages die neuesten Statistiken veröffentlicht. Trotz Aufklärungskampagnen steigt die Zahl der Aidskranken weltweit. Die WHO schätzt, dass es zurzeit etwa 33 Mio. HIV-infizierte Menschen auf der Erde gibt, von denen etwa 2 Mio. pro Jahr daran sterben. Jedes Jahr infizieren sich rund 2,7 Mio. Menschen neu mit dem Aidserreger. Die Verbreitung stellt sich dabei sehr unterschiedlich dar. Vor allem im südlichen Afrika, in Teilen Südostasiens und Südamerikas sind bis zu 30 % der Bevölkerung infiziert, während in Deutschland weniger als ein Promille der Bevölkerung das HI-Virus tragen. Mit etwa 67.000 Infizierten und recht stabilen Zahlen der Neuinfektionen von ca. 3.000 pro Jahr steht Deutschland bei dieser weltweiten Epidemie relativ gut da.

Die Abkürzung „Aids" steht für den englischen Ausdruck „acquired immune deficiency syndrome" und bedeutet „erworbenes Immunschwächesyndrom". Die Krankheit ist erst seit Anfang der 1980er-Jahre bekannt. Hervorgerufen wird sie durch das **HI-Virus** (**h**uman **i**mmunodeficiency **v**irus), welches erstmalig 1983 nachgewiesen wurde. Es tritt in zwei Typen – HIV-1 und HIV-2 – sowie zahlreichen Subtypen auf. Das Virus besteht aus zwei RNA-Molekülen, die von einem Kapsid und einer Hülle mit Spikes umschlossen werden. Beide Virustypen wurden wohl infolge von Jagdverletzungen durch Tierblut auf den Menschen übertragen (Schimpansen HIV-1, Halsbandmangaben HIV-2).

Die **Übertragung** des HI-Virus erfolgt nicht durch normale Sozialkontakte wie Händeschütteln (Schmierinfektion) oder Sprechen (Tröpfcheninfektion), sondern vor allem auf folgenden Wegen: direkter Kontakt mit Blut, Blutprodukten oder anderen Körperflüssigkeiten durch offene Hautverletzungen, ungeschützter Geschlechtsverkehr, gemeinsames Benutzen von Drogenbesteck, über die Plazenta der Schwangeren auf das Ungeborene.

Das HI-Virus heftet sich an T-Lymphozyten und wird durch Endozytose in die Zelle eingeschleust. Nach dem „uncoating" muss zunächst die Virus-RNA in eine DNA umgeschrieben werden. Dies geschieht mit dem Enzym Reverse Transkriptase. Die so entstandene Virus-DNA wandert in den Zellkern der Wirtszelle und wird in deren DNA eingebaut. Die Wirtszelle stellt nun die Virusbestandteile her: die Virusnukleinsäure sowie die Kapsid- und Hüllproteine. Nach dem Zusammenbau der Virusbauteile an der Zellmembran der Wirtszelle erfolgt die Freisetzung der Viren durch Endozytose. Nun können die Viren weitere T-Lymphozyten befallen.

Innerhalb von 10 bis 30 Tagen nach der Infektion treten grippeähnliche Symptome auf: Fieber, Abgeschlagenheit, Muskelschmerzen. In diesem **Stadium I** ist der Betroffene bereits infektiös ohne schwerwiegend erkrankt zu sein. Nach etwa 14 Tagen verschwinden die grippeähnlichen Symptome, der Infizierte ist nun frei von Krankheitssymptomen. Er ist in diesem **Stadium II** jedoch weiterhin infektiös, weil er Viren in seinem Blut trägt (s. folgende Abbildung). Nach ein bis 15 Jahren tritt die **Phase III** ein, das Endstadium. Das HI-Virus breitet sich nun massenhaft aus, schädigt die T-Lymphozyten und schwächt

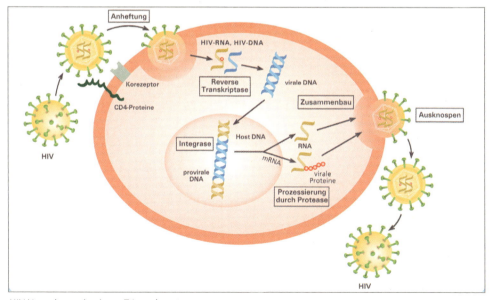

HIV-Vermehrung in einem T-Lymphozyten

dadurch das Immunsystem so stark, dass sich nun andere Erreger im Körper ausbreiten können. Das volle Krankheitsbild von Aids äußert sich durch eine rasche Folge von wiederholt auftretenden Infektionen, die ein Gesunder abwehren kann, z. B. Pilzerkrankungen, Lungenentzündung usw. Schließlich führen Tumorerkrankungen zum Tod der Patientin, z. B. das Kaposi-Sarkom, das Non-Hodgkin-Lymphom, zerebrale Lymphome.

Aids ist nach wie vor unheilbar. Es gibt aber Medikamente, die das Leben der Infizierten deutlich verlängern können. Sie setzen an verschiedenen Stadien des Viruslebenszyklus an. Allerdings zeigen sie starke Nebenwirkungen. Weltweit sind Wissenschaftler bemüht, einen Impfstoff gegen HIV zu entwickeln.

15.4.4 Viren im Überblick

Krankheit	Virus	Übertragung	Impfung
Kinderlähmung (Poliomyelitis)	Poliovirus (RNA)	Schmier- und Schmutzinfektion	ja, Schluckimpfung
Aids	HI-Virus (RNA)	nur durch Körperflüssigkeiten (Blut, Sperma)	nein
Influenza (Grippe)	Influenzavirus (RNA)	Tröpfcheninfektion	ja
FSME (Frühsommer-Meningoenzephalitis)	FSME-Virus (RNA)	Zeckenbiss	ja
Röteln	Rötelnvirus (RNA)	Tröpfcheninfektion	ja
Mumps	Mumpsvirus (RNA)	Tröpfcheninfektion	ja
Masern	Masernvirus (RNA)	Tröpfcheninfektion	ja
Tollwut	Tollwutvirus (RNA)	Biss eines tollwütigen Tieres (z. B. Fuchs)	ja
Diarrhoe	Norovirus (früher Norwalk-ähnliches Virus) (RNA)	Schmier- und Schmutzinfektion	nein
Ringelröteln	Parvovirus (DNA)	Tröpfcheninfektion, Blut, Schwangerschaft	nein
Gebärmutterkrebs	Papillomavirus (DNA)	Intimverkehr	ja
Herpesbläschen	Herpes-simplex-Virus (DNA)	Intimverkehr, Küsse, Schmierinfektion	nein
Pocken	Pockenvirus (DNA)	Tröpfcheninfektion	ja
Leberentzündungen (Hepatitis), verschiedene Viren	Hepatitis-A-Virus (RNA)	Schmier- und Schmutzinfektion	ja, vor Tropenreisen
	Hepatitis-B-Virus (DNA)	Blut, ärztliches Gerät	ja
	Hepatitis-C-Virus (DNA)	Blut, Drogenbesteck	nein

15.4.6 Steckbrief

Man kann die verschiedenen Virusinfektionen übersichtlich in Form von Steckbriefen zusammenfassen. Dies soll hier am Beispiel von Röteln vorgestellt werden.

Steckbrief Röteln	
Erreger	Rötelnvirus (RNA)
Übertragungswege	Tröpfcheninfektion
Inkubationszeit	14 bis 21 Tage
Krankheitsverlauf	meist leichter Verlauf mit Fieber, Atemwegsentzündungen; danach auffällige Gesichtsrötung und Hautausschlag, der zwei bis drei Tage anhält **besondere Gefährdung:** Bei Infektion innerhalb der ersten bis 18. Schwangerschaftswoche besteht das Risiko von Missbildungen beim Kind (z. B. Augen- und Herzfehler, Taubheit), Früh- oder Fehlgeburten.
Ansteckung	von sieben Tagen vor bis fünf Tage nach Auftreten des Hautausschlages
Immunität	nach Erkrankung vermutlich lebenslänglich
Impfung (gemäß STIKO-Empfehlung)	zwei Impfungen in Kombination mit Masern und Mumps: 1. Impfung im Alter von 11 bis 14 Monaten, 2. Impfung 4 Wochen nach der ersten, Auffrischung nicht erforderlich Ungeschützte Erwachsene erhalten bei Notwendigkeit eine Impfung.

Exkurs: Prionen

*„Prion" steht für „**pr**oteinaceous **i**nfectious partic**e**ls", also proteinartige infektiöse Partikel. Es sind Proteine, die Infektionskrankheiten bei Tieren und beim Menschen auslösen können. Bis zu ihrer Entdeckung 1982 hatte man dies für unmöglich gehalten und angenommen, dass für das Auslösen einer Infektionskrankheit mindestens – wie bei Viren – eine Nukleinsäure vorhanden sein muss, die die genetische Information für die Vermehrung des Erregers trägt.*

*Das Prionprotein kommt im Gehirn und Nervensystem von allen Säugern vor. Seine Funktion ist bisher unbekannt. Es ist grundsätzlich nicht pathogen. Durch **Strukturveränderung** kann es sich in seine infektiöse Form umwandeln. Wird es von einem Wirtsorganismus aufgenommen, gelangt es vom Darm über das Lymphsystem ins Gehirn, wo es sich in Plaques ablagert und die schwere Erkrankung auslöst.*

*Mitte der 1980er-Jahre erkrankten in England etwa 200.000 Rinder am „Rinderwahnsinn" BSE (**b**ovine **s**pongiform **e**ncephalopathy). Um die Ausbreitung der Seuche einzudämmen, mussten rund drei Mio. Rinder getötet und verbrannt werden. Ausgelöst wurde die BSE-Epidemie in England, indem man mit Prionen infiziertes Tiermehl unter das Futter der Kühe mischte, die natürlicherweise bekanntlich Vegetarier sind. Die Verfütterung von Tiermehl an Vegetarier ist mittlerweile verboten und BSE so gut wie ausgerottet.*

Prionen können also oral mit infizierter Nahrung aufgenommen werden. Dies ist auch für die beim Menschen vorkommende Creutzfeldt-Jakob-Krankheit (CJK) nachgewiesen.

15.5 Pilze – nützlich oder schädlich?

Pilze kommen überall in der Natur vor. Es sind Eukaryoten, die sich von organischen Stoffen, vorzugsweise von abgestorbenen Tieren und Pflanzen ernähren. So tragen sie in der Natur wesentlich zum Abbau von Biomasse bei und sind als **Destruenten** ein wichtiger Teil des biologischen Stoffkreislaufs.

Der Mensch macht sich Pilze vielfältig bei der **Herstellung von Nahrungsmitteln** zunutze, z. B. beim Brauen alkoholischer Getränke wie Bier und Wein oder bei der Brot- und Käseherstellung. Darüber hinaus dienen Pilze der industriellen **Produktion von Medikamenten** wie Antibiotika. Allerdings können Pilze auch Krankheiten hervorrufen. Während Speisepilze wie der Champignon eine Mahlzeit verfeinern, rufen Giftpilze akute, zum Teil tödliche **Intoxikationen** hervor. Manche Pilze, z. B. Schimmelpilze, können schwere **Allergien** auslösen. Bestimmte Pilze befallen Haut, Schleimhäute, Nägel, Haare oder innere Organe. Solche Pilzinfektionen nennt man **Mykosen.**

Hefepilze

Hefepilze sind einzellige Lebewesen, die sich ungeschlechtlich durch Sprossung fortpflanzen. Sie kommen vorzugsweise auf zuckerhaltigem Substrat wie z. B. Obst vor.

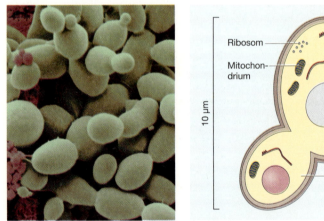
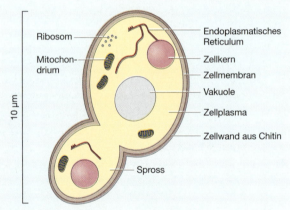

Sprossende Hefezellen (links: unterm Rasterelektronenmikroskop, rechts: schematisch)

Hefepilze der Gattung Candida gehören zur natürlichen Flora des Darmtrakts. Normalerweise lösen sie keine Erkrankung aus. Bei abwehrgeschwächten Menschen kann es aber zu einer Besiedlung der Vaginalschleimhaut oder der Mundschleimhaut kommen. Die Krankheitsbilder nennt man Vaginal- bzw. Mundsoor.

- **Vaginalsoor** äußert sich durch Brennen und Juckreiz sowie Ausfluss. Bei der Behandlung mit Antimykotika sollte der Partner mit einbezogen werden, um eine Reinfektion zu vermeiden. Betroffene Schwangere sollten vor der Entbindung behandelt werden, damit das Neugeborene sich nicht während der Geburt mit dem Pilz infiziert.

- **Mundsoor** ist an weißlichen Belegen der Mundschleimhäute zu erkennen. Unbehandelt kann sich der Pilz bis in die Speiseröhre ausbreiten und Schluckbeschwerden auslösen. Gefährdet sind abwehrgeschwächte Menschen oder Patienten, die mit Chemotherapeutika in Behandlung stehen.

Aspergillus

Dieser Pilz wächst z. B. auf verrottendem Pflanzenmaterial (z. B. in der Biotonne), aber auch auf Lebensmitteln (z. B. auf Toastbrot). Er bildet ein langes, verzweigtes Geflecht aus Pilzfäden, welches das gesamte Substrat durchdringt. Man nennt es **Mycel**. Die einzelnen Pilzzellen des Mycels sind von einer Zellwand umgeben, die das Zellplasma mit dem Zellkern und den anderen Zellorganellen umschließt. Auf der Oberfläche des Substrats bilden sich charakteristische **Fruchtkörper**. Das ist der weiße oder blaugrüne Belag, den man mit bloßem Auge z. B. auf

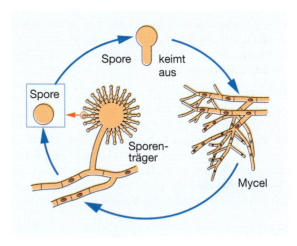

Vermehrung von Aspergillus

verschimmelten Lebensmitteln sieht. Darin entstehen **Sporen**, die freigesetzt und durch die Luft weit fortgetragen werden können. Stoßen sie auf optimale Wachstumsbedingungen wie Nährstoffe, Feuchtigkeit und Wärme, entstehen aus diesen Sporen neue Pilze.

Die Infektion mit Aspergillus erfolgt entweder durch Inhalation der Sporen oder durch direkten Kontakt mit dem Pilz. Einerseits kann es zu allergischen Reaktionen der Atmungsorgane mit Atembeschwerden und Auswurf kommen, andererseits besiedelt der Pilz die Schleimhäute oder die Haut vor allem an verletzten Stellen.

Die Mycele von Aspergillus dringen für das menschliche Auge unsichtbar tief in das Substrat (z. B. das Toastbrot) ein und scheiden dabei **Aflatoxine** aus. Diese Gifte schädigen die Leber und können Krebs auslösen. Insofern genügt es nicht, den oberflächlich sichtbaren Teil des Pilzes, den Fruchtkörper, zu beseitigen. Vom Pilz befallene Lebensmittel dürfen nicht gegessen, sondern müssen komplett entsorgt werden.

Tinea

Pilze, die die Haut und ihre Anhangsorgane wie Nägel und Haare besiedeln, nennt man **Dermatophyten**. Die Übertragung erfolgt von Mensch zu Mensch vor allem in Schwimmbädern, Turnhallen und Gemeinschaftsumkleideräumen. Begünstigt werden die Infektionen durch Verletzungen und Risse in der Haut, erhöhte Feuchtigkeit (z. B. Schweißfüße) und schlechte Durchlüftung, z. B. durch zu enge Schuhe. Der Fußpilz (Tinea pedis) gehört zu den häufigsten Infektionskrankheiten des Menschen. Auch Pilzinfektionen der Nägel (Tinea unguium) und der Kopfhaut (Tinea capitis) sind weit verbreitet.

Vor Fußpilz kann man sich schützen, indem man nach dem Baden oder Duschen die Füße gründlich abtrocknet, insbesondere die Zehenzwischenräume. Auch das Desinfektionsmittel aus Fußduschen in Schwimmbädern muss nach der Einwirkzeit gründlich abgetrocknet werden.

15.6 Protozoen – tierische Erreger

Protozoen sind einzellige Lebewesen, die in Gewässern weit verbreitet sind. Zu ihnen gehören beispielsweise die Pantoffeltierchen, die sich mit Cilien aktiv fortbewegen können und ihre Nahrung (z. B. Algen) mit Cilien in eine Öffnung, Zellmund genannt, befördern. Zu den Protozoen gehört aber auch eine Reihe von Erregern schwerer Infektionskrankheiten, von denen im Folgenden einige vorgestellt werden.

Malaria

Immer wieder kehren Touristen aus tropischen Gebieten mit Malaria zurück. In Deutschland erkranken jährlich rund 3.000 Menschen daran, von denen etwa 30 sterben. In tropischen Gebieten gehört die Malaria zu den am weitesten verbreiteten Infektionskrankheiten mit ca. 200 Mio. Neuinfektionen pro Jahr und ein bis zwei Mio. Sterbefällen. In Europa gilt die Malaria als ausgerottet.

Die Malaria nennt man auch Sumpf- oder Wechselfieber. Die Erreger, mehrere Arten von **Plasmodien**, werden von der weiblichen Anophelesmücke beim Blutsaugen auf den Menschen übertragen. Sie gelangen über das Blut in die Leber und vermehren sich dort. Nach 10–40 Tagen schwärmen sie ins Blut zurück und dringen in rote Blutkörperchen ein, wo sie sich weiter massenhaft vermehren. Es dauert je nach Art des Malariaerregers 48–72 Stunden, bis die Blutzellen zerfallen und die Erreger neue Erythrozyten aufsuchen. In diesem Rhythmus treten beim Erkrankten Fieberschübe mit bis zu 40 °C auf.

Parallel zur massenhaften Vermehrung des Erregers entwickeln sich sowohl männliche als auch weibliche Geschlechtszellen. Wird der Erkrankte erneut von einer Anophelesmücke gestochen, gelangen diese in die Mücke. Hier verschmelzen die Geschlechtszellen innerhalb von einer bis fünf Wochen und es entstehen neue infektiöse Erreger.

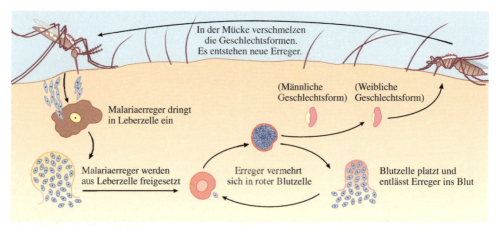

Vermehrung der Malariaerreger

Die Bekämpfung der Malaria wird erschwert, weil die Anophelesmücke zunehmend Resistenzen gegen Insektenschutzmittel und die Plasmodien gegen Chemotherapeutika entwickeln. Mückenabwehr stellt daher eine wichtige Prävention dar. Dazu gehören die Bekämpfung der Mückenlarven in stehenden Gewässern sowie die Benutzung von Moskitonetzen zum Schlafen, da die Anophelesmücken nur nachts stechen.

Amöbenruhr

Amöben sind einzellige Lebewesen ohne feste Gestalt. Sie bilden sogenannte Scheinfüßchen aus, mit denen sie ihre Nahrung umfließen und so in die Zelle aufnehmen. Sie können Dauerstadien bilden, sogenannte Zysten. Viele Amöbenarten sind für den Menschen ungefährlich. Allerdings rufen Amöben der Gattung **Entamoeba** schwere Durchfallerkrankungen hervor.

In tropischen Ländern kann man sich mit fäkal verunreinigtem Trinkwasser, rohem Obst oder Gemüse anstecken. Amöben breiten sich in Darm und Leber aus und können krampfartige Bauchschmerzen und blutig-schleimige Durchfälle auslösen.

Die WHO schätzt die Zahl der Neuinfektionen pro Jahr auf bis zu 50 Mio. mit 40.000 bis 80.000 Sterbefällen. Akute Erkrankungen müssen mit Chemotherapeutika behandelt werden. In tropischen Ländern sollte man fäkal verunreinigtes Wasser und Lebensmittel meiden. Der eindringliche Tipp lautet: „Koch es, wasch es oder lass es!"

Toxoplasmose

Toxoplasma gondii ist ein sichelförmig gebogener Einzeller, der im Gewebe von Menschen und warmblütigen Tieren vorkommt. Der Einzeller kann Dauerstadien bilden, sogenannte Zysten. Katzen scheiden mit dem Kot eiförmige Dauerstadien aus, die Oozysten. Die Übertragung auf den Menschen geschieht vor allem durch den Verzehr von rohem oder ungenügend erhitztem Fleisch, z. B. Hackfleisch. Außerdem können durch Schmierinfektion Oozysten aus Katzenkot aufgenommen werden, z. B. beim Reinigen des Katzenklos. Eine Infektion verläuft beim Menschen meist ohne Symptome. Je nach Alter sind bis zu 70 % der Bevölkerung mit Toxoplasmose infiziert.

Gefährlich ist eine **Erstinfektion** mit Toxoplasmose **in der Schwangerschaft.** Je nach Zeitpunkt der Infektion kann es zur Fehl- oder Frühgeburt oder aber zu schweren Schädigungen des Kindes kommen (Hydrozephalus, Wasserkopf). Deshalb sollten Schwangere auf den Genuss von rohem Fleisch verzichten und besondere Hygienemaßnahmen beim Umgang mit Tieren sowie bei der Gartenarbeit beachten. Grundsätzlich sollten Sandkisten vor Katzen geschützt werden.

Durch eine Blutentnahme zu Beginn der Schwangerschaft kann man frühzeitig feststellen, ob bereits Antikörper (Abwehrstoffe) gegen Toxoplasmose gebildet wurden. Diese Leistung ist nicht Bestandteil der routinemäßigen Mutterschaftsvorsorge, sodass die Schwangere die Kosten hierfür selbst tragen muss.

Trichomonas

Trichomonas vaginalis ist ein Einzeller mit fünf Geißeln und einer beweglichen Membran, wodurch der nur beim Menschen vorkommende Parasit aktiv beweglich ist. Er lebt im Geschlechts- und Ausscheidungstrakt von Mann und Frau und ruft dort Entzündungen und Ausfluss hervor. Die Übertragung erfolgt beim Geschlechtsverkehr. Die WHO schätzt, dass weltweit etwa 200 Mio. Menschen jährlich infiziert werden. Die Infektion wird mit Chemotherapeutika behandelt, wobei auch der Geschlechtspartner einzubeziehen ist.

15.7 Immunsystem

Dringen z. B. Bakterien, Viren oder Pilze in den Körper ein, so können sie – wie in den vorangegangenen Kapiteln beschrieben – die Zellen und Gewebe schädigen und sogar zum Tod des Organismus führen. Deshalb besitzt der Körper ein dicht gestaffeltes Abwehrsystem. Es erkennt und identifiziert die eingedrungenen Fremdkörper, die man zusammenfassend als **Antigene** bezeichnet, und bekämpft sie. So schützt das **Immunsystem** im Normalfall sicher vor den meisten Infektionskrankheiten. Nur wenn das Abwehrsystem geschwächt ist oder neuartige oder besonders aggressive Erreger in den Körper eindringen, kommt es zum Ausbruch entsprechender Krankheiten.

Das Immunsystem besteht aus zwei Teilsystemen: Die **unspezifische Abwehr** reagiert schnell auf jede Art von eingedrungenen Erregern. Die **spezifische Abwehr** kommt zwar erst mit einer Zeitverzögerung von einigen Tagen bis Wochen in Gang, bekämpft aber mit gezielten Waffen sehr wirksam die Krankheitserreger im Körper. Beide Teilsysteme arbeiten bei der Bekämpfung von Krankheitserregern eng zusammen.

15.7.1 Organe des Immunsystems

Im **Knochenmark** entstehen aus Stammzellen unreife Abwehrzellen. Sie wandern über das Blut in den Thymus, wo sie ausdifferenzieren. Im **Thymus** sterben bis zu 90 % der Abwehrzellen ab. Nur reife Abwehrzellen, die fremde Antigene erkennen und von eigenen Zellen unterscheiden können, verlassen den Thymus und durchwandern Blut- und Lymphgefäße, immer auf der Suche nach Fremdkörpern. **Lymphknoten** haben die Form und Größe einer Bohne. Man findet sie verteilt im ganzen Körper. Sie sind mit dem weit verzweigten Netz von **Lymphgefäßen** verbunden. Lymphknoten und Lymphgefäße sind dafür zuständig, Antigene, die in ihren jeweiligen Körperbereich eingedrungen sind, durch gezielte Abwehrmaßnahmen un-

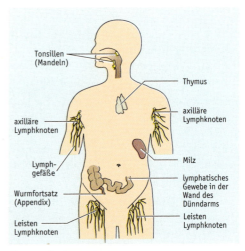

Organe des Immunsystems

schädlich zu machen. Man kann den Abwehrkampf häufig an der Schwellung der Lymphknoten erkennen. Die Mandeln (Tonsillen) gehören ebenfalls zum Lymphsystem. In der **Milz** werden Antigene, die in die Blutbahn eingedrungen sind, herausgefiltert. Sie enthält große Mengen an weißen Blutkörperchen.

15.7.2 Äußere Schutzbarrieren

Schon beim Versuch, in den menschlichen Körper einzudringen, scheitern die meisten Krankheitserreger an den äußeren Schutzbarrieren des Organismus: So enthalten der Speichel, die Tränenflüssigkeit und der Schleim der Bronchien das Enzym **Lysozym**, welches die Zellwände von Bakterien zerstören kann. Der **Säureschutzmantel** der Haut, das saure

Milieu der Scheide und die Salzsäure des Magens wirken bakterizid. Auch die Besiedlung des Körpers mit harmlosen Bakterien schützt vor Krankheitserregern. Diese **Normalflora** der Haut und des Darms verhindert nämlich die Ansiedlung gefährlicher Erreger. Darüber hinaus sind **mechanische Schutzeinrichtungen** sehr effektiv: So befördern z. B. die Flimmerhärchen der Atemwege mit der Atemluft eingedrungene Erreger und Fremdkörper wieder aus dem Körper heraus. Der Harn spült immer wieder Krankheitserreger aus den Harnwegen, sodass sie sich dort nicht ansiedeln und vermehren können.

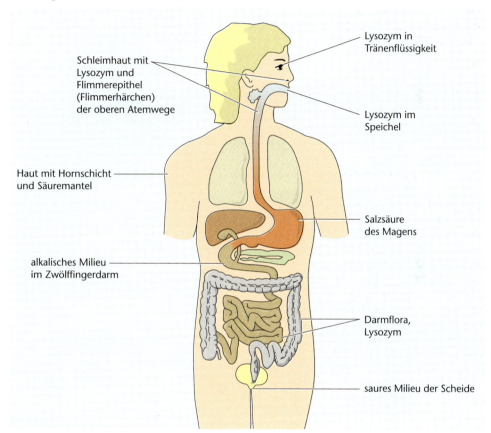

Äußere Schutzbarrieren des menschlichen Körpers

15.7.3 Unspezifische Abwehr

Gelingt es Krankheitserregern, die äußeren Schutzbarrieren zu überwinden und in den Körper einzudringen, so werden sie sofort von speziellen weißen Blutzellen angegriffen: Es sind die **neutrophilen Granulozyten** und die **Makrophagen.** Nur ein kleiner Teil von ihnen hält sich im Blut auf. Der größte Teil durchwandert die Lymphgefäße und -organe sowie die Zwischenzellflüssigkeit. So patrouillieren sie ständig durch den gesamten Körper auf der Suche nach Eindringlingen.

Wie können die weißen Blutzellen überhaupt körpereigene von fremden Zellen unterscheiden? Jede Körperzelle trägt ihren „Personalausweis" in Form von bestimmten Proteinstrukturen auf der Zelloberfläche ständig mit sich. Man nennt diese Proteinstrukturen

Hauptgewebeverträglichkeitskomplex (MHC, major histocompatibility complex). Die Proteinstrukturen sind bei jedem Menschen anders, nur bei eineiigen Zwillingen sind sie gleich.

Treffen nun die Abwehrzellen bei ihrer Streife auf einen Fremdkörper, so heften sie ihn an ihrer Zellmembran fest, stülpen diese ein und schließen den Erreger in eine kleine Blase ein. Mithilfe von Lysozym wird er anschließend abgebaut. Man nennt sie deshalb auch Fresszellen oder **Phagozyten**.

Besonders effizient sind die Phagozyten im Zusammenspiel mit dem sogenannten **Komplementsystem**. Dieses besteht aus den neun Faktoren C1–C9. Dabei handelt es sich um inaktive Plasmaproteine, die sich im Falle einer Infektion in einer Kettenreaktion gegenseitig aktivieren. Sobald sich die aktiven Faktoren C3 und C5 gebildet haben, werden Phagozyten angelockt. Durch diese Chemotaxis finden sie gezielt die eingedrungenen Erreger. Der aktive Faktor C3 bindet sich an die Zelloberfläche von Fremdzellen. Durch diese als **Opsonierung** (= schmackhaft machen) bezeichnete Markierung wird die Phagozytose durch die Fresszellen unterstützt. Schließlich bilden die Faktoren C5–C9 Zytokin. Es reißt eine Art Tunnel in die Membran der Fremdzelle, durch den diese „ausläuft".

Natürliche Killerzellen (NK-Zellen) können virusinfizierte und tumorbefallene Körperzellen erkennen. Auch hierbei spielt der Hauptgewebeverträglichkeitskomplex (MHC) eine wichtige Rolle. Grundsätzlich sind Viren, die in eine Körperzelle eingedrungen sind, für Abwehrzellen nicht mehr zu erkennen. Allerdings können die befallenen Zellen auf ihrer Oberfläche Teile des Virus zusammen mit MHC-Molekülen präsentieren. Die so gekennzeichneten Zellen werden dann von NK-Zellen als infiziert erkannt und vernichtet. Durch dieses Opfer eigener Zellen werden viele andere Körperzellen vor dem Befall von Viren oder Tumoren bewahrt.

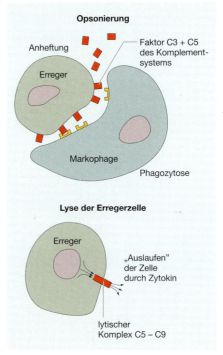

Unspezifische Abwehr eines Erregers durch Phagozytose

Die unspezifische Abwehr setzt sich also aus folgenden Komponenten zusammen:

Komponente	Aufgabe
zelluläre Komponenten: • Makrophagen • neutrophile Granulozyten • natürliche Killerzellen (NK-Zellen)	• Phagozytose von Fremdkörpern • Phagozytose von Fremdkörpern • Zerstörung virus- oder tumorbefallener Zellen
humorale (nicht zelluläre) Komponenten: • Komplement • Zytokin • Lysozym	• Anlockung, Opsonierung, Auflösung • Zellschädigung • Abbau, Auflösung von Fremdkörpern

15.7.4 Spezifische Abwehr

Die spezifische Abwehr zeichnet sich gegenüber der unspezifischen durch zwei Besonderheiten aus:

- Die Erreger können genau identifiziert und mit **passenden Antikörpern** gezielt unschädlich gemacht werden. Allerdings benötigt der Körper bei der Erstinfektion mit dem Erreger einige Zeit für die Produktion der spezifischen Antikörper. Insofern fühlt man sich in diesen ersten fünf bis sieben Tagen nach der Infektion besonders matt und krank.

- Die Fähigkeit zum Bau der erregerspezifischen Antikörper wird in **Gedächtniszellen** gespeichert, sodass sie bei einer Folgeinfektion sofort in großen Mengen zur Verfügung stehen. Diese Infektion verläuft dann meist ohne Krankheitssymptome. Man sagt, man sei nach überstandener Erstinfektion immun gegen diesen Erreger geworden.

T-Lymphozyten spielen eine wichtige Rolle bei der spezifischen Abwehr. „T" steht für Thymus, den Ort, an dem diese Lymphozyten, die im Knochenmark gebildet werden, zu immunkompetenten Zellen heranreifen. Sie besitzen dann auf ihrer Oberfläche Strukturen, mit denen sie bestimmte Antigene identifizieren können. Man kann verschiedene Arten von T-Zellen unterscheiden.

Wenn eine **T-Helferzelle** ein zu ihr passendes Antigen erkannt hat, löst sie Alarm aus, indem sie Botenstoffe (Zytokine) freisetzt. Dadurch werden einerseits **zytotoxische T-Zellen** aktiviert, die in der Lage sind, die eingedrungenen Erreger direkt zu vernichten. Andererseits veranlassen die T-Helferzellen sogenannte **B-Zellen** zur Produktion spezifischer, genau zum jeweiligen Antigen passender Antikörper. „B" steht für „bone", weil diese Zellen im Knochenmark entstehen und heranreifen.

Antikörper, auch Immunglobuline genannt, sind spezifische Abwehrstoffe, die wie ein Schlüssel zum Schloss genau auf einzelne Erreger spezialisiert sind. Bei der spezifischen Abwehr spielen vor allem zwei Immunglobuline eine wichtige Rolle. Das **Immunglobulin M** (IgM) besitzt viele Bindungsstellen für Antigene und kann damit mehrere Erreger verbinden. Man nennt diese Verbindung **Antigen-Antikörper-Komplex**. Die verklumpten Fremdzellen werden dann von Makrophagen aufgenommen und vernichtet. Das **Immunglobulin G** (IgG) wird in großen Mengen vor allem bei erneuten Infektionen mit demselben Erreger gebildet. Es aktiviert das Komplementsystem und fördert dadurch die Aufnahme der Erreger durch die Makrophagen. IgG kann die Plazenta passieren und sorgt bei Neugeborenen für den sogenannten „Nestschutz" vor Infektionskrankheiten.

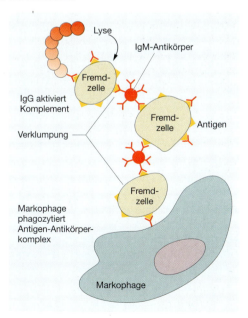

Antigen-Antikörper-Reaktion

Nach der Beseitigung der Erreger leiten **T-Supressorzellen** das Ende des Abwehrkampfes ein, indem sie die Aktivitäten der T-Helferzellen dämpfen. Schließlich sorgen **T-Gedächtniszellen** dafür, dass bei einer erneuten Infektion mit demselben Erreger ohne Verzögerung Antikörper gebildet werden. Sie speichern sozusagen den Bauplan dafür. Die spezifische Abwehr setzt sich also aus folgenden Komponenten zusammen:

Komponente	Aufgabe
zelluläre Komponenten: • T-Helferzellen • zytotoxische T-Zellen • T-Supressorzellen • T-Gedächtniszellen • B-Zellen	• Aktivierung zytotoxischer T- und B-Zellen • Vernichtung von Fremdzellen • Bremsen/Beenden des Abwehrkampfes • Speicherung des Bauplans für spezifische Antikörper • Produktion von Antikörpern
humorale Komponenten: • Antikörper • Zytokine	• Verklumpen der Erreger durch Antigen-Antikörper-Komplex • Aktivierung zytotoxischer T- und B-Zellen

15.8 Entgleisungen des Immunsystems

15.8.1 Allergien

Allergien sind **Überempfindlichkeitsreaktionen** des Immunsystems auf bestimmte Antigene, wie z. B. Pollen, Tierhaare, Früchte oder Arzneimittel. Dabei sind dies nur die Träger allergieauslösender Moleküle, die auf ihnen haften. Entsprechend veranlagte Menschen entwickeln die Überempfindlichkeit nach dem Erstkontakt mit dem als **Allergen** bezeichneten Antigen, indem sie spezifische Antikörper dagegen bilden, sie werden als **IgE** bezeichnet. Man nennt diese Phase **Sensibilisierung.**

Bei erneutem Kontakt mit dem Allergen werden die IgE-Antikörper massenhaft produziert und lösen innerhalb von Sekunden bis Minuten die zum Teil heftige allergische Reaktion aus. IgE-Antikörper heften sich an Mastzellen und veranlassen diese, den Botenstoff **Histamin** freizusetzen. Das Histamin verursacht u. a. folgende Reaktionen im Körper:

- Erweiterung der Blutgefäße und Zunahme der Durchblutung, Blutdruckabfall
- Erhöhung der Durchlässigkeit der Blutkapillaren, Austritt von Blutflüssigkeit und Ödembildung
- Kontraktion der Bronchialmuskulatur mit Atemnot

Allergische Reaktionen können örtlich begrenzt bleiben, z. B. Hautschwellung und Juckreiz nach einem Insektenstich oder Heuschnupfen nach Kontakt mit Gräserpollen. Sie können aber auch heftige Reaktionen mit Blutdruckabfall und Kreislaufkollaps verursachen. Es tritt dann der gefürchtete **anaphylaktische Schock** ein, der sofort notärztlich behandelt werden muss.

In Deutschland leidet etwa jeder Vierte an einer Allergie, also etwa 15–20 Mio. Menschen. Die Veranlagung, eine Allergie zu bekommen, ist erblich. Wenn die Eltern Allergiker sind, entwickeln die Kinder später mit einer Wahrscheinlichkeit von 50–70 % ebenfalls eine Allergie. Ist nur ein Elternteil betroffen, bleibt immerhin noch ein Risiko von 30–40 %.

Allergien können sich bei fortwährendem Kontakt mit dem Allergen verschlimmern. So kann z. B. aus Heuschnupfen Asthma entstehen. Deshalb sollten Allergiker dem Allergen nach Möglichkeit aus dem Weg gehen, indem sie z. B. den Kontakt zu entsprechenden Tieren meiden, auf den Verzehr der allergieauslösenden Früchte verzichten usw. Außerdem stehen heute **Antihistaminika** zur Verfügung. Das sind Arzneimittel, die die Wirkung von Histamin aufheben, indem sie die entsprechenden Rezeptoren auf den Mastzellen besetzen, an die sich normalerweise das Histamin anlagert. Schließlich besteht die Möglichkeit der **Desensibilisierung.** Dazu werden dem Allergiker in einer langwierigen Behandlung wiederholt steigende Mengen des Allergens unter die Haut gespritzt. Dadurch soll die Bildung von IgG-Antikörpern angeregt werden. Diese sollen dann das Allergen abfangen und die Bildung von IgE und die Ausschüttung von Histamin verhindern.

15.8.2 Autoimmunerkrankungen

Normalerweise werden aus dem Thymus nur solche Abwehrzellen in die Blut- und Lymphbahnen freigesetzt, die zwischen „selbst" und „fremd" unterscheiden können. Allerdings kommt es vor, dass diese Unterscheidungsfähigkeit verloren geht. Es treten dann Autoimmunkrankheiten auf: Das Immunsystem bildet Antikörper gegen körpereigene Strukturen, greift diese an und schädigt sie. Die Ursachen für diese Störungen sind weitgehend unbekannt. Möglicherweise können sich infolge von Virusinfektionen körpereigene Strukturen so verändern, dass sie als „fremd" angesehen werden. Beispiele für Autoimmunerkrankungen sind: die Basedow-Krankheit, bei der es zu übermäßiger Produktion von Schilddrüsenhormonen kommt, chronisches Gelenkrheuma, chronische Dickdarmentzündungen oder Diabetes mellitus Typ I.

15.9 Transplantationen

Nach dem Verwandtschaftsgrad zwischen Spender und Empfänger kann man vier Möglichkeiten von Transplantationen unterscheiden:

- **autologe Transplantation:** Überträgt man körpereigenes Material von einer Stelle eines Individuums auf eine andere (z. B. Haut vom Arm auf das verletzte Gesicht) sind Spender und Empfänger identisch.
- **isologe Transplantation:** Spender und Empfänger sind zwar unterschiedliche Personen, aber genetisch gleich. Beim Menschen kommen dafür nur eineiige Zwillinge in Betracht. Isologe Transplantationen stellen deshalb in der Humanmedizin seltene Ausnahmefälle dar.
- **allogene Transplantation:** Spender und Empfänger sind genetisch unterschiedliche Personen der gleichen Art. Es ist die in der Humanmedizin am häufigsten angewendete Transplantationsform.
- **heterologe Transplantation** (auch Xenotransplantation genannt): Hierbei gehören Spender und Empfänger verschiedenen Arten an. Aufgrund des Mangels an Spenderorganen werden schon heute Herzklappen von Schweinen als Alternative zu mechanischen verwendet.

Abstoßungsreaktion

Während autologe und isologe Transplantationen meist ohne Probleme verlaufen, kommt es bei allogenen und erst recht bei heterologen Transplantationen immer zu Abstoßungsreaktionen. Die T-Lymphozyten erkennen an der MHC-Struktur (s. S. 204) das fremde Gewebe und veranlassen die Bildung von entsprechenden Antikörpern. Um Abstoßungsreaktionen bei allogenen Transplantationen zu vermeiden, werden schon im Vorfeld der Operation Spender- und Empfängergewebe auf **Übereinstimmung** hin untersucht. Trotz größtmöglicher Übereinstimmung muss nach der Transplantation die Immunabwehr des Transplantats unterdrückt werden. Dies kann durch Ganzkörperbestrahlung und den Einsatz von Medikamenten geschehen, die die Tätigkeit der T-Lymphozyten unterdrücken. Diese **Immunsupression** macht allerdings den Patienten anfällig für andere Erreger, weshalb er unter sterilen Bedingungen von der Außenwelt abgeschirmt werden muss.

Besondere Probleme bereiten allogene Knochenmarkstransplantationen. Da im Knochenmark die Abwehrzellen gebildet werden, produziert das transplantierte Spendergewebe Abwehrzellen gegen den Empfänger.

Spenderorgane und -gewebe

In Deutschland werden pro Jahr kapp 5.000 Organtransplantationen durchgeführt (s. S. 168). Darüber hinaus werden vor allem folgende **Gewebe** transplantiert: Hornhaut des Auges, Haut, Knochen, Bindegewebe, Sehnen, Herzklappen und Blutgefäße.

Ablauf einer Organspende (Quelle: DSO)

Man unterscheidet zwischen Lebendspende und postmortaler Spende. Für die **Organspende im Todesfall** gelten gemäß **Transplantationsgesetz** und **Gewebegesetz** besondere Voraussetzungen:

- Der Tod des Verstorbenen muss medizinisch zweifelsfrei festgestellt werden, indem zwei qualifizierte Ärzte unabhängig voneinander den Hirntod bescheinigen.

- Für die Entnahme des Organs oder Gewebes muss die Einwilligung des Verstorbenen vorliegen. Dies kann man in einem Organ- und Gewebespendeausweis oder in einer Patientenverfügung dokumentieren. Die Entscheidung ist übrigens jederzeit widerrufbar.
  International liegt Deutschland mit 14,8 Organspendern pro eine Mio. Einwohner im unteren Drittel. Angeführt wird die Organspendestatistik von folgenden Ländern: Spanien (34,2), Portugal (26,7), Belgien (25,2), Frankreich (24,7) und USA (24,0). Die Ursache hierfür sind unterschiedliche gesetzliche Regelungen: Zustimmungsregelung, erweiterte Zustimmungsregelung, Widerspruchsregelung und erweiterte Widerspruchsregelung.

- Der Handel mit Organen oder Geweben ist nach dem Transplantationsgesetz ausdrücklich verboten. Die Daten des Spenders werden anonymisiert und die Organe und Gewebe nach medizinischen Tests verteilt. Dabei sind neben der Gewebeverträglichkeit die weiteren Erfolgsaussichten und die Dringlichkeit von Bedeutung. Die Verteilung der Organe und Gewebe erfolgt in der EU durch die im niederländischen Leiden angesiedelte Organisation Eurotransplant.

AUFGABEN

1. Informieren Sie sich über die sogenannten Millenniums-Entwicklungsziele (z. B. unter www.bmz.de) und berichten Sie, wie man damit die Infektionskrankheiten weltweit eindämmen will.

2. Erläutern Sie die unterschiedlichen Übertragungswege von Erregern in den Körper.

3. Aufgaben zu Bakterien:
   a Nennen Sie die Bestandteile einer Bakterienzelle sowie deren Funktionen.
   b Erläutern Sie die Phasen der Bakterienvermehrung in einer Zellkultur.
   c Nennen Sie die Wachstumsbedingungen für Bakterien.
   d Erläutern Sie die vier Phasen einer bakteriellen Infektion am Beispiel der Salmonellose.
   e Erstellen Sie Steckbriefe für die in der Tabelle auf S. 188 f. genannten Bakterien.

4. Aufgaben zu Antibiotika:
   a Erläutern Sie die Wirkungsweise unterschiedlicher Antibiotika.
   b Wie können Bakterien gegenüber Antibiotika resistent werden?
   c Entwickeln Sie Regeln für den sachgemäßen Umgang mit Antibiotika.

5. Erklären Sie die fünf Phasen der Vermehrung eines Virus.

6. Erklären Sie, warum vom Influenzavirus eine Pandemiegefahr ausgeht.

7. Erklären Sie die Vermehrung von HIV. Warum löst HIV eine Abwehrschwäche des Immunsystems aus?

8. Erstellen Sie Steckbriefe für die in der Tabelle auf S. 196 genannten Viren.

9. Wie entsteht eine Prionenkrankheit?

10. Welche Krankheitsgefahren gehen von Pilzen aus?

11. Aufgaben zu Protozoen:
    a Erklären Sie die Entstehung und Ausbreitung von Malaria.
    b Erklären Sie die Entstehung und Ausbreitung von Amöbenruhr.
    c Erklären Sie die Gefahren der Toxoplasmose und nennen Sie Schutzmaßnahmen.

12. Nennen Sie die äußeren Schutzbarrieren des Immunsystems.

13. Erläutern Sie die Komponenten und Aufgaben der unspezifischen Abwehr.

14. Erläutern Sie die Komponenten und Aufgaben der spezifischen Abwehr.

15. Entgleisungen des Immunsystems:
    a Wie kann es zu Allergien kommen und welche Therapien gibt es?
    b Was versteht man unter Autoimmunkrankheiten?

16. Aufgaben zu Transplantationen:
    a Welche Arten von Transplantationen gibt es?
    b Informieren Sie sich über den Standpunkt der Kirchen zu Transplantationen.
    c Was versteht man im Zusammenhang mit Transplantationen unter Immunsuppression?
    d Informieren Sie sich über die Aufgaben folgender Organisationen: Deutsche Stiftung Organtransplantation (www.DSO.de), Deutsche Gesellschaft für Gewebetransplantation (www.DGFG.de) und Eurotransplant (www.eurotransplant.org). Berichten Sie über ihre Aufgaben.

16 Umwelteinflüsse

> **Langlebiges Gift**
>
> Ein Dioxin-Skandal erschüttert Deutschland: Hühner, Puten und Schweine haben auf deutschen Bauernhöfen vergiftetes Futter gefressen. Ein Futtermittelhersteller hatte technische Fette aus der Diesel-Produktion für Tiernahrung genutzt. Über Eier oder Fleisch nehmen Menschen die Dioxine auf, wo sie sich in Leber und Gewebe einlagern.

(Spiegel Online, 2011)

Immer wieder beunruhigen Pressemeldungen über Umweltskandale die Verbraucher. Wissenschaftliche Untersuchungen zeigen, dass es sich dabei nicht nur um auflagensteigernde Panikmache handelt:

Nach Schätzungen der Weltgesundheitsorganisation (WHO) sind in den hoch entwickelten Staaten Nord- und Westeuropas bis zu 10 % der Gesundheitsstörungen durch Einflüsse aus der Umwelt bedingt. Und im Europäischen Gesundheitsbericht 2009 heißt es: „In der Europäischen Region der WHO können mehr als 1,7 Mio. Todesfälle pro Jahr (18 % aller Todesfälle) auf Umweltfaktoren zurückgeführt werden. Schätzungen zufolge sind Umweltfaktoren für ein Drittel der Gesamtkrankheitslast bei Kindern und Jugendlichen unter 20 Jahren verantwortlich. Durch gut konzipierte Interventionen im Umweltbereich könnte die Gesamtsterblichkeit in der Region um fast 20 % gesenkt werden." (WHO, Der Europäische Gesundheitsbericht, 2009, S. 35)

Diese EU-Statistik geht allerdings von einem umfassenden Umweltbegriff aus und berücksichtigt auch Gefahren am Arbeitsplatz und Unfallverletzungen.

Angesichts dieser Zahlen stellen sich konkret folgende Fragen: Durch welche Umweltfaktoren wird die Gesundheit bedroht? Und was kann man tun, um die Gesundheit vor diesen Gefahren zu schützen?

16.1 Globale Umweltprobleme

Schon vor 200 Jahren, als auf der Erde erst etwa eine Mrd. Menschen lebte, machte sich der englische Wissenschaftler **Thomas Robert Malthus** (1766–1834) Gedanken darüber, wie viele Menschen auf der Erde Platz haben würden. Seitdem wächst die Weltbevölkerung weiter an. Im Jahre 2000 lebten schon sechs Mrd. Menschen auf der Erde; bis 2025 rechnet man mit einem Anstieg der Weltbevölkerung auf 8,5 Mrd. Mit dem rasanten **Wachstum der Weltbevölkerung** haben Landwirtschaft, Industrieproduktion, Verkehr und Energieverbrauch stark zugenommen.

Wälder werden gerodet, um für die wachsende Weltbevölkerung Holz zum Befeuern, Siedlungsland und landwirtschaftliche Nutzflächen zu gewinnen. Sie fallen als globale Kohlendioxidspeicher aus, während gleichzeitig die Kohlendioxidkonzentration der Atmosphäre durch die verstärkte Nutzung fossiler Brennstoffe (Kohle, Erdöl und Erdgas) ansteigt. Dadurch verringert sich die Abstrahlung von Wärme in den Weltraum, die Erde erwärmt sich, man spricht vom **Treibhauseffekt**. Auch andere Gase aus Landwirtschaft und Industrie tragen zum Treibhauseffekt bei, z. B. Wasserdampf, Methan und FCKW (**F**luor**c**hlor**k**ohlen**w**asserstoffe). Mögliche Folgen der Erderwärmung könnten sein: Anstieg des Meeresspiegels, Überschwemmungen in Küstenregionen, Zunahme von Dürregebieten.

In der Stratosphäre entsteht normalerweise aus Sauerstoff (O_2) durch Einwirkung von UV-Strahlen Ozon (O_3). Dort bildet es einen Schutzschild, der die Erde vor der harten Strahlung aus dem Weltall abschirmt. Aber Gase aus industrieller Produktion steigen in höhere Luftschichten und zerstören dort das Ozon. Durch dieses **Ozonloch** können harte UV-Strahlen in erhöhtem Maße bis auf die Erde vordringen und dort u. a. Hautkrebs beim Menschen verursachen und Pflanzen schädigen.

Die **Verschmutzung von Flüssen und Meeren** hat viele Verursacher. Über die Flüsse gelangen häusliche und industrielle Abwässer ins Meer. Ursachen für Ölverschmutzung sind Tankerunfälle, illegale Altölentsorgung der Schiffe, undichte Pipelines oder Bohrinseln. Oft werden dabei ganze Küstenregionen verseucht.

Die steigende Weltbevölkerung greift immer stärker in die Landschaft und die Natur ein. Vor allem Land- und Forstwirtschaft, Siedlungsbau, Tourismus und Rohstoffabbau gefährden den **Lebensraum von Pflanzen und Tieren.** Man schätzt, dass in Mitteleuropa bereits die Hälfte aller Tierarten und ein Drittel der Pflanzenarten ausgestorben oder gefährdet sind. Natur- und Artenschutz hat die Aufgabe, zur Erhaltung der Naturlandschaft beizutragen, um so die Lebensräume von Pflanzen, Tieren und des Menschen zu sichern.

16.2 Wasser – das wichtigste Lebensmittel

16.2.1 Trinkwasser – Trinkwassergewinnung

Wasser ist das wichtigstea Lebensmittel. Ein Mensch kann längere Zeit ohne Nahrung überleben, aber nur wenige Tage ohne Wasser. Der Flüssigkeitsbedarf des menschlichen Körpers beträgt etwa drei Liter täglich. Tatsächlich aber verbraucht jeder Deutsche durchschnittlich 130 Liter Wasser am Tag für unterschiedliche Zwecke.

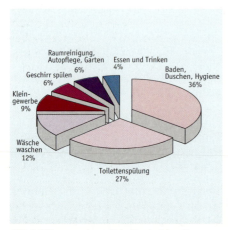

(Trink-)Wasserverbrauch in Deutschland

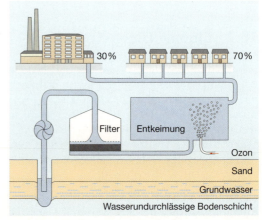

Trinkwassergewinnung aus Grundwasser

Die **Trinkwassergewinnung** erfolgt aus dem Grundwasser (in Deutschland zu über 74 %), aus Quellwasser oder aus Oberflächengewässern wie Flüssen, Talsperren und Seen. Um die Trinkwasserversorgung zu sichern, werden in Deutschland **Wasserschutzgebiete** ausgewiesen, in denen die landwirtschaftliche, gewerbliche und industrielle Nutzung beschränkt ist.

16.2.2 Abwasser – Abwasserreinigung

Schadstoffeinleitungen gefährden die Flüsse: Schwermetalle aus Industrieabwässern, Chemikalien aus Industrie und Haushalten sowie Pestizide aus der Landwirtschaft verunreinigen das Wasser. Hinzu kommt Chlor aus dem Trinkwasser. Verantwortlich für die hohe Versalzung einiger Flüsse sind die Abwässer des Kalibergbaus.

Ein besonderes Problem stellt die übermäßige **Nährstoffeinleitung** von Phosphaten und Stickstoffverbindungen in Seen und Flüsse dar. Sie stammen aus der Landwirtschaft und fördern als Dünger das Pflanzen- und Planktonwachstum. Die Phosphat- und Stickstofffracht der Flüsse gelangt zusammen mit anderen Schadstoffen ins Meer und führt auch dort zu Überdüngung und Vergiftung.

Viele Schadstoffe werden von den im Wasser lebenden Tieren über die Nahrung aufgenommen und im Körper gespeichert. Aufgrund der hohen Verdünnung im Wasser wirken sie aber selten tödlich auf den Organismus. Ihre gefährliche Bedeutung liegt in der Anreicherung über die **Nahrungskette**. Isst der Mensch schadstoffbelastete Fische oder Muscheln, kann dies seine Gesundheit beeinträchtigen.

Um die Verschmutzung von Flüssen und Seen zu verringern, gibt es in Deutschland eine große Zahl von **Kläranlagen**. Ein weit verzeigtes Abwasserkanalsystem führt ihnen die täglich anfallenden Abwässer aus den Haushalten zu, wo sie in einem dreistufigen Verfahren gereinigt werden:

1. In der **mechanischen Reinigungsstufe** entfernt ein Rechen zunächst die sperrigen Bestandteile des Abwassers. Im anschließenden Sandfang setzen sich bei entsprechender Fließgeschwindigkeit Sand und schwere Schwebstoffe ab. Aufschwimmende Öle und Fette werden nun durch einen Abscheider entfernt. Im Vorklärbecken sinken schließlich bei geringer Fließgeschwindigkeit auch die leichten Schwebstoffe zu Boden und sammeln sich dort als Schlamm.

2. Die **biologischen Reinigungsstufe** erfolgt in gut belüfteten Belebtschlammbecken. Hier bauen Mikroorganismen 80–90 % der gelösten anorganischen und organischen Verbindungen ab. Im Nachklärbecken setzen sich die ausgeflockten Stoffe ab. Sie werden in den Faulturm geführt, wo anaerobe Bakterien den weiteren Abbau organischer Schmutzstoffe bewirken. Dabei entsteht u. a. Methangas. Es kann als Heizgas genutzt werden. Der ausgefaulte Schlamm wird verbrannt, auf Deponien gelagert oder als Düngemittel in der Landwirtschaft eingesetzt.

3. In der **chemischen Reinigungsstufe** werden Phosphate und Stickstoffverbindungen, die z. B. aus Waschmitteln stammen, durch Fällungsmittel aus dem Abwasser entfernt. Die geklärten Abwässer fließen in die sogenannten Vorfluter. Das sind natürliche Gewässer, z. B. Bäche oder Flüsse.

Mittlerweile fordert das Umweltbundesamt (UBA) die Aufrüstung der Kläranlagen um eine 4. Stufe. Membran-Filteranlagen sollen Krankheitserreger, Abbauprodukte von Medikamenten und Nanoprodukte aus dem Abwasser entfernen.

16.2.3 Zugang zu sauberem Trinkwasser und hygienischer Abwasserentsorgung

Während der Zugang der Bevölkerung zu **sauberem Trinkwasser** und zu einer **hygienischen Abwasserversorgung** in den nord- und westeuropäischen Ländern gesichert ist, besteht in manchen südeuropäischen und vor allem in den osteuropäischen Ländern noch großer Handlungsbedarf.

Land	Zugang der Bevölkerung	
	Anschluss an Wasserversorgung in der Wohnung (%)	Zugang zu einer hygienischen Abwasserentsorgung (%)
Deutschland	100	93
Dänemark	100	100
Frankreich	99	96
Polen	95	80
Portugal	82	100
Rumänien	49	51
Tschechische Rep.	87	75
Ungarn	91	56

Zugang zu sauberem Trinkwasser und hygienischer Abwasserentsorgung für ausgewählte Länder, Daten aus 2007 (vgl. WHO, 2009)

Betrachtet man ganz Europa, so verursachen Durchfallerkrankungen infolge nicht einwandfreien Trinkwassers etwa 13.000 Todesfälle pro Jahr. Bei Kindern unter 15 Jahren ist dies eine der Haupttodesursachen und macht 5,3 % der Gesamtkindersterblichkeit aus. Etwa 13 Mio. Menschen in Süd- und Osteuropa haben keinen Zugang zu einer modernen Trinkwasserversorgung und 18 Mio. Menschen verfügen in diesen Regionen über keinen Zugang zu einer hygienischen Abwasserentsorgung.

In Deutschland beliefern über 6.000 Wasserversorgungsunternehmen die Bevölkerung mit frischem Trinkwasser. Ein großer Teil des Rohwassers muss gar nicht oder nur geringfügig aufbereitet werden. Dann wird das Wasser mechanisch und chemisch gereinigt und schließlich entkeimt.

In Deutschland ist die regelmäßige Überwachung des Trinkwassers in der **Trinkwasserverordnung** festgeschrieben. Untersuchungen zeigen durchweg gute Werte. Allerdings kann die Qualität des häuslichen Trinkwassers schlechter sein als die Qualität des Wassers, das unmittelbar nach der Aufbereitung aus dem Wasserwerk geliefert wird. Im Wasser, das längere Zeit in den Leitungsrohren steht, dem sogenannten **Stagnationswasser**, kann es zu Keimwachstum und Übergang von Stoffen aus dem Rohr- und Armaturenmaterial in das Wasser kommen. In Stagnationsproben konnten erhöhte Konzentrationen der Schwermetalle Blei, Cadmium, Kupfer und Nickel gemessen werden. Die genannten Schwermetalle sind giftig und können in hohen Konzentrationen zu Organschäden führen (s. Kapitel 16.4). Auch wenn die gemessenen Schwermetallkonzentrationen unter den Grenzwerten der Trinkwasserverordnung liegen, gibt das Umweltbundesamt folgende Empfehlungen:

- Kein Wasser für Lebensmittelzwecke verwenden, das stundenlang – z. B. über Nacht – in der Leitung gestanden hat.
- Vor allem für die Zubereitung von Säuglings- und Kleinkindernahrung das Wasser solange ablaufen lassen, bis es eine gleichmäßige Temperatur hat.
- Das abgelaufene Wasser kann für Reinigungszwecke oder zum Blumengießen verwendet werden.

Ein besonderes Problem stellt der **Nitratgehalt** von Trink- und Mineralwasser dar. Nitrat gelangt bei der übermäßigen Düngung mit Gülle (Flüssigmist aus Massentierhaltung) ins Grundwasser. Im Magen bildet sich daraus das giftige Nitrit, welches vor allem für Babys sehr schädlich ist. Aus Nitrit kann sich im Körper das krebserregende Nitrosamin bilden.

16.3 Gefahrstoffe in der Luft

16.3.1 Ursachen und Folgen der Luftverschmutzung

Reine Luft besteht im Wesentlichen aus Stickstoff, Sauerstoff, Edelgasen und Kohlendioxid. Doch die Luft, die man atmet, ist angereichert mit Gasen, Dämpfen, flüssigen und festen Stoffen, die eigentlich nicht hineingehören. Welche Stoffe sind das und wer verursacht diese Luftverschmutzung?

Die Belastung der Luft wird vor allem durch private und industrielle Verbrennungsprozesse von Kohle und Erdöl hervorgerufen. Der **Kraftfahrzeugverkehr** belastet die Luft durch die **Schadstoffe** Kohlenmonoxid und Stickstoffoxide, bei Dieselfahrzeugen zusätzlich durch Ruß. Kohlenmonoxid und Stickstoffoxide, Schwefeldioxid, Kohlenwasserstoffe und Ruß entstehen auch beim **Heizen der Häuser**. Deshalb ist die Luft in dicht bebauten Städten mit hoher Verkehrsbelastung besonders verschmutzt. Die von der **Industrie** erzeugten Abgase sind so vielfältig wie ihre Produkte. Zu ihnen gehören Staub, Schwefeldioxid, Stickstoffoxide und Chlorverbindungen.

Die Abgabe von Schadstoffen an die Luft bezeichnet man als **Emission**, das Einwirken dieser Stoffe auf Menschen, Tiere, Pflanzen und Sachen als **Immission**. Immissionen durch Schadstoffe in der Luft verursachen zahlreiche **Schäden**:

- Abgase wie Schwefel- und Stickstoffoxide verbinden sich in einem chemischen Vorgang mit der Luftfeuchtigkeit. Es entstehen schweflige und salpetrige Säure, die mit dem Wind verbreitet und in Form von **saurem Regen** aus der Luft ausgewaschen werden. Saure Niederschläge sind verantwortlich für die Versauerung von Böden und Gewässern, schädigen Pflanzen, darunter ganze Waldgebiete, und greifen Kunstdenkmäler und alte Gebäudefassaden an.
- Eine besonders hohe Belastung der Luft durch Staub und Aerosole ist oftmals mit bloßem Auge erkennbar. Bei bestimmten Wetterlagen steigen diese Partikel nicht höher als 200 Meter. Zusammen mit den anderen Luftschadstoffen bilden sie den **Smog**, eine besonders starke Luftverschmutzung. Sie tritt vor allem im Winter bei Windstille und Nebel auf. Wärmere Luft schiebt sich über bodennahe Kaltluft und verhindert das Entweichen der Giftstoffe (Inversionswetterlage). Wintersmog reizt Atemwege und Augen. Werden bestimmte Grenzwerte überschritten, wird Smogalarm ausgelöst, um

die Bevölkerung zu informieren. Im Extremfall können der Kfz-Verkehr verboten und Beschränkungen für Verbrennungsanlagen auferlegt werden.

- Während **Ozon** in der Stratosphäre die lebenswichtige Aufgabe als Schutz vor UV-Strahlungen erfüllt, ist es in Bodennähe schädlich. Ozon (O_3) kommt nicht wie andere Luftschadstoffe direkt aus den Abgasen der Industrieanlagen und Kraftfahrzeuge, sondern bildet sich tagsüber während intensiver Sonneneinstrahlung aus Sauerstoff (O_2). Weil hohe Ozonbelastungen nur im Sommer auftreten, spricht man von Sommersmog.

  Das bodennahe Ozon wird eingeatmet und etwa zu 50 % von der Lunge absorbiert. Das eingedrungene Reizgas durchlöchert die schützende Schleimschicht der Atemwege und kann direkt das Lungengewebe angreifen. Folgen sind Schwellungen, Sekretstörungen und Verkrampfungen im Lungenbereich. Wie stark das Ozon auf die Atemwege wirkt, ist abhängig von der Ozonkonzentration der Luft, der Dauer der Einwirkung und der Intensität der körperlichen Betätigung. Besonders gefährdet sind Personen mit Funktionsstörungen im Atemtrakt, z. B. Asthmatiker, und Kinder, weil sie einen kürzeren Atemweg und einen empfindlicheren Stoffwechsel haben. Bei erhöhter Ozonbelastung sollte man im Haus bleiben; körperliche Anstrengungen und Ausdauersport bei sehr hoher Ozonkonzentration sollte jeder vermeiden.

16.3.2 Maßnahmen zur Verbesserung der Luftqualität

Die Verschmutzung von Außen- und Raumluft verursacht in den EU-Ländern weiterhin eine erhöhte Sterblichkeit aufgrund von Herz-Kreislauf- und Atemwegserkrankungen sowie eine verminderte Lebenserwartung. Obwohl in den letzten beiden Jahrzehnten erhebliche Maßnahmen zur Verringerung der Emissionen einiger Luftschadstoffe wie Schwefel, Stickstoffoxiden und Blei ergriffen wurden, sind immer noch fast 90 % der Bewohner städtischer Gebiete in der EU Luftschadstoffkonzentrationen ausgesetzt, die über den Richtwerten der Luftgüteleitlinien der WHO liegen. Die Konzentrationen der Hauptluftschadstoffe Feinstaub, Ozon und Stickstoffdioxid sowie die damit verbundenen Gesundheitsrisiken haben sich allerdings wesentlich verringert.

> **EXKURS: Feinstaub**
>
> Als **Staub** bezeichnet man feinste, in der Luft schwebende feste Teilchen. Sie stammen z. B. aus Industrie- und Haushaltsabgasen und aus dem Straßenverkehr und werden nach der Partikelgröße eingeteilt. Gefährlich sind vor allem die kleineren, inhalierbaren **Feinstaubpartikel**, die einen Durchmesser von weniger als zehn Mikrometer besitzen (PM10 – Particulate Matter, Durchmesser bis 10 μm). Sie passieren, ohne von der Schleimhaut und den Flimmerhärchen zurückgehalten zu werden, die Luftröhre und die Bronchien und gelangen bis in die Lunge. **Feinstaub** kann zu Bronchitis und Atemwegsbeschwerden wie Husten führen. Partikel, die noch kleiner als 0,1 Mikrometer sind, sogenannte **ultrafeine Partikel**, dringen bis in die Lungenbläschen vor und können neben dem Atmungs- auch das Herz-Kreislauf-System beeinträchtigen. Vor allem für alte Menschen und Personen mit Atemwegs- und Herz-Kreislauf-Erkrankungen kann Feinstaub gefährlich werden.

In Deutschland besteht gerade in Ballungsgebieten weiterer Handlungsbedarf zur Verbesserung der Luftqualität. So werden die seit dem Jahr 2005 gültigen EU-Grenzwerte für Feinstaub (PM10) in zahlreichen deutschen Kommunen zu oft überschritten. Bereits seit dem 01.03.2007 können in Deutschland in Städten und Kommunen Fahrverbote in **Um-**

weltzonen erlassen werden. Entsprechende Schilder kennzeichnen Anfang und Ende einer Umweltzone sowie die darin gültigen Plaketten (rot, gelb oder grün).

Die Zuteilung der **Umweltplaketten** ist gesetzlich geregelt: Dieselfahrzeuge ohne Partikelfilter erhalten je nach Alter des Fahrzeuges eine rote bzw. gelbe Umweltplakette; neuere Fahrzeuge mit Dieselpartikelfilter eine grüne Umweltplakette. Benziner mit geregeltem Katalysator (G-Kat) bekommen eine grüne Umweltplakette. Die ersten Umweltzonen wurden zum 1. Januar 2008 in den Städten Berlin, Köln und Hannover eingerichtet. Mittlerweile haben sich weitere Städte angeschlossen. Fahrzeuge ohne eine Umweltplakette dürfen die **Umweltzone** nicht durchfahren, sonst drohen 40 Euro **Bußgeld** und ein Punkt in der „Verkehrssünderkartei" in Flensburg.

Feinstaubwerte in Hannover trotz Umweltzone hoch

(Felix Harbart) In Hannover sind die Feinstaubwerte in diesem Jahr trotz Einführung der letzten Umweltzonen-Stufe besonders hoch. Schon jetzt ist der zulässige Höchstwert seit Januar 23-mal überschritten worden. Der Sinn der Fahrverbote ist ungewiss.

Neue Messergebnisse zur Feinstaubbelastung geben Kritikern der hannoverschen Umweltzone neue Nahrung: Obwohl die letzte Stufe der Fahrverbotsregelung seit 1. Januar eingeläutet ist, weist die Stadt Hannover in den ersten Monaten des Jahres die höchsten Feinstaubwerte seit Langem auf. Schon jetzt lagen die Messwerte an 23 Tagen über dem zugelassen Höchstwert – erlaubt sind nach EU-Vorgaben lediglich 35 Überschreitungen im Jahr. 2009 war der Feinstaubwert nur siebenmal zu hoch gewesen, 2008 dreizehnmal. [...]

So wird in Großstädten die Feinstaubbelastung gemessen.

(Hannoversche Allgemeine Zeitung, 08.04.2010)

Einflussfaktoren auf die Gesundheit

> **EXKURS: Smogalarm gestern und heute**
>
> Am 4. Dezember 1952 begann in London die schlimmste Smogkatastrophe der Stadtgeschichte. Vier Nebeltage mit klirrender Kälte. Ruß und Schwefeldioxid aus Kaminen und Fabrikschloten und Feinstaubpartikel aus den Abgasen der gerade eingeführten Dieselbusse sammelten sich am Boden und vermischten sich mit dem dichten Nebel. Als Folge der Luftverschmutzung starben in vier Tagen mehr als 4.000 Menschen an Herz- und Kreislaufversagen, Lungenentzündung oder Emphysem. Das Wort **Smog** entsteht als Kunstwort aus „smoke" (= Rauch) und „fog" (= Nebel). Zwei Jahre nach der Smogkatastrophe erlässt London das erste strikte Gesetz zur Luftreinhaltung.
>
> Heute kommt es vor allem in chinesischen Großstädten an vielen Tagen des Jahres zu starker Luftverschmutzung und Smog.
>
>
>
> *Peking im Smog*

Auch schlechte **Innenraumluft** schädigt die Gesundheit. Zu den wichtigsten Schadstoffen der Innenraumluft gehören Tabakrauch, natürliche Allergene (z. B. Schimmelpilzsporen) sowie Stoffe, die aus Bauprodukten oder Einrichtungsgegenständen freigesetzt werden (z. B. Formaldehyd). Insbesondere Kinder sollten vor dem Passivrauchen in Innenräumen geschützt werden. Seit September 2007 gilt in Deutschland ein Rauchverbot in allen öffentlichen Verkehrsmitteln und in allen Behörden. Das Rauchen in gastronomischen Betrieben fällt nicht unter die Regelungskompetenz des Bundes und wird von den jeweiligen Bundesländern geregelt.

16.3.3 Strahlenbelastung

Daneben ist in einigen Regionen Deutschlands die Innenraumluft mit **Radon** belastet, was erhebliche Folgen haben kann. So stellt Radon in Innenräumen laut einer europaweiten Studie nach dem Zigarettenrauch die zweithäufigste Ursache für Lungenkrebs dar.

In den letzten Jahren ist die Hautkrebsrate in Deutschland gestiegen. Dies wird auf vermehrtes Sonnenbaden und die zunehmende Nutzung von Solarien zurückgeführt. Ein Anstieg der **UV-Strahlung** durch Ausdünnung der Ozonschicht konnte für Deutschland nicht nachgewiesen werden.

Ionisierende Strahlen, wie **Röntgenstrahlen**, können Schäden am Erbgut der Zellen verursachen und sind potenziell krebserregend. Insgesamt macht die medizinisch bedingte Strahlenbelastung durch Röntgendiagnostik und Nuklearmedizin den Hauptteil der zivilisatorisch bedingten Dosis in Deutschland aus.

16.4 Schadstoffbelastung des Menschen

16.4.1 Anreicherung über die Nahrungskette

Über die Nahrung, die Atemluft oder direkten Kontakt gelangt täglich eine Vielzahl unterschiedlicher Chemikalien in den Organismus. Der Mensch steht am Ende der Nahrungskette, denn er verzehrt Pflanzen und Tiere. Schadstoffe, die sich im Laufe der langen Nahrungskette angereichert haben, gelangen so in seinen Körper, gleichgültig ob sie ursprünglich aus der Luft, der Erde oder dem Wasser stammen.

Messungen im Auftrag des Umweltbundesamtes zeigen erfreuliche Ergebnisse: Die Schadstoffbelastung der Bevölkerung mit Blei, Cadmium, Quecksilber, Pentachlorphenol (PCP) und beständigen organischen Verbindungen wie PCB (polychlorierte Biphenyle) und DDT hat in den letzten zehn bis zwanzig Jahren deutlich abgenommen. Zwar können alle diese Verbindungen im Körper nachgewiesen werden, aber bei etwa 99 % der Bevölkerung sind die gemessenen Konzentrationen so gering, dass derzeit kein Gesundheitsrisiko zu befürchten ist. Wie ist das zu erklären?

- Nach dem Verbot von verbleitem Benzin, zunächst in Westeuropa und später in Mittel- und Osteuropa, ging in den ersten Jahrzehnten bei Kindern die Bleikonzentration im Blut deutlich zurück.
- Seit 1989 sind in Deutschland die Herstellung, das Inverkehrbringen und die Verwendung von PCB und verwandten Schadstoffen untersagt.

Allerdings stehen weitere chemische Substanzen unter Verdacht, gesundheitsschädlich zu sein, z. B. hormonell wirksame Substanzen wie Weichmacher in Gebrauchsgegenständen.

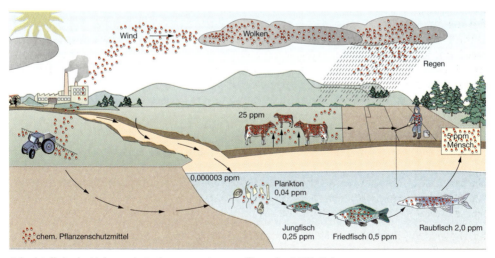

Schadstoffe in der Nahrungskette (ppm = parts per million oder 0,001 ‰)

16.4.2 Warum ist Dioxin so gefährlich?

Bezugnehmend auf den Dioxin-Skandal vom Januar 2011 (s. S. 211) schreibt das Umweltbundesamt auf seiner Homepage:

> „Wie Dioxinskandale in der Vergangenheit zeigen, sind verunreinigte Futtermittel häufig die Ursache für die Kontamination von Lebensmitteln. Daher müssen Futtermittel verstärkt kontrolliert und Produktionsverfahren so geregelt werden, dass eine Kontamination möglichst gering gehalten wird. Die Grenzwerte in Futtermitteln und in Lebensmitteln müssen langfristig so weit gesenkt werden, dass die gesamte Bevölkerung den von der WHO empfohlenen Vorsorgewert einhalten kann."

(Umweltbundesamt, 2011)

Dioxin ist eine Sammelbezeichnung für polyzyklische chlorhaltige chemische Verbindungen. Dazu gehört auch das „**Seveso-Gift**", das bei dem schweren Chemieunfall im italienischen Seveso im Juli 1976 freigesetzt wurde. **Polychlorierte Biphenyle (PCB)** sind ebenfalls chlorierte Kohlenwasserstoffe mit einer ähnlichen chemischen Struktur wie Dioxine. Dioxine entstehen unerwünscht bei allen Verbrennungsprozessen in Anwesenheit von Chlor und organischem Kohlenstoff unter bestimmten Temperaturbedingungen. Für den Eintrag in die Luft waren früher die Metallgewinnung und die Abfall-Verbrennungsanlagen die wichtigsten Quellen.

Die Umweltbelastung, die Belastung von Lebensmitteln und des Menschen durch Dioxine sind in Deutschland seit Ende der 1980er-Jahre deutlich zurückgegangen. Grund dafür war eine Fülle technischer und rechtlicher Maßnahmen. Seit Juli 2002 gelten in der Europäischen Union Höchstwerte für Dioxine in Lebens- und Futtermitteln.

Obwohl Dioxine nie in industriellem Maßstab produziert wurden, sind sie in der Umwelt verbreitet und haben sich im Boden angereichert. In den Boden gelangt das Dioxin hauptsächlich über die Luft, aber auch durch Düngung mit Klärschlamm. Dioxine sind mit wenigen Ausnahmen (Zucchini) kaum im Gemüse zu finden. sondern haften auf Bodenpartikeln außen am Gemüse oder Gras an. Sie gelangen hauptsächlich über diese anhaftenden Bodenpartikel in die Nahrungskette. Daher ist bei belasteten Böden eine Nutzung als Weide besonders problematisch.

Über Abwasser und Flüsse gelangten Dioxine jahrzehntelang in hohen Konzentrationen in die Meere. Dioxine reichern sich hier über die Nahrungskette besonders im Fett von Fischen, Säugetieren und Vögeln an. Vom Menschen werden 90–95 % der Dioxine über die Nahrung aufgenommen. Nahezu zwei Drittel dieser Aufnahme erfolgt über den Verzehr von Milchprodukten und Fleisch.

Die Gefahren des Dioxins liegen darin, dass es im Körperfett gespeichert wird, sich dort anreichert und nur sehr langsam eliminiert wird. Dioxine stehen im Verdacht, krebserzeugend zu sein und Störungen des Immunsystems und der Fortpflanzungsorgane zu verursachen. Das Dioxin gelangt über Plazenta und Muttermilch in die Kinder. Der Dioxingehalt von Muttermilch in Deutschland ist seit Ende der 1980er-Jahre um 60 % zurückgegangen.

16.4.3 Biolebensmittel und gentechnisch veränderte Lebensmittel

In zunehmendem Maße greifen Konsumenten zu Biolebensmitteln. Meist steigt die Nachfrage infolge von Lebensmittelskandalen. Es gibt eine Reihe unterschiedlicher Qualitätssiegel für Bio- und Ökoprodukte, die man sich genau anschauen sollte.

Das staatliche **Bio-Siegel** kennzeichnet Produkte, die nach den EG-Rechtsvorschriften für ökologischen Landbau produziert wurden. Alle Zutaten landwirtschaftlichen Ursprungs müssen zu mindestens 95 % aus dem ökologischen Landbau stammen. Erzeuger-, Verarbeitungs- und Importunternehmen werden regelmäßig kontrolliert. Der Ökolandbau setzt keine Gentechnik ein, verwendet deutlich weniger Zusatzstoffe, verzichtet auf chemisch-synthetische Pflanzenschutzmittel, steht für artgerechte Tierhaltung, schützt Boden, Wasser und Luft. Weil Bioprodukte bei erhöhtem Arbeitsaufwand niedrigere Erträge erwirtschaften, sind sie teurer als konventionell erzeugte Produkte.

Auf Lebensmitteln, die aus **gentechnisch veränderten Organismen (GVO)** hergestellt sind, ist nach EU-Richtlinie folgender Aufdruck zu finden: „gentechnisch verändert" oder „aus gentechnisch veränderter Herstellung". Die Kernpunkte der EU-Richtlinie sind:

- Die Rückverfolgbarkeit auf jeder Stufe des Inverkehrbringens von GVO muss gewährleistet sein.
- Die Kennzeichnung wird abgesichert für alle Lebensmittel und Lebensmittelzutaten.
- Der neue Schwellenwert beträgt 0,9 % Anteil gentechnisch veränderten Materials im Lebensmittel.
- Die Koexistenz von biologisch, konventionell und gentechnisch hergestellten Lebensmitteln soll sichergestellt werden, d. h., der Verbraucher trifft selbst die Entscheidung, welches Lebensmittel er bevorzugt.

Gentechnisch veränderte Lebensmittel spalten wie kaum ein anderes Thema die Bevölkerung. Als Pro-Argumente werden vor allem vorgetragen:

- bessere Versorgung der Weltbevölkerung mit Nahrungsmitteln
- Nebenwirkungen nicht nachweisbar

Vor allem die USA sehen in den EU-Verordnungen eine unzulässige Handelsbeschränkung und Benachteiligung ihrer Farmer.

Die Gegner von Gen-Food bringen vor allem folgende Kontra-Argumente vor:

- nicht abschätzbare Folgewirkungen, z. B. Auftreten von Nahrungsmittelallergien
- Verbreitung gentechnisch veränderter Pflanzen in der Natur mit nicht abschätzbaren Folgen
- Kreuzung der GVO mit natürlichen Organismen und so Verbreitung der Gene auf alle Organismen
  Dies kann z. B. durch die Übertragung von Pollen gentechnisch veränderter Pflanzen auf unbehandelte Pflanzen durch Honigbienen geschehen.

16.5 Lärm

Repräsentative Befragungen der Bevölkerung zeigen, dass sich viele Menschen in Deutschland stark oder sogar äußerst stark durch Lärm belästigt fühlen. Dabei ergab sich folgende Reihenfolge der **Lärmbelästigungen:**
- Straßenverkehr: 10%
- Freizeitlärm: 6% (z.B. Musikhören der Nachbarn, Diskotheken)
- Fluglärm: 4%
- Schienenverkehr: 3%
- Industrie und Gewerbe: 2%

Schall entsteht durch elastische Schwingungen fester, flüssiger und gasförmiger Stoffe. Die Anzahl der Schwingungen pro Sekunde nennt man **Frequenz**; sie wird in Hertz (Hz) gemessen und bestimmt die Tonhöhe. Eine Schwingung pro Sekunde ist ein Hertz. Menschen können Frequenzen zwischen 16 Hertz (tiefe Töne) und 20.000 Hertz (hohe Töne) hören.

Die bei einer Schallwelle auftretenden periodischen Druckschwankungen werden vom menschlichen Ohr als Schalldruck wahrgenommen. Der Bewertungsmaßstab hierfür ist der entfernungsabhängige **Schalldruckpegel** in der Einheit Dezibel **(dB)**. Je höher dieser Wert ist, desto größer ist die von uns empfundene **Lautstärke.**

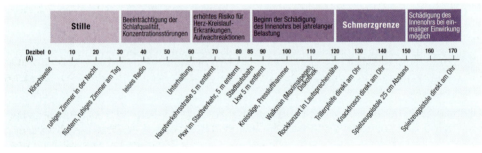

Auswirkungen von Lärm auf die Gesundheit

Erhöhte Lärmpegel können – wie die Abbildung zeigt – zu Schlafstörungen, Stress und Konzentrationsschwächen, aber auch zu Schwerhörigkeit führen. Eine **Lärmschwerhörigkeit** kann als Berufskrankheit oder durch unüberlegtes Freizeitverhalten entstehen. Im Straßenbau, in Fabrikhallen oder auf dem Flughafen entstehen extreme Lautstärken. Deshalb ist das Tragen von Lärmschutzkopfhörern oder Ohrstöpseln von den Berufsgenossenschaften zwingend vorgeschrieben. Aber auch in Diskotheken oder beim Musikhören über Kopfhörer können gesundheitsschädliche Lärmpegel erreicht werden.

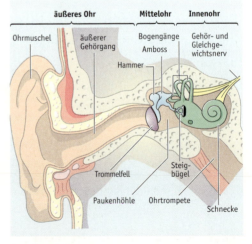

Bau des Ohres

Das Ohr ist ein kompliziertes und empfindliches Organ. Schallwellen werden von der **Ohrmuschel** aufgefangen und durch den **äußeren Gehörgang** an das **Trommelfell** weitergegeben. Dieses vibriert unterschiedlich stark, je nach Ton. Das Trommelfell leitet die Schwingungen an die **Gehörknöchelchen** Hammer, Amboss und Steigbügel weiter. Diese kleinsten Knochen des Körpers verstärken die Impulse um das 20-Fache. Der Steigbügel leitet den Schall durch das ovale Fenster in das **Innenohr**. Dort befindet sich eine mit Flüssigkeit gefüllte Spirale, die **Gehörschnecke**.

Der Steigbügel presst die Flüssigkeit zusammen, sodass sie in Schwingungen gerät. Als Druckwelle rast sie durch den oberen, anschließend durch den unteren Schneckengang und brandet dabei über die **Grundmembran**. Darauf liegt das **cortische Organ**. Es enthält winzige Sinneszellen, die im Takt mitschwingen wie Seetang auf den Wellen des Meeres. Jeder Tonfrequenz sind ganz bestimmte Sinneszellen zugeordnet. Die Bereiche für hohe Töne liegen in der Nähe des ovalen Fensters, die tiefen Töne werden in der Spitze der Schnecke registriert. Die Sinneszellen geben, wenn sie gereizt werden, elektrische Nervenimpulse an den **Hörnerv** weiter. Erst im Gehirn wird das Signal als entsprechender Ton erkannt.

16.6 Unfälle

Die Unfallstatistiken zeigen in Deutschland seit Jahrzehnten überwiegend erfreuliche Entwicklungen, nämlich einen Rückgang der Unfallzahlen, der Verletzten und Toten.

Verkehrsunfälle

Die Zahl der Verkehrstoten sinkt seit Jahrzehnten. Beim Start der amtlichen Unfallstatistik im Jahre 1970 starben noch mehr als 21.000 Menschen bei Verkehrsunfällen; im Jahre 2010 waren es weniger als 4.000.

Die meisten Verkehrsunfälle mit Personenschaden ereignen sich innerhalb von Ortschaften (ca. 65%), verursachen aber nur rund 25% der Verkehrstodesfälle. Unfälle auf den Außerortsstraßen (ohne Autobahnen) machen zwar nur 28% aller Unfälle mit Personenschaden aus, sind aber für 63% der Verkehrstoten verantwortlich. Autobahnen sind nach

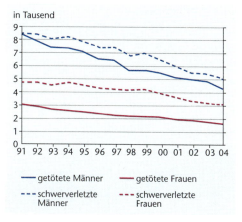

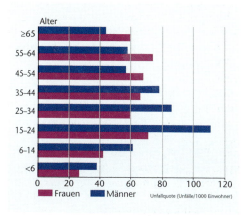

Getötete und Schwerverletzte bei Verkehrsunfällen 1991 bis 2004 (Robert Koch-Institut, 2006, S. 94)

Unfallquoten nach Altersgruppen und Geschlecht (Robert Koch-Institut, 2006, S. 94)

wie vor die „sichersten Straßen". Auf ihnen ereignen sich nur rund 6% aller Unfälle mit Personenschaden, allerdings mit 12% der Todesfälle. Die mit Abstand häufigste Unfallursache (17%) ist „nicht angepasste Geschwindigkeit".

Junge Männer sterben viermal so häufig im Straßenverkehr wie junge Frauen. Die Altersgruppe der 15- bis 24-Jährigen ist dabei besonders betroffen. Kinder sind aufgrund ihrer körperlichen Entwicklung, ihres noch nicht ausreichend ausgeprägten Risikobewusstseins und ihres oft spontanen Verhaltens besonders gefährdete Verkehrsteilnehmer. Unfälle sind bei Kindern und jungen Erwachsenen bis zum 25. Lebensjahr die häufigste Todesursache.

Haus- und Freizeitunfälle

Die Zahl der Haus- und Freizeitunfälle in Deutschland liegt mehr als doppelt so hoch wie die Zahl der Verkehrsunfälle. Im Jahr 2000 ereigneten sich rund 5,36 Mio. Unfälle zu Hause oder in der Freizeit, was einer Unfallquote von 65 je 1.000 Einwohner entspricht. 11% aller Haus- und Freizeitunfälle betreffen Kinder unter 14 Jahren. Unfälle sind bei Kindern nach dem ersten Lebensjahr ein Hauptgrund für Gesundheitsschäden.

Arbeitsunfälle

Die Zahl der von den gesetzlichen Unfallversicherungen registrierten Arbeitsunfälle und die Zahl der tödlichen Arbeitsunfälle sind seit 1993 stetig zurückgegangen: Arbeitsunfälle insgesamt von ca. 2 Mio. auf etwa eine Mio., tödliche Arbeitsunfälle von über 1.500 auf knapp über 1.000.

AUFGABEN

1. Informieren Sie sich über globale Klima- und Gewässerschutzprogramme. Berichten Sie über Ziele und Fortschritte.
2. Informieren Sie sich über die Nitratgehalte von Mineralwässern. Welche Mineralwässer sind für die Zubereitung von Babynahrung geeignet?
3. Informieren Sie sich über Trinkwasseranalysen Ihres Wasserwerks. Welche Parameter werden gemessen? Liegen sie innerhalb der Grenzwerte?
4. Informieren Sie sich über aktuelle Waldschadenberichte. Berichten Sie.
5. Informieren Sie sich über die Umweltzone einer ausgewählten Stadt. Wie oft wurde in einem Jahr Alarm ausgelöst? Welche Fortschritte im Hinblick auf die Luftqualität sind zu verzeichnen?
6. Informieren Sie sich über Maßnahmen zur Smogbekämpfung in China. Berichten Sie.
7. Was versteht man unter einer Nahrungskette? Welche Bedeutung hat sie für die Schadstoffbelastung des Menschen?
8. Informieren Sie sich über verschiedene Bio- und Öko-Siegel, z. B. Demeter. Berichten Sie.
9. Informieren Sie sich über die Gentechnik-Gesetzgebung und berichten Sie darüber.
10. Wie können Sie sich selbst vor Lärmbelästigung und Gesundheitsschäden durch Lärm schützen?
11. Erklären Sie, warum männliche Verkehrsteilnehmer im Alter zwischen 15 und 24 Jahren besonders unfallgefährdet sind.

17 Bewegung und Gesundheit

■ Die Weltgesundheitsorganisation (WHO) empfiehlt, sich an fünf Tagen in der Woche für mindestens 30 Minuten zu bewegen. Untersuchungen haben gezeigt, dass rund 40 % der deutschen Bevölkerung diese Anforderung nicht erfüllt. Deshalb hat das Bundesministerium für Gesundheit im Jahre 2005 eine Kampagne zur Förderung der Bewegung auf den Weg gebracht:

Jeden Tag 3.000 Schritte extra motiviert zu mehr Bewegung im Alltag

„Unter dem Motto ‚Deutschland wird fit. Gehen Sie mit'. bringt die Kampagne ‚Bewegung und Gesundheit' des Bundesministeriums für Gesundheit seit 2005 viel Bewegung in Gemeinden, Städte und Regionen. Vielfältige Aktivitäten, wie Stadtspaziergänge, Schrittzähler-Aktionen und Wanderungen in Naturparks, haben schon mehr als 400.000 Bürgerinnen und Bürger zum Mitmachen angeregt. Zahlreiche Städte, Gemeinden, öffentliche und private Institutionen tragen mit eigenen 3.000-Schritte-Aktionen zu mehr Bewegung in Deutschland bei. Seit 2006 unterstützen der Deutsche Olympische Sportbund und der Deutsche Wanderverband als Kooperationspartner die Kampagne.

Motivation durch Schrittzähler

Ziel der bundesweiten Aktion ist es, gesunde Lebensstile in Deutschland zu fördern und zu zeigen, wie einfach es ist, sich im Alltag mehr zu bewegen. Der Schwerpunkt liegt dabei auf dem Thema Bewegung. Bei 3.000-Schritte-Aktionen wird ein kostenloser Schrittzähler verteilt. Damit kann jede und jeder einfach sehen, wie viele Schritte sie oder er täglich zurücklegt und wird motiviert, ein paar Schritte mehr zurückzulegen. 3.000 Schritte extra am Tag – das entspricht etwa einem halbstündigen Spaziergang – sind ein guter Anfang."

(Bundesanstalt für Landwirtschaft und Ernährung, 2010) ■

17.1 Anatomische Grundlagen der Bewegung – Basiswissen

Beim Laufen, Springen oder Turnen wird der Körper stark beansprucht. Er muss Erschütterungen ausgleichen, Stöße abfangen und beweglich sein. Über 200 Knochen sorgen dafür, dass der Körper diese starken Belastungen aushalten kann: Sie sind zu einem Knochengerüst zusammengesetzt, dem Skelett. Es verleiht dem Körper Halt und schützt die inneren Organe.

Das Skelett- und das Muskelsystem bezeichnet man zusammen als **Bewegungsapparat.** Dabei bilden Knochen, Knorpel, Gelenke und die verbindenden Bänder den passiven Bewegungsapparat, die Muskeln den aktiven Bewegungsapparat.

17.1.1 Skelett

Beim Skelett kann man drei Abschnitte unterscheiden:

Kopfskelett: Es besteht aus zahlreichen harten Knochenplatten und schützt dadurch das Gehirn. Bei Neugeborenen sind die einzelnen Schädelknochen noch getrennt und nur bindegewebig unter der Hautdecke verschlossen. Erst zwischen dem zehnten und zwölften Lebensmonat schließen sich die Lücken (Fontanellen) und verwachsen miteinander zu einem starken Schutzpanzer. Diese gezackten Verwachsungsstellen sind noch gut zu erkennen; man bezeichnet sie als **Knochennähte**. Der einzige bewegliche Knochen des Schädels ist der Unterkiefer.

Rumpfskelett: Am Rumpfskelett fällt zunächst die **Wirbelsäule** als Mittelachse des Körpers auf. Sie trägt den frei beweglichen Kopf und den Brustkorb und ist im Becken fest verankert. Der **Brustkorb** schützt Herz und Lungen weitgehend vor Verletzungen. Zu ihm gehören zwölf Rippenpaare, die mit der Wirbelsäule beweglich verbunden sind. Sie krümmen sich bogenförmig nach vorn. Die oberen zehn Rippenpaare sind durch elastische Knorpelstücke am Brustbein befestigt. Der Brustkorb erfüllt also zwei Aufgaben: Er bietet Schutz und ermöglicht gleichzeitig die Atembewegungen.

Gliedmaßen: Am beweglichsten aber sind die Arme und Beine. Man bezeichnet sie als obere und untere **Gliedmaßen**. Jeder

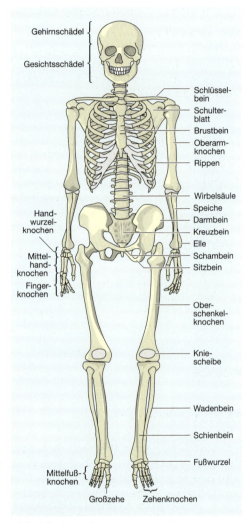

Skelett des Menschen

Arm und jedes Bein besteht aus 30 Knochen. Damit enthalten die Gliedmaßen also mehr als die Hälfte aller Knochen des Skeletts. Der **Schultergürtel** verbindet die Arme mit dem Rumpf. Er besteht aus den beiden Schulterblättern und aus den Schlüsselbeinen. Der **Beckengürtel**, der die Beine mit dem Rumpf verbindet, stellt einen festen Knochenring dar. Er setzt sich aus dem Kreuzbein und den schalenförmigen Beckenknochen zusammen. Die Füße tragen im aufrechten Stand die gesamte Körperlast. Dadurch werden sie statisch stark beansprucht.

Die aufrechte Haltung des Menschen wird durch die **Wirbelsäule**, auch Rückgrat genannt, ermöglicht. Ihre Beweglichkeit verdankt sie der Gliederung in 24 **Wirbel**: 7 Halswirbel, 12 Brust- und 5 Lendenwirbel. Verbunden sind die einzelnen Wirbel durch **Bandscheiben**. Das sind elastische Knorpelplättchen mit einem äußeren, festen Faserring und einem weichen Zentrum. Bei jeder Biegung der Wirbelsäule verschieben sie sich in die entgegengesetzte Richtung. So machen die Bandscheiben die Wirbelsäule beweglich und verhindern die Reibung der harten, knöchernen Wirbel aneinander. Die Wirbelsäule ist gekrümmt wie ein doppeltes S. Diese Krümmung wirkt zusätzlich zu den Bandscheiben stoßdämpfend.

Alle Wirbel des Hals-, Brust- und Lendenabschnitts sind gegeneinander beweglich. So kann man z. B. den Rumpf vorwärts, rückwärts oder seitwärts beugen. Besonders beweglich ist das Rückgrat im Bereich der Lendenwirbel. Die Basis der Wirbelsäule bildet das Kreuzbein, mit dem die fünf Kreuzbeinwirbel fest verwachsen sind und an das sich das Steißbein anschließt.

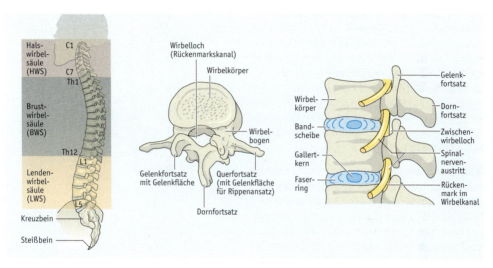

Wirbelsäule

17.1.2 Der Knochen lebt

Untersucht man einen Knochen, stellt man zwei verschiedene Bestandteile fest. Der elastische **Knorpel** besteht aus Kollagen, eine organische elastische Grundsubstanz. Sie verleiht dem Knochen seine Biegsamkeit. Aus reinem Knorpel sind z. B. die Rippenenden, das Skelett der Nase und der Ohrmuscheln. Seine Festigkeit, Härte und Schwere erhält der Knochen erst durch die Einlagerung von anorganischen Kalksubstanzen, der **Knochenerde**, in die Grundsubstanz. Dies sind vor allem Mineralsalze wie Calciumphosphat. Darüber hinaus enthält der Knochen noch etwa 20 % Wasser.

Bei Kindern überwiegt zunächst der biegsame Knochenknorpel. Er wird nach und nach durch eingelagerte Mineralien ersetzt. Diese Verkalkung bewirkt, dass der Knochen mit zunehmendem Alter seine Elastizität verliert. Im Alter wird der Knochen durch den Abbau organischer Substanz, durch Entkalkung und Wasserentzug immer spröder und kann bei stärkeren Belastungen leichter brechen.

Am Längsschnitt eines Röhrenknochens lässt sich sein Aufbau gut erkennen (siehe nächste Seite). Eine kompakte Knochenmasse, die **Knochenrinde**, bildet den Schaft. Außen besteht die Knochenrinde aus mehreren Schichten dünner **Knochenlamellen**. Weiter nach innen sind solche Lamellen konzentrisch angeordnet und bilden kleine Knochensäulchen. Zwischen den Lamellen liegen **Knochenzellen** (s. Abbildung S. 93). Sie stehen über viele Fortsätze mit benachbarten Zellen in Verbindung und werden durch

Blutgefäße versorgt. Die Knochenzellen scheiden ständig Knochensubstanz und auch Bindegewebsfasern ab. In den jeweils angrenzenden Lamellen verlaufen diese Bindegewebsfasern so, dass sie sich etwa rechtwinklig kreuzen. Dadurch entsteht ein Verbund, der mit den Baumerkmalen von Sperrholz vergleichbar ist.

Im **Schwammgewebe** des Röhrenknochens sind Knochenbälkchen so angeordnet, dass die dort einwirkenden Druck- und Zugkräfte auf den kompakten Schaft abgeleitet werden. Diese „Konstruktion" kann man mit der Leichtbauweise von Stahlgitterkonstruktionen bei Brücken und Kränen vergleichen. So wird auch beim Schwammgewebe trotz geringen Baumaterials eine hohe Festigkeit erreicht. Im roten **Knochenmark** entstehen die roten und weißen Blutkörperchen.

Von der **Knochenhaut** ziehen Blutgefäße in das Knocheninnere. Über diese Blutgefäße sind die Knochen als lebende Organe in den Stoffwechsel des Körpers einbezogen. Auch bei der Heilung von Knochenbrüchen hat die Knochenhaut eine wesentliche Aufgabe zu erfüllen: Sie enthält Knochenbildungszellen, die neues Knochengewebe bilden.

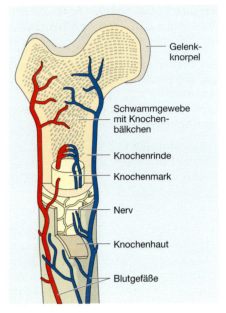

Bau eines Röhrenknochens

Während der Embryonalentwicklung besteht das Skelett zunächst nur aus Knorpel. Nach und nach werden Knorpelzellen durch Knochenzellen ersetzt. Beim **Dickenwachstum** erfolgt ein ständiger Umbau des Knochens: Sobald sich Knochenmasse von außen anlagert, wird dieselbe Menge im Inneren durch besondere Zellen abgebaut. So behält der Knochen immer seine Form, wird nicht zu schwer und bleibt funktionstüchtig. Während der Verknöcherung erfolgt auch das **Längenwachstum**. Bei Röhrenknochen wächst die Knorpelsubstanz zwischen Schaft und Gelenkenden noch lange weiter. Erst wenn die Wachstumszonen mit dem 18. bis 21. Lebensjahr verknöchert sind, ist das Längenwachstum des Menschen abgeschlossen.

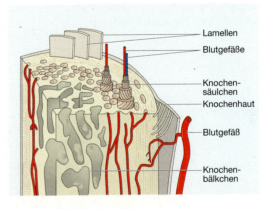

Feinbau des Röhrenknochens

17.1.3 Gelenke und Muskeln machen das Skelett beweglich

Durch Gelenke sind die Knochen beweglich miteinander verbunden: beim Arm das Schulter- und Ellenbogengelenk, das Handgelenk und die verschiedenen Fingergelenke, beim Bein das Hüftgelenk, Kniegelenk, Sprunggelenk und die Zehengelenke. Der **Schul-**

tergürtel verbindet die Arme mit dem Rumpf. Er besteht aus den beiden **Schulterblättern** und aus den **Schlüsselbeinen**.

Im Gelenk (s. Abbildung S. 178) trennt nur ein Spalt die von Knorpel überzogenen Knochenenden. Darin befindet sich eine schleimige Flüssigkeit, die Gelenkschmiere. Der glatte Knorpel und die Gelenkschmiere vermindern die Reibung. Gelenkbänder, die an den Knochen ansetzen, sowie Sehnen und Muskeln festigen das Gelenk. Je nach Beweglichkeit unterscheidet man Scharniergelenke, Kugelgelenke, Eigelenke, Zapfengelenke und Sattelgelenke.

Ohne **Muskeln** könnte man die Knochen des Skeletts nicht bewegen. Die etwa 500 Skelettmuskeln bestehen aus einzelnen zylindrisch geformten **Muskelfasern** von etwa 0,01–0,06 mm Dicke und bis zu 10 cm Länge. Die Muskelfasern sind durch Bindegewebe zu größeren Bündeln zusammengefasst. An ihren Enden münden die Muskeln in **Sehnen**; sie stellen die Verbindung zwischen Muskel und Knochen her.

Wie kommt nun die Bewegung zustande? Die Beugung des Unterarms beim Ergreifen eines Gegenstandes soll dies verdeutlichen: Der Impuls aus dem Gehirn erreicht den Bewegungsnerv im Beugemuskel. Dies führt zur Zusammenziehung und damit zur Verkürzung des Muskels. Ein verkürzter Muskel kann sich nicht aus eigener Kraft wieder strecken. Er benötigt dazu einen anderen Muskel, der ihn dehnt, den **Antagonisten**. Soll der Unterarm gebeugt werden, muss sich der Beugemuskel zusammenziehen, während sich der Streckmuskel entspannt. Wird der Ellbogen dagegen ausgestreckt, zieht sich der Streckmuskel zusammen und der Beugemuskel entspannt sich. Im Körper arbeiten immer mehrere Muskeln zusammen, um eine bestimmte Bewegung auszuführen.

Die Skelettmuskulatur gehört zur quergestreiften Muskulatur. Mithilfe chemischer und elektronenmikroskopischer Untersuchungen stellte man fest, dass diese Querstreifung durch zwei verschiedene Eiweißarten verursacht wird, das **Aktin** und das **Myosin**. Sie bestehen aus fadenförmigen Molekülen, die der Länge nach ineinandergreifen. Die Myosinmoleküle haben kleine Seitenäste, die rechtwinklig vom Hauptast des Molekülstrangs abstehen. Kommt nun ein Nervensignal zur Zusammenziehung des Muskels, laufen chemische Prozesse in den Muskelfasern ab. Sie bewirken, dass sich die Seitenäste der Myosinmoleküle anwinkeln. Da sie aber zwischen den Aktinfasern liegen, werden

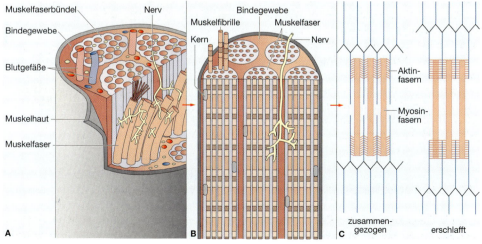

Feinbau eines Muskels

sie durch das Abknicken ein Stück zwischen die Aktinfasern hineingezogen. Wiederholt sich dieser Prozess mehrmals, „rudern" die Myosinmoleküle zwischen die Aktinfäden. Durch diesen Vorgang verkürzt sich der Muskel und nimmt gleichzeitig an Dicke zu. In die entgegengesetzte Richtung können die Myosinmoleküle nicht rudern. Wenn keine weiteren Nervensignale eintreffen, setzen sie aber dem Auseinanderziehen keinen Widerstand entgegen. So kann der Muskel von seinem Antagonisten wieder gestreckt werden.

Die Prozesse, die das Zusammenziehen des Muskels bewirken, können nicht ohne **Energiezufuhr** ablaufen. Die Energie stammt aus Nährstoffen, die das Blut heranführt. Mit Sauerstoff werden sie in den Muskelzellen umgesetzt. Bei längerer Muskelarbeit, z. B. bei sportlicher Anstrengung, kann es zu einer Sauerstoffunterversorgung kommen. Ohne Sauerstoff können die Nährstoffe nur in Kohlendioxid und Milchsäure gespalten werden. Dieser Vorgang wird als Milchsäuregärung bezeichnet. Die Milchsäure (Laktat) reichert sich im Muskel an; es kommt zu einer Übersäuerung. Durch den **Lactattest** kann man bei Sportlern die individuelle Leistungsfähigkeit messen. Der „**Muskelkater**" hingegen kommt durch sogenannte Mikroverletzungen des Muskels vor allem bei Untrainierten zustande. Als Nebenprodukt der Muskelarbeit entsteht Wärme, was zu einer Erhöhung der Körpertemperatur nach lebhafter Muskelarbeit führt.

17.2 Verletzungen des Bewegungsapparates

17.2.1 Kosten für Muskel-Skelett-Erkrankungen

Nach Angaben des Statistischen Bundesamtes entstanden im Jahr 2008 in Deutschland für die Prävention, Behandlung, Rehabilitation und Pflege von Erkrankungen und Unfällen Krankheitskosten von rund 254 Mrd. Euro, das macht 3.100 Euro pro Kopf. Etwa die Hälfte (50,7 % = 129 Mrd. Euro) der gesamten Krankheitskosten verteilte sich auf lediglich vier Krankheitsklassen. Dabei waren die höchsten Kosten auf Herz-Kreislauf-Leiden zurückzuführen (37 Mrd. Euro). Dahinter folgten Krankheiten des Verdauungssystems (34,8 Mrd. Euro), psychische und Verhaltensstörungen (28,7 Mrd. Euro) und Muskel-Skelett-Erkrankungen (28,5 Mrd. Euro).

17.2.2 Knochenbrüche

Erst durch eine Röntgenaufnahme lässt sich sicher feststellen, ob ein Knochenbruch vorliegt. **Geschlossene Brüche** weisen eine scharfe Frakturlinie auf und die beiden Knochenenden stehen sich unmittelbar gegenüber. Bei **offenen Brüchen** ist die Hautoberfläche von innen nach außen von einem Knochenende durchspießt. Bei **Trümmerbrüchen** ist der Knochen an der Bruchstelle in mehrere Teile zerbrochen.

Häufig hilft ein **Gipsverband**, sodass ein gebrochener Knochen in Ruhe verheilen kann. Die Heilung kann bei Erwachsenen von drei Wochen bei einem Finger- oder Zehenbruch bis zu sechzehn Wochen bei einem Oberschenkelbruch dauern. Bei älteren Menschen dauert es entsprechend länger. An den Bruchstellen bildet sich zunächst Knochenknorpel, der die beiden Knochenstücke fest miteinander verbindet. Bald lagert sich Knochenkalk ein und die Bruchstelle wird „knochenhart". Wenn ein Arzt erkennt, dass der Bruch nur schwer verheilen wird, fügt er den gebrochenen Knochen mit **Metallklammern** oder **Nägeln** zusammen.

Mit zunehmendem **Alter** steigt das Risiko zu stürzen. Etwa 30 % der über 65-Jährigen und 80 % der über 80-Jährigen stürzen mindestens einmal pro Jahr. Knochenbrüche und Hüftfrakturen können die Folge sein. Etwa 50 % der an einer Hüftfraktur behandelten Patienten erlangen ihre ursprüngliche Beweglichkeit nicht zurück; 20 % bleiben ständig pflegebedürftig. Das Deutsche Netzwerk für Qualitätssicherung in der Pflege (DNQP) hat deshalb einen „Expertenstandard Sturzprophylaxe" entwickelt (s. S. 254f.).

Es kommt vor allem im Alter zu einem Schwund der Gerüstsubstanz des Knochens (Rinde, Bälkchen) durch Verarmung an Kalksalzen. Man nennt die Krankheit **Osteoporose** (Knochenschwund). Dadurch treten vermehrt Knochenbrüche auf, vor allem **Oberschenkelhalsbrüche**. Ursachen sind u. a. falsche Ernährung sowie Hormonumstellung in den Wechseljahren. Der Oberschenkel besteht aus einem langen Schaft und einem kurzen Hals, der die Kugel des Hüftgelenks trägt. Die Stelle dazwischen wird als Schenkelhals bezeichnet. Gerade an diesem Punkt ist der Knochen nicht sehr stabil.

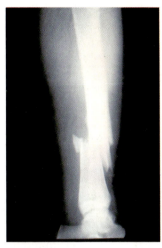

Knochenbruch des Unterschenkels (Röntgenaufnahme)

17.2.3 Gelenkverletzungen

Auch Gelenke können leicht verletzt werden. Oft ist das Fußgelenk betroffen, wenn der Fuß auf unebenem Boden umknickt. Der Verletzte spürt einen heftigen Schmerz und kann nicht mehr richtig auftreten. Das Fußgelenk wird heiß und schwillt an. Was ist dabei geschehen?

Durch übermäßige Belastung wurden die Knochenenden der Gelenke für einen Augenblick auseinandergezerrt, sprangen aber sofort in ihre normale Lage zurück. Es ist eine **Verstauchung** entstanden. Dabei wird die Gelenkkapsel überdehnt, Blutgefäße platzen, und ein Bluterguss in der Kapsel lässt diese anschwellen. Der Verletzte muss das Gelenk so lange ruhig stellen, bis Schwellung und Schmerz abgeklungen sind.

Bei einer **Verrenkung** bleiben die Knochenenden des Gelenks in ihrer unnatürlichen Lage stehen. Wenn z. B. die Schulter verrenkt ist, gleitet der Gelenkkopf nicht wieder in die Gelenkpfanne zurück. Die Schulter ist ausgekugelt.

Die Implantation eines **künstlichen Hüftgelenkes** gehört mittlerweile zu den in Deutschland am häufigsten durchgeführten Operationen. Ursache ist u.a. eine **Coxarthrose**. Das ist eine degenerative Erkrankung des Hüftgelenkes, die zu einer fortschreitenden Zerstörung des Gelenkknorpels unter Beteiligung der Gelenkstrukturen wie Knochen, Kapsel und Muskulatur führt. Bewegungen in der Hüfte sowie das Auftreten auf das Bein sind schmerzhaft. Es besteht ein sogenannter morgendlicher Einlaufschmerz, das Gangbild besteht aus Schonhinken. Schmerzen aus dem Hüftgelenk können bis in das Kniegelenk ausstrahlen.

Für den totalen Hüftgelenkersatz stehen verschiedene Prothesen zur Verfügung, solche, die einzementiert werden, und solche, die zementfrei verankert werden. Bei der Implantation eines Hüftgelenkes muss mit Komplikationen gerechnet werden, z. B. Wundheilungsstörungen, Verletzungen eines Gefäßes oder Nervenverletzungen, Prothesenlockerungen sowie Herausspringen des künstlichen Hüftgelenkes.

Kontrakturen sind dauerhafte Gelenkversteifung infolge verkürzter Muskeln, Sehnen und Bänder, geschrumpfter Gelenkkapseln oder Verwachsungen an den Gelenkflächen. Gefährdet sind besonders (alte) Menschen durch lange Bettlägerigkeit oder unsachgemäße Lagerung, zwanghafte Schonhaltung bei Schmerzen, rheumatische Erkrankungen oder Nervenlähmungen. Eine Prophylaxe ist notwendig: Bewegungsressourcen nutzen, häufig den Patienten mobilisieren (dreimal täglich), physikalische Therapie, ggf. vor Bewegungsübung Schmerzmittel nach ärztlicher Anweisung verabreichen.

17.2.4 Rücken- und Haltungsschäden

Viele Berufe, z. B. in der Alten- und Krankenpflege oder der Pflege von Menschen mit Behinderung, sind mit Körpereinsatz verbunden. Hauptbelastungen bei der Arbeit sind Heben und Tragen schwerer Lasten, Arbeiten in gebeugter Haltung, langes Gehen und Stehen. Durch dauernde Fehlbelastungen der Wirbelsäule können irreparable Schäden und **chronische Schmerzen im Rücken**, im Hals- und Nackenbereich sowie in der Hüfte entstehen.

Viele Arbeitgeber bieten ihren Mitarbeitern Kurse zum Thema Rückenschule an. Zum einen lernt man dort, rückenfreundliche Haltungen einzunehmen, z. B. beim Heben, Tragen, Sitzen und Stehen. Zum anderen dienen die Übungen dazu, die beanspruchten Muskelgruppen zu stärken und die Wirbelsäule zu entlasten. Darüber hinaus sollten geeignete Hilfsmittel bereitstehen und genutzt werden. Dazu gehören z. B. höhenverstellbare Pflegebetten, sodass die Pflegekräfte nicht in gebeugter Haltung arbeiten müssen. Beim Transfer von Patienten, z. B. in die Badewanne oder aus dem Bett in den Rollstuhl, erleichtern Lifter die Arbeit. Außerdem sollte man sich nicht scheuen, bei schweren Patienten einen Kollegen zu Hilfe zu holen.

Sind die Fußmuskeln durch Überlastung geschwächt, so können sie das Fußgewölbe nicht mehr tragen. Es drückt sich durch. Je nach Stärke der Absenkung des Längsgewölbes spricht man von einem **Senkfuß** oder **Plattfuß**. Ist das Quergewölbe durchgedrückt, so spreizen sich die Mittelfußknochen auseinander. Es entsteht ein **Spreizfuß**. Neben erblichen Faktoren, einer Schwäche der Muskeln und Bänder, liegen die Ursachen für die Entstehung eines Spreizfußes im häufigen Tragen von zu engen, spitz zulaufenden Schuhen oder Schuhen mit hohen Absätzen und im Bewegungsmangel. Diese Schäden erzeu-

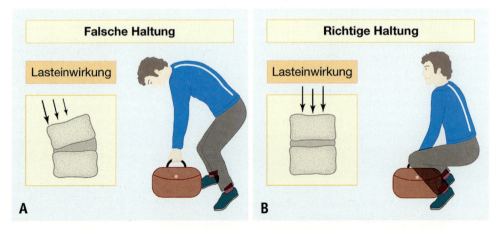

A) Falsches Heben führt zu extrem einseitiger Belastung der Wirbelsäule, B) richtiges Heben

gen Fußschmerzen und können zu Haltungsschäden führen. Man kann sie vermeiden, indem man seine Fußmuskeln durch Wandern oder Barfußlaufen kräftigt.

Die Wirbelsäule wird mithilfe der Rücken- und Bauchmuskeln aufrecht gehalten. Die Rückenmuskeln verkümmern, wenn man häufig krumm sitzt, krumm geht und sich zu wenig bewegt. Ständige einseitige Belastungen, falsches Sitzen und unzweckmäßige Schlafunterlagen begünstigen das Entstehen von **Haltungsschwächen**. Je nach Art der Fehlbelastung kommt es zur Ausbildung von Wirbelsäulenverkrümmungen in Form von **Rundrücken** oder **Flachrücken** oder zu seitlichen **Wirbelsäulenverbiegungen**. Durch die krankhaften Verformungen kann die Wirbelsäule ihre Aufgabe des Abfederns nicht mehr voll erfüllen. Es kommt zu ungleichmäßigen Belastungen der Bandscheiben und Wirbelbänder, die zu Dauerschäden führen können.

Aus einem besonders schweren Fall einer Überbeanspruchung der Wirbelsäule kann ein **Bandscheibenvorfall** entstehen. Dabei ist eine Bandscheibe zwischen den Wirbeln hervorgequollen und drückt gegen die Nerven des Rückenmarks. Starke Schmerzen, Bewegungsstörungen und sogar Lähmungen können die Folge sein.

17.3 Sport und Gesundheit

17.3.1 Verletzungsgefahren

Regelmäßige sportliche Aktivitäten können u. a. Herz-Kreislauf-Erkrankungen und Stoffwechselerkrankungen vorbeugen. Etwa 23 Mio. Bundesbürger treiben regelmäßig Sport, davon 60 % im Verein und 40 % unorganisiert. Damit stellt der Sport auch einen wichtigen Wirtschaftsfaktor in Deutschland dar: Man schätzt, dass etwa 700.000 Menschen im Sportbereich beschäftigt sind und einen Jahresumsatz von 1,7 Mrd. Euro erzielen. Das macht 1,4 % des Bruttoinlandsproduktes aus.

Allerdings ist der Sport auch mit erheblichen Verletzungsrisiken verbunden. Denn hinter den Haushaltsunfällen belegen Sportunfälle den zweiten Platz in der Statistik. Immer wieder kommt deshalb in der Politik der Vorschlag auf, Sportunfälle aus dem Leistungskatalog der gesetzlichen Krankenversicherung auszugrenzen. Die plakative Forderung lautet: „Wer eine (gefährliche) Sportart betreibt, soll sich gefälligst selbst versichern und nicht die Solidargemeinschaft belasten." Nach Angaben der Krankenkassen betragen die Gesamtkosten für Sportunfälle immerhin rund 1,65 Mrd. Euro pro Jahr. Das entspricht aber nur einem Anteil von 0,8 % an den Gesamtkosten des Gesundheitswesens.

Pro Jahr kommt es außerhalb des Schulsports zu etwa 1,25 Mio. Sportverletzungen, die ärztlich behandelt werden müs-

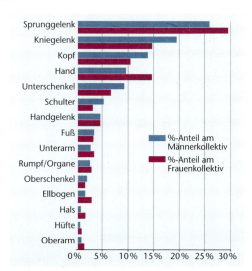

Verletzte Körperregionen bei Männern und Frauen im Vereinssport (vgl. Statistisches Bundesamt, Destatis 2010)

sen. Bei den Männern führt der Fußball mit 58 % die Statistik an, gefolgt von Handball (14 %) und Volleyball (5 %). Die Unfallhäufigkeit bei Frauen ist breiter verteilt. Angeführt wird die Statistik von Handball (21 %), gefolgt von Volleyball und Gymnastik mit je 11 %. Auch Turnen (9 %), Fußball (9 %) und Reiten (8 %) verursachen häufig Sportverletzungen bei Frauen.

Betrachtet man die Körperregionen, die bei Sportunfällen im Vereinssport betroffen sind (s. Abbildung), so ergibt sich folgende Rangfolge: Sprunggelenksverletzungen stehen mit 27 % an der Spitze, gefolgt von Kniegelenksverletzungen (18 %), Kopfverletzungen (13 %) und Handverletzungen (11 %). Bei den Kopfverletzungen handelt es sich hauptsächlich um Gehirnerschütterungen.

17.3.2 Typische Sportverletzungen

① **Nasen- oder Jochbeinbrüche:** Typische Symptome für einen Nasenbeinbruch sind Nasenbluten, eine erkennbare Deformation der Nase und starker Schmerz. Auf einen Jochbeinbruch deuten Schmerzen beim Kauen hin.

② **Tennisarm:** Die schmerzhafte Entzündung der Sehnen der Unterarmmuskeln ist die häufigste Ellenbogenverletzung. Sie entsteht durch Über- oder Fehlbelastung, z. B. durch eine falsche Schlagtechnik. Ursache für den sogenannten Tennisarm können auch das ständige Klicken mit der Computermaus oder intensives Stricken sein.

③ **Adduktorenzerrung:** Die Adduktoren sind Muskeln, die das Schambein mit dem Oberschenkelkochen verbinden. Diese häufig auch als Leistenzerrung bezeichnete Verletzung ist typisch für Fußballspieler, die nach dem Ball grätschen, Skiläufer oder Schlittschuhläufer. Meistens reißen dabei Muskelfasern am Übergang des Muskels zur Sehne.

④ **Rippenbrüche:** Symptome für einen Rippenbruch sind Schmerzen in der Brust bei Bewegungen und ein Knirschen beim Atmen, z. B. nach Stürzen oder dem heftigen Zusammenprall mit einem Gegner. In vielen Fällen ist eine spezielle Behandlung nicht notwendig; die Knochen heilen ohne Ruhigstellung wieder zusammen. Allerdings können bei einem Rippenbruch auch das Rippenfell, die Lunge oder andere Organe verletzt werden. Deshalb sollte zur Sicherheit der gesamte Brustkorb geröntgt werden.

⑤ **Kreuzbandriss:** Die beiden Kreuzbänder verlaufen innerhalb des Kniegelenks und verbinden Oberschenkel und Schienbein. Der Riss eines oder beider Kreuzbänder gehört zu den schweren Sportverletzungen und muss in der Regel operiert werden. Die

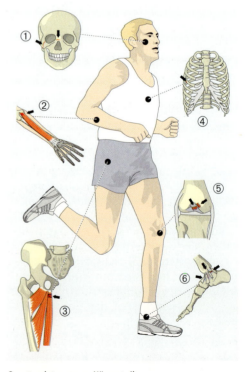

Sportverletzungen: Körperteile

Heilung eines gerissenen Kreuzbandes kann ein ganzes Jahr dauern und die sportliche Leistungsfähigkeit kann auf Dauer beeinträchtigt sein.

Wird das Kniegelenk bewegt, so verlagern sich die **Menisken** etwas. Bei plötzlichen Dreh- und Streckbewegungen können sie aber eingeklemmt werden oder zerreißen. Ein abgerissener Meniskusteil verursacht bei jeder Bewegung Schmerzen. Um Dauerschäden zu vermeiden, muss dieser Teil operativ entfernt werden.

⑥ **Bänderdehnung und Bänderriss:** Schäden an den Außenbändern des Sprunggelenks zählen zu den häufigsten Sportverletzungen. Durch starke Bewegungen werden sie überdehnt oder reißen, z. B. wenn man beim Laufen oder nach einem Sprung umknickt. Obwohl eine Bänderdehnung schmerzhaft ist, bleibt das Gelenk stabil; es muss aber eine Zeitlang geschont werden.

Durch die plötzlichen Starts und Stopps beim Sport kann ein Achillessehnenriss oder ein Muskelriss entstehen. Die Achillessehne verbindet den Wadenmuskel mit dem Fersenbein. Ein **Sehnenabriss** muss chirurgisch entfernt werden. **Muskelrisse** werden durch einen Gipsverband ruhiggestellt.

17.3.3 Doping – unerlaubt und ungesund

Nach den Rahmen-Richtlinien des Hauptausschusses des Deutschen Sportbundes (DSB) ist Doping „der Versuch der Leistungssteigerung durch die Anwendung (Einnahme, Injektion oder Verabreichung) von Substanzen der verbotenen Wirkstoffgruppen oder durch die Anwendung verbotener Methoden (z. B. Blutdoping)" (Rahmen-Richtlinien des DSB, § 2 Abs. 1). Es gibt eine lange Liste verbotener Substanzen, auf der u. a. Stimulanzien, Narkotika, anabole Substanzen, Diuretika und Hormone stehen.

Einerseits ist der Einsatz unerlaubter Mittel zur Leistungssteigerung unfair, denn dadurch werden die anderen Teilnehmer im sportlichen Wettbewerb benachteiligt und die Zuschauer getäuscht. Andererseits kann Doping schwerwiegende gesundheitliche Schäden verursachen, wie z. B.

- krankhafte Brustbildung bei Männern; besonders häufig sind Kraftsportler betroffen. Die Brustbildung beim Mann ist nicht rückbildungsfähig, nur operativ zu beseitigen.
- Stimmvertiefung bei längerer Einnahme von Testosteronen bei Frauen; meist nicht rückbildungsfähig; krankhafte vermehrte Körperbehaarung vom männlichen Typ bei Frauen; Vermännlichung der weiblichen Genitalorgane, z. B. mit Klitorishypertrophie.
- Leberschädigung; sehr häufig bis hin zu schwersten Formen von Leberentzündung bis Leberversagen.

Insofern kann Doping strafrechtliche Konsequenzen für die beteiligten Trainer und Helfer unter dem Aspekt der Körperverletzung nach sich ziehen.

17.3.4 Sportverletzungen vermeiden

Ein guter Trainingszustand und sorgfältiges Aufwärmen vor sportlichen Betätigungen verringern das Risiko einer Sportverletzung erheblich. Dazu gehören das Warmlaufen und sportartspezifische Aufwärm-, Stretching- und Dehnübungen. Das „Auslaufen" sowie Lockerungsübungen nach dem Sport helfen dem Körper, sich schneller zu erholen.

Wer bei Übermüdung, Überlastung oder Krankheit Sport treibt, erhöht das Verletzungsrisiko durch mangelnde Koordination und Aufmerksamkeit. Bevor wieder trainiert werden kann, muss eine Verletzung komplett ausgeheilt sein.

Die richtige Ausrüstung hilft, Verletzungen vorzubeugen. Dazu gehören Schuhe, Sportkleidung, sportartspezifische Schutzausrüstung und Sportgeräte.

17.3.5 Sofortmaßnahmen bei Sportverletzungen

Sportverletzungen sind meist die Folge von Unfällen oder entstehen, weil Muskeln, Bänder, Sehnen oder Gelenke der Belastung nicht mehr standhalten. Wenn eine Sportverletzung auftritt, sind die ersten Minuten entscheidend. Eine gründliche und angemessene Erstversorgung ist unerlässlich, um eine eventuelle Anschlussbehandlung eines Arztes sinnvoll vorzubereiten.

*Bei sogenannten „stumpfen" Verletzungen ohne äußere Blutungen sollte man das **PECH**-Schema für Sofortmaßnahmen anwenden: **P**ause (Ruhigstellung), **E**is (Kälteanwendung), **C**ompression (Druckverband) und **H**ochlagerung.*

AUFGABEN

1. Informieren Sie sich im Internet (z. B. unter www.bmg.de) über die Kampagne „Bewegung und Gesundheit". Berichten Sie darüber und erstellen Sie in der Gruppe ein Bewegungsprogramm für Schüler.
2. Anatomisches Basiswissen:
   a Nennen Sie die Hauptbestandteile von Kopfskelett, Rumpfskelett und Gliedmaßen.
   b Was versteht man unter aktivem und passivem Bewegungsapparat?
   c Erklären Sie den Aufbau der Wirbelsäule und die Funktion der Bandscheiben. Was ist ein Bandscheibenvorfall? Wie kommt er zustande?
   d Erklären Sie den Aufbau des Knochengewebes.
   e Erklären Sie, wie eine Muskelbewegung zustande kommt.
3. Was sind geschlossene und offene Brüche, Trümmerbrüche sowie Oberschenkelhalsbrüche?
4. Informieren Sie sich über die Entstehung, Prävention und Behandlung von Osteoporose (z. B. unter www.osteoporose-deutschland.de). Berichten Sie.
5. Informieren Sie sich über Stürze im Alter und den Expertenstandard „Sturzprophylaxe". Berichten Sie.
6. Erklären Sie den Unterschied zwischen Verstauchungen und Verrenkungen.
7. Informieren Sie sich über Coxarthrose und künstliche Hüftgelenke. Berichten Sie.
8. Informieren Sie sich über Kontrakturenprophylaxe. Berichten Sie.
9. Informieren Sie sich über die Vermeidung von Haltungs- und Rückenschäden, z. B. durch eine Rückenschule. Berichten Sie.
10. Setzen Sie sich mit folgender Forderung auseinander: „Wer eine (gefährliche) Sportart betreibt, soll sich gefälligst selbst versichern und nicht die Solidargemeinschaft belasten." Stellen Sie Pro- und Kontra-Argumente zusammen.

11. Berichten Sie über ausgewählte Sportverletzungen und ihre Vermeidung.
12. Berichten Sie über Trainingsmethoden und -programme für ausgewählte Sportarten.
13. Was versteht man unter Doping? Informieren Sie sich anhand eines aktuellen Dopingskandals über die eingesetzten Substanzen und deren gesundheitliche Gefahren. Berichten Sie.
14. Erklären Sie die PECH-Methode als Sofortmaßnahme bei Sportverletzungen.
15. Informieren Sie sich über Techniken der Sportmassage. Berichten Sie.

18 Das Alter

■ In der modernen Zivilisation tragen der wissenschaftliche Fortschritt, das verbesserte medizinische Versorgungssystem und die guten Ernährungs- und Hygienebedingungen dazu bei, dass Menschen heute älter werden als noch vor hundert Jahren. Die Lebenserwartung der Menschen beträgt heute in Deutschland 77 Jahre für Männer und 82 Jahre für Frauen. Bis zum Jahr 2050 wird mit einem weiteren Anstieg auf voraussichtlich 82 Jahre für Männer und 88 Jahre für Frauen gerechnet. Diese Entwicklung führt dazu, dass es in 20 bis 30 Jahren mehr 60- bis 80-Jährige als 20- bis 40-Jährige in Deutschland geben wird.

Schon seit 1972 ist die Sterberate in Deutschland höher als die Geburtenrate, welche zurzeit durchschnittlich 1,4 Kinder pro Frau beträgt. Die demografische Entwicklung wird in Deutschland tiefgreifende Auswirkungen auf das gesellschaftliche Leben haben. Während immer mehr Menschen das Alter von 65 Jahren erreichen und in den Ruhestand gehen, d. h. ihren Lebensunterhalt über Rente oder Pension vom Staat beziehen, gibt es auf der anderen Seite immer weniger junge Menschen, die einen Beitrag zur Absicherung der älteren Generation leisten werden. Es stellt sich die schwierige Frage nach einer zukünftig optimalen Ausgestaltung des Rentensystems sowie nach der Absicherung im Falle von Pflegebedürftigkeit.

Mit dem höheren Alter steigt auch die Zahl der Pflegebedürftigen stetig. In Deutschland wurde auf die Entwicklung reagiert und als fünfte Säule der Sozialversicherung bereits 1995 das Pflegeversicherungsgesetz SGB XI veröffentlicht. Dadurch soll die Pflege und Versorgung pflegebedürftiger Menschen finanziell abgesichert werden. ■

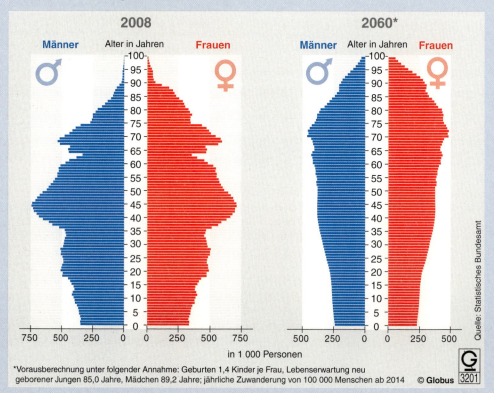

*Vorausberechnung unter folgender Annahme: Geburten 1,4 Kinder je Frau, Lebenserwartung neu geborener Jungen 85,0 Jahre, Mädchen 89,2 Jahre; jährliche Zuwanderung von 100 000 Menschen ab 2014

Lebenserwartung in Deutschland

18.1 Alterungsprozess

18.1.1 Altersbegriff

„Das Alt-Sein ist nicht einfach eine Tatsache, ist kein Zustand, den man erreicht und dann innehat, sondern Altern ist ein Prozess, ist Bewegung, ist Dynamik; ist also auch, wie jede Dynamik, den Polaritäten von Auf und Ab, Werden und Vergehen, Steigen und Fallen unterworfen. Das, was wir generell als Alter bezeichnen, kann daher jeweils nur ein ganz bestimmtes Stadium im Verlaufe dieses Prozesses bedeuten. Der alte Mensch ist nicht einfach alt – er wandelt sich und ist, wie auch der junge Mensch, ein sich Verändernder, ein sich Wandelnder."

(Juchli, 1993, S. 94)

Der Begriff „**Alter**" bezeichnet die neutrale Summe an Jahren, die ein Mensch gelebt hat. Im allgemeinen Sprachgebrauch wird mit diesem Begriff aber auch diejenige Lebensphase benannt, in der ein Mensch ein fortgeschrittenes Lebensalter erreicht hat und dadurch auf der biologischen, psychischen und sozialen Ebene spezifische Veränderungen erfährt.

Um dem „Alterungsprozess" auf die Spur zu kommen, gibt es in der Gerontologie (Alterswissenschaft) verschiedene Blickwinkel und Ansatzpunkte:

- Das **chronologische Alter** oder „kalendarische Alter" meint die Feststellung des Alters nach der Anzahl der gelebten Jahre. Dieses Alter ist vor allem für gesellschaftspolitische Bezüge bedeutungsvoll, so z. B. für den Eintritt in das Renten- oder Pensionsalter. Auf das tatsächliche, individuelle Leistungsvermögen und das „gefühlte Alter" des jeweiligen Menschen lässt das chronologische Alter jedoch nur unzureichend Rückschlüsse zu. So kann ein 65-jähriger Mensch gerade den Höhepunkt seiner geistigen Leistungsfähigkeit erreicht haben, wenn er in den Ruhestand treten muss.

- Das **biologische Alter** erfährt man aus anatomisch-physiologischer Perspektive, es meint den Zustand der Körperfunktionen und die Belastbarkeit eines Menschen. Die Gesamtheit der körperlichen und geistigen Veränderungen von der Keimzelle bis zum Tod wird nach dem Gerontologen Max Bürger als **Biomorphose** bezeichnet: Er definiert Altern als „… jede irreversible Veränderung der lebenden Substanz als Funktion der Zeit,[…] diese lebenslang dauernden Wandlungen, denen der menschliche Körper, sein Geist und seine Seele unterliegen, habe ich Biomorphose genannt" (Bürger, Altern und Krankheit, 1947). Die Vorstellung des Alterns als Folge einer Abnutzung der Organe ist überholt; man würde auch trotz lebenslanger Schonung altern. Die molekularen Alterungstheorien gehen davon aus, dass Lebewesen der gleichen Art eine ähnliche Lebenserwartung haben. So wird ein Hamster nur 1,5–2,5 Jahre alt, Hunde haben eine Lebenserwartung von 10–16 Jahren und Riesenschildkröten von über 170 Jahren. Das **Genregulationsmodell** führt dies auf Teile des Erbgutes, die **Gerontogene** zurück, die die Lebensdauer bestimmen. **Zelluläre Modelle** beschreiben den degenerativen biologischen Prozess des Alterns als Folge fortwährender Schädigungen der Inhaltsstoffe von intakten Zellen, z. B. durch Oxidation und Zerstörung von DNA, Membraneiweißen und Enzymen durch freie Radikale.

- Das **psychologische Alter** wird geprägt von dem geistig-seelischen Leben und Erleben des Menschen vor dem Hintergrund der individuellen Biografie, dem Bildungsstand, dem intellektuellen Leistungsvermögen und dem gesellschaftlichen Status. „Man ist nur so alt, wie man sich fühlt" ist ein bekanntes Sprichwort. So finden sich in der Gesellschaft immer mehr „junge Alte", die auch von der Werbung entdeckt und hofiert werden.

- Das **soziologische Alter** ergibt sich im Wesentlichen durch Wechselwirkungen des Individuums mit seiner Umgebung, also durch das Zusammenspiel von außen und innen. Im Alter können durch spezifische Rollenerwartungen der Gesellschaft Probleme und Komplikationen auftreten, die sich auf das Berufsleben, die allgemeine Betätigungs- und Lebenssituation einschränkend oder stark verändernd auswirken. Die hierbei entstehenden Probleme und Konflikte sind abhängig von dem Rollenverständnis des Einzelnen und von seiner Anpassungsfähigkeit an die veränderte Lebenssituation.

18.1.2 Körperliche Veränderungen im Alter

Mit zunehmendem Alter kommt es zu organisch-physiologischen Veränderungen und Abbauprozessen, die zu Veränderungen der Haut, des Skeletts, des Nervensystems, der Gefäße, der Muskeln und der Sinnesorgane führen und somit alterstypische Beschwerden und Funktionseinbußen nach sich ziehen:

- Bereits zwischen dem 40. und 50. Lebensjahr macht sich bei den meisten Menschen die Altersweitsichtigkeit bemerkbar. Auch das Wahrnehmen von Kontrasten und die Farbwahrnehmung nehmen mit dem Alter ab. Das Risiko, an grauem Star, grünem Star oder Makuladegeneration (Erkrankungen, die den Gelben Fleck betreffen) zu erkranken, steigt.

- Das Hörvermögen lässt im Laufe des Lebens nach; Hörverlust gehört zu den häufigsten chronischen Störungen im Alter. Schlechtes Hören kann zu Missverständnissen führen, auch die Gefahren im Straßenverkehr nehmen dadurch zu.

- Mit 70 Jahren hat der Mensch bis zu zwei Drittel seiner Geschmacksknospen eingebüßt, das Essen schmeckt fade; entsprechend verringert sich auch der Geruchssinn.

- Die Haare werden grau und, teilweise durch hormonelle Einflüsse bedingt, weniger und dünner.

- Die Haut verliert an Elastizität, wird faltig und trocken.

- Durch den Mineralverlust (Osteoporose) werden die Knochen poröser und instabiler.

- Die Bandscheiben schrumpfen; durch das Zusammenrücken der Wirbel werden die Menschen im Alter kleiner.

- Auch die Muskeln bilden sich zurück; darunter leiden Kraft und Beweglichkeit.

- Die inneren Organe verändern sich: Die Atemkapazität der Lunge nimmt ab, die Herzleistung lässt nach, entsprechend verringert sich auch die körperliche Leistungsfähigkeit.

- Das Gehirngewicht und die Hirndurchblutung vermindern sich; dadurch sinkt die Gedächtnisleistung.

- Die Nervenleitungsgeschwindigkeit nimmt ab und damit auch die Reaktionsgeschwindigkeit.

Diese körperlichen Abbauprozesse sind keine Krankheitsprozesse, sondern ganz normale unübersehbare und unvermeidbare Begleiterscheinungen des Alterungsvorgangs. Sie fordern jeden älter werdenden Menschen auf, sich mit seiner Lebenssituation bewusst auseinanderzusetzen und individuelle Lösungen zu finden.

Bis ins hohe Alter hinein lässt sich die Gesundheit und Leistungsfähigkeit durch geeignete regelmäßige körperliche Bewegung positiv beeinflussen. Ausdauertraining stärkt das Herz-Kreislauf-System und hilft, Übergewicht zu vermeiden. Krafttraining stärkt Muskulatur und Knochen und schützt vor Muskelschwund und Osteoporose. Beweglichkeitstraining kann körperliche Beschwerden lindern und als Sturzprävention dienen.

EXKURS: Der gerontologische Testanzug

Verschiedene Firmen bieten Alterssimulationsanzüge an, mit denen es auch jüngeren Menschen möglich ist, die typischen Einschränkungen im Alter zu erleben. Eine Spezialbrille verändert die Farbwahrnehmung, erhöht die Blendempfindlichkeit und schränkt das Gesichtsfeld ein. Gehörschutzstöpsel simulieren eine Hochtonschwerhörigkeit. Die Kopfbeweglichkeit wird durch eine Halskrause eingeschränkt. Eine Gewichtsweste und Gewichtsmanschetten an Armen und Beinen machen den Kraftverlust deutlich. Gelenkbandagen an Armen und Beinen sowie Spezialhandschuhe schränken die Beweglichkeit der Extremitäten ein.

Alterssimulationsanzug

18.1.3 Erkrankungen im Alter

Als Folge der Alterung kann es zur Entstehung typischer Alterserkrankungen kommen, z. B. Herzinsuffizienz, Arteriosklerose, Altershoch- oder Niedrigblutdruck, Angina Pectoris, Durchblutungsstörungen oder Lungenerkrankungen wie Bronchitis oder Pneumonie. Auch das gleichzeitige Auftreten mehrerer Krankheiten – die **Multimorbidität** – stellt ein schwerwiegendes Gesundheitsproblem älterer Menschen dar. Die Betroffenen leiden gleichzeitig z. B. an Bluthochdruck, Niereninsuffizienz, Zuckerkrankheit und Arthrose. Alterserkrankungen belasten das medizinische Versorgungssystem überproportional. So sind aus gesundheitsökonomischer Sicht die letzten Lebensjahre alter Menschen auch die teuersten.

Bei der **Parkinson-Krankheit** handelt es sich um eine neurologische Erkrankung, bei der es in bestimmten Gehirnregionen zu Substanzabbau kommt. Dadurch kann der Stoff **Dopamin** nur vermindert oder gar nicht mehr produziert werden; diesen Überträgerstoff benötigt der Körper, um Signale der Motorik weiterzuleiten. Die Erkrankung beginnt mit

50 oder 60 Jahren, selten früher. Bei den meisten Parkinson-Erkrankungen ist die Ursache unbekannt. Typische Symptome der Krankheit sind Trippelgang, fehlende Mimik (Maskengesicht), leises monotones Sprechen, erhöhte Muskelspannung (Rigor) und Zittern der Hände (Tremor).

Als **Demenz** bezeichnet man eine Erkrankung, die als Folge einer Hirnschädigung zu nachlassenden kognitiven, emotionalen und sozialen Fähigkeiten führt. Je höher das Alter, desto größer ist die Wahrscheinlichkeit, an einer Demenz zu erkranken. Die **Alzheimer-Erkrankung**

Demenz Altersgruppe	Anteil Demenzerkrankter
65–69 Jahre	1,2 Prozent
70–74 Jahre	2,8 Prozent
75–79 Jahre	6,0 Prozent
80–84 Jahre	13,3 Prozent
85–89 Jahre	23,9 Prozent
über 90 Jahre	34,6 Prozent

ist die häufigste Form der Demenz. Durch den ständig fortschreitenden Verlust von Nervenzellen in der Hirnrinde schrumpft das Gehirn. Die Erkrankung verändert das Verhalten des gesamten Menschen grundlegend. Morbus Alzheimer verläuft in verschiedenen Stadien: Im **Anfangsstadium** zeigen sich erste geistige Defizite wie Vergesslichkeit, Orientierungsschwierigkeiten, Wortfindungsstörungen und Passivität. Ein selbstständiges Leben ist aber noch möglich. Im **mittelschweren Stadium** nimmt der Verlust an geistigen Fähigkeiten weiter zu. Es zeigen sich Erkennungsstörungen, Sprachstörungen, völlige örtliche und zeitliche Desorientierung, Unruhe und Wahnvorstellungen. Eine Unterstützung durch andere ist erforderlich. Im **schweren, letzten Stadium** kommt es zu Gedächtniszerfall, Verlust der persönlichen Orientierung, zum Sprachzerfall bis auf wenige Worte und zum Verfall der körperlichen Kräfte. Es besteht völlige Pflegeabhängigkeit.

Die **vaskuläre Demenz**, die zweithäufigste Demenzform, wird durch Durchblutungsstörungen im Gehirn ausgelöst. Das Denken und Erkennen ist eingeschränkt, es kommt zu Orientierungs- und Wahrnehmungsstörungen. Die Erkrankung verläuft schleichend; die Symptome treten mal stärker und mal schwächer hervor.

18.2 Altersforschung

18.2.1 Gerontologie

Unter Gerontologie versteht man die Wissenschaft, die sich mit den körperlichen, seelischen und geistigen Veränderungen des alternden Menschen befasst, also die Altersforschung oder Alterswissenschaft.

Gerontologen untersuchen die mit dem Älterwerden verbundenen körperlichen, geistigen und seelischen Probleme, Veränderungen und Ressourcen auf einer interdisziplinären Grundlage, d. h., sie beziehen sich in ihrer Arbeit auf verschiedene andere Wissenschaftsbereiche wie die Sozial- oder Geisteswissenschaften. Außerdem analysieren und erforschen sie die relevanten und konstituierenden Rahmenbedingungen in der Umwelt.

Weiterhin beschäftigen sich Gerontologen mit dem Wandel des Altenbildes in der Gesellschaft: dem Selbstbild der Senioren, den Vorstellungen vom Alter in der allgemeinen Öffentlichkeit, in der Politik, im Bildungswesen, in der Volkswirtschaft, in der Medizin und mit dem veränderten Freizeitverhalten der Menschen.

In den Bereich der Gerontologie gehören im Wesentlichen folgende Disziplinen:

Disziplin	Bedeutung, Aufgabe
Altenhilfe	institutionelle Unterstützung älter werdender Menschen
Geriatrie	Erforschung von Alterskrankheiten sowie deren Diagnostik, Therapie und Rehabilitation
Gerontosoziologie	Erforschung und Analyse sozialer Aspekte des Alterns
Gerontopsychiatrie	Diagnostik und Therapie psychischer Alterskrankheiten
Gerontopsychologie	Erforschung psychologischer Aspekte des Alterns
Gerontopsychotherapie	seelische Unterstützung alternder Menschen
Biogerontologie	Erforschung biologischer Altersentwicklungen und deren Ursachen

Gerontologie wird in Bachelor- und Masterstudiengängen an Hochschulen oder Fachhochschulen gelehrt und bezieht angrenzende Wissenschaftsbereiche ebenso in die Ausbildung mit ein wie die Aspekte der Altenpflege und der Sozialarbeit.

In Deutschland gibt es verschiedene Fachverbände und -gesellschaften auf dem Gebiet der Gerontologie, z. B.:
- Deutsche Gesellschaft für Geriatrie e.V. (DGG)
- Deutsche Gesellschaft für Gerontopsychiatrie und -psychotherapie e.V. (DGGPP)
- Deutsche Gesellschaft für Alterszahnmedizin e.V. (DGAZ)
- Deutsche Gesellschaft für Gerontologie und Geriatrie e.V. (DGGG)
- Deutsche Gesellschaft für Alternsforschung e.V. (DgfA)
- Interdisziplinäre Arbeitsgemeinschaft für Angewandte Gerontologie e.V. (IAAG)
- Zentrum Altern und Gesellschaft (ZAG)

18.2.2 Geriatrie

„Geriatrie ist eine besonderes Gebiet der Medizin, das sich mit den physischen, geistigen, funktionellen und sozialen Bedingungen von älteren Patienten in der akuten, chronischen, rehabilitativen und präventiven Pflege sowie der Pflege am Lebensende befasst. Diese Patienten gehören zu einer Gruppe von Menschen mit einem hohen Grad an Gebrechlichkeit und aktiven Mehrfacherkrankungen, die einen ganzheitlichen Behandlungsansatz benötigt. Krankheiten können sich im hohen Alter ganz anders darstellen, Diagnosen sind oft sehr schwierig zu stellen, das Ansprechen auf eine Behandlung ist oft verzögert und es besteht ein kontinuierlicher Bedarf an sozialer Unterstützung. Geriatrie geht also die über die organmedizinisch orientierte Medizin hinaus, indem sie zusätzliche Therapien in einem multidisziplinären Team-Umfeld anbietet. Ihr Hauptziel ist Optimierung des funktionellen Status und damit einhergehend eine Verbesserung des Lebens und der Autonomie des älteren Patienten. Geriatrische Medizin ist nicht spezifisch altersdefiniert, beschäftigt sich aber mit der typischen Morbidität älterer Menschen. Die meisten Patienten sind über 65 Jahre alt. Diejenigen gesundheitlichen Probleme, die durch den spezifischen Ansatz der Geriatrie am besten behandelt werden können, häufen sich jedoch in der Altersklasse von Menschen ab 80 Jahren."

(European Union Geriatric Medicine Society, 2008, Übersetzung: Bildungsverlag Eins)

Zu den typischen Veränderungen des menschlichen Körpers, der **Biomorphose** im Alter, zählen:
- Intelligenzabbau durch Umfangabnahme der Gehirnzellen
- Einschränkung der Sinne mit einhergehenden Hirnleistungsstörungen
- Instabilität des Skelettsystems durch Elastizitätsverlust
- Inkontinenz der Blase durch Zunahme von Muskelinaktivität
- Verlust von Gewebsflüssigkeit

18.3 Lebensgestaltung im Alter

Die besondere Situation alter Menschen in der Gesellschaft stellt für die Betroffenen fast immer eine schwierige Herausforderung dar. Die Tatsache muss verarbeitet werden, dass der Eintritt in das Renten- oder Pensionsalter einerseits zwar mit einem Zuwachs an persönlich zu nutzender Zeit verbunden ist, andererseits jedoch zugleich einen Verlust an gesellschaftlicher Anerkennung und finanziellem Auskommen bedeutet. Je nach individueller Lebenssituation in Hinblick auf das soziale Leben sowie auf die körperliche und geistige Vitalität sind manchmal tiefgreifende Entscheidungen zu fällen.

18.3.1 Lebensorganisation

Wer gesund ist und einen Beitrag zum gesellschaftlichen Leben leisten möchte, kann die frei gewordenen Zeitressourcen dazu nutzen, ein Ehrenamt zu übernehmen, um auf diese Weise soziale Anerkennung zu bekommen. Ein vitaler Gesundheitszustand kann es ermöglichen, dass ein Mensch sich Träume erfüllt, die ihn lange begleitet haben: Reisen in ferne Länder, Pflegen von Hobbys, Aufbau von Kontakten zu anderen Menschen, Umgang mit Enkelkindern, Erlernen neuer Fähigkeiten oder Aneignung neuen Wissens.

Die Lebensgestaltung wird jedoch schwieriger, je näher ein Mensch dem Ende seines Lebens kommt. Die nachlassenden Kräfte führen dazu, dass längere Wegstrecken nicht mehr zu Fuß bewältigt werden können. Wenn die Nutzung eines Fahrzeugs nicht mehr möglich ist und es keine öffentlichen Verkehrsanbindungen in der Nähe des Wohnortes gibt, kann es zu Versorgungslücken in der Alltagsgestaltung kommen.

Die Besorgung von Lebensmitteln, Haushaltswaren und Medikamenten, das Erledigen von Bankgeschäften oder Arztbesuche werden an ungünstigen Standorten zu einem großen Problem. Als Folge kann es zu einer Mangelversorgung kommen, die mit einer Reihe von Risiken für die Gesundheit einhergeht.

Auch die Haushaltsführung kann aufgrund der beeinträchtigten gesundheitlichen Verfassung im Alter zu einem Problem werden: Die Essenszubereitung, das Reinigen der Wohnung, der Umgang mit Wäsche, die Müllentsorgung, die Gartenpflege, – all diese und viele andere Aufgaben werden mit nachlassender Kraft und Vitalität immer mühseliger und zeitaufwendiger und verlangen langfristig nach einer Lösung. In manchen Fällen gibt es einen intakten Familienverbund, in dem Kinder oder Enkelkinder unterstützend und helfend tätig werden können, in anderen Fällen stehen hilfreiche Nachbarn zur Verfügung, um kleinere Defizite zu überbrücken.

18.3.2 Pflegebedürftigkeit

Eine grundsätzliche Änderung der Lebenssituation tritt ein, wenn alte Menschen pflegebedürftig werden und im Zusammenhang mit einer fortschreitenden Unselbstständigkeit in den Lebensaktivitäten nicht mehr in der Lage sind, sich selbst zu versorgen.

Durch die Einführung des Pflegeversicherungsgesetzes (SGB XI) 1995 wurde es möglich, dass pflegebedürftige Menschen in ihrer häuslichen Umgebung gepflegt werden können. Die monatliche finanzielle Unterstützung, die Pflegebedürftige durch die Anerkennung einer Pflegestufe seitdem erhalten, ermöglicht den Einsatz eines ambulanten Pflegedienstes, durch dessen Mitarbeiter die nötige Pflegeleistung erbracht wird. Diese Pflegedienste müssen Vertragspartner der Pflegekasse sein. Aber auch Angehörige haben die Möglichkeit, die Pflege ganz oder teilweise zu übernehmen und für diese Tätigkeit Geld von der Pflegekasse zu beziehen.

Pflegebedürftige sollen selbst entscheiden, wie und von wem sie gepflegt werden möchten. Das Pflegeversicherungsgesetz legt fest, wem in welchem Umfang Leistungen von der Pflegekasse zustehen. Nach der Schwere der Pflegebedürftigkeit sind die Leistungsbezieher in drei bzw. vier Pflegestufen eingeteilt. Ein Antrag zur Einstufung in eine Pflegestufe muss bei der Pflegekasse gestellt werden. Ein ärztlicher Gutachter nimmt dann die Einstufung vor. Der Schwerpunkt der Einstufung liegt im Bereich der **Grundpflege**, also Körperpflege, Kleidung, Toilettengänge und Nahrungsaufnahme. Allgemeine Betreuung oder ärztlich verordnete Maßnahmen der häuslichen Krankenpflege werden kaum berücksichtigt.

EXKURS: Aktivierende Pflege

Aktivierende Pflege soll nach dem Auftrag „So viel Hilfe wie nötig, so wenig Hilfe wie möglich" durchgeführt werden. Dies bedeutet, dass den Pflegebedürftigen nichts abgenommen wird, was sie noch selbst erledigen können, auch wenn es lange dauert: sich anziehen, die Zähne putzen oder die Haare kämmen. Denn alle Tätigkeiten, die sie nicht mehr selbstständig durchführen, gehen den Pflegebedürftigen an Alltagskompetenz verloren und führen zu weiterer Pflegebedürftigkeit. Allerdings kostet diese aktivierende Pflege mehr Zeit als die vollständige Übernahme durch Pflegekräfte. Denn die sogenannte „Minutenpflege" schreibt vor, wie viel Zeit die Pflegekraft maximal für verschiedene Verrichtungen zur Verfügung hat: z. B. neun Minuten für die Ganzkörperwäsche, zwei Minuten zum Zähneputzen, fünf Minuten für das Ankleiden und drei Minuten für das Ausziehen.

Pflegestufe	Voraussetzungen	Pflegegeld Pflege zu Hause, z.B. durch Angehörige oder Freunde, (ab 1.1.2012)	Sachleistungen Pflege zu Hause durch ambulante Pflegedienste (ab 1.1.2012)	Leistungen bei vollstationärer Pflege (Heim) (ab 1.1.2012)
Pflegestufe 0	Die meisten stationären Pflegeeinrichtungen dürfen nur Menschen aufnehmen, denen eine vollstationäre Pflegebedürftigkeit vom MDK bescheinigt wurde. Eine Ausnahme bilden Menschen mit „eingeschränkter Alltagskompetenz", z.B. Demenzerkrankte, auch wenn sie die Voraussetzungen für die Pflegestufe I nicht erfüllen.		bis zu 2.400 Euro jährlich für gerontopsychiatrische Zusatzangebote und Beratungsbesuche (Stand 1.1.2008)	Eine „Heimbedürftigkeitsbescheinigung" kann auch ausgestellt werden, wenn die Voraussetzungen für die Stufe I nicht erfüllt sind.
Pflegestufe I erhebliche Pflegebedürftigkeit	Hilfsbedarf täglich durchschnittlich min. 90 Minuten, davon 46 Minuten für die Grundpflege	235 Euro	450 Euro	1.023 Euro
Pflegestufe II Schwerpflegebedürftigkeit	Hilfsbedarf täglich durchschnittlich min. drei Stunden, davon min. zwei Stunden Grundpflege	440 Euro	1.100 Euro	1.279 Euro
Pflegestufe III Schwerstpflegebedürftigkeit	Hilfsbedarf täglich durchschnittlich min. fünf Stunden, davon min. vier Stunden für die Grundpflege; Hilfe muss jederzeit, rund um die Uhr, auch nachts gewährleistet sein.	700 Euro	1.550 Euro	1.550 Euro

Für Härtefälle (außergewöhnlich hoher Pflegeaufwand) werden 1.918 Euro monatlich als Sachleistungen oder bei vollstationärer Unterbringung gezahlt. Geld von der **Pflegekasse** gibt es auch für Tagespflege, Nachtpflege und Kurzzeitpflege. Zusätzliche häusliche Krankenpflege nach ärztlicher Verordnung (z.B. Injektionen) ist **Behandlungspflege** und fällt unter die Leistung der **Krankenkasse** (SGB V).

18.3.3 Wohnformen im Alter

Von den etwa 2,2 Mio. pflegebedürftigen Menschen in Deutschland leben nur etwa 30% in stationären Pflegeheimen, der überwiegende Teil wohnt zu Hause. Dies geschieht aus dem Wunsch nach einer weitgehend selbstbestimmten Lebensführung in der vertrauten

Umgebung. Eventuell werden bauliche Veränderungen vorgenommen und Angehörige und ambulante Dienste helfen und pflegen. Darüber hinaus gibt es weitere Möglichkeiten von Wohneinrichtungen für ältere Menschen, die in privater Atmosphäre leben möchten, und die sich mit Hilfs- und Pflegeleistungen kombinieren lassen.

- **Ambulante Pflegedienste:** Ambulante Pflege ist häusliche Pflege. Die Pflegekräfte kommen zu den Pflegebedürftigen nach Hause und leisten, je nach Bedarf, Grundpflege, Hauswirtschaft, Krankenpflege oder psychiatrische Pflege. Viele bieten auch Serviceleistungen an, wie Mittagessen („Essen auf Rädern") oder Begleitdienste für Arztbesuche oder zum Einkaufen. Träger sind Organisationen der freien Wohlfahrtspflege, kommunale Sozialstationen oder private Pflegedienste. Das SGB XI und das SGB XII regeln die Pflegeleistungen. Nach diesen Vorschriften hat die häusliche Pflege Vorrang vor der stationären Pflege.

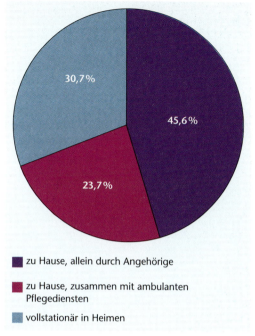

Versorgung von Pflegebedürftigen in Deutschland (vgl. Statistisches Bundesamt, Pflegestatistik 2009, 2011, S. 8)

- **Betreutes Wohnen/Service-Wohnen:** Wohnungen mit spezieller altengerechter Ausstattung, in denen ältere Menschen als Eigentümer oder Mieter wohnen und Hilfs- und Pflegeangebote in unterschiedlicher Kombination wählen können. Die ambulanten Dienstleistungen werden durch externe private Pflegedienste, Sozialstationen oder in Kooperation mit stationären Pflegeeinrichtungen erbracht.

- **Wohnstifte/Seniorenresidenzen:** Ebenfalls Wohnungen mit spezieller altengerechter Einrichtung, aber überdurchschnittlich ausgestattet. Oft verfügen sie über ein großzügiges Angebot an Gemeinschaftsflächen (Eingangslobby, Bibliothek, Schwimmbad, Kaminzimmer) und bieten Veranstaltungen (Konzerte, Theaterbesuche, Ausflüge) an. Zur Grundversorgung, wie Mittagessen, Wohnungsreinigung, allgemeine Betreuungsdienste, wird die ambulante Pflege organisiert; oft ist auch vollstationäre Pflege möglich.

- **Wohngemeinschaften:** Mehrere pflegebedürftige Menschen teilen sich eine Wohnung oder ein Haus. Jeder hat ein eigenes Zimmer; Küche, Wohnzimmer und Bad werden mit den anderen Bewohnern geteilt. Die Bewohner helfen einander oder nehmen einen ambulanten Pflegedienst in Anspruch. Bei Wohngemeinschaften mit psychisch und körperlich stark beeinträchtigten Menschen, z. B. bei Demenzerkrankten, ist oft festes Hilfspersonal eingestellt. Häufig handelt es sich bei solchen Wohngemeinschaften um private, selbst organisierte Projekte.

> **EXKURS: Sun City Arizona**
>
> Am 1. Januar 1960 wurde in der Wüste von Arizona nahe der Stadt Phoenix eine ausschließlich für alte Menschen geplante Stadt gegründet. Am Ende des ersten Jahres wohnten hier rund 2.500 Menschen, 1978 war die Stadt auf 47.000 Einwohner angewachsen. Die Bebauung besteht überwiegend aus eingeschossigen Einfamilienhäusern. Zur Infrastruktur gehören Einkaufszentren, Läden, Bringdienste, Restaurants, Hotels, Theater und Museen. Zielgruppe dieses Wohnangebotes ist der aktive Ruheständler, der hier viele Möglichkeiten der Freizeitgestaltung findet. Durch die Stadt ziehen sich großzügige Golfanlagen, es gibt Tennisplätze, Schwimmbäder und Fitnesscenter. Wer in Sun City wohnen möchte, muss ein Mindestalter von 55 Jahren erreicht haben. Die Bewohner gehören zur gleichen Generation, sind überwiegend Weiße, verfügen über ein überdurchschnittliches Einkommen und ein hohes Bildungsniveau. Aus dieser Homogenität entwickelt sich ein ausgeprägtes Gruppenbewusstsein: Viele Bewohner organisieren sich in Vereinen, arrangieren Veranstaltungen oder übernehmen ehrenamtliche Tätigkeiten. Die unterschiedlichen Konfessionsgruppen sind im Alltag sehr präsent; insbesondere die Kirchen betreiben Seelsorge, behandeln das für ältere Menschen wichtige Thema vom „Umgang mit dem Tod" und fördern so die positive Lebenseinstellung der alternden Bevölkerung.

- **Tagespflegeheim:** Hier haben Senioren die Möglichkeit, den ganzen oder halben Tag in einer Einrichtung zu verbringen und von qualifizierten Fachkräften betreut zu werden. Das Angebot richtet sich an **teilweise pflegebedürftige** Personen. Neben Betreuung und Pflege werden Mahlzeiten angeboten und es gibt Räume zum Ausruhen; für Unterhaltung durch Seniorengymnastik, Spiele, Singen, Spaziergänge und Ausflüge wird gesorgt. Auch Sonderleistungen, wie Baden, Haarwäsche oder Fußpflege, und der Transport zwischen dem Heim und der Wohnung sind möglich. Die Tagespflege entlastet Angehörige von der täglichen Pflege.

- **Tagesklinik:** Tageskliniken bieten eine ambulante/teilstationäre Versorgung von Patienten an, die nicht mehr akut stationär behandelt werden müssen, die aber mehr als eine Behandlung durch einen niedergelassenen Arzt benötigen. So kann z. B. nach einem Schlaganfall durch intensive Physio-, Ergo- und Sprachtherapie eine Besserung des Zustands soweit gefördert werden, dass eine Pflegebedürftigkeit verhindert wird. Die Patienten wohnen und schlafen weiter zu Hause, kommen nach dem Frühstück in die Klinik, nehmen an der individuellen Therapie teil und kehren nachmittags nach Hause zurück.

- **Stationäre Altenpflegeeinrichtungen:** Hierbei handelt es sich um Heime, die ältere pflegebedürftige Menschen aufnehmen, ihnen Wohnraum zur Verfügung stellen, sie betreuen und verpflegen und die entgeltlich betrieben werden. Sie sind verpflichtet, ihre Leistungen nach dem allgemein anerkannten Stand der fachlichen Erkenntnisse zu erbringen. Die Mindestanforderungen sind durch den Gesetzgeber geregelt. Heime werden regelmäßig durch die Heimaufsicht und den MDK überprüft.
  Zwischen dem Träger und dem zukünftigen Bewohner wird ein schriftlicher Heimvertrag auf unbestimmte Zeit geschlossen. Dieser Vertrag ist durch den Bewohner innerhalb festgelegter Fristen kündbar; der Träger darf ihn nur aus wichtigen Gründen kündigen, z. B. wenn das Heim geschlossen wird oder sich der Gesundheitszustand des Bewohners so sehr verschlechtert hat, dass eine Pflege im Heim nicht mehr möglich ist.
  Früher waren Altenpflegeheime Stätten langjährigen Wohnens, in die ältere Menschen oft bereits vor dem Beginn der Pflegebedürftigkeit einzogen. Heute haben sie sich zu Einrichtungen der Pflege- und Krankheitsbewältigung entwickelt. Die durchschnittliche Verweildauer alter Menschen im Heim erstreckt sich nur noch auf zwei bis drei Jahre.

EXKURS: Vom Pflegeheim zur Hausgemeinschaft

Ein neues Betreuungskonzept nach dem Hausgemeinschaftsprinzip will Wohnbedürfnisse und Pflegeerfordernisse von pflegebedürftigen alten Menschen verbinden und auch in Pflegeheimen größtmögliche individuelle Privatheit, Selbstständigkeit und Kommunikation gewährleisten. In Hausgemeinschaften innerhalb einer Pflegeeinrichtung bilden acht bis zwölf pflegebedürftige Menschen eine Wohngruppe, die von einer festen Bezugsperson betreut werden. Zentrale Versorgungsstrukturen wie Großküche, Speisesaal oder Wäscherei sind aufgelöst; die Wohngruppe kocht zusammen, es wird gemeinsam gegessen, weitere anfallende Hausarbeiten wie Wäsche oder Wohnungsreinigung strukturieren wie in einem normalen Haushalt den Tagesablauf. Jedes Mitglied der Wohngruppe bringt seine Leistung entsprechend seinen Fähigkeiten ein. Pflege und Betreuung sind unterstützende Maßnahmen zur selbstständigen Lebensgestaltung. Die Überschaubarkeit der Räumlichkeiten, der Anzahl der Bewohner und der Betreuer vermittelt das Gefühl von Vertrautheit und Geborgenheit.

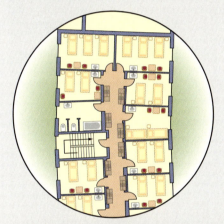

1. Heimgeneration: Leitbild Verwahranstalt (1940er- bis 1960er-Jahre)

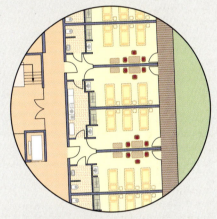

2. Heimgeneration: Leitbild Krankenhaus (1960er- bis 1970er-Jahre)

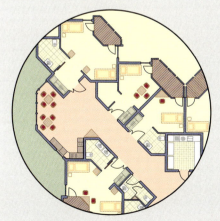

3. Heimgeneration: Leitbild Wohnheim (1980er-Jahre)

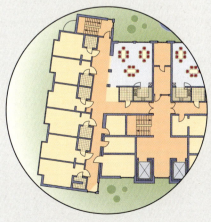

4. Heimgeneration: Leitbild Hausgemeinschaft (ab den 1990er-Jahren)

Entwicklungstendenzen im Pflegeheimbau

Viele **Pflegeeinrichtungen** bieten auch die Möglichkeit an, Pflegebedürftige tagsüber aufzunehmen (**Tagespflege**) oder über einen bestimmten Zeitraum zu versorgen (**Kurzzeitpflege**) und betreiben ambulante Pflegedienste. Träger von Pflegeheimen sind entweder karitative Organisationen oder sie sind in öffentlichen oder privaten Händen.

18.4 Pflegeprozess

Die Pflege von alten und kranken Menschen wird heute in der Pflegewissenschaft als systematischer Prozess begriffen. Der **Pflegeprozess** gliedert sich in einzelne Phasen bzw. Schritte, die zu einem geschlossenen Regelkreis miteinander verbunden sind. Diese systematische und in Form des **Pflegeplans** schriftlich dokumentierte Arbeitsweise schafft für alle an der Pflege Beteiligten Transparenz und ermöglicht ihnen ein strukturiertes, abgestimmtes Arbeiten.

Am Anfang steht die **Informationssammlung**, um den Istzustand des Pflegebedürftigen zu ermitteln. Im Rahmen von Anamnesegesprächen, Pflegevisiten, durch Befragungen und Beobachtungen des Patienten werden pflegerelevante Informationen gesammelt. Checklisten helfen, die gewonnenen Daten systematisch zu erfassen und zu sortieren. Zwei Listen zur Ermittlung des individuellen Pflegebedarfs haben weite Verbreitung in der Pflegepraxis gefunden: ATL (Aktivitäten des täglichen Lebens) von L. Juchli und AEDL (Aktivitäten und existenzielle Erfahrungen des Lebens) von M. Krohwinkel.

ATL (nach L. Juchli)	AEDL (nach M. Krohwinkel)
ruhen und schlafen	kommunizieren können
sich bewegen	sich bewegen können
sich waschen und kleiden	vitale Funktionen des Lebens aufrecht erhalten können
essen und trinken	sich pflegen können
Ausscheidung	essen und trinken können
Regulierung der Körpertemperatur	ausscheiden können
atmen	sich kleiden können
für Sicherheit sorgen	ruhen und schlafen können
sich beschäftigen	sich beschäftigen können
kommunizieren	sich als Mann oder Frau fühlen und verhalten können
Sinn finden	für eine sichere Umgebung sorgen können
sich als Mann oder Frau fühlen	soziale Bereiche des Lebens sichern können
–	mit existenziellen Erfahrungen des Lebens umgehen können

Die systematische Auswertung der gesammelten Informationen zeigt, welche **Ressourcen**, also Fähigkeiten und Fertigkeiten, die zu betreuende Person hat, aber auch, welche Pflegeprobleme zu lösen sind. Kann ein Patient z. B. selbst zur Toilette gehen oder braucht er dabei Hilfe?

Mit der Erkenntnis von Problemen und Ressourcen können realistische **Pflegeziele** formuliert werden. Damit beschreibt man einen gewünschten Zustand des Patienten, der mit Unterstützung der Pflege erreicht werden soll.

Danach werden alle **pflegerischen Maßnahmen** geplant, die zur Erreichung der Pflegeziele notwendig sind. Im Maßnahmenplan werden auch Pflegezeiten und Personaleinsatz festgelegt, z. B. Bewegungsübungen dreimal täglich.

Die Durchführung der Pflegemaßnahmen wird **dokumentiert**. Dafür stehen in der EDV oder auf Papier verschiedene Formulare zur Verfügung, z. B. Leistungsnachweis, Medikamentenblatt usw.

Mit der regelmäßigen **Überprüfung und Bewertung** (Evaluation) der Pflegeplanung schließt sich der Regelkreis. Die Häufigkeit richtet sich nach Krankheitsbild und dem Behandlungsverlauf.

Noch immer aktuell ist das 6-phasige Pflegeprozessmodell nach Fiechter und Meier (vgl. Fiechter/Meier, 1985).

18.5 Pflegestandards

18.5.1 Gesetzliche Grundlagen

Alte Menschen sind aufgrund körperlicher Einschränkungen und Veränderungen einer Vielzahl gesundheitlicher **Risiken** ausgesetzt (z. B.):
- Gefahr von Orientierungsstörungen
- Kontrakturenrisiko: Gefahr der Einsteifung von Gelenken
- Dekubitusrisiko: Gefahr des Wundliegens
- Immobilitätsrisiko: Gefahr der Bettlägerigkeit
- Sturzrisiko
- Kollapsrisiko: Gefahr eines Kreislaufzusammenbruchs
- Pneumoniegefahr (Lungenentzündung)
- Intertrigorisiko: Gefahr der Entstehung eines sogenannten „Hautwolfes"
- Soorrisiko: Gefahr einer Pilzerkrankung
- Inkontinenzrisiko: Entleerungsstörung der Harnblase und des Darms
- Obstipationsrisiko: Gefahr der Stuhlverstopfung
- Kachexierisiko: Gefahr einer Mangelernährung
- Exsikkoserisiko: Gefahr der Austrocknung
- Gefahr einer Verwahrlosung
- Gefahr einer Tag-Nacht-Umkehr
- Infektionsrisiko: Risiko einer Harnwegsinfektion
- Gefahr des Hospitalismus: seelische Schädigung durch Einsamkeit

Unter **Prophylaxen** versteht man Maßnahmen, die dazu geeignet sind, diesen Risiken vorbeugend zu begegnen. So sollen Schädigungen oder Erkrankungen vermieden und die körperliche, seelische, geistige und soziale Gesundheit erhalten bzw. gefördert werden, indem die Ursachen für das jeweilig bestehende Risiko gezielt minimiert werden. Für die Durchführung von Prophylaxen gelten in der Praxis folgende allgemeine Richtlinien:

- rechtzeitiges Erkennen der individuellen Gefährdungen
- Erfassen und Einbinden der zugrunde liegenden Ressourcen (Kraftquellen, Fähigkeiten) in die Prophylaxen
- Beschreibung der Durchführung geplanter prophylaktischer Maßnahmen in der Pflegeplanung: Was? Wann? Wie? Mit welchen Hilfsmitteln? Wie häufig? Wer?
- Einbeziehung der zu pflegenden Menschen und der Angehörigen in die Durchführung der Prophylaxen und Stärkung der Selbstpflegekompetenz durch Beratung und Information
- Durchführung der Maßnahmen in der Pflegedokumentation protokollieren, sodass die Nachvollziehbarkeit gewährleistet ist

Der Gesetzgeber schreibt im SGB XI die Anwendung von **Pflegestandards** für die alterstypischen Risiken vor. Diese Pflegestandards sind ein Instrument zur Qualitätssicherung in der Pflege.

> **§ 113a Expertenstandards zur Sicherung und Weiterentwicklung der Qualität in der Pflege**
>
> (1) Die Vertragsparteien nach § 113 stellen die Entwicklung und Aktualisierung wissenschaftlich fundierter und fachlich abgestimmter Expertenstandards zur Sicherung und Weiterentwicklung der Qualität in der Pflege sicher. Expertenstandards tragen für ihren Themenbereich zur Konkretisierung des allgemein anerkannten Standes der medizinisch-pflegerischen Erkenntnisse bei. […]
>
> (3) Die Expertenstandards sind im Bundesanzeiger zu veröffentlichen. Sie sind für alle Pflegekassen und deren Verbände sowie für die zugelassenen Pflegeeinrichtungen unmittelbar verbindlich. Die Vertragsparteien unterstützen die Einführung der Expertenstandards in die Praxis.

Expertenstandards werden von Pflegeexperten mit wissenschaftlichen Methoden erarbeitet, in einer breiten Fachöffentlichkeit diskutiert, auf die Praxistauglichkeit überprüft und anschließend veröffentlicht. Zurzeit liegen folgende Expertenstandards vor: Dekubitusprophylaxe, Entlassungsmanagement, Schmerzmanagement, Förderung von Harnkontinenz in der Pflege, Pflege von Menschen mit chronischen Wunden sowie Ernährungsmanagement. Weitere Expertenstandards befinden sich in Vorbereitung.

Die Anwendung der Expertenstandards ist für die ambulante und die stationäre Altenpflege verbindlich. Auf ihrer Basis entwickelt jede Pflegeeinrichtung ihre **Pflegestandards** für die Praxis selbst. Ergänzend werden individuelle Pflegepläne zur Einschätzung pflegerelevanter Zustände für pflegebedürftige Bewohner erstellt. Strukturierte Erhebungen, sogenannte **Assessments**, ermöglichen es, den Zustand des Pflegebedürftigen differenziert zu bewerten, z. B. mithilfe von Skalen oder speziellen Fragen zur Erhebung der individuell bestehenden Ursachen für eine Gefährdungssituation, deren Ergebnisse in die Pflege einfließen.

Als Beispiele für solche Risiken und Prophylaxen werden nachfolgend die Dekubitusprophylaxe und die Sturzprophylaxe vorgestellt.

18.5.2 Dekubitusprophylaxe

Der Dekubitus ist ein „Wundliegegeschwür", das auf eine Mangeldurchblutung von Gewebezonen zurückzuführen ist und mit einer Schädigung verschiedener Gewebeschichten einhergeht. Gefährdet sind vor allem bettlägerige Pflegebedürftige. Eine Mangeldurchblutung entsteht durch die Faktoren **Druck und Zeit** sowie durch die individuelle Gewebetoleranz der Haut, die z. B. durch mangelnde Flüssigkeitsaufnahme, Eiweiß- und Vitaminmangel, andauernde Nässe, Fieber oder Erkrankungen beeinträchtigt sein kann. Nach Schätzungen entwickeln mehr als 400.000 Menschen jährlich einen behandlungsbedürftigen Dekubitus. Allerdings ist die Zahl der Dekubitalgeschwüre seit Jahren rückläufig. Man nimmt an, dass dies eine Folge der Entwicklung des Expertenstandards „Dekubitusprophylaxe in der Pflege" und der wachsenden Sensibilisierung und Professionalisierung des Pflegepersonals ist.

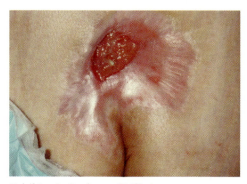

Dekubitus 3. Grades am Steißbein

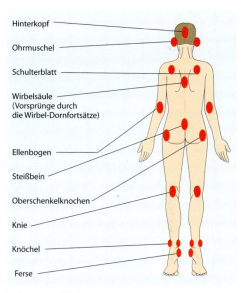

Dekubitusgefährdete Hautstellen

Die Entstehung eines Dekubitus geht in der Regel mit starken Schmerzen einher und führt in die Pflegebedürftigkeit. **Gefährdete Hautpartien** sind alle Körperstellen, an denen es Knochenvorsprünge gibt:

Dekubitusgrade nach Shea	
Grad I	scharf begrenzte Rötung ohne Hautläsion, die nach Druckentlastung nicht verschwindet.
Grad II	Oberflächenschädigung der Haut in Form einer geschlossenen oder bereits geöffneten Blase, die sich leicht infizieren kann.
Grad III	Schädigung aller Gewebsschichten; Bänder, Sehnen und auch oft Knochenhaut wird sichtbar
Grad IV	Schädigung der Haut und der Knochen, die mit einer Knochenmarkentzündung einhergehen kann

Da ein Dekubitus immer durch Druck entsteht, der über einen längeren Zeitraum auf ein Gewebe ausgeübt wird, besteht die erste und wichtigste **prophylaktische Maßnahme** in der **Bewegungsförderung/Mobilisierung**, durch welche die Drucksituation aufgehoben wird und die Durchblutung des Gewebes wieder gewährleistet ist.

Ist die Förderung der Bewegung nicht mehr möglich, so müssen gefährdete Personen gelagert werden. Es handelt sich hier sowohl um eine druckentlastende Weichlagerung, als auch um eine Umlagerung und Förderung von Mikrobewegungen/Mikrolagerung.

Für eine **Weichlagerung** stehen auf dem Markt zahlreiche verschiedenartige Spezialmatratzen zur Verfügung, die aufgrund ihrer Beschaffenheit dafür sorgen, dass die gefährdeten Körperpartien druckentlastet werden. Parallel hierzu wird in der professionellen Pflege ein Lagerungs- oder Bewegungsförderungsplan erstellt, der über das angestrebte Lagerungsschema Auskunft gibt. Je nach individueller Gefährdungssituation werden z. B. 30°- oder 60°-Lagerungen auf der Seite durchgeführt. Ebenso ist die Durchführung von sogenannten **Mikrolagerungen** möglich: In diesem Fall wird der Druck auf das Gewebe durch eine minimale Lagerungsänderung verlagert, sodass das gefährdete Gewebe entlastet wird. Für die Lagerung werden Hilfsmittel wie z. B. Kissen, Schaumstoff oder Handtücher benötigt.

In der häuslichen Umgebung werden die Angehörigen hinsichtlich der Maßnahmen zur Dekubitusprophylaxe beraten und geschult.

Neben der Druckentlastung des gefährdeten Gewebes sind außerdem folgende prophylaktische Maßnahmen möglich bzw. erforderlich:

- regelmäßige Ermittlung des individuellen Dekubitusrisikos durch eine standardisierte Skala, z. B. Braden®
- vitamin- und eiweißreiche Ernährung zur Förderung der Gewebetoleranz
- ausreichend Flüssigkeitszufuhr (ca. 1,5–2 Liter pro Tag)
- Vermeidung von Nässe (z. B. Vorlagenwechsel bei Inkontinenz oder häufiges Waschen bei starkem Schwitzen)
- Durchführung einer guten Hautpflege mit Hautschutzcreme zur Aufrechterhaltung der Hautbarriere
- Vermeidung von Scherkräften bei Transfers (Reibungskräfte, durch die Gewebe „einreißen" kann)
- gute Hautbeobachtung aller gefährdeten Bereiche, z. B. durch den „Fingertest"
- weitere Risikofaktoren minimieren, z. B. Reduzierung des Körpergewichts bei Übergewicht oder Gewichtszunahme bei Untergewicht, Unterstützung bei Toilettengängen
- auf faltenfreies Bettlaken achten
- Gegenstände im Bett und Knöpfe an Bettwäsche vermeiden

18.5.3 Sturzprophylaxe

Die Beeinträchtigung der Bewegungsfähigkeit und verminderte Muskelkraft im Alter, etwaige Geh- und Balancestörungen, eine reduzierte Wahrnehmung von Gefahrenquellen durch die Beeinträchtigung der Seh- und Hörfähigkeit und eine herabgesetzte Reaktionsfähigkeit tragen dazu bei, dass ältere Menschen häufiger stürzen. Die jährliche Sturzquote liegt in der Altersgruppe über 65 Jahre bei ca. 30%. Die Hälfte der Betroffenen stürzen dabei häufiger als einmal pro Jahr. Mit zunehmendem Alter steigt die Sturztendenz weiter an, sodass bei über 90-Jährigen mit einer Sturzquote von über 50% gerechnet wird. Etwa 20% der Stürze haben Verletzungsfolgen, die medizinisch versorgt werden müssen, z. B. ein Oberschenkelhalsbruch. Die meisten Stürze ereignen sich bei ganz gewöhnlichen Alltagsverrichtungen. Ein Sturz kann ein schicksalhafter Wendepunkt im Leben eines alten Menschen sein und zu Pflegebedürftigkeit oder dauernder Bettlägerigkeit führen.

Als **prophylaktische Maßnahmen** kommen vor allem folgende infrage:

- Erhebung des individuellen Sturzrisikos (Assessment)
- ausreichende Flüssigkeitsaufnahme
- Aufbau und Stärkung der Muskulatur
- Auswahl geeigneten Schuhwerks: geschlossene Schuhe
- Auswahl geeigneter Kleidung: gut sitzend und für die Körpergröße passend
- Einsatz von Hilfsmitteln, z. B. Gehhilfen, Rollstuhl
- Förderung der Sehfähigkeit (Kooperation mit Augenarzt und Optiker)
- Wohnraumanpassung, z. B. durch Entfernen von Türschwellen, Teppichen und anderen Stolperfallen
- Unterstützung bei Transfers sowie bei der Bewegung im Raum (z. B. beim Aufsuchen eines WCs)
- Einsatz einer Trochanterhose, die im Falle eines Sturzes vor einem Oberschenkelhalsbruch schützt, oder eines Sturzhelms, der im Falle eines Sturzes vor Kopfverletzungen schützt
- ggf. Durchführung von Fixierungsmaßnahmen auf eigenen Wunsch des zu Pflegenden oder auf richterliche Anordnung

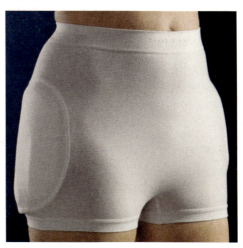

Trochanterhose zum Schutz vor einem Oberschenkelhalsbruch

18.6 Rechtliche Grundlagen für Vorsorge und Betreuung

18.6.1 Betreuung

Was geschieht, wenn ein Mensch aufgrund einer schweren Erkrankung, einer schweren Hirnschädigung oder einer schweren körperlichen Behinderung seine Angelegenheiten nicht mehr selbst regeln kann? Zunächst prüft ein Betreuungsgericht, ob eine gesetzliche Betreuung notwendig ist. Dann wird gegebenenfalls Betreuung angeordnet, der Betreuungsumfang festgelegt und einen **Betreuer** als gesetzlichen Vertreter bestimmt. Dieser Betreuer vertritt die Interessen des betreuten Menschen gegenüber Behörden, Pflegeheim, Pflegekasse, Vermieter, Bank und anderen Institutionen. Alle einschneidenden Maßnahmen, die den Betreuten betreffen, muss der bestellte Betreuer vom Gericht genehmigen lassen, z. B. Geldanlagen, Operationen, Wohnungsauflösung, Heimunterbringung oder freiheitsentziehende Maßnahmen. Das Betreuungsgericht kontrolliert die Arbeit des Betreuers und legt eine pauschale Betreuervergütung fest. Zurzeit stehen in Deutschland mehr als eine Million hilfsbedürftige Menschen unter Betreuung.

Wer kann als Betreuer eingesetzt werden? Berufsbetreuer sind selbstständig tätig oder bei Betreuungsvereinen als ehrenamtliche Mitarbeiter der Wohlfahrtsverbände beschäftigt. Häufig haben sie eine sozialarbeiterische oder juristische Ausbildung. Betreuungsbehörden der Stadt- und Kreisverwaltungen beraten und unterstützen die Arbeit der Betreuer. Um als Betreuer eingesetzt zu werden, müssen keine bestimmten Ausbildungsvoraussetzungen vorliegen. So ist es möglich, dass auch Familienangehörige oder Freunde als Betreuer infrage kommen. Tatsächlich werden zwei Drittel aller Betreuungen ehrenamtlich übernommen.

18.6.2 Vorsorgevollmacht

Tritt der Fall ein, dass ein Mensch seine Angelegenheiten plötzlich nicht mehr allein regeln kann, übernimmt nicht automatisch der Ehegatte oder eine nahe Angehörige die gesetzliche Vertretung. Oft ist es der hilfsbedürftigen Person unmöglich geworden mitzuteilen, wen er nun als Bevollmächtigten für seine Angelegenheiten wünscht. Deshalb gibt es die Möglichkeit, vorsorglich verbindlich zu bestimmen, wer als **Vorsorgebevollmächtigter** eingesetzt werden soll. Der Einsatz eines gesetzlichen Betreuers durch ein Gericht kann so vermieden werden. Neben der bevollmächtigten Person kann der Vollmachtgeber auch frei bestimmen, wie weitreichend die Vollmacht sein soll. Solche Befugnisse können sehr umfassend sein und sich auf alle vermögensrechtlichen und persönlichen Angelegenheiten beziehen.

Wenn sich die Vollmacht auch auf Grundstücksgeschäfte bezieht, ist eine notarielle Beurkundung unerlässlich. Eine notariell beglaubigte Urkunde kann auch beweisen, dass der Vollmachtgeber zum Zeitpunkt der Beurkundung noch voll geschäftsfähig war. Um sicherzugehen, dass die Vorsorgevollmacht im Bedarfsfall auch berücksichtigt wird, sollte man sie im **zentralen Vorsorgeregister** bei der Bundesnotarkammer gegen eine Eintragungsgebühr registrieren lassen. Denn die Betreuungsgerichte fragen das zentrale Vorsorgeregister ab, bevor ein Betreuungsverfahren durchgeführt wird. Die Vorsorgevollmacht kann durch eine Betreuungsverfügung und eine Patientenverfügung ergänzt werden. Spätere Änderungen sind möglich.

18.6.3 Patientenverfügung

Auch mit einer Patientenverfügung sorgt man für den Fall vor, dass man krankheitsbedingt seinen Willen nicht mehr äußern kann. Sie bezieht sich auf die **gewünschte medizinische Versorgung** in aussichtslosen Situationen. Solche Situationen können z. B. der unmittelbare Sterbeprozess, das Endstadium einer schweren unheilbaren Krankheit, ein Schädel-Hirn-Trauma oder Alzheimer im späten Stadium sein. Was in solchen Notfällen geschehen soll, kann man detailliert bestimmen:

- Einleitung, Umfang und Beendigung bestimmter medizinischer Maßnahmen
- Schmerz- und Symptombehandlung
- Einsatz von bewusstseinsdämpfenden Mitteln

- alles medizinisch Mögliche soll getan werden oder es sind keine lebenserhaltenden Maßnahmen gewünscht, z. B. Dialyse, künstliche Beatmung, künstliche Ernährung
- gewünschter Aufenthaltsort am Lebensende, z. B. Hospiz oder zu Hause
- Sterbebegleitung, z. B. durch einen Geistlichen
- Erlaubnis/Verweigerung einer Organspende nach dem Hirntod

Eine solche Patientenverfügung ist uneingeschränkt verbindlich, d. h., Ärzte dürfen nicht gegen den dort geäußerten Willen handeln. Da es sich um Entscheidungen zu Krankheitssituationen und Behandlungen handelt, ist für eine Patientenverfügung kein Notar erforderlich.

18.7 Altern, Sterben und Tod

18.7.1 Sterben und Tod in der Gesellschaft

> „Heute ist ein guter Tag zum Sterben", stellte der alte Indianer fest, als er vor seine Hütte trat und seinen Blick am Horizont schweifen ließ. Er verabschiedete sich unspektakulär von seinen Angehörigen und Freunden und machte sich an den mühsamen Aufstieg des Berges, auf dessen Gipfel das Totengestell für den Alten bereits seit längerer Zeit vorbereitet war. Oben angekommen, stieg er nach einer kurzen Zeremonie auf das Gestell, machte es sich darauf so bequem wie möglich und blieb dann reglos liegen.
>
> Nach einigen Minuten begann es zu regnen: Ein paar dicke Regentropfen landeten auf seinem Gesicht. Er streckte die Hände hervor, um die Tropfen abzuwischen. Dann jedoch setzte er sich auf, schlang seinen Umhang wieder um seine Schultern und stellte fest: „Doch kein guter Tag zum Sterben!", und er stieg wieder hinunter von dem Gestell und machte sich ebenso selbstverständlich wieder auf den Rückweg zu seinem Dorf, wie er es zuvor verlassen hatte.

(Szene aus dem Film „Little big man", USA 1970)

In der modernen, zivilisierten Welt haben die Menschen eine naturverbundene Beziehung zum Sterben verloren. Heute sterben Menschen überwiegend in Krankenhäusern oder Pflegeheimen; das Sterben geschieht im Verborgenen und oftmals einsam; die Ausrichtung der Bestattung übernimmt ein Bestattungsinstitut. In vergangenen Jahrhunderten war es üblich, zu Hause im Kreis der Familie zu sterben; nach dem Tod wurde der Leichnam zwei oder drei Tage offen aufgebahrt, damit Freunde und Nachbarn Abschied nehmen konnten; die Familie organisierte die Beerdigung, das Grab auf dem Friedhof wurde regelmäßig besucht. Weil der Umgang mit dem Tod heutzutage auf Institutionen verlagert ist, ereignet er sich abgetrennt vom Leben der Mitmenschen im Alltag und wird zu einem Ereignis am Rande der Gesellschaft. So fällt es leichter, den Gedanken an den Tod zu verdrängen: Denn obwohl jeder Mensch ein Bewusstsein von der Endlichkeit seines Lebens hat und das Thema damit alle angeht, findet eine individuelle Auseinandersetzung mit Fragen, die Sterben und Tod betreffen, häufig nicht statt.

18.7.2 Religiöse Vorstellungen vom Tod

In der technisch-naturwissenschaftlich geprägten Welt haben die Menschen auch mehr und mehr den Zugang zur Religion verloren. Die moderne Weltanschauung hält jedoch auf religiöse Fragen nach dem Sinn des Lebens und des Sterbens nur bedingt Antworten bereit. Reduziert auf die biologischen Körperfunktionen bedeutet der Tod das Ende des Lebens, ohne dass eine Hoffnung auf ein Leben nach dem Tod den Sterbenden begleitet und zu trösten vermag. Diesen Trost spenden jedoch fast alle Religionen. Überall findet sich die Verknüpfung mit einer sittlichen Weltordnung, die das Gute belohnt und das Böse bestraft.

- **Christentum:** Am Tag des „Jüngsten Gerichts" wird der Mensch von Gott wieder zum Leben erweckt. Nach ihren Taten werden die Menschen belohnt oder bestraft. Die Seligen kommen in den Himmel, wo es kein Leid mehr gibt.
- **Judentum:** Einerseits gibt es die Vorstellung von der Unsterblichkeit der Seele, die unabhängig vom Körper weiterlebt. Orthodoxe Juden glauben an die Auferstehung der Toten: Der Mensch sterbe zwar, werde jedoch durch die Ankunft des Messias wiederbelebt und leiblich auferstehen.
- **Islam:** Der Tod ist nicht das Ende, sondern der Anfang. Im Tod werden Köper und Seele getrennt, man ist von den Beschwernissen des Lebens befreit. Am Tag des „Jüngsten Gerichts" entscheidet sich, ob die Seele in den Himmel oder in die Hölle kommt.
- **Buddhismus:** Leben und Tod wechseln sich ab in einer Kette von Wiedergeburten. Erst, wenn es dem Menschen gelingt, die emotionale Bindung an die Welt zu überwinden, kann er das Nirwana, das Ende der Wiedergeburten, erreichen.
- **Hinduismus:** Leben und Tod sind ein sich ständig wiederholender Kreislauf von Reinkarnationen. Die menschliche Seele tritt nach dem Tod des Körpers in einem neuen Körper in Erscheinung: Dies kann ein anderer Mensch, ein Tier oder auch ein Gott sein. Der Tod ist nicht das Ende des Lebens, sondern der Übergang in eine andere Daseinsform. Endgültige Erlösung findet man durch das Aufgehen in der Weltseele.

18.7.3 Sterbebegleitung

Der Tod kann ganz plötzlich und ohne vorherige Anzeichen eintreten; es kann aber auch eine kürzere oder längere Phase des Sterbens mit schweren gesundheitlichen Veränderungen vorausgehen. In dieser Situation lehnen die meisten Todkranken einen Krankenhausaufenthalt in Zusammenhang mit lebensverlängernden Maßnahmen ab und wünschen sich, in der vertrauten Umgebung zu sterben.

- Es sollte eine größtmögliche Schmerz- und Symptomfreiheit gewährleistet sein.
- Es muss für eine Umgebung gesorgt werden, in der ein Sterbender und seine Angehörigen in Ruhe Abschied nehmen können und die Geborgenheit vermittelt.
- Zu den Menschen, die das Sterben begleiten, gehören in erster Linie die Angehörigen, in einem Heim die vertraute Pflegefachkraft und möglicherweise bei Bedarf ärztliche Unterstützung, auf Wunsch ein Seelsorger, ambulante Pflegedienste und Hospizdienste und eventuell weitere freiwillige Helfer.
- Im Zentrum der Sterbebegleitung steht die Kommunikation mit dem Sterbenden. Dies kann einfache nonverbale Kommunikation durch Berührungen oder Händehalten sein oder die Reaktion auf Zeichen des Sterbenden, wie z. B. wenn er Durst hat. Wenn der Sterbende sich noch sprachlich mitteilen kann, sind einfühlsame Gespräche wichtig.

Sterbephasen nach Kübler-Ross

Grundsätzlich ist der Sterbeprozess bei jedem Menschen individuell und nicht „idealtypisch", da ihn immer das gelebte Leben, die jeweils aktuelle Situation, die Erkrankung sowie das Zusammenleben mit Angehörigen prägen. Dennoch haben Sterbeforscher den Sterbeprozess in verschiedene Phasen eingeteilt, die eine Art Grundmuster darstellen. Herausragend sind hier die Erkenntnisse der amerikanischen Ärztin und Sterbeforscherin Elisabeth Kübler-Ross, die mit zahlreichen Sterbenden gesprochen und aus diesen Gesprächen ihr Modell entwickelt hat. Dieses sogenannte **Phasenmodell** kann individuell abweichen, da einzelne Phasen z. B. gar nicht vorkommen oder häufiger erlebt werden. Nach Kübler-Ross lässt sich der Sterbeprozess in der Regel in fünf Phasen einteilen, die im Folgenden nur kurz dargestellt werden:

1. **Phase: Verleugnung, Nichtwahrhaben-wollen**
   Der Betroffene kann nicht glauben, dass er an einer unheilbaren Erkrankung leidet und verdrängt die Realität.

2. **Phase: Zorn, Wut**
   Der Betroffene stellt sich die Frage „Warum ich?" und reagiert zornig und aggressiv auf diejenigen in seinem Umfeld, die weiterleben dürfen.

3. **Phase: Verhandeln**
   Der nahende Tod wird anerkannt, jedoch werden verschiedene Versuche unternommen, am Weg des Schicksals doch noch etwas ändern zu können, es werden z. B. verschiedene Ärzte aufgesucht.

4. **Phase: Depression, Leere**
   In dieser Phase trauert der Sterbende um den Verlust von bisher lieb gewonnenen Lebensinhalten und erlebt seine Situation emotional mit Kummer und Schuldgefühlen.

5. **Phase: Zustimmung**
   Der Sterbende hat weitestgehend seinen Tod akzeptiert und bejaht sein Schicksal. Noch immer kann eine Hoffnung diese Phase begleiten, doch im Grundsatz beginnt der Mensch, sich vom Leben zu distanzieren und bewusst Abschied zu nehmen.

Palliativversorgung und Hospiz

Auch wenn eine Krankheit nicht mehr heilbar ist und die Lebenserwartung begrenzt, so kann für die Betroffenen noch sehr viel getan werden, damit es ihnen in der verbleibenden Lebenszeit gut geht. Hier setzen Palliativmedizin und Palliativpflege an. Der Begriff „Palliativ" kommt aus dem Lateinischen von „pallium" und bedeutet „Mantel"; denn wie ein Mantel sollen alle Maßnahmen der Palliativversorgung den Schwerstkranken schützend umhüllen. Wegen der vielfältigen Aufgaben der Palliativmedizin arbeiten unterschiedliche Berufsgruppen eng zusammen: Ärzte, Psychologen, Sozialarbeiter, Seelsorger und Pflegepersonal bilden ein „Palliative Care Team".

Nach der Definition der Weltgesundheitsorganisation (WHO) ist Palliativmedizin „ein Ansatz zur Verbesserung der Lebensqualität von Patienten und ihren Angehörigen, die mit Problemen konfrontiert sind, die mit einer lebensbedrohlichen Erkrankung einhergehen, und zwar durch Vorbeugung und Linderung von Leiden, durch frühzeitiges Erkennen, Einschätzung und Behandlung von Schmerzen sowie anderen belastenden Beschwerden körperlicher, psychosozialer und spiritueller Art."

- **Palliativstationen:** Im Jahr 1983 wurde in Deutschland nach britischem Vorbild die erste Palliativstation gegründet. Viele weitere sind hinzugekommen, eine flächendeckende Versorgung gibt es in Deutschland aber noch nicht. Palliativstationen sind eigenständige, an ein Krankenhaus angeschlossene Abteilungen, in denen Patienten aufgenommen werden, die an einer unheilbaren, fortgeschrittenen Erkrankung leiden und Beschwerden haben, die in einem Krankenhaus behandelt werden müssen. Rund um die Uhr steht ein Arzt zur Verfügung, eine Pflegekraft kümmert sich um maximal vier Patienten. Die Einzelzimmer sind wohnlich gestaltet, es gibt ein gemeinsames Wohnzimmer und Übernachtungsmöglichkeiten für Angehörige. Zentrale Elemente der **Palliativmedizin** sind Symptomkontrolle, psychosozialer Sachverstand, Teamarbeit und Sterbebegleitung. Nach dem Grundsatz „High person, low technology" wird nicht alles medizinisch Machbare zur Lebensverlängerung unternommen, sondern es wird versucht, die letzte Lebenszeit des Patienten so optimal wie möglich für ihn zu gestalten.

- **Hospiz:** Wenn am Ende des Lebens eine ambulante Pflege zu Hause nicht möglich und ein Krankenhausaufenthalt nicht notwendig ist, kann der unheilbar Kranke zum Sterben in ein Hospiz aufgenommen werden. Hospize sind Einrichtungen mit wenigen Betten, wo Schwerkranke von einem multiprofessionellen Team aus palliativmedizinisch geschulten Mitarbeitern und ehrenamtlichen Helfern rund um die Uhr Betreuung erhalten. Die medizinische Versorgung wird von niedergelassenen Ärzten (Hausärzten) übernommen. Die Pflegesätze liegen deutlich unter denen der Krankenhäuser; der Aufenthalt wird von der Krankenkasse, der Pflegekasse und dem Hospizträger finanziert.

Ein wesentlicher Schwerpunkt der Hospizarbeit liegt in der **Sterbebegleitung**. Der Sterbende und seine Angehörigen erhalten emotionale Unterstützung bei der Auseinandersetzung mit dem bevorstehenden Tod. Die einzelnen Zimmer in Hospizen sind gemütlich möbliert und können mit eigenen kleinen Möbeln, Teppichen, Fotos oder Zimmerpflanzen individuell gestaltet werden. Auch kleine Tiere sind erlaubt. Eine gemeinsame Küche zum Kochen oder gemeinsamen Frühstück ist vorhanden. Das Personal trägt normale Zivilkleidung. Auch nach dem Tod wird an die Verstorbenen durch Andachten und ein Gedenkbuch erinnert; die betroffenen Angehörigen werden einbezogen. Auch eine Hospizpflege in der häuslichen Umgebung wird durch spezialisierte ambulante Pflegedienste mit einem Angebot an palliativer Pflege und psychosozialer Betreuung ermöglicht (s. z. B. unter www.hospize.de, www.dhpv.de).

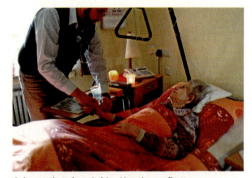

Schwerstkranke wird im Hospiz gepflegt

18.7.4 Trauerphasen und öffentliche Rituale der Trauer

Ebenso, wie die Sterbenden den Sterbeprozess in verschiedenen Phasen durchlaufen, erleben auch Angehörige oder Freunde des sterbenden Menschen das Abschiednehmen in einer Abfolge solcher Phasen. Es ist ein Prozess des Loslassens, der nicht immer gelingt und viele Zurückbleibende noch über viele Jahre mit großem Schmerz erfüllt. Trauernde empfinden nach dem Verlust eines Menschen oft das Gefühl der inneren Leere: Der Tagesablauf ohne diesen Menschen ist ungewohnt, der Gesprächspartner fehlt und auch die intensive Zeit der Sterbebegleitung mit der Pflegesituation ist zu Ende.

Für das Abschiednehmen ist es von elementarer Bedeutung, einen Ort zu haben, an dem Raum für die Trauer sein kann. In der christlichen Kultur handelt es sich zumeist um **Friedhöfe**, auf denen das Grab des Verstorbenen besucht und gepflegt werden kann. Gräber werden mit einem **Grabstein** versehen, auf dem die Hinterbliebenen neben den persönlichen Daten tröstende Worte eingravieren lassen können. Sehr häufig findet man hier Worte aus der Bibel, die die Hoffnung auf ein ewiges Leben bei Gott zum Ausdruck bringen. Aber auch andere Sinnsprüche helfen den Hinterbliebenen, für ihre Trauer einen Ausdruck zu finden.

Auf vielen Gräbern werden **Grabkerzen** angezündet, sogenannte „Lebenslichter", die den Verstorbenen auf seinem Weg in die Dunkelheit begleiten sollen. Auf Friedhöfen herrscht eine „heilige Ruhe": „Störet nicht den Schlaf der Toten" heißt es auf Schildern. Für Trauernde findet sich ein Platz der Stille, indem eine Möglichkeit der inneren Verbindung mit dem Verstorbenen geschaffen wird. Auch die **Grabpflege** selbst kann zu einem persönlichen Ritual des Trauernden werden: Das Bepflanzen mit immergrünen Gewächsen oder blühenden Blumen, das künstlerische Gestalten mit Engelsfiguren oder Skulpturen vermögen Trost zu spenden im Kummer über den Verlust eines geliebten Menschen. Manche Trauernde schaffen sich einen Platz in ihrer Wohnung, an dem sie Fotos oder Gegenstände aufstellen, die an den Verstorbenen erinnern; so kann der Trauer auch im persönlichen Bereich Raum gegeben werden. Ebenso gehört es zum Ritual, Mitmenschen über den Tod eines Menschen mit einer **Todesanzeige** in der Zeitung zu informieren.

Im Mittelpunkt des Abschiednehmens steht jedoch zumeist die **Beerdigung** des Verstorbenen, auf der auch andere Menschen die Möglichkeit haben, sich zu verabschieden. Je nach religiöser Eingebundenheit findet die Trauerfeier entweder in einer Kirche statt, in der ein Pastor die Trauergemeinde an Besonderheiten des Verstorbenen erinnert, oder es wird, bei nicht religiöser Einbindung, eine weltliche Trauerfeier abgehalten mit einem freien Trauerredner in den Räumen eines Beerdigungsinstituts.

EXKURS: Bestattungen in Deutschland

*In Deutschland haben alle Bundesländer eigene, aber meist sehr ähnliche Bestattungsgesetze. In allen Ländern besteht die **Bestattungspflicht**, die in der Regel die nächsten Angehörigen übernehmen müssen. Außerdem sind die Erben verpflichtet, die Kosten für die Bestattung zu tragen. Nach dem Eintritt des Todes ist bis zur Bestattung eine Wartezeit von 48 Stunden einzuhalten. Neben dem **Friedhofszwang** besteht eine Sargpflicht für Erdbestattungen. Gewöhnlich beauftragen die Angehörigen ein Bestattungsunternehmen damit, sich um den Verstorbenen zu kümmern und um alle Formalitäten, die mit einer Beerdigung zusammenhängen.*

*Nach der Sargbestattung ist die **Feuerbestattung** die am zweithäufigsten gewählte Möglichkeit. Der Leichnam wird im Krematorium verbrannt und die Asche wird in einer Urne auf dem Friedhof beigesetzt oder in eine Urnenwand (Kolumbarium) in die Nische einer Friedhofsmauer eingestellt. Manche Friedhöfe bieten anonyme Bestattungsfelder an, bei denen kein Grab erkennbar ist und auf die kein Grabstein gesetzt werden darf. Weitere **alternative Bestattungsformen** sind z. B. die einer Aschestreuwiese, die Seebestattung mit dem Verstreuen der Asche ins Meer, die Weltraum- oder die Diamantenbestattung (einige der alternativen Bestattungsformen sind in Deutschland noch illegal). Keine Bestattungskosten fallen an, wenn sich der Verstorbene bereits zu Lebzeiten dazu entschlossen hat, seinen Körper einem anatomischen Institut zu spenden (Körperspende).*

Besondere Regelungen müssen für die Bestattung von Muslimen auf Friedhöfen in Deutschland gefunden werden. Der Islam schreibt vor, dass der Verstorbene unverzüglich noch am Sterbetag bestattet werden muss und dass der Leichnam, nur in Tücher gewickelt und ohne Sarg ins Grab gelegt werden soll. Einzelgenehmigungen erteilt die zuständige Behörde, meist das Gesundheitsamt. Muslime dürfen nur unter Muslimen bestattet werden. Seit den 1990er-Jahren wurden zunehmend Gräberfelder für Verstorbene islamischen Glaubens eingerichtet; in Berlin ist die Sargpflicht abgeschafft worden.

Muslimisches Gräberfeld

AUFGABEN

1. Informieren Sie sich über das Projekt „Fit für 100 – Bewegungsangebote für Hochaltrige" (z. B. unter www.ff100.de). Berichten Sie darüber.
2. Informieren Sie sich über das Projekt „Seniorenpark Heideweg" in Meppen und berichten Sie.
3. Zu welchen körperlichen Veränderungen kommt es im Alter?
4. Was bedeutet der Begriff Gerontologie?
5. Welches sind die Aufgaben der Geriatrie?
6. Was versteht man unter „Multimorbidität"?
7. Mit welchen Verlusterlebnissen geht der Alterungsprozess oftmals einher?
8. Erläutern Sie die einzelnen Pflegestufen.
9. Erläutern Sie die Begriffe „Grundpflege", „Behandlungspflege", „aktivierende Pflege".
10. Unterscheiden Sie „betreutes Wohnen" und die Pflege in einer „stationären Pflegeeinrichtung".
11. Welches sind die allgemeinen Richtlinien für den Umgang mit Prophylaxen?
12. Benennen Sie die gesundheitlichen Risiken/Sekundärschäden, die sich mit zunehmendem Alter einstellen können.
13. Ermitteln Sie die Aufgaben eines Betreuers.
14. Ermitteln Sie, welche vermögensrechtlichen und persönlichen Angelegenheiten für eine Vorsorgevollmacht relevant sein könnten.
15. Benennen und beschreiben Sie die Sterbephasen nach Kübler-Ross.
16. Wie unterscheiden sich Palliativstation und Hospiz?
17. Welche Rituale der Trauer kennen Sie?

19 Beruf und Gesundheit

■ Jeder Beruf ist mit besonderen Arbeitsanforderungen und Arbeitsbelastungen verbunden. Die **Berufsgenossenschaft für Gesundheitsdienst und Wohlfahrtspflege** (BGW) nennt aufgrund ihrer Untersuchungen für Pflegeberufe vor allem sechs Bereiche mit hohem Gefährdungspotenzial:

- **Rücken:** Fehlbelastungen beim Bewegen, Umlagern und Umbetten von Patienten können beim Pflegepersonal zu Rückenbeschwerden führen.
- **Haut:** Häufiges Händewaschen und Feuchtarbeiten beeinträchtigen die natürliche Schutzfunktion der Haut und verursachen Abnutzungsekzeme und Allergien.
- **Infektionen:** Pflegekräfte sind einem erhöhten Infektionsrisiko ausgesetzt durch Kontakt mit Blut, Sekreten, Körperflüssigkeiten, kontaminierten Spritzen, infektiöser Wäsche.
- **Gefahrstoffe:** Beim Umgang mit Reinigungs- und Desinfektionsmitteln besteht die Gefahr der Aufnahme von Gefahrstoffen über die Haut und die Atmungsorgane.
- **Stolper-, Rutsch- und Sturzunfälle:** Stress und Hektik erhöhen das Risiko für solche Unfälle; Stolperfallen, nasse und rutschige Böden und ungeeignete Schuhe stellen häufige Unfallursachen dar. Tatsächlich fallen 50 % aller gemeldeten Arbeitsunfälle in den Bereich der Stolper-, Rutsch- und Sturzunfälle.
- **psychische Belastungen:** Arbeiten unter Zeitdruck, lange Arbeitszeiten, Schicht- und Wochenenddienste, Gewalterfahrungen durch demente oder geistig verwirrte Patienten führen zu psychischen Belastungen (z. B. Burn-out, Alkohol- und Medikamentenmissbrauch). ■

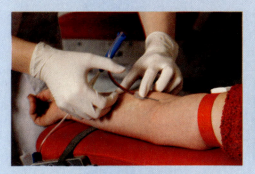

Infektionsgefahr beim Umgang mit Blut

Rückenbelastung beim Heben und Tragen

19.1 Arbeitsbelastungen

Unter Arbeitsbelastungen werden äußere Faktoren oder Umstände bezeichnet, unter denen gearbeitet wird. Dazu zählen:

- **Belastungen durch die Arbeitsumgebung**, z. B. Lärm, Gefahrstoffe, biologische Arbeitsstoffe, Unfallgefährdungen, klimatische Belastungen, Beleuchtung
- **physische Belastungen**, z. B. Sitzen, Stehen, Gehen, Lasten tragen, Arbeiten unter Zwangshaltungen
- **psychische Belastungen**, z. B. Zeitdruck, Monotonie, Konflikte, Arbeitsmenge, Arbeitsplatzunsicherheit, Schichtarbeit, Nachtarbeit

Belastungen am Arbeitsplatz gehen nicht nur auf Kosten der Gesundheit der Arbeitnehmer, sondern wirken sich auch auf die Qualität von Produkten und Dienstleistungen aus. Sie können vorübergehende Befindlichkeitsstörungen auslösen, **Unfälle** verursachen, zu **arbeitsbedingten Erkrankungen** oder zu **Berufskrankheiten** führen.

Schichtarbeit

In vielen Betrieben wird im **Schichtdienst** gearbeitet, da z. B. Hochöfen nie ausgehen dürfen oder Patienten im Krankenhaus 24 Stunden am Tag versorgt werden müssen. In Deutschland arbeiten zurzeit etwa 17 Mio. Menschen regelmäßig im Schichtdienst, davon allein 2,5 Mio. in der Nachtschicht.

Viele Körperfunktionen verlaufen in einem 24-Stunden-Rhythmus, z. B. der Blutdruck und die Leistungsfähigkeit. Kann der Mensch nicht in diesem **Biorhythmus** schlafen und wachen, können gesundheitliche Probleme entstehen.

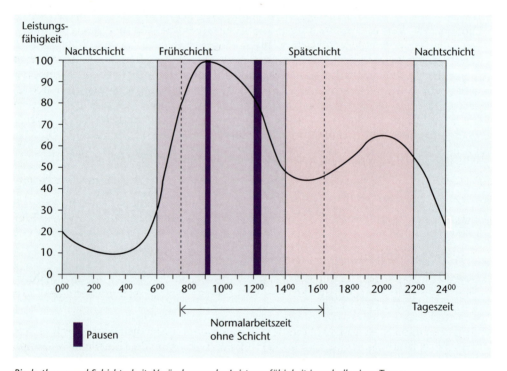

Biorhythmus und Schichtarbeit, Veränderung der Leistungsfähigkeit innerhalb eines Tages

Studien zeigen, dass Schichtarbeit vor allem an der Entstehung von **Herz-Kreislauf-Erkrankungen** und an **psychischen Störungen** beteiligt ist. Darüber hinaus wird aktuell untersucht, ob ein Zusammenhang zwischen Schichtarbeit und Krebserkrankungen besteht.

Psychische Arbeitsbelastungen

Psychische Faktoren, wie Stress, Burn-out und Mobbing, haben in letzter Zeit am Arbeitsplatz deutlich zugenommen.

Stress tritt z. B. dann auf, wenn man unter hohem Zeitdruck wichtige Arbeiten erledigen muss und befürchtet, diese nicht schaffen zu können. Die Folgen sind:
- schlechte Konzentrationsfähigkeit
- Probleme, sich zu entspannen
- Gereiztheit
- Fehler, die bei der Arbeit gemacht werden

Dauerstress führt zur Erschöpfung und wirkt sich negativ auf die Gesundheit aus. Die Ursachen von Stress sind vielfältig, z. B. Personalmangel, schlechte Arbeitsorganisation, ungünstige Arbeitszeiten, ein schlechtes Betriebsklima, Angst vor Verlust des Arbeitsplatzes.

Burn-out wird nicht als Krankheit mit eindeutigen diagnostischen Kriterien gesehen. Die charakteristischen Merkmale sind körperliche und emotionale Erschöpfung, anhaltende physische und psychische Leistungs- und Antriebsschwäche sowie der Verlust der Fähigkeit, sich zu erholen. Burn-out stellt nicht nur ein persönliches Problem des Betroffenen dar, sondern wirkt sich auch als Belastung auf Kollegen und das berufliche Umfeld aus.

Mobbing kann am Arbeitsplatz stattfinden, kommt aber auch schon in der Kindertagesstätte oder in der Schule vor. Nach Schätzungen erleben rund 1,5 Mio. Menschen in Deutschland täglich Mobbing, z. B. in Form von Intrigen und Schikanen. Mobbing kann jeden treffen und es lassen sich keine klassischen Mobbingopfer feststellen. Gemobbt wird sowohl von Kollegen als auch von Vorgesetzten („Bossing"). Wer gemobbt wird, leidet unter erheblichen psychischen Qualen, die zu chronischen Krankheiten führen können. Ursachen für die Zunahme von Mobbing werden in steigendem Konkurrenz- und Leistungsdruck sowie in der Angst um den Verlust des Arbeitsplatzes gesehen.

Typische Mobbing-Handlungen lassen sich folgenden fünf Kategorien zuordnen:

1. Angriffe auf die Möglichkeit, sich mitzuteilen: Der oder die Betroffene wird ständig kritisiert oder beschimpft.
2. Angriffe auf die sozialen Beziehungen: Die Opfer werden geschnitten, „wie Luft" behandelt.
3. Angriffe auf das soziale Ansehen durch Klatsch, Beleidigungen usw.
4. Angriffe auf die Qualität der Arbeit: Man entzieht den Betroffenen Arbeitsaufgaben, gibt ihnen ständig neue Aufgaben oder solche, die ihre Qualifikation übersteigen oder weit unter ihrem Können liegen.
5. Angriffe auf die Gesundheit: Hierunter fallen Gewaltandrohungen oder Gewaltanwendungen, z. B. um jemandem einen Denkzettel zu verpassen oder sexuelle Belästigung.

19.2 Arbeitsschutz

Ziel des Arbeitsschutzes ist es, Arbeitsunfälle und arbeitsbedingte Gesundheitsgefahren zu vermeiden und die Arbeit menschengerecht zu gestalten. Das Arbeitsschutzgesetz schreibt vor, dass in jedem Betrieb eine **Gefährdungsanalyse** durchgeführt werden muss. Ziel ist es, spezifische Gefährdungen am Arbeitsplatz zu ermitteln und zu bewerten sowie betriebliche Arbeitsschutzmaßnahmen festzulegen und ihre Wirksamkeit regelmäßig zu überprüfen. Das frühzeitige Erkennen von Gefährdungen und Belastungen am Arbeitsplatz verhindert Störungen im Betrieb und im Arbeitsablauf sowie erhöhte Fehlzeiten

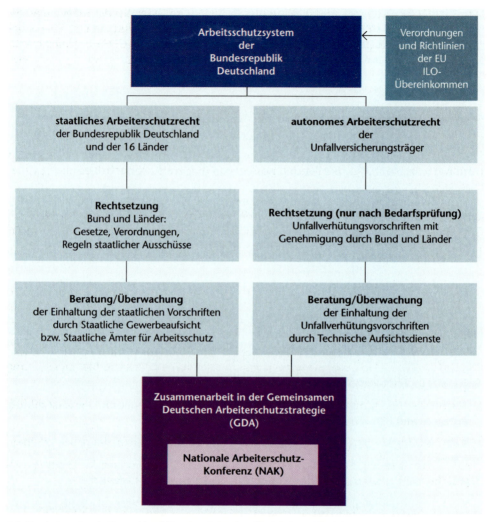

Arbeitsschutzsystem in Deutschland (Bundesministerium für Arbeit und Soziales, 2010, S. 18)

durch Krankheiten, Arbeitsunfälle und Berufsunfähigkeit. Das Arbeitsschutzsystem in Deutschland beruht auf zwei Säulen:

- Die **staatliche Arbeitsschutzaufsicht** kontrolliert branchenübergreifend die Einhaltung der erlassenen Rechtsvorschriften. Dafür sind z. B. die Gewerbeaufsichtsämter und die Ämter für Arbeitsschutz zuständig. Wichtige staatliche Vorschriften sind beispielsweise die Arbeitsstättenverordnung (ArbStättV), die Betriebssicherheitsverordnung (BetrSichV), die Biostoffverordnung (BioStoffV), das Gerätesicherheitsgesetz (GSG), das Jugendarbeitsschutzgesetz (JArbSchG), die Strahlenschutzverordnung (StrlSchV) und die Gefahrstoffverordnung (GefStoffV).

- Die **Unfallversicherungsträger**, also die Berufsgenossenschaften und Unfallkassen, konzentrieren sich bei ihren Vorschriften, Überwachungen und Präventionen auf ihre jeweilige Branche.

Um das Ziel, die Sicherheit und die Gesundheit der Beschäftigten bei der Arbeit zu erhalten, zu verbessern und zu fördern, haben der Bund, die Länder und die Unfallversicherungsträger die „Gemeinsame Deutsche Arbeitsschutzstrategie" (GDA) beschlossen. In dieser werden Arbeitsschutzziele festgelegt, die kooperativ und arbeitsteilig umgesetzt werden.

Aufgaben der Berufsgenossenschaften

Bereits seit 1885 gibt es in Deutschland eine **gesetzliche Unfallversicherung** zur Absicherung der Arbeitnehmer bei betrieblichen Unfällen. Die Träger dieser gesetzlichen Unfallversicherung sind die Berufsgenossenschaften; sie sind nach Branchen gegliedert.

Die Berufsgenossenschaften haben den gesetzlichen Auftrag, Arbeits- und Schulunfälle sowie Berufskrankheiten und arbeitsbedingte Gesundheitsgefahren zu verhüten und nach Eintritt eines Versicherungsfalles den Verletzten, seine Angehörigen oder Hinterbliebenen zu entschädigen.

Der gesetzliche Unfallschutz erfasst alle abhängig Beschäftigten sowie Kinder, Schüler, Studierende und ehrenamtlich Tätige. Auch Personen, die einem Minijob nachgehen und gemeldete Arbeitslose sind gesetzlich unfallversichert. Berufsgenossenschaften sind Körperschaften des öffentlichen Rechts mit Selbstverwaltung und stehen unter staatlicher Aufsicht. Sie finanzieren sich ausschließlich aus Beiträgen der ihnen durch Pflichtmitgliedschaft zugeordneten Unternehmen. Die genannten Versicherten zahlen keine Beiträge. Der **Versicherungsschutz** umfasst folgende Bereiche:

- **Arbeitsunfälle**: Arbeitnehmer sind bei ihrer Arbeit gegen Unfälle und Berufskrankheiten versichert.
- **Wegeunfälle**: Unfälle, die Beschäftigte auf dem Weg zur oder von der Arbeit erleiden.
- **Berufskrankheiten**: Besondere Einwirkungen bei der Arbeit können Krankheiten verursachen, die unter dem Schutz der gesetzlichen Unfallversicherung stehen.

Dabei beruht das gesetzliche Unfallversicherungssystem auf drei Grundprinzipien:

1. **Prävention vor Entschädigung**: Unfallverhütung hat das Ziel, Arbeitsunfälle, Berufskrankheiten und arbeitsbedingte Gesundheitsgefahren zu verhindern. Dazu werden u. a. Unfallverhütungsvorschriften erlassen, Beratungen und Schulungen durchgeführt und die Betriebe im Hinblick auf die Einhaltung der Vorschriften überwacht.
2. **Rehabilitation vor Rente**: Die optimale medizinische Betreuung eines von einem Unfall oder einer Berufskrankheit Betroffenen sowie seine berufliche und soziale Wiedereingliederung stehen stets im Vordergrund. Hierzu gehören u. a. ärztliche Versorgung, ggf. Umschulungsmaßnahmen, Rehabilitationsmaßnahmen, Finanzierung von Haushaltshilfen usw.
3. **Entschädigung und Kausalität**: Kausalität bedeutet Ursächlichkeit; ist der Gesundheitsschaden ursächlich durch einen Arbeitsunfall entstanden, leistet die gesetzliche Unfallversicherung eine Entschädigung und tritt an die Stelle des zum Schadensersatz verpflichteten Unternehmens. Dies kann bei Erwerbsunfähigkeit auch eine Rente an den Versicherten oder im Todesfall an die Witwe/den Witwer oder die Waisen sein.

19.3 Arbeitsunfälle

Arbeits- und Wegeunfälle sind gemäß SGB VII Unfälle, die Beschäftigte bei der Arbeit bzw. auf dem direkten Weg zur oder von der Arbeit erleiden.

Ausnahmen davon sind bei Wegeunfällen
- Umleitungen,
- Fahrgemeinschaften (Abholen von Kollegen),
- Umwege, um Kinder, die wegen der Berufstätigkeit in fremder Obhut untergebracht werden, zu bringen oder zu holen (Kindertagesstätte, Tagesmutter, Oma),
- Familienheimfahrten (am Wochenende),
- die schnellere Erreichbarkeit des Arbeitsplatzes über einen längeren Weg.

Außerdem sind folgende Betätigungen außerhalb der Arbeit durch die gesetzliche Unfallversicherung abgedeckt:
- Teilnahme am Betriebssport
- Teilnahme an Betriebsfesten, -feiern, -ausflügen

Ein Unfall ist gemäß § 193 SGB VII meldepflichtig, wenn eine versicherte Person durch einen Unfall getötet oder so verletzt wird, dass sie mehr als drei Tage arbeitsunfähig ist.

Bei den meldepflichtigen Arbeitsunfällen und auch bei den tödlichen Arbeitsunfällen ist seit vielen Jahren ein rückläufiger Trend zu erkennen. Während sich im Jahre 1960 noch rund 2,7 Mio. Arbeitsunfälle ereignet haben, waren es 2009 nur noch 974.642, also unter 1 Mio. Durch die Kennzahl „Arbeitsunfälle pro 1.000 Vollarbeiter" können Vergleiche auch bei Schwankungen der Gesamtbeschäftigtenzahl angestellt werden. Auch diese Kennzahl sinkt tendenziell seit Jahren: 1960 ereigneten sich noch etwa 100 Unfälle pro

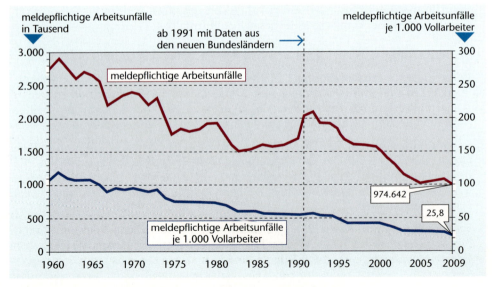

Meldepflichtige Arbeitsunfälle je 1.000 Vollbeschäftigte von 1960 bis 2008
(Bundesministerium für Arbeit und Soziales, 2011, S. 67)

1.000 Vollbeschäftigte, 2009 waren es nur noch rund 26. Allerdings gibt es große Unterschiede zwischen den einzelnen Wirtschaftszweigen. Die Bau- und die Holzbranche weisen überdurchschnittliche hohe Unfallzahlen auf; Gesundheitsdienst, Chemie, Bergbau sowie Handel und Verwaltung liegen unter dem Durchschnitt.

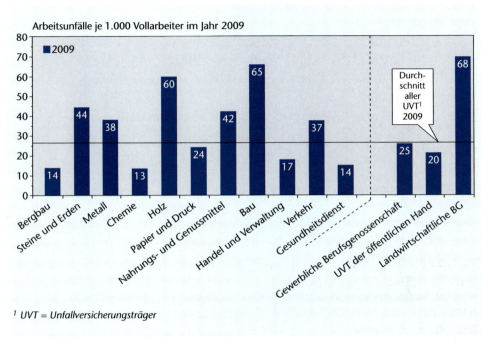

[1] UVT = Unfallversicherungsträger

Meldepflichtige Arbeitsunfälle je 1.000 Vollbeschäftigte nach Wirtschaftszweigen (Bundesministerium für Arbeit und Soziales, 2011, S. 67)

19.4 Berufskrankheiten

Berufskrankheiten sind Krankheiten, die Arbeitnehmer infolge der Ausübung einer versicherten Tätigkeit erleiden und als solche anerkannt sind (§ 9 Abs. 1 SGB VII).

Die anerkannten Berufskrankheiten sind in einer Liste (BK-Liste) zusammengestellt. Darüber hinaus ermöglicht § 9 Abs. 2 SGB VII im Einzelfall die Anerkennung und Entschädigung einer nicht in der BK-Liste aufgeführten Krankheit. Ärzte, Zahnärzte und Unternehmer müssen Berufskrankheiten melden.

Wie die Tabelle auf der folgenden Seite zeigt, wurden im Jahr 2009 rund 1.600 Fälle als Berufskrankheiten anerkannt. Demgegenüber standen fast 20.000 Verdachtsfälle, bei denen die Anerkennung als Berufskrankheit nicht erfolgte. Hauterkrankungen, Atemwegserkrankungen und Bandscheibenerkrankungen kommen am häufigsten vor.

Einflussfaktoren auf die Gesundheit

Berufskrankheit (Kurzbezeichnung)	Anzahl der Fälle	Anteil in %
schwere oder wiederholt rückfällige Hauterkrankungen	600	38,1
durch allergisierende Stoffe verursachte obstruktive Atemwegserkrankungen	402	25,6
bandscheibenbedingte Erkrankungen der Lendenwirbelsäule durch langjähriges Heben oder Tragen schwerer Lasten oder durch langjährige Tätigkeiten in extremer Rumpfbeugehaltung	357	22,7
durch chemisch-irritativ oder toxisch wirkende Stoffe verursachte obstruktive Atemwegserkrankungen	138	8,8
Erkrankungen durch Isocyanate (Anmerkung: Isocyanate werden in der chemischen Industrie bei der Herstellung von Kunststoffen, Schaumstoffen, Pestiziden, Spanplatten usw. eingesetzt)	29	1,8
Erkrankungen der Sehnenscheiden oder des Sehnengleitgewebes sowie der Sehnen- oder Muskelansätze	19	1,2
bandscheibenbedingte Erkrankungen der Lendenwirbelsäule durch langjährige, vorwiegend vertikale Einwirkung von Ganzkörperschwingungen im Sitzen	17	1,1
vibrationsbedingte Durchblutungsstörungen an den Händen	9	0,6
bandscheibenbedingte Erkrankungen der Halswirbelsäule durch langjähriges Tragen schwerer Lasten auf der Schulter	2	0,1
gesamt	**1.573**	**100**

Anerkannte Berufskrankheiten, die zur Unterlassung aller schädigenden Tätigkeiten gezwungen haben, 2009 (Bundesministerium für Arbeit und Soziales, 2011, S. 72)

AUFGABEN

1. Stellen Sie tabellarisch Berufe (z. B. Friseur, Dachdecker, Bürokraft) und dazugehörige Arbeitsbelastungen gegenüber. Welche Präventionsmaßnahmen zur Vermeidung von Gesundheitsschäden können ergriffen werden?
2. Erklären Sie anhand der Abbildung auf S. 264 die besonderen Belastungen durch Schichtarbeit.
3. Welche Ursachen und Auswirkungen haben psychische Belastungen am Arbeitsplatz?
4. Informieren Sie sich über Maßnahmen gegen Mobbing am Arbeitsplatz (z. B. unter www.inQa.de).
5. Informieren Sie sich über Gesetze und Verordnungen zum Arbeitsschutz [z. B. Arbeitsstättenverordnung (ArbStättV), die Betriebssicherheitsverordnung (BetrSichV), die Biostoffverordnung (BioStoffV), das Gerätesicherheitsgesetz (GSG), das Jugendarbeitsschutzgesetz (JArbSchG), die Strahlenschutzverordnung (StrlSchV) und die Gefahrstoffverordnung (GefStoffV)]. Halten Sie darüber ein Referat.
6. Welche Aufgaben erfüllen die Berufsgenossenschaften?
7. Erklären Sie, was man unter Berufsunfällen versteht.
8. Bearbeiten Sie die folgenden Teilaufgaben.
   a Erklären Sie, was man unter Berufskrankheiten versteht.
   b Informieren Sie sich auf den Internetseiten der Berufsgenossenschaften über Berufskrankheiten verschiedener Berufe. Berichten Sie darüber.

20 Soziale Lage und Gesundheit

■ Das soziale Umfeld einer Person wird insbesondere von den Lebens- und Arbeitsbedingungen, dem Einkommensniveau und dem Bildungshintergrund sowie der Zugehörigkeit zu Gemeinschaften geprägt. Diese Faktoren beeinflussen – wie viele Untersuchungen zeigen – die Gesundheit eines Menschen in erheblichem Maße.

Studien, die auf Daten des Robert Koch-Instituts und des Gesundheitsmonitors der Bertelsmann Stiftung beruhen, zeigen, dass die Häufigkeit von Zigarettenkonsum, Übergewicht und Adipositas (Fettsucht) in den sozial benachteiligten Bevölkerungsgruppen überproportional hoch ist.

Merkmal	Männer (%)			Frauen (%)		
	Unter-schicht	Mittel-schicht	Ober-schicht	Unter-schicht	Mittel-schicht	Ober-schicht
Rauchen	47,4	37,8	29,0	30,1	29,5	25,0
Übergewicht (BMI > 30)	22,3	18,5	16,2	31,4	20,3	9,9
Bluthochdruck	22,1	24,8	25,6	26,8	20,2	16,8
sportlich inaktiv	67,9	61,4	51,9	78,5	62,5	51,4

Prävalenz verhaltensbezogener Risikofaktoren nach sozialer Schichtzugehörigkeit, Alter 18–79 Jahre, Daten des Bundesgesundheitssurvey 1998 (Robert Koch-Institut, 2006, S. 84)

Der sozioökonomische Status (SoS) bezeichnet ein Bündel von Merkmalen menschlicher Lebensumstände wie

- formale Bildung und Schulabschluss,
- Ausbildung und Studium,
- Beruf und Einkommen,
- Besitz von Kulturgütern (häufig erfasst über den Besitz von Büchern),
- kulturelle Praxis: Besuche in Theatern und Museen,
- Wohnort und Eigentumsverhältnisse,
- Liquidität und Kreditwürdigkeit.

Die Unterteilung in Unter-, Mittel- und Oberschicht erfolgt im Wesentlichen anhand der Merkmale Beruf, Bildung und Einkommen. ■

20.1 Soziale Einflussfaktoren auf die Gesundheit

20.1.1 Armut und soziale Ungleichheit

Einerseits gehört Deutschland zu den reichsten und am höchsten entwickelten Ländern der Welt bezogen auf den Lebensstandard, das Durchschnittseinkommen und das Bildungsniveau. Andererseits sind rund 13 % der Bevölkerung von **Armut** bedroht. Das sind mehr aus 10 Mio. Menschen, davon 1,7 Mio. Kinder. Armut betrifft auch verstärkt Familien mit Migrationshintergrund. Der Anteil an Personen mit Migrationshintergrund, die unter der Armutsrisikoschwelle leben, ist mit 28 % mehr als doppelt so hoch wie bei Nichtmigranten.

Sozial benachteiligte Bevölkerungsgruppen sind durch stärkere Arbeitsbelastungen, schlechtere Wohnverhältnisse, gesundheitlich riskante Verhaltensweisen (z. B. vermehrten Zigarettenkonsum, häufigeres Übergewicht) einem deutlich erhöhten Krankheitsrisiko ausgesetzt. Besondere Risikogruppen sind Arbeitslose und alleinerziehende Frauen.

20.1.2 Arbeitslosigkeit

Die Zahl der Arbeitslosen hat seit der Wiedervereinigung 1990 in Deutschland deutlich zugenommen und verharrt seitdem auf einem hohen Niveau. Dabei gibt es ein Nord-Süd- sowie ein West-Ost-Gefälle. Während in Bayern und Baden-Württemberg die Arbeitslosenquote bei 4–5 % liegt, beträgt sie in Berlin und Mecklenburg-Vorpommern über 10 %. Aufgrund der demografischen Entwicklung und der verbesserten Wirtschaftslage rechnen Experten in den nächsten Jahren mit einer Verbesserung, ja sogar mit Vollbeschäftigung.

Arbeitslosigkeit hat nicht nur negative finanzielle Folgen für die Betroffenen, sondern – wie zahlreiche empirische Untersuchungen zeigen – auch **gesundheitliche Konsequenzen**. So ist bei Arbeitslosen die körperliche und psychische Gesundheit schlechter und die Lebenserwartung niedriger als beim Bevölkerungsdurchschnitt. Arbeitslose – vor allem Männer – zeigen vermehrt gesundheitlich riskante Verhaltensmuster. Sie rauchen häufiger und treiben weniger Sport. Zudem sind sie zu einem größeren Anteil übergewichtig.

	Männer (%)	Frauen (%)
Erwerbstätige	27,7	35,0
früher arbeitslos	29,7	33,9
aktuell arbeitslos (weniger als 12 Monate)	35,2	51,6
aktuell arbeitslos (mehr als 12 Monate)	59,2	48,8

Verbreitung chronischer Krankheiten in der Altersgruppe 20–59 Jahre, Datenquelle: Telefonischer Gesundheitssurvey 2003 (Robert Koch-Institut, 2006, S. 87)

Arbeitslose sind häufiger krank als Erwerbstätige. So verbringen arbeitslose Männer 2,3-mal mehr Tage im Krankenhaus als erwerbstätige Männer. Bei Frauen beträgt der Faktor 1,7. Noch deutlicher erkennt man die Unterschiede bei bestimmten Erkrankungen (s. Grafiken auf S. 273). Im Vordergrund stehen psychische Erkrankungen und Verhaltensstörungen, Infektionen, Stoffwechselerkrankungen, Krankheiten der Verdauungsorgane, Verletzungen und Vergiftungen sowie Probleme in der Schwangerschaft und bei der Geburt.

20.1.3 Alleinerziehende Mütter und Väter

Gegenwärtig sind 16 % aller Familien in den alten und 22 % in den neuen Bundesländern Einelternfamilien. In diesen Haushalten, die zu 84 % von Frauen bestritten werden, nimmt aufgrund der eingeschränkten Erwerbs- und Einkommenschancen das Armutsrisiko zu.

20 Soziale Lage und Gesundheit

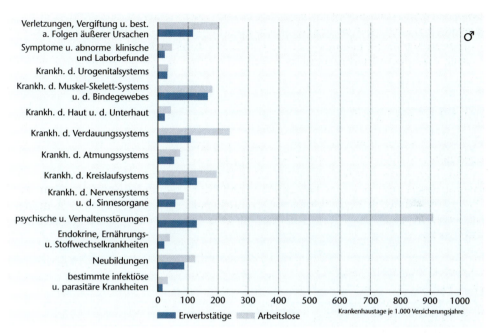

Krankenhaustage bei arbeitslosen und erwerbstätigen Männern (Robert Koch-Institut, 2006, S. 88)

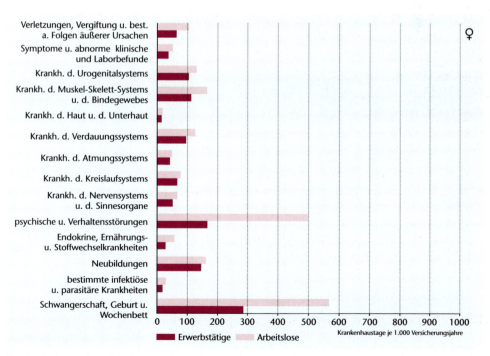

Krankenhaustage bei arbeitslosen und erwerbstätigen Frauen (Robert Koch-Institut, 2006, S. 88)

Alleinerziehende ohne Partner gelten als belastet. Alleinerziehende Mütter sind nicht nur durch finanzielle Probleme, sondern auch durch Zukunftsängste, Anzeichen von Überforderung und durch ein geringes Selbstwertgefühl stärker belastet als verheiratete Mütter, wie die nachfolgende Übersicht zeigt:

Belastungen und Beunruhigungen	alleinerziehende Mütter (%)	verheiratete Mütter (%)
Unsicherheit, wie eigene Zukunft weitergeht	48,8	26,4
finanzielle Probleme	47,7	18,7
Erziehung und Ausbildung der Kinder	34,5	27,1
zu viele Aufgaben in der Familie	23,8	13,0
Anforderungen nicht mehr gewachsen sein	22,7	11,4
nicht genug Erfolg	20,3	7,5
fehlende Harmonie in der Familie	17,9	4,1
Probleme mit der Wohnsituation	16,6	6,2
Gefühl, überflüssig zu sein	15,5	15,5

(Robert Koch-Institut, 2003, S. 9)

Nach einer Erhebung des Robert Koch-Instituts litten alleinerziehende Mütter deutlich häufiger unter Nieren- und Lebererkrankungen, chronischer Bronchitis und Migräne. Bei den deutlich weniger zahlreichen alleinerziehenden Vätern finden sich diese gesundheitlichen Beeinträchtigungen nicht.

ausgewählte Krankheiten	alleinerziehende Mütter n = 89 (Anzahl der Befragten) (%)	verheiratete Mütter n = 728 (Anzahl der Befragten) (%)
chronische Bronchitis	9,0	3,9
Nierensteine, Nierenkolik	15,7	5,2
Migräne	36,0	26,3
Allergien	14,9	20,4

(Robert Koch-Institut, 2003, S. 11)

Alleinerziehende und verheiratete Mütter nehmen ungefähr gleich häufig Arzttermine und Kuren in Anspruch. Allerdings beteiligen sich alleinerziehende Mütter seltener an Vorsorgeuntersuchungen als verheiratete. Bei Arztterminen stehen häufiger akute Beschwerden als Beratung im Vordergrund.

Besonders auffällig ist, dass alleinerziehende Mütter mit 24,7 % mehr als doppelt so häufig psychische Erkrankungen angeben wie verheiratete Mütter. Zudem leiden sie häufiger und stärker unter Schmerzen als verheiratete Mütter, wodurch sie auch häufiger in der Bewältigung des Alltagslebens beeinträchtigt sind. Vor allem in der unteren Sozialschicht fühlen sich alleinerziehende Mütter durch Schmerzen und emotionale Probleme stärker behindert als die verheirateten Mütter.

In einer Studie der Uni Magdeburg wurden die Daten von 100.000 verstorbenen Schweizern, die im europäischen Vergleich am längsten leben, gesammelt und nach Geschlecht, Alter und Familienstand ausgewertet. Dabei kamen überraschende Ergebnisse zutage:

- Verheiratete Männer leben danach fast zwei Jahre länger als unverheiratete. Männer profitieren also eindeutig von der Ehe, da sie besser versorgt und gepflegt werden als alleinlebende.
- Allerdings steigt ihre Lebenserwartung auf Kosten der Lebenserwartung der Frauen. Durch die Beanspruchung der Versorgung ihrer Männer sterben verheiratete Frauen 1,5 Jahre früher als Singlefrauen.

Inwieweit sich diese Ergebnisse verallgemeinern lassen, ist noch nicht geklärt.

20.1.4 Kinder und Jugendliche

„KiGGS" heißt eine bundesweite Studie zur Gesundheit von Kindern und Jugendlichen, die das Robert Koch-Institut vom Mai 2003 bis zum Mai 2006 in insgesamt 167 Städten und Gemeinden mit 17.641 Jungen und Mädchen im Alter bis zu 18 Jahren durchgeführt hat. Die Studie wurde vom Bundesministerium für Gesundheit (BMG) und vom Bundesministerium für Bildung und Forschung (BMBF) finanziert. Informationen über die Zielsetzungen und Durchführung des „Kinder- und Jugendgesundheitssurvey KiGGS" sind zu finden unter www.kiggs.de.

Fast durchgängig lassen sich in Abhängigkeit von Schicht und Migrationshintergrund Unterschiede im Gesundheitsverhalten beim Übergewicht, Rauchen, bei sportlicher Aktivität oder auch beim Ernährungsverhalten aufzeigen:

- Kinder und Jugendliche aus Familien mit niedrigem Sozialstatus sind von Übergewicht und Adipositas besonders häufig betroffen. Kinder mit Migrationshintergrund gehören diesbezüglich ebenfalls zur Risikogruppe.
- Dasselbe gilt für psychische Probleme und Verhaltensauffälligkeiten (Hyperaktivität, Probleme mit Gleichaltrigen, emotionale Probleme).
- Für Kinder und Jugendliche mit einem hohen sozialen Status lassen sich für 16 % Essstörungen aufweisen, für Kinder und Jugendliche mit mittlerem Sozialstatus für 21 % und mit niedrigem sozialen Status sogar 28 %. Hauptschüler sind wesentlich häufiger von Essstörungen betroffen als Realschüler und Gymnasiasten.
- Nach den Befragungsergebnissen sind Kinder und Jugendliche in Deutschland in der Mehrzahl körperlich und sportlich aktiv. Allerdings zeichnen sich einige wichtige Unterschiede ab, die darauf hinweisen, dass nicht alle Gruppen gleichen Zugang zu sportlichen Möglichkeiten haben: Es zeigen sich geringere Anteile von Vereinssporttätigkeit bei Kindern mit Migrationshintergrund und Kindern aus Familien mit niedrigem Sozialstatus.
- Jungen und Mädchen aus Familien mit niedrigem Sozialstatus rauchen häufiger als diejenigen aus Familien mit mittlerem und vor allem mit höherem Sozialstatus. Besonders stark zeichnet sich das soziale Gefälle bei den 14- bis 17-Jährigen ab, es deutet sich aber auch bei den 11- bis 13-Jährigen an, obwohl der Anteil der Raucher in dieser Altersgruppe noch sehr gering ist.

Seit 2003 ist das Projekt „Gesundheitsförderung bei sozial Benachteiligten" als Internetplattform mit umfangreichen Informationen zu aktuellen Themen, Entwicklungen, Initiativen sowie Veranstaltungshinweisen im Netz unter www.gesundheitliche-chancengleichheit.de. Ziel des Projektes ist es, die Transparenz im vielschichtigen Handlungsfeld der Gesundheitsförderung für sozial benachteiligte Zielgruppen zu erhöhen und die Arbeit der Akteure miteinander zu vernetzen. In der Rubrik „Kinder- und Jugendgesundheit" bietet das Projekt mehrere Aufsätze zum Download an, die sich mit dem Thema der gesundheitlichen Benachteiligung von Kindern und Jugendlichen aufgrund von Armut beschäftigen.

20.2 Erklärungsmodelle für Gesundheitsverhalten

Verschiedene Modelle versuchen, das gesundheitsrelevante Verhalten von Menschen in seiner Entstehung und Beeinflussbarkeit zu erklären. Im Folgenden sollen drei Ansätze ausführlicher dargestellt werden: Health Literacy, das Health-Belief-Modell und das „Health Action Process Approach"-Modell.

Health Literacy

Das englische Wort „Literacy" bedeutet „Kenntnis des Lesens und Schreibens". Der Begriff „Health Literacy" bezieht sich demnach auf die Kenntnisse und das Verständnis von Gesundheit.

Beispiel für Health Literacy (Plakat der BZgA für Kindertagesstätten)

Gemäß einer Definition der Weltgesundheitsorganisation WHO ist Health Literacy „die Gesamtheit aller kognitiven und sozialen Fertigkeiten, welche die Menschen motivieren und befähigen, ihre Lebensweise derart zu gestalten, dass sie für die Gesundheit förderlich ist."

Diese Fähigkeiten und Fertigkeiten sind bei Menschen unterschiedlich ausgeprägt. Durch Kultur, Bildung und Erziehung werden sie vermittelt. Insofern sind bildungsferne Schichten diesbezüglich benachteiligt und weisen international wie national einen entsprechend schlechten Gesundheitszustand auf.

Als gesundheitspolitisches Konzept verfolgt Health Literacy vor allem das Ziel, allen Bevölkerungsschichten einen besseren Zugang zu Gesundheitsinformationen zu ermöglichen. Sie sollen befähigt werden, sich mit diesen Informationen kritisch auseinanderzusetzen und dadurch mehr Handlungs- und Entscheidungskompetenz in Gesundheitsfragen zu erlangen.

Konkrete Anwendung findet das Konzept vor allem in zwei Bereichen:

- In der **Entwicklungsarbeit** setzt man z. B. Musik, Theaterstücke und Bildergeschichten ein, um das Gesundheitsverständnis z. B. bei Analphabeten und gering Gebildeten zu fördern.

- Im Rahmen der **Patientenführung** und **-beratung** geht es z. B. darum, die Lesbarkeit und Verständlichkeit von medizinischen Berichten, Packungsbeilagen und anderen Gesundheitsinformationen zu erhöhen. So sollen das Patientenwissen und die Compliance, d. h. das Mitmachen bei einer Behandlung, gefördert werden.

Health-Belief-Modell

Das Health-Belief-Modell ist ein psychologisches Modell, wonach die **subjektiven gesundheitsbezogenen Einstellungen** einer Person (health beliefs) entscheidend für deren Gesundheitsverhalten sind. Das Modell sagt, dass Menschen am besten auf Gesundheitsberatung reagieren, wenn folgende vier Bedingungen für Veränderungen erfüllt sind: Die Person ist überzeugt, dass ...

1. sie riskiert, eine bestimmte Krankheit zu entwickeln,
2. das Risiko ernsthaft ist und die Folgen, diesen Zustand zu entwickeln, unerwünscht sind,
3. das Risiko durch eine spezifische Verhaltensveränderung reduziert werden kann,
4. Hürden zu dieser Verhaltensveränderung überbrückbar sind.

Die ersten beiden Faktoren stellen zusammen die wahrgenommene Bedrohung dar, die von einer Krankheit für eine Person ausgeht. Diese wird durch die subjektiv empfundene Verwundbarkeit bzw. Anfälligkeit (1. Faktor) und durch den wahrgenommenen Schweregrad von Symptomen (2. Faktor) beschrieben. Die weiteren zwei Faktoren, der subjektiv empfundene Nutzen (3. Faktor) und die wahrgenommenen Hindernisse (4. Faktor), werden in einer Kosten-Nutzen-Bilanz miteinander verrechnet. Die jeweils individuelle Einschätzung von Nutzen, Effektivität und Risiken bzw. Kosten veranlassen einen Menschen dazu, sein Verhalten zu ändern.

„Health Action Process Approach"-Modell (HAPA-Modell)

Das „Health Action Process Approach"-Modell (HAPA-Modell) knüpft an das salutogenetische Konzept von Antonovsky an (s. Kapitel 4.2.2). Nach der Annahme des HAPA-Modells werden auf dem Weg der Verhaltensänderung zwei Phasen durchlaufen: eine motivationale Phase, in der die Absicht zur Verhaltensänderung entsteht, und eine Phase des Wollens (volitionale Phase von lat. „volitio" = das Wollen), welche die Umsetzung eben dieser Absicht in die Tat beschreibt und mit der konkreten Handlung endet.

Die **Wahrnehmung des eigenen Risikos** ist der erste notwendige Schritt im Prozess der Gesundheitsverhaltensänderung. Das Individuum erkennt eine Bedrohung in seiner aktuellen Situation sowie bei seinem gewohnten Verhalten und schätzt das daraus folgende Ergebnis als gefährlich ein. Es erkennt seine Verwundbarkeit und die Ernsthaftigkeit seiner Situation; Beispiel: „Wenn ich weiterhin an Gewicht zunehme und keinen Sport treibe, dann werde ich eines Tages einen Herzinfarkt bekommen." Die angstvolle Wahrnehmung des eigenen Risikos alleine reicht allerdings nicht aus, um das Verhalten zu ändern. Vielmehr muss das Individuum von den zu erwartenden Konsequenzen seines Verhaltens überzeugt sein. Dabei werden verschiedene positive und negative Ergebniserwartungen durchdacht; Beispiel: „Wenn ich das Rauchen aufgebe, werde ich physisch leistungsfähiger sein." Dabei wird positiven Erwartungen die größte Bedeutung zugeschrieben.

In der **Umsetzungsphase** (Volitionsphase) geht es um die Planung, Initiierung und Aufrechterhaltung des Gesundheitsverhaltens sowie um die Verarbeitung eventueller Rückschläge oder Rückfälle. Diese Phase kann auch zum Abbruch (Disengagement) des Verhaltens führen, z. B. nach Misserfolgserlebnissen.

Gesundheitsverhaltensmodelle helfen u. a. in der Praxis beim Umgang mit Patienten. Durch sie kann man z. B. besser verstehen und einschätzen, welche konkreten Informationen ein Patient benötigt und wie viel soziale Unterstützung zur Verhaltensänderung erforderlich ist.

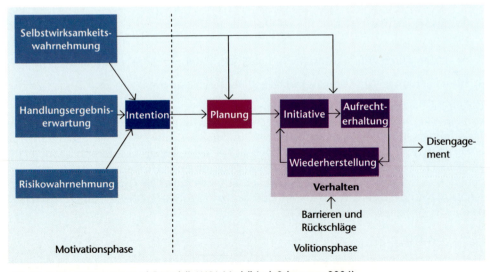

„Health Action Process Approach"-Modell, HAPA-Modell (vgl. Schwarzer, 2004)

AUFGABEN

1. Welche zentralen sozialen Einflussfaktoren bestimmen die Gesundheit?
2. Welche Bedingungen charakterisieren den Sozialstatus eines Menschen?
3. Setzen Sie sich mit folgender Aussage auseinander: „Soziale Ungleichheiten lassen sich nicht vermeiden, jedoch die Folgen der Ungleichheiten."
4. Erklären Sie die besonderen Belastungen und den Gesundheitsstatus von Arbeitslosen.
5. Erklären Sie die besonderen Belastungen und den Gesundheitsstatus von alleinerziehenden Müttern und Vätern.
6. Kinderarmut liegt dann vor, wenn Kinder in einem Haushalt mit einem Einkommen von weniger als der Hälfte des Durchschnittseinkommens aufwachsen.
   a Recherchieren Sie das aktuelle Durchschnittseinkommen in Deutschland.
   b Benennen Sie Armutsrisiken und politische Maßnahmen, um solche Risiken zu verringern.
   c Von welchen Einschränkungen sind in Armut lebende Kinder betroffen?
7. Recherchieren Sie im Internet unter dem Begriff „Health Literacy" nach Umsetzungsbeispielen
   a in der Entwicklungsarbeit,
   b in der Patienteninformation.
8. Erklären Sie mithilfe des Health-Belief-Modells den Ablauf einer Änderung des Gesundheitsverhaltens in den folgenden Fällen: Rauchen – Lungenkrebs, riskantes Fahren – Verkehrsunfälle, Sonnenbaden – Hautkrebs, ungeschützter Verkehr – Aids.
9. Erklären Sie die unter 8. genannten Verhaltensänderungen anhand des „Health Action Process Approach"-Modells (HAPA-Modell).

Krankheitsprävention und Gesundheitsvorsorge

21 Prävention und Gesundheitsförderung

■ *Das Fünfte Sozialgesetzbuch (SGB V) verpflichtet die gesetzlichen Krankenkassen, Präventionsmaßnahmen zur Vorbeugung von Krankheiten anzubieten und zu finanzieren (§ 20). Im Jahr 2010 nahmen insgesamt rund 10 Mio. Menschen an solchen Maßnahmen teil. Dafür wurden über 300 Mio. Euro aufgewendet, immerhin fast 4,50 Euro pro Mitglied. Präventionsleistungen werden auch von den Renten- und von den Unfallversicherungen angeboten.*

Zum Spektrum der Präventionsinstrumente zählen u.a. Schutzimpfungen, Gesundheits- und Krebsfrüherkennungsuntersuchungen, die Zahnprophylaxe und die betriebliche Gesundheitsförderung. Seit den 1990er-Jahren nimmt eine wachsende Zahl von Menschen in Deutschland diese Präventionsangebote in Anspruch.

Beispiel: Gesundheitskurse am Wohnort
Die Krankenkasse übernimmt 80 % der Kurskosten für maximal zwei Kurse und maximal 200 Euro pro Kalenderjahr. Voraussetzung für eine Kostenbeteiligung ist, dass der Versicherte an mindestens 80 % der angebotenen Kurstermine teilgenommen hat. Kindern werden bis zur Vollendung ihres 18. Lebensjahres die gesamten Kurskosten erstattet, maximal allerdings 200 Euro je Kalenderjahr für zwei Kurse. ■

21.1 Was bedeuten Prävention und Gesundheitsförderung?

Gesundheitsförderung beinhaltet alle Maßnahmen, die die Gesundheitskompetenz des Einzelnen fördern und zur Verbesserung von gesundheitsrelevanten Lebensbedingungen beitragen. Dazu gehören beispielsweise der Nichtraucherschutz und die Informationen der Bevölkerung über gesundheitsförderliche Verhaltensweisen. Als **Prävention** wird dagegen die gezielte Verhütung von bestimmten Krankheiten und ihren Folgen verstanden.

Mit Prävention und Gesundheitsförderung sollen Krankheiten verhütet und Krankheitsrisiken reduziert werden, um die Lebensqualität der Menschen zu steigern und den allgemeinen Gesundheitszustand der Bevölkerung zu verbessern. Weitere Ziele sind: vorzeitige Todesfälle vermeiden, Behandlungskosten einsparen, eine rechtzeitige Therapie erleichtern, Behinderungen vorbeugen, Arbeitsfähigkeit erhalten, Frühverrentung verhindern oder hinauszögern und chronische Krankheiten nach Möglichkeit ins höhere Lebensalter verschieben oder vermeiden.

Primäre Prävention

Die primäre Prävention umfasst Maßnahmen, die das erstmalige Auftreten einer Erkrankung verhindern oder verzögern sollen. **Primäre Prävention** richtet sich an die (noch) Gesunden. Dabei geht es um die Vorbeugung von Risikofaktoren wie Übergewicht oder Rauchen zur Vermeidung von Folgeerkrankungen wie Herzinfarkt oder Schlaganfall.

Die Primärprävention versucht einerseits, das Verhalten von Individuen und Gruppen zu beeinflussen; man spricht dann von **Verhaltensprävention**. Andererseits kann sie sich auch auf die biologische, technische oder soziale Umwelt beziehen; man nennt diese Art der Maßnahmen **Verhältnisprävention**.

Am 21. November 1986 hat die „Erste Internationale Konferenz zur Gesundheitsförderung" in Ottawa eine Charta verabschiedet. Diese sogenannte **Ottawa-Charta** rückte erstmals Maßnahmen der Verhältnisprävention in den Vordergrund: Unter der Überschrift „Gesundheitsförderliche Lebenswelten schaffen" heißt es in der Charta:

> „Eine systematische Erfassung der gesundheitlichen Folgen unserer sich rasch wandelnden Umwelt – insbesondere in den Bereichen Technologie, Arbeitswelt, Energieproduktion und Stadtentwicklung – ist von essenzieller Bedeutung und erfordert aktives Handeln zugunsten der Sicherstellung eines positiven Einflusses auf die Gesundheit der Öffentlichkeit. Jede Strategie zur Gesundheitsförderung muss den Schutz der natürlichen und der sozialen Umwelt sowie die Erhaltung der vorhandenen natürlichen Ressourcen mit zu ihrem Thema machen."

(WHO, Ottawa-Charta zur Gesundheitsförderung 1986, S. 3–4)

Zu den effektivsten Maßnahmen der primären Prävention zählen **Schutzimpfungen** (s. Kapitel 25.2). Neben dem individuellen Schutz bieten viele Impfungen ab einer gewissen Impfrate in der Bevölkerung auch einen Kollektivschutz. Dieser verhindert die Ausbreitung von Epidemien. Während in Europa noch im 19. Jahrhundert Infektionskrankheiten für bis zu 60 % der Todesfälle verantwortlich waren, starben in Deutschland im Jahre 2010 „nur" etwa 40.000 Menschen infolge einer Infektionskrankheit; das macht gerade einmal 5 % aller Sterbefälle aus.

Sekundäre Prävention

Die sekundäre Prävention dient der möglichst **frühzeitigen Erkennung** und Therapie einer bestehenden Erkrankung. Dadurch soll ihr Fortschreiten bereits im Anfangsstadium gestoppt werden.

Zur Sekundärprävention rechnet man Maßnahmen wie Gesundheitsuntersuchungen (Check-ups) und Krebsfrüherkennungsuntersuchungen. Sie werden ab einem bestimmten Alter (s. Kapitel 23.2.2) von der gesetzlichen Krankenversicherung bezahlt. Check-ups dienen insbesondere der Früherkennung von Herz-Kreislauf-Leiden, Diabetes mellitus und Nierenkrankheiten. Die Beteiligung daran ist insgesamt noch sehr niedrig. Bundesweit werden z. B. rund 20 Mio. Krebsfrüherkennungsuntersuchungen pro Jahr vorgenommen. Davon entfallen ca. 80 % auf weibliche und 20 % auf männliche Versicherte.

Tertiäre Prävention

Die tertiäre Prävention wird auch als **Rehabilitation** bezeichnet. Sie hat die Aufgabe nach dem Eintreten einer Krankheit eventuelle Funktionseinbußen und Folgeerkrankungen zu verhindern und eine möglichst hohe Lebensqualität wiederherzustellen (s. Kapitel 1.3.5). Ein Beispiel ist die Teilnahme an Selbsthilfegruppen, z. B. eine Herzsportgruppe nach einem Herzinfarkt.

Eine Selbsthilfegruppe ist ein freiwilliger Zusammenschluss von Menschen, deren Aktivitäten sich auf die gemeinsame Bewältigung von Krankheiten sowie physischen, psychischen oder sozialen Problemen richten, von denen sie entweder selbst oder als Angehörige betroffen sind.

Rehabilitation umfasst in Deutschland eine Vielzahl von Einrichtungen, z. B. Rehabilitationskliniken, berufliche Rehabilitationseinrichtungen, Behinderten- und Selbsthilfeorganisationen. Koordiniert werden sie von der **Bundesarbeitsgemeinschaft für Rehabilitation** (BAR).

21.2 Interventions- und Wirkungsebenen

Prävention und Gesundheitsförderung können auf verschiedenen Interventions- und Wirkungsebenen angesiedelt werden.

Der **individuelle Ansatz** ist in erster Linie auf den einzelnen Menschen und sein gesundheitliches Verhalten ausgerichtet. Der Versicherte kann aus einem Angebot von Präventionsmaßnahmen selbst auswählen. Am häufigsten genutzt werden Kurse in den Feldern Bewegung, Stressreduktion/Entspannung und Ernährung.

Bestimmte Personengruppen können am besten in ihren Lebenswelten erreicht werden. Der **Setting-Ansatz** umfasst Präventionsmaßnahmen in den Lebensbereichen, in denen Menschen in der Regel den größten Teil ihrer Zeit verbringen. Als mögliche Settings kommen z. B. die Schule, der Arbeitsplatz, der Wohnort oder der Stadtteil in Betracht. Diese Form der Gesundheitsförderung gilt insgesamt als sehr Erfolg versprechend.

Mit Interventionen auf **Bevölkerungsebene** sind Aktivitäten gemeint, die sich auf die gesamte Bevölkerung oder bestimmte Bevölkerungsgruppen beziehen. Hierzu zählen Gesetze und Verordnungen sowie Aufklärungskampagnen wie die Nichtraucherkampagne. In Deutschland führt die Bundeszentrale für gesundheitliche Aufklärung (BZgA) zahlreiche Kampagnen durch. In einer Datenbank (www.bzga.de) werden fast 2.000 Präventionsprojekte erfasst und beschrieben, die in der Praxis eingesetzt werden.

Die Krankenkassen haben einen Leitfaden zur Prävention erstellt, der folgende Ebenen und inhaltliche Schwerpunkte umfasst:

- individueller Ansatz:
  - Bewegungsgewohnheiten
  - Ernährung
  - Stressmanagement
  - Suchtmittelkonsum
- Setting-Ansatz:
  - gesundheitsfördernde Kindertagesstätte
  - gesundheitsfördernde Schule
  - Gesundheitsförderung in der Kommune/im Stadtteil

- betriebliche Gesundheitsförderung:
  - arbeitsbedingte körperliche Belastungen
  - Betriebsverpflegung
  - psychosoziale Belastung (Stress)
  - Suchtmittelkonsum

	individueller Ansatz		Setting-Ansatz		betrieblicher Ansatz		Gesamt	
	Anzahl	%	Anzahl	%	Anzahl	%	Anzahl	%
Frauen	1,6 Mio.	77	3,5 Mio.	51	0,33 Mio.	38	5,5 Mio.	56
Männer	0,5 Mio.	23	3,4 Mio.	49	0,53 Mio.	62	4,4 Mio.	44
Summe	2,1 Mio.	100	6,9 Mio.	100	0,85 Mio.	100	9,9 Mio.	100

Teilnehmer an Präventionsmaßnahmen 2009 (MDS, 2010, S. 24)

21.3 Prävention und Gesundheitsförderung in Kindertagesstätten, Schulen und Familien

Der Schwerpunkt von gesundheitsfördernden und präventiven Maßnahmen der Krankenkassen liegt im Bereich der Kindertagesstätten und der Schulen. Kindertagesstätte bzw. Schule stellen nach dem Elternhaus für Kinder und Jugendliche die wichtigste Lebenswelt dar. Deshalb sind Maßnahmen zur Gesundheitsförderung im Setting Kinder-

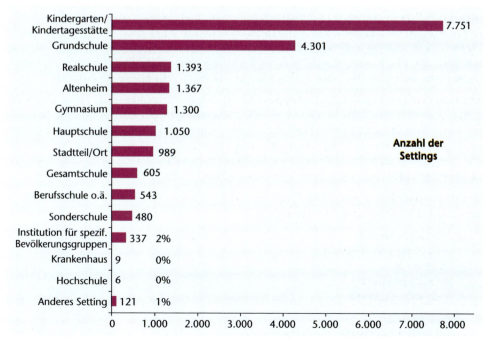

Gesundheitsförderungsmaßnahmen (Settings) in Einrichtungen im Jahr 2009 (MDS, 2010, S. 33). 86 % der Maßnahmen fanden in Kindertagesstätten und Schulen statt.

tagesstätte/Schule ein wichtiger Zugang, besonders dann, wenn die Programme an zwei Stellen ansetzen: zum einen in der Gesundheitsbildung, indem Wissen über den Aufbau und die Funktionsweise des eigenen Körpers vermittelt wird, um eine positive Einstellung zum Körper zu fördern; zum anderen durch die Förderung von Lebens- und Gesundheitskompetenzen, indem bei den Kindern verhaltensnah gesundheitsfördernde Verhaltensweisen wie Bewegung, Entspannung und gesunde Ernährung aufgebaut und psychosoziale Kompetenzen gestärkt werden.

Die Grundschule bildet eine ideale Basis für die Durchführung präventiver Maßnahmen zu einem Zeitpunkt, wenn Verhaltensmuster noch vergleichsweise flexibel und Kinder noch bereit sind, vieles auszuprobieren. Kinder nehmen in dieser Phase gesundheitsbezogene Einstellungen und Verhaltensweisen an.

Zahnmedizinische Prävention

Die Kariesprophylaxe bei Kindern ist ein großer Erfolg. So konnte der Kariesbefall der 12-Jährigen innerhalb von 15 Jahren von durchschnittlich 4,1 befallenen Zähnen auf 1,2 gesenkt werden. Damit nimmt Deutschland im internationalen Vergleich mittlerweile einen Spitzenplatz ein. Dazu haben u. a. Aufklärungsaktionen zum richtigen Zähneputzen und Fluoridierungsmaßnahmen in Kindertagesstätten und Grundschulen beigetragen. Außerdem gehört die zahnärztliche Individualprophylaxe seit 1991 zu den Leistungen der gesetzlichen Krankenversicherung.

Früherkennungsuntersuchungen bei Kindern und Jugendlichen

Schon seit 1971 gibt es Früherkennungsuntersuchungen für das Säuglings-, Kleinkind- und Vorschulalter. Das Programm umfasst neun Untersuchungen bei Kindern bis sechs Jahre (U1–U9). Seit 2006 gibt es zusätzlich ein Vorsorgeheft für Jugendliche mit vier Untersuchungen. Diese Kosten werden von der gesetzlichen Krankenkasse allerdings nicht getragen (s. Kapitel 22.3.4). Der Hauptschwerpunkt dieser sekundären Prävention gilt der Früherkennung von kindlichen Entwicklungs- und Gesundheitsstörungen. So sollen bleibende gesundheitliche Beeinträchtigungen vermieden werden.

Die Früherkennungsuntersuchen werden rege genutzt. Allerdings sinkt die Beteiligung an den einzelnen Untersuchungen mit zunehmendem Alter der Kinder. Während in den ersten beiden Lebensjahren (U3–U7) noch über 90% Beteiligung zu verzeichnen ist, beträgt sie an der U9 nur noch 79%. Die Teilnahmequote hängt, wie die Statistik zeigt, auch von der sozialen Schicht ab; sozial benachteiligte und ausländische Familien nutzen die Untersuchungen deutlich seltener.

Settings in Kindertagesstätten und Schulen

Kinder und Jugendliche stellen in Deutschland mittlerweile diejenige Altersgruppe dar, die am häufigsten von Armut bedroht ist. Armut bedeutet einen schlechteren Start ins Leben, sodass betroffene Kinder und Jugendliche häufig nicht nur schlechtere schulische und berufliche Startchancen haben, sondern auch in ihrer gesundheitlichen Entwicklung beeinträchtigt sind. Präventionsmaßnahmen sollten vor allem für die Zielgruppe der Kinder und Jugendlichen durchgeführt werden, die sie am meisten benötigt. Tatsächlich sind diese in der Praxis jedoch am schwierigsten zu erreichen. In den Gesundheitswissenschaften wird in diesem Zusammenhang vom „Präventionsparadoxon" oder „Präventionsdilemma" gesprochen.

Beispielprojekt „Klasse2000"

- **Ziel:** „Klasse2000" ist ein Programm zur Gesundheitsförderung, Gewalt- und Suchtvorbeugung in der Grundschule.
- **Zielgruppe:** Schulen in sozialen Brennpunkten, sozial benachteiligte Kinder
- **Umsetzung:** Das Unterrichtsprogramm mit der Leitfigur KLARO verfolgt einen verhaltenspräventiven Ansatz zur Förderung von Lebenskompetenzen, Bewegung und gesunder Ernährung. Das Unterrichtskonzept umfasst 12 bis 16 Unterrichtsstunden pro Jahrgangsstufe und wird mit den sogenannten „Klasse2000-Gesundheitsförderern" durchgeführt. Mit „Klasse2000" als Präventionsprogramm wurden bis Mitte 2009 insgesamt 325.000 Schüler bundesweit in Grundschulen erreicht.

Beispielprojekt „Kleine Essperten – ganz groß"

- **Ziel:** spielerischer Zugang zu gesunder Ernährung, Vermeidung von Übergewicht und Folgeerkrankungen wie Diabetes mellitus
- **Zielgruppen:** Kinder im Kindergarten-Alter, Eltern, Erzieher
- **Umsetzung:** In Workshops werden Erzieher geschult; umfangreiches Begleitmaterial bietet ihnen Hintergrundwissen; 34 Aktionskarten vermitteln Ideen zum Thema gesunde Ernährung im Kita-Alltag vom Anbau und Ernten von Früchten bis hin zur Nahrungszubereitung.

21.4 Prävention und Gesundheitsförderung am Arbeitsplatz

Die Arbeitswelt gilt als besonders geeignetes „Setting" für Gesundheitsförderung und Prävention. Gesundheit am Arbeitsplatz ist heute Teil einer modernen Unternehmensstrategie und umfasst die Optimierung der Arbeitsorganisation und Arbeitsumgebung sowie die Förderung der aktiven Einbeziehung aller Beteiligten. Sie zielt damit sowohl auf eine gesunde Gestaltung der Arbeit als auch auf Anreize für ein gesundheitsbewusstes Verhalten der Beschäftigten ab. Dadurch sollen eine höhere Arbeitszufriedenheit, ein geringerer Krankenstand und niedrigere Krankheitskosten erreicht werden.

Die Bandbreite der Präventionsangebote der Berufsgenossenschaften und Unfallversicherungen ist in vielen Jahrzehnten gewachsen. Sie richten sich nach der Branche des Betriebes ebenso wie nach der Größe und der Organisation des Arbeitsschutzes. Konkrete Angebote sind:

- Beratung zum Arbeitsschutz (Arbeitssicherheit und Gesundheitsschutz), z.B. bei der Anschaffung neuer Maschinen oder beim Einrichten neuer Arbeitsplätze
- Ermittlung über Ursachen und Begleitumstände bei Arbeitsunfällen, für Berufskrankheiten durch Messungen, Sicherung von Dokumenten usw., Auswertungen für Verbesserungsvorschläge
- Überwachung von betrieblichen Maßnahmen zur Verhütung von Arbeitsunfällen, Berufskrankheiten und arbeitsbedingten Gesundheitsgefahren sowie Sicherstellung der Ersten Hilfe
- Schulung durch Qualifizierung und Weitergabe von Informationen an Arbeitsschutzexperten und Multiplikatoren für die Anwendung in den Betrieben

- betriebsärztliche und sicherheitstechnische Betreuung der Fragen von Versicherten und Betrieben zu Arbeitsmitteln, Arbeitsverfahren und bei der Umsetzung von Arbeitsschutzmaßnahmen
- Bereitstellung von Informationsmaterialien wie die systematische und bedarfsorientierte Erarbeitung, Aktualisierung und Verteilung von schwerpunkt-, tätigkeits-, branchen- oder betriebsbezogenen Informationsmaterialien wie Plakate, Zeitschriften usw.

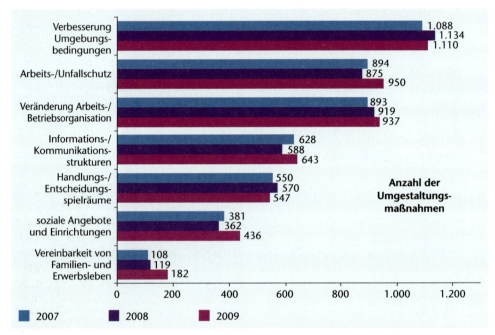

Umgestaltungsmaßnahmen in Einrichtungen nach Art der Umgestaltung (MDS, 2010, S. 89)

Settings in Betrieben

Beispielprojekt „Interkulturelles betriebliches Gesundheitsmanagement"

- **Ziel:** Arbeitnehmer anderer Nationalitäten haben häufiger Arbeitsunfälle und erkranken öfter an Berufskrankheiten. Sprachbarrieren und Wissenslücken sowie ein kulturell geprägtes Verständnis von Gesundheit und Gesundheitsschutz sind häufig die Ursachen dafür. In diesem Setting sollen Führungskräfte und Mitarbeiter sensibilisiert werden.
- **Zielgruppen:** Betriebe mit multikultureller Belegschaft: Führungskräfte und Mitarbeiter
- **Umsetzung:** Das Projekt wurde von der Initiative für Gesundheit und Arbeit (iga) zusammen mit der BMW-Group erprobt. Es wurden „interkulturelle betriebliche Gesundheitslotsen" und Führungskräfte geschult. Mitarbeiter mit Migrationshintergrund wurden in das Gesundheitsmanagement eingebunden.

Beispielprojekt „Jobfit – Verknüpfung von Gesundheits- und Arbeitsmarktförderung"

- **Ziel:** Das Projekt will die Gesundheit und die Beschäftigungsfähigkeit durch Verknüpfung von Qualifizierungsmaßnahmen und gesundheitsfördernden Angeboten fördern. Arbeitslosigkeit wirkt sich negativ auf den Gesundheitszustand aus, was wiederum die Beschäftigungsfähigkeit herabsetzt.
- **Zielgruppen:** Arbeitssuchende
- **Umsetzung:** Die Gesundheitsförderung wird unmittelbar im Rahmen einer Qualifizierungsmaßnahme angeboten:
    - Modul I: individuelle Beratung des Klienten beim Maßnahmenbeginn, um Interesse an entsprechenden Präventionsmaßnahmen zu wecken
    - Modul II: Durchführung von Präventionsmaßnahmen, die speziell für Arbeitslose konzipiert werden und der Stressbewältigung infolge der Arbeitslosigkeit dienen

21.5 Prävention und Gesundheitsförderung in Städten und Gemeinden

Im Rahmen des **Gesunde-Städte-Netzwerks** (www.gesunde-staedte-netzwerk.hostingkunde.de) verpflichten sich die beteiligten Städte und Gemeinden in neun Punkten darauf, im Sinne der Ottawa-Charta zu handeln. Mit klaren Zuständigkeiten sollen gesundheitsrelevante Fragestellungen und Aspekte bei allen politischen Entscheidungen berücksichtigt werden. Ziel ist es, Rahmenbedingungen zu schaffen, die es allen Bürgerinnen und Bürgern ermöglichen, sich an der Gestaltung ihrer Lebens- und Umweltbedingungen aktiv beteiligen zu können. Als Mindeststandard wird dafür empfohlen, geeignete Unterstützungs- und Koordinierungsstrukturen anzubieten. Auch verständliche und zugängliche Informationen und Daten sollen den Prozess zu einer gesunden Stadt begleiten (Gesundheits- und Sozialberichterstattung). Die Beteiligten verpflichten sich zu regelmäßigen Treffen und Informationsaustausch ebenso wie zu Evaluationen ihrer Ergebnisse.

Einzelne im Rahmen des Programms **„Soziale Stadt"** geförderte Projekte beschäftigen sich z. B. mit der Gesundheitsförderung von Älteren in Stadtteilen. Für ältere Menschen ist der Kiez/Stadtteil ein Ort der sozialen Kontakte und Versorgung, der für sie aufgrund fehlender oder eingeschränkter Aktivität und Mobilität in den Mittelpunkt rückt. Eine Stadtteilentwicklung, welche die Wohn- und Lebensumstände (altersgerechte Wohnungen, Wohngemeinschaften, generationenübergreifendes Wohnen) und Wünsche von Älteren in den Mittelpunkt rückt, zählt ebenso zur Gesundheitsförderung wie gezielte Maßnahmen, z. B. zur Vermeidung von Unfällen und Stürzen in der eigenen Wohnung oder auch Modellprojekte, in denen Tele-Monitore zur Blutdrucküberwachung erprobt und eingesetzt werden.

Auch **Präventions- und Gesundheitsförderungsangebote für Migranten** rücken im Setting Stadtteil zunehmend in den Mittelpunkt. Über Begegnungsstätten und gezielte Angebote für Mütter (Kiez-Kochkurse) oder Projekte wie „MiMi" (von Migranten für Migranten) werden Migranten zielgruppenspezifisch angesprochen. Ziel von „MiMi" ist es, Gesundheit als eigenverantwortliche Aufgabe zur vermitteln. Die Gesundheitschancen von Migranten sollten erhöht werden, indem die Zugänge zur Inanspruchnahme von Präventionsangeboten erleichtert werden und damit mehr Eigenverantwortung möglich ist. Gesundheitsinformationen werden in verschiedenen Sprachen angeboten ebenso wie Ansprechpartner für gesundheitliche Fragen ausgebildet werden (www.ethno-medizinisches-zentrum.de).

Beispielprojekt „Gesunde Kommune"

- **Ziel:** Schaffung von gesundheitsfördernden Lebensbedingungen und Förderung von gesundheitsbewusstem Verhalten der Bewohner
- **Zielgruppen:** kommunale Verwaltungen, Vereine, Verbände, freie Träger, Initiativen, Selbsthilfegruppen
- **Umsetzung:** Die Krankenkassen förderten 2009 13 Projekte von Kommunen, die sich im Rahmen einer Ausschreibung beworben hatten, u. a. Zusammenarbeit von Schulen und Sportvereinen, Gesundheitskonferenzen und Seminare mit interkulturellem Zugang.

AUFGABEN

1. Bearbeiten Sie die folgenden Teilaufgaben.
   a Erklären Sie den Unterschied zwischen Gesundheitsförderung und Prävention und nennen Sie Beispiele.
   b Nennen Sie die Ziele von Gesundheitsförderung und Prävention.
2. Erklären Sie den Unterschied zwischen Verhaltensprävention und Verhältnisprävention.
3. Was versteht man unter primärer, sekundärer und tertiärer Prävention? Nennen Sie Beispiele.
4. Informieren Sie sich über die Ottawa-Charta (z. B. unter www.euro.who.int/de). Berichten Sie.
5. Erklären Sie den individuellen und den Setting-Ansatz bei der Prävention.
6. Informieren Sie sich bei der Bundeszentrale für gesundheitliche Aufklärung über Projektangebote zur Prävention. Berichten Sie über ein ausgewähltes Präventionsprojekt.
7. Erklären Sie den Präventionsansatz für Kindertagesstätten und Schulen.
8. Erklären Sie den Präventionsansatz für Arbeitsplätze.
9. Erklären Sie den Präventionsansatz für Kommunen. Berichten Sie über das Gesunde-Städte-Netzwerk (www.gesunde-staedte-netzwerk.hosting-kunde.de).

22 Förderung und Vorsorge für Eltern und Kinder

■ Im Jahre 2007 wurde per Gesetz das Elterngeld eingeführt. Es wird an Vater und Mutter für maximal 14 Monate gezahlt. Dabei können die Eltern den Zeitraum frei untereinander aufteilen, wobei ein Elternteil höchstens 12 Monate in Anspruch nehmen darf; mindestens zwei Monate sind für den jeweils anderen Partner vorgesehen. Ersetzt werden 67% des wegfallenden Einkommens.

Diese Maßnahme sollte bewirken, dass in Deutschland mehr Kinder geboren werden und Männer ihre „Vaterrolle aktiv übernehmen". Beide Ziele wurden nicht bzw. nicht voll erreicht: Die Geburtenziffer, also die Geburtenzahl pro Frau im gebärfähigen Alter, stagniert auf niedrigem Niveau und beträgt zurzeit 1,4. Und die meisten Väter haben nur deshalb zwei Monate lang Elterngeld bezogen, um die volle Förderung von 14 Monaten auszuschöpfen.

Geld allein scheint also kein Anreiz für den Kinderwunsch zu sein. Insofern stellen sich folgende Fragen: Welche Funktionen hat Sexualität? Und wodurch wird der Wunsch von Paaren zur Zeugung von Kindern beeinflusst? ■

22.1 Liebe, Partnerschaft und Sexualität

Über lange Zeit wurde **Sexualität** weitgehend mit Fortpflanzung gleichgesetzt. Heute geht die Auffassung von Sexualität über den rein biologischen Aspekt hinaus. Der Geschlechtsakt verhilft dem Menschen auch zur Erfüllung grundlegender sozialer und seelischer Bedürfnisse wie Nähe und Vertrautheit, Zärtlichkeit und Leidenschaft.

Der körperlichen Vereinigung geht oft ein zärtliches Liebesspiel voraus, in dem die Partner sich umarmen, küssen und streicheln. Zu starker sexueller Erregung führt die Berührung bestimmter Körperregionen, den **erogenen Zonen**, zu denen die Geschlechtsorgane, Brüste und der Mund gehören. Bei sexueller Erregung wünschen sich Mann und Frau die körperliche Vereinigung, den **Koitus**. Es kommt zur Erektion, d. h. die Penisschwellkörper beim Mann haben sich gefüllt, der Penis hat sich vergrößert und aufgerichtet. Während der Erregungsphase der Frau wird die Scheide durch ein schleimiges Sekret angefeuchtet, sodass der erigierte Penis leichter eindringen kann. Während der Vereinigung erreicht das Paar den sexuellen Höhepunkt, den **Orgasmus**. Dieser wird als intensiver körperlicher Genuss empfunden.

Lernt man sich kennen, z. B. auf einer Party, kann sich Sympathie oder sogar Freundschaft entwickeln. Bei der Partnerwahl spielen zu Beginn sicherlich die körperliche Erscheinung

und die Attraktivität eine große Rolle. Für eine dauerhafte Partnerschaft stehen die Chancen dann besonders günstig, wenn Lebensstil und Lebensziele weitgehend übereinstimmen und sich die Auffassungen und tiefen Überzeugungen gleichen. **Liebe** ist das stärkste Gefühl der Zuneigung. Aus Liebe kann eine dauerhafte Bindung, die **Partnerschaft** entstehen. Schließlich führt das bei vielen Paaren dazu, gemeinsam eine **Familie** zu gründen und Kinder zu bekommen.

Nicht immer bevorzugen Menschen als Sexual- oder Lebenspartner Personen des anderen Geschlechts, d. h., Männer lieben Männer oder Frauen lieben Frauen. In diesem Fall spricht man von Homosexualität.

22.1.1 Bau und Funktion der Geschlechtsorgane

An den äußeren **Geschlechtsorganen** lassen sich die Geschlechter bereits bei Neugeborenen unterscheiden: Der Junge ist durch einen Penis und einen Hodensack mit zwei Hoden gekennzeichnet, beim Mädchen sind Schamlippen und Schamspalte zu erkennen. Diese Geschlechtsorgane sind die **primären Geschlechtsmerkmale**. Zu ihnen gehören auch Organe, die im Körperinneren liegen.

Die männlichen Geschlechtsorgane

Hoden	Sie bilden sich in der Embryonalentwicklung in der Bauchhöhle und steigen bis zur Geburt aus dem Körperinneren in die Hodensäcke ab (Hodenabstieg). Außen liegt die Temperatur niedriger, was für die Entwicklung und Speicherung der männlichen Keimzellen, der **Spermien**, notwendig ist.
Nebenhoden	Sie befinden sich auf der Rückseite der Hoden. In ihnen reifen die Spermien endgültig heran. Außerdem dienen die Nebenhoden zur Speicherung der reifen Spermien. Dazu enthalten sie meterlange auf engstem Raum zusammengeknäuelte Gänge, die in den Samenleiter münden.
Samenleiter	Der 40–50 cm lange Gang verbindet die Nebenhoden mit dem Harnleiter.
Bläschendrüsen	Diese paarigen Drüsen sondern ein Sekret ab, welches 70 % des Ejakulats ausmacht. Es enthält vor allem Fruktose, welches den Spermazellen zur Energiegewinnung beim Geißelschlag dient.
Vorsteherdrüse (Prostata)	Diese eiförmige Drüse, auch als Prostata bezeichnet, umschließt die Harnröhre und gibt ihr Sekret in diese ab.
Cowper-Drüsen	Sie geben ihr schleimiges Sekret unmittelbar vor der Ejakulation in die Harnröhre ab.
Penis (Glied)	Er besteht aus Peniswurzel, Penisschaft und der Eichel, die von der zurückziehbaren Vorhaut bedeckt wird. Der Penisschaft enthält Schwellkörper; bei der Erektion füllen sich diese mit Blut. Gleichzeitig wird der venöse Abfluss unterdrückt, sodass der Penis länger und hart wird und sich erhebt.

Durch rhythmische Kontraktion der Muskulatur von Nebenhodengang, Samenleiter, Bläschendrüsen, Prostata und Schwellkörpern kommt es zur **Ejakulation**. Dabei wird das Sperma aus der Harn-Samenröhre ausgestoßen. Das Ejakulat von etwa 4 ml besteht aus etwa 40 Mio. Spermazellen und der Flüssigkeit von Hoden, Nebenhoden, Bläschendrüsen und Vorsteherdrüse.

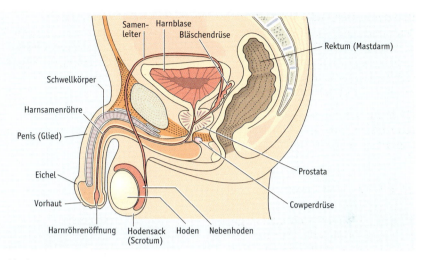

Männliche Geschlechtsorgane

EXKURS: Biochemie der Erektion

Bei sexueller Erregung wird von den Endknöpfchen der Nervenzellen Stickstoffmonoxid (NO) freigesetzt. Dieses aktiviert in den Muskelfaserzellen der Schwellkörper ein Enzym, welches GTP (Guanosintriphosphat) in eine zyklische Verbindung umwandelt, das cGMP (cyklisches Guanosinmonophasphat). Es bewirkt eine Erschlaffung der glatten Muskulatur in den Schwellkörpern und dadurch einen verstärkten Blutzustrom, der zur Erektion führt. Lässt die sexuelle Erregung nach, spaltet ein anderes Enzym, die Phosphodiesterase Typ 5 (PDE-5), das cGMP und die Erektion baut sich ab.

An diesem biochemischen Mechanismus setzen Medikamente an, die einer unvollständigen oder zu schnell erschlaffenden Erektion entgegenwirken, die PDE-5-Hemmer. Diese Stoffe binden das Enzym Phosphodiesterase Typ 5, blockieren es und verhindern so den Abbau von cGMP. So bleibt die Erektion länger erhalten. Das bekannteste Medikament Viagra® wurde 1998 auf den Markt gebracht. Heute gibt es eine Reihe weiterer Medikamente, die ebenfalls zur Gruppe der PDE-5-Hemmer gehören. Diese Medikamente werden bei Erektionsstörungen eingesetzt, aber nicht von der gesetzlichen Krankenkasse bezahlt. Die PDE-5-Hemmer setzen eine sexuelle Stimulation voraus. Sie lösen keine Erektion aus, sondern verbessern Stärke und Dauer der Erektion, weil sie einen schnellen Abbau von cGMP verhindern.

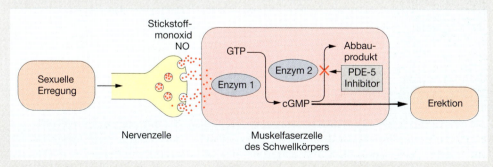

Wirkung von PDE-5-Hemmern

Die weiblichen Geschlechtsorgane

Eierstöcke	In den beiden mandelgroßen Eierstöcken entstehen in der Fetalzeit mehrere Millionen Ureizellen. Davon reift ab der Pubertät bis zur Menopause pro Monat normalerweise eine zur befruchtungsfähigen Eizelle heran.
Eileiter	Es handelt sich um 12–15 cm lange Schläuche. Das Eileiterende legt sich beim Eisprung über den Eierstock und nimmt die Eizelle auf. Im Eileiter findet auch die Befruchtung der Eizelle statt. Die Eileiter münden in die Gebärmutter (Uterus).
Uterus (Gebärmutter)	Die Gebärmutter, der Uterus, ist ein birnenförmiges mit einer Schleimhaut ausgekleidetes Hohlorgan, in dem der Embryo heranreift.
Muttermund	Er verschließt während der Schwangerschaft den Uterus und öffnet sich durch die Wehen bei der Geburt des Kindes.
Vagina (Scheide)	Die Scheide ist ein abgeplatteter Schlauch, der am oberen Ende in die Gebärmutter mündet. Am unteren Ende öffnet sich die Scheide zwischen den kleinen Schamlippen nach außen.
Schamlippen	Sie decken die Scheide (Vagina) nach außen ab. Zu unterscheiden sind die kleinen und die großen Schamlippen.
Klitoris (Kitzler)	Die Klitoris enthält einen Schwellkörper, der beim Geschlechtsverkehr erigiert.

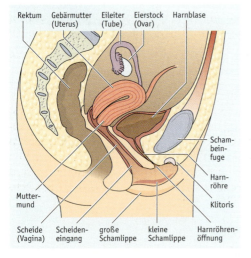
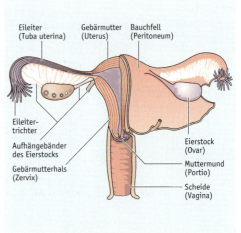

Weibliche Geschlechtsorgane

22.1.2 Veränderungen in der Pubertät

Mit der Tätigkeit der Keimdrüsen – Hoden beim Jungen und Eierstöcke beim Mädchen – beginnt die Pubertät. Damit verbunden erleben Mädchen und Jungen etwa zwischen dem 10. und 18. Lebensjahr einen deutlichen Wandel ihres Körpers und ihres Gefühlslebens. Gesteuert von der Hirnanhangdrüse oder Hypophyse werden bei Jungen und Mädchen **Geschlechtshormone** gebildet. Das typisch männliche Geschlechtshormon heißt Testosteron; die wesentlichen weiblichen Geschlechtshormone sind Östrogen und Progesteron. Unter dem Einfluss dieser Hormone formen sich die Körpermerkmale von Mann und Frau.

Im fortpflanzungsfähigen Alter sind die Geschlechtsorgane größer ausgebildet. Dies ist jedoch nicht die einzige Veränderung, die den erwachsenen Körper vom kindlichen unterscheidet. Unter dem Einfluss der Hormone, die in den Hoden und den Eierstöcken gebildet werden, entwickeln sich die **sekundären Geschlechtsmerkmale**.

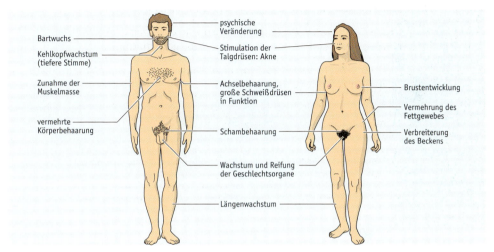

Beim Jungen vergrößern sich die Geschlechtsorgane. In den Hoden werden zunehmend reife **Spermazellen** produziert. Damit ist der Junge zeugungsfähig.

Beim Mädchen entwickeln sich etwa vom 11. Lebensjahr an die **Brüste**. Später tritt dann die **erste Regelblutung** auf und das Mädchen kann schwanger werden.

Die sekundären Geschlechtsmerkmale haben auch werbende Wirkung bei der Partnersuche und der Partnerwahl. Deshalb werden diese Merkmale z. B. durch Kleidung besonders betont. Frauen unterstreichen die Wirkung eines „breiten Beckens" durch das Tragen von weiten Röcken mit enger Taille. Männer tragen Anzüge, bei denen die Jacken „breite Schultern" und die Hosen „schmale Becken" hervorheben. Solche zusätzlichen Unterscheidungsmerkmale bezeichnet man als **tertiäre Geschlechtsmerkmale**. Sie sind jedoch stark abhängig von dem, was gerade Mode ist, also von der Erwartung der jeweiligen Gesellschaft an die Rolle von Mann und Frau.

22.1.3 Regelblutung – immer regelmäßig?

„Das einzig regelmäßige an der Regelblutung ist ihre Unregelmäßigkeit", hat ein Mediziner einmal gesagt. Viele Frauen, besonders junge Mädchen, können diese Aussage bestätigen. Warum ist der weibliche Zyklus so störanfällig?

Normalerweise wiederholen sich im weiblichen Körper ganz bestimmte Vorgänge in regelmäßigen Abständen. Der weibliche Zyklus beginnt am ersten Tag mit der Regelblutung, der **Menstruation**, die etwa 3–5 Tage dauert. Die dabei verlorene Blutmenge übersteigt 100–200 ml nicht. Angeregt durch Hormone der Hypophyse beginnt nun im Eierstock die Eireifung. In den Eibläschen des Eierstocks bilden sich **Östrogene**. Sie beeinflussen den Wiederaufbau der **Gebärmutterschleimhaut**, bis sie für die Aufnahme einer befruchteten Eizelle vorbereitet ist.

Um den 13. Tag herum wird der **Eisprung** ausgelöst. Nun geht die Östrogenbildung zurück und ein neues Hormon wird freigesetzt. Das leere Eibläschen hat sich zum Gelbkörper umgewandelt und produziert das Gelbkörperhormon oder **Progesteron**. Auch Progesteron beeinflusst die Gebärmutterschleimhaut. Sie wird stärker durchblutet und Glykogen wird eingelagert. Wenn sich ein befruchtetes Ei in der Schleimhaut einnistet, kann der Embryo dort in den ersten beiden Wochen ernährt werden.

Ist das Ei nach dem Eisprung nicht befruchtet worden, stirbt der Gelbkörper ab. Die Schleimhaut wird weniger durchblutet, durch den Sauerstoffmangel aufgelöst und um den 28. Tag des Zyklus abgestoßen: Die Regelblutung setzt ein.

Die Regelblutung verläuft oft nicht beschwerdefrei. Unterleibsschmerzen wegen Gebärmutterkontraktionen, Kreuzschmerzen, Kopfschmerzen und Unwohlsein können auftreten. Bei starken Beschwerden sollte ein Arzt aufgesucht werden.

Während der Schwangerschaft bleibt die Regelblutung aus. Nicht jedes Ausbleiben der Menstruation bedeutet eine Schwangerschaft; Aufregung, Klimawechsel, Genussmittel, Krankheiten und Magersucht können das Hormonsystem stören und zu **Unregelmäßigkeiten** führen.

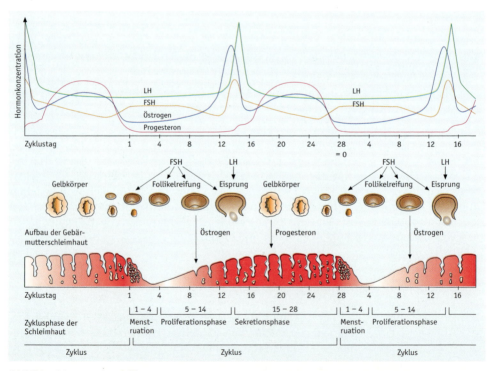

Weiblicher Menstruationszyklus

22.2 Befruchtung, Keimesentwicklung und Geburt

22.2.1 Geschlechtszellen – wie werden sie gebildet?

Als Vorbedingung für die Fähigkeit, Nachkommen zu erzeugen, müssen funktionsfähige Geschlechtszellen vorhanden sein. Sie werden in besonderen Organen gebildet. Die größeren weiblichen Geschlechtszellen, die **Eizellen**, reifen in den **Eierstöcken** heran, die männlichen kleineren und beweglichen **Spermazellen** entstehen in den **Hoden**. In den Geschlechtszellen sind die Erbanlagen enthalten, die beide Elternteile an ihre Nachkommen weitergeben.

Eine menschliche Körperzelle besitzt **46 Chromosomen**. Je zwei der 46 Chromosomen haben die gleiche Gestalt; der Mensch besitzt also **23 Chromosomenpaare**. Damit es bei der Verschmelzung der Eizelle mit der Samenzelle wiederum zu 46 Chromosomen kommt, verfügen die männlichen und weiblichen Geschlechtszellen nur über den halben Chromosomensatz. Welche Vorgänge laufen ab, damit aus dem **doppelten Chromosomensatz** der Ureizellen und Ursamenzellen der **einfache Chromosomensatz** der Ei- bzw. Samenzellen wird? Man bezeichnet den Vorgang der Keimzellenbildung als **Meiose** (s. Kapitel 7.2).

In einer Hodenzelle liegen die Chromosomen zuerst als feine Fäden im Zellkern vor (1). Werden Spermazellen gebildet, verdicken und verkürzen sie sich wie bei einer normalen Zellteilung (2). Die Chromosomen ordnen sich auch hier zu einer Platte inmitten der

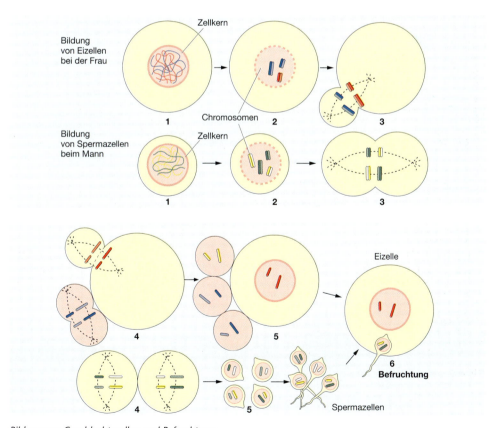

Bildung von Geschlechtszellen und Befruchtung

Zelle an. Sie liegen dort so, dass Chromosomen mit gleicher Form als Paare zusammenliegen. Fasern von den Zellpolen heften sich nun an die Chromosomen an und transportieren je ein Chromosom eines Paares zu den Polen (3). Jedes Chromosomenpaar wird also getrennt, sodass die neu gebildeten Zellen jetzt den einfachen Chromosomensatz enthalten. Es erfolgt noch eine weitere Teilung, die wie eine gewöhnliche Zellteilung (**Mitose**) verläuft (4). Hierbei werden die bisher zusammenhängenden Längshälften, die Chromatiden, getrennt. Aus einer Zelle mit doppeltem Chromosomensatz entstehen insgesamt vier Spermazellen mit einfachem Chromosomensatz (5).

In gleicher Weise werden die Eizellen gebildet. Auch hier wird der doppelte Chromosomensatz zum einfachen Chromosomensatz halbiert. Im Unterschied zu den Spermazellen wird aber das Zellplasma ungleichmäßig auf die entstehenden Zellen verteilt. Es bleibt am Ende nur eine plasmareiche Eizelle übrig, die drei plasmaarmen kleinen Zellen sterben ab.

Bei der Befruchtung (6) entsteht durch Verschmelzung der beiden Keimzellen, Eizelle und Spermazelle, mit einfachen Chromosomensätzen eine **Zygote** mit doppeltem Chromosomensatz.

EXKURS: Künstliche Befruchtung

„Ist Ihr Wunsch nach einem eigenen Kind bisher nicht in Erfüllung gegangen? Dann melden Sie sich zu unserer nächsten Informationsveranstaltung an!" So lautet die Begrüßung auf der Website eines deutschen Kinderwunschzentrums.

*Die am weitesten verbreitete Methode der künstlichen Befruchtung ist die **donogene Insemination**. Dabei wird der Spendersamen während der fruchtbaren Tage in die Gebärmutter der Frau eingeführt. Man spricht von **homologer Insemination**, wenn es sich um Samen des eigenen Partners handelt und von **heterologer Insemination**, wenn es sich um fremden Samen eines meist anonymen Spenders aus einer Samenbank handelt. Die donogene Insemination wird häufig durch eine hormonelle Stimulation der Eierstöcke unterstützt, was in 20% der Fälle zu Mehrlingsgeburten führt.*

*Bei der **In-vitro-Fertilisation (IVF)** erfolgt die Befruchtung, d.h. die Verschmelzung von Ei- und Samenzelle, im Reagenzglas. Innerhalb von 72 Stunden werden daraus entstandene Embryonen mit einem dünnen Schlauch in die Gebärmutter übertragen. Man spricht von **Embryonentransfer (ET)**. Nach gegenwärtigem Recht dürfen nicht mehr als drei Embryonen gleichzeitig übertragen werden, um Mehrlingsschwangerschaften möglichst zu vermeiden. Der Handel mit den überschüssigen Embryonen ist in Deutschland verboten. Das erste Kind, welches durch künstliche Befruchtung im Reagenzglas zur Welt kam, war 1978 Louise Brown.*

*Eine besondere Form der künstlichen Befruchtung ist die **Intrazytoplasmatische Spermieninjektion (ICSI)**. Sie wird angewendet, wenn vorangegangene Versuche der In-vitro-Fertilisation erfolglos geblieben sind. Eine Spermazelle des Mannes wird dabei direkt mit einer Kanüle in das Zytoplasma der Eizelle gespritzt. Sollten keine Spermien im Ejakulat des Mannes sein, kann man durch chirurgische Eingriffe auch Zellen aus dem Hoden- oder Nebenhodengewebe nutzen.*

*Bis zum Jahre 2003 haben die Krankenkassen die **Kosten** für künstliche Befruchtungen voll übernommen. Seit 2004 müssen Paare mit Kinderwunsch 50% der Behandlungskosten von etwa 5.000 Euro selbst tragen. In der Folge sank von 2003 auf 2004 die Zahl der durch künstliche Befruchtung gezeugten Kinder von knapp 20.000 um 50% auf etwa 10.000 und verharrt seitdem auf diesem niedrigen Niveau. Insofern gibt es Überlegungen, künstliche Befruchtungen wieder höher zu bezuschussen, um ungewollt kinderlosen Paaren die Entscheidung für eine künstliche Befruchtung zu erleichtern.*

*In Deutschland ist die **Präimplantationsdiagnostik (PID)** unter bestimmten gesetzlich festgelegten Voraussetzungen erlaubt. Dabei wird Erbgut aus Zellen eines mehrere Tage alten Embryos (Blastomerenstadium), welcher durch künstliche Befruchtung außerhalb des Mutterleibes entstanden ist, auf mögliche Fehlbildungen und Erbschäden hin untersucht. Hierbei kann auch das Geschlecht festgestellt werden. Befürworter der Methode heben hervor, dass dadurch Schwangerschaftsabbrüche vermieden werden können. Für die Gegner ist eine gezielte Selektion von Embryonen nicht mit der Würde des Menschen vereinbar.*

22.2.2 Von der befruchteten Eizelle zum Fetus

Alle vier Wochen wächst im weiblichen Eierstock ein Ei zur völligen Reife heran. In der Mitte zwischen zwei Menstruationen, etwa 12–14 Tage vor dem Einsetzen der nächsten Periode, kommt es zum Eisprung: Die reife Eizelle tritt aus dem Eierstock heraus und gelangt als befruchtungsfähiges Ei durch den Flimmertrichter in den Eileiter. Hat eine Frau zu diesem Zeitpunkt mit einem Mann Geschlechtsverkehr, gelangen Spermazellen in die Scheide. Nun beginnt ein Wettrennen, denn nur die erste Spermazelle kommt zur Befruchtung.

Während die Eizelle in Richtung Gebärmutter eileiterabwärts transportiert wird, bewegen sich die Spermazellen in die entgegengesetzte Richtung in die Eileiter hinein. Trifft eine Spermazelle auf die befruchtungsfähige Eizelle, verschmelzen ihre Membranen miteinander. Die Spermazelle dringt rasch in die Eizelle ein und die Zellkerne vereinigen sich. Eine **Befruchtung** ist erfolgt. Unmittelbar nach dem Eindringen der Spermazelle wird die Haut der Eizelle für weitere Spermazellen unpassierbar.

Die befruchtete Eizelle, **Zygote** genannt, enthält nun alle 46 Chromosomen, 23 aus der weiblichen Eizelle und 23 aus der männlichen Spermazelle. Schon während die Zygote den Eileiter abwärts zur Gebärmutter wandert, beginnt die Zellteilung. Zunächst entstehen zwei Tochterzellen mit identischen Zellkernen, dann vier, acht, sechzehn; 72 Stun-

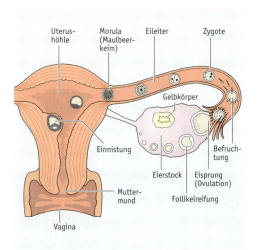

Phasen der Eireifung bis zur Einnistung

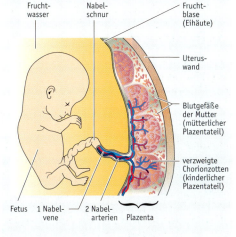

Fetus und Plazenta

den nach der Befruchtung hat sich eine Zellkugel aus 32 Zellen gebildet, der Maulbeerkeim oder **Morula** genannt wird und nicht größer als die ursprüngliche Zygote ist. Bei weiteren Teilungen rücken die inneren Zellen auseinander, es entsteht ein flüssigkeitsgefüllter Hohlraum. Ein solcher Bläschenkeim (**Blastozyste**) hat einen Durchmesser von einem Millimeter. Inzwischen sind seit der Befruchtung 5–6 Tage vergangen, der Keim hat die Gebärmutter erreicht. Dort wächst er in die innere Wand der Gebärmutterschleimhaut ein. Man bezeichnet diesen Vorgang als **Einnistung**. Mit der Einnistung beginnt die Schwangerschaft. In diesem Fall wird die Gebärmutterschleimhaut nicht abgestoßen, es tritt also keine Regelblutung ein.

Zellen im Inneren des Bläschenkeims wachsen zu einem länglichen Gebilde heran, der Keimscheibe. Diese gliedert sich weiter in drei Keimblätter, die als Grundlage für die **Spezialisierung der Zellen** dienen. Nun ist es möglich, dass sich die Zellen in Gestalt und Tätigkeit an die jeweilige Aufgabe anpassen und zu den sich stark unterscheidenden Nerven-, Muskel- oder Leberzellen werden.

Bis zum 16. Schwangerschaftstag hat sich aus der Zygote ein **Embryo** entwickelt. Am Ende des 1. Schwangerschaftsmonats ist der Embryo mit 1 cm Länge noch winzig klein. Mit 11 Wochen ist er auf 5 cm herangewachsen und wiegt etwa 20 g, soviel wie ein normaler Brief. Während seiner Entwicklung im 3. Schwangerschaftsmonat erreicht er dann eine Größe von 7–8 cm und ein Gewicht von etwa 30 g. Jetzt kann man den Embryo schon deutlich als menschliches Wesen erkennen. Seine **Gliedmaßen** mit Fingern und Zehen wachsen heran und können selbstständig bewegt werden. **Innere Organe**, wie Magen, Leber, Herz und Nieren, sind bereits angelegt.

Nach dem 3. Schwangerschaftsmonat wird der Embryo Fetus genannt. Der **Fetus** macht einen Wachstumsschub durch, sodass er am Ende des 4. Monats 16 cm groß und 150 g schwer ist. Das zunächst aus Knorpel bestehende Skelett bildet sich zum Knochenskelett um. Der Fetus bewegt sich jetzt teilweise schon so stark, dass die Mutter die ersten **Kindesbewegungen** spürt. Das Herz des Fetus schlägt doppelt so schnell wie beim Erwachsenen. Im 5. Monat schließlich ist die Handentwicklung abgeschlossen. Das Kind kann bereits Greifbewegungen ausführen und am Daumen nuckeln. Die Haut hat noch kein Fett eingelagert und ist deshalb durchsichtig. Die Blutgefäße sind gut zu erkennen. Im 6. Monat öffnen sich die Augen und das Gesicht wird schmaler.

Vom 7. Monat an besteht die Entwicklung des Fetus nur noch in einer Zunahme an Gewicht und Größe. Die Lungen sind voll ausgebildet. Jetzt kann ein durch eine **Frühgeburt** zur Welt gekommenes Kind am Leben erhalten werden. Vom Beginn der Embryonalentwicklung vom 1. Monat bis zur Geburt hat die Größe um das Fünfzigfache, das Gewicht um das Tausendfache zugenommen.

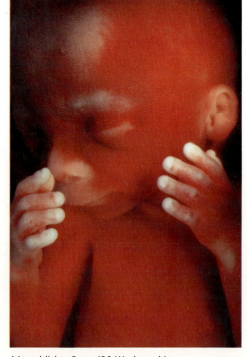

Menschlicher Fetus (20 Wochen alt)

Während seiner Entwicklung wird der Keim von einer Hülle umgeben, der Fruchtblase. Gefüllt ist sie mit einer Flüssigkeit, dem **Fruchtwasser**, und sie stellt eine Art Wasserkissen dar, das die Frucht vor Stößen und Austrocknung schützt.

Monat	Größe (cm)	Gewicht (g)
1.	1	0,1
2.	2	1
3.	8	40
4.	20	180
5.	25	500
6.	35	700
7.	40	1.100
8.	45	2.500
9.	50	3.500

Wachstum und Gewichtszunahme beim Fetus

Kind	3,5 kg
Fruchtwasser	0,8 kg
Plazenta	0,5 kg
Gebärmutter	1,2 kg
Wasseranreicherung	2,5 kg
Fettanreicherung	2,5 kg
gesamt	**11,0 kg**

Gewichtszunahme der Mutter am Ende der Schwangerschaft

Ernährt und mit Sauerstoff versorgt wird der Keimling über den **Mutterkuchen (Plazenta)**, der sich in der Gebärmutter gebildet hat. Er stellt die Verbindung zwischen Mutter und Embryo her. Einige Teile bestehen aus embryonalem, andere aus mütterlichem Gewebe. Die wurzelartigen Verästelungen (Zotten) gehören zum embryonalen Gewebe. Sie enthalten Blutkapillaren des kindlichen Gefäßsystems. Die Zotten ragen tief in die Gebärmutterschleimhaut hinein und werden hier vom mütterlichen Blut umspült. Das kindliche Blut bleibt jedoch vom mütterlichen Blut durch eine dünne Membran getrennt, sodass es sich nicht mit ihm vermischt. Durch diese Membran, die wie eine Schranke wirkt, können Nährstoffe und Sauerstoff von der Mutter in das embryonale Blut gelangen. In der Nabelvene fließen sie dann zum Embryo. Kohlendioxid und Abbauprodukte des kindlichen Organismus wandern durch zwei Nabelarterien in die umgekehrte Richtung. Vom mütterlichen Blut werden sie aufgenommen und abtransportiert. Giftstoffe wie Alkohol und Nikotin, Medikamente und Krankheitserreger können die „Zellschranke" ebenfalls passieren.

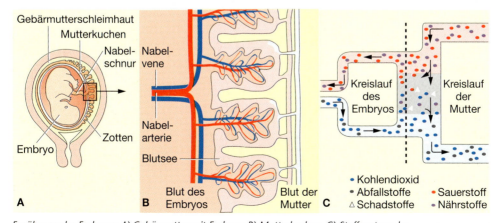

Ernährung des Embryos: A) Gebärmutter mit Embryo, B) Mutterkuchen, C) Stoffaustausch

22.2.3 Geburt

Nach einer Erfahrungsregel errechnet man den Geburtstermin mit 268 Tagen nach dem befruchteten Geschlechtsverkehr oder 280 Tagen nach dem Beginn der letzten Menstruation. Der tatsächliche Geburtstermin kann mit 252 bis 283 Tagen nach der Befruchtung, also in der 38. bis 42. Schwangerschaftswoche, erheblich davon abweichen.

Eingeleitet wird die Geburt durch **Wehen**. Die Muskulatur der Gebärmutter zieht sich in unregelmäßigen Abständen krampfartig zusammen, was von der Gebärenden als schmerzhaft empfunden wird. In der **Eröffnungsphase** der Geburt wird der Kopf des Kindes in den Gebärmutterhals gedrückt, dadurch der untere Teil der Gebärmutter erweitert, der Muttermund gedehnt und vollständig geöffnet. Der Druck auf die Fruchtblasenwand nimmt zu, bis sie reißt. Bei diesem Blasensprung fließt das Fruchtwasser nach außen ab.

Ist der Muttermund vollständig geöffnet, beginnt die **Austreibungsphase**. Die Wehen verstärken sich und kommen regelmäßiger und häufiger. Das Kind muss durch den engen mütterlichen Geburtskanal. Dafür erscheint der Durchmesser des Kopfes viel zu groß zu sein. Doch die Schädelknochen des Kindes sind zu diesem Zeitpunkt noch nicht miteinander verwachsen, sodass der Kopf noch etwas verformbar ist. Außerdem ist der Beckenausgang gegen Ende der Schwangerschaft besonders erweiterungsfähig.

Hat der Kopf des Kindes den Beckenboden erreicht, wird das Kind mithilfe besonders starker Wehen, den **Presswehen**, zum Scheidenausgang hin gedrückt. In dieser Phase kann die Gebärende die Austreibung durch aktives Pressen unterstützen. Sobald der Kopf durch die Scheide hindurchgetreten ist, erleichtert sich der Geburtsvorgang. Schulter- und Beckengürtel sind zwar etwas breiter als der Kopf, aber besser verformbar.

Ein Arzt und eine Hebamme helfen bei der Geburt. Außerhalb des mütterlichen Körpers muss das Neugeborene beginnen zu atmen. Ein erster reflektorischer Atemzug füllt seine Lungen mit Luft. Die Nabelschnur wird eine Handbreit vom Nabel entfernt abgebunden und durchgeschnitten; man spricht daher auch von einer **Entbindung**. Wenige Minuten nach der Geburt setzen Nachwehen ein, die zur Ablösung und Ausstoßung des Mutterkuchens führen. Danach zieht sich die Gebärmutter kräftig zusammen. Eine Geburt kann bei Erstgebärenden bis zu 24 Stunden dauern, bei Mehrfachgebärenden sind es manchmal weniger als fünf Stunden.

> ### EXKURS: Fehlgeburten und Fehlbildungen
>
> *Während seiner Entwicklung vor der Geburt mit Wachstum und Differenzierung ist der Organismus am störungsanfälligsten. Dabei kann es zu Entwicklungsstörungen des Embryos kommen, die zu Aborten und **Fehlgeburten** führen. Fehlgeburten sind gar nicht so selten: Etwa jede achte Schwangerschaft endet mit einer Fehlgeburt. Ursachen können u. a. Abweichungen vom normalen Chromosomenbestand, Missbildungen der Gebärmutter oder des Mutterkuchens, mütterliche Infektionen, Hormonstörungen, Zuckerkrankheit oder Bluthochdruck sein.*
>
> *Nur etwa 2–3 % der Neugeborenen kommen mit **Fehlbildungen** zur Welt. Ein Teil der Fehlbildungen entsteht aus inneren Ursachen, ist ererbt oder durch eine Fehlverteilung der Chromosomen verursacht (s. Kapitel 7.2.3). Aber auch äußere Faktoren können angeborene Fehlbildungen erzeugen. Zu ihnen gehören verschiedene Medikamente, Alkohol und Nikotin, Umweltgifte und Röntgenstrahlen. Wer in der Schwangerschaft regelmäßig und in größeren Mengen Alkohol trinkt, muss mit schwerwiegenden Störungen beim Neugeborenen, der **Alkoholembryopathie**, rechnen. Die*

Kinder leiden unter Gehirnschäden, Herzfehlern oder Wachstumshemmungen. Auch während der Schwangerschaft auftretende Infektionen, z. B. mit Rötelviren, können schwere Herzmissbildungen, Gehirnschäden und Linsentrübungen zur Folge haben. Um solche Schäden zu vermeiden, wird heute jedem jungen Mädchen eine Schutzimpfung gegen Röteln empfohlen (s. Kapitel 25.2).

22.3 Vorsorge für Mutter und Kind

22.3.1 Der Säugling braucht viel Pflege

Von der Geburt bis zur Vollendung des ersten Lebensjahres ist ein Kind im Säuglingsalter. Ein menschlicher Säugling kommt völlig hilflos zur Welt und erreicht erst nach einem Lebensjahr einen Entwicklungszustand, den die meisten Säugetiere schon kurz nach der Geburt aufweisen. Bis auf die wenigen angeborenen Verhaltensweisen wie Trinken, Lächeln oder Weinen muss er lernen, sich in der Welt zurechtzufinden. Für die Pflege und Förderung ihres Babys müssen Mutter und Vater deshalb viel Zeit aufwenden.

Die bestmögliche und natürlichste Ernährungsform für die ersten sechs Lebensmonate ist das **Stillen**. Es ermöglicht den intensivsten Kontakt zwischen Mutter und Kind. Stillen gilt auch als die praktischste und preiswerteste Form der Säuglingsernährung: Wo auch immer Mutter und Säugling sich befinden, die Mutter hat immer die richtige Nahrung in der richtigen Temperatur hygienisch „verpackt" zur Verfügung. Dabei passt sich die Muttermilch in ihrer Zusammensetzung den Ernährungsbedürfnissen des Säuglings während seiner Entwicklung an. Sie enthält auch mütterliche Abwehrstoffe, die den Säugling weniger anfällig für Infektionen machen und sein Immunsystem stabilisieren. Gestillte Säuglinge sollen weniger anfällig für Allergien sein.

Bei Stillhindernissen oder frühzeitigem Abstillen bekommen Säuglinge Flaschenernährung mit künstlich **angepasster (adaptierter) Säuglingsmilch**. Wie oft und wie viel Nahrung muss ein Säugling erhalten? Säuglinge werden meist „nach Bedarf" gefüttert, also wenn der Säugling sich durch Geschrei meldet, weil er Hunger hat. Dies können bei Flaschenkindern 6 bis 8 und bei Brustkindern 10 bis 12 Mahlzeiten am Tag sein. Dabei kann man davon ausgehen, dass das Baby selbst weiß, wann es satt ist und zu saugen aufhören will.

Die werdenden Eltern können sich in **Kursen zur Säuglingspflege** auf ihre Aufgaben vorbereiten. Hier lernen sie u. a., wie man Windeln wechselt, denn regelmäßiges Trockenlegen ist für den Zustand der Haut wesentlich. Weil ein Säugling gewöhnlich täglich gebadet wird, kann auch dies dort geübt werden.

Genauso wichtig wie die sorgfältige Pflege des Säuglings ist die **liebevolle Zuwendung** von Pflegepersonen für ihn. Am besten ist es für das heranwachsende Kind, wenn die Pflegepersonen nicht zu oft wechseln. Es braucht einen Menschen, mit dem es besonders vertraut wird und durch Schreien oder Rufen immer wieder Verbindung aufnehmen kann. Dabei spielt es keine Rolle, ob die Mutter oder der Vater diese Aufgabe übernimmt.

In den ersten Lebenswochen erlebt das Baby solche Kontakte bevorzugt über die Haut. Es empfindet es als angenehm, beim Stillen an der nackten Brust der Mutter zu liegen. Beim Wickeln genießt es die Berührungen und Liebkosungen, beim Baden die wohltuende Wärme des Wassers an der Haut. Auch unterschiedliche **Anregungen** fördern die Entwicklung des Säuglings: Er braucht es, dass zu ihm gesprochen wird, er mag es, wenn für ihn gesungen wird, er interessiert sich für unterschiedliche Geräusche und Gerüche. Seine natürliche Bewegungsfreude kann durch Säuglingsgymnastik unterstützt werden.

Säuglinge entwickeln sich in Riesenschritten

Neugeborenes: Saugkind 	Verhalten unbewusst, reflektorisch; kann den Kopf nicht heben, im Vordergrund der Wachaktivität steht das Saugen; ist durch Streicheln oder Stillen zu beruhigen; zeigt Interesse am menschlichen Gesicht, reagiert auf Geräusche; erstes Lächeln
3 Monate: Schaukind 	kann sich von der Seitenlage auf den Rücken rollen; hebt den Kopf in Bauchlage über längere Zeit an; beobachtet die eigenen Hände vor dem Gesicht, folgt mit den Augen bewegten Objekten; reagiert mit Freude auf Angenehmes
6 Monate: Greifkind 	dreht sich von Bauch- in Rückenlage; kann den Kopf in allen Positionen halten; greift nach vorgehaltenen Gegenständen; steckt alle Gegenstände in den Mund; Hören, Sehen und räumliches Sehen größtenteils ausgereift
9 Monate: Krabbelkind	kann sich aus der Bauchlage allein aufsetzen; sitzt frei; beginnt zu krabbeln; kennt seinen Namen; versteht „Nein"; ängstigt sich vor Fremden
12 Monate: Gehkind 	läuft mit Festhalten an der Hand; macht erste freie Gehversuche; stellt zwei Bauklötze aufeinander; versucht, mit dem Löffel selbstständig zu essen; spricht mindestens zwei sinnvolle Worte

22.3.2 Mutterschutzgesetz

Alle Frauen, die in einem Arbeitsverhältnis stehen, genießen während der Schwangerschaft und nach der Geburt einen besonderen Schutz. Dies ist im Mutterschutzgesetz (MuSchG) festgelegt. Insofern sollten Frauen ihren Arbeitgeber über ihre Schwangerschaft und den errechneten Geburtstermin unmittelbar informieren.

Schutz für Mutter und Kind: Schwangere dürfen keine schweren körperlichen Arbeiten ausführen, sollen nicht mit schädlichen Stoffen in Berührung kommen, Erschütterungen ausgesetzt sein oder unter belastenden Bedingungen wie großer Hitze, Kälte oder Lärm arbeiten. Verboten sind u. a. Akkord- und Fließbandarbeit, Nachtarbeit und Überstunden. Dies ist in der Verordnung zum Schutze der Mütter am Arbeitsplatz (MuSchRiV) geregelt.

Kündigungsschutz: Vom Beginn der Schwangerschaft bis zum Ablauf von vier Monaten nach der Entbindung ist eine Kündigung unzulässig.

Schutzfrist: Sechs Wochen vor dem errechneten Entbindungstermin beginnt für Schwangere die Mutterschutzfrist. Nach der Entbindung stehen ihr weitere acht Wochen Befreiung von der Beschäftigung zu.

Mutterschutzlohn: Während der Schutzfristen vor und nach der Geburt erhalten die Frauen zur finanziellen Absicherung Mutterschaftsgeld von der Krankenkasse und einen Arbeitgeberzuschuss.

Elternzeit: Im Anschluss an die Mutterschutzfrist können Mutter oder Vater drei Jahre Elternzeit nehmen. Diesen Anspruch dürfen sie sich auch teilen. Während dieser Zeit besteht für sie Kündigungsschutz. Ihre Arbeitsplätze bleiben erhalten.

Elterngeld: Es wird, wie am Kapitelbeginn bereits dargestellt, an Vater und Mutter für maximal 14 Monate gezahlt. Dabei können die Eltern den Zeitraum frei untereinander aufteilen, wobei ein Elternteil höchstens 12 Monate Anspruch hat; zwei Monate sind für den jeweils anderen Partner vorgesehen. Ersetzt werden 67 % des wegfallenden Einkommens, maximal 1.800 Euro, mindestens 300 Euro.

22.3.3 Vorsorgeuntersuchung für werdende Mütter

Schon seit 1961 erhält eine werdende Mutter in Deutschland bei Feststellung der Schwangerschaft einen Mutterpass von ihrem Frauenarzt oder der betreuenden Hebamme. Darin werden bis zur Geburt des Kindes alle relevanten Daten zur Gesundheit der Mutter eingetragen. In Notfällen kann anhand dieses Passes schneller und passender reagiert werden. Es wird daher empfohlen, dass Schwangere den Mutterpass während der Schwangerschaft stets bei sich tragen.

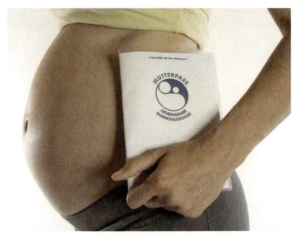

Schwanger-schaftswoche	Basisleistungen der gesetzlichen Krankenkassen	mögliche Zusatzleitungen
4.–8.	• Schwangerschaftsfeststellung und Ausstellung des Mutterpasses • Blutgruppe und Rhesusfaktor • 1. Antikörpersuchtest • Rötelntest • Luestest • Hämoglobinbestimmung • Chlamydienabstrich • HIV-Test	Toxoplasmosescreening
9.–12.	• Mutterschaftsvorsorgeuntersuchung im Hinblick auf Schwangerschafts- und Geburtsrisiken* • 1. Ultraschalluntersuchung	Ersttrimesterscreening: Trisomie 13, 18, 21
14.–18.	• Mutterschaftsvorsorgeuntersuchung • ggf. Fruchtwasseruntersuchung (Amniozentese)	Ultraschalluntersuchung
19.–22.	• Mutterschaftsvorsorgeuntersuchung • 2. Ultraschalluntersuchung	Toxoplasmosetest
22.–24.	• Mutterschaftsvorsorgeuntersuchung • 2. Antikörpersuchtest • ggf. Hämoglobinbestimmung	• Ultraschalluntersuchung • Dopplerultraschall (Messung der kindlichen Blutversorgung)
26.–28.	• Mutterschaftsvorsorgeuntersuchung • ggf. Rhesusprophylaxe • ggf. CTG**	• Ultraschall • Blutzuckerscreening
30.–32.	• Mutterschaftsvorsorgeuntersuchung • 3. Ultraschalluntersuchung • CTG	Toxoplasmosetest
32.–35.	• Mutterschaftsvorsorgeuntersuchung • Hepatitis-B-Bestimmung • CTG alle 2 Wochen	Ultraschalluntersuchung
36.–40.	• Mutterschaftsvorsorgeuntersuchung • CTG jede Woche	• Ultraschalluntersuchung • Streptokokkenabstrich bei Scheideninfektion
> 40.	• Mutterschaftsvorsorgeuntersuchung • CTG alle zwei Tage	Ultraschalluntersuchung

* Im Rahmen der Mutterschaftsvorsorgeuntersuchung erfolgt auch eine Beratung im Hinblick auf gesundheitliche Risiken wie Tabak- und Alkoholkonsum, Medikamente, Sport, Arbeit usw.
** CTG bedeutet Cardiotokografie und bezeichnet ein Verfahren zur gleichzeitigen Registrierung und Aufzeichnung der Herzfrequenz des ungeborenen Kindes und der Wehentätigkeit (griech. „tokos").

22.3.4 Vorsorgeuntersuchungen für Kinder und Jugendliche

Früherkennungsuntersuchungen von Kindern und Jugendlichen dienen dazu, Störungen der körperlichen, geistigen und sozialen Entwicklung frühzeitig zu erkennen, um gegebenenfalls rechtzeitig therapeutische Maßnahmen einleiten zu können. Insgesamt zählen gemäß SGB V (§ 26) zehn Vorsorgeuntersuchungen zu den Pflichtleistungen der gesetzlichen Krankenkassen. Sie werden im „Kinderuntersuchungsheft" (gelbes Heft) dokumentiert. Es besteht zwar keine Pflicht zur Teilnahme an diesen Untersuchungen, aber in einigen Bundesländern gibt es eine Meldepflicht der Kinderärzte, wenn ein Kind nicht teilnimmt. In solchen Fällen werden die Eltern an die ausstehende Untersuchung erinnert. Sollte wiederum keine Vorsorgeuntersuchung erfolgen, wird der zuständige Jugendhilfeträger informiert. Der Gesetzgeber will dadurch nach mehreren Vorfällen von schwerer Vernachlässigung durch rechtzeitiges Eingreifen die Kinder schützen und die Eltern unterstützen.

U1 unmittelbar nach der Geburt	• Überprüfung von Atmung und Herzschlag • Erhebung von Körpergewicht, Körperlänge und Kopfumfang des Kindes • Überprüfung von Hautfarbe, Muskelspannung, Reflexen • Neugeborenenscreening: Blutentnahme am zweiten oder dritten Lebenstag und Untersuchung auf angeborene Krankheiten • Früherkennung von Hörstörungen
U2 3 bis max. 10 Tage nach der Geburt	• Untersuchung von Motorik und Organen wie Herz, Lunge, Magen und Darm • Überprüfung von Stoffwechsel und Hormonproduktion
U3 4.–6. Lebenswoche	• Kontrolle der Körperhaltung des Babys • Ultraschalluntersuchung auf Fehlstellung der Hüftgelenke • Erhebung von Körpergewicht, Körperlänge und Kopfumfang
U4 3.–4. Lebensmonat	• Überprüfung der Bewegungshaltung und der motorischen Entwicklung • eingehende körperliche Untersuchung • Kontrolle der Hüftgelenke, des Nervensystems • Kontrolle von Hör- und Sehvermögen • Impfung
U5 6.–7. Lebensmonat	• eingehende körperliche Untersuchung • Entwicklungsuntersuchung: Laute bilden, Drehung vom Rücken auf den Bauch
U6 10.–12. Lebensmonat	• Kontrolle von Beweglichkeit und Sprache: erste Schritte an der Hand gehen, Mama und Papa sagen
U7 21.–24. Lebensmonat	• Überprüfung der Sinnesorgane und der motorischen Entwicklung: Das Kind sollte laufen können und Gegenstände erkennen. • Untersuchung der geistigen und sozialen sowie der Sauberkeitsentwicklung
U7a 34.–36. Lebensmonat	• Untersuchung auf körperliche und psychische Gesundheit • Überprüfung sonstiger Auffälligkeiten

U8 3½–4 Jahre	• Untersuchung der körperlichen Geschicklichkeit (z. B. auf einem Bein stehen) • Seh- und Hörvermögen • Sprachentwicklung • Sozial- und Kontaktverhalten, Selbstständigkeit
U9 5–5½ Jahre	• wie U8, zusätzlich: • orthopädische Fehlentwicklungen • Sozialverhalten, geistige und psychische Entwicklung • erste Einschätzung der Schulfähigkeit

Seit 2006 gibt es zusätzlich ein Vorsorgeheft für Jugendliche mit vier Untersuchungen. Die Kosten werden von der gesetzlichen Krankenkasse allerdings nicht getragen.

U10 6–7 Jahre	• Erkennen von Entwicklungsstörungen, z. B. Lese-Rechtschreib-Störungen, Rechenstörungen, ADHS usw.
U11 8–9 Jahre	• Erkennen von Sozialisations- und Verhaltensstörungen • Erkennen von Zahn-, Mund- und Kieferanomalien
J1 12–14 Jahre	• Untersuchung zur körperlichen, sozialen und sexuellen Entwicklung • Aufklärung über gefährliche Verhaltensweisen
J2 15–17 Jahre	• internistische und orthopädische Untersuchung • Erkennen von Verhaltens- und Sozialisationsstörungen • Fragen der Sexualität

Eine weitere Möglichkeit für Eltern, die Entwicklung ihres Kindes zu kontrollieren, ist die **Mütterberatung**, ein Angebot der Gesundheitsämter.

EXKURS: Fruchtwasseruntersuchung

*Paare mit Kinderwunsch, die ein Risiko tragen, können in Deutschland **genetische Beratungsstellen** aufsuchen. So steigt z. B. das Risiko, ein Kind mit Trisomie 21 zu bekommen, bei Müttern über 35 Jahre stark an (s. Grafik auf S. 307). Zu den Methoden der **pränatalen Diagnostik** (vorgeburtliche Diagnostik) gehört die Fruchtwasseruntersuchung. Zwischen der 14. und 16. Schwangerschaftswoche wird dazu mithilfe einer Kanüle Fruchtwasser aus der Fruchtblase gesaugt. Darin schwimmen auch Zellen des Embryos. Heute kann man dadurch Chromosomenabweichungen verschiedener Art sowie zahlreiche Stoffwechseldefekte des Ungeborenen feststellen.*

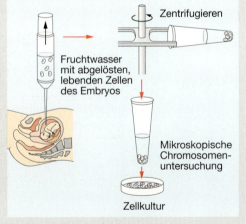

Fruchtwasseruntersuchung

In Kürze soll ein Bluttest auf den Markt kommen. Damit können fetale Zellen, die sich im Blut der Schwangeren befinden, auf Erbschäden hin analysiert werden. Die Entscheidung über weitere Maßnahmen, wenn denn eine Schädigung des Fetus festgestellt wurde, liegt aber allein bei den Eltern.

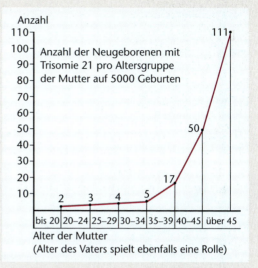

Häufigkeit von Trisomie 21 in Abhängigkeit vom Alter der Mutter

EXKURS: Kindersichere Wohnung

*Wenn in einer Familie ein Kind geboren wird, sollten die Wohnung und, wenn vorhanden, das **Kinderzimmer**, säuglingsgerecht eingerichtet sein. In den ersten Wochen kann der Säugling noch in einen Stubenwagen oder ein Körbchen gebettet werden. Später benötigt er ein Kinderbett, das bestimmte Anforderungen erfüllen muss: Eine Bettgröße von 65 x 130 cm gilt als Norm. Die Matratze darf nicht zu weich sein. Wichtig ist, auf den Abstand zwischen den Gitterstäben zu achten: Er darf nicht größer als 8 cm sein, damit sich das Babyköpfchen nicht zwischen den Stäben verklemmen kann. Zum Wickeln dient eine Wickelkommode oder eine Wickeleinrichtung auf der Badewanne mit genügend Ablagefläche in Griffnähe für alle notwendigen Wickelutensilien.*

*Kommt das Baby ins Krabbelalter, kann es Dinge erreichen, die bisher außerhalb seiner Reichweite lagen. Die **Wohnung** muss nun **kindersicher** gemacht werden. In einem sicheren Kinderzimmer sollten alle Möbelecken abgerundet sein, damit jede Verletzungsgefahr ausgeschlossen wird. Zur Vermeidung von Unfällen durch elektrischen Strom müssen die Steckdosen mit Kindersicherungen versehen werden. Es ist auch erforderlich, dass Arzneimittel und Reinigungsmittel für das Kind unzugänglich aufbewahrt werden. Abschließbare, kräftige Fensterverriegelungen und Treppensicherungen können Kinder vor gefährlichen Stürzen bewahren. Für Fahrten im Auto braucht das Kind einen speziellen sicheren Kindersitz. Spielzeug für Säuglinge und Kleinkinder muss so groß sein, dass es nicht verschluckt werden kann. Die Eltern sollten darauf achten, dass buntes Spielzeug keine löslichen und giftigen Farben enthält.*

> **EXKURS: Mütter- und Kindersterblichkeit**
>
> Unter **Kindersterblichkeit** versteht man den Anteil der Kinder, die im Zeitraum der ersten fünf Lebensjahre sterben, bezogen auf 1.000 Lebendgeburten. Die Sterblichkeit im ersten Lebensjahr bezeichnet man als Säuglingssterblichkeit.
>
> 2010 betrug die Kindersterblichkeit in Deutschland 3,8 pro 1.000 Lebendgeburten. Dagegen starben 1870 in Deutschland noch fast 250 von 1.000 Kindern; 1910 waren es noch 160, 1930 unter 100 und 1970 nur etwa 25. Der Rückgang der Kindersterblichkeit in Deutschland ist einerseits auf beratende, soziale und hygienische Maßnahmen wie Vorsorgeuntersuchungen zurückzuführen, andererseits zu einem großen Teil auf die Weiterentwicklung der Geburts- und Perinatalmedizin.
>
> In Deutschland gibt es aber noch große regionale Unterschiede bei der Säuglingssterblichkeit. So starben im Rhein-Sieg-Kreis 3,3 von 1.000 Kindern, in Gelsenkirchen jedoch 8,7. Die Kindersterblichkeit von Eltern mit ausländischer Staatsangehörigkeit ist deutlich höher als die deutscher Eltern.
>
> Nach Angaben von UNICEF aus dem Jahr 2009 sterben derzeit pro Jahr weltweit 8,8 Mio. Kinder unter fünf Jahren. Die Verringerung der weltweiten Kindersterblichkeit um zwei Drittel gegenüber 1990 ist eines der UN-Millenniums-Entwicklungsziele (s. Kapitel 3.2.1).
>
> Die Weltgesundheitsorganisation (WHO) definiert **Müttersterblichkeit** als „Tod einer Frau während der Schwangerschaft oder 42 Tage nach Schwangerschaftsende [...] jedoch nicht, wenn die Todesfälle auf Zufälle zurückzuführen sind". Die Müttersterblichkeit bezogen auf 100.000 Lebendgeburten wird als Kriterium für die Qualität des Gesundheitssystems in einem Land herangezogen. In den Industrienationen ist die Müttersterblichkeit aufgrund der verbesserten medizinischen Versorgung seit Beginn des 20. Jahrhunderts von 300 auf etwa 8–12 gesunken. Als Hauptursachen für die Müttersterblichkeit gelten Blutungen, Bluthochdruck, Thrombosen, Infektionen und Sepsis, Herzerkrankungen sowie unsachgemäßer Schwangerschaftsabbruch.
>
> Die hohe Müttersterblichkeit in Entwicklungsländern wird vor allem auf die unzureichende allgemeine Gesundheitsversorgung zurückgeführt. Auch die Senkung der Müttersterblichkeit wurde im Jahr 2000 von der WHO als Millenniums-Entwicklungsziel (s. Kapitel 3.2.1) formuliert.

22.4 Verhütungsmethoden helfen bei der Familienplanung

Es gibt unterschiedliche Gründe dafür, eine Schwangerschaft zu vermeiden: Die persönliche Situation lässt eine Schwangerschaft nicht zu, eine Schwangerschaft muss aus gesundheitlichen Gründen vermieden werden oder die Familienplanung ist abgeschlossen. Heute hat man die Wahl unter vielen verschiedenen empfängnisverhütenden Methoden. Fragen, die in diesem Zusammenhang auftauchen können sind: Wie zuverlässig ist die Verhütungsmethode? Wie wird sie richtig angewendet? Welche Nebenwirkungen können auftreten?

Die fast hundertprozentige Sicherheit der **Pille** ist für viele Mädchen und Frauen der Grund, dieses Verhütungsmittel zu wählen. Die Pille muss von einem Arzt verschrieben werden, der die Frau untersucht und beraten hat. Meist wird heute eine hormonarme **Mikropille** verschrieben, weil diese den Fettstoffwechsel, das Gerinnungssystem, Blutdruck und Körpergewicht am wenigsten beeinflusst. Das Medikament, das eine Kombination aus den Hormonen Östrogen und Gestagen enthält, wirkt, indem es den Eisprung verhindert; es gibt kein befruchtungsfähiges Ei und damit auch keine Empfängnis. Die Mikropille darf nicht mit der **Minipille** verwechselt werden. Die Minipille enthält nur

Gestagen und verhindert das Eindringen der Samenfäden in die Gebärmutter. Sie muss sehr pünktlich eingenommen werden, sonst verliert sie ihre Wirkung.

Eine weitere sichere Methode der Schwangerschaftsverhütung ist das **Intrauterinsystem IUS**. Es besteht aus einem kleinen T-förmigen Kunststoffkörper, der von dem Arzt in die Gebärmutterhöhle eingesetzt wird. Dort gibt er täglich geringe Mengen Gestagen ab. IUS bewirkt, dass Samenfäden schwer in die Gebärmutter eindringen können und der Aufbau der Gebärmutterschleimhaut so gering ist, dass sich keine Eizelle einnisten kann.

Auch die Sicherheit der kupferhaltigen **Spiralen**, die ebenfalls vom Arzt eingesetzt werden, ist gut. Durch sie wird das Einnisten des Eies beeinträchtigt und die Beweglichkeit der Samenfäden herabgesetzt. Allerdings kommt es häufig zu Unterleibsentzündungen mit anschließend verminderter Fruchtbarkeit, weshalb diese Methode bei jungen Mädchen nicht die erste Wahl sein sollte.

Fast hundertprozentige Sicherheit bietet auch die **Dreimonatsspritze**, die ein langwirkendes Gestagen enthält und den Eisprung hemmt. Sie ist eine Lösung für Frauen, die nicht schwanger werden wollen, aber die Pille nicht nehmen dürfen. Außerdem werden heute Präparate in die Haut implantiert, die bis zu 3 Jahren wirken.

Kondome, auch Präservative genannt, sind die einzigen mechanischen Verhütungsmittel für den Mann. Der dünne Gummiüberzug wird beim Geschlechtsverkehr über das steife Glied gestreift und fängt beim Samenerguss die Samenflüssigkeit auf. Als Empfängnisverhütungsmittel besitzt es mittlere Zuverlässigkeit. Es ist aber die sicherste Möglichkeit, sich beim Geschlechtsverkehr vor Ansteckung mit Aids oder Geschlechtskrankheiten zu schützen.

Mittlere Zuverlässigkeit bietet auch die Anwendung des **Diaphragmas**. Das Scheidenpessar sieht aus wie ein gewölbtes Gummihäutchen, liegt bei korrektem Sitz vor der Gebärmutter und verhindert das Eindringen der Spermazellen. Das Diaphragma wird vor dem sexuellen Kontakt eingesetzt und frühestens acht, spätestens 12 Stunden später wieder entfernt. Das richtige Einsetzen erfordert Übung.

Chemische Verhütungsmittel sind in Form von **Tabletten**, **Zäpfchen oder Cremes** auf dem Markt. Zäher Schleim oder Schaum soll den Muttermund verschließen und chemische Substanzen die Samenfäden abtöten. In ihrer Wirkung sind sie in die Gruppe mit geringer Zuverlässigkeit einzustufen. Ihre Verträglichkeit ist meist gut.

Mit der Computermethode werden fruchtbare und **unfruchtbare Tage** im Zyklus bestimmt. Dabei wird der Gehalt bestimmter Hormone im Urin analysiert. Diese Methode hat ebenfalls eine geringe Zuverlässigkeit. Auch mit der Temperaturmethode lassen sich fruchtbare und unfruchtbare Tage bestimmen. Erfahrungsgemäß steigt die Temperatur von Frauen am Tag nach dem Eisprung um 0,3 °C bis 0,5 °C.

EXKURS: Schwangerschaftsabbruch

*Da die Geburt eines Kindes das Leben von Vater und Mutter entscheidend verändert, denken viele bei einer ungewollten Schwangerschaft über einen Schwangerschaftsabbruch nach. Dieser ist nur unter bestimmten Bedingungen straffrei. Nach der 1996 eingeführten **eingeschränkten Fristenregelung** dürfen seit der Empfängnis nicht mehr als 12 Wochen vergangen sein. Mindestens drei Tage vor dem Eingriff muss sich die Schwangere durch eine anerkannte Beratungsstelle beraten lassen.*

Am häufigsten werden Schwangerschaftsabbrüche zwischen der 7. und 10. Schwangerschaftswoche vorgenommen. Der Eingriff kann ambulant oder stationär durchgeführt werden und erfolgt meist in Vollnarkose. Die Kosten für den Schwangerschaftsabbruch muss die Schwangere selbst tragen.

Im Jahre 2009 wurden in Deutschland 110.694 gemeldete Schwangerschaftsabbrüche durchgeführt. Das entspricht einem Rückgang von 3,3% gegenüber dem Vorjahr. Davon erfolgten 97% auf Ersuchen der Frau nach der vom Gesetz vorgeschriebenen Beratung, 3% aufgrund einer medizinischen oder kriminologischen Indikation (Vergewaltigung, Inzest).

22.5 Sexuell übertragbare Krankheiten

Unter **Geschlechtskrankheiten** versteht man Infektionskrankheiten, die überwiegend beim Geschlechtsverkehr übertragen werden. Die „klassischen Geschlechtskrankheiten" wie Tripper (Gonorrhö) und Syphilis (Lues, harter Schanker) machen heute zusammen jedoch nur etwa 10% aller Geschlechtskrankheiten aus. Als **sexuell übertragbare Krankheiten** treten darüber hinaus heute u. a. Chlamydieninfektionen, Trichomoniasis und Aids auf. Auch andere Krankheiten, wie z. B. Hepatitis B und Candidiasis, können durch Geschlechtsverkehr übertragen werden, sind aber keine ausschließlichen Geschlechtskrankheiten. Eine allgemeine Meldepflicht für Geschlechtskrankheiten besteht heute nicht mehr, ausgenommen für Syphilisinfizierte, die sich einer Behandlung entziehen.

Die Gonorrhö **(Tripper)** wird durch Bakterien (Gonokokken) beim Geschlechtsverkehr übertragen. Nach einer Inkubationszeit treten Symptome wie Juckreiz, Brennen und Schmerzen beim Wasserlassen auf (s. folgende Abbildung). Wenn nicht rechtzeitig behandelt wird, kommt es zu einem eitrigen Ausfluss. Die Gonokokken befallen die inneren Geschlechtsorgane: Hoden und Eierstöcke entzünden sich und verursachen starke Schmerzen. Unfruchtbarkeit kann die Folge sein.

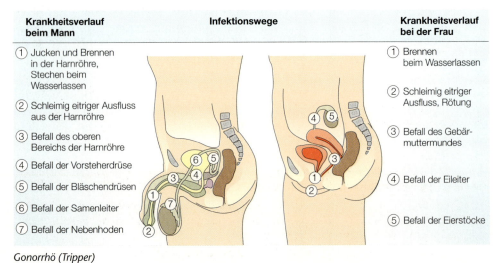

Gonorrhö (Tripper)

Gefährlicher, aber auch seltener ist die durch schraubenförmig gewundene Bakterien (Treponema pallidum) verursachte **Syphilis**. Die Erreger gelangen beim ungeschützten

Geschlechtsverkehr durch kleine Verletzungen der Haut oder Schleimhaut in den Körper. Nach einer Inkubationszeit von zwei bis drei Wochen bricht die Krankheit aus. In der ersten Phase zeigen sich schmerzlose, kleine Geschwüre an der Infektionsstelle und verschwinden wieder. Deshalb wird die Krankheit oft übersehen und nicht behandelt. In der zweiten Phase schwellen die Lymphknoten, begleitet von Fieber und Hautausschlag, an. Die Erreger befallen im Endstadium Knochen, Herz und Nerven.

Eine Pilzinfektion mit **Chlamydien** wird oft nicht erkannt, weil nahezu jede zweite infizierte Frau keine Beschwerden hat. Auch wenn Symptome wie Brennen, Unterleibsschmerzen und Ausfluss auftreten, werden Chlamydien häufig nicht als Ursache festgestellt, denn ihr Nachweis ist sehr kompliziert. Bleibt die Chlamydieninfektion unbehandelt, werden die Beschwerden chronisch. Kommt eine Eileiterentzündung hinzu, kann dies zur Unfruchtbarkeit führen.

Weitere Pilzinfektionen der Geschlechtsorgane wie Hefepilze und Vaginalsoor sowie Infektionen durch Protozoen wurden in Kapitel 15 vorgestellt. Auch Aids ist eine Krankheit, die bei ungeschütztem Geschlechtsverkehr durch das HI-Virus übertragen werden kann (s. Kapitel 15.4.3).

AUFGABEN

1. Erläutern Sie die unterschiedlichen Funktionen von Sexualität.
2. Stellen Sie tabellarisch die männlichen Geschlechtsorgane und ihre Funktionen zusammen.
3. Erklären Sie die biochemischen Vorgänge bei der Erektion und die Funktionsweise von PDE-5-Hemmern.
4. Stellen Sie tabellarisch die weiblichen Geschlechtsorgane und ihre Funktionen zusammen.
5. Stellen Sie tabellarisch die Veränderungen während der Pubertät bei Jungen und Mädchen zusammen.
6. Wie läuft der Menstruationszyklus ab?
7. Erklären Sie die Bildung der männlichen und weiblichen Geschlechtszellen.
8. Erklären Sie die wichtigsten Schritte der Entwicklung eines Kindes von der Befruchtung bis zur Geburt.
9. Übertragen Sie das Längen- und Gewichtswachstum eines Embryos (aus der Tabelle auf S. 299) in ein Diagramm.
10. Erläutern Sie die Methoden der künstlichen Befruchtung.
11. Erklären Sie den Begriff Präimplantationsdiagnostik (PID) und informieren Sie sich über Stellungnahmen von Parteien, Kirchen und Verbänden zu diesem Thema.
12. Welche Risiken für Fehlbildungen gibt es?
13. Erklären Sie die Phasen der Geburt.
14. Erklären Sie die Entwicklungsschritte eines Säuglings.
15. Erklären Sie a) Maßnahmen zum Mutterschutz, b) Vorsorgeuntersuchungen von Schwangeren, c) Vorsorgeuntersuchungen von Kindern und Jugendlichen.
16. Stellen Sie in einer Tabelle verschiedene Verhütungsmethoden unter den folgenden Gesichtspunkten zusammen: Methode – Wirkung/Anwendung – Vorteil – Nachteile/mögliche Nebenwirkungen – für wen geeignet? – Sicherheit.
17. Erklären Sie die Rechtslage im Hinblick auf Schwangerschaftsabbrüche.
18. Stellen Sie Geschlechtskrankheiten und sexuell übertragbare Krankheiten tabellarisch gegenüber: Krankheit – Verursacher – Beschwerden – Behandlung – Schutzmaßnahmen.

23 Krebs – fehlgesteuertes Zellwachstum

■ *Die Diagnose „Krebs" löst wie keine andere Krankheit bei den meisten Menschen große Ängste aus. Krebs wird mit einem langen Leidensweg und dem sicheren Tod in Verbindung gebracht. Aber aufgrund der medizinischen Fortschritte gilt heute: Wird die Krankheit rechtzeitig entdeckt, ist sie in vielen Fällen heilbar. Insofern kommt gerade im Hinblick auf Krebserkrankungen den Früherkennungsprogrammen eine große Bedeutung zu.* ■

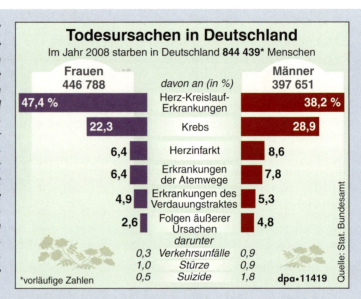

23.1 Was ist Krebs?

23.1.1 Krebsgene

Gesunde Zellen wachsen und vermehren sich nur in dem Maße, wie es für den Körper sinnvoll ist. Krebszellen dagegen zeichnen sich durch ungeordnete Zellteilung aus. Sie können in allen Körperteilen entstehen, teilen sich häufiger und schneller als gesunde Zellen und wachsen zu Geschwülsten heran, den **Tumoren**. Diese verdrängen und zerstören dabei gesundes Gewebe. Einzelne Krebszellen können über die Blut- und Lymphwege in andere Körperteile gelangen. Dort bilden sie dann Tochtergeschwülste, die **Metastasen**.

Für die Umwandlung einer gesunden Zelle in eine Krebszelle sind **Onkogene** verantwortlich. Diese Krebsgene entstehen durch Mutation aus Vorstufen, den **Protoonkogenen**. Das sind natürliche Bestandteile des Genoms, die eine wichtige Rolle bei der Zellteilung, dem Zellwachstum und der Zelldifferenzierung spielen. Mittlerweile hat man eine Vielzahl von Protoonkogenen identifiziert. Wenn die Zellen differenziert sind und sich spezialisierte Gewebe und Organe entwickelt haben, werden die Protoonkogene nicht mehr gebraucht und vom Körper „abgeschaltet". Krebszellen entstehen durch Mutation laufend unbemerkt im Körper. Das **Abwehrsystem** erkennt aber Krebszellen normalerweise und bekämpft sie wirksam. Erst bei einer geschwächten Abwehr kann sich der Krebs ausdehnen und zur Krebserkrankung führen. Krebszellen zeichnen sich also durch folgende Eigenschaften aus:
- unkontrolliertes, andere Gewebe zerstörendes Wachstum
- aufgehobene Fähigkeit zur Differenzierung und zum Zelltod

- Fähigkeit zur Ansiedlung in anderen Organen (Metastasen)
- Umgehung der körpereigenen Abwehr

Nach dem Grad der Gefährlichkeit unterscheidet man gutartige und bösartige Tumore. **Gutartige (benigne) Tumore** sind meistens nicht lebensbedrohend, wachsen langsam, wuchern nicht in das umgebende Gewebe hinein und sind scharf abgegrenzt. Sie schädigen den Körper nur durch ihre Ausdehnung und den Druck auf benachbarte Organe. Beispiele für gutartige Tumore sind Muskelgeschwülste der Gebärmutter, des Dünndarms und des Magens oder Polypen in der Nasenschleimhaut.

Bösartige (maligne) Tumore weisen eine hohe Zellteilungsrate und damit ein rasches Wachstum auf. Sie breiten sich in das umliegende Gewebe hinein aus, durchsetzen und zerstören es. Dabei verlieren die Krebszellen die charakteristische Struktur der Mutterzelle (Entdifferenzierung).

Je nachdem, wie schnell der Tumor wächst und sich Metastasen im Körper ausbreiten, führt eine unbehandelte bösartige Krebserkrankung früher oder später zum Tod. Hauptursachen hierfür sind die Zerstörung des gesunden Gewebes, das seine Funktion verliert, innere Blutungen und giftige Stoffwechselprodukte der Krebszellen, die den Organismus belasten.

23.1.2 Risikofaktoren

Wie hoch ist das **Risiko**, an Krebs zu erkranken, und wie kann man dazu beitragen, eine Erkrankung zu vermeiden? Durch verschiedene Einflüsse können Protoonkogene zu Onkogenen mutieren und das ungehemmte Zellwachstum einleiten. Krebserregende Stoffe bezeichnet man zusammenfassend als **Karzinogene**. Es gibt chemische, physikalische und andere Risikofaktoren, die Krebs auslösen können:

- **Genussmittelkonsum:** Tabak und Alkohol können vor allem Lungen- und Bronchialkrebs, Kehlkopfkrebs, Mundhöhlenkrebs, Speiseröhrenkrebs, Harnblasenkrebs und Krebs der Nieren und der Bauchspeicheldrüse verursachen.
- **Ernährungsgewohnheiten:** Zu wenig Obst und Gemüse und zu viel tierisches Fett können Krebs des Magen-Darm-Traktes begünstigen. Karzinogene in Nahrungsmitteln, die unterschiedliche Krebsarten begünstigen, sind z. B. Aflatoxine in verschimmelten Lebensmitteln, Nitrosamine in gegrilltem Räucherfleisch und Acrylamid in Pommes frites und Kartoffelchips.
- **chronische Infektionen:** Hepatitis B kann Leberkrebs und das HP-Virus Gebärmutterkrebs auslösen.
- **Arbeitsplatz und Umwelt:** Karzinogene wie Teer, Asbest, Röntgenstrahlen, UV-Strahlen und radioaktive Strahlen können am Arbeitsplatz (Kernkraftwerk, Krankenhaus, Baustelle) oder in der Umwelt vorkommen und verschiedene Krebsarten auslösen.

Es ist noch nicht geklärt, unter welchen Voraussetzungen **seelische Belastungen** an der Krebsauslösung beteiligt sind. Nach **Erbfaktoren**, die eine Krebsentstehung fördern, wird ebenfalls geforscht.

Mit zunehmendem **Alter** steigt das Krebsrisiko deutlich an. In Deutschland leben etwa 1,6 % der Bevölkerung mit der Diagnose Krebs. Bei den über 70-Jährigen liegt der Anteil bei 6 %, während er bei Kindern und Jugendlichen bis zum 15. Lebensjahr nur 0,2 % beträgt (s. folgende Grafik).

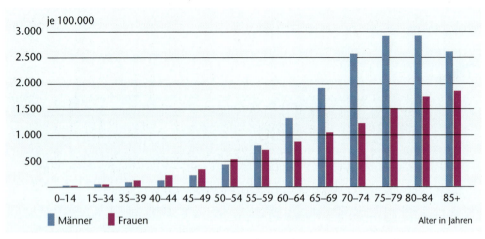

Neuerkrankungen an Krebs nach Altersgruppen 2004 (Robert Koch-Institut, 2010, S. 160)

Nach Schätzungen des Robert Koch-Instituts hat die Anzahl der pro Jahr neu aufgetretenen Krebserkrankungen zwischen 1980 und 2004 bei Männern um 90% und bei Frauen um mehr als 40% zugenommen. Allerdings beruht dieser starke Anstieg vor allem darauf, dass in diesem Zeitraum der Anteil der älteren Menschen in der Bevölkerung erheblich zugenommen hat. Die altersbereinigte standardisierte Erkrankungsrate weist bei Männern nur eine Zunahme von 30% und bei Frauen um 20% auf.

Eine erfreuliche Entwicklung nahm in dieser Zeitspanne die **altersstandardisierte Sterblichkeitsrate**. Sie sank zwischen 1980 und 2004 bei Männern wie bei Frauen um 20%. Durch Früherkennung und verbesserte Therapien gelingt es heute etwa bei 30% der Krebsfälle eine komplette Heilung zu erreichen, bei weiteren etwa 35% können durch die Therapie eine Rückbildung des Tumors und eine erhebliche Lebensverlängerung erzielt werden. Nur bei etwa 10% der Fälle verläuft die Therapie ohne wirksame Beeinflussung des Tumors meist relativ schnell tödlich. Dies ist vor allem bei Tumoren der Leber und des Zentralnervensystems der Fall.

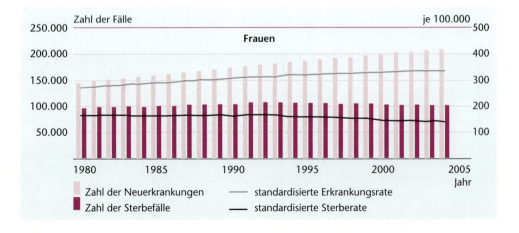

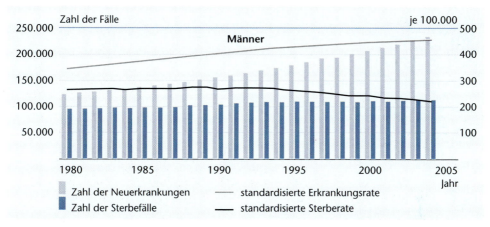

Neuerkrankungen und Sterbefälle an Krebs in Deutschland (Robert Koch-Institut, 2010, S. 159)

EXKURS: Krebsverhütung

Eine gesunde Lebensführung kann die Wahrscheinlichkeit senken, an Krebs zu erkranken. Der Europäische Kodex zur Krebsprävention enthält folgende Empfehlungen:

1. Rauchen Sie nicht.
2. Verringern Sie Ihren Alkoholkonsum.
3. Verzehren Sie täglich frisches Obst und Gemüse sowie ballaststoffreiche Getreideprodukte und wenig tierisches Fett.
4. Vermeiden Sie Übergewicht und treiben Sie täglich Sport.
5. Vermeiden Sie übermäßige Sonnenbestrahlung und Sonnenbrände.
6. Halten Sie beim Umgang mit krebserregenden Stoffen (z. B. Asbest) die Sicherheitsvorschriften ein.
7. Nutzen Sie die Früherkennungsuntersuchungen.
8. Lassen Sie sich gegen Hepatitis B impfen; junge Mädchen zwischen 12 und 17 auch gegen das HP-Virus.

EXKURS: Warnzeichen beachten

Krebserkrankungen gelten als besonders heimtückisch, weil anfangs meist keine Schmerzen auftreten. Es gibt aber Warnzeichen, die auf eine Krebserkrankung hinweisen können:

- tastbare Knoten oder Verhärtungen, z. B. in Brust, Haut oder Zunge
- Wunden, die nicht heilen, Schwellungen, die nicht abklingen, Muttermale, die sich verfärben
- anhaltende Heiserkeit, trockener Husten oder Schluckbeschwerden
- anhaltende Verdauungsstörungen

- *außergewöhnlich heftige Regelblutungen, Blutungen außerhalb der Periode oder nach dem Eintritt der Wechseljahre*
- *scheinbar grundlose Blutungen und ungewöhnliche Absonderungen*
- *unerklärlicher Gewichtsverlust*
- *Abgeschlagenheit und Appetitlosigkeit*
- *Diese Warnzeichen müssen nicht unbedingt die Diagnose „Krebs" bedeuten. Man sollte aber einen Arzt aufsuchen, wenn man sie bemerkt.*

23.2 Krebsdiagnose

23.2.1 Diagnosemethoden

Bereits beim geringsten Verdacht auf Krebs wird der Arzt alle zur Verfügung stehenden notwendigen Diagnosemethoden zum Feststellen einer Erkrankung einsetzen. Je nach Krebsart wendet er unterschiedliche Methoden an. Bei Brust- oder Hautkrebs kann dies zunächst durch **Betrachtung** und **Abtastung** geschehen, um Knoten oder Verhärtungen zu erkennen. **Abstriche**, z. B. von der Mundschleimhaut oder dem Gebärmuttermund, werden auf Krebszellen untersucht. Weitere Aufschlüsse gibt eine **Laboruntersuchung des Blutes** auf Antikörper und andere Substanzen.

Andere Krebsarten, wie Lungenkrebs, können durch **Röntgenuntersuchungen** festgestellt werden. Auch bei der **Mammografie** wird die Brust mithilfe eines Röntgengerätes kontrolliert. Ein weiteres Röntgenuntersuchungsverfahren ist die **Computertomografie**, die ein detailliertes Querschnittsbild des Körpers wiedergibt. Zunehmend wird heute auch die **Ultraschalldiagnostik** eingesetzt, die z. B. eine Erkrankung der Leber, der Bauchspeicheldrüse oder der Niere sichtbar macht, aber völlig unschädlich ist und wiederholte Untersuchungen ermöglicht. Aufwendiger und wesentlich teurer, aber ebenfalls ungefährlich ist die **Kernspintomografie**, bei der mithilfe eines Magnetfeldes Schnittbilder des Körpers dargestellt werden. Bei der **Szintigrafie** werden radioaktive Substanzen eingesetzt, um den Krebs zu identifizieren.

Ergänzt werden diese Diagnosemethoden durch endoskopische Untersuchungen, bei denen eine dünne biegsame Röhre mit Beleuchtungsgerät eingeführt wird. Diese Spiegelungen vermitteln dem Arzt optische Eindrücke von Magen, Darm oder Luftröhre. Mithilfe der **Endoskopie** oder der **Punktion** mit Hohlnadeln können auch kleinste Gewebeproben aus dem Körper entnommen (Biopsie) und anschließend auf entartete Zellen geprüft werden.

23.2.2 Vorsorgeuntersuchung zur Früherkennung

Je früher eine Krebserkrankung erkannt wird, umso größer sind die Heilungschancen. Dies gilt z. B. für Brust- oder Prostatakrebs. Deshalb besteht in Deutschland für Männer und Frauen ab einem bestimmten Alter die Möglichkeit, einmal jährlich eine kostenlose ärztliche Vorsorgeuntersuchung zur Früherkennung besonders gefährlicher Organkrebse vornehmen zu lassen. (s. dazu auch Krebsfrüherkennungsrichtline: www.g-ba.de)

Untersuchung	Alter	Geschlecht	Häufigkeit
Genitaluntersuchung	ab 20	Frauen	jährlich
Prostata- und Genitaluntersuchung mit einer Untersuchung der Haut	ab 45	Männer	jährlich
Brustuntersuchung in Verbindung mit einer Untersuchung der Haut	ab 30	Frauen	jährlich
Dickdarm- und Rektumuntersuchung	ab 50	Männer und Frauen	jährlich
Darmspiegelung	ab 55	Männer und Frauen	zwei Untersuchungen im Abstand von zehn Jahren
Mammografiescreening	ab 50 bis zum Ende des 70. Lebensjahres	Frauen	alle zwei Jahre

Knapp 50 % der Frauen, aber nur etwa 20 % der Männer nehmen in Deutschland an den genannten kostenlosen Krebsvorsorgeuntersuchungen teil. Insgesamt werden pro Jahr in Deutschland rund 19 Mio. Krebsvorsorgeuntersuchungen durchgeführt.

23.3 Krebstherapie

Bei der Behandlung von Krebserkrankungen, der **Krebstherapie**, wird versucht, alle im Körper befindlichen Krebszellen zu beseitigen. Verbleiben allerdings Krebszellen im Körper, können an gleicher Stelle oder durch die Verbreitung von Metastasen in anderen Geweben neue Tumore entstehen. Es gibt verschiedene Methoden der Krebstherapie:

- **Operation:** Ist die Krebsgeschwulst örtlich begrenzt, so wird sie durch Operation bis weit in das gesunde Gewebe entfernt. Dennoch können sich trotz scheinbar vollständiger operativer Beseitigung noch weitere Krebszellen im gesunden Gewebe befinden. Um diese zu vernichten, wendet man weitere unterstützende Therapiemethoden an.
- **Strahlentherapie:** Die Bestrahlung mit ionisierenden energiereichen Strahlen führt zur Zerstörung der Krebszellen. Meist wird dabei auch gesundes Gewebe in Mitleidenschaft gezogen. Als Nebenwirkungen treten dieser Behandlung oft Müdigkeit, allgemeine Abgeschlagenheit und Übelkeit auf.
- **Chemotherapie:** Auch Medikamente, sogenannte Zytostatika, können die Entwicklung und Vermehrung von Krebszellen hemmen. Leider wirken diese Medikamente auch auf gesunde Zellen; Haarausfall ist daher eine häufige Begleiterscheinung der Chemotherapie.
- **Hormontherapie:** Bestimmte Krebsformen wachsen hormonabhängig, z. B. Brust-, Prostata- und Schilddrüsenkrebs. Man kann deren Wachstum durch Hormongaben oder durch Verabreichung von Antihormonen eindämmen.
- **Immunbehandlung:** Für bestimmte Krebsarten, z. B. Leukämie, setzt man Interferone bzw. Interleukin-2 ein. Diese Botenstoffe heften sich an die Oberfläche der Krebszellen. Die so markierten Zellen werden vom Immunsystem erkannt, gezielt angegriffen und zerstört. Auch bei dieser Behandlung treten Nebenwirkungen wie Übelkeit und Abgeschlagenheit auf.

Zur **Unterstützung der Therapie** gehört u. a. eine bedarfsgerechte Ernährung, denn ein guter Ernährungszustand bedeutet einen günstigeren Krankheitsverlauf und eine bessere Lebensqualität für den Patienten. Für die verschiedenen Krebserkrankungen, z. B. Magenkrebs, Prostatakrebs usw., gibt es entsprechende Ernährungsempfehlungen.

Bei allen therapeutischen Maßnahmen sollte der Patient im Mittelpunkt stehen. Die Bekämpfung des Tumors ist nur Mittel zum Zweck. Personen, die an Krebs erkrankt sind, benötigen Betreuung und Unterstützung durch andere Menschen. Dafür kommt neben der Familie und den Freunden auch qualifizierte Hilfe in Form von **psychologischer Unterstützung** in Betracht. Spezielle Krebsberatungsstellen stehen den Betroffenen und ihren Angehörigen zur Verfügung. Oft hilft auch das Wissen, in der Krise nicht allein zu sein. **Selbsthilfegruppen** bieten Informationen und Hilfe im Umgang mit der Erkrankung und ihren Auswirkungen auf die persönliche Lebenssituation an.

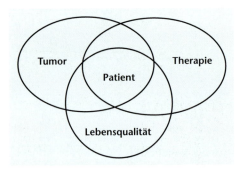

Der Patient steht im Mittelpunkt

Die **Hospizbewegung** hat sich das Ziel gesetzt, unheilbar Kranken in ihrer letzten Lebensphase eine respektvolle, umfassende und kompetente Betreuung zu bieten. Im Vordergrund steht „**Palliative care**", d. h. Sorge für Lebensqualität und Schmerzfreiheit, statt „**Medical care**", also eine einseitig auf Heilung ausgerichtete Behandlung. Die moderne Hospizbewegung entstand in den 1960er-Jahren in England. Das erste stationäre Hospiz in Deutschland wurde 1986 in Aachen gegründet. Heute stehen in ganz Deutschland zahlreiche stationäre, teilstationäre und ambulante Hospizdienste zur Verfügung. Seit dem 1. August 2009 tragen die Krankenkassen 90 % der zuschussfähigen Kosten (Tagespflegesatz). 10 % des Pflegesatzes müssen stationäre Hospize weiterhin selbst aufbringen, wozu größtenteils Spendengelder verwendet werden.

AUFGABEN

1. Wie entsteht eine Krebszelle?
2. Durch welche Eigenschaften sind Krebszellen gekennzeichnet?
3. Nennen Sie Risikofaktoren, die die Krebsentstehung begünstigen und entsprechende Schutzmaßnahmen.
4. Erklären Sie den Zusammenhang zwischen dem Alter und der Krebshäufigkeit.
5. Welche Diagnosemethoden werden zur Krebserkennung angewendet? Welche Hinweise der Selbstdiagnose gibt es?
6. Welche Vorsorgeuntersuchungen werden von den Krankenkassen angeboten? Wie werden sie genutzt?
7. Nennen Sie die Möglichkeiten der Krebstherapie.
8. Informieren Sie sich über die Ziele und Aufgaben von Hospizen (www.hospize.de). Berichten Sie.
9. Informieren Sie sich über die Broschüre „Verbreitung von Krebserkrankungen in Deutschland" (www.rki.de). Berichten Sie.

24 Psychische Störungen und Suchtprävention

■ *Was ist „normal"? Wie viel Ordnung muss sein? Wer legt die Kriterien fest?*

Wohnung eines sogenannten Messies

„Normale" Wohnung?

Um ein Verhalten als „normal" oder „nicht normal" einzustufen, gibt es verschiedene Abgrenzungskriterien:

- **statistische Norm:** Als „normal" wird definiert, was in einer Gruppe oder Gesellschaft am häufigsten vorkommt. Dies kann sich auf Messbares wie die Körpergröße von Erwachsenen beziehen, aber auch auf Eigenschaften und Verhaltensweisen, die in der Bevölkerung in unterschiedlicher Ausprägung vorkommen. Dabei finden die Statistiker immer eine charakteristische Verteilung der Werte: die **Normalverteilung** oder **Gaußsche Glockenkurve**. Die meisten Messergebnisse liegen hierbei im Bereich um den Mittelwert, während in die Bereiche der Extremwerte weniger Personen fallen. Würde man z. B. die Ordentlichkeit von Menschen in einem Persönlichkeitstest messen, ergäbe sich, dass eine mittelmäßige Ordentlichkeit am häufigsten vorkommt, während extrem unordentliche und extrem ordentliche Menschen eher selten sind.

- **soziale Norm oder Idealnorm:** Sie bezeichnet als „normal", was eine Gesellschaft oder Gruppe als wünschenswerten Zustand bestimmt. So wird z. B. die Ehe als stabile Institution und damit wünschenswerte Form einer Partnerschaft vom Staat steuerlich begünstigt. Das Zusammenleben von unverheirateten Paaren gehört aber heute ebenfalls zum gesellschaftlichen Konsens; vor 50 Jahren wäre dies noch unmöglich gewesen.

- **funktionale oder subjektive Norm:** Sie bezeichnet als „normal", was der Einzelne hinsichtlich seiner Bedürfnisse und Leistungen für angemessen hält. Es ist üblich, dass zur Ernährung Fleisch und andere Tierprodukte gehören. Doch auch Personen, die sich vegetarisch ernähren oder vegan leben, empfinden ihr Ernährungsverhalten als positiv und funktional. ■

24.1 Psychische Störungen

24.1.1 Begriffsabgrenzung

Der Begriff **psychische Störung** wurde von der WHO anstelle des Ausdrucks **psychische Erkrankung** eingeführt: Dadurch soll eine Stigmatisierung der Betroffenen vermieden werden. Nach Expertenangaben leidet fast jeder dritte Menschen einmal in seinem Leben an einer behandlungsbedürftigen psychischen Störung. Solche Störungen verlaufen nicht zwangsläufig chronisch und sind, genau wie körperliche Erkrankungen, in vielen Fällen heilbar.

Ein erstes Anzeichen für eine psychische Störung ist der Leidensdruck des Patienten. Für eine Diagnose gibt es aber, anders als bei körperlichen Krankheiten, keine messbaren Symptome. Nur aufgrund subjektiver Äußerungen der Betroffenen über ihr Leiden, durch die Beobachtung ihres Verhaltens und die Einschätzung der normativen Abweichung durch den Betrachter entsteht ein Störungsbild. Von psychischen Störungen betroffen sind insbesondere das Ich-Erleben, das inhaltliche Denken und das Wahrnehmen.

Typisch für psychische Störungen einschließlich der Suchterkrankungen ist, dass sie kaum willentlich steuerbar sind, dass sie über einen längeren Zeitraum bestehen, dass sie bei den Betroffenen Leiden verursachen, dass sie Alltagsleben mit Beruf, Partnerschaft und Familie beeinträchtigen und dass sie durch Selbsttötungstendenzen auch lebensgefährlich sein können. Rehabilitative und präventive Interventionen sind notwendig, um den Betroffenen zu helfen oder Erkrankungen vorzubeugen.

Symptome für psychische Störungen können sein:

- **Affektivitätsstörungen**: ausgeprägte Stimmungsschwankungen, emotionale Blockierungen, abnorme Unbeherrschtheit
- **Bewusstseinstörungen**: Störungen der Wachheit von Bewusstseintrübung bis zur Bewusstlosigkeit, zeitliche und räumliche Orientierungsstörungen, Gedächtnisstörungen, Konzentrationsstörungen
- **Störungen des Denkens**: verändertes Denktempo, unzusammenhängende Gedankengänge, Wahnvorstellungen (Größen-, Verfolgungs-, Beziehungswahn)
- **Störungen der Wahrnehmungsverarbeitung**: Halluzinationen (Trugwahrnehmung, z. B. „Stimmen hören"). Halluzinationen sind auf allen Sinnesgebieten möglich: akustisch, optisch, haptisch (den Tastsinn betreffend), olfaktorisch (den Geruchssinn betreffend).

Ebenfalls verwendet wird der Begriff „**Psychose**" als allgemeine Bezeichnung für schwere Störungen mit Beeinträchtigung des Realitätskontaktes. Psychosen äußern sich in der Unfähigkeit zu sozialer Anpassung, Störungen der Kommunikationsfähigkeit, fehlender Einsicht in den krankhaften Zustand, dem Verlust des Kontaktes mit der Realität, der Veränderung des Charakters.

24.1.2 Ursachen und Therapie psychischer Störungen

Die verschiedenen psychotherapeutischen Verfahren unterscheiden sich im Verständnis über die Entstehung von psychischen Störungen und deshalb auch im Therapiekonzept und in der Haltung des Therapeuten gegenüber dem Klienten.

Die gesetzlichen Krankenkassen übernehmen nicht für alle Therapieverfahren die Kosten. Zurzeit werden sie für folgende drei Verfahren in der ambulanten Therapie erstattet: die Verhaltenstherapie, die analytische Psychotherapie und die tiefenpsychologisch fundierte Psychotherapie.

Ursachen und Entstehung psychischer Krankheiten

Das in der deutschen Psychiatrietradition entstandene **triadische System** klassifiziert nach Ursachen. Dabei werden organische (z. B. Hirnverletzungen), endogene (z. B. erblich bedingte Anlagen) und psychogene (z. B. Belastungsreaktionen) Ursachen als Auslöser psychiatrischer Erkrankungen unterschieden.

Die **biologische Psychiatrie** befasst sich mit den körperlichen Entstehungsbedingungen psychischer Störungen, z. B. hirnorganische Veränderungen und genetisch, biochemisch, hormonell sowie vegetativ bedingten Einflussfaktoren und Stoffwechselstörungen.

Das **Diathese-Stress-Modell** (Vulnerabilitäts-Stress-Modell) sieht die Ursache psychischer Erkrankungen in der Verbindung und Wechselwirkung von biologischen, psychologischen und Umweltfaktoren. Mit **Diathese** (Neigung zu bestimmten Krankheiten, auch Disposition s. S. 173) ist die Tendenz eines Menschen gemeint, auf bestimmte Weise, z. B. besonders sensibel, auf Belastungen zu reagieren; als **Stressfaktoren** gelten belastende Umweltereignisse wie z. B. ein Todesfall in der Familie, Arbeitslosigkeit, Scheidung, aber auch andere Situationen, die z. B. bei Angststörungen vorkommen (s. S. 174). **Vulnerabilität** bedeutet „Verletzbarkeit".

Therapiekonzepte

Die **Verhaltenstherapie** geht davon aus, dass Verhalten und Erleben durch zurückliegende Erfahrungen erlernt worden sind, dass ein gestörtes Verhalten wieder verlernt und so eine Verhaltensänderung erreicht werden kann. Im Vordergrund steht nicht die Aufklärung eines zugrunde liegenden Konflikts; vielmehr wird versucht; Fähigkeiten zur Selbstkontrolle zu vermitteln. Durch unterschiedliche Behandlungstechniken sollen die Betroffenen lernen, sich zu entspannen, ihre Ängste schrittweise unter Kontrolle zu bringen, in Rollenspielen Selbstsicherheit aufzubauen und soziale Fertigkeiten zu üben und ein adäquates Problemlösungsverhalten zu trainieren. Zu den klassischen therapeutischen Techniken gehört beispielsweise die Konfrontation mit angstauslösenden Reizen (Exposition, systematische Desensibilisierung), Verstärkung durch „Belohnung" und Löschung durch „Nichtbeachtung" unerwünschten Verhaltens. Die Therapieform eignet sich für Angststörungen, leichte bis mittelschwere Depressionen oder Bulimie.

Die **analytische Psychotherapie** hat ihren Ursprung in der von Sigmund Freud (1856–1939) begründeten Psychoanalyse. Verdrängte Gefühle und Erinnerungen aus der Kindheit sind die Ursache für die gegenwärtigen Probleme und blockieren die Entwicklung zu einem gesunden, selbstständigen Individuum. Im Verlauf der Therapie soll der Patient die Konflikte aus prägenden Entwicklungsphasen erneut durchleben und verarbeiten. Dies bildet die Grundlage für eine Besserung der Beschwerden. Als Methoden werden u. a. die freie Assoziation und die Traumdeutung eingesetzt. Der Psychotherapeut verhält sich neutral und sitzt so, dass er für den Patient nicht sichtbar ist. Eine Therapie dauert bei zwei bis drei Sitzungen pro Woche etwa zwei bis drei Jahre und wird bei Neurosen und Persönlichkeitsstörungen angewandt.

Die **tiefenpsychologisch fundierte Psychotherapie** fußt ebenfalls auf der klassischen Psychoanalyse. Die möglichen Ursachen für die aktuellen Probleme liegen in der Persönlichkeit und der Vergangenheit des Patienten. Bei der Behandlung konzentriert sich die tiefenpsychologisch fundierte Psychotherapie auf die Bearbeitung des sogenannten zentralen Konflikts. Durch Einsichten in Zusammenhänge und Ursachen dieses Konflikts soll der Patient in die Lage versetzt werden, sein zukünftiges Erleben und Verhalten zu verändern. Die Therapie findet im Sitzen statt; der Klient kann die Mimik und Gestik des Therapeuten sehen und deuten. Die tiefenpsychologisch fundierte Psychotherapie ist die am häufigsten durchgeführte Form der Psychotherapie. Sie wird angewendet bei Neurosen, Psychosen, psychosomatischen Störungen und Suchterkrankungen.

Neben der Verhaltenstherapie und den tiefenpsychologischen Verfahren werden **humanistische Psychotherapieverfahren** oft als „dritte Kraft" bezeichnet. Zu ihnen gehören die Gesprächspsychotherapie und die Gestalttherapie.

In der **systemischen Therapie** geht man von der Annahme aus, dass der Schlüssel zum Verständnis von Problemen nicht in der behandelten Person allein liegt, sondern in Zusammenhang mit wichtigen Bezugspersonen steht. Die systemische Therapie ist aus der therapeutischen Arbeit mit Familien entstanden (Familientherapie).

Ergänzend zur Psychotherapie wird bei der Behandlung von Patienten mit psychischen Störungen auch auf die **medikamentöse Therapie** gesetzt. **Psychopharmaka** (s. S. 364) wirken auf die Aktivität des zentralen Nervensystems und beeinflussen die Stimmung, den Antrieb, die Affektivität, die Emotionalität und die Aufmerksamkeit. Damit stellen sie eine Möglichkeit dar, quälende und selbstzerstörerische Symptome auch kurzfristig zu lindern. **Antidepressiva** wirken stimmungsaufhellend; **Neuroleptika** werden zur Dämpfung von Wahnideen und Halluzinationen eingesetzt und mindern Erregungszustände; **Tranquilizer** lindern Angst- und Spannungszustände.

24.1.3 Stationäre, ambulante und rehabilitative Versorgung

Bis zum grundlegenden Wandel Mitte der 1970er-Jahre waren psychiatrische Großkrankenhäuser und psychiatrische Anstalten in Deutschland die zentralen Instanzen der psychiatrischen Versorgung. An Orten in abgeschiedener Lage waren oft bis zu 1.000 Patienten untergebracht, die unter schlechter räumlicher und personeller Versorgung und einer entmündigenden Reglementierung litten, die während ihres jahrzehntelangen abgeschotteten Aufenthalts alle Fähigkeiten zur Bewältigung des eigenen Lebens verloren hatten und für die es keine Rückkehrmöglichkeit gab. Man sprach von „Ausgrenzungs- und Verwahrpsychiatrie". Im Zuge der deutschen Psychiatriereform entstand das Konzept der **Sozial- und Gemeindepsychiatrie**; es erfolgte eine Dezentralisierung der Krankenhausversorgung, Langzeitbereiche wurden abgebaut, ambulante Angebote bekamen Vorrang vor stationären Angeboten, und es wurden ergänzende, rehabilitative Angebote geschaffen.

Zur heutigen psychiatrischen Behandlung gehören eine **gemeindenahe Versorgung** der Patienten in Kliniken und Einrichtungen in der Nähe ihres Wohnortes, die Verbesserung der Lebensqualität von Patienten, auch wenn eine Heilung nicht möglich ist, und die Förderung der Integration in die Gesellschaft.

- In den vergangenen Jahrzehnten wurde die Bettenzahl in den großen **psychiatrischen Krankenhäusern** reduziert und die Einzugsgebiete wurden verkleinert. Gleichzeitig entstanden kleine, wohnortnahe **psychiatrische Fachabteilungen an örtlichen allgemeinen Krankenhäusern**. Sie haben nicht mehr den Stellenwert in der langfristigen Versorgung psychisch kranker Menschen wie früher, sondern sind vielmehr Institutionen im Netz zahlreicher anderer Hilfsangebote. Sie dienen besonders als erste Anlaufstelle für akut erkrankte Menschen in Krisensituationen. Die Aufnahme erfolgt durch ärztliche Verordnung. Die Behandlung finanzieren die Krankenkassen. Dies ist bei den Tageskliniken ebenso.

- **Tageskliniken** sind häufig organisatorischer Bestandteil eines psychiatrischen Krankenhauses oder eines Allgemeinkrankenhauses. Sie sind in der Regel nur tagsüber an fünf Tagen in der Woche geöffnet und bieten als ambulante Form der Krankenhausbehandlung therapeutische Möglichkeiten für Menschen mit psychischen Störungen.

Gemeinsames Kaffeetrinken in der Wohngruppe

- **Betreutes Wohnen:** Auch wenn es durch einen Klinikaufenthalt gelungen ist, die Gesundheit eines Menschen mit psychischen Störungen zu stabilisieren, kann seine Fähigkeit zur eigenständigen Lebensgestaltung eingeschränkt bleiben. Verschiedene Wohnangebote, verbunden mit ambulanter Betreuung, sollen ein Leben in privater Umgebung ermöglichen, z. B. Wohnen im eigenen Haushalt mit beratender und unterstützender Hilfe durch regelmäßige Kontakte und Hausbesuche, Wohnen in Kleinappartements innerhalb eines Wohnungsverbundes mit Hilfen bei der Selbstversorgung, Wohnen in Wohngruppen innerhalb einer gemeinsamen Wohnung mit Hilfen bei der Selbstversorgung.

- **Ambulante psychiatrische Pflege und Soziotherapie:** Die ambulante psychiatrische Pflege (APP) will als gemeindeorientiertes Angebot Menschen mit chronischen oder akuten psychischen Störungen helfen, ein eigenständiges Leben in ihrem normalen Wohnumfeld zu führen. Klinikaufenthalte können verkürzt oder sogar vermieden werden. Neben der häuslichen Krankenpflege mit der Beobachtung der Krankheitszustände und deren Entwicklung werden auch kompensatorische Hilfen erbracht wie Haushaltsführung oder Begleitung zu Arztbesuchen.

- **Medizinisch-berufliche Rehabilitationseinrichtungen:** Ein besonderes Angebot stellen die Einrichtungen für die Rehabilitation psychisch Kranker (RPK) dar. Als gemeindenahe Einrichtungen mit 10–50 Plätzen bieten sie umfassende Hilfe und Förderung mit dem Ziel der weitgehenden beruflichen und sozialen Integration. Die Rehabilitationsangebote umfassen ärztliche und psychotherapeutische Behandlung, Training der Fertigkeiten zur selbstständigen Lebensführung, Beschäftigungstherapie, Sport- und Kulturangebote, Belastungserprobung und berufsvorbetreitende Maßnahmen.

- Beim **sozialpsychiatrischen Dienst** handelt es sich um eine spezialisierte Einrichtung mit Zuständigkeit ausschließlich für psychisch kranke Menschen. In den meisten Bundesländern ist er eine den Gesundheitsämtern angegliederte Dienststelle mit Ärzten, Sozialarbeitern und Psychologen. Zu den Aufgaben gehören die Beratung von Menschen mit psychischen Störungen und deren Angehörigen über Hilfsmöglichkeiten, Vor- und Nachsorge nach stationären Aufenthalten. Bei Krisensituationen kann durch ihn eine ärztliche Begutachtung durchgeführt werden, welche die Voraussetzung für eine Zwangseinweisung in ein psychiatrisches Krankenhaus ist.

- Weil Menschen mit psychischen Störungen sich aufgrund ihres veränderten, auffälligen Verhaltens von psychisch gesunden Menschen unterscheiden, sie selbst diesen Unterschied häufig als unerträglich erleben und ihr Selbstbewusstsein darunter leidet, neigen sie zum Rückzug aus der Gesellschaft. Ein Weg aus der Isolation und ein Halt in Krisensituationen kann die Mitgliedschaft in einer **Selbsthilfegruppe** sein. Auch Angehörige psychisch Erkrankter finden in Selbsthilfegruppen Möglichkeiten zum Erfahrungsaustausch. Der „Bundesverband Psychiatrie-Erfahrener e. V." (BPE) listet die zahlreichen örtlichen Initiativen auf. Regelmäßige Treffen bieten Kontakt, Austausch und Beratung in Gesprächsrunden und darüber hinaus soziale Aktivitäten wie Wanderungen, Theaterbesuche oder Kochkurse.

EXKURS: Wer darf bei psychischen Störungen behandeln?

Ein kassenzugelassener Psychotherapeut kann von Krankenversicherten in seiner Praxis konsultiert werden, ohne dass eine ärztliche Überweisung erforderlich ist. Die psychische Störung muss Krankheitswert haben, damit die Krankenkasse die Kosten für eine Psychotherapie übernimmt. Gemessen am Bedarf gibt es allerdings zu wenig Psychotherapeuten und deshalb lange Wartelisten.

*Die Berufsbezeichnung „**Psychotherapeut**" darf nur tragen, wer eine Berufszulassung nach dem Psychotherapeutengesetz (PsychThG) besitzt (Approbation). Dies kann ein psychotherapeutisch tätiger **Mediziner** (ärztlicher Psychotherapeut), ein **Psychologe** (psychologischer Psychotherapeut) oder, nur für die Therapie von Kindern und Jugendlichen, auch ein **Pädagoge** (Kinder- und Jugendlichenpsychotherapeut) sein. Alle drei haben zusätzlich zu ihrer akademischen Grundausbildung eine **Ausbildung zum Psychotherapeut** abgeschlossen bzw. einen Facharzttitel erworben.*

***Psychiater:** Die bisherigen Bezeichnungen „Facharzt für Psychiatrie" und „Nervenarzt" (ausgebildeter Facharzt in Psychiatrie und Neurologie) sind inzwischen abgelöst (s. u.); diese Gruppe stellt aber weiterhin die Mehrheit der psychiatrisch tätigen Ärzte dar. Sie haben nach dem Medizinstudium eine mehrjährige Facharztausbildung zum Psychiater absolviert. Weil Psychiater als reine Mediziner psychische Probleme eher von der körperlichen Seite angehen, steht die medikamentöse Behandlung im Vordergrund. – Nur eine psychotherapeutische Zusatzausbildung berechtigt den Psychiater, Zusatzbezeichnungen wie „Psychotherapie" oder „Psychoanalyse" zu führen. – Die neue Berufsbezeichnung **Facharzt für Psychiatrie und Psychotherapie** macht deutlich, dass die Psychotherapie in die Facharztausbildung zum Psychiater obligatorisch aufgenommen wurde.*

***Erlaubnis nach dem Heilpraktikergesetz** (s. Exkurs Kapitel 2.2.4): Auch Personen, die kein Medizin- oder Psychologiestudium abgeschlossen haben und über keine psychotherapeutische Qualifikation im Sinne des Psychotherapeutengesetzes verfügen, dürfen psychotherapeutische Behandlungen anbieten. Voraussetzung ist die Erlaubnis des Gesundheitsamtes.*

EXKURS: Zwangsbehandlung

Menschen mit psychischen Störungen können auch gegen ihren Willen einer Behandlung zugeführt werden, wenn sie aufgrund ihrer Erkrankung sich selbst oder andere gefährden oder wenn „bedeutende Rechtsgüter anderer erheblich gefährdet" sind. Die Behandlung erfolgt in geschlossenen psychiatrischen Abteilungen der Kliniken. Auch Zwangsmaßnahmen wie Fixierungen und Zwangsmedikation sind möglich. Die Regelungen zur Akuteinweisung sind je nach Bundesland unterschiedlich gestaltet im „Gesetz zur Hilfe und Unterbringung psychisch kranker Menschen" (Psychisch-Kranken-Gesetz PsychKG). Zuständig kann das örtliche Ordnungsamt oder ein rechtlicher Betreuer sein.

24.1.4 Formen psychischer Störungen nach ICD-10

Nachfolgend werden psychische Störungen entsprechend der international gültigen Fassung der ICD-10-Klassifikation der WHO vorgestellt. Sie klassifiziert psychische und Verhaltensstörungen beschreibend nach den Symptomen und dem Verlauf.

F00–F09	**Organische, einschließlich symptomatischer psychischer Störungen** Beispiele sind: Demenz bei Alzheimer-Erkrankung und vaskuläre Demenz (s. S. 242) anhaltende Verhaltensänderungen nach einer viralen oder bakteriellen Enzephalitis (Entzündung des Gehirns)
F10–F19	**Psychische und Verhaltensstörungen durch psychotrope Substanzen** (Näher erläutert werden diese Störungen beim Thema „Suchterkrankungen" in Kapitel 24.2.)
F20–F29	**Schizophrenie, schizotype und wahnhafte Störungen** ausführliche Darstellung s. nächstes Unterkapitel
F30–F39	**Affektive Störungen** Hierzu gehört die Depression (ausführliche Darstellung, s. nächstes Unterkapitel).
F40–F48	**Neurotische, Belastungs- und somatoforme Störungen** Zu dieser Gruppe gehören z. B. Angststörungen (z. B. Platzangst, Tierängste), Zwangsstörungen (Waschzwang), Belastungs- und Anpassungsstörungen (z. B. nach Katastrophen, Folter), somatoforme Störungen (Hypochondrie).
F50–F59	**Verhaltensauffälligkeiten mit körperlichen Störungen und Faktoren** Zu dieser Gruppe der Verhaltensauffälligkeiten gehören Essstörungen wie Magersucht oder Bulimie (s. Kapitel 10.4.3); Schlafstörungen mit emotionaler Ursache, Störungen des Schlaf-Wach-Rhythmus, Schlafwandeln und Alpträume.
F 60–F69	**Persönlichkeits- und Verhaltensstörungen** Zu dieser Gruppe gehören abnorme Gewohnheiten, z. B. pathologische Brandstiftung (Pyromanie), pathologisches Stehlen (Kleptomanie); Störungen der Sexualpräferenz, z. B. Exhibitionismus, Voyeurismus, Pädophilie.
F70–F79	**Intelligenzminderung** • leichte Intelligenzminderung: IQ-Bereich von 50–69 • mittelgradige Intelligenzminderung: IQ-Bereich von 35–49 • schwere Intelligenzminderung: IQ-Bereich von 20–34 • schwerste Intelligenzminderung: IQ-Bereich unter 20
F80–F89	**Entwicklungsstörungen** Dazu gehören Entwicklungsstörungen, die ausnahmslos im Kleinkindalter oder in der Kindheit beginnen, z. B. der frühkindliche **Autismus**: eine angeborene, unheilbare Wahrnehmungs- und Informationsverarbeitungsstörung des Gehirns, die sich schon im frühen Kindesalter bemerkbar macht.
F90–F98	**Verhaltens- und emotionale Störungen mit Beginn in der Kindheit und Jugend**
F99	**Nicht näher bezeichnete psychische Störungen**

Psychische und Verhaltensstörungen nach der ICD-10-Klassifikation

Schizophrenie, schizotype und wahnhafte Störungen

Die Krankheitsbezeichnung Schizophrenie umfasst eine Reihe von Psychosen, die sich ausdrücken durch folgende Charakteristiken:

- tiefgreifende Persönlichkeitsstörungen (**Ich-Störungen**): Diese Störungen führen dazu, dass der Erkrankte keine zielgerichtete Aktivität mehr entwickeln kann.

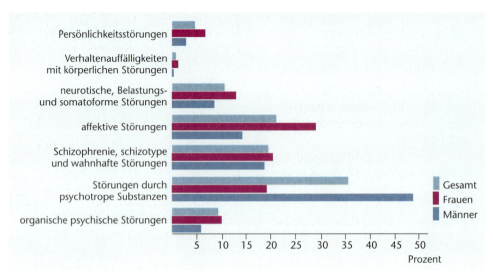

Diagnoseverteilung psychischer Krankheiten (Robert Koch-Institut, 2008, Abb. 7)

- Störungen des Affekts (**Gestimmtheit**), z. B. in Form von Misstrauen, **Autismus** („auf sich bezogen sein"), Gereiztheit, Ängstlichkeit, Unsicherheit
- Störungen der Psychomotorik, z. B. in Form von Besonderheiten der Bewegungsabläufe, der Mimik und Gestik bis hin zu einem vollständigen Erstarren (**Stupor**)
- Auftreten von **Wahn**, z. B. in Form von Verfolgungs-, Größen- oder Allmachtswahn
- Halluzinationen (**Sinnestäuschungen**), z. B. in Form von „Stimmen hören"
- formale und inhaltliche Denkstörungen: Das Denken kann zerfahren und sprunghaft sowie inhaltlich nicht mehr nachvollziehbar sein.

Das Bewusstsein und die intellektuellen Fähigkeiten sind im Allgemeinen durch die Krankheit nicht beeinträchtigt, können jedoch aufgrund der psychotischen Ausgangslage meist nicht adäquat genutzt werden.

Diagnose: Es gibt einen breiten Grenzbereich zwischen Gesundheit und Krankheit. Eine sichere und eindeutige Diagnose ist bei Schizophrenie nur im akuten Fall möglich; ansonsten sind die Mediziner auf Fremdanamnesen, z. B. von Angehörigen, angewiesen.

Therapieziele: Symptomfreiheit und soziale Integration. Der Einsatz von Medikamenten wie Neuroleptika (s. S. 323 und 365 erhöht die Stresstoleranz der Patienten; sie reagieren weniger empfindlich auf quälende Innen- und Außenreize und können gelassener mit emotional belastenden Konfliktsituationen umgehen.

Prognose: Bei einem Viertel aller Patienten ist eine soziale Heilung erreichbar, die Hälfte verbleibt in langdauernden leichten Zuständen und ein weiteres Viertel der Patienten verharrt in schwerkranken Zuständen.

Depressionen

Depressionen gehören weltweit zu de häufigsten Form psychischer Erkrankungen. Die Daten der „Global Burden of Disease Study" aus dem Jahr 2000 (GBD 2000) zeigt, dass während der vergangenen 12 Monate 9,5 % der Frauen und 5,9 % der Männer unter einer Depression litten. Grundsätzlich können alle Altersgruppen von Depressionen betroffen sein: Das mittlere Erkrankungsalter für Frauen liegt bei 32 Jahren und für Männer bei 33 Jahren.

Leitsymptome für Depressionen sind:

- ausgeprägte niedergedrückte Stimmungslage, grundloser Pessimismus, Vorherrschen von Lebensängsten und innerer Unruhe
- Absterben aller Gefühle, Unfähigkeit zu trauern, Schuldgefühle, Schuldwahn
- Gedankenhemmung, Ideenlähmung, Willenshemmung, Gefühl des Eingesperrtseins, motorische Hemmung, Mutlosigkeit, Entschlusslosigkeit, in extremen Fällen depressiver Stupor
- Bewegungsunfähigkeit, Starre, Müdigkeit, Gefühl des Totseins, grenzenlose Leere
- Distanziertheit, Verarmungswahn
- Hypochondrie, Störungen des Appetits mit erheblichem Gewichtsverlust

Alter in Jahren	Frauen (%)	Männer (%)
18–29	10,1	5,2
30–39	16,3	6,7
40–49	18,2	10,6
50–59	21,7	15,2
60–69	19,7	10,9
70+	13,1	5,6

Anteil der Depressionen in der ab 18-jährigen Bevölkerung (vgl. Gesundheitsberichterstattung des Bundes, www.gbe-bund.de)

Therapie
Im depressiven Zustand haben sich **sedierende (beruhigende) Medikamente** (Tranquilizer) und sogenannte antidepressive Neuroleptika bewährt. Depressionen gehören zu den psychischen Störungen, die am häufigsten zur **Selbsttötung** (Suizid) führen. Medikamente können den Suizidimpuls vorübergehend abmildern. Psychotherapeutische und verhaltenstherapeutische Verfahren können die medikamentöse Behandlung ergänzen.

Initiativen zur Verbesserung der Situation depressiver Menschen
In Deutschland setzt sich die „Stiftung Deutsche Depressionshilfe" dafür ein, Depressionen zu erforschen, Betroffenen zu helfen und Wissen weiterzugeben und damit die Versorgung depressiv Erkrankter zu verbessern und die Suizidalität zu verringern (s. unter www.deutsche-depressionshilfe.de).

Unter dem Dach dieser Stiftung arbeitet auch das „Deutsche Bündnis gegen Depression e.V.", das die gesundheitliche Situation depressiver Menschen verbessern, das Wissen über die Krankheit in der Bevölkerung erweitern und Suiziden vorbeugen will (s. unter www.buendnis-depression.de).

EXKURS: Selbsttötung (Suizid)

Eine gefürchtete Folge von Depressionen ist die Selbsttötung. Nach Angaben des Statistischen Bundesamtes gab es in Deutschland im Jahr 2004 knapp 11.000 Selbsttötungen, von denen 74% von Männern begangen wurden.

Die Zahl der versuchten Selbsttötungen (Suizidversuche) lag im Jahr 2000 bei 115,5 pro 100.000 Einwohner, wobei 60% der Suizidversuche auf Frauen entfielen.

Den Zahlen für Suizide und Suizidversuche liegen systematische Erfassungen zugrunde; dennoch sind es Schätzungen, weil eine Selbsttötung als Todesursache oft nicht erkannt werden kann und nicht alle Selbstmordversuche öffentlich werden.

EXKURS: Aktionsbündnis Seelische Gesundheit

Das „Aktionsbündnis Seelische Gesundheit" wurde von der Deutschen Gesellschaft für Psychiatrie, Psychotherapie und Nervenheilkunde gemeinsam mit dem Verein Open the Doors ins Leben gerufen. Schirmherr ist der Bundesminister für Gesundheit. Schirmherr ist der Bundesminister für Gesundheit. Es bildet ein Netzwerk aus über 70 Bündnispartnern: Selbsthilfeverbände und Vertreter aus den Bereichen Psychiatrie, Gesundheitsförderung und Politik. Das Bündnis will „der Öffentlichkeit vermitteln, dass psychische Störungen therapierbare und gerade bei frühzeitiger Behandlung auch heilbare Erkrankungen sind, die jeden von uns betreffen können, und es will Menschen ermuntern, Hilfe in Anspruch zu nehmen. Es informiert über die Bedeutung, aber auch die Möglichkeiten der sozialen und beruflichen Integration von psychisch erkrankten Menschen. Ziel des Bündnisses ist ein vorurteilsfreier und gleichberechtigter Umgang mit Menschen mit psychischen Erkrankungen in unserer Gesellschaft."

(Aktionsbündnis Seelische Gesundheit, 2011, www.seelischegesundheit.net)

24.2 Suchterkrankungen und Suchtprävention

„Aufhören ist nicht schwer, ich habe das schon hunderte Male gemacht", soll der amerikanische Dichter Mark Twain einmal gesagt haben. Damit beschreibt er die allgemeine Erfahrung, dass der bloße Wille allein meist nicht genügt, um von einer langjährigen Gewohnheit wie Rauchen oder einer Alkoholsucht endgültig loszukommen.

Bei **Abhängigkeit** oder **Sucht** handelt es sich um keinen plötzlich eingetretenen Zustand, sondern um einen Prozess, der sich schleichend im Alltag entwickelt. Am Beginn einer Suchtkarriere steht zunächst einmal der positiv erlebte Genuss eines Mittels mit Suchtpotenzial. Wird dieser Genuss zur ständigen Gewohnheit, spricht man von Missbrauch. Aus dieser Gewohnheit ist eine Sucht entstanden, wenn der Abhängige sein Verhalten nicht mehr kontrollieren kann; es dreht sich fast alles nur noch um das jeweilige Suchtmittel.

Die Weltgesundheitsorganisation WHO beschreibt das Phänomen Sucht folgendermaßen:

Sucht ist ein Zustand periodischer oder chronischer Vergiftung, hervorgerufen durch den wiederholten Gebrauch einer natürlichen oder synthetischen Droge und gekennzeichnet durch vier Kriterien:
- *ein unbezwingbares Verlangen zur Einnahme und Beschaffung des Mittels,*
- *eine Tendenz zur Dosissteigerung (Toleranzerhöhung),*
- *die psychische und meist auch physische Abhängigkeit von der Wirkung der Droge,*
- *die Schädlichkeit für den Einzelnen und/oder die Gesellschaft.*

Unterschieden wird zwischen physischer und psychischer **Abhängigkeit.** Bei der körperlichen Abhängigkeit ist die Substanz in den Stoffwechsel des Körpers übergegangen. Wenn dann diese Substanz nicht mehr verfügbar ist, reagiert der Körper mit leichteren oder schwereren **Entzugserscheinungen** wie Schwitzen, Zittern, Herzrasen, Fieber und Erbrechen. Von psychischer Abhängigkeit spricht man, wenn das Verlangen nach einem bestimmten Stoff sehr stark und vom Betroffenen nicht mehr steuerbar ist. Wird der Stoff abgesetzt, treten Unlustgefühle und Depressionen auf. Schwerste Entzugserscheinungen sind Krampfanfälle, Wahnvorstellungen und Delirien mit schweren Bewusstseinstörungen.

Neben den stoffgebundenen Abhängigkeiten werden zunehmend auch **nicht stoffgebundene Abhängigkeiten** als Erkrankung angesehen. Beispiele dafür sind Glücksspielsucht oder Internet- und Computerspielsucht.

24.2.1 Alkoholkonsum

Der Genuss alkoholischer Getränke in kleinen Mengen wirkt anregend, in größeren Mengen berauschend. Mit der Menge des Alkohols, die getrunken wird, steigt der Blutalkoholspiegel. Die Alkoholkonzentration wird in Promille (Gramm Alkohol pro 1.000 Gramm Körpergewicht) angegeben. Ein 75 kg schwerer Mann hat noch zwei Stunden nach dem Trinken von einem Liter Bier oder einer halben Flasche Wein einen Blutalkoholspiegel von 0,6 Promille.

Blutalkoholspiegel	Auswirkung
0,2 ‰	Rededrang (Schwips)
0,3 ‰	oberer Grenzwert im Verkehrsrecht
0,5–1,0 ‰	gestörte Konzentration, Enthemmung
ab 1,5 ‰	Betrunkensein, Verlust der Selbstkontrolle
ab 2,0 ‰	Sprach- und Gehstörungen
ab 2,5 ‰	schwere Vergiftung, Erinnerungslosigkeit, Bewusstlosigkeit, Lebensgefahr

Während akuter Alkoholgenuss vor allem die Konzentrations- und Reaktionsfähigkeit beeinträchtigt, kann regelmäßiges Trinken zu schweren körperlichen und psychischen Störungen führen. Durch missbräuchlichen Alkoholkonsum werden Leiden wie **Leberzirrhose**, Herzmuskelerkrankungen, Schädigungen des Gehirns und des peripheren Nervensystems sowie Entzündungen und Krebs der Bauchspeicheldrüse begünstigt.

A) Leberzirrhose, B) Fettleber, C) gesunde Leber

Es wird in der Medizin von einer tolerierbaren oberen Alkoholzufuhrmenge (**TOAM**) ausgegangen: Wird sie überschritten, muss mit einem erhöhten Erkrankungsrisiko gerechnet werden. Für Frauen liegt sie bei 10–12 g und für Männer bei 20–24 g reinem Alkohol pro Tag. Mit einer Flasche oder einem Glas alkoholischen Getränks werden folgende Mengen Alkohol aufgenommen:

- 0,33 l Bier: ca. 8 g Alkohol
- 0,125 l Wein: ca. 11 g Alkohol
- 4 cl Schnaps: ca. 11 g Alkohol (Doppelter, 32 Vol.-% Alkohol)

Der Pro-Kopf-Verbrauch von alkoholischen Getränken lag im Jahr 2003 in Deutschland bei 147 Litern bzw. bei 10,2 Litern reinem Alkohol. Mehr als die Hälfte davon wurde in Form von Bier konsumiert. Seit dem Beginn der 1990er-Jahre geht der Alkoholkonsum leicht zurück.

Alter in Jahren	mittlerer täglicher Alkoholkonsum der Befragten (in g Alkohol)					
	weiblich			männlich		
	Bier	Wein	Spirituosen	Bier	Wein	Spirituosen
18–29	1,03	1,89	0,27	9,65	1,95	0,84
30–39	1,17	2,63	0,18	11,25	3,28	0,71
40–49	1,87	3,62	0,25	11,76	4,04	0,76
50–59	1,45	3,51	0,19	11,88	4,88	0,77
60–69	1,25	1,90	0,25	9,47	4,39	0,84
70–79	0,62	1,55	0,22	6,22	5,40	0,61
18–79	1,26	2,58	0,22	10,52	3,77	0,77
Sozialschicht						
obere	1,73	5,71	0,37	10,81	6,19	0,90
mittlere	1,19	2,20	0,22	10,10	3,09	0,67
untere	1,11	1,21	0,13	11,53	2,62	0,91

Mittlerer täglicher Alkoholkonsum nach Alter, Sozialschicht und Geschlecht, Daten des Bundesgesundheitssurvey 1998 (vgl. Gesundheitsberichterstattung des Bundes, www.gbe-bund.de)

Regelmäßiger Alkoholkonsum Jugendlicher/junger Erwachsener von 1973–2010 (Bundeszentrale für gesundheitliche Aufklärung, 2011, S. 8)

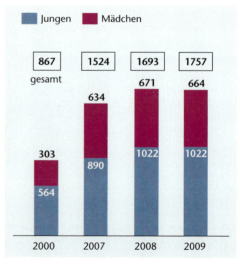

Anzahl der Krankenhauseinlieferungen nach „Komasaufen" (Kinder und Jugendliche bis 20 Jahre) am Beispiel Hessen (vgl. Statistisches Landesamt Hessen)

Man schätzt, dass etwa 1,6 Mio. Erwachsene in Deutschland alkoholabhängig sind. Durch den Alkoholmissbrauch kommt es zu körperlichen und psychischen Veränderungen der Persönlichkeit. Bei zahlreichen Unfällen, Gewalttaten und Selbstmorden ist Alkohol im Spiel. Durch übermäßigen Alkoholkonsum kann die Beziehung zerbrechen, der Arbeitsplatz und die Wohnung können verloren gehen und der soziale Abstieg drohen.

Als besonders problematisch wird der Alkoholmissbrauch Jugendlicher gesehen. Das durchschnittliche Alter des ersten Alkoholkonsums liegt mit 14,4 deutlich unter der vom Jugendschutzgesetz erlaubten Altersgrenze von 16 Jahren. Die Hälfte der 16- bis 19-Jährigen betrinkt sich mindestens einmal im Monat. Eine riskante Form des Alkoholkonsums ist das exzessive sogenannte „Binge Drinking" (engl. „binge" = Gelage, Besäufnis) oder **Komasaufen**. Im Jahr 2009 landeten rund 26.400 jungen Menschen im Alter zwischen 10 und 20 Jahren mit **Alkoholvergiftungen** im Krankenhaus. Allerdings geht auch bei Jugendlichen der Alkoholkonsum insgesamt weiter zurück.

24.2.2 Tabakkonsum

Tabak ist nach Alkohol die am zweithäufigsten konsumierte abhängigkeitserzeugende Substanz in Deutschland. Rauchen hat beruhigende und stimulierende Einflüsse auf den Körper. Das im Tabak enthaltene Nikotin regt die Hirntätigkeit an, beseitigt vorübergehende Müdigkeitserscheinungen und verhindert einen Leistungsabfall. Das **Nikotin** ist diejenige Substanz im Tabakrauch, die eine Abhängigkeit hervorruft.

Rauchen steht an erster Stelle unter den gesundheitlichen Risikofaktoren. Man geht davon aus, dass in Deutschland jährlich zwischen 110.000 und 140.000 Menschen an Erkrankungen sterben, die mit dem Rauchen zusammenhängen: Herzkrankheiten, Lungenerkrankungen, Arteriosklerose, Bluthochdruck sowie bösartige Tumore; verursacht werden diese Leiden durch die **Inhaltsstoffe** des Tabaks. **Teerstoffe** (Kondensat) lagern sich in der Lunge ab, reizen die Atemwege und enthalten krebserregende Substanzen. Das Nervengift **Nikotin** bewirkt eine Verengung der kleinen Blutgefäße, belastet und schädigt das Herz und führt zu Durchblutungsstörungen. Das im Tabakrauch enthaltene Kohlenmonoxid beeinträchtigt die Sauerstoffversorgung der Organe und beschleunigt den Alterungsprozess von Körperzellen. Auch Stoffe wie Blausäure, Benzol und Benzopyren sind im Zigarettenrauch nachweisbar.

	Frauen (%)	Männer (%)
tägliche Raucher	21,9	29,2
Gelegenheitsraucher	6,1	8,1
Exraucher	22,3	31,8
Nieraucher	49,7	30,9

Rauchgewohnheiten, Daten des Gesundheitssurveys von 2003 (vgl. Robert Koch-Institut, 2006, S. 106)

Auch Passivrauchen ist gesundheitsschädlich.

Im Jahr 2003 rauchten ca. 37% der Männer und 28% der Frauen, also ca. jeder dritte Erwachsene. Als starke Raucher bezeichnet die WHO alle Personen, die täglich 20 oder mehr Zigaretten rauchen. Aus Langzeitstudien geht hervor, dass bereits der Konsum von 1–4 Zigaretten pro Tag das Gesundheitsrisiko erhöht.

Doch Raucher gefährden nicht nur sich selbst: Auch Nichtraucher in der Gesellschaft von Raucher nehmen durch Einatmen der rauchbelasteten Luft schädliche Verbrennungsprodukte des Tabaks auf. Dies wird als **Passivrauchen** bezeichnet. Besonders gefährdet sind Kinder und Jugendliche, deren Eltern in der Wohnung rauchen. Säuglinge und Kleinkinder können Giftstoffe wie Nikotin nur sehr langsam abbauen, weil ihre Leber noch nicht voll entwickelt ist. Außerdem steigt die Gefahr, an Atemwegserkrankungen oder Allergien zu erkranken. Rauchen der Eltern während der Schwangerschaft beeinträchtigt das Wachstum und die Entwicklung des ungeborenen Kindes.

24.2.3 Konsum illegaler Drogen

Rauschgifte erzeugen bei den Konsumenten eine stark ausgeprägte Hebung der Stimmungslage (Euphorie), sie beseitigen Angst- und Spannungszustände, können die physische und psychische Leistungsfähigkeit steigern oder ungewöhnliche Sinneseindrücke ermöglichen, wie z. B. Halluzinationen. Gefährlich für die Konsumenten sind Drogen, weil sie ein starkes Suchtpotenzial besitzen und in die **Drogenabhängigkeit** führen.

Langjährige Abhängigkeit geht häufig einher mit sozialer Verelendung; Schule, Beruf und familiäre Bindungen werden aufgegeben. Um sich vor den gefürchteten Entzugserscheinungen zu schützen, wird die tägliche Beschaffung des Suchtmittels und der dafür benötigten größeren Geldmittel zum einzigen Lebensinhalt. Es kommt zur **Beschaffungskriminalität** mit Fälschung von Rezeptformularen, Raub und Diebstahl, Auto- und Wohnungseinbrüchen, Prostitution und dem Handel von Rauschgift. Nach dem **Betäubungsmittelgesetz** (BtMG) sind der Besitz und der Handel von Drogen verboten. Gefängnisstrafen sind die Folge. Durch Nutzung gebrauchter Spritzen besteht ein erhöhtes Risiko für **Krankheiten**, die über das Blut übertragen werden, wie Hepatitis B und C sowie HIV-Infektionen (Aids).

Im Jahr 2009 starben 1.331 Menschen durch den Konsum illegaler Drogen, vor allem aufgrund der Überdosierung von Heroin. Im Vergleich zum Vorjahr war dies ein Rückgang von 8 %. Dennoch bleibt die Zahl der Abhängigen von harten Drogen wie Heroin, Kokain und Amphetaminen in Deutschland mit rund 200.000 Menschen auf einem hohen Niveau. Besonders auffällig ist der zunehmende Konsum von Amphetaminen bei jungen Leuten.

Zeitraum	gesamt	Heroin	Kokain	Amphet-amin	Ecstasy	Crack	sonstige (LSD)
2007	18.620	4.153	3.812	9.949	2.038	498	456
2009	19.203	3.900	3.970	10.631	2.174	450	444
Veränderungen	+3,1 %	−6,1 %	+4,1 %	+6,9 %	+6,7 %	−29,7 %	−2,6 %

Erstauffällige Konsumenten harter Drogen (vgl. Bundeskriminalamt, 2008, S. 9)

- **Heroin**, das aus dem Rohmorphium des Schlafmohns gewonnen wird, kann geschnupft, geraucht, inhaliert oder gespritzt werden. Das Rauschmittel führt relativ schnell in die Abhängigkeit und zur Dosissteigerung: psychisch mit einem unwiderstehlichen Verlangen nach Einnahme der Droge und physisch durch schmerzhafte schwere körperliche Entzugserscheinungen bei Abstinenz.

- Ein weiteres hartes Rauschgift ist das **Kokain** aus den Blättern des südamerikanischen Kokastrauchs. Auch bei diesem Nervengift verläuft die Gewöhnung schnell und es werden immer höhere Dosen gebraucht. Kokain wird überwiegend geschnupft (sniefen). Fortgesetzter Kokainkonsum endet in schwerer körperlicher und geistiger Zerrüttung. Ein Abkömmling des Kokains ist **Crack**: Es wird geraucht, wirkt schon nach wenigen Sekunden auf die Nervenzellen des Gehirns, ist schädlich für Herz und Lungen und führt schnell in eine starke psychische Abhängigkeit.

- Immer mehr an Bedeutung gewinnen **synthetische Betäubungsmittel**, die eigentlich aus der Medizin stammen und aus chemischen Komponenten zusammengesetzt sind. Sie führen zu gesteigerter psychischer und physischer Leistungsfähigkeit und Stimmungsaufhellung. Bei exzessivem Gebrauch kommt es zu psychoseähnlichen Zuständen mit Wahnvorstellungen, Unrast und Zwangshandlungen. In Deutschland stehen Amphetamine, Ecstasy und LSD beim Missbrauch im Vordergrund. **Amphetamine** ähneln in ihrer chemischen Struktur den menschlichen Neurotransmittern Adrenalin und Dopamin. Amphetamin und seine Derivate sind auch in den Tabletten und Kapseln der **Ecstasy** genannten Betäubungsmittel enthalten. Überdosierung kann zum Tode führen. **LSD**, ein Pulver, das ursprünglich aus dem Alkaloid eines Getreidepilzes (Mutterkorn) gewonnen wurde, wird inzwischen vollsynthetisch hergestellt. Es bewirkt heftige optische und akustische Halluzinationen, die gefährliche Fehlhandlungen wie Aggression, Unfall oder Selbstmord auslösen können.
Zu den synthetischen Betäubungsmitteln gehören auch die sogenannten „Designerdrogen". Bei ihrer Herstellung wird die Molekülstruktur verschreibungspflichtiger Substanzen leicht verändert. Damit soll eine Wirkungsverbesserung der „Partydrogen", aber auch eine Umgehung der betäubungsrechtlichen Vorschriften erreicht werden. Die Drogen haben ähnliche Wirkungen wie Kokain und Ecstasy.

Das Haupt-Herkunftsland für Heroin ist Afghanistan. Kokain kommt vor allem aus Südamerika. Doch auch in Deutschland werden illegale Rauschgifte produziert, z. B. werden Cannabispflanzen in Indoorplantagen unter Treibhausbedingungen gezogen oder in gewöhnlichen Getreidefeldern versteckt.

Cannabis ist nach wie vor die mit Abstand am häufigsten gebrauchte und gehandelte illegale Droge. Der Epidemiologische Suchtsurvey von 2006 gibt an, dass in Deutschland 380.000 Personen zwischen 18 und 64 Jahren Cannabis missbrauchen und weitere 220.000 davon abhängig sind. Cannabis wird aus der indischen Hanfpflanze gewonnen. Die getrockneten, harzhaltigen Pflanzenteile werden zu **Marihuana** verarbeitet, das aus den Blüten und Blättern gewonnene Harz zu dem stärker wirksamen **Haschisch**. Cannabiskonsum erzeugt beruhigende, entspannende und stimmungshebende, aber auch ängstliche und aggressive Effekte. Bei Missbrauch können psychische Veränderungen mit Motivationsverlust und bei längerem Gebrauch eine psychische Abhängigkeit entstehen.

Illegales Cannabisfeld innerhalb eines Getreidefelds

24.2.4 Medikamentenmissbrauch und -sucht

Medikamente werden in der Regel von einem Arzt für therapeutische Zwecke verschrieben oder sind in Apotheken frei verkäuflich. Sie sollen Krankheiten heilen, Schmerzen lindern oder Erkrankungsfolgen verhindern. Von Arzneimittelmissbrauch spricht man, wenn häufig oder dauernd Medikamente ohne medizinische Notwendigkeit eingenommen werden. Etwa 6–8 % aller verordneten Medikamente besitzen ein Missbrauchs- und Abhängigkeitspotenzial. Missbräuchlich eingenommen werden Schmerzmittel, codeinhaltige Medikamente wie Hustenblocker oder Appetitzügler, die aufputschende Wirkstoffe enthalten. Die Einnahme leistungssteigernder Mittel, der **Anabolika**, ist auch im Breiten- und Freizeitsport verbreitet.

Die größte Zahl der Medikamentenabhängigen stellen die Konsumenten von **Benzodiazepinen**; dies sind Psychopharmaka aus der Gruppe der Tranquilizer, die Angst- und Spannungszustände lösen und dämpfen, beruhigen, muskelentspannend und krampflösend wirken. Die Einnahme beseitigt vorübergehend seelische und körperliche Missempfindungen, die aber sofort wieder auftreten, wenn die Wirkung des Mittels nachlässt. Da sich der gesamte Stoffwechsel auf die Anwesenheit der Wirkstoffe im Körper einstellt, treten beim Absetzen des Medikaments Entzugerscheinungen auf. Betroffene können ohne das Mittel nicht mehr auskommen, sie sind süchtig geworden.

In Deutschland sind schätzungsweise 1,4–1,9 Mio. Menschen medikamentenabhängig, davon 70 % Frauen. Bei bestehenden psychischen Belastungen haben Frauen eine höhere Präferenz zu Medikamenten, Männer hingegen eine größere Neigung zum Alkoholkonsum. Weil die Medikamenteneinnahme diskret geschieht und im Alltag unauffällig bleibt, wird sie auch als „stille Sucht" bezeichnet.

24.2.5 Wege aus der Sucht

Nach der Rechtsprechung der obersten Gerichte in Deutschland ist „Sucht" eine behandlungsbedürftige Erkrankung. Das bedeutet, jeder Süchtige hat das Recht auf eine

- **Entgiftungsbehandlung** (Entzug unter medizinischer Versorgung) und
- **Entwöhnungsbehandlung** (sozialmedizinisch und psychotherapeutisch geprägte Rehabilitationsbehandlung),

deren Kosten von den Krankenkassen, den Sozialhilfeträgern oder den zuständigen Rentenversicherungsträgern übernommen werden. Um eine Suchterkrankung erfolgreich zu therapieren, ist die Bereitschaft des Süchtigen, zukünftig abstinent zu leben, unbedingte Voraussetzung.

Entgiftung

- Für **Raucher** gibt es Entgiftungsbehandlungen in Raucherambulanzen, die zehnmal höhere Erfolgsaussichten versprechen als ein Alleinversuch. Aber zum Nichtraucher zu werden, ist auch ohne fremde Hilfe möglich. Selbst wenn schon viele Jahre geraucht worden ist, kann eine Abstinenz die gesundheitliche Belastung deutlich senken.
- Bei einer Alkoholentgiftungsbehandlung wird der **Alkohol** abrupt abgesetzt. Dabei können heftige bis lebensbedrohliche Entzugserscheinungen auftreten. Ein besonders schweres Entzugssymptom ist das Delirium Tremens, eine akute Psychose mit Bewe-

gungsstörungen, Halluzinationen und manchmal lebensbedrohlichem Kreislaufversagen. Deshalb erfolgt die Entgiftung meist stationär unter ärztlicher Aufsicht in speziellen Entgiftungsstationen für Alkoholkranke. Wenn der Entzug überstanden ist, hat der Alkoholkranke die Sucht noch nicht besiegt: Er ist nun „trockener" Alkoholiker und kann bei erneutem Alkoholkonsum wieder rückfällig werden.

- Menschen, die sich für einen **Benzodiazepin-Entzug** entscheiden, haben ebenfalls einen steinigen Weg vor sich, der mit dem Alkoholentzug und der Alkoholentwöhnung vergleichbar ist. Auch sie brauchen ärztliche Hilfe wegen der akuten Entzugssymptome.

- Besonders dramatisch sind die Entzugserscheinungen bei einer ausgeprägten **Heroinsucht**, die etwa 20 Stunden nach dem letzten Konsum in voller Stärke einsetzen. Die Pupillen erweitern sich, die Haut wird blass und kalt. Unerträgliche Gelenkschmerzen und Magen- und Darmkrämpfe mit regelmäßigem Erbrechen und Durchfall schwächen den Körper und können im Extremfall sogar zum Tode führen.

- Eine **akutmedizinische Entgiftungsbehandlung** (Entzug) erfolgt im Allgemeinen auf ärztliche Veranlassung oder als Notfall in spezialisierten Kliniken für Suchtmedizin, Fachkliniken für Drogenentzug oder in den entsprechenden Abteilungen der psychiatrischen Landeskliniken oder der Allgemeinkrankenhäuser (s. S. 322). Die Behandlung kann bis zu drei Wochen dauern. Auch private Entzugskliniken bieten ihre Hilfe an, z. B. zur Raucher- oder Alkoholentwöhnung.

Entwöhnung

Nach dem Entzug erfolgt die **Entwöhnungsbehandlung** als eigentliche Rehabilitation. Auch dies kann stationär geschehen in Rehabilitationszentren für Abhängigkeitserkrankungen, Entwöhnungsabteilungen psychiatrischer Krankenhäuser oder im betreuten Wohnen für ehemalige Suchtkranke. Stationäre Abstinenztherapien dauern 3–9 Monate, in denen sich die Patienten in relativer Sicherheit an ein Leben ohne Drogen gewöhnen können.

Teilstationäre Entwöhnungstherapien finden in Tageskliniken oder Tagesstätten für alkohol-, drogen- und medikamentenabhängige Menschen statt; ambulante Unterstützung können anerkannte psychosoziale Beratungsstellen geben. In allen Einrichtungen kann neben der Hilfe zur Entwicklung einer Tagesstruktur, der Übernahme von lebenspraktischen Aufgaben und der Motivation und Begleitung von Freizeitaktivitäten auch eine **psychotherapeutische Suchtbehandlung** erfolgen, die unter dem Einfluss des Suchtmittels nicht möglich wäre.

EXKURS: Suchthilfe

*Institutionen der Suchthilfe sind die **Suchtberatungsstellen** in der Trägerschaft der Freien Wohlfahrtspflege. Spezielle **Drogenberatungsstellen** für Drogensüchtige versuchen, einer Verelendung der Abhängigen entgegenzuwirken und einen Drogenkonsum ohne die gefährlichen gesundheitlichen Risiken sicherzustellen, z. B. durch die Ausgabe sauberer Spritzen. Sie vermitteln Drogenabhängige in Entgiftungs- und Entwöhnungsbehandlungen und ermöglichen Substitutionstherapien für Heroinsüchtige, z. B. die Ersatzstoffbehandlung mit Methadon.*

Ziele der Suchthilfe sind immer
- *die Gewährleistung des Überlebens,*
- *die Stabilisierung der Alltagssituation der Abhängigen,*
- *Ausgleich oder Behebung körperlicher und seelischer Störungen,*
- *die Wiedereingliederung in das Berufsleben,*
- *die Förderung einer abstinenten Lebensweise.*

Viele ehemalige Suchtkranke finden Halt in **Abstinenz- und Selbsthilfeverbänden***, in denen sie mit anderen Betroffenen eine Gemeinschaft bilden. Beispiele für solche Verbände sind: Guttempler in Deutschland, Blaues Kreuz in Deutschland, Blaues Kreuz in der evangelischen Kirche, Freundeskreis für Suchtkrankenhilfe, Kreuzbund und Anonyme Alkoholiker Interessengemeinschaft e.V. (AA).*

24.2.6 Suchtprävention

Institutionen für Suchtprävention in Deutschland sind das Bundesministerium für Gesundheit, die Bundeszentrale für gesundheitliche Aufklärung (BZgA, www.bzga.de), der Drogen- und Suchtrat unter der Leitung der Drogenbeauftragten der Bundesregierung und die Deutsche Hauptstelle für Suchtfragen e. V. (DHS, www.dhs.de). Angebotsreduzierung, repressive Maßnahmen und Aufklärung sind die zentralen Bestandteile der Suchtprävention. Die Arbeit von Polizei, Bundeskriminalamt, Zoll, Europol und Interpol tragen zur Minderung der Verfügbarkeit illegaler Drogen bei.

Suchtprävention will erreichen, die Gesundheit der Bevölkerung zu verbessern und die gesellschaftlichen Kosten, die durch Suchtmittelgenuss entstehen, zu verringern. Dazu gehören Maßnahmen zur Förderung eines risikoarmen Konsums von Suchtmitteln. Kinder und Jugendliche gehören zur Hauptzielgruppe der Suchtprävention. Die Maßnahmen sind zahlreich und haben unterschiedliche Ansatzpunkte; die folgenden Beispiele bilden nur einen Teil der Präventions-Aktivitäten ab.

Prävention durch Regulation

Die Bundesregierung hatte 2002 beschlossen, die Zahl der Raucher in Deutschland deutlich zu senken, und dieses Ziel in den folgenden Jahren weiterentwickelt. Das präventive Gesundheitsziel war, den „Tabakkonsum reduzieren" zur Verringerung der vorzeitigen Sterblichkeit. Bis zum Jahr 2015 sollte die Raucherquote bei Kindern und Jugendlichen im Alter von 12–17 Jahren auf unter 12 %, bei den Erwachsenen auf unter 27 % gesenkt werden. In einer Pressemitteilung vom Februar 2011 wurde mitgeteilt, dass nur noch 13 % der Jugendlichen im Alter von 12–17 Jahren zur Zigarette greifen. Damit habe sich ihr Anteil von 28 % im Jahr 2001 bis heute mehr als halbiert. Gerade in der Tabakprävention hat der Gesetzgeber durch gesetzliche Vorgaben regulierend eingegriffen.

- Seit Oktober 2003 sind in allen Mitgliedstaaten der EU deutlich sichtbare **Warnhinweise** auf den Breitseiten der Zigarettenpackungen vorgeschrieben. Neben allgemeinen Warnhinweisen wie „Rauchen kann tödlich sein" muss jeweils ein ergänzender Warnhinweis von einer langen Liste angebracht werden, z. B. „Ihr Arzt oder Apotheker kann Ihnen dabei helfen, das Rauchen aufzugeben", „Rauchen macht abhängig. Fangen Sie gar nicht erst an", „Schützen Sie Kinder" – Lassen Sie sie nicht Ihren Tabakrauch einatmen".

- Im Jahr 2006 beschloss der Bundestag ein Verbot von Zigarettenwerbung in Zeitungen, Zeitschriften und im Internet. Schon seit 1975 gilt ein Tabakwerbeverbot für Hörfunk und Fernsehen – Medien, die das Rauchen durch die Verbreitung eines positiven Images gefördert hatten.

- Auch das Passivrauchen in der Öffentlichkeit wurde bekämpft. Seit 2007 ist Rauchen in öffentlichen Verkehrsmitteln verboten; seit 2008 gelten **Rauchverbote** in allen Bundesländern in Gaststätten. Arbeitnehmer haben grundsätzlich den Anspruch auf einen rauchfreien Arbeitsplatz. In allen Einrichtungen des Bundes und der öffentlichen Verwaltung ist Rauchen untersagt.

- Die **Altersgrenze** für das Rauchen sowie das **Abgabeverbot** von Tabakwaren wurden auf 18 Jahre angehoben. In Diskothekenräumen mit Tanzfläche darf nicht mehr geraucht werden.

Jugendschutzgesetz

Alkoholische Getränke dürfen an Kinder und Jugendliche unter 16 Jahren grundsätzlich nicht verkauft werden. Für stärkere Getränke, in denen Branntwein enthalten ist, gilt diese Regelung ab 18 Jahren; so steht es im Jugendschutzgesetz (JuSchG § 9). Verstöße gegen diese Regelung werden als Ordnungswidrigkeit verfolgt und mit hohen Geldstrafen geahndet. Mit diesem Gesetz soll die **Verfügbarkeit** alkoholischer Getränke für Kinder und Jugendliche begrenzt und der **Konsumbeginn** alkoholischer Getränken hinausgeschoben werden. Die bei den Jugendlichen so beliebten Alkopops, eine süße Mischung aus Limonade und Branntwein, müssen seit 2004 den vorgeschriebenen **Warnhinweis** „Abgabe an Personen unter 18 Jahren verboten" tragen. Außerdem wurden die Getränke durch die Einführung einer **Alkopop-Sondersteuer** teurer, was tatsächlich zu einer geringeren Nachfrage bei den Jugendlichen führte.

Gezielte Intervention bei Medikamentenabhängigen

Von Rauchern ist bekannt, dass sie während eines Krankenhausaufenthalts besonders gut zu einer Verhaltensänderung angeregt werden können. Dies nutzte eine vom BMG zwischen 2005 und 2008 geförderte Studie „Motivierende Intervention bei Medikamentenabhängigen im Krankenhaus (MIMIK)". Durch motivierende Beratungsgespräche mit Medikamentenabhängigen in der Klinik und eine telefonische Nachbetreuung nach vier Wochen, drei Monaten und zwölf Monaten wurde erreicht, dass nach diesen Interventionen eine signifikante Zahl von Patienten abstinent blieb oder ihren Medikamentenkonsum reduzierte.

Bundesmodellprogramm zur Alkoholprävention bei Kindern und Jugendlichen

Auch bei diesem Programm befinden sich die Betroffenen zunächst im Krankenhaus. Es sind Kinder und Jugendliche, die mit einer Alkoholvergiftung in eine Klinik eingewiesen wurden. Das waren 2004 fast 18.000 Fälle. Die Hälfte von ihnen war jünger als 16 Jahre. Um diesen Trend zu stoppen, wurde 2003 mit dem Programm „HaLT – Hart am Limit" begonnen. Wird ein Mädchen oder Junge nach exzessivem Alkoholkonsum in ein Krankenhaus eingeliefert, erhält sie/er Besuch von einem Drogenberater der örtlichen Drogenberatungsstelle. Dieses erste Gespräch im Krankenhaus ist deshalb besonders wirksam, weil der Eindruck der Alkoholvergiftung und die damit verbundenen Gefahren noch präsent sind.

„HaLT" verfolgt zwei Ziele:

- dem exzessiven Alkoholkonsum von Kindern und Jugendlichen früh und präventiv zu begegnen
- den verantwortungsbewussten Umgang mit Alkohol auf kommunaler Ebene zu fördern

Finanziert wird das Programm von den Krankenkassen, den Gemeinden und den Ländern und es ist in vielen Städten und Regionen etabliert. HaLT-Projekte haben einen reaktiven und einen proaktiven Baustein:

reaktiver Baustein (Ansätze auf individueller Ebene)	proaktiver Baustein (Ansätze auf kommunaler Ebene)
• Gruppen-/Einzelangebote für betroffene Jugendliche (Tauchen, Klettern, Beratung) • evtl. Überleitung in weitergehende Hilfen • Erfassung qualitativer und quantitativer Daten zum riskanten Alkoholkonsum	• konsequente Umsetzung des Jugendschutzes bei Veranstaltungen, im Einzelhandel • Sensibilisierung von Eltern, Lehrkräften, Verkaufspersonal • breit angelegte Öffentlichkeitsarbeit

Frühintervention bei erstauffälligen Drogenkonsumenten

Das Programm „FreD" interveniert ebenfalls auf kommunaler Ebene. Jugendlichen, die wegen des Besitzes illegaler Drogen polizeilich aufgefallen sind, wird die Möglichkeit gegeben, einen Kurs über die Folgen des Drogenkonsums bei einer örtlichen Drogenberatungsstelle zu absolvieren. Es wird eine Teilnahmebestätigung ausgestellt, die belegt, dass sich der jugendliche Delinquent ernsthaft mit seiner Situation auseinandergesetzt hat.

Kampagnen

Auch die Quote der Konsumenten von alkoholischen Getränken und der Drogenkonsumenten, insbesondere der Cannabiskonsumenten, soll weiter gesenkt werden. Um dies zu erreichen, wird in Form von unterschiedlichen Kampagnen interveniert.

Die Aktionswoche „**Alkohol? Weniger ist besser**" will Erwachsene und Jugendliche für einen maßvollen Alkoholkonsum gewinnen. Die Aktionen finden an öffentlichen Plätzen statt, vor Einkaufszentren oder an Bahnhöfen, um viele Menschen anzuregen, über das Thema nachzudenken, ihr Trinkverhalten einzuschätzen und zu überprüfen, ob der eigenen Konsum schon gesundheitsschädlich ist.

Materialien für Multiplikatoren

Die Bundeszentrale für gesundheitliche Aufklärung und andere Institutionen bieten darüber hinaus Arbeits- und Informationsmaterialien in Form von Broschüren, CD-ROMs und zum Download im Internet für Lehrer, Sozialpädagogen und andere Akteure an, die sich mit risikominimierenden Strategien und Suchtprävention beschäftigen. Beispiele sind die Arbeitshilfe Cannabis, www.drugcom.de, die Arbeitshilfe Alkohol und der Leitfaden „Nachts Leben – Gesundheitsfördernde Maßnahmen im Nachtleben".

Internetangebote für Jugendliche und Erwachsene

Es gibt zahlreiche Portale zur Suchtprävention im Internet, von denen hier zwei Beispiele vorgestellt werden.

Begleitend zur Kampagne „Alkohol? Kenn dein Limit!" gibt es eine Internetseite für Erwachsene, die Informationen zum verantwortungsvollen Umgang mit Alkohol gibt. Dort steht beispielsweise ein Alkoholselbsttest zur Verfügung, mit dem der eigene Alkoholkonsum bewertet werden kann (www.kenn-dein-limit.de).

Das Internetangebot für Jugendliche informiert über Risiken und gesundheitliche Gefahren insbesondere durch den von Jugendlichen praktizierten hohen und riskanten Alkoholkonsum (www.kenn-dein-limit.info).

AUFGABEN

1. Erläutern Sie den Normalitätsbegriff.
2. Nennen Sie Symptome für psychische Störungen.
3. Informieren Sie sich über die Life-Event-Forschung, den Einfluss von Lebensereignissen als Auslöser von psychischen Stressreaktionen und die Belastungspunkteskala nach Rahe und Holmes.
4. Für drei Therapieverfahren bei psychischen Störungen übernehmen die gesetzlichen Krankenkassen die Kosten. Welche Therapien sind dies und worin liegen die Unterschiede?
5. Informieren Sie sich über die „Behandlung" psychischer Störungen vor der Psychiatriereform 1975. Schildern Sie die damaligen Zustände.
6. Beschreiben Sie die Leitsymptome einer Depression.
7. Informieren Sie sich über die Messung der Intelligenz durch standardisierte Tests. Berichten Sie.
8. Nennen Sie die vier Kriterien, die eine bestehende Sucht kennzeichnen.
9. Was versteht man unter TOAM in Zusammenhang mit Alkoholkonsum?
10. Nennen Sie die schädlichen Substanzen im Tabakrauch. Wie wirken sie sich aus?
11. Unterscheiden Sie zwischen Entgiftungsbehandlung und Entwöhnungsbehandlung bei Süchtigen.
12. Informieren Sie sich ausführlich über eine der genannten oder eine gerade besonders aktuelle Suchtpräventionsmaßnahme im Internet. Berichten Sie.
13. Zur Information:
Mit dem Thema „psychische Störungen" beschäftigen sich z. B. die folgenden Filme: „Helen" (Deutschland/USA 2009, Regie: Sandra Nettelbeck) ist die Geschichte einer Frau, die eigentlich alles hat, was sie sich wünscht, und trotzdem an einem Punkt in ihrem Leben in eine tiefe Depression stürzt. „Einer flog über das Kuckucksnest" (USA 1975, Regie: Milos Forman) erzählt über das Leben zwischen Normalität und Wahnsinn in einer psychiatrischen Anstalt.

25 Prävention von Infektionskrankheiten

■ Immer noch verursachen Infektionskrankheiten weltweit die meisten Todesfälle (s. Kapitel 15.1), wobei Aids, Tuberkulose und Malaria die meisten Opfer fordern. Vor allem in Entwicklungsländern sind Infektionskrankheiten Todesursache Nummer eins.

Dagegen starben in Deutschland im Jahre 2010 „nur" etwa 40.000 Menschen infolge einer Infektionskrankheit; das macht gerade einmal 5% aller Sterbefälle aus. Aber auch hier waren die Verhältnisse keinesfalls immer so.

In Europa lebten noch bis Ende des 19. Jahrhunderts die Menschen unter unzureichenden hygienischen Verhältnissen. Sie waren zudem schlecht ernährt oder mussten hungern. Infektionskrankheiten wie z. B. Tuberkulose und Cholera führten deshalb oft schon in der Kindheit zum Tode. Man schätzt, dass in Europa im 19. Jahrhundert Infektionskrankheiten für bis zu 60% der Todesfälle verantwortlich waren. Die letzte große Choleraepidemie brach aufgrund katastrophaler Hygienemängel 1892 in Hamburg aus und forderte 9.000 Todesopfer.

Seitdem haben sich die Lebensbedingungen wesentlich verbessert. Aufgrund der guten Nahrungsversorgung haben die Menschen ein stärkeres Immunsystem. Als wirksamste Vorbeugemaßnahmen gegen Infektionskrankheiten erwiesen sich verbesserte Hygienemaßnahmen und systematische, breit angelegte Schutzimpfungen. ■

25.1 Infektionsschutz

Das im Jahre 2001 in Kraft gesetzte Infektionsschutzgesetz (IfSG) fasst alle Regelungen, die dem Schutz der Bevölkerung vor Infektionskrankheiten dienen, zusammen. In § 1 werden die Ziele des Gesetzes genannt:

> § § 1 IfSG
> Zweck des Gesetzes ist es, übertragbaren Krankheiten beim Menschen vorzubeugen, Infektionen frühzeitig zu erkennen und ihre Weiterverbreitung zu verhindern.

Insofern kann man drei Ebenen des Infektionsschutzes unterscheiden:

- **primäre Prävention:** Ziel ist es dabei, den Ausbruch von Infektionskrankheiten zu vermeiden. So können durch Impfungen einerseits die behandelten Personen Immunität gegen den entsprechenden Erreger entwickeln. Andererseits wird angestrebt, einzelne Erreger vollständig auszurotten, indem die Bevölkerung konsequent vorsorglich geimpft wird. Außerdem dienen Hygienemaßnahmen der Vorbeugung von Infektionskrankheiten.

- **sekundäre Prävention:** Hierunter versteht man die Früherkennung von Infektionskrankheiten, um die Behandlungs- und Heilungsmöglichkeiten zu verbessern. Hierzu gehören z. B. die Untersuchung zur Vorbeugung von sexuell übertragbaren Krankheiten sowie die Überwachung multiresistenter Keime in Krankenhäusern.

- **tertiäre Prävention:** Sie dient dazu, die Verschlimmerung und Verbreitung von Infektionskrankheiten zu verhindern. Hierzu zählen z. B. die Isolierung und Quarantäne von infizierten Personen, um die Übertragung auf andere zu unterbinden.

Plakate der BZgA (Bundeszentrale für gesundheitliche Aufklärung)

Das Infektionsschutzgesetz hat insgesamt 16 Abschnitte. Die wichtigsten Regelungen sollen hier auszugsweise dargestellt werden.

- Im 3. Abschnitt „Meldewesen" sind die **meldepflichtigen Krankheiten** aufgelistet. Dazu gehören u. a. Cholera, Diphtherie, Pest und Tollwut. So müssen z. B. Ärzte und andere Institutionen des Gesundheitswesens die im Gesetz genannten Krankheitsfälle an die Gesundheitsämter melden, damit diese ggf. Maßnahmen zur Vermeidung einer Epidemie einleiten können. Auch das Robert Koch-Institut wird regelmäßig informiert und veröffentlicht u. a. entsprechende Statistiken (Epidemiologisches Bulletin).

- In den Abschnitten 4 „Verhütung übertragbarer Krankheiten" und 5 „Bekämpfung übertragbarer Krankheiten" werden u. a. die Aufgaben der Behörden und der Gesundheitsämter geregelt. Dazu gehört auch die ständige Impfkommission (STIKO), die u. a. **Impfempfehlungen** herausgibt (s. Kapitel 25.2.2).

- Der Abschnitt 6 enthält „zusätzliche Vorschriften für Schulen und sonstige Gemeinschaftseinrichtungen". Die Mitarbeiter solcher Einrichtungen müssen regelmäßig über Infektionsschutz belehrt werden. Außerdem sind die Einrichtungen verpflichtet, **Hygienepläne** zu erstellen (s. Kapitel 25.3.1). Personen, die an bestimmten Infektionen erkrankt sind, dürfen die Gemeinschaftseinrichtungen nicht betreten (z. B. Lehrer, Eltern, Schüler).

- Abschnitt 8 regelt die „gesundheitlichen Anforderungen an das Personal beim Umgang mit Lebensmitteln". Auch hier sind regelmäßige **Belehrungen** über Infektionsschutz vorgesehen. Es gilt ein **Beschäftigungsverbot** für Personen, solange diese an bestimmten ansteckenden Krankheiten leiden oder Ausscheider von Erregern sind.

25.2 Impfungen

25.2.1 Aktive und passive Immunisierung

Schon früh hatte man erkannt, dass Menschen, die eine Infektionskrankheit wie Masern oder Mumps überstanden haben, gegen weitere Ansteckungen durch die Erreger immun sind. Der Körper bildet bei der ersten Infektion spezifische **Antikörper** gegen die Krankheitskeime und speichert den Bauplan dafür in besonderen Gedächtniszellen. Bei einer zweiten Infektion mit dem gleichen Erreger kann er dann sofort und ohne Verzögerung reagieren und die Eindringlinge gezielt unschädlich machen.

Dieses **Immungedächtnis** macht man sich bei der **aktiven Immunisierung** zunutze. Durch Impfung werden abgetötete oder lebende, aber abgeschwächte Erreger oder unschädliche Teile von Bakterientoxinen in den Körper gebracht. Dies geschieht meistens durch eine Spritze, aber auch durch Schluckimpfung (z. B. bei Kinderlähmung, Polio). Das Immunsystem lernt durch den Kontakt mit dem Impfstoff den Erreger kennen, ohne zu erkranken, es bildet innerhalb einiger Tage bzw. Wochen Antikörper und speichert deren Bauplan. Falls sich der Geimpfte nochmals mit demselben Erreger infiziert, wird dieser ohne Verzögerung von spezifischen Antikörpern abgefangen und erfolgreich bekämpft. Diese Impfung, auch **Schutzimpfung** genannt, ist eine vorbeugende Maßnahme gegen verschiedene Infektionskrankheiten, die durch Bakterien oder Viren verursacht werden. Allerdings gibt es noch nicht gegen alle Erreger Impfstoffe. So sucht man zurzeit weltweit intensiv nach einem Impfstoff gegen HIV, um der heimtückischen Krankheit Aids Einhalt gebieten zu können.

Ist eine Infektionskrankheit erst einmal ausgebrochen, so hilft keine Schutzimpfung mehr. Man kann aber ein Impfserum mit fertigen Antikörpern gegen den entsprechenden Krankheitserreger spritzen. Diese **passive Immunisierung**, auch **Heilimpfung** genannt, dient der schnellen Genesung eines bereits erkrankten Menschen. Die Immunglobuline für diese Passivimpfung werden aus dem Blut anderer Menschen gewonnen.

25.2.2 Impfempfehlungen

Die Ständige Impfkommission (STIKO) am Robert Koch-Institut (RKI) gibt einen Impfkalender für Deutschland heraus. Die meisten Landesbehörden übernehmen diesen Impfplan. Für Kinder und Jugendliche werden generell Impfungen zum Schutz vor folgenden Krankheiten bzw. Erregern vom RKI empfohlen: **Tetanus** (Wundstarrkrampf), **Diphtherie**, **Pertussis** (Keuchhusten), **Haemophilus Influenzae Typ b** (bakterieller Erreger von z. B. Lungenentzündungen), **Poliomyelitis** (Kinderlähmung), **Hepatitis B** (Gelbsucht), **Pneumokokken** (Lungenentzündung), **Meningokokken** (Hirnhautentzündung), **Masern/Mumps/Röteln** (als Kombinationsimpfung), **Varizellen** (Windpocken); darüber hinaus **humane Papillomaviren** (sie können Gebärmutterkrebs verursachen, weshalb Mädchen ab dem 12. Lebensjahr geimpft werden sollten), **Influenzaviren** (für entsprechend gefährdete Personen).

Für besondere **Risikogruppen**, z. B. Personal in Krankenhäusern, Arztpraxen und Kindertagesstätten oder für Reisende in Seuchengebieten, gelten erweiterte Impfempfehlungen. So sollten sich Reisende in entsprechende Endemiegebiete z. B. gegen Cholera und Typhus impfen lassen. Tierärzten, Jägern und Forstarbeitern wird empfohlen, sich gegen Tollwut impfen zu lassen. Ärzte und/oder die Gesundheitsämter sollten bei entsprechendem Bedarf um Rat gefragt werden.

IMPFKALENDER

Stand: Juli 2009
Nach den Empfehlungen der Ständigen Impfkommission (STIKO)

Impfung gegen	Empfohlenes Impfalter GEBURT	Alter in Monaten					Alter in Jahren			
		2	3	4	11-14	15-23	5-6	9-17	ab 18	ab 60
Wundstarrkrampf (Tetanus)		1.	2.	3.	4.		A	A	A[b]	
Diphtherie		1.	2.	3.	4.		A	A	A[b]	
Keuchhusten (Pertussis)		1.	2.	3.	4.		A	A		A[c]
Haemophilus influenzae Typ b (Hib)		1.	2.[a]	3.	4.					
Kinderlähmung (Poliomyelitis)		1.	2.[a]	3.	4.			A		
Hepatitis B		1.	2.[a]	3.	4.			G		
Pneumokokken		1.	2.	3.	4.					S
Meningokokken					1.[d]					
Masern, Mumps, Röteln (MMR)					1.	2.				
Windpocken (Varizellen)					1.	2.			e)	
Humane Papillomviren (HPV)									f)	
Influenza										S[g]

A Auffrischimpfung   S Standardimpfung
G Grundimmunisierung für alle Jugendlichen, die bisher nicht geimpft wurden bzw. Komplettierung eines noch unvollständigen Impfschutzes.
a) Bei Einzelimpfstoffen und Impfstoffen ohne Pertussisanteil kann diese Dosis entfallen.
b) Auffrischimpfung alle 10 Jahre   c) Die nächste fällige Tetanus-Diphtherie-(Td)-Impfung soll einmalig mit einem Td-Pertussis bzw. Td-Pertussis-Poliomyelitis-Impfstoff erfolgen.
d) Ab dem vollendeten 12. Lebensmonat
e) Impfung von Jugendlichen ohne Windpockenerkrankung oder -impfung
f) Für alle Mädchen im Alter von 12 bis 17 Jahren   g) Jährlich mit aktuellem Impfstoff

Ziel muss es sein, möglichst frühzeitig einen vollständigen Impfschutz zu erreichen. Abweichungen von den angegebenen Terminen sind möglich und unter Umständen notwendig.

DEUTSCHES GRÜNES KREUZ ■ im Kilian · Schuhmarkt 4 · 35037 Marburg · Telefon 06421 293-0 · www.dgk.de

25.2.3 Herstellung von Impfstoffen

Während man die meisten Bakterien auch in Nährlösungen heranziehen kann, braucht man zur Virusvermehrung lebende Zellen. Die ersten Impfstoffe gegen Pockenviren wurden vor rund 200 Jahren aus Kühen gewonnen. Der Ausdruck „Vakzine" für Impfstoff kommt von dem lateinischen Begriff „vacca" = die Kuh. Bei der heutigen Impfstoffherstellung werden drei Techniken eingesetzt:

- **Hühnereimethode:** Lebende Krankheitserreger, sogenannte Saatviren, werden in ein befruchtetes Ei gespritzt und mehrere Wochen bebrütet, weshalb die Impfstoffherstellung so lange dauert. Das Impfvirus vermehrt sich mit der Entwicklung des Hühnerembryos. Anschließend wird das virushaltige Eiklar abgezogen und gereinigt. Die Viren werden entweder mit bestimmten Chemikalien behandelt und damit getötet (Totimpfstoff), oder sie werden so abgeschwächt, dass sie sich zwar noch im menschlichen Körper vermehren, aber die Krankheit nicht mehr auslösen können (Lebendimpfstoff).

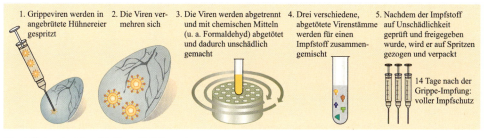

Herstellung eines Impfstoffes mit Hühnerei

- **Gewebekulturen:** Seit kurzem lassen sich Viren für die Impfstoffherstellung auch aus Gewebekulturen gewinnen. In großen Tanks wachsen die Zellen und vervielfältigen die Viren, mit denen sie zuvor infiziert wurden. Im Herbst 2007 kam der erste Grippeimpfstoff aus einer Zellkultur auf den Markt. Ein Vorteil dieser Produktionsmethode: Auch Menschen mit einer Überempfindlichkeit gegen Hühnereiweiß können geimpft werden.
- **Gentechnik:** Hierbei werden bestimmte Virusgene in Bakterien, Hefepilze oder andere Zellen eingeschleust. Die fremden Organismen produzieren Bruchstücke der Virenhülle, die dann geimpft werden. Hepatitis-B-Impfstoff wird inzwischen hauptsächlich gentechnologisch produziert.

25.2.4 Impfmüdigkeit

Seit Einführung der Schutzimpfungen Ende des 19. Jahrhunderts haben viele Infektionskrankheiten, die früher seuchenartig auftraten und viele Menschenleben kosteten, ihre Schrecken verloren. Einige Krankheiten wurden in Deutschland komplett ausgerottet, z. B. Pocken und Kinderlähmung. Weitere Infektionskrankheiten, wie z. B. Masern, hofft man bald besiegen zu können. Dies führt bei manchen Menschen zu einer gewissen Sorglosigkeit, die sich als „Impfmüdigkeit" ausdrückt.

Die Teilnahme an Schutzimpfungen ist in Deutschland freiwillig. Nach Untersuchungen des RKI liegt die **Durchimpfungsrate** im Vergleich zu anderen EU-Ländern in Teilbereichen zu niedrig. Kleinkinder weisen oft große Impflücken auf und es wird zu spät geimpft. Die Impfraten gegen Tetanus (96 %), Diphtherie (97 %) und Polio (95 %) sind erfreulich hoch, sodass diese Krankheiten bei Kindern und Jugendlichen in Deutschland praktisch nicht mehr vorkommen. Dagegen ist der Impfschutz gegen Masern, Mumps und Röteln nicht zufriedenstellend. Die WHO und die STIKO empfehlen eine zweistufige Impfung für mindestens 95 % aller Kinder. Während noch etwa 90 % der deutschen Kinder die erste Masernimpfung erhalten, weisen nur ca. 70 % der Kinder bei Schuleintritt die notwendige 2. Schutzimpfung auf. Für eine Eliminierung der Masern reicht das längst nicht aus. So kam es im April 2006 in Westdeutschland zu einer Masernepidemie mit Hunderten Infizierten. Auch für Haemophilus influenzae und Hepatitis B liegen die Impfraten mit 87 % und 67 % zu niedrig.

Möglicherweise hat auch die Angst vor **Impfreaktionen** einen Einfluss auf die Impfzurückhaltung. Impfreaktionen sind kurzzeitige und vorübergehende Erscheinungen, wie z. B. Hautschwellungen an der Einstichstelle oder Kopf- und Gliederschmerzen. Schwerwiegende Nebenwirkungen, die man **Impfkomplikationen** nennt, kommen nach Angaben des RKI heute bei Impfungen sehr selten vor.

25.3 Hygiene

25.3.1 Hygienepläne

Das Infektionsschutzgesetz (§ 36) verpflichtet nicht nur Einrichtungen des Gesundheitswesens, wie z. B. Krankenhäuser und Arztpraxen, sondern auch alle Gemeinschaftseinrichtungen, wie beispielsweise Schulen, Kindertagesstätten und Heime, dazu, Hygienepläne zu erstellen und darin Verfahren zur Infektionshygiene verbindlich festzulegen.

Das Wort „Hygiene" stammt aus dem Griechischen und bedeutet „gesund" bzw. „Gesundheit". Hygiene im Sinn der heutigen Medizin bezeichnet alle Maßnahmen zur Vorbeugung von Infektionskrankheiten, insbesondere Reinigung, Desinfektion und Sterilisation.

- **Reinigung** umfasst die Entfernung unerwünschter Substanzen von Oberflächen, Räumen, Anlagen und Einrichtungen, z. B. Blut und andere Körperflüssigkeiten.
- **Desinfektion** ist eine Maßnahme, bei der die Zahl der Infektionserreger so weit reduziert wird, dass eine Infektion oder Übertragung ausgeschlossen werden kann.
- **Sterilisation** beinhaltet Maßnahmen zur vollständigen Keimfreiheit von Gegenständen oder Produkten.

Als Desinfektionsmittel z. B. für die Haut, die Hände oder für Arbeitsflächen eignet sich u. a. Alkohol. Eine 60–80%-ige Lösung wird für 10–60 Sekunden aufgetragen. Sowohl das RKI als auch die DGHM (Deutsche Gesellschaft für Hygiene und Mikrobiologie) geben Listen und Anleitungen für die Desinfektion heraus. Bei der Sterilisation geht es um vollständige Keimfreiheit z. B. von Operationsbesteck oder von Infusionslösungen. Dazu werden verschiedene Verfahren eingesetzt.

Sterilisationsverfahren	Durchführung	geeignet für (Beispiele)
Heißluftsterilisation	30 Minuten bei 180 °C oder 10 Minuten bei 200 °C	• Instrumente aus Metall • Glasbehälter
Autoklavieren bei feuchter Hitze unter Druck	15–20 Minuten bei 121 °C und 2 bar Druck oder 5–10 Minuten bei 134 °C und 3 bar Druck	• Instrumente aus Metall • Glasbehälter • Textilien, Kunststoffe • thermostabile Flüssigkeiten (Medikamente, Nährböden)
Strahlensterilisation	energiereiche Strahlen (Gammastrahlen)	industriell gefertigte Massenprodukte zur Einmalverwendung, z. B. Tupfer, Nahtmaterial, Röhrchen

Ein Hygieneplan beantwortet in übersichtlicher Darstellung folgende 5 W-Fragen:
- **Was** muss einer Hygienebehandlung unterzogen werden?
- **Wann** ist die Maßnahme zu ergreifen?
- **Womit** ist die Maßnahme durchzuführen?
- **Wie** ist die Maßnahme durchzuführen?
- **Wer** muss die Maßnahme durchführen?

In Einrichtungen des Gesundheitswesens sind beim „Was" vor allem folgende Aspekte zu berücksichtigen:
- **Hände:** Sie sind die Hauptursache von Keimübertragungen.
- **Schutzmaßnahmen:** Schutzhandschuhe, -kleidung, Mundschutz usw.
- **Flächen:** Arbeitsflächen, Fußböden, Patientenliegen, Waschbecken, Toiletten usw.
- **Instrumente:** Spatel, Katheter, Elektroden usw.
- **Patienten:** Haut- und Schleimhautdesinfektion
- **Wäsche:** Abdecktücher, Arbeitskleidung usw.
- **Entsorgung:** Kanülen, Spritzen, Blutröhrchen, Urinbecher, Organ-/Gewebeteile usw.

Was?	Wann?	Womit?	Wie?	Wer?
Hände-Reinigung	• vor Arbeitsbeginn • bei sichtbarer Verschmutzung • nach Toilettenbenutzung • vor und nach dem Essen • am Arbeitsende	Waschlotion aus Spender	Die Waschlotion auf die angefeuchteten Hände geben, einreiben und gründlich abspülen	• Ärzte • medizinisches Personal
hygienische Händedesinfektion	• nach Kontakt mit potenziell infektiösem Material • nach Kontakt mit (potenziell infektiösen) Patienten • vor Bereitstellung von Injektionen oder anderen Materialien • vor diagnostischen oder therapeutischen Maßnahmen (z. B. Blutentnahme, Verbandswechsel) • nach Toilettenbenutzung	Desinfektionsmittel aus Spender	• zwei Hübe Desinfektionsmittel in die trockenen Hände für ca. 30 Sekunden einreiben, antrocknen lassen, nicht abspülen • Handrücken, Fingerkuppen, Fingerzwischenräume und Handgelenke nicht vergessen	• Ärzte • medizinisches Personal
chirurgische Händedesinfektion	vor chirurgischen Eingriffen	• Waschlotion (Spender) • Desinfektionsmittel (Spender)	1. Die Hände werden 1 Minute mit Waschlotion gewaschen und mit keimarmen Einmalhandtüchern getrocknet. 2. Hände, Fingerkuppen, Fingerzwischenräume und Unterarm mit Desinfektionsmittel (Spender) gut benetzen und ca. drei Minuten einreiben, antrocknen lassen, nicht abspülen.	• Ärzte • medizinisches Personal
Handpflege	• mehrmals täglich • nach jeder Händereinigung • am Arbeitsende	• Handpflegelotion (Spender) • Handcreme (personengebunden)	Lotion oder Creme gleichmäßig in beide Hände einmassieren und einziehen lassen	• Ärzte • medizinisches Personal

Hygieneplan einer Arztpraxis (Ausschnitt)

25.3.2 Infektionshygienische Überwachung

Mit dem am 01.01.2001 in Kraft getretenen Infektionsschutzgesetz obliegt es den Gesundheitsämtern, die Gemeinschaftseinrichtungen und Einrichtungen des Gesundheitswesens infektionshygienisch zu überwachen. Überprüft werden die Einrichtungen auf den hygienischen Standard, die Funktionalität, Arbeitsabläufe und technische Bereiche, hier u. a. die Bereiche OP, Endoskopie und Desinfektion und Sterilisation. Dazu gehen Mitarbeiter des Gesundheitsamtes unangemeldet in die Einrichtungen und führen die Prüfungen durch. Bei Verstößen drohen Geldstrafen bis 25.000 Euro und bei vorsätzlicher oder fahrlässiger Verbreitung meldepflichtiger Krankheiten sogar Freiheitsstrafen bis zu fünf Jahren.

25.3.3 Nosokomiale Infektionen

Besondere Aufmerksamkeit verdienen Infektionen, die sich Patienten im Rahmen von ärztlichen Behandlungen zuziehen. Sie werden als nosokomiale Infektionen bezeichnet (griech. „Nosokomeion" = Krankenhaus).

Die nosokomiale Infektion ist „eine Infektion […] als Reaktion auf das Vorhandensein von Erregern oder ihrer Toxine, die im zeitlichen Zusammenhang mit einer stationären oder einer ambulanten medizinischen Maßnahme steht, soweit die Infektion nicht bereits vorher bestand" (Infektionsschutzgesetz § 2 Abs. 8).

Nosokomiale Infektionen gehören zu den häufigsten Komplikationen infolge medizinischer Behandlungen. Man schätzt, dass in Deutschland pro Jahr etwa 500.000 Patienten davon betroffen sind. Am häufigsten treten auf: Harnwegsinfektionen, Wundinfektionen, Pneumonien (Lungenentzündungen) und Sepsis (Blutvergiftung). Da von solchen Infektionen eine große, unter Umständen tödliche Gefahr für die Gesundheit der Betroffenen ausgeht, gibt es im Infektionsschutzgesetz (IfSG) dazu spezielle Auflagen bzw. Regelungen:

> **§ 23 Nosokomiale Infektionen, Resistenzen**
>
> (1) Leiter von Krankenhäusern und von Einrichtungen für ambulantes Operieren sind verpflichtet, […] nosokomialen Infektionen und das Auftreten von Krankheitserregern mit speziellen Resistenzen und Multiresistenzen fortlaufend in einer gesonderten Niederschrift aufzuzeichnen und zu bewerten. Die Aufzeichnungen nach Satz 1 sind zehn Jahre aufzubewahren. Dem zuständigen Gesundheitsamt ist auf Verlangen Einsicht in die Aufzeichnungen zu gewähren.
>
> (2) Beim Robert Koch-Institut wird eine Kommission für Krankenhaushygiene und Infektionsprävention eingerichtet. […] Die Kommission erstellt Empfehlungen zur Prävention nosokomialer Infektionen sowie zu betrieblich-organisatorischen und baulich-funktionellen Maßnahmen der Hygiene in Krankenhäusern und anderen medizinischen Einrichtungen. […]
>
> **§ 6 Meldepflichtige Krankheiten**
>
> (3) Dem Gesundheitsamt ist unverzüglich das gehäufte Auftreten nosokomialer Infektionen, bei denen ein epidemischer Zusammenhang wahrscheinlich ist oder vermutet wird, als Ausbruch nichtnamentlich zu melden. […]

Einerseits können nosokomiale Infektionen durch an sich harmlose körpereigene Erreger ausgelöst werden. So kann z. B. das zur Normalflora des Darms gehörende Bakterium E. coli durch ein Katheter in die Harnwege gelangen und dort eine Infektion hervorrufen. Andererseits kommen auch körperfremde Erreger wie z. B. Noroviren in Betracht. Dadurch, dass die Patienten häufig aufgrund ihrer Krankheit geschwächt sind und möglicherweise Medikamente einnehmen müssen, die die Immunabwehr unterdrücken, werden Infektionen begünstigt.

Besonders gefürchtet sind muliresistente Keime, die gegen mehrere Antibiotika resistent sind. **MRSA** (Methicillin-resistenter Staphylococcus aureus) ist ein solcher Problemkeim: Der MRSA-Stamm ist gegenüber vielen bekannten Antibiotika resistent (Penicilline, Cephalosporine, Carbapeneme), wodurch die Behandlung erschwert wird. Infektionen entstehen vor allem im Krankenhaus und in Pflegeeinrichtungen, z. B. durch Katheter, auf Wunden und auf Dekubiti.

In Deutschland hat MRSA mittlerweile einen Anteil von rund 20 % aller untersuchten Staphylococcus-aureus-Infektionen; auf Intensivstationen liegt der Anteil bei 37 %. Im Vergleich dazu haben die skandinavischen Länder und die Niederlande deutlich niedrigere Werte ($<1\%$).

Ist eine MRSA-Infektion erst einmal aufgetreten, sind besondere Hygienemaßnahmen notwendig, um eine Ausbreitung der Infektion auf andere Patienten und das Pflegepersonal zu verhindern. Dazu zählen u. a. Unterbringung im Einzelzimmer (Isolation) und Tragen von Schutzkleidung (Handschuhe, Kittel, Mundschutz). Erst wenn durch Abstriche der Therapieerfolg festgestellt worden ist, können die Hygienemaßnahmen gelockert werden.

Das RKI empfiehlt vor allem Krankenhäusern folgende Vorbeugemaßnahmen:

- konsequentes und systematisches Hygienemanagement (MRSA-Management)
- eingehende Information und Schulung des Personals
- frühzeitiges Erkennen und Nachweis von MRSA-Kolonisation bzw. Infektion bei Patienten und beim Personal
- konsequente Isolierung der MRSA-kolonisierten/-infizierten Patienten
- strikte Einhaltung der erforderlichen Hygienemaßnahmen
- Versuch der Sanierung bekannter MRSA-Träger
- kontrollierter Umgang mit Antibiotika

Bei Verlegungen in andere medizinische oder pflegerische Einrichtungen ist die entsprechende Zieleinrichtung vorab über die MRSA-Besiedlung/-Infektion des Patienten zu informieren. Die Begleitunterlagen sollten geeignete Informationen enthalten. Nur so können entsprechende Maßnahmen zur Prävention der Weiterverbreitung getroffen werden.

AUFGABEN

1. Stellen Sie für eine Infektionskrankheit (z. B. Aids, Influenza) verschiedene Maßnahmen des Infektionsschutzes zusammen. Ordnen Sie diese den drei Präventionsstufen (primär, sekundär, tertiär) zu.

2. Suchen Sie auf der Homepage des Robert Koch-Instituts (www.rki.de) eine aktuelle Ausgabe der Zeitschrift „Epidemiologisches Bulletin". Berichten Sie über die Inhalte.

3. Besorgen Sie sich bei Gemeinschaftseinrichtungen (Schulen, Kindertagesstätten, Heimen) oder auf entsprechenden Internetseiten Merkblätter für Eltern zum Infektionsschutz. Berichten Sie darüber.

4. Erklären Sie den Unterschied zwischen „aktiver" und „passiver Immunisierung".

5. Besorgen Sie sich beim Gesundheitsamt Ihrer Stadt oder auf entsprechenden Internetseiten Impfempfehlungen für bestimmte Reisegebiete (z. B. tropisches Afrika) und bestimmte Berufsgruppen (z. B. Forstmitarbeiter, Beschäftigte im Gesundheitswesen, auf Dialysestationen). Berichten Sie.

6. Überprüfen Sie Ihren eigenen Impfschutz, indem Sie Ihren Impfausweis mit dem Impfplan der STIKO (s. S. 343) vergleichen.

7. Wie werden Impfstoffe hergestellt?

8. Was versteht man unter „Impfmüdigkeit"? Welche Gefahren resultieren daraus für den Einzelnen und die Allgemeinheit?

9. Erklären Sie die Begriffe „Reinigung", „Desinfektion" und „Sterilisation". Nennen Sie entsprechende Methoden.

10. Besorgen Sie sich Hygienepläne aus Einrichtungen des Gesundheitswesens (z. B. Krankenhäuser, Arztpraxen) und aus Gemeinschaftseinrichtungen (Kitas, Schulen, Heimen). Berichten Sie.

11. Was versteht man unter „nosokomialen Infektionen". Wie kommen Sie zustande? Welche Präventionsmaßnahmen sollten Einrichtungen treffen?

26 Zivilisationskrankheiten und ihre Vorsorge

■ Während in den bevölkerungsreichen Entwicklungsländern Infektionskrankheiten die meisten Todesfälle verursachen, sind in Deutschland und anderen Industrienationen Herz-Kreislauf-Erkrankungen die Todesursache Nummer eins. Nahezu jeder zweite Verstorbene erliegt in Deutschland einem Herz-Kreislauf-Versagen.

Durch verbesserte Hygienemaßnahmen und systematisch breit angelegte Schutzimpfungen konnten einerseits in den Industrienationen Infektionskrankheiten wirksam bekämpft werden. Andererseits haben die Risikofaktoren für Herz-Kreislauf-Erkrankungen dramatisch zugenommen.

Man spricht vom **metabolischen Syndrom** oder „tödlichen Quartett" bzw. „Wohlstandssyndrom", wenn gleichzeitig folgende Risikofaktoren für Herz-Kreislauf-Erkrankungen bei einem Menschen auftreten:
- Übergewicht
- hohe Blutfettwerte
- Bluthochdruck
- erhöhte Blutzuckerwerte

Das Syndrom beginnt meist mit zunehmendem Übergewicht. Langfristig führt der „Wohlstandsbauch" zu einer Entgleisung des Stoffwechsels. Die Blutfettwerte und die Blutzuckerwerte steigen, und es entsteht Bluthochdruck. Jeder der vier Einzelfaktoren stellt für sich schon ein Risiko für Herz-Kreislauf-Erkrankungen dar. Je mehr dieser Risikofaktoren zusammenkommen, desto höher ist die Gefahr. Unbehandelt können Herzinfarkt und Schlaganfall die Folgen des metabolischen Syndroms sein. ■

Typische Arbeitsplätze in Entwicklungsländern und hoch entwickelten Industrieländern unterscheiden sich enorm.

26.1 Was sind Zivilisationskrankheiten?

Zivilisationskrankheiten, auch Wohlstandskrankheiten genannt, sind Krankheiten, die in westlichen Industrienationen vermehrt vorkommen und deren Ursachen auf verbreitete, gesundheitsgefährdende Lebensstile, Verhaltensweisen und Umweltfaktoren zurückzuführen sind.

Diese Definition macht deutlich, dass nicht die moderne Zivilisation als solche die Krankheiten verursacht, sondern bestimmte in industrialisierten Ländern verbreitete Lebensstile, Verhaltensweisen und Umweltbedingungen. Insofern leiden auch nicht alle Menschen in Industrienationen an Zivilisationskrankheiten. Es herrscht weitgehend Einigkeit, dass folgende **Risikofaktoren** Zivilisationskrankheiten begünstigen:

- Über- und Fehlernährung, u.a. hoher Zucker- und Fettkonsum
- Bewegungsmangel (vermehrt Büroarbeitsplätze, Automatisierung der Industriearbeitsplätze)
- regelmäßiger Zigaretten- und Alkoholkonsum
- Umweltgifte (z.B. Feinstaub in der Luft, Dioxin in Lebensmitteln)
- Stress und Leistungsdruck im Beruf
- Lärmbelastung, z.B. durch Straßenverkehr
- Reizüberflutung durch Medien

Allerdings besteht Uneinigkeit in der Literatur, welche Krankheiten überhaupt als Zivilisationskrankheiten einzustufen sind. Folgende meist chronisch verlaufende Krankheiten werden häufig genannt:

- **Bluthochdruck (Hypertonie):** Ab Werten von 140 mm Hg systolisch zu 90 mm Hg diastolisch spricht man von Bluthochdruck (s. Kapitel 8.3.1).
- **koronare Herzkrankheit (KHK):** Das Krankheitsbild entsteht durch Verengung oder den totalen Verschluss von Herzkranzgefäßen durch Verkalkung (Arteriosklerose). Hinter der Engstelle wird der Herzmuskel nicht mehr ausreichend mit Blut, d.h. mit Sauerstoff und Nährstoffen, versorgt und nimmt dadurch Schaden (s. Kapitel 8.3.2).
- **Diabetes mellitus Typ 2:** Dieser Typ der Zuckerkrankheit, auch Altersdiabetes genannt, entsteht durch Überernährung und Bewegungsmangel: Ein ständiger hoher Blutzuckerspiegel erfordert einen hohen Insulinspiegel. Als Folge der überschießenden Insulinproduktion verringert sich die Zahl der empfindlichen Insulinrezeptoren an den Oberflächen der Zellen; die Zellen können die Glukose nur noch mangelhaft aufnehmen. Man spricht von Insulinresistenz (s. Kapitel 10.5.2).
- **Übergewicht und Adipositas:** Nach einer WHO-Definition beginnt Übergewicht ab einem Body-Mass-Index (BMI) von 25 kg/m² (s. Kapitel 10.5.1).
- **bestimmte Krebsarten (z.B. Lungen- und Darmkrebs):** Durch verschiedene Umwelteinflüsse können Zellen des Körpers entarten und zu ungehemmtem Wachstum übergehen. Krebserregende Stoffe, Karzinogene, kommen z.B. in Genussmitteln (Tabakrauch) und in der Umwelt vor (s. Kapitel 16, 23 und 24.2).
- **bestimmte Allergien:** Allergien sind Überempfindlichkeitsreaktionen des Immunsystems auf bestimmte Antigene, wie z.B. Pollen, Tierhaare, Früchte oder Arzneimittel (s. Kapitel 15.8.1). So können sich z.B. Blütenpollen zu potenteren Allergenen entwickeln, wenn sie mit Schadstoffen aus der Luft befrachtet und dadurch in ihrer Oberflächenstruktur verändert sind.
- **chronisch obstruktive Lungenerkrankung (COPD):** Die Bronchien der Betroffenen sind dauerhaft verengt. Dadurch können sie nicht mehr vollständig ausatmen. Es bleibt zuviel Luft in der Lunge zurück. Dieser Luftstau bedingt, dass die COPD-Patienten weniger frische Luft einatmen können; sie verspüren Atemnot. Als Hauptursache für die Entstehung einer COPD gilt das Zigarettenrauchen (s. Kapitel 12.3.2).

- **Gicht:** Gicht ist eine Krankheit, die sich durch starke Gelenk- und Gliederschmerzen äußert. Ursache ist die Ablagerung von Harnsäurekristallen in den Gelenken. Eine erbliche Stoffwechselstörung führt zu verminderter Harnsäureausscheidung und vermehrter Harnsäurebildung. Risikofaktoren sind purinreiche Ernährung mit viel Fleisch sowie übermäßiger Alkoholkonsum, da Alkohol die Harnsäureausscheidung vermindert.

- **Karies:** In der Mundhöhle bilden Bakterien zusammen mit Zucker und Speiseresten einen zähen, fest an den Zähnen haftenden Belag, die **Plaque**. Die schädlichen Bakterien nehmen den Zucker aus der Nahrung auf und verwandeln ihn innerhalb kurzer Zeit in verschiedene Säuren, die die Zahnsubstanz entkalken können. Weitere Bakterien können eindringen und innere Teile des Zahns angreifen.

- **bestimmte Hauterkrankungen (z. B. Neurodermitis):** Neurodermitis ist eine chronische Hauterkrankung. Es kommt in Schüben zu Hautentzündungen, die mit starkem Juckreiz und Hautrötungen einhergehen. Als Ursache wird eine Stoffwechselstörung vermutet, die erblich bedingt ist. Ausgelöst wird die Krankheit meist durch Allergene, z. B. durch Inhaltsstoffe von Nahrungsmitteln, Kosmetika und Waschmitteln oder durch Pollen und Hausstaubmilben. Psychische Faktoren, Stress und Kältereize können den Ausbruch eines allergischen Schubs begünstigen.

- **bestimmte psychische Störungen (z. B. Depressionen, Ängste):** Psychische Störungen können durch kritische Lebensereignisse ausgelöst werden. Dazu gehören einerseits belastende und als negativ empfundene Vorfälle wie Leistungsdruck im Beruf, Stress mit Vorgesetzten, Mobbing durch Kollegen. Aber auch positive Ereignisse wie Hochzeit oder Schwangerschaft können Stressreaktionen des Körpers auslösen (s. Kapitel 24).

Viele dieser Krankheiten treten erst im fortgeschrittenen Alter auf. Deshalb nimmt man an, dass auch die höhere Lebenserwartung in den entwickelten Ländern das gehäufte Auftreten der Zivilisationskrankheiten begünstigt. In den Entwicklungsländern hingegen sterben die meisten Menschen in relativ jungen Jahren u. a. an Infektionskrankheiten (Aids, Malaria, Tuberkulose usw.), also bevor Zivilisationskrankheiten auftreten können.

26.2 Prävention von Zivilisationskrankheiten

26.2.1 Änderung des Lebensstils

Betrachtet man die genannten Ursachen für Zivilisationskrankheiten wie Übergewicht, Bewegungsmangel, Nikotinkonsum usw., so wird deutlich, dass eine Heilung nicht alleine durch medikamentöse Therapie möglich ist. Vielmehr muss bei einer Änderung des ungesunden Lebensstils angesetzt werden. Dazu gehören:

- regelmäßiges körperliches Training, am besten Ausdauertraining von 30 bis 60 Minuten, mindestens zwei- bis dreimal pro Woche
- gesunde, ausgewogene Ernährung (s. Kapitel 10.4.1)
- Gewichtsreduktion bei Übergewicht (Diät)
- Beendigung des Rauchens (s. Kapitel 24.2.5)

Viele Menschen, die ein inaktives Leben führen, geben an, dass sie keine Zeit für sportliche Aktivitäten haben, beruflich stark belastet sind oder in keiner geeigneten Umgebung wohnen, in der man regelmäßig Sport treiben kann. Insofern erscheint es sinnvoll, schon Kinder und Jugendliche an einen gesundheitsbewussten Lebensstil heranzuführen, z. B. in der Kindertagesstätte und in der Schule. Hier setzen wichtige Präventionsprogramme der Krankenversicherung an (s. Kapitel 21.3).

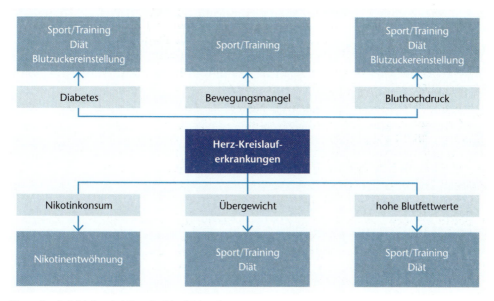

Therapiemöglichkeiten bei Herz-Kreislauf-Erkrankungen

26.2.2 Disease-Management-Programme (DMP)

Versorgung chronisch kranker Patienten

Disease-Management-Programme (DMP) sind strukturierte Behandlungsprogramme für chronisch kranke Patienten. Zurzeit werden sechs dieser Programme für folgende Krankheiten angeboten:

1. Diabetes mellitus Typ 1, seit 2004
2. Diabetes mellitus Typ 2, seit 2002 (in Vorbereitung Modul Adipositas zum DMP Diabetes Typ 2)
3. Brustkrebs, seit 2002
4. koronare Herzkrankheit (KHK), seit 2003 (und Modul Herzinsuffizienz zum DMP KHK, seit 2009)
5. Asthma, seit 2005
6. chronisch obstruktive Lungenerkrankungen COPD, seit 2005

Betrachtet man die bestehenden Programme, so ist zu erkennen, dass sie sich mit Ausnahme von DMP Diabetes mellitus Typ 1 auf Zivilisationskrankheiten beziehen. Durch standardisierte Behandlungs- und Betreuungsprozesse, die sich an aktuellen wissenschaftlichen Erkenntnissen orientieren, sollen die chronisch Erkrankten besser versorgt werden. Die Teilnahme an den Disease-Management-Programmen ist für Patienten freiwillig. Allerdings versuchen die Krankenkassen mit Anreizen die Teilnahme zu fördern, z. B. durch die

Erstattung der Praxisgebühr. Zurzeit sind knapp 5 Mio. Patienten in einem DMP eingeschrieben. Die Krankenkassen erhalten aus dem Gesundheitsfonds für eingeschriebene DMP-Teilnehmer eine Grundpauschale sowie ggf. Alters- und Risikozuschläge.

Ziel der Disease-Management-Programme ist es, die Behandlung der chronisch Kranken über die Grenzen der einzelnen Leistungserbringer, z. B. Hausarzt/Facharzt, hinweg zu koordinieren und so eine bedarfsgerechte und wirtschaftliche Versorgung sicherzustellen. So sollen die Patienten besser vor Folgekrankheiten bewahrt werden. Sowohl für den koordinierenden Hausarzt als auch für den behandelnden Facharzt gelten festgelegte Qualitätsanforderungen, wie z. B. fachliche Qualifikation, regelmäßige Fortbildung sowie die personelle und apparative Ausstattung der Praxis.

Als wesentliche Erfolgsfaktoren der Disease-Management-Programme gelten die bessere Einbindung und Mitarbeit der Patienten. Beim DMP Diabetes mellitus Typ 2 gehören dazu u. a.:

- Vereinbarung individueller Therapieziele
- Ernährungsberatung
- Beratung im Hinblick auf Tabakentwöhnung
- Beratung zur körperlichen Aktivität
- regelmäßige Stoffwechselkontrolle
- Prävention und ggf. Behandlung von Begleit- und Folgeerkrankungen

Evaluation der Disease-Management-Programme

Der Gesetzgeber hat die Krankenkassen auch verpflichtet, die Disease-Management-Programme regelmäßig durch unabhängige Sachverständige zu **evaluieren**. Das bedeutet, es wird anhand von Daten überprüft, inwieweit die mit der Einführung der Programme verfolgten Ziele tatsächlich erreicht wurden. Die ersten Evaluationsberichte für die Jahre 2003–2006 liegen mittlerweile vor und zeigen durchweg positive Trends im Vergleich zu Patienten, die nicht an den entsprechenden Programmen teilgenommen haben. So konnten z. B. für das DMP Diabetes Typ 2 folgende Fortschritte festgestellt werden:

- Die Blutdruckwerte sind deutlich gesunken.
- Die Blutzuckerwerte konnten stabilisiert werden.
- Auch das Gesundheitsverhalten der Teilnehmer zeigte Verbesserungen: So sank der Anteil der Raucher bei DMP-Teilnehmern in drei Jahren von etwa 10% auf 5%.
- Typische und schwerwiegende Komplikationen wie Schlaganfälle und Beinamputationen kamen bei DMP-Teilnehmern seltener vor.

Die Untersuchungsergebnisse zeigen klar, dass Diabetes mellitus bei den DMP-Teilnehmern signifikant seltener zu Krankenhausbehandlungen führt als bei Nichtteilnehmern. So war die Zahl der teilnehmenden Patienten mit Schlaganfall gegenüber der Kontrollgruppe um fast ein Drittel geringer, die Zahl der teilnehmenden Patienten mit Bein- und Fußamputationen sogar um die Hälfte.

Eine Befragung unter den Patienten ergab ferner, dass sich die Teilnehmer des DMP besser betreut fühlen als die Vergleichsgruppen. Dies bezieht sich auf die Information über die Krankheit und deren Behandlung sowie auf Schulung und Unterstützung bei der notwendigen Änderung von Lebensgewohnheiten.

26 Zivilisationskrankheiten und ihre Vorsorge

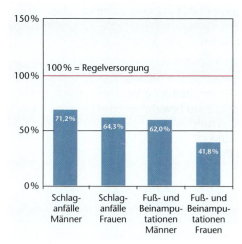

Teilnehmerinnen an Disease-Management-Programmen haben seltener mit ernsten Komplikationen zu rechnen, Prozentzahlen relativ zur Kontrollgruppe (Info Praxisteam Nr. 4/ 2007, S. 13, Daten: BARMER)

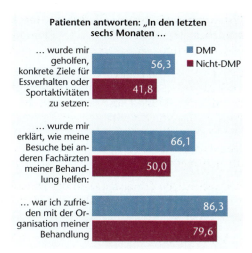

Teilnehmerinnen an Disease-Management-Programmen fühlen sich deutlich besser betreut als Patienten in der Regelversorgung (Info Praxisteam Nr. 4/ 2007, S. 13, Daten: AOK)

AUFGABEN

1. Stellen Sie in einer Tabelle gegenüber, wie sich die Lebensbedingungen und Lebensstile in Entwicklungsländern und entwickelten Ländern unterscheiden.

2. Erklären Sie die Risikofaktoren für Zivilisationskrankheiten. Nennen Sie persönliche Präventionsmaßnahmen.

3. Stellen Sie eine der in Kapitel 26.1 genannten Zivilisationskrankheiten in Form eines Kurzreferates vor.

4. Erklären Sie Präventionsmaßnahmen für Zivilisationskrankheiten in verschiedenen Settings (s. Kapitel 21.3 bis 21.5).

5. a Erklären Sie Ziele und Umsetzung der Disease-Management-Programme (DMP).
   b Erklären Sie am Beispiel des DMP Diabetes mellitus Typ 2 die Evaluation und die Evaluationsergebnisse.

6. Informieren Sie sich im Internet (www.bundesversicherungsamt.de) über die Evaluationskriterien und -ergebnisse der Disease-Management-Programme. Berichten Sie.

27 Arzneimittel und alternative Heilverfahren

■ Im Jahr 2009 betrugen die Ausgaben der gesetzlichen Krankenversicherung (GKV) für Arzneimittel 30,7 Mrd. Euro. Damit sind die Ausgaben für Arzneimittel trotz gesetzlicher Kostendämpfungsmaßnahmen um 5,2% gegenüber 2008 gestiegen. Seit 2002 ist es den Krankenkassen möglich, Rabatte mit den Arzneimittelherstellern und den Großhändlern zu vereinbaren. Generika machen mittlerweile etwa 50% aller Verordnungen aus. „Generika" (Singular: Generikum) sind „Nachahmerprodukte", die nach Ablauf des Patentschutzes hergestellt werden. Sie enthalten den gleichen Wirkstoff wie das Markenarzneimittel, sind allerdings preisgünstiger als das Original.

Nach Schätzungen des Umweltbundesamtes (UBA) werden etwa 30% aller verordneten Medikamente ungenutzt weggeworfen. ■

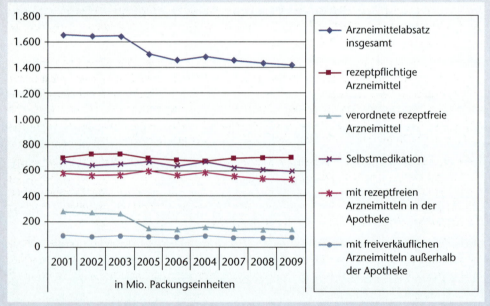

Arzneimittelabsatz in Deutschland in Millionen Packungseinheiten (vgl. Gesundheitsberichterstattung des Bundes, www.gbe-bund.de)

27.1 Arzneimittel und ihre Wirkungen

27.1.1 Was sind Arzneimittel?

Arzneimittel im Sinne des Arzneimittelgesetzes (AMG) sind Wirkstoffe und Zubereitungen aus Wirkstoffen, die dazu dienen, durch ihre Anwendung am oder im menschlichen Körper Krankheiten zu heilen, zu lindern, zu verhüten oder zu erkennen. Sie finden demnach Verwendung in der Diagnostik und in der Therapie.

Als **Wirkstoffe** (Arzneistoffe) bezeichnet man Substanzen, die in geringer Dosis in einem Organismus eine spezifische Wirkung hervorrufen. Zusammen mit Hilfsstoffen (Trägerstoffen) werden daraus spezifische Arzneimittel hergestellt. Dabei dienen die **Hilfsstoffe** hauptsächlich als Wirkstoffträger und haben keine nennenswerte Eigenwirkung. Trotzdem gibt es bewusst genutzte Eigenschaften dieser Hilfsstoffe, wie z. B. Verbesserung des Geschmacks, des Aussehens, der Haltbarkeit, der Anwendbarkeit oder aber die gezielte Freisetzung des Wirkstoffs am jeweiligen Wirkort.

Die **Pharmakologie** ist die Wissenschaft von den Wechselwirkungen zwischen Stoffen (Arzneimitteln) und Lebewesen. Die Wissenschaft von der sachgemäßen Zubereitung, Beschaffenheit und Anwendung der Arzneimittel ist die **Pharmazie**; sie wird im Apothekerstudium vermittelt.

EXKURS: Geschichte der Pharmazie

Die ersten Arzneimittel der Welt waren vermutlich Beeren, Blätter oder Erden, die unsere Vorfahren bei Beschwerden gezielt zu sich nahmen. Die daraus resultierenden Erfahrungen wurden von Generation zu Generation weitergegeben.

Später begannen Priester, das Wissen um die Heilkraft von Pflanzen, Tieren und Mineralien zu sammeln. Die Verknüpfung eines kirchlichen Amtes mit der Medizin und Pharmazie ist fast durchgängig in allen frühen Kulturen zu beobachten. Die Gabe von Heilmitteln wurde daher auch immer von Gebeten und Beschwörungsformeln begleitet. Indische Ärztepriester waren die ersten, die Arzneibücher anlegten. Darin findet man ausführliche Beschreibungen von Heilpflanzen, Mineralien und tierischen Drogen und deren Verarbeitung zu Mus oder getrocknetem Pulver.

Viele griechische Heilkundige ließen sich in Indien ausbilden und brachten damit auch das medizinische und pharmazeutische Wissen nach Europa. Die alkoholische Gärung war zu dieser Zeit schon seit langem bekannt, sodass es bereits Herstellungsverfahren für Auszüge, Extrakte und Lösungen gab. Vor allem in Babylon wurden auf diese Weise viele Arzneimittel zubereitet. So kannten die Babylonier schon sehr früh das Alaun zum Blutstillen oder mischten Massageöle.

Die Ägypter beherrschten das Einbalsamieren und Mumifizieren ihrer Leichen und entwickelten fortgeschrittenes Wissen im Bereich der Anatomie, Chirurgie und Pharmazie. Auch hier waren die medizinisch Tätigen Priester, die ihre Kenntnisse und das gesamte Spektrum ihres Arzneimittelschatzes auf Papyrusrollen überlieferten.

*Griechenland als die Wiege Europas war zugleich die Wiege der europäischen Pharmazie. **Hippokrates** von Kos (um 460–370 v. Chr.) ist vermutlich der berühmteste griechische Heilkundler. Er studierte in Persien und wurde später ein wichtiger Lehrer in seinem Heimatland.*

*Die erste bekannte Arzneimittelprüfung am Menschen führten vermutlich die Griechen durch. An Sklaven testete man die Wirkung des weltberühmten Allheilmittels **Theriak**. Es soll gegen alle Krankheiten und Vergiftungen schützen und besteht aus etwa 70 Bestandteilen in pulverisierter Form. Da kleine Mengen Opium und Arsen dazugehören, wurde die Herstellung unter staatliche Aufsicht gestellt, um Verfälschungen und damit Vergiftungen zu vermeiden.*

Es waren die Römer, die eine Trennung der Berufsbilder Arzt und Apotheker herbeiführten, allerdings nicht so streng, wie es heute bekannt ist, aber man unterschied schon Salbenbereiter, Kräuterhändler und Chirurgen bzw. Wundärzte, die meist dem Militär angehörten.

27.1.2 Darreichungsformen

Aufgrund der unterschiedlichen Anwendungsmöglichkeiten und der therapeutischen Bedürfnisse gibt es verschiedene **Arzneiformen**.

Orale Arzneiformen sind solche, die man über den Mund einnimmt. Der Arzneistoff wird meistens im Magen-Darm-Trakt gelöst, über die Magen-Darm-Schleimhaut aufgenommen (resorbiert) und gelangt über die Blutbahn an den jeweiligen Wirkort.

Es gibt **feste Arzneimittel**, wie Tabletten, Dragees, Kapseln, Pulver und Granulate, sowie **flüssige Zubereitungen**, wie Lösungen, Tropfen, Säfte, Suspensionen. Für feste Zubereitungsformen gilt grundsätzlich: Nur Tabletten mit einer **Bruchrille** dürfen geteilt werden. Es sei denn, der Hersteller gibt in seiner Packungsbeilage einen Hinweis auf die Teilbarkeit seiner Darreichungsform.

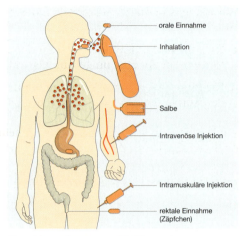

Darreichungsformen von Medikamenten

Eine spezielle Zubereitung **oraler Arzneimittel** ist die Retardform. Der Arzneistoff wird nur langsam, aber kontinuierlich freigesetzt und erhält somit eine längere Wirkdauer. Eine weitere Besonderheit bei den festen Arzneiformen haben die magensaftresistenten Tabletten bzw. Kapseln. Die darin enthaltenen Arzneistoffe sollen die Magenschleimhäute weder angreifen noch soll der Arzneistoff durch die Magensäure verändert werden, denn damit wird die therapeutische Wirksamkeit infrage gestellt.

Parenterale Arzneiformen sind Zubereitungen, die dem Körper unter Umgehung des Magen-Darm-Traktes zugeführt werden. Die Wirkstoffe gelangen so auf schnellstem Wege in die Blutbahn und können dort ihre Wirkung rasch entfalten. Man kann folgende Applikationsformen unterscheiden: Injektionslösungen, Infusionslösungen, künstliche Ernährung über Sonden und Implantate.

Eingesetzt wird diese Arzneiform bevorzugt bei Bewusstlosigkeit des Patienten, Erbrechen und/oder starkem Durchfall oder wenn die Magensäure den Wirkstoff zerstört oder der Wirkstoff die Magen-Darm-Schleimhaut schädigt.

Topische Arzneiformen: Die Arzneistoffe werden lokal („topisch" bedeutet örtlich) verabreicht, z.B. auf die Haut oder die Schleimhaut aufgebracht. Dazu dienen Zubereitungen wie z.B. Pasten, Salben, Cremes, Lotionen, Zäpfchen (rektal oder vaginal), Tropfen und Sprays (für Augen, Ohren, Nasen) sowie Dosieraerosole als inhalative Arzneiform.

Eine besondere Form stellt das wirkstoffhaltige Pflaster dar. Dieses **t**ransdermale **t**herapeutische **S**ystem (TTS) setzt den Wirkstoff über die Haut frei, der durch die verschiedenen Hautschichten tritt und in die Blutbahn gelangt. Da diese Applikationsform bevorzugt in der Schmerz- und Hormontherapie Anwendung findet, sollte bei der Handhabung besondere Vorsicht walten und auf den Eigenschutz geachtet werden. Deshalb gilt: Nie ohne Einmalhandschuhe arbeiten. Außerdem dürfen diese Pflaster **nur** nach Rücksprache mit dem Arzt oder entsprechenden Hinweisen des Herstellers halbiert bzw. geschnitten werden, wenn eine Reduzierung der Wirkstoffkonzentration gewünscht wird.

27.1.3 Wirkungen von Arzneimitteln

Was passiert, wenn ein Arzneimittel in den Körper gelangt? Mit dieser Frage befassen sich zwei Teilgebiete der Pharmakologie:

1. Die **Pharmakokinetik** untersucht den Einfluss des Organismus auf das Arzneimittel. Wie wird es ab- oder umgebaut, verstoffwechselt und letzten Endes ausgeschieden?

2. Die **Pharmakodynamik** beschreibt umgekehrt die Wirkungen eines Arzneistoffes auf den Körper. Wie, wo und warum beeinflusst es den Körper und seine Funktionen?

Am Beispiel eines oral verabreichten Arzneimittels kann der Weg durch den Körper schematisch folgendermaßen dargestellt werden:

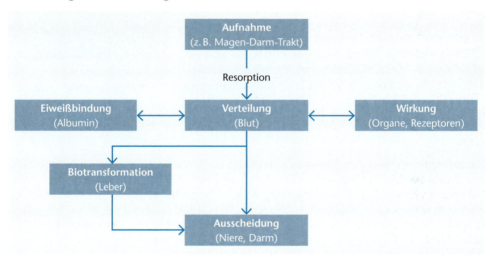

Wie alle vom Körper aufgenommenen Stoffe werden auch Arzneimittel vom Stoffwechsel erfasst und gleich anderen nicht verwertbaren Fremdstoffen mit den Abbauprodukten des Organismus wieder ausgeschieden. Der Ausscheidung geht meistens ein Um- oder Abbau voraus, man spricht von der Biotransformation. Die **Biotransformation** erfolgt auf enzymatischem Wege, dafür sind hauptsächlich Enzyme der Leberzellen verantwortlich. Allerdings können diese Enzyme nicht zwischen Giftstoffen und unschädlichen Stoffen unterscheiden. Man kann die Leber daher nicht als Entgiftungsorgan bezeichnen. Es kommt also durchaus vor, dass ein Arzneimittel erst dann wirksam wird, wenn durch Ab- bzw. Umbau in der Leber ein wirksames Stoffwechselprodukt entsteht. Bei der Biotransformation kann aber auch aus einem zunächst unschädlichen Stoff ein Gift entstehen.

Die Kenntnis von Biotransformationsvorgängen bei Arzneimitteln nutzt man zur Verbesserung nachteiliger Eigenschaften eines Wirkstoffs.

27.1.4 Lagerung von Arzneimitteln

Auf den Packungen bzw. den Beipackzetteln findet man Hinweise zur Lagerung der Arzneimittel. Allgemein sollten Arzneimittel trocken, vor direkter Sonneneinstrahlung und vor Verschmutzung geschützt aufbewahrt werden. Einige Arzneimittel, z. B. Augentropfen, sind vor **Wärme geschützt** zu lagern. Das bedeutet bei einer Temperatur unter 20 °C. Apotheken halten dazu klimatisierte Räume vor.

Ist eine **Kühlschranklagerung** vorgeschrieben – dies gilt z. B. für viele Impfstoffe, Zytostatika und Hormonpräparate – muss eine Temperatur zwischen +2 °C und +8 °C eingehalten werden. Besteht eine Kühlkettenpflicht, ist eine lückenlose Kühllagerung vom Hersteller bis zum Anwender einzuhalten. Das gilt natürlich auch für den Transport, der in Kühlfahrzeugen oder bei kleinen Mengen in Kühlboxen erfolgt.

Betäubungsmittel unterliegen gemäß Betäubungsmittelgesetz (BtMG) besonderen Vorschriften. Sie müssen von anderen Arzneimitteln getrennt in abgeschlossenen Sicherheitsschränken aufbewahrt werden. Alle Zu- und Abgänge sind zu dokumentieren, sodass der aktuelle Bestand und die Verwendung jederzeit nachvollziehbar sind.

Medikamentenschrank im Krankenhaus

Die **Haltbarkeitsfrist** gibt den Zeitraum an, in dem die Qualität des Arzneimittels in der ungeöffneten Packung bei sachgerechter Lagerung gewährleistet ist. Die **Aufbrauchfrist** hingegen bezeichnet die Zeit innerhalb der Haltbarkeitsfrist, in der ein angebrochenes Arzneimittel unter korrekt gelagerten Bedingungen haltbar ist.

Für ein krankes Kind bestimmte Medikamente sollten niemals neben dem Krankenbett stehen bleiben. Am besten sind sie in einer abschließbaren Hausapotheke aufgehoben.

27.2 Medikamentengruppen

Die Vielzahl der Medikamente, die im Handel angeboten werden, lassen sich zur besseren Übersicht in Gruppen ordnen. In der Roten Liste (www.rote-liste.de) werden 88 Hauptgruppen von Arzneimitteln unterschieden. Die **Rote Liste** enthält Fach-, Gebrauchs- und Produktinformationen zu den in Deutschland angebotenen Arzneimitteln einschließlich EU-Zulassungen. Sie erscheint jährlich aktualisiert als Buch und halbjährlich in elektronischer Form. Medizinisch-pharmazeutische Fachkreise

können sich damit über die im Handel befindlichen Präparate informieren.

Die meisten Verordnungen entfallen in Deutschland auf folgende Medikamentengruppen: Schmerzmittel, Antibiotika, blutdrucksenkende Mittel, Magen-Darm-Mittel und Psychopharmaka. Im Folgenden werden einige Medikamentengruppen beispielhaft vorgestellt.

27.2.1 Schmerzmittel

Anwendungsgebiete

Medikamente zur Behandlung akuter und chronischer Schmerzen werden als **Analgetika** bezeichnet. Sie sind die am häufigsten verwendeten Arzneimittel in Deutschland. Das Thema Schmerz wird ausführlich im Kapitel 14.3 behandelt.

Wirkstoffgruppen	Wirkungen	Nebenwirkungen
nicht steroidale Analgetika: z. B. Acetylsalicylsäure (ASS), Ibuprofen, Paracetamol	Sie hemmen das Enzym Cyclooxygenase (COX) und damit die Bildung schmerzfördernder Prostaglandine. Sie wirken somit direkt am Ort der Schmerzentstehung und zusätzlich auch – wesentlich schwächer – am Rückenmark und im Gehirn.	z. T. Magen-, Nieren- und Leberschäden
Opioide sind Abkömmlinge des Morphins, ein Alkaloid, das aus Schlafmohn gewonnen wird, z. B. Fentanyl, Tramadol, Tilidin. Als Ersatzdroge für heroinabhängige Menschen wird das synthetische Opiat Methadon verabreicht.	Opioide sind die stärksten Schmerzmittel. Sie blockieren bestimmte Rezeptoren im Gehirn und wirken euphorisierend.	Opioid-Analgetika führen bei falscher Anwendung zur physischen und psychischen Abhängigkeit. Sie unterliegen dem Betäubungsmittelgesetz (BtMG). Weitere mögliche Nebenwirkungen: Verstopfung, Übelkeit, Benommenheit

Hinweise

Zur Auswahl eines geeigneten Schmerzmittels bietet das von der Weltgesundheitsorganisation WHO entwickelte **Stufenschema zur Therapie chronischer Schmerzen** eine Orientierungshilfe: Je nach Schmerzstärke werden aufbauend drei Typen von Analgetika verwendet und zwar nach einem festen individuellen Zeitplan. Mit diesem Therapieschema (3-Stufen-Plan) lassen sich die meisten extremen Schmerzen, wie z. B. Tumorschmerzen, ausreichend behandeln.

1. Am Anfang jeder Schmerztherapie steht die **Kausalbehandlung**, d. h. wenn möglich, wird die Schmerzursache beseitigt.
2. Daraufhin soll die Behandlung mit **Nichtopioidanalgetika** erfolgen.
3. Reicht das nicht aus, werden diese Arzneistoffe mit **schwachen Opioiden** kombiniert. Gegen sehr starke Schmerzen stehen die **starken Opioide** zur Verfügung. Bei Bedarf können und sollen diese durch Nichtopioidanalgetika ergänzt werden. Eine Empfehlung für die Kombination von starken und schwachen Opioiden gibt die WHO nicht.

27.2.2 Antibiotika

Anwendungsgebiete

Antibiotika (Einzahl: Antibiotikum) sind Arzneistoffe, die Bakterien entweder abtöten oder deren Vermehrung verhindern. Man spricht von bakterizider Wirkung bzw. von bakteriostatischer Wirkung. In Kapitel 15.2 und 15.3 werden bakterielle Infektionskrankheiten und die antibakterielle Chemotherapie ausführlich dargestellt.

Wirkstoffgruppen	Wirkungen	Nebenwirkungen
Penicilline, Cephalosporine, Aminoglykoside, Polypeptide, Cyrasehemmer, Glykopeptide, Nitrofurantoin	bakterizide Wirkung	Allergien, Magen-Darm-Beschwerden, Leberschäden, Nierenschäden, Störungen des Hör- und Gleichgewichtsorgans, Beeinträchtigung der körpereigenen physiologischen Bakterienflora auf der Mundschleimhaut oder im Darm
Tetracycline, Chloramphenicol, Makrolid-Chemotherapeutika, Lincomycine, Sulfonamide	bakteriostatische Wirkung	

Während die Wirkung der Antibiotika sich gegen körperfremde Zellen (Bakterien) richtet, können **Zytostatika** das Wachstum und die Vermehrung von körpereigenen Zellen, z. B. Krebszellen, blockieren. Zytostatika und Antibiotika werden zusammenfassend als **Chemotherapeutika** bezeichnet.

Hinweise

- Jedes Antibiotikum wirkt nur gegen ganz bestimmte Krankheitserreger. In der Regel wird bei einer Infektionskrankheit das individuell wirksamste Antibiotikum verordnet. Sind verschiedene Erreger Ursache der Erkrankung oder lässt sich der Erreger nicht eindeutig bestimmen, wird ein **Breitbandantibiotikum** verordnet.

- Die Abwehrlage des Organismus ist von entscheidender Bedeutung für den Erfolg einer Chemotherapie, da die Erreger entweder nur geschwächt werden, aber am Leben bleiben, oder abgetötete Erregerzellen im Körper zurückbleiben. In beiden Fällen muss die körpereigene Infektionsabwehr für die endgültige Beseitigung der Erreger sorgen. Die Chemotherapie ist demnach nur eine die körpereigene Infektionsabwehr unterstützende Maßnahme. Einer Förderung der **körpereigenen Infektionsabwehr** kommt demnach eine große Bedeutung zu.

- Bei Antibiotika gilt es, die Dosierung genau einzuhalten. Zur Einnahme eignen sich Tees oder Wasser. Ungeeignet ist Milch. Wechselwirkung mit anderen Arzneimitteln müssen berücksichtigt werden. So kann z. B. die Wirkung der „Pille" durch Tetracycline und Amoxicillin beeinträchtigt werden.

27.2.3 Blutdrucksenkende Medikamente

Anwendungsgebiete

Herz-Kreislauf-Erkrankungen sind die Todesursache Nummer eins in Deutschland (s. Kapitel 8.3). Mittel zur Behandlung von Bluthochdruck (Hypertonie) werden als **Antihypertensiva** und Medikamente gegen Herzerkrankungen als **Kardiaka** bezeichnet. Bei Bluthochdruck können folgende Präparate einzeln oder in Kombination eingesetzt werden:

Wirkstoffgruppen	Wirkungen	Nebenwirkungen
ACE-Hemmer	ACE-Hemmer blockieren das Angiotensin-Converting-Enzym (ACE). Als Folge davon sinkt der Blutdruck, denn die Blutgefäße werden nicht mehr so stark verengt. Wasser und Kochsalz werden vermehrt über die Nieren mit dem Urin ausgeschieden.	Husten bei 10 % der Patienten
Beta-Blocker	Betablocker sind Medikamente, die die Betarezeptoren am Herzen blockieren und so verhindern, dass die Stresshormone Adrenalin und Noradrenalin wirksam werden. Sie bewirken einen verlangsamten Herzschlag, weniger Blut wird in den Kreislauf gepumpt, der Blutdruck sinkt.	Impotenz, Gewichtszunahme, Asthma
Calciumantagonisten	Calciumantagonisten hemmen die Calciumwirkung an der Muskulatur der Blutgefäße. Dadurch weiten sich die Gefäße und der Blutdruck sinkt. Zugleich senken sie den Sauerstoffverbrauch des Herzens, indem sie dessen Schlagkraft reduzieren, was zudem eine weitere Senkung des Blutdrucks bewirkt.	Kopfschmerzen, Hitzegefühl, Wassereinlagerungen (Ödeme) in den Beinen, Herzrhythmusstörungen, Magen-Darm-Beschwerden
AT_1-Blocker	AT_1-Blocker (Sartane) blockieren den Angiotensin-Rezeptor an Herz, Blutgefäßen und Nieren. Die Salz- und Wasserausscheidung der Niere wird verbessert, der Widerstand in den Blutgefäßen nimmt ab. Dadurch sinkt der Blutdruck und das Herz wird entlastet.	abrupte Blutdrucksenkung, Verschlechterung der Nierenfunktion, Kopfschmerzen, Schwindel, Müdigkeit, Übelkeit und Durchfall
Diuretika	Sie erhöhen die Ausscheidung von Salzen und Wasser. Dadurch wird das Plasmavolumen im Blut gesenkt und der Blutdruck sinkt.	allergische Hautreaktionen, Wadenkrämpfe, Schwindel, Sehstörungen, Mundtrockenheit, Natriummangel, erhöhte Fett- und Blutzuckerwerte im Blut

Hinweise

Ohne Therapie kommt es bei Bluthochdruck (Hypertonie) zu Schädigungen kleiner wie großer Gefäße und in der Folge zu Herz-Kreislauf-Störungen, Nierenerkrankungen oder auch zu Schlaganfall. Oft kann schon eine Veränderung des Lebensstils zur Blutdrucksenkung führen: Gewichtsreduktion, mehr Bewegung (Ausdauersport), gesunde Ernährung und Vermeidung von zusätzlichen Risikofaktoren wie z. B. Nikotin, Stress und Schlafmangel. Bei vielen Patienten reichen die Verhaltensänderungen aber nicht aus, sodass sie medikamentös eingestellt werden müssen.

27.2.4 Psychopharmaka

Anwendungsgebiete

Psychopharmaka werden bei psychischen Störungen eingesetzt, z. B. Depressionen, Psychosen oder Schlafstörungen. Diese Störungen werden ausführlich in Kapitel 24 behandelt.

Wirkstoffgruppen	Wirkungen	Nebenwirkungen
Antidepressiva, z. B. Fluxetin, Paroxetin	Sie beeinflussen im Nervensystem den Botenstoff Serotonin. Das ist ein Gewebshormon, welches u. a. an der Signalübertragung im Zentralnervensystem beteiligt ist. Diese Antidepressiva wirken vor allem aktivierend, stimmungsaufhellend und angstlösend.	Mundtrockenheit, Durchfall, Verstopfung, Libidoverlust
Beruhigungsmittel (Sedativa), **Schlafmittel** (Hypnotika) Der Übergang ist fließend.	**Pflanzliche Mittel** (Phytopharmaka) aus Hopfen, Passionsblume, Melisse, Baldrian und Lavendel zeichnen sich aus durch fehlendes Abhängigkeits- und Suchtpotenzial und können auch längerfristig angewendet werden. **Synthetische Mittel**, wie Benzodiazepine, wirken über das Zentralnervensystem.	bei synthetischen Mitteln: „**Hangover**": Beeinträchtigungen des Reaktionsvermögens am nächsten Tag „**Tachyphylaxie**": Nachlassen der Wirkung bei längerfristigem Gebrauch „**Rebound-Effekt**": Verstärken der Schlafstörung nach Absetzen des Präparates
Neuroleptika, z. B. Risperidon, Haloperidol	Neuroleptika werden zur Behandlung von Psychosen eingesetzt. Sie wirken im Gehirn an den Kontaktstellen zwischen Nervenzellen. Dort blockieren sie die Bindungsstellen für Dopamin. Das ist ein Neurotransmitter, der für die Reizübertragung auf die Nachbarnervenzelle zuständig ist.	Teilnahmslosigkeit, unwillkürliche Bewegungen vor allem im Gesicht

Hinweise

Um diese Risiken von Schlaf- und Beruhigungsmitteln zu vermeiden, ist der Einnahmezeitraum in der Selbstmedikation auf zwei Wochen zu beschränken. Die richtige Arzneimittelwahl heißt: So wenig wie möglich, solange wie nötig!

27.2.5 Gerinnungshemmende Medikamente

Anwendungsgebiete

Bei einer überschießenden Blutgerinnung kann es zur Ausbildung von **Thromben** (Blutpfropfen) und damit verbundenen Krankheitsbildern wie Herzinfarkt, Lungenembolie, Hirnschlag oder peripherer Verschlusskrankheit kommen (s. Kapitel 9).

Zur Verhinderung einer unkontrollierten Blutgerinnung werden **Antikoagulantien** und **Thrombozytenaggregations-Hemmer** (TAH) eingesetzt.

Wirkstoffgruppen	Wirkungen	Nebenwirkungen
Antikoagulantien, z. B. Heparin, Phenprocoumon (Marcumar®)	Sie dienen dazu, die Gerinnungsfähigkeit des Blutes herabzusetzen. Wichtigste Indikationen für den Einsatz sind Prophylaxe und Therapie von Thrombosen.	Blutungskomplikationen, Hämatome; bei längerer Anwendung Osteoporose
Thrombozytenaggregations-Hemmer (TAH), z. B. Acetylsalicylsäure (ACC), Aspirin®	TAH heften sich an die Thrombozyten, „beschichten" diese und machen sie glatt, sodass sie nicht verklumpen können.	Blutverlust bei Verletzungen und Operationen

Hinweise

Antikoagulantien dürfen nicht abrupt abgesetzt werden, sondern es sollte eine langsame Dosisreduzierung erfolgen. Wechselwirkungen mit anderen Arzneimitteln sind ebenfalls zu beachten. So kann es zu einer Wirkungsverstärkung kommen, wenn beispielsweise ein weiteres Antikoagulans eingenommen wird. Als Gegenmittel (**Antidot**) bei einer Überdosierung wird **Vitamin K** eingesetzt (Handelsname Konakion®). Laut Apothekenbetriebsordnung (ABO § 15 Abs.1) muss dieses Antidot in der Apotheke immer vorrätig gehalten werden!

Während der Behandlung mit Antikoagulantien muss durch regelmäßige Kontrolle – meist alle 14 bis 21 Tage – die Gerinnungsfähigkeit des Blutes überwacht werden, um unerwünschte Blutungen zu verhindern. Es wird dabei die sogenannte Thromboplastienzeit (Quickwert) bestimmt. Anstelle des Quickwertes wird heute der neue Standard **INR** verwendet. Der therapeutische Wert INR 2-3 bedeutet verdoppelte bzw. verdreifachte Gerinnungszeit.

Patienten, die orale Antikoagulantien einnehmen, erhalten einen Ausweis, den sogenannten Marcumar-Pass, mit Angabe der Dosierung und der Kontrollwerte (INR), der immer mitgeführt werden muss.

27.3 Alternative Heilverfahren

Alternativmedizin will die Schulmedizin, also die naturwissenschaftlich orientierte Heilkunde, ersetzen; von **Komplementärmedizin** spricht man, wenn die konventionelle Medizin durch alternative Behandlungsmethoden ergänzt werden soll.

Die Beliebtheit der alternativen Medizin lässt sich durch folgende Argumente erklären:

- Die konventionelle Medizin „repariert" den Organismus; der kranke Mensch fühlt sich nicht ganzheitlich als Einheit von Körper, Geist und Seele wahrgenommen.
- Ärztliche Behandlungen erfolgen schnell und unpersönlich; der emotionale Kontakt zwischen Arzt und Patient wird vermisst.
- Viele Patienten haben wegen der Nebenwirkungen und Kontraindikationen kein Vertrauen in eine medikamentöse Therapie.
- Alternative Heilmethoden scheinen sanfter auf den Organismus zu wirken als naturwissenschaftlich begründete Heilmethoden.
- Alternative Heilmethoden bieten dort Hoffnung auf Heilung oder Linderung, wo die Schulmedizin keine Möglichkeiten mehr sieht.

Kritiker der alternativen Medizin bezeichnen manche Behandlungsmethoden als pseudowissenschaftlich und führen Behandlungserfolge auf einen **„Placeboeffekt"** zurück. Sie weisen darauf hin, dass bei der Behandlung von Krankheiten mit alternativen Methoden die Gefahr besteht, dass ohne anerkannte Diagnoseverfahren eine Erkrankung nicht richtig diagnostiziert und deshalb auch nicht angemessen behandelt werden kann. Die Krankenkassen übernehmen die Kosten für Behandlungen mit alternativer Medizin nur sehr eingeschränkt.

Zahlreiche Ärzte behandeln mit **Naturheilverfahren**: Sie führen Zusatzbezeichnungen wie „Chirotherapie" oder „Homöopathie"; auch Methoden wie Akupunktur und Hypnose haben sich in der konventionellen Medizin etabliert. Heilpraktiker wenden bei Diagnose und Therapie häufig Methoden der Alternativmedizin an (s. S. 44). Auch medizinische Laien praktizieren alternative Heilmethoden, z. B. bei der Selbstbehandlung mit bewährten Hausmitteln wie Zwiebel- oder Quarkwickeln. Behandlungen selbsternannter Heilkundiger, die „Warzen besprechen" oder Erkrankungen „auspendeln", verbessern nur die finanzielle Situation des „Therapeuten".

- **Chirotherapie** ist eine schulmedizinisch anerkannte Heilmethode. Durch Handgrifftechniken werden Verschiebungen der Wirbel an der Wirbelsäule eingerichtet (Adjustierung) und dadurch Einklemmungen im Zwischenwirbelbereich (Subluxation) beseitigt (Chiropraktik).
- **Homöopathie** ist ein medikamentöses Therapieprinzip, bei dem Substanzen eingesetzt werden, die in hoher Dosierung ähnliche Symptome verursachen würden wie die Beschwerden, über die der Patient klagt **(Ähnlichkeitsprinzip)**. Auch die Eigenarten des Kranken selbst werden berücksichtigt **(Konstitutionstypen)**. Die eingesetzten Arzneimittel sind natürlichen Ursprungs und stammen von Pflanzen, Tieren oder sind Mineralstoffe. Sie können in reiner Form giftig sein, wie Tollkirsche oder Quecksilber. Die Arzneistoffe werden z. B. mit Weingeist oder Milchzucker verschüttelt oder verrieben **(Potenzierung)** und in Dezimalpotenzen extrem niedrig verdünnt: D1 = 1:10, D2 = 1:100 usw. Die Arzneien werden als flüssige Mittel, Tabletten oder Globuli (gepresste

Kügelchen) abgegeben. Sie unterliegen dem Arzneimittelgesetz und sind in Apotheken rezeptfrei erhältlich.

- **Schüßler-Salze** sind Präparate, die Mineralsalze in homöopathischer Dosierung enthalten. Der homöopathische Arzt Wilhelm Heinrich Schüßler (1821–1898) nahm an, dass Erkrankungen zu einem großen Teil durch einen gestörten Mineralhaushalt entstehen. Seine „abgekürzte homöopathische Therapie" kommt im Gegensatz zur klassischen Homöopathie mit nur 12 Salzen aus.

- **Akupunktur** ist eine aus der traditionellen chinesischen Medizin stammende Therapiemethode zur Heilung oder Schmerzausschaltung. Sie beruht auf der Vorstellung, dass sich auf der Körperoberfläche etwa 700 **Akupunkturpunkte** befinden, die auf über den Körper verlaufenden **14 Meridianen** liegen. In diese Akupunkturpunkte, die mit verschiedenen inneren Organen und deren Funktionen verbunden sein sollen, werden **Akupunkturnadeln** unterschiedlich tief eingestochen. Akupunkturbehandlungen können sich über mehrere, unterschiedlich lange Sitzungen erstrecken.

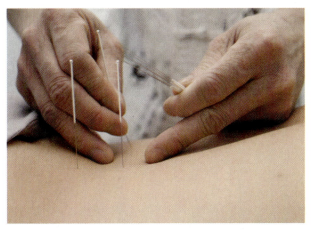
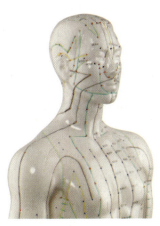

Akupunktur   *Akupunkturpunkte*

- **Hypnose** ist ein durch einen Hypnosetherapeuten künstlich herbeigeführte Veränderung des Wachzustands, der charakterisiert ist durch Initiativlosigkeit, eine Minderung des Realitätsbezugs und eine gesteigerte Empfänglichkeit für **Suggestionen** (das Hervorrufen bestimmter Empfindungen, Gedanken und Verhaltensweisen). Hypnose wird in der Schmerzbehandlung und als Narkoseersatz, z. B. bei zahnärztlichen Behandlungen, eingesetzt und ist eine eigenständige Methode im Bereich der Psychotherapie.

- **Heilfasten** ist eine Methode zur Selbstreinigung des Körpers, bei der über einen längeren Zeitraum auf feste Speisen verzichtet, dem Körper aber sehr viel Flüssigkeit zugeführt wird. Fastenkuren bestehen aus einem **Vorbereitungstag** mit leichter Kost und anschließender **Darmreinigung**, dem **Vollfasten** und dem **Fastenbrechen**. Während der Fastenkur muss auf Kaffee, Alkohol, Zigaretten und Süßigkeiten verzichtet werden.

- **Makrobiotik** ist eine auf der Basis des Zen-Buddhismus in Japan entwickelte Heil- und Kochkunst. Sie teilt die Ernährungsweise nach fernöstlichen Vorstellungen in **Yin und Yang** auf: Yin steht für kalte, leichte, feuchte, süße, saure und scharfe Speisen; Yang steht für warme, schwere, trockene, salzige und bittere Speisen.

- **Tai-Chi** ist im Westen unter dem Begriff „**Schattenboxen**" bekannt: langsame, wie in Zeitlupe ausgeführte Körperübungen, mit denen in China Millionen Menschen ihren Tag beginnen. Die in Europa am häufigsten praktizierte Form ist die „Peking-Variante" mit 24 weiträumigen, fließenden und weichen Bewegungssequenzen, die symbolische Bezeichnungen tragen wie „der Kranich breitet seine Flügel aus". Tai-Chi wird ohne jede körperliche Anstrengung ausgeübt und verlangt keine Kraft.

- **Yoga** ist ein indisches Meditationssystem mit verschiedenen Körperübungen und speziellen Atemtechniken. Die Körperübungen sollen Verspannungen lösen. Jede Stellung wird einige Minuten lang beibehalten; nach einer Phase der Entspannung folgt eine andere Position. Die Bewegungen werden langsam und ohne Anstrengung ausgeführt, verlangen aber eine gewisse Gelenkigkeit. Die klassische Sitzhaltung für Atemübungen und Meditation ist der „Lotussitz". Alle Übungen werden auf dem Boden auf einer Matte ausgeführt.

- **Meditation** ist eine Entspannungsmethode in Form der inneren Versenkung. Die Technik der Meditation besteht darin, die Wahrnehmung der Umwelt zu reduzieren. Die meditierende Person konzentriert sich auf einen Klang, auf Bilder (Mandalas), auf den Rhythmus des eigenen Atems, auf die tonlose Wiederholung einer Silbe oder auf einen bestimmten Punkt im Raum. Ziel ist es, einen Zustand zu erreichen, in dem an nichts mehr gedacht wird.

Seniorin übt Tai-Chi

Yoga

AUFGABEN

1. Überprüfen Sie Ihre Hausapotheke im Hinblick auf überlagerte und ungenutzte Arzneimittel. Berichten Sie.

2. Erklären Sie die Funktionen von Wirk- und Hilfsstoffen in Arzneimitteln.

3. Welche Darreichungsformen von Arzneimitteln gibt es? Nennen Sie Beispiele.

4. Erläutern Sie den Weg der Arzneimittel durch den Körper. Erklären Sie in diesem Zusammenhang auch den Begriff „Biotransformation".

5. Erklären Sie, was bei der Lagerung von Arzneimitteln zu berücksichtigen ist.

6. Besorgen Sie sich die „Rote Liste". Berichten Sie über ein Medikament Ihrer Wahl aus den Gruppen: Schmerzmittel, Antibiotika, Blutdrucksenker, Psychopharmaka, Gerinnungshemmer.

7. Unterscheiden Sie die Begriffe „Alternativmedizin" und „Komplementärmedizin".

8. Informieren Sie sich über die Wirksamkeit des „Placeboeffekts". Berichten Sie.

9. Welches Hausmittel, das gegen bestimmte Beschwerden wirksam ist, haben Sie schon angewendet? Berichten Sie.

10. Informieren Sie sich ausführlich über eine der aufgeführten alternativen Heilverfahren. Berichten Sie.

11. Informieren Sie sich über eventuelle Gefahren durch eine Behandlung mit alternativen Methoden. Berichten Sie.

Literaturverzeichnis

Aktionsbündnis Seelische Gesundheit: Aufgaben und Ziele, Berlin, abgerufen unter: www.seelischegesundheit.net/index.php?option=com_content&task=category&sectionid=5&id=39&Itemid=344 [31.05.2011].

Antonovsky, Aaron: Salutogenese: Zur Entmystifizierung der Gesundheit, übersetzt von Alexa Franke, Tübingen: DGVT-Verlag, 1997.

Badura, Bernhard: Sozialepidemiologie in Theorie und Praxis, in: Europ. Monographien zur Forschung in Gesundheitserziehung, Nr. 5 (BzgA), Köln, 1983, S. 29–48.

Bierbach, Elvira: Naturheilpraxis heute. Lehrbuch und Atlas, 4. Auflage, München, Urban & Fischer, 2009.

Bildungs- und Integrationsfachdienst Hamburg: Demografischer Wandel, abgerufen unter: www.faw-biha.de/demographie.html [30.05.2011].

BQS Institut für Qualität und Patientensicherheit: BQS Qualitätsreport, 2008, abgerufen unter: www.bqs-qualitätsreport.de [16.09.2011]

Bundesärztekammer (Hrsg.): Ergebnisse der Ärztestatistik zum 31.12.2009, Berlin, abgerufen unter: www.bundesaerztekammer.de/downloads/Stat09Abbildungsteil.pdf [29.06.2011].

Bundesanstalt für Landwirtschaft und Ernährung: Jeden Tag 3.000 Schritte extra ... motiviert zu mehr Bewegung im Alltag, 2010, abgerufen unter: www.in-form.de/nn_2022834/DE/Home/ProjektDatenbank/InFormProjektListe/JedenTag3000SchritteExtra.html [30.05.2011].

Bundeskriminalamt (Hrsg.): Rauschgift. Jahreskurzlage 2008, Wiesbaden, 2008, abgerufen unter: drugs-couts.de/sites/default/files/file/jahreskurzlage_rg2008.pdf [15.07.2011].

Bundesministerium für Arbeit und Soziales BMAS (Hrsg.): Rentenversicherungsbericht 2005.

Bundesministerium für Arbeit und Soziales BMAS (Hrsg.): Sicherheit und Gesundheit bei der Arbeit 2008 – Unfallverhütungsbericht Arbeit, in Zusammenarbeit mit der Bundesanstalt für Arbeitsschutz und Arbeitsmedizin (BAuA), Dortmund/Berlin/Dresden 2010, abgerufen unter: www.baua.de/cae/servlet/contentblob/864654/publicationFile/53627/Suga-2008.pdf [30.05.2011].

Bundesministerium für Arbeit und Soziales BMAS: Sicherheit und Gesundheit bei der Arbeit 2009 – Unfallverhütungsbericht Arbeit, in Zusammenarbeit mit der Bundesanstalt für Arbeitsschutz und Arbeitsmedizin (BAuA), Dortmund/Berlin/Dresden 2011, abgerufen unter: www.baua.de/SharedDocs/Downloads/de/Publikationen/Fachbeitraege/Suga-2009-barrierefrei.pdf?__blob=publicationFile

Bundeszentrale für gesundheitliche Aufklärung (Hrsg.): Der Alkoholkonsum Jugendlicher und junger Erwachsener in Deutschland 2010 – Kurzbericht zu den Ergebnissen einer aktuellen Repräsentativbefragung und Trends, Köln, 2011, abgerufen unter: www.bzga.de/forschung/studien-untersuchungen/studien/suchtpraevention/?sub=60 [31.05.2011].

Bürger, Max: Altern und Krankheit, Leipzig: Thieme, 1947.

Deutsche Arbeitsgemeinschaft Selbsthilfegruppen (DAG SHG) e.V. (Hrsg.): Selbsthilfegruppen-Unterstützung. Ein Orientierungsrahmen, Gießen, 1987.

DSO, Deutsche Stiftung Organtransplantationn (Hrsg.): Organspende und Transplantation in Deutschland, Jahresbericht 2010, Frankfurt 2011, abgerufen unter: www.dso.de/pdf/dso_jb2010_d_www.pdf [30.05.2011].

Donabedian, Avedis: The Definition of Quality and Approaches to its Assessment, Explorations in Quality Assessment and Monitoring, Health Administration, 1980.

European Union Geriatric Medicine Society: Definition Geriatrie, 3. Mai 2008, Malta.

Fiechter, Verena/Meier, Martha: Pflegeplanung. Eine Anleitung für die Praxis, 4. Auflage, Basel, Recom, 1985.

Garvin, David A.: What Does "Product Quality" Really Mean?, in: Sloan Management Review, 26:1, 1984, S. 25–43.

Gesundheitsberichterstattung des Bundes GBE (Hrsg.): Alkoholkonsum, Bonn, abgerufen unter: www.gbe-bund.de/gbe10/abrechnung.prc_abr_test_logon?p_uid=&p_aid=&p_knoten=FID&p_sprache=D&p_suchstring=8492 [15.07.2011].

Harbart, Felix: Feinstaubwerte in Hannover trotz Umweltzone hoch, in: Hannoversche Allgemeine Zeitung, 08.04.2010 abgerufen unter: www.haz.de/Hannover/Aus-der-Stadt/Uebersicht/Feinstaubwerte-in-Hannover-trotz-Umweltzone-hoch [30.05.2011].

hen/Reuters/dpa: Nierenspende – Steinmeier verlässt Krankenhaus, in: Spiegel Online, 02.09.2010, abgerufen unter: www.spiegel.de/politik/deutschland/0,1518,715268,00.html [30.05.2011].

Hurrelmann, Klaus: Sozialisation und Gesundheit. Somatische, psychische und soziale Risikofaktoren im Lebenslauf, 3. Auflage, Weinheim: Juventa, 1994.

Info Praxisteam: Der Wirkstoff DMP, in: Info Praxisteam Nr. 4/2007, hrsg. v. Springer Medizin © Urban & Vogel GmbH, Verlag MED.KOMM., in Kooperation mit dem AOK Bundesverband, abgerufen unter: www.medkomm.de/info-praxisteam_new/pdf.php?url=/info-praxisteam_new/2007/04/12.pdf&bl=/info-praxisteam_new/2007/04/12.php [19.07.2011].

International Federation of Social Workers IFSW: Definition von Sozialarbeit, abgerufen unter: www.ifsw.org/p38000409.html [30.05.2011].

Juchli, Liliane: Alt werden, alt sein – ein ABC für die Begleitung und Betreuung Betagter, 5. Aufl., Basel: Recom Verlag, 1993.

Kuratorium Deutsche Altershilfe: Vom Pflegeheim zur Hausgemeinschaft, abgerufen unter: www.bpa.de/upload/public/doc/nrw_vom_pflegeheim_zur_hausgemeinschaft.pdf [30.05.2011].

MDS Medizinischer Dienst des Spitzenverbandes Bund der Krankenkassen e. V. (Hrsg.): Präventionsbericht 2010 – Leistungen der gesetzlichen Krankenversicherung: Primärprävention und betriebliche Gesundheitsförderung, Autoren: Katja Zelen, Dr. Harald Strippel, Essen, 2010, abgerufen unter: www.aok-bv.de/imperia/md/aokbv/presse/medienservice/thema/mds__gkv-sv__pr__ventionsbericht_2010.pdf [31.05.2011].

Robert Koch-Institut (Hrsg.): Daten und Fakten: Ergebnisse der Studie „Gesundheit in Deutschland aktuell 2009", Beiträge zur Gesundheitsberichterstattung des Bundes, RKI, Berlin, 2011, abgerufen unter: www.rki.de/cln_178/nn_199884/DE/Content/GBE/Gesundheitsberichterstattung/GBEDownloadsB/GEDA09,templateId=raw,property=publicationFile.pdf/GEDA09.pdf [31.05.2011].

Robert Koch-Institut (Hrsg.): Verbreitung von Krebserkrankungen in Deutschland – Entwicklung der Prävalenzen zwischen 1990 und 2010, Beiträge zur Gesundheitsberichterstattung des Bundes, RKI, Berlin, 2010, abgerufen unter: www.rki.de/cln_178/nn_199884/DE/Content/GBE/Gesundheitsberichterstattung/GBEDownloadsB/Krebspraevalenz,templateId=raw,property=publicationFile.pdf/Krebspraevalenz.pdf [31.05.2011].

Robert Koch-Institut (Hrsg.): Epidemiologisches Bulletin Nr. 30/2009, abgerufen unter www.rki.de/cln_169/nn_1378492/DE/Content/Infekt/EpidBull/Archiv/2009/30__09,templateId=raw,property=publicationFile.pdf/30_09.pdf [31.05.2011].

Robert Koch-Institut (Hrsg.): Psychotherapeutische Versorgung, Heft 41, aus der Reihe „Gesundheitsberichterstattung des Bundes", in Zusammenarbeit mit dem Statistischen Bundesamt, Berlin, Juni 2008, abgerufen unter: www.gbe-bund.de/gbe10/abrechnung.prc_abr_test_logon?p_aid=39623707&p_uid=gasts&p_sprache=D&p_knoten=FID&p_suchstring=11616#fid11569 [15.07.2011].

Robert Koch-Institut (Hrsg.): Gesundheit in Deutschland, in Zusammenarbeit mit der Gesundheitsberichterstattung des Bundes, Juli 2006, abgerufen unter: www.rki.de/cln_151/nn_204568/sid_3C3EC9BD5637F5E52BFEC674CFBDCE2E/DE/Content/GBE/Gesundheitsberichterstattung/GesInDtld/gesundheitsbericht.html [12.07.2011].

Robert Koch-Institut (Hrsg.): Gesundheit alleinerziehender Mütter und Väter, Heft 14, aus der Reihe „Gesundheitsberichterstattung des Bundes", in Zusammenarbeit mit dem Statistischen Bundesamt, Berlin, April 2003, abgerufen unter: www.rki.de/cln_116/nn_199850/DE/Content/GBE/Gesundheitsberichterstattung/GBEDownloadsT/alleinerziehende,templateId=raw,property=publicationFile.pdf/alleinerziehende.pdf [13.07.2011].

Schwarzer, Ralf: Psychologie des Gesundheitsverhaltens, 3. Auflage, Göttingen, Hogrefe, 2004.

Senatsverwaltung für Gesundheit, Umwelt und Verbraucherschutz/Meinlschmidt, Gerhard (Hrsg.) : Gesundheitsberichterstattung Berlin: Basisbericht 2008 – Daten des Gesundheit- und Sozialwesens, Berlin, 2009, abgerufen unter: www.berlin.de/imperia/md/content/sen-statistik-gessoz/basisberichte/bb_2008.pdf?start&ts=1305711364&file=bb_2008.pdf [31.05.2011].

Spiegel Online: Langlebiges Gift, in: Spiegel Online, abgerufen unter: www.spiegel.de/thema/dioxinskandal_2011/ [30.05.2011].

Statistisches Bundesamt (Hrsg.) Krankenhauslandschaft im Umbruch, Wiesbaden: Statistisches Bundesamt, 2008.

Statistisches Bundesamt (Hrsg.)/Pfaff, Heiko (Autor): Pflegestatistik 2009, Wiesbaden: Statistisches Bundesamt, 2011.

Umweltbundesamt: Dioxine, 20.01.2011, abgerufen unter: www.umweltbundesamt.de/chemikalien/dioxine.htm [13.07.2011].

Waller, Heiko: Gesundheitswissenschaft. Eine Einführung in Grundlagen und Praxis, Stuttgart: Kohlhammer, 1995.

Weltgesundheitsorganisation WHO (Hrsg.): Der Europäische Gesundheitsbericht 2009 – Gesundheit und Gesundheitssysteme, Kopenhagen, WHO-Regionalbüro für Europa, abzurufen unter: www.euro.who.int/de/what-we-publish/abstracts/european-health-report-2009-the.-health-and-health-systems [30.05.2011].

Weltgesundheitsorganisation WHO: Ottawa-Charta zur Gesundheitsförderung 1986, übersetzt von Helmut Hildebrandt und Ilona Kickbusch, Kopenhagen, WHO-Regionalbüro für Europa, abzurufen unter: www.euro.who.int/en/who-we-are/policy-documents/ottawa-charter-for-health-promotion,-1986 [31.05.2011].

Weltgesundheitsorganisation WHO: Verfassung der WHO, 1946, abgerufen unter: www.admin.ch/ch/d/sr/i8/0.810.1.de.pdf [30.05.2011].

Zentrale Ethikkommission: Prioritäten in der medizinischen Versorgung im System der Gesetzlichen Krankenversicherung (GKV): Müssen und können wir uns entscheiden?, in: Deutsches Ärzteblatt 97, Heft 15, 2000, A-1017–1023, abgerufen unter: www.zentrale-ethikkommission.de/downloads/Prioritaeten.pdf [30.05.2011].

Zok, Klaus: Erwartungen an Versorgung und Finanzierung der Krankenversicherung, Ergebnisse einer Repräsentativ-Umfrage, in: WIdO-monitor, 01/2010, S. 1–12, abgerufen unter: http://wido.de/fileadmin/wido/downloads/pdf_wido_monitor/wido_mon_ausg1-2010_0910.pdf [30.05.2011].

Bildquellenverzeichnis

fotolia.com:
> Haramis Kalfar S. 18/Sven Bähren S. 27 (links), 360 (unten)/CHW S. 39 (links)/contrastwerkstatt S. 39 (rechts), 368 (oben)/Alexander Raths S. 44 (links)/Aleksey Khripunkov S. 44 (rechts)/M.E.A. S. 63/Falko Matte S. 77/Andrea Danti S. 87.2/ fotolia S. 87.3/ingenium-design.de S. 88.1/Anatomical Design S. 88.2/ psdesign1 S. 88.3/Memi S. 88.4/marilega S. 89.1/3drenderings S. 89.2/OOZ S. 89.3/Iom123 S. 89.4/ Henrie S. 134/Arsha S. 150/Eisenhans S. 167/E. Zacherl S. 217 (oben)/LE image S. 217 (unten)/Eric Isselée S. 218/Konstantin Sutyagin S. 239/mariesacha S. 244 (links)/lu-photo S. 244 (rechts)/.shock S. 262/Gina Sanders S. 263 (links)/Robert Kneschke S. 280/Tatagatta S. 289 (rechts)/id-foto.de S. 302.1/Adam Borkowski S. 302.2/stoneman S. 302.3/Artyom Yefimov S. 302.4/Anatoliy Samara S. 302.5/Uwe Grötzner S. 303/ Aramanda S. 319 (rechts)/Kitty S. 331/ferkelraggae S. 333/Fotoimpressionen S. 337/Digitalpress S. 350.1/ pressmaster S. 350.2/Max Tactic S. 367 (links)/fotofuerst S. 367 (rechts)/Andrejs Pidjass S. 368 (rechts)

ullstein bild - ddp Nachrichtenagentur: S. 22 (links)
picture-alliance/dpa: S. 22 (rechts), 41 (rechts), 49, 140, 176 (oben), 241, 323, 360 (oben)
AOK Mediendienst: S. 25 (2x)
picture-alliance/ZB: S. 27 (rechts), 114
MEV Verlag, Augsburg: S. 31, 38, 46 (oben), 139, 225, 289 (links)
picture-alliance/dpa-Infografik: S. 37, 105, 238, 312
Bilderbox, Thening: S. 41 (links)
picture-alliance/Jan Haas: S. 46 (unten)
epd-bild/Werner Krüper: S. 48
ullstein bild – Moenkebild: S. 59
akg-images, Berlin: S. 62
GKV-Spitzenverband, Berlin: S. 74
Bildungsverlag Eins, Köln/Nadine Dilly, Oberhausen: S. 84
Bildungsverlag Eins, Köln/Jörg Mair, München: S. 87.1, 90, 93.2, 93.4–93.9, 113 (2x), 143, 145 (2x), 202, 222 (unten), 227, 291 (oben), 292 (2x), 293, 294, 297 (2x)
Bildungsverlag Eins, Köln/Angelika Brauner, Hohenpeißenberg: S. 91 (2x), 92 (2x), 93.3, 93.10, 95 (oben), 97 (2x), 99.3, 104, 109 (2x), 110 (2x), 116, 118, 122 (4x unten), 126, 131, 132 (4x), 133 (4x), 136, 146, 148, 151, 152, 156 (3x), 157, 158 (oben), 165, 178, 182, 184, 186, 198 (rechts), 199, 203, 204, 205, 212 (rechts), 219, 226, 228 (2x), 229, 234, 253 (rechts), 291 (unten), 295 (2x), 299, 306, 310, 358
Bildungsverlag Eins, Köln/Birgitt Biermann-Schickling, Hannover: S. 93.11, 101 (2x), 108 (2x), 147, 149, 163 (3x unten), 164, 192, 194, 200, 232, 249 (4x), 343 (unten)
picture-alliance/medicalpicture GmbH: S. 95 (unten), 117
© DGE Deutsche Gesellschaft für Ernährung e. V., Bonn: S. 137
Bildungsverlag Eins, Köln/Elisabeth Galas, Bad Breisig: S. 93.1, 142
ullstein bild - Oberhäuser/CARO: S. 155, 263 (rechts), 319 (links)
picture-alliance/Sven Simon: S. 163 (oben)
picture-alliance/picture-alliance: S. 168
picture-alliance/OKAPIA KG, Germany/Dr. med. J. P. Müller: S. 175
picture-alliance/OKAPIA KG, Germany/Neufried: S. 176 (unten)
Bildungsverlag Eins, Köln/Oliver Wetterauer, Stuttgart: S. 191
© Janssen Cilag GmbH: S. 195
OKAPIA/Scimat/NAS: S. 198 (links)
DSO Deutsche Stiftung Organtransplantation, Frankfurt a. M.: S. 208
OKAPIA/John Smith/CMSP: S. 231
picture-alliance/OKAPIA KG, Germany/Herbert Schwind: S: 253 (links)
Safehip® Air X von Rölke Pharma GmbH, Friedrich-Ebert-Damm 112, 22047 Hamburg: S. 255
picture-alliance/Klaus Rose: S. 260
Mit freundlicher Genehmigung und Unterstützung der Bundeszentrale für gesundheitliche Aufklärung BZgA, Köln: S. 276, 341 (2x)
OKAPIA/Derek Bromhall/OSF: S. 298
Johann Mayr, Jetzendorf: S. 321
Aktionsbündnis für Seelische Gesundheit, Berlin: S. 328
OKAPIA, Frankfurt: S. 329
Landschaftsverband Westfalen-Lippe, LWL-Koordinationsstelle Sucht, Münster: S. 338 (oben)
Deutsche Hauptstelle für Suchtfragen (DHS) e.V., Hamm, www.aktionswoche-alkohol.de: S. 338 (unten)
DGK Deutsches Grünes Kreuz: S. 343 (oben)
picture-alliance/landov: S. 350.3

Sachwortverzeichnis

A

Aaron Antonovsky 62
AB0-System 119
Abgabeverbot 337
Abhängigkeit 328
Absterbephase 185
Abstoßungsreaktion 208
Abstrich 316
Abtastung 316
Abwasser 213
Abwasserreinigung 213
Abwehrsystem 88
ACE-Hemmer 112, **363**
ACTH 151
Adduktorenzerrung 234
Adenin 100
Adenosintriphosphat (ATP) 91
Adhäsion 186
Adipositas 139, 351
Adrenalin 152
Adsorption 192
AEDL (Aktivitäten und existenzielle Erfahrungen des Lebens) 250
Aerobier 185
Affektivitätsstörung 320
Aflatoxin 199
Aids 56, 194, 196
Aktin 229
Aktionsbündnis Seelische Gesundheit **328**
Aktionspotenzial 149
aktive Immunisierung **342**
aktiver und passiver Transport 90
Akupunktur **367**
Albinismus 98
Alkoholembryopathie 300
Alkoholkonsum **329**
Alkoholprävention 337
Alkoholvergiftung **331**
Alkopop-Sondersteuer 337
alleinerziehende Mütter und Väter 272
Allergen 206
Allergie 198, 206, 351
allergische Reaktion 190

Altenpflegehelfer 40
Altenpfleger 39
Alter 313
Alternativmedizin **366**
Altersgrenze 337
Alterungsprozess 239
Alzheimer 242
Alzheimer-Erkrankung 153, 242
ambulante Pflegedienste 35, 247
ambulanter Bereich 25
amerikanisches Gesundheitssystem 53
Aminosäure 126
Amöbenruhr 201
Amphetamin 332, 333
Amylase 132
Anabolika **334**
Anaerobier 186
Analgetika 361
analytische Psychotherapie 321
Anämie 121
Anamnese 60, 174
Anaphase 95
anaphylaktischer Schock 206
Angina pectoris 112
Angiografie 112
Ängste 352
Anorexia nervosa 140
Anschlussheilbehandlungen (AHB) 30
Antagonist 148, 229
Antibiotika 190, **362**
Antidepressiva 322, 364
Antidot 365
Antigen 202
Antigen-Antikörper-Komplex 205
Antigen-Antikörper-Reaktion 118
Antihistaminika 207
Antihypertensiva **363**
Antikoagulantien **365**
Antikörper 205, 342
Aorta 109
Apharesespende 121

Apotheker 44
Approbation 42
Aqua-Institut 84
Äquivalenzprinzip 15
Arachinsäure 126
arbeitsbedingte Erkrankung 264
Arbeitsbelastung 263
Arbeitslosenversicherung 17
Arbeitslosigkeit 272
Arbeitsschutz 265
Arbeitsunfall 224, 267, 268
Armut 271
Arterie 107, 108, 109
Arteriole 109
Arteriosklerose 112, 178
Arthritis 179
Arthrose 179
Arzneimittel **356**
Arzneimittelgesetz (AMG) 121, 356
Arzt 42
Arztpraxen 26
Aspergillus 199
Assessment 252
Asthma 155, 353
Asthma bronchiale 161
AT1-Blocker 112, **363**
Atemfrequenz 157
Atemstillstand 157
Atemsystem 88
Atemwege 155
Atemzentrum 157
Atemzugvolumen 157
ATL (Aktivitäten des täglichen Lebens) 250
Atmung 157, 158
Atmungskette 92
Atmungssystem 155
Atrophie 178
Audit 82
Auditor 83
Aufbrauchfrist 360
Augenhintergrund 111
Ausgaben im Gesundheitswesen 53
Ausscheidungssystem 163

Sachwortverzeichnis

Ausschleusung (Freisetzung) 192
Austreibungsphase 300
Autoimmunerkrankung 207
AV-Knoten 108
Axon 149

B

Badura 67
Bakterien 183
Bakterienkultur 185
bakteriostatisch 190
bakterizid 190
Balken 145
Ballaststoff 125, 133
Bänderdehnung 235
Bänderriss 235
Bandscheibe 226
Bandscheibenvorfall 153, 233
Basedow-Krankheit 207
Basenpaarungen 100
Basentriplett 102
Basistarif 15
Bauchatmung 156
Bauchspeicheldrüse 142, 143
Beckengürtel 226
Bedarfsplanung 25, 27
Befähiger-Kriterien 80
Befruchtung **297**
Befund 174
Behandlungspflege 33, 246
Bekämpfung übertragbarer Krankheiten **341**
Belehrung 341
Benzodiazepin **334**
Berufsgenossenschaft 16, 267
Berufsgenossenschaft für Gesundheitsdienst und Wohlfahrtspflege (BGW) 263
Berufskrankheit 264, 267, 269
Beruhigungsmittel 364
Beschaffungskriminalität 332
Beschäftigungsverbot 341
Bestattung 261
Betablocker 112
Beta-Blocker **363**
Betäubungsmittel 360
Betäubungsmittelgesetz 179, 332
Betreuer 255

betreutes Wohnen 247, 323
Betreuung 255
betriebliche Gesundheitsförderung 283
betriebliches Vorschlagswesen 84
Bewegung 225
Bewegungsapparat 225
Bewegungs- und Stützsystem 87
Bewusstseinstörung 320
Bindegewebe 94
Binde- und Stützgewebe 93
Biolebensmittel 221
biologische Psychiatrie 321
biologisches Alter 239
biologische Wertigkeit 127
biomedizinisches Konzept 60
Biomorphose 239
Biopsie 92
Biorhythmus 264
Bio-Siegel 221
Biotransformation 359
Bläschendrüse 290
Blase 163, 164
Blastozyste 298
Blinddarm 133
Blut 116
Blutarmut 128
Blutbild 120
Blutdruckmessung 110, 111
Bluter 103
Bluterkrankheit 99, 119
Blutgerinnung 118
Blutgruppe 97, 99, 119
Blutgruppenbestimmung 119
Blut-Hirn-Schranke 146
Bluthochdruck 111, 351
Blutkonserve 116
Blutkörperchensenkungsgeschwindigkeit (BSG) 120
Blutkrankheit 120
Blutplasma 116, 119
Blutplättchen 116, 118
Blutprodukt 121
Blutserum 116
Blutstillung 118
Blutuntersuchung 120
Blutvergiftung 183, 188
Blutzelle 116, 117

Blutzuckerspiegel 142
BMI 139
Body-Mass-Index 139
Bordetella pertussis 188
Botenstoff 151
Brennwert 135
Bronchien 155
Bronchitis 159
Brustatmung 156
Brüste 293
Brustkrebs 353
Bruttoinlandsprodukt, BIP 53
BSE (bovine spongiform encephalopathy) 197
Buddhismus 258
Bulimie 140
Bundesagentur für Arbeit 17, 50
Bundesarbeitsgemeinschaft für Rehabilitation (BAR) 282
Bundesinstitut für Arzneimittel und Medizinprodukte (BfArM) 20
Bundesministerium für Arbeit und Soziales (BMAS) 19
Bundesministerium für Bildung und Forschung (BMBF) 19
Bundesministerium für Ernährung, Landwirtschaft und Verbraucherschutz (BMELV) 19
Bundesministerium für Gesundheit (BMG) 19
Bundesministerium für Umwelt, Naturschutz und Reaktorsicherheit (BMU) 19
Bundeszentrale für gesundheitliche Aufklärung (BZgA) 20
Burn-out 265
Bypass 113
B-Zelle 205

C

Calciumantagonist **363**
Cannabis 333
Carrier (Träger) 90
Case Management (CM) 45
Cephalosporine 362
Chemotherapeutika 362
Chemotherapie 317

Chirotherapie 366
Chlamydien 311
Chlostridium tetani 189
Cholera 188
Cholesterin 126
Christentum 258
Chromatid 95
Chromosom 95, 96, 295
Chromosomenpaar 295
Chromosomensatz 295
Chronifizierung , 61
chronische Dickdarmentzündung 207
chronisches Gelenkrheuma 207
chronisch obstruktive Lungenerkrankung (COPD) 160, 351
chronisch obstruktive Lungenerkrankungen (COPD) 353
chronologisches Alter 239
Computertomografie 316
Convenience-Produkte 138
cortisches Organ 223
Corynebacterium diphtheria 189
Cowper-Drüse 290
Coxarthrose 231
Crack 332, 333
Creme **309**
Creutzfeldt-Jakob-Krankheit (CJK) 197
Cytosin 100

D
Darmzotten 133
Darreichungsform **358**
Defektheilung 174
Degeneration 178
Dekubitusprophylaxe 253
Demenz 153, 242
Deming-Kreis 83
Dendrit 149
Dendriten 94
Depotfett 126
Depression **326**
Depressionen 352
Dermatophyt 199
Desensibilisierung 207
Desinfektion **345**
Desoxyribonukleinsäure 100
Destruent 198

Deutsche Rentenversicherung (DRV) 16, 30
Deutscher Sportbund (DSB) 235
Deutsches Institut für medizinische Dokumentation (DIMDI) 20
Dezibel (dB) 222
Diabetes mellitus 141, 154, 353
Diabetes mellitus Typ 2 351
Diabetes mellitus Typ I 207
Diagnose 61, 174
Diagnosis Related Groups 173
Diagnostik/Therapie 23
Dialyse 167
Diaphragma **309**
Diarrhoe 196
Diastole 108
diastolischer Blutdruck 110, 111
Diathese-Stress-Modell 321
Dickdarm 133
Dienstleistung 78
differenzielle Genaktivität 102
Diffusion 90, 157
DIN = Deutsches Institut für Normung e.V. 78
DIN EN ISO 9000 78
Dioxin 211, 220
Diphtherie 189
Disaccharide 125
Disease-Management-Programm (DMP) **353**
Diuretika 112, **363**
DNA 100
DNS 100
Dolly 104
dominant 98
Dopamin 241
Doping 235
Doppelhelix 100
Down-Syndrom 99
Dreimonatsspritze **309**
DRG 173
Drogenabhängigkeit **332**
Drogenberatungsstelle 335
Dünndarm 133, 134
Durchfallerkrankungen 188
Durchimpfungsrate 344

E
Echokardiografie 112
Ecstasy 332, 333
Edwards-Syndrom 99
EFQM-Modell für Excellence 80
Eierstöcke 292, 295
Eigenblutspende 116
Eigenreflex 147
Eileiter 292
einfacher Chromosomensatz 295
Einnistung 297, 298
Eisprung 294, 297
Eiter 118
Eiweiß 126
Eiweißsynthese 101
Eizelle 295
Ejakulation 290
Eklipse 192
Elektroenzephalogramm (EEG) 149
Elektrokardiogramm (EKG) 108, 111
Elektrolyte 128
Elektronenmikroskop 90
Elektronenstrahl-Computertomografie (EBCT) 112
Elterngeld 289, **303**
Elternzeit **303**
Embolie 114
Embryo 298
Embryonen-Schutzgesetz 105
Embryonentransfer (ET) 296
Emission 215
Endemie 183
Endharn 164
Endoplasmatisches Retikulum (ER) 91
Endoskopie 316
Endozytose 91
Energiebilanz 136
Energiegehalt 135
englisches Gesundheitssystem 52
Enhancer 102
Entbindung 300
Entbindungspfleger 40
Entgiftungsbehandlung **334**
Entwöhnungsbehandlung **334**

Entzugserscheinung 328
Entzündung 176
Entzündung der Nasennebenhöhlen 159
Entzündungsreaktion 177
E-Nummer 138
Enzyme 133
Epidemie 183
Epidemiologie 69
Epilepsie 153
Epithelgewebe 93
Erektion **291**
Ergänzungswert 128
Ergebnis-Kriterien 80
Ergebnisqualität 77
Ergotherapeut 45, 46
Erlaubnis nach dem Heilpraktikergesetz 324
Ernährung 33, 136
Ernährungskreis 137
Ernährungspyramide 137
Eröffnungsphase 300
erogene Zonen 289
Erregungsleitung 149
erweiterte Widerspruchsregelung 209
erweiterte Zustimmungsregelung 209
Erythropoetin 104
Erythrozyt 116, 117
Escherichia coli 188
Ess-Brech-Sucht 140
essenziell 126
essenzielle Fettsäure 126
Essstörung 139
Etablierung 186
Ethikrat 103
Ethikratgesetz 103
Eukaryot 183
Europäische Gesundheitsberichterstattung 70
Europäische Union (EU) 69
European Foundation for Quality Management (EFQM) 80
Evaluation 354
evidence-based medicine 61
evidenzbasierte Medizin 61
Excellence 80
Exozytose 91

Expertenstandard 252
exponentielle Phase 184

F
Fachärzt 42
Fachärzt für Psychiatrie und Psychotherapie 324
Faktor XIII 104
Fallpauschalen 29
Familie 283
Familienhebamme 41
Familienplanung **308**
Fehlbildung **300**
Fehler 83
Fehlgeburt **300**
Feinstaub 216
Fett 125
Fettgewebe 94
Fettleibigkeit 139
fettlösliche Vitamine 129
Fibrose 176
Finanzierung des Gesundheitssystems 52
Flachrücken 233
Flimmerhärchen 155
Fotosynthese 124
freie Arztwahl 15
freie Nervenendigung 166
Fremdreflex 147
Frequenz 222
Frequenzmodulation 150
Fristenregelung 309
Fruchtkörper 199
Fruchtwasser 299
Fruchtwasseruntersuchung 100, **306**
Fructose 125
Früherkennung 23, 316
Früherkennungsuntersuchungen bei Kindern und Jugendlichen 284
Frühgeburt **298**
Frührehabilitation 31
Frühsommer-Meningoenzephalitis 196
Frühwarnsystem 193
FSME 196
FSME-Virus 196
funktionale oder subjektive Norm 319

G
G0-Stadium 96
G1-Stadium 96
G2-Stadium 96
Galaktose 125
Gangrän 175
Gärung 186
Garvin 77
Gaußsche Glockenkurve 319
Gebärmutter 292
Gebärmutterkrebs 196
Gebärmutterschleimhaut 294
Geburt **300**
Geburtenrate 238
Geburtshilfe 41
Gefährdungsanalyse 265
Gehirn 145
Gehirnerschütterung 152
Gehörknöchelchen 223
Gehörschnecke 223
Geißel 184
Gelenk 228
Gelenkverletzung 231
Gemeinsamer Bundesausschuss (G-BA) 24, 75, 84
Gemeinschaftseinrichtungen der Länder 21
Gemeinschaftspraxis 27
Generika 356
genetische Beratungsstelle 100, 306
genetischer Code 102
Gen-Food 221
Genitalsystem 89
Genregulation 102
Gentechnik 103, 344
gentechnisch veränderten Organismen (GVO) 221
Geriatrie 243
Gerinnungsfaktor 119
Gerontogene 239
Gerontologie 242
gesättigte Fettsäure 125
Geschlechtschromosome 96, 100
Geschlechtshormone 292
Geschlechtskrankheit **310**
Geschlechtsmerkmal 290, 293
Geschlechtsorgan **290**
Geschlechtszelle 295

Gesetzgebung im Gesundheitswesen 18
gesetzliche Krankenversicherung (GKV) , 51
Gesichtschirurg 43
Gesunde-Städte-Netzwerk 287
Gesundheit 20, 60, 170
„Gesundheit21" 57
Gesundheitliche Versorgung der Bevölkerung 55
Gesundheitsberichterstattung des Bundes 69
Gesundheitsfond 15
Gesundheitsförderung 23, **280**
Gesundheitsförderungsmaßnahmen (Settings) **283**
Gesundheitsminister in den Ländern 21
Gesundheitsministerkonferenz 21
Gesundheitssystem 18, 51
Gesundheits- und Kinderkrankenpfleger 38
Gesundheits- und Krankenpfleger 38
Gesundheitswesen 21
Gesundheitswissenschaften 59
Gesundheitsziele 55
Gesundheitsziele.de 57
Gewebe 86, 92
Gewebegesetz 209
Gewebekultur 344
Gicht 352
GKV-Spitzenverband 15
Gliazelle 94, 149
Gliedmaßen 226
Global Fund to Fight Aids, Tuberculosis and Malaria (GFATM) 56
Glukagon 142
Glukose 125
Glykogen 125
Golgi-Apparat 92
Gonokokken 310
Gonorrhö 310
Gonosome 96
Granulozyt 118, 203
Grippe 193, 196
Grippeschutzimpfung 193
Großhirn 145

Grundmembran 223
Grundpflege 33, 40, 245
Grundumsatz 135
Grundversorgung 29
Guanin 100

H
Haltbarkeitsfrist 360
Haltungsschaden 232
Häm 117
Hämatokritwert 116
Hämatopoese 117
Hämodialyse 168
Hämoglobin 117, 157
Hämophilie 103, 119
Harnleiter 164
Harnröhre 164
Harnstoff 164
Harnsystem 89
Harnweginfektion 188
Harnwegsinfektion 166
Haschisch 333
Hauptgewebeverträglichkeitskomplex 204
Hausärzt 42
Hausarztprogramm 15
Hausgemeinschaft 249
Häusliche Pflege 32
Haus- und Freizeitunfälle 224
hauswirtschaftliche Versorgung 33
Haut 87, 165
Hauterkrankung 352
„Health Action Process Approach"-Modell (HAPA-Modell) 278
Health-Belief-Modell 277
Health Literacy 276
Hebamme 40
HEDE-Kontinuum 63
Hefepilz 198, 311
Heilberufe 42
Heilfasten **367**
Heilimpfung 342
Heilpädagoge 48
Heilpraktiker 45
Heilung , 61
Heilungsprozess 178
Hepatitis 196
Hepatitis-A-Virus 196

Hepatitis-B-Virus 196
Hepatitis-C-Virus 196
Heroin 332
Herpesbläschen 196
Herpes-simplex-Virus 196
Herz 107
Herzinfarkt 113
Herzinsuffizienz 113
Herzkammer 107
Herzklappenfehler 114
Herzkranzgefäß 107
Herz-Kreislauf-Erkrankung 107, 353
Herz-Kreislauf-System 88, 107
Herzminutenvolumen 107
Herzmuskel 107
Herzrhythmusstörungen 114
Herzschrittmacher 114
Heuschnupfen 155
Hinduismus 258
Hippokrates 357
Hirnhautentzündung 152
Hirntod 209
Histamin 118
Histologie 92
HI-Virus 195, 196
Hoden 290, 295
Hohlvene 109
homologe Chromosomen 96
Homöopathie **366**
Horizontalachse 87
Hormondrüse 151
Hormonsystem 89, 151, 154
Hormontherapie 317
Hörnerv 223
Hospiz 34, 259, 260
Hospizbewegung 318
Hotelkosten 34
Housekeeping-Gene 102
Hühnereimethode 343
Hülle 191
humanistisches Psychotherapieverfahren 322
Hurrelmann 64
Hygiene **344**
Hygieneplan 341, **344**, 345
Hygieneregel 187
Hypertonie 111, 351
Hypnose **367**
Hypnotika 364

Hypochonder 59
Hypophyse 151
Hypothalamus 151

I
ICD 171
ICD-10 324
Identische Verdopplung 100
IGeL 171
illegale Drogen **332**
Immission 215
Immunbehandlung 317
Immungedächtnis 342
Immunglobulin G (IgG) 205
Immunglobulin M (IgM) 205
Immunität 187
Immunsupression 208
Immunsystem 202
Impfempfehlung 341, 342
Impfkalender **343**
Impfkommission (STIKO) 341
Impfkomplikation 344
Impfmüdigkeit **344**
Impfreaktion 344
Impfstoff **343**
Impfung **342**
individuelle Gesundheitsleistung 171
individueller Ansatz 282
Infektion 183
Infektionskrankheit 181
Infektionsschutz **340**
Infektionsschutzgesetz (IfSG) **340**, 344
Infektion über die Haut oder Schleimhaut 182
Influenza 196
Influenzavirus 193, 196
Inhaltsstoff 331
Inkubationszeit 187
Innenraumluft 218
Insemination 296
Insulin 104, 142, 154
Interferon 104
intermediär 98
Internationale Standardorganisation (ISO) 78
International Statistical Classification of Diseases and Related Health Problems 171

Interphase 95
Intoxikation 198
Intrauterinsystem IUS **309**
Intrazytoplasmatische Spermieninjektion (ICSI) 296
Invasion 186
Investitionskosten 34
In-vitro-Fertilisation (IVF) 296
Inzidenz 70
Islam 258

J
Jo-Jo-Effekt 139
Joule 135
Juchli 250
Judentum 258
Jugendliche 275
Jugendschutzgesetz 337

K
Kaizen 83
Kalorie 135
Kälte- und Wärmekörperchen 166
Kalziumantagonist 112
Kanalspezifität 150
Kapillare 109
Kaposi-Sarkom 196
Kapsel 184
Kapsid 191
Kardiaka **363**
Karies 352
Karyogramm 96
Karzinogen 313
kassenärztliche Bundesvereinigung 26
kassenärztliche Vereinigungen (KV) 26
Kehlkopf 155
Kernäquivalent 183
Kernspintomografie 316
Keuchhusten 188
Kinder 275
Kinderlähmung 196
kindersichere Wohnung 307
Kindersterblichkeit **308**
Kindertagesstätte 283
Kitzler 292
Kläranlage 213
„Klasse2000" 285

„Kleine Essperten – ganz groß" 285
Kleinhirn 146
Klinefelter-Syndrom 100
klinischer Tod 157
klinische Studie 61
Klitoris 292
Klonen 104
Kniegelenk 178
Kniesehnenreflex 147
Knochen 227
Knochenbruch 230
Knochenerde 227
Knochengewebe 94
Knochenhaut 228
Knochenlamelle 227
Knochenmark 117, 202, 228
Knochenrinde 227
Knochenzelle 227
Knorpel 227
Knorpelgewebe 94
Koenzym 128
Kohärenzgefühl 63
Kohlendioxid 109
Kohlenhydrat 124
Koitus 289
Kokain 332, 333
Komasaufen 330, **331**
Komplementärmedizin **366**
Komplementsystem 204
Komplikation 174
Kondom **309**
Konjugation 191
kontinuierlicher Verbesserungsprozess 83
Kontraktur 232
Konzept der Lebensweisen (Lebensstile) 65
Kooperation für Transparenz im Gesundheitswesen 81
Kopfskelett 226
koronare Herzkrankheit (KHK) 112, 351, 353
Körperkreislauf 108, 109
Körperpflege 33
Kostendämpfungsmaßnahme 356
Krampfader 114
Krankenhaus 27, 28

Krankenhausvermeidungspflege 33
Krankenpflegehelfer 39
Krankenversicherung 14
Krankenversicherungspflichtig 15
Krankheit 171
Krankheitslehre 171
Krankheitsrezidiv 175
Krankheitsverlauf 174
Krebs **312**
Krebsarten 351
Krebsdiagnose **316**
Krebsgen **312**
Krebstherapie **317**
Krebsverhütung 315
Kreuzbandriss 234
Krohwinkel 250
Kropf 154
KTQ 81
Kübler-Ross 259
Kündigungsschutz 303
künstliche Befruchtung **296**
künstliches Hüftgelenk 231
Kurzzeitpflege 250
KVP 83

L
Laboruntersuchung 316
Lactattest 230
Lacto-Vegetarier 138
Laktose 125
Lamellenkörperchen 166
Landesausschuss der Ärzte und Krankenkassen 25
Landesgesundheitsräte 21
Langerhans-Insel 143
Lärm 222
Lärmbelästigung 222
Lärmschwerhörigkeit 222
Latenzphase 184
Lautstärke 222
Lebendspende 168
Lebenserwartung 13, 70, 238
Lebensmittelhygiene 187
Lebensqualität 71
Leber 134
Leberentzündung 196
Leberzirrhose 329
Lebewesen 87

Lederhaut 166
Legionärskrankheit 189
Legionella pneumophila 189
Leistungsumsatz 136
Leitlinie 61
Letalität 69, 183
Leukämie 120
Leukozyt 116, 117
Liebe 290
Linolsäure 126
Lipid-Doppelschicht 90
Liquor cerebrospinalis 146
Logopäde 45, 47
Lokalinfektion 183
Longitudinalachse 87
LSD 332, 333
Luft 157
Luftqualität 216
Luftröhre 155
Luftverschmutzung 215
Lunge 156
Lungenbläschen 155
Lungenentzündung 159, 188
Lungenflügel 156
Lungenfunktionsprüfung 155
Lungenkreislauf 108, 109
Lungenödem 160
Lungentuberkulose (TBC) 159
Lungen- und Atemvolumina 158
Lymphgefäß 202
Lymphknoten 202
Lymphozyt 118
Lysosomen 91
Lysozym 202

M
Magen 132, 134
Magersucht 140
Magnetresonanztomografie (MRT) 112
Makrobiotik **367**
Makrophag 203
Malaria 56, 200
Malthus 211
Maltose 125
Mammografie 316
Marfan-Syndrom 98
Marihuana 333
Markscheide 149

marktwirtschaftlich orientiertes System 52
Masern 196
Masernvirus 196
Mastdarm 133
Maximalversorgung 29
Medical care 318
Medikamentenabhängige 334, 337
Medikamentenmissbrauch **334**
Medikamentensucht **334**
Meditation **368**
Mediziner 324
Medizinischer Dienst der Krankenversicherung (MDK) 32, 34, 74, 75
Medizinische Rehaleistungen 30
medizinischer Fachangestellter (MFA) 43
Medizinisches Versorgungszentrum 27
Medizinische Vorsorgeleistungen 30
Medizinisch-technischer Assistent für Funktionsdiagnostik 44
medizinisch-technischer Assistent (MTA) 43
medizinisch-technischer Laboratoriumsassistent 44
medizinisch-technischer Radiologieassistent 44
Medizinstudium 42
Meiose 295
meldepflichtige Krankheit **341**, 347
Membranmodell 91
Mengenelement 128
Menisken 235
Menstruation **293**
Menstruationszyklus **294**
metabolisches Syndrom 115, 350
Metaphase 95
Metastase **312**
Methicillin-resistenter Staphylococcus aureus 190, **348**
Mikropille **308**

Millennium Development Goals, MDG 55
Millenniums-Entwicklungsziele 55, 308
Milz 202
Mineralstoff 128
Minipille **308**
Mitochondriengene 97
Mitochondrium 91
Mitose 95, 296
Mobbing 265
Mobilität 33
Molière 59
Monosaccharide 125
Monozyt 118
Montage 192
Morbidität 70
Morbus Alzheimer 178
Mortalität 69, 183
Morula 298
motorische Nervenbahn 146
motorisches Feld 145
m-RNS 102
MRSA 190, **348**
Mukopolysaccharidose 98
Mukoviszidose 98, 161
Multiple Sklerose 153, 178
Mumps 196
Mumpsvirus 196
Mund 134, 155
Mundhöhle 132
Mundsoor 198
Muskel 229
Muskelatrophie 178
Muskelfaser 229
Muskelgewebe 93, 94
Muskelkater 230
Muskelpumpe 110
Mutation 102, 191
Mütterberatung 306
Mutterkuchen **299**
Muttermund 292
Mutterschutzgesetz **303**
Mutterschutzlohn 303
Müttersterblichkeit **308**
Müttersterblichkeitsrate 70
Mycel 199
Mycobacterium tuberculosis 189

Mykos 198
Myosin 229

N

Nachsorgeprogramm 41
Nachtblindheit 128
Nährstoff 124
Nährstoffeinleitung 213
Nahrungskette 213, 219
Nahrungsmittel 124
Nase 155
Nasenhöhle 155
Nasen- oder Jochbeinbruch 234
Nasenschleimhaut 155
Naturheilverfahren **366**
natürliche Killerzelle 118, 204
Nebenhoden 290
Nebenwirkung 190
Neisseria gonorrhoeae 188
Nekrose 175
Nerv 148
Nervengewebe 93, 94, 148
Nervensystem 88, 145
Nervenzelle 148
Nervenzellen 94
Neurodermitis 352
Neuroleptika 322, 364
Neurotransmitter 150
Nichtopiod-Analgetika 179
Nieren 163
Nierenbeckenentzündung 167
Niereninsuffizienz 167
Nierenkanälchen 164
Nierenkörperchen 164
Nierenmark 164
Nieren- oder Blasenstein 166
Nierenrinde 163
Nikotin 331
Non-Hodgkin-Lymphom 196
Noradrenalin 152
Normalflora 203
Normalverteilung 319
Norovirus 196
Nosokomiale Infektion **347**
Nosokomialinfektion 182
Notfallversorgung 28
numerische Chromosomenaberration 99

O

Oberhaut 165
Oberschenkelhalsbruch 231
Ödem 175
Öffentlicher Gesundheitsdienst 21
Ohr 223
Ölsäure 126
Onkogen **312**
Operation 317
Operationen- und Prozedurenschlüssel OPS 173
Opioid 179, **361**
OPS 173
Opsonierung 204
Organ 86
Organelle 90
Organismus 87
Organspendeausweis 168
Organsystem 86, 87
Organ- und Gewebespendeausweis 209
Orgasmus 289
Osteoporose 231
Östrogen 293
Östrogenmangel 154
Ottawa-Charta 20, **281**
Ovo-Lacto-Vegetarier 138
Ozon 216

P

Pädagoge 324
Palliative care 318
Palliativmedizin 34
Palliativstation 260
Palliativversorgung 259
Pandemie 183
Pankreas 143
Papillomavirus 196
Parasympathikus 148
Parkinson-Krankheit 241
Partnerschaft 290
Parvovirus 196
passive Immunisierung **342**
Passivrauchen 331, **332**
Pätau-Syndrom 99
Pathogenese 62
Pathologie 62
Patientengruppen 23
Patientenverfügung 256

Patientenversorgung 75
Patientenvertreter 24
Paul-Ehrlich-Institut (PEI) 20
PDCA-Zyklus 83
PDE-5-Hemmer 291
PECH-Schema 236
Pektin 125
Penetration 192
Penicilline 362
Penis (Glied) 290
Pepsin 132
Peptid 127
perinatale Sterbefälle 71
periphere arterielle Verschluss-
 krankheit (PAVK) 114
peripheres Nervensystem (PNS)
 145
Peritonealdialyse 167
Pflege 23, 31
Pflegebedürftigkeit 31, 245
Pflegeeinrichtung 76
Pflegefachberufe 38
Pflegeheim 35, 249
Pflegekasse 17
pflegenoten 74
Pflegeplan 250
Pflegeprozess 250
pflegerische Maßnahme 251
Pflegestandard 251
Pflegestufe 32, 246
Pflegeversicherung 17
Pflegeziel 251
Pförtner 132
Phagozyt 204
Phagozytose 91, 118
Pharmakologie 357, 359
Pharmazeutisch-kaufmännischer
 Angestellter (PKA) 44
Pharmazeutisch-technischer
 Assistent (PTA) 45
Pharmazie 357
Phenylketonurie (PKU) 98
Physiotherapeut 45, 46
Pili 184
Pille **308**
Pilze 198
Pilzinfektion 311
Pinozytose 91
Placeboeffekt **366**
Plasmid 183

Plasmodien 200
Plattfuß 232
Plazenta 297, **299**
Pocken 196
Pockenvirus 196
Poliomyelitis 196
Poliovirus 196
Polychlorierte Biphenyle (PCB)
 220
Polysaccharide 125
ppm = parts per million 219
Präimplantationsdiagnostik
 (PID) 100, 297
pränatale Diagnostik 100, 306
Prävalenz 70
Prävention 23, **280**, 352
Präventions- und Gesundheits-
 förderungsangebote für
 Migranten 287
Prävention und Gesundheitsför-
 derung am Arbeitsplatz **285**
Prävention und Gesundheitsför-
 derung in Städten und
 Gemeinden **287**
Praxisführung 75
Praxisgemeinschaft 27
Presswehen 300
primäre Prävention **281**, 340
Primärversorgung 22
Prion 197
Priorisierung 54
private Krankenversicherung
 (PKV) 51
Progesteron 294
Prokaryot 183
Promotorregion 102
Prophase 95
Prophylaxe 251
Prostata 290
Proteid 127
Protein 126
Protoonkogen **312**
Protozoen 200, 311
Provitamin 128
Prozessqualität 77
Psychiater 324
psychiatrisches Krankenhaus
 322
psychische Erkrankung 319
psychische Krankheit 326

psychische Störung **319**, 352
Psychisch-Kranken-Gesetz
 PsychKG 324
Psychologe 324
psychologisches Alter 240
Psychopharmaka 322, **364**
Psychotherapeut 324
Pubertät **292**
Public Health 59
Punktion 316

Q
QEP 81
QM-Handbuch 82
QM-Modell 79
Qualität 76
Qualitätsbegriff 76
Qualitätsbericht 85
Qualitätsindikator 84
Qualitätsmanagement 74, 77
Qualitätsmanagementsystem
 77, 79
Qualitätsprüfung 75
Qualitätsrichtlinie 75
Qualitätszirkel 84
Qualität und Entwicklung in
 Praxen 81
Querschnittslähmung 147, 153

R
Rachenraum 155
Rachitis 128
Radon 218
Rationierung 54
Rauchverbot 337
Rauschgift **332**
Reduktionsdiät 138
Referenzbereich 84
Referenzwert 84
Reflex 147
Reflexbogen 147
Refraktärphase 149
Regelblutung 293
Regelversorgung 29
Rehabilitation 23, 30, 282
Rehabilitationseinrichtung 323
Reinigung **345**
Reinigungsstufe 213
Reizaufnahme 150
Reizüberflutung 151

Rentenversicherung 16
reproduktives Klonen 105
Residualvolumen 159
Resistenz 190
Resorption 131, 133
Ressource 250
rezessiv 98
Rhesusfaktor 120
Rhesusunverträglichkeit 120
Rh-negativ 120
Rh-positiv 120
Ribonukleinsäure 101
Ribosom 91, 101, 183
Rinderwahnsinn 197
Ringelröteln 196
Rippenbruch 234
Risikofaktor 107, 114, 313
Risikofaktoren 351
Riva-Rocci 110
RNA 101
RNS 101
Robert Koch-Institut (RKI) 20, 69
Röntgenstrahlen 218
Röntgenuntersuchung 316
Röteln 196
Rötelnvirus 196
rotes Blutkörperchen 116, 117
Rot-Grün-Blindheit 98
Rückenmark 146
Rückresorption 164
Ruhepotenzial 149
Ruhr 188
Rumpfskelett 226
Rundrücken 233

S
Saccharose 125
Sagittalachse 87
Salmonella enteriditis 186
Salmonella typhi 188
Salmonellose 186
saltatorische Erregungsleitung 149
Salutogenese 62
Samenleiter 290
Sartan 112
Sauerstoff 109
Säuglingsmilch 301
Säuglingsmortalität 70

Säuglingspflege 301
saurer Regen 215
Säureschutzmantel 202
Schädigung 186
Schadstoffe in der Nahrungskette 219
Schadstoffeinleitung 213
Schall 222
Schalldruckpegel 222
Schamlippen 292
Schann 86
Scharlach 188
Scheide 292
Schichtarbeit 264
Schichtdienst 264
Schilddrüsenüberfunktion 154
Schilddrüsenunterfunktion 154
Schizophrenie **325**
Schlafmittel 364
Schlaganfall 152
Schlagvolumen 107
Schleide 86
Schlüsselbein 229
Schmerz 179
Schmerzmittel **361**
Schmerzrezeptor 166
Schmerztherapie 179
Schmierinfektion 182
Schnupfen 159
Schnürring 149
Schule 283
Schulterblätter 229
Schultergürtel 226, 228
Schüßler-Salze **367**
Schutzfrist 303
Schutzimpfung 281, 342
Schwammgewebe 228
Schwangerschaft 201
Schwangerschaftsabbruch **309**
Schwangerschaftsvorsorge 41
schwedisches Gesundheitssystem 52
Schwerpunktversorgung 29
Sedativa 364
Segelklappe 107
sekundäre Prävention 281, 340
Sekundärversorgung oder Rehabilitation 23
Selbstbewertung 81
Selbsthilfe 23, 31

Selbsthilfegruppe 282, 318, 323
Selbsttötung 327
Seniorenresidenz 247
Senkfuß 232
Sensibilisierung 206
sensorische Nervenbahn 146
sensorisches Feld 145
Sepsis 183, 188
Service-Wohnen 247
Setting-Ansatz 282
Settings in Betrieben 286
Settings in Kindertagesstätten und Schulen 284
Seveso-Gift 220
Sexualität **289**
sexuell übertragbare Krankheit **310**
SGB XI 76
Shigella 188
Sichelzellenanämie 98
Sicherungspflege 33
Silencer 102
Sinnesorgan 88, 150
Sinusitis 159
Sinusknoten 108
Skelett 226
Sklerose 176
Skorbut 128
Smog 215, 218
Smogalarm 218
Solidarprinzip 15
Sonografie 111
Sozialarbeiter – Sozialpädagoge 49
Soziale Arbeit 49
soziale Norm oder Idealnorm 319
sozialepidemiologisches Modell 66
Soziale Stadt 287
Sozialgesetzbuch (SGB) 18
Sozialgesetzbuch (SGB V) 280
Sozialhilfe 17
sozialisationstheoretisches Konzept 64
sozialpsychiatrischer Dienst 323
Sozial- und Gemeindepsychiatrie 322

Sozialversicherungssystem 14, 52
soziologisches Alter 240
Speiseröhre 132
Spermazelle 293, 295
spezifische Abwehr 202, 205
Spindelfaser 95
Spirale **309**
Spirometer 158
Spirometrie 155
Sporen 184, 199
Sportunfall 233
Sportverletzung 233
Spreizfuß 232
Spurenelement 128
S-Stadium 96
Stagnationswasser 214
Stammzelle 117
ständige Impfkommission am Robert Koch-Institut (STIKO) 193
Ständige Impfkommission (STIKO) 20, 342
Staphylococcus aureus 188
Stärke 125
Startcodon 102
stationäre Altenpflegeeinrichtung 248
stationäre Pflegeeinrichtung 33
stationäre Phase 185
statistische Norm 319
Statistisches Bundesamt 69
Staub 216
Stent 113
Sterbebegleitung 258, 260
Sterben 257
Sterbephasen 259
Sterberate 238
Sterbewahrscheinlichkeit 70
Sterblichkeitsrate 314
Sterilisation **345**
Sterilisationsverfahren **345**
Stiftung Deutsche Depressionshilfe 327
Stillen 301
Stoppcodon 102
Störung der Wahrnehmungsverarbeitung 320
Störung des Denkens 320
Strahlenbelastung 218

Strahlentherapie 317
Streptococcus pneumoniae 188
Streptococcus pyogenes 188
Stress 265
Stressfaktor 321
Stressoren 67
Stressreaktion 151
strukturelle Chromosomenaberration 99
Strukturierter Dialog 85
Strukturqualität 77
Stupor **326**
Sturzprophylaxe 254
subjektive Zufriedenheit 72
Sucht **328**
Suchtberatungsstelle 335
Suchterkrankung **328**
Suchthilfe **335**
Suchtprävention **336**
Suizid 327
Sun City 248
Superinfektion 183
Sympathikus 147
Symptom 60, 174
Synapse 150
synthetische Betäubungsmittel 333
Syphilis 189, **310**
systemische Therapie 322
Systole 108
systolischer Blutdruck 110, 111

T
Tabakkonsum **331**
Tablette **309**
Tagesklinik 248, 323
Tagespflege 250
Tagespflegeheim 248
Tai-Chi **368**
Taschenklappe 107
Tastkörperchen 166
Taubstummheit 98
Teerstoff 331
teilstationäre Pflegeeinrichtung 33
Telophase 95
Tennisarm 234
tertiäre Prävention 282, 340
Tertiärversorgung oder Pflege 23

Tetanus 189
T-Gedächtniszelle 206
T-Helferzelle 205
therapeutisches Klonen 105
Therapie 61, 174
Thromben 365
Thrombose 114, 119
Thromboseprophylaxe 119
Thrombozyt 116, 118
Thrombozytenaggregations-Hemmer (TAH) **365**
Thymin 100
Thymus 202
Thyroxin 154
tiefenpsychologisch fundierte Psychotherapie 321
Tinea 199
T-Lymphozyt 118, 205
TOAM 329
Tod , 175, 61
Todesursache **312**
Tollwut 196
Tollwutvirus 196
Tomografie 112
Totalkapazität 159
Total Quality Management 80
Toxoplasmose 201
TQM 80
Träger von Einrichtungen 34
Tranquilizer 322
Transduktion 191
Transformation 191
Transfusionsgesetz 121
Transkription 101
Translation 102
Transparenzkriterien 76
Transplantation 168, 207
Transplantationsgesetz 209
Trauer 260
Treibhauseffekt 212
Treponema pallidum 189, 310
triadisches System 320
Trichomonas 201
Trinkwasser 212
Trinkwassergewinnung 213
Trinkwasserverordnung 214
Tripper 188, **310**
Trisomie 13 99
Trisomie 18 99
Trisomie 21 99, 307

t-RNS 102
Trommelfell 223
Tröpfcheninfektion 182
T-Supressorzelle 206
Tuberkulose 56, 189
Tumor **312**
Turner-Syndrom 100
Typhus 188

U
Überempfindlichkeitsreaktion 206
Übergewicht 141, 351
Übertragungsweg 182
Überversorgung 25
Ultraschalldiagnostik 316
Ultraschalluntersuchung 111
Umweltbundesamt (UBA) 356
Umweltplakette 217
Umweltprobleme 211
Umweltzone 216
Unfall 223, 264
Unfallversicherung 16, 224
Unfallversicherungsträger 266
unfruchtbare Tage **309**
ungesättigte Fettsäure 125
Universalempfänger 119, 122
Universalspender 119, 122
Universitätskliniken 29
unspezifische Abwehr 202, 203
Unterhaut 166
Uterus 292
UV-Strahlung 218

V
Vagina 292
Vaginalsoor 198, 311
Vakzine 343
Veganer 138
Vegetarier 138
vegetatives Nervensystem 147
Vene 107, 109, 110
Venenklappe 110
Venole 109
Verbot von Zigarettenwerbung 337
Verdauung 133
Verdauungsorgan 134
Verdauungssystem 89, 131
Vererbung 97

Verhaltensprävention 281
Verhaltenstherapie 321
Verhältnisprävention 281
Verhütungsmethode **308**
Verhütung übertragbarer Krankheiten **341**
Verkehrsunfälle 223
verlängertes Mark 146
Verrenkung 231
Versicherungspflichtgrenze 15
Versorgungsstufen 29
Verstauchung 231
Verweildauer des Patienten 27
Vibrio cholerae 188
Virchow 62, 86
Viren 191
Vitalkapazität 159
Vitamin 128
Vitamin K 365
Vogelgrippevirus 194
Vollblutspende 121
Vorharn 164
Vorhof 107
Vorsorge **301**
Vorsorgeuntersuchung 316
Vorsorgeuntersuchung für Kinder und Jugendliche **305**
Vorsorgeuntersuchung für werdende Mütter **303**
Vorsorgevollmacht 256
Vorsteherdrüse 290
Vulnerabilität 321

W
Wachstumsbedingungen 185
Wachstumshormon 104
Warnzeichen **315**
Wasser 131
wasserlösliche Vitamine 129
Wechseljahre 154
Wegeunfall 267
Wehen 300
weißes Blutkörperchen 116, 117
Weltbevölkerung 211
Weltgesundheitsorganisation (WHO) 59, 71, 193, 211, 259, 308

Weltgesundheitsorganisation (World Health Organization, WHO) 20
Widerspruchsregelung 209
Wiederbelebung 157
Windkesselfunktion 109
Wirbel 226
Wirbelsäule 226
Wirbelsäulenverbiegung 233
Wirkstoff 357
Wohlstandskrankheiten 350
Wohngemeinschaft 247
Wohnstift 247
Wundstarrkrampf 189

X
X-Chromosom 96, 98

Y
Y-Chromosom 96
Yoga **368**

Z
Zahnarzt 43
Zahnmedizinische Prävention 284
Zäpfchen **309**
Zelle 86, 90
Zellkern 91
Zellmembran 90, 183
Zellplasma 90, 183
Zellteilung 95
Zellulose 125
Zellwand 183
Zentralnervensystem (ZNS) 145
Zertifizierung 82
Zivilisationskrankheit **350**
Zuckerkrankheit 141
Zusatzstoff-Zulassungsverordnung 138
Zustimmungsregelung 209
Zwangsbehandlung **324**
zweiphasiges Wachstum 185
Zwischenhirn 146
Zwölffingerdarm 132, 134
Zygote 296, 297
Zytologie 90
Zytostatika 362
zytotoxische T-Zelle 205